LEI de LIBERDADE ECONÔMICA
Análise crítica

O GEN | Grupo Editorial Nacional – maior plataforma editorial brasileira no segmento científico, técnico e profissional – publica conteúdos nas áreas de concursos, ciências jurídicas, humanas, exatas, da saúde e sociais aplicadas, além de prover serviços direcionados à educação continuada.

As editoras que integram o GEN, das mais respeitadas no mercado editorial, construíram catálogos inigualáveis, com obras decisivas para a formação acadêmica e o aperfeiçoamento de várias gerações de profissionais e estudantes, tendo se tornado sinônimo de qualidade e seriedade.

A missão do GEN e dos núcleos de conteúdo que o compõem é prover a melhor informação científica e distribuí-la de maneira flexível e conveniente, a preços justos, gerando benefícios e servindo a autores, docentes, livreiros, funcionários, colaboradores e acionistas.

Nosso comportamento ético incondicional e nossa responsabilidade social e ambiental são reforçados pela natureza educacional de nossa atividade e dão sustentabilidade ao crescimento contínuo e à rentabilidade do grupo.

COORDENADORES:
ANA **FRAZÃO**
ANGELO PRATA DE **CARVALHO**

LEI de LIBERDADE ECONÔMICA
Análise crítica

■ O autor deste livro e a editora empenharam seus melhores esforços para assegurar que as informações e os procedimentos apresentados no texto estejam em acordo com os padrões aceitos à época da publicação, e todos os dados foram atualizados pelo autor até a data de fechamento do livro. Entretanto, tendo em conta a evolução das ciências, as atualizações legislativas, as mudanças regulamentares governamentais e o constante fluxo de novas informações sobre os temas que constam do livro, recomendamos enfaticamente que os leitores consultem sempre outras fontes fidedignas, de modo a se certificarem de que as informações contidas no texto estão corretas e de que não houve alterações nas recomendações ou na legislação regulamentadora.

■ Fechamento desta edição: 26.08.2022

■ O Autor e a editora se empenharam para citar adequadamente e dar o devido crédito a todos os detentores de direitos autorais de qualquer material utilizado neste livro, dispondo-se a possíveis acertos posteriores caso, inadvertida e involuntariamente, a identificação de algum deles tenha sido omitida.

■ Atendimento ao cliente: (11) 5080-0751 | faleconosco@grupogen.com.br

■ Direitos exclusivos para a língua portuguesa
Copyright © 2023 by
Editora Forense Ltda.
Uma editora integrante do GEN | Grupo Editorial Nacional
Travessa do Ouvidor, 11 – Térreo e 6º andar
Rio de Janeiro – RJ – 20040-040
www.grupogen.com.br

■ Reservados todos os direitos. É proibida a duplicação ou reprodução deste volume, no todo ou em parte, em quaisquer formas ou por quaisquer meios (eletrônico, mecânico, gravação, fotocópia, distribuição pela Internet ou outros), sem permissão, por escrito, da Editora Forense Ltda.

■ Capa: Fabricio Vale

■ **CIP – BRASIL. CATALOGAÇÃO NA FONTE.
SINDICATO NACIONAL DOS EDITORES DE LIVROS, RJ.**

L537

Lei de liberdade econômica: análise crítica / organização Ana Frazão, Angelo Prata de Carvalho. – 1. ed. – Rio de Janeiro: Forense, 2022.

Inclui bibliografia
ISBN 978-65-5964-625-8

1. Direito comercial – Brasil. 2. Contratos – Brasil. 3. Direito empresarial – Brasil. I. Frazão, Ana. II. Carvalho, Angelo Prata de.

22-79698   CDU: 347.7(81)

Gabriela Faray Ferreira Lopes – Bibliotecária – CRB-7/6643

SOBRE OS AUTORES

Ana Frazão

Advogada. Professora Associada de Direito Civil, Comercial e Econômico da Universidade de Brasília – UnB.

Angelo Prata de Carvalho

Advogado. Doutorando e Mestre em Direito pela Universidade de Brasília. Professor voluntário da Universidade de Brasília e Professor da pós-graduação em Direito Digital do UniCEUB.

Antonio Francisco Pereira Lima Filho

Graduado em Direito pela Universidade Federal do Piauí. Mestrando em Direito pela Universidade de Brasília.

Beatriz Simas Silva

Possui Mestrado em Poder Legislativo pelo Centro de Formação, Treinamento e Aperfeiçoamento da Câmara dos Deputados (2019); Especialização em Direito Econômico da Regulação Financeira (2006) e Graduação em Direito (2007), ambos pela Universidade de Brasília; e graduação em Administração de Empresas pelo Instituto Brasileiro do Mercado de Capitais (1999). De 2000 a 2015 ocupou o cargo de analista do Banco Central, exercendo diversas funções, sendo a última a de Chefe Adjunta do Departamento de Regulação Prudencial e Cambial. Desde 2015 ocupa o cargo de Consultora Legislativa do Senado Federal, na área de direito econômico e regulatório, empresarial e do consumidor, tendo exercido no período de 2017 a 2019 a função de Coordenadora do Núcleo de Direito da Consultoria Legislativa. Atualmente também exerce a função de Coordenadora Pedagógica do curso de Especialização em Poder Legislativo e Direito Parlamentar do Instituto Legislativo Brasileiro.

Giovana Vieira Porto

Bacharela em Direito pela Universidade de Brasília. Advogada na área Contenciosa no escritório Pinheiro Neto Advogados, com ênfase nas práticas de Direito da Concorrência e *Compliance*.

Humberto Cunha dos Santos

Doutorando em Direito Comercial pela Universidade de São Paulo. Mestrado em Direito pelo CEUB. Pós-graduação *lato sensu* em Direito Econômico e Defesa da Concorrência pela FGV e pós-graduação *lato sensu* em Regulação Econômica pelo CEFET/RJ. Bacharel em Direito pelo CEUB e Licenciatura em Ciências Sociais pela

UnB. Professor de Direito do CEUB. Procurador Federal da Advocacia-Geral da União – AGU, com atuação perante o Conselho Administrativo de Defesa Econômica – CADE.

Isabela de Araújo Santos

Graduanda em Direito pela Universidade de Brasília. Pesquisadora do Grupo de Estudos Constituição Empresa e Mercado (GECEM).

Isabela Maria Rosal Santos

Mestranda em Direito pela Universidade de Brasília e graduada pela mesma instituição. Advogada especialista em privacidade e proteção de dados pessoais. Gerente de projetos do Centro de Direito, Internet e Sociedade (CEDIS-IDP).

João Moreira Pessoa de Azambuja

Mestrando em Direito, Estado e Constituição pela UnB (Linha 4: Transformações na Ordem Social e Econômica e Regulação). Pós-Graduado em Ordem Jurídica e Ministério Público pela FESMPDFT. Graduado em Direito pelo UniCEUB. Professor da Escola Nacional da Magistratura, da Escola Nacional de Formação e Aperfeiçoamento de Magistrados do Trabalho e da Escola da Magistratura do Estado do Rio de Janeiro. Juiz federal do TRF1. Juiz auxiliar da presidência do CNJ.

Júlia Namie M. P. Ishihara

Advogada. Assistente Técnica na Superintendência-Geral do CADE. Gerente do WICADE 2021 e 2022. Integrante do GECEM – UnB.

Luana Graziela A. Fernandes

Advogada. Bacharel em Direito pela Universidade de Brasília. Pesquisadora do Grupo de Estudos Constituição, Empresa e Mercado (GECEM).

Manuela Fonseca Dalpoz

Graduanda em Direito pela Universidade de Brasília. Participante do Grupo de Estudos em Constituição, Empresa e Mercado (GECEM).

Marina Fontes de Resende

Advogada. Graduada em Direito pelo Centro Universitário de Brasília. Mestre em Direito e Políticas Públicas pelo Centro Universitário de Brasília. Doutoranda em Direito pela Universidade de Brasília.

Natalia Marques D'Ávila

Pós-graduanda em Direito dos Contratos na Pontifícia Universidade Católica do Rio de Janeiro (PUC-Rio) e Bacharel em Direito pela Pontifícia Universidade Católica do Rio de Janeiro (PUC-Rio). Advogada no escritório Gustavo Tepedino Advogados.

Nathália Amorim Pinheiro

Pós-graduanda em Direito Empresarial pelo IBMEC. Graduada pelo Centro Universitário de Brasília. Advogada.

Paulo Fernando Pinheiro Machado

Diplomata, jurista, financista e historiador. Barrister (*unregistered*), na Inglaterra e no País de Gales, pela Honourable Society of Gray's Inn, além de Membro do Baltic Exchange, da London Maritime Arbitrators Association (LMAA) e da International Law Association (ILA). Como árbitro internacional, é Fellow do Chartered Institute of Arbitrators (FCIArb) e Árbitro da Court of Arbitration for Art (CAfA), na Holanda. Vice-Presidente da Comissão de Direito Marítimo, Portuário e Aduaneiro e Membro da Comissão de Direito Internacional do Instituto dos Advogados Brasileiros (IAB), além de Membro da Comissão de Direito Internacional da OAB/PR e Membro Honorário da Comissão Especial de Direito Marítimo e da Comissão de Relações Internacionais e Integração do Mercosul da OAB/RS. Autor de *Centelhas de Tempestade: a diplomacia em um mundo em transformação* (Saraiva), *Idéias e Diplomacia: o Visconde do Uruguai e o nascimento da política externa brasileira. 1849-1852* (Lisbon Press) e *Linha de Água* (Só Livro Bom). Também é Revisor Editorial do *Global Journal of Comparative Law*, na Holanda, e Colunista do *Jota*, no qual assina a série semanal "Diários de um Diplomata".

Rodrigo Rabello Iglesias

Advogado. LL.M pela London School of Economics and Political Science. Bacharel em Direito pela Universidade de Brasília. Pesquisador do Grupo de Estudos Constituição, Empresa e Mercado (GECEM).

Rogério de Oliveira Gonçalves

Capitão de Mar e Guerra (RM1) da Marinha do Brasil. Advogado e Pesquisador do CEDMAR/USP, GERN e GECEM/UNB. Candidato ao Mestrado em Direito na Universidade de Brasília/DF.

Rubens Cantanhede Mota Neto

Advogado e pesquisador nas áreas de Direito da Concorrência e Propriedade Intelectual.

Stephanie Vendemiatto Penereiro

Mestranda em Direito pela Universidade de Brasília (UnB). Graduada em Direito pela Universidade de São Paulo (USP).

Tayná Frota de Araújo

Graduanda em Direito pela Universidade de Brasília. Pesquisadora do Grupo de Estudos Constituição Empresa e Mercado (GECEM).

Torben Maia

Advogado com atuação em Direito Comercial. Doutorando em Direito Comercial pela Universidade de São Paulo (USP). Mestre em Direito Econômico pela Universidade Federal da Paraíba (UFPB).

APRESENTAÇÃO

Os artigos que compõem esta obra coletiva decorrem das reflexões levadas a cabo pelos pesquisadores e pesquisadoras integrantes do Grupo de Estudos Constituição, Empresa e Mercado (GECEM/UnB), de tal maneira que refletem a preocupação do grupo de pesquisa com abordagens interdisciplinares e transdisciplinares tanto do direito público quanto do direito privado que possam entender e explorar as complexas, e muitas vezes sutis, relações entre o direito e a economia. No caso específico do presente trabalho, nosso foco foi utilizar todo o arcabouço teórico que exploramos em nossas discussões para realizar uma análise crítica da Lei de Liberdade Econômica.

Por mais que os textos tragam perspectivas e marcos teóricos distintos, o que reflete a diversidade característica do GECEM, seus autores compartilham relevantes premissas metodológicas, notadamente quanto à insuficiência tanto do direito como da teoria econômica – ainda mais se confinada apenas às abordagens do *mainstream* –, para lidarem, sozinhos, com questões sociais e econômicas complexas. Daí a necessidade de um diálogo e de um aprendizado recíproco entre as áreas, bem como da abertura para a incorporação de conhecimentos e *insights* importantes de outras áreas do saber. Mais que isso, os textos têm em comum a postura crítica diante de propostas que simplifiquem realidades complexas.

A partir do fio condutor descrito, o livro divide-se em quatro partes, sempre tendo em vista a divisão que é própria dos primeiros dispositivos da Lei de Liberdade Econômica. Portanto, os primeiros artigos da coletânea dizem respeito às disposições gerais do aludido diploma, colocando em xeque os conceitos de liberdade de iniciativa e livres mercados, assim como destacando o papel da ideologia por detrás de uma narrativa baseada na objetividade científica e na pretensa racionalidade do pensamento econômico de inspiração neoclássica.

A segunda parte diz respeito ao conhecido art. 3º da Lei, que estabelece a chamada Declaração de Direitos de Liberdade Econômica. Os artigos que o integram, por conseguinte, prosseguem na crítica à ideologia dominante da Lei de Liberdade Econômica, agora abordando-a sob a ótica dos direitos enunciados pelo diploma em questão.

A terceira parte trata do art. 4º, que dispõe sobre as garantias de livre-iniciativa, e notadamente esclarece a posição do legislador a respeito das relações entre livre-iniciativa e regulação, de maneira a definir o papel a ser assumido pelo Estado na supervisão e normatização dos agentes econômicos. Nesse capítulo, interessantes trabalhos buscaram tratar de conceitos indeterminados criados para limitar a atuação do Estado, especialmente diante da corriqueira crítica à ineficiência da ação estatal, como é o caso do abuso de poder regulatório.

Por fim, a quarta parte conta com trabalhos que buscam criticar diretamente uma das metodologias propostas pela Lei de Liberdade Econômica e as normas que a regulamentam, que se apresenta como critério de racionalidade, previsibilidade e objetividade para iniciativas regulatórias: a análise de impacto regulatório, mecanismo extremamente problemático que constantemente lança mão de instrumentos que simplificam excessivamente a realidade em prol da propagação de uma inexistente presunção de neutralidade e cientificidade. Mais do que isso, tais instrumentos, além de serem normalmente enviesados em prol da agenda de desregulação, ainda são facilmente suscetíveis de captura política nesse sentido.

Com esses eixos temáticos, que buscam acompanhar os primeiros dispositivos da Lei de Liberdade Econômica, espera-se que esta coletânea contribua para a construção de entendimentos sobre a regulação jurídica dos mercados que não se satisfaçam com soluções simplistas, estruturando-se, assim, espaço de crítica metodológica a partir da qual se possa abordar mais adequadamente os problemas concretos que se apresentam à análise jurídica.

SUMÁRIO

PARTE 1
DISPOSIÇÕES GERAIS (ARTIGOS 1º E 2º)

Capítulo 1 – Liberdade de iniciativa e "livres mercados": os pressupostos econômicos e jurídicos para uma economia de mercado realmente livre

Ana Frazão.. 3

Capítulo 2 – A catedral e suas sombras: o papel da ideologia na construção do argumento de autoridade a partir da economia no discurso jurídico

Angelo Prata de Carvalho 25

Capítulo 3 – O paradoxo da liberdade econômica: uma lei incoerente com seu propósito de incentivar a concorrência

Júlia Namie M. P. Ishihara... 45

Capítulo 4 – Os impactos ideológicos da Lei de Liberdade Econômica

Natalia Marques D'Ávila... 67

Capítulo 5 – Midas, o prospecto e o cisne negro: a arrogância epistemológica do consequencialismo econômico proposto pela Lei de Liberdade Econômica (LLE)

Paulo Fernando Pinheiro Machado 91

PARTE 2
DECLARAÇÃO DE DIREITOS DE LIBERDADE ECONÔMICA (ARTIGO 3º)

Capítulo 6 – Muita ideologia e pouca entrega: Lei de Liberdade Econômica discutida sob a perspectiva de proteção à inovação no antitruste e propriedade intelectual

Humberto Cunha dos Santos e Torben Maia.. 109

Capítulo 7 – Liberdade, previsão, ação: desafios da Lei de Liberdade Econômica sob o viés da economia comportamental

Isabela de Araújo Santos e Tayná Frota de Araújo...................................... 129

Capítulo 8 – Lei de Liberdade Econômica (Lei 13.874/2019) à luz da legislação ambientalista e o enfoque constitucional da proteção ao meio ambiente equilibrado

Nathália Amorim Pinheiro.. 149

Capítulo 9 – O direito à livre precificação: o novo paradigma econômico e as balizas da intervenção estatal

Rodrigo Rabello Iglesias e Luana Graziela A. Fernandes 167

PARTE 3
GARANTIAS DE LIVRE-INICIATIVA (ARTIGO 4º)

Capítulo 10 – O Oráculo de Delfos não era uma agência reguladora: os desafios regulatórios diante das incertezas oriundas da inovação tecnológica

Antonio Francisco Pereira Lima Filho.. 187

Capítulo 11 – Abuso de poder regulatório por limitação à inovação: reflexões a partir do uso da inteligência artificial

Giovana Vieira Porto.. 215

Capítulo 12 – Abuso do poder regulatório por meio do aumento de custos de transação: impactos práticos

Isabela Maria Rosal Santos e Stephanie Vendemiatto Penereiro............................... 229

Capítulo 13 – Limitações da (des)regulação jurídica dos mercados pelo paradigma econômico *mainstream*: os filtros cognitivos empregados pelo STF no julgamento acerca da terceirização

João Moreira Pessoa de Azambuja 245

Capítulo 14 – Regulação por evidência: perspectivas e limitações – Desigualdade em saúde

Marina Fontes de Resende... 267

Capítulo 15 – As limitações da teoria dos custos de transação como instrumento para identificar abuso regulatório

Rubens Cantanhede Mota Neto.. 285

PARTE 4
ANÁLISE DE IMPACTO REGULATÓRIO (ARTIGO 5º)

Capítulo 16 – Lei de Liberdade Econômica e Análises de Impacto Regulatório – AIRS

Ana Frazão... 301

Capítulo 17 – Reflexões sobre as hipóteses de dispensa da análise de impacto regulatório à luz da Lei de Liberdade Econômica

Beatriz Simas Silva 335

Capítulo 18 – Análise de impacto regulatório e a pretensão de neutralidade sob a ótica do art. 5º da Lei 13.874/2019: mito ou realidade

Manuela Fonseca Dalpoz e Rogério de Oliveira Gonçalves..................................... 351

PARTE 1

DISPOSIÇÕES GERAIS (ARTIGOS 1º E 2º)

Capítulo 1

LIBERDADE DE INICIATIVA E "LIVRES MERCADOS": OS PRESSUPOSTOS ECONÔMICOS E JURÍDICOS PARA UMA ECONOMIA DE MERCADO REALMENTE LIVRE

Ana Frazão

Advogada. Professora Associada de Direito Civil, Comercial
e Econômico da Universidade de Brasília – UnB.

1. CONSIDERAÇÕES INICIAIS

Em artigo anterior recente, em que procurei fazer uma análise crítica da Lei de Liberdade Econômica, mostrei as deficiências das premissas ideológicas da narrativa dos livres mercados não apenas por serem parciais, enviesadas e reducionistas, como também por desconhecerem por completo a ordem econômica constitucional brasileira[1].

Daí ter sustentado que, longe de nos levar ao crescimento sustentável e ao desenvolvimento, essa visão de liberdade de iniciativa pode trazer efeitos nefastos não apenas sobre a economia e sobre o empreendedorismo, mas sobretudo sobre os direitos e liberdades fundamentais dos cidadãos brasileiros.

Naquele artigo, busquei realçar também que não há contradição essencial entre liberdade de iniciativa, justiça social e democracia, pelo menos na obra de diversos liberais, especialmente os clássicos, como Locke e Kant[2]. Mais do que isso, destaquei que muito das discussões mais recentes sobre o liberalismo estão lastreadas em profundas reflexões sobre justiça social, de que são exemplos as obras de Rawls e Dworkin, segundo os quais só é possível falar em liberdade efetiva – seja no desdobramento econômico, seja nos demais – caso se pense em critérios mínimos de justiça social que possam assegurar a todos uma certa igualdade nos pontos de partida[3].

---

[1] FRAZÃO, Ana. Liberdade econômica para quem? A necessária vinculação entre a liberdade de iniciativa e a justiça social. In: SALOMÃO, Luís Felipe; CUEVA, Ricardo Villas Bôas; FRAZÃO, Ana. *Lei de Liberdade Econômica e seus impactos no Direito Brasileiro.* São Paulo: Revista dos Tribunais, 2020, p. 89-121.

[2] Ver também FRAZÃO, Ana. *Empresa e propriedade*: função social e abuso de poder econômico. São Paulo: Quartier Latin, 2006, p. 33-44.

[3] FRAZÃO, Ana. Liberdade econômica para quem? A necessária vinculação entre a liberdade de iniciativa e a justiça social. Op. cit.

A finalidade do presente artigo, que de certa forma é uma continuidade do já mencionado, é mostrar que, também sob a ótica econômica dos "livres mercados", a liberdade de iniciativa não pode ser vista como algo absoluto ou que justifica a atuação dos agentes econômicos em contexto de verdadeiro "vale tudo". Pelo contrário, está associada à ideia de mercados como espaços em que todos podem acessar e permanecer pelo mérito, sendo remunerados pelos seus esforços e pelo seu trabalho duro, sem que possam obter proveitos às custas de danos causados aos outros ou expedientes inaceitáveis.

É sob essa perspectiva que o presente artigo pretende explorar algumas das questões fundamentais para a manutenção dos próprios livres mercados, a fim de demonstrar que, também sob a ótica econômica, a livre-iniciativa tem uma série de condicionantes e, por essa razão, depende de apropriada regulação jurídica para que possa existir.

Para isso, a análise que ora se propõe priorizará a literatura econômica, até para demonstrar que pode haver considerável convergência entre filósofos e juristas, de um lado, e importantes economistas, do outro, no sentido de que apenas pode haver liberdade de iniciativa e livres mercados com a devida e adequada regulação.

Ao final, por meio da obra de Acemoglu e Robinson[4], que acaba sendo uma precisa síntese das principais preocupações que serão ora trabalhadas, o artigo buscará apontar para as soluções que buscam efetivamente assegurar a liberdade de iniciativa e a própria economia de mercado, conciliando os imperativos econômicos com os imperativos da ordem econômica constitucional.

2. SÓ HÁ LIVRES MERCADOS SE TODOS REALMENTE PUDEREM ACESSÁ-LOS E NELES PERMANECEREM PELOS SEUS MÉRITOS

Muitos dos ardorosos defensores dos livres mercados, como é o caso de Friedman[5], sempre pensaram na liberdade de iniciativa como um vetor de competição pelo mérito e nos livres mercados como espaços acessíveis a todos. É por essa razão que Friedman dizia que a sua utopia pessoal seria considerar o indivíduo – ou a família – como elemento-chave da sociedade, de forma que cada um deveria ter a máxima liberdade para seguir seus próprios objetivos, desde que não interferisse nos direitos dos outros de fazer a mesma coisa[6].

A rigor, tal definição não se distancia essencialmente da visão kantiana segundo a qual cada indivíduo é um fim em si mesmo e tem o direito de perseguir o seu projeto de vida enquanto tal direito é compatível com o igual direito dos demais indivíduos[7]. É também bastante convergente com o pensamento liberal de Stuart Mill[8], ao enaltecer a importância da liberdade, mas deixar claro que esta encontra como limite o dever de não causar danos aos outros.

---

[4] ACEMOGLU, Daron; ROBINSON, James. *The Narrow Corridor. States, Societies and the Fate of Liberty*. New York: Penguin Press, 2019.

[5] FRIEDMAN, Milton. *Capitalism and Freedom*. Chicago: Chicago University Press, 2003.

[6] A frase está exposta no livro de ORRELL, David. *Economyths. 11 ways economics gets it wrong*. Icon Books, 2017.

[7] Ver FRAZÃO, Ana. *Empresa e propriedade*: função social e abuso de poder econômico. Op. cit.

[8] MILL, John Stuart. *Sobre a liberdade*. São Paulo: Edições 70, 2006.

Há, portanto, uma preocupação comum a todos esses autores, no sentido de que não há liberdade de um às custas da liberdade do outro, embora haja claras divergências sobre como assegurar as liberdades de todos em uma sociedade complexa. Enquanto Kant via no Direito um importante mecanismo para viabilizar a coexistência entre liberdades, Friedman depositava a sua fé nos livres mercados, como espaços que naturalmente levariam à referida harmonização.

Ocorre que a realidade é bem diversa do que presumia Friedman, especialmente quando as pessoas partem de posições bastante diversas e não há qualquer controle para restringir ações inaceitáveis de determinados agentes que causam danos a outros.

É por essa razão que afirma Stiglitz[9] ser fundamental que o Estado possa não somente assegurar oportunidades para todos e justiça social, como também endereçar todos os resultados do mercado que sejam considerados socialmente inaceitáveis. Afinal, a razão básica pela qual os mercados precisam ser regulados em uma sociedade interdependente é simples: o que uma pessoa faz afeta as outras e, sem regulação, tais efeitos não serão levados em consideração. A preocupação pode ser sintetizada na seguinte frase de Stiglitz[10]: "One person's freedom can be another's unfreedom".

Ainda segundo Stiglitz[11], os mercados só funcionariam bem caso estivessem presentes algumas variáveis que simplesmente não ocorrem na vida real. Além da informação perfeita e da robusta competição, é fundamental que existam igualmente regras que impeçam que as pessoas causem danos umas às outras. Dessa maneira, o autor retoma aqui um ponto que é muito caro aos liberais de forma geral: a necessidade de implementar o princípio geral de não causar danos aos outros.

Consequentemente, além da criação das condições para que a liberdade de iniciativa seja assegurada a todos, é importante nivelar minimamente as regras do jogo competitivo, a fim de deixar claro que os agentes econômicos devem competir entre si pelo mérito e não com base em fraudes, trapaças e atos de violência que causam danos injustificados aos demais participantes.

Em outras palavras, livres mercados não podem ser arenas de "vale tudo". Tal cenário não só implodiria a economia de mercado, como também a própria ideia de liberdade de iniciativa, na medida em que legitimaria a criação de danos para os outros. Com isso, gerar-se-ia uma especial e gravíssima forma de seleção adversa, em razão da qual apenas "sobreviveriam" nos mercados os agentes mais nefastos.

Como afirmam Akerlof e Shiller[12], se a teoria econômica parte da premissa de que as pessoas agem na busca do próprio interesse, a conclusão é de que os livres mercados, uma vez deixados sozinhos, tenderiam a espraiar manipulações, enganos e fraudes. Outro ponto explorado pelos autores é que os livres mercados nem sempre produzem bons resultados para ambas as partes, de forma que os benefícios de uns podem ser obtidos às custas de graves danos causados a outros.

---

[9]   STIGLITZ, Joseph. *Power, and Profits. Progressive Capitalism for an Age of Discontents.* New York: W.W. Norton & Company, 2019.

[10] *Power, and Profits. Progressive Capitalism for an Age of Discontents.* Op. cit., p. 144.

[11] *Power, and Profits. Progressive Capitalism for an Age of Discontents.* Op. cit.

[12] AKERLOF, George; SHILLER, Robert. *Phishing for Phools. The economics of manipulation and deception.* New Jersey: Princeton University Press, 2015.

Por essa razão, Akerlof e Shiller[13] também consideram que, ainda que os mercados sejam um dos mecanismos mais poderosos da humanidade, precisam de proteções contra seus problemas, uma vez que nem funcionam perfeitamente nem as pessoas são efetivamente livres para fazerem suas escolhas. Pelo contrário, diante das inúmeras falhas de mercado, das externalidades negativas, da injusta distribuição de rendimentos e das técnicas de manipulação e engodo, há importante espaço para que o governo resolva tais problemas. Daí por que os autores consideram que a narrativa de que o governo é o problema e os mercados devem ser amplamente desregulados é, em si mesma, mais um tipo de engodo (*phishing for phools*).

É precisamente para assegurar a liberdade de todos e evitar que a liberdade de uns seja alcançada às custas da opressão do outro que o Estado deve intervir para propiciar o funcionamento adequado do mercado. Nos termos da síntese de Stiglitz[14], o Estado é a única solução para resolver o problema da ação coletiva, razão pela qual precisamos dele e da regulação jurídica para que os mercados funcionem como se espera que o façam: de forma competitiva, com transações entre partes bem informadas que não pretendem obter vantagens indevidas da outra e em ambiente de confiança e segurança sem o qual os mercados não podem nem mesmo existir[15].

Em sentido semelhante, Banerjee e Duflo[16] sustentam que é desarrazoado esperar que mercados entreguem resultados que sejam justos, aceitáveis ou mesmo eficientes. Tal atribuição é dos governos, motivo pelo qual estes não podem ser vistos como o problema, tal como Reagan tentou convencer.

Ainda segundo Banerjee e Duflo[17], não há alternativa ou substituto para uma série de coisas que o Estado faz, razão pela qual, se os governos são ruins e corruptos, há que se ajustar tais problemas e não simplesmente se erradicar os governos. A postura caracterizada pelo ataque vigoroso ao Estado e pelo incentivo à falta de fé nos burocratas tem efeitos perversos porque (i) impede que as pessoas vejam que o governo pode ser parte da solução, (ii) diminui os incentivos para que pessoas qualificadas resolvam trabalhar no governo, e (iii) cria uma imagem do governo que afeta a honestidade dos que querem trabalhar para ele.

O mantra de que os governos são corruptos e incompetentes também produz o tipo de cidadania que acaba não esperando mais nada, deixando de se indignar até mesmo com casos vergonhosos de corrupção. Daí a conclusão dos autores de que, de forma perversa, a obsessão contra a corrupção acaba abrindo espaço para a venalidade em larga escala.

Por fim, ainda vale ressaltar as lições de Jean Tirole[18], segundo o qual a importância do Estado na regulação dos mercados decorre precisamente da necessidade de assegurar as regras do jogo e evitar que agentes dominantes abusem do seu poder.

---

[13] *Phishing for Phools. The economics of manipulation and deception.* Op. cit.

[14] *Power, and Profits. Progressive Capitalism for an Age of Discontents.* Op. cit.

[15] *Power, and Profits. Progressive Capitalism for an Age of Discontents.* Op. cit.

[16] BANERJEE, Abhijit; DUFLO, Esther. *Good Economics for Hard Times.* New York: Public Affairs, 2019.

[17] *Good Economics for Hard Times.* Op. cit.

[18] TIROLE, Jean. *Economics for the common good.* New Jersey: Princeton University Press, 2017.

Sob essa perspectiva, a discussão que deve ser travada não é a de optar entre regulação ou desregulação, mas sim a da *medida da regulação*, no sentido de se construir uma infraestrutura jurídica adequada e eficiente para assegurar o próprio funcionamento do mercado[19] e viabilizar que as pessoas, podendo livremente acessá-lo e competir pelo mérito, exerçam efetivamente a sua liberdade de iniciativa.

É por essa razão que é de difícil sustentação a posição de Friedman[20], pois, ao mesmo tempo em que defende um livre mercado que se oriente pela competição pelo mérito, propõe um governo extremamente limitado, cujo papel basicamente se restringiria a assegurar a propriedade privada e proteger as pessoas contra o roubo e a extorsão, já que os mercados dariam conta do resto.

Ocorre que os mercados simplesmente não dão conta do resto. Se tal postura já era ingênua desde a época em que foi formulada, torna-se cada vez mais descolada da realidade, que igualmente vem demonstrando que diversas outras premissas de Friedman, como a da soberania do consumidor, também não estão presentes no mundo real, como se explorará melhor a seguir.

Sem assegurar as regras adequadas do jogo, a competição que se esperaria no mercado deixa de se pautar pelo mérito e passa a ser regida pela força, fraude, manipulação ou mesmo pelas relações espúrias entre o poder econômico e o poder político, dando ensejo às mais diversificadas formas de capitalismo de camaradagem (*crony capitalism*).

Não é sem razão que Ezrachi e Stucke[21] mostram que o Estado é muitas vezes instrumentalizado para favorecer indevidamente os agentes econômicos mais fortes, mostrando a pertinência da crítica segundo a qual, nesse contexto, cria-se um verdadeiro socialismo para os ricos capitalistas, que sempre contam com o suporte estatal, inclusive financeiro, enquanto, para os mais pobres, o capitalismo é aplicado em todo o seu individualismo.

Por essa razão, Joseph Stiglitz[22] aponta que uma das formas pelas quais a elite econômica faz dinheiro é tirando vantagem do seu poder de mercado e poder político para se favorecer e aumentar seus rendimentos à custa dos outros, por meio de diversas formas de *rent-seeking*, muitas das quais precisam da ajuda do Estado para a sua implementação, como por meio de empréstimos a juros baixos, transferências e subvenções estatais ocultas.

Na verdade, para Stiglitz, um dos aspectos mais marcantes do capitalismo moderno é precisamente a habilidade que os detentores de poder econômico têm para contornar a lei ou para moldá-la a seu favor, o que mina a ideia de competição pelo mérito, uma vez que as conquistas dos mercados passam a resultar mais de diversas formas de exploração do poder econômico e de outras imperfeições dos mercados do que da eficiência dos agentes econômicos.

Portanto, fica claro que, quando se fala em livre iniciativa e livres mercados, é fundamental a intervenção estatal ao menos para assegurar que o jogo seja limpo e

---

[19] Op. cit., p. 145-148.

[20] FRIEDMAN, Milton. *Capitalism and freedom*. Op. cit.

[21] STUCKE, Maurice; EZRACHI, Ariel. *Competition Overdose*: How free market mythology transformed us from citizen kings to market servants. Harper Business, 2000.

[22] STIGLITZ, Joseph. *O preço da desigualdade*. Tradução de Dinis Pires. Lisboa: Bertrand, 2013.

correto, assegurando que os mercados possam ser realmente livres espaços de competição pelo mérito e pela eficiência, sem o que não há nem economia de mercado e muito menos livre iniciativa. Para isso, o Estado deve oferecer a infraestrutura necessária para a competição, ao mesmo tempo em que não pode interferir na dinâmica competitiva, favorecendo indevidamente alguns agentes econômicos em detrimento de outros.

3. SÓ HÁ LIVRES MERCADOS SE HOUVER A CONTENÇÃO DA DOMINAÇÃO ABUSIVA DOS MAIS FORTES E A PREVENÇÃO DA TIRANIA PRIVADA

A conexão entre liberdade política e econômica, como dois lados da mesma moeda, não tem nada de novo, já tendo sido reconhecida até mesmo por vários defensores intransigentes dos livres mercados. O próprio Friedman[23] sempre sustentou que a liberdade econômica e a liberdade política são interdependentes e que, se houver restrições à primeira, haverá igualmente restrições à última.

O ponto de controvérsia é que os libertários tendem a adotar uma visão mais otimista dos mercados, considerando que basta o reconhecimento formal das liberdades para que todos possam dela usufruí-la, enquanto os críticos entendem que os livres mercados acabam dando margem à prevalência da liberdade apenas dos mais fortes, aniquilando a liberdade de todos os demais.

Como já se viu na seção anterior, a ideia de mercado competitivo pressupõe necessariamente um espaço que possa ser acessado livremente por todos, a fim de que nele possam permanecer e competir pelo mérito, podendo receber a retribuição pelos seus talentos e pelo seu trabalho. Entretanto, para que isso seja possível, não basta proibir a criação de danos; é imprescindível também que exista certo nivelamento entre os agentes econômicos e o estabelecimento de regras minimamente equitativas para assegurar que o vetor competitivo seja realmente o mérito e não o poder do mais forte.

Tal discussão não tem nada de novo para o Direito Antitruste, por exemplo, embora tenha sido eclipsada pela Escola de Chicago. Em importante reflexão, Bruno Braz[24] retoma os fundamentos da Escola Ordoliberal, ao mostrar como o Direito Antitruste, por meio da concorrência, pode e deve assegurar a liberdade econômica de todos, preservando a própria sociedade livre.

Daí as recentes discussões sobre a necessidade de que o Direito Antitruste possa retomar a sua preocupação com os seus objetivos antimonopolistas, partindo da premissa de que agentes dominantes sem qualquer freio têm muitos incentivos para restringir indevidamente a liberdade econômica dos demais, sejam seus consumidores, sejam seus fornecedores ou compradores.

Não é sem razão que o recente relatório do *Subcommitee on Antitrust, Commercial and Administrative Law of the Committee on the Judiciary* tem como um

---

[23]   *Capitalism and Freedom*. Op. cit.

[24]   BRAZ, Bruno. *A que(m) serve o Antitruste?* Eficiência e rivalidade na política concorrencial de países em desenvolvimento. São Paulo: Singular, 2019.

de suas principais propostas a de restaurar os objetivos antimonopólio do Direito Antitruste[25].

Aliás, recentemente, vários são os estudos que, baseados nas inquietações suscitadas pelo liberalismo clássico, concluem que o mero reconhecimento formal das liberdades não é suficiente para assegurar nem liberdade econômica nem liberdade política para todos. Nesse sentido, a principal preocupação da obra mais recente de Acemoglu e Robinson[26] é precisamente mostrar que liberdade econômica e dominação são conceitos excludentes. Em outras palavras, não há liberdade econômica de um agente quando ele está sujeito à dominação irrestrita por parte de outro.

O argumento de Acemoglu e Robinson endereça aquele que é um dos principais conflitos ideológicos entre conservadores e liberais nos Estados Unidos, que poderia ser traduzido no conflito entre os chamados liberais e os sociais-democratas no Brasil. Como bem aponta Marina Lao[27], enquanto os conservadores são mais preocupados com os riscos que um Estado forte pode trazer para a liberdade econômica, os liberais, no sentido norte-americano, são mais inclinados a ver a liberdade econômica abrangendo igualmente o direito dos menos privilegiados de participarem de um sistema econômico que seja relativamente justo para todos, razão pela qual o Estado é visto como uma força para a contenção do poder econômico privado.

Ocorre que, a rigor, os receios de ambos os lados procedem, na medida em que tanto um poder público descontrolado como um poder privado descontrolado podem ter efeitos nefastos sobre a liberdade econômica dos cidadãos. Por essa razão, a questão obviamente não é escolher que tipo de dominação é a menos pior, mas sim evitar ambas, tal como nos adverte Barry Lynn em seu livro *Liberty from all masters*[28], cujo título já antecipa a ideia principal: ser livre pressupõe não estar sujeito à dominação de "senhores", sejam eles públicos ou privados.

É esse igualmente o argumento central de Acemoglu e Robinson[29], que chamam a atenção para o fato de que muitos economistas que inspiraram e ainda inspiram os conservadores, inclusive vários dos precursores da Escola de Chicago, já mostravam o receio de que um poder privado incontrolado pudesse comprometer a liberdade econômica e o próprio ideal de livre mercado. Daí por que os autores sustentam que apenas com um Estado forte, porém algemado – o *Shackled Leviathan* –, será possível assegurar a liberdade econômica para todos, evitando qualquer tipo de dominação abusiva, qualquer que seja a sua origem e independentemente de ser pública ou privada.

Entretanto, há todo um projeto de poder colocado em prática pela extrema direita, com fortes ramificações na mídia, na academia e na formação e convencimento de autoridades públicas, para tentar difundir a narrativa de que todos os esforços para assegurar a liberdade econômica devem ser feitos apenas para conter a opressão estatal,

---

[25] Disponível em: https://judiciary.house.gov/uploadedfiles/competition_in_digital_markets.pdf.

[26] *The Narrow Corridor. States, Societies and the Fate of Liberty*. Op. cit.

[27] LAO, Marina. Ideology matters in the Antitrust debate. *Antitrust Law Journal*, vol. 79, n. 2, 2014.

[28] LYNN, Barry. *Liberty from all masters*. New York: St. Martin's Publishing Group, 2020.

[29] *The Narrow Corridor. States, Societies and the Fate of Liberty*. Op. cit.

sem nada falar a respeito da opressão privada. Trata-se, todavia, de viés claramente ideológico, que, a partir do projeto de demonização do Estado, ignora ou mascara os riscos igualmente preocupantes da dominação privada.

Se queremos levar a sério a realização da liberdade econômica, o projeto a ser buscado é o da contenção da dominação, razão pela qual a regulação jurídica, incluindo aí o Direito Antitruste, pode e deve ter como uma de suas preocupações fundamentais assegurar efetivamente a liberdade econômica de todos, inclusive dos entrantes, contra a dominação de agentes privados cada vez mais poderosos e que, sem qualquer freio, podem passar a competir muito menos pelos seus méritos e muito mais por práticas abusivas.

No que se refere especificamente ao Direito Antitruste, tal abordagem, como observa Lina Khan[30], simplesmente resgata as finalidades originárias do próprio *Sherman Act*, que foi introduzido no sistema norte-americano para assegurar diversidade e acesso aos mercados, sendo contrário a altas concentrações de poder econômico que pudessem comprometer esse objetivo. Na verdade, sob esse ângulo, a própria competição é vista como um conjunto de condições para assegura a liberdade econômica de todos, o que inclui a abertura dos mercados.

Em sentido semelhante, Harry First e Spencer Weber Waller[31] mostram que não há como se pensar em mercados livres sem conectá-los aos valores democráticos, à liberdade das pessoas e as oportunidades para competir de forma minimamente equitativa.

Sob esse ângulo, merece ser reposicionada a discussão de que o Direito Antitruste apenas deve proteger a concorrência, mas não os concorrentes. Por mais que não se pretenda tutelar concorrentes de forma incondicional e a qualquer custo, é inequívoco o compromisso do Antitruste com a manutenção de condições justas de mercado, sob pena de não ser possível a competição pelo mérito.

É por essa razão que Lina Khan[32] sustenta que o mais claro exemplo de como podem ser negligenciadas as preocupações estruturais do Antitruste com a competição é precisamente a ideia de que suas leis são vocacionadas a proteger somente a competição e não os competidores. Por mais que seja verdade que algumas ações competitivas acabem eliminando competidores e que o Antitruste não possa proteger competidores às custas da própria competição, esse tipo de máxima tem sido utilizada para justificar a inação das autoridades antitruste.

Todavia, diante do objetivo central do Direito Antitruste de prevenir e reprimir o abuso de poder econômico, se houver competidores que estejam sendo excluídos do mercado ou impedidos de nele ingressar em razão de práticas abusivas dos agentes dominantes, é inequívoco que a intervenção antitruste é necessária e que a proteção dos concorrentes, nesse caso, é totalmente convergente com a proteção da própria concorrência.

---

[30] KHAN, Lina. The ideological roots of America's Market power problem. *The Yale Journal Forum* June 4, 2018, 960.

[31] FIRST, Harry; WALLER, Spencer. Antitrust's Democracy Deficit, 81 *Fordham L. Rev.* 2543 (2013). Disponível em: https://ir.lawnet.fordham.edu/flr/vol81/iss5/13.

[32] KHAN, Lina. The ideological roots of America's Market power problem. Op. cit.

Em sentido próximo, Marina Lao[33], novamente chamando atenção para as raízes ideológicas do debate, destaca que, enquanto os conservadores acham que pequenos negócios não podem ser protegidos às custas dos consumidores, os liberais tendem a achar que é necessário um ambiente que crie oportunidades para que pequenos rivais possam coexistir e competir pelos próprios méritos contra as firmas dominantes.

Como se pode ver, a posição conservadora, tal como adotada pela Escola de Chicago, ao privilegiar exclusivamente, pelo menos no discurso, os interesses dos consumidores, desconsidera por completo os interesses de outros agentes do mercado, assim como o papel do Antitruste como instrumento de assegurar liberdade econômica para todos.

Sob a perspectiva da liberdade econômica, apesar da importância dos direitos do consumidor, são igualmente importantes os direitos dos demais agentes econômicos de poderem ingressar e permanecer nos mercados e neles competir pelos seus próprios méritos. Daí por que é necessário que a regulação jurídica – e especialmente o Direito Antitruste – leve esses aspectos em consideração, até porque não deixam de ser convergentes, uma vez que a preservação da concorrência também beneficia o consumidor.

Não se está propondo, obviamente, que o Direito Antitruste deve privilegiar incondicionalmente pequenos negócios ou negócios ineficientes às custas dos consumidores. O que se está dizendo é que o Antitruste também deve preservar a concorrência como instrumento fundamental para que todos – e não apenas os mais fortes – possam exercer suas respectivas liberdades econômicas e que tal preocupação pode beneficiar igualmente os consumidores.

Dentro desse contexto, Marshall Steinbaum e Maurice Stucke[34] propõem uma nova visão do Antitruste que leve em consideração:

(i) a proteção dos indivíduos, compradores, consumidores, produtores e empregados;

(ii) a preservação de oportunidades para competidores, a fim de que os agentes possam acessar os mercados sem coerção, interferências indevidas, exclusões ou discriminações por parte dos agentes mais fortes;

(iii) a promoção da autonomia individual e do bem-estar, o que pressupõe a proteção das liberdades individuais e da livre empresa;

(iv) a dispersão do poder privado, uma vez que o poder econômico normalmente se traduz em poder político.

É particularmente interessante a análise que os autores fazem da liberdade econômica dos empregados em mercados concentrados, sob o argumento de que, como muitos indivíduos dependem do seu trabalho para a sobrevivência, a oferta de força de trabalho é extremamente inelástica. Como resultado, os trabalhadores são normalmente expostos à coerção de poderosos empregadores, de forma que proibir esse tipo de coerção deveria ser um fim em si mesmo.

---

33 LAO, Marina. Ideology matters in the Antitrust debate. Op. cit.
34 STEINBAUM, Marshall; STUCKE, Maurice. The effective competition standard: a new standard for Antitrust. *The University of Chicago Law Review*, v. 86, 2020.

Por fim, é interessante mencionar que o relatório do *Subcommittee on Antitrust, Commercial and Administrative Law of the Committee on the Judiciary*[35], ao tratar dos impactos concorrenciais das plataformas digitais, não desconhece as necessárias repercussões da dominância de tais entes sobre a liberdade econômica de vários dos agentes econômicos que com elas contratam ou mantém com elas relações das quais dependem a sua própria sobrevivência.

O raciocínio do relatório pode ser utilizado para outras circunstâncias e mercados que não apenas os afetados pelas plataformas digitais. Afinal, não há que se falar em liberdade econômica quando uma parte considerável de agentes econômicos depende de agentes poderosos e teme com razão a opressão destes.

Em países em desenvolvimento como o Brasil, no qual o empreendedorismo pode ser uma excelente saída para a pobreza, a preocupação em assegurar efetivas condições de exercício de liberdade econômica por todos é fundamental, inclusive para propiciar entradas e inovações, tais como as *startups*. Não se trata de proteger o ineficiente, como muitas vezes se diz, mas simplesmente de assegurar um jogo sem dominações abusivas, viabilizando a competição pelo mérito.

Consequentemente, a questão fundamental que se coloca na atualidade é que não temos que escolher entre a dominação do Estado ou a dominação privada. Ambas as situações são nefastas para a liberdade econômica e acabam inviabilizando o próprio regime de mercado. Daí por que a única solução possível é encontrar um justo equilíbrio por meio de um Estado que interfira nos mercados o suficiente para assegurar as regras do jogo, de forma que todos encontrem no mercado um espaço em que possam exercer suas liberdades econômicas e competir pelo mérito.

Aliás, o próprio Friedman[36] foi claro ao afirmar que a maior ameaça à liberdade humana é a concentração de poder, seja por parte do governo, seja por parte de outras entidades. É por essa razão que não pode haver economia de mercado – e muito menos liberdade de iniciativa – sem mecanismos eficientes para conter os abusos dos agentes com poder econômico.

4. SÓ HÁ LIVRES MERCADOS SE HOUVER AUTONOMIA DOS CONSUMIDORES: A FALÁCIA DA "SOBERANIA DO CONSUMIDOR"

Muito da defesa libertária dos livres mercados repousa racionalidade dos agentes econômicos, da qual decorreria a premissa da soberania do consumidor. Tais ideias funcionam, ao mesmo tempo, como lastro do exercício da liberdade econômica por parte dos consumidores e também como uma constrição natural do comportamento dos agentes econômicos. Afinal, parte-se do princípio de que os consumidores poderão desviar a sua demanda para outros concorrentes sempre que identificarem que algum agente econômico está tentando obter alguma vantagem indevida por meio de preços excessivos, baixa qualidade ou outras práticas nefastas.

---

[35] Disponível em: https://judiciary.house.gov/uploadedfiles/competition_in_digital_markets.pdf.

[36] FRIEDMAN, Milton; FRIEDMAN, Rose. *Free to choose*: a personal statement. Mariner Books, 2006.

Da mesma maneira, a premissa da livre entrada nos mercados é um fator a mais para reforçar a soberania do consumidor, pois é vista como um desincentivo poderoso para comportamentos excessivamente oportunistas por parte de agentes econômicos, evitando que abusem dos seus poderes.

Não bastasse estar assentada em premissa nem sempre presente – a da competitividade dos mercados –, a soberania do consumidor ainda parte da premissa equivocada de que os consumidores, diante de condutas equivocadas de determinado agente, poderão não apenas identificá-la com relativa facilidade, como também deslocar a sua demanda para outros concorrentes que ofertassem um produto ou serviço com menor preço ou maior qualidade.

Todavia, as pesquisas recentes da psicologia e da economia comportamentais têm destacado as inúmeras limitações de racionalidade dos indivíduos, o que compromete por completo a ideia de soberania do consumidor, ainda mais quando esta é vista como um controle natural do mercado. Como já se viu pela obra de Akerlof e Shiller[37], o lado preocupante dos livres mercados ou da "mão invisível" é exatamente a liberdade de enganar, fraudar e manipular consumidores.

Aliás, se tem um ponto em relação ao qual a economia comportamental apresenta grande convergência é em sua crítica ao princípio da soberania do consumidor. Nesse sentido, Khaneman[38] mostra como a visão de livres mercados de Friedman e da Escola de Chicago apenas pode ser sustentada a partir da fé na racionalidade humana e na ideologia de que é desnecessário e até imoral proteger as pessoas contra suas escolhas, pois elas devem ser livres e responsáveis para cuidarem de si mesmas. Aliás, é esta a ideia expressa no título de uma dos mais populares livros de Friedman: *Liberdade de escolher*[39].

Para Kahneman[40], entretanto, é importante ressaltar que a liberdade não é um valor contestado por nenhum dos lados do debate: a questão é que a vida é mais complexa para os economistas comportamentais do que para os adeptos ferrenhos da racionalidade humana. Enquanto a decisão de proteger os indivíduos contra seus erros é um dilema para os economistas comportamentais, os economistas da Escola de Chicago não enfrentam esse problema, pois partem da premissa de que os agentes racionais não cometem enganos e que a liberdade não apresenta custo algum.

Thaler[41] também considera que a soberania do consumidor, vista como o princípio cardeal do libertarismo da Escola de Chicago, fica muito comprometida diante dos limites da racionalidade e mesmo do autocontrole.

Aliás, não obstante as limitações de racionalidade, é o próprio Friedman[42] que reconhece que a soberania do consumidor depende de uma economia competitiva, em

---

[37] *Phishing for Phools. The economics of manipulation and deception.* Op. cit.

[38] KAHNEMAN, Daniel. *Rápido e devagar*: duas formas de pensar. Tradução de Cassio Leite. São Paulo: Objetiva, 2011.

[39] *Free to choose: a personal statement.* Op. cit.

[40] *Rápido e devagar*: duas formas de pensar. Op. cit.

[41] THALER, Richard. *Misbehaving. The Making of Behavioral Economics.* New York: W.W Norton & Company, 2015.

[42] *Capitalism and Freedom.* Op. cit.

que os cidadãos tenham inúmeras escolhas sobre os bens e serviços que voluntariamente pretendem adquirir. Todavia, diante do fenômeno da crescente concentração dos mercados, fica cada vez mais difícil sustentar que os níveis de competição são suficientes para, por si só, assegurarem a liberdade de escolha dos consumidores.

Dessa maneira, para que possa haver realmente livres mercados, nos quais os consumidores também possam exercer livremente a sua liberdade econômica, é fundamental que haja regulação suficiente para proteger os consumidores, especialmente em mercados pouco competitivos.

5. SÓ HÁ LIVRES MERCADOS SE HOUVER ALGUMA FORMA DE RESOLVER OS PROBLEMAS DAS FALHAS E EXTERNALIDADES NEGATIVAS

Mesmo os defensores dos livres mercados tendem a reconhecer a necessidade de intervenção estatal nos mercados, via regulação, na hipótese de falhas que impedem que o mecanismo de preços funcione adequadamente. Podem ser citados, nesse sentido, as hipóteses de monopólios, assimetrias de informação, conflitos de agência, risco moral, seleção adversa, dentre outras.

Como resumem Stucke e Ezrachi[43], não se pode negar a importância da intervenção estatal ao menos para os casos de externalidades negativas, bens públicos, imperfeições e falhas de mercado e mercados que apresentam baixos níveis de rivalidade (*suboptimal competition*).

Dessa maneira, comprovado que a concorrência perfeita foi sempre um modelo teórico inatingível e que os mercados reais normalmente apresentam falhas, tem-se que a regulação jurídica tem um importante papel para, endereçando tais problemas estruturais, possibilitar o próprio funcionamento eficiente do mercado. Nos termos da precisa síntese de Jean Tirole[44], como Estado e mercados não competem propriamente, mas cada um precisa do outro para funcionarem propriamente, o Estado protegerá o bem comum sempre que os mercados falharem.

Também não pode ser subestimado o papel da regulação no endereçamento das externalidades negativas geradas pelos agentes econômicos, o que é reconhecido pelo próprio Friedman[45] em artigo seminal publicado na *New York Times Magazine em 1970*, em que o autor sustenta que a responsabilidade dos administradores de companhias abertas seria apenas a de fazer a maior quantidade de dinheiro possível.

Como apontam Hart e Zingales[46], a premissa de Friedman é que deve haver o cumprimento das regras do jogo, assim como haver a diferenciação entre as atividades lucrativas e as atividades éticas, com a consequente segmentação entre os fins das companhias e os fins dos indivíduos e governos. Somente essa separação justificaria

---

[43] *Competition Overdose*: How free market mythology transformed us from citizen kings to market servants. Op. cit.

[44] *Economics for the common good*. Op. cit.

[45] O artigo de Friedman é referenciado no texto de Hart e Zingales que será citado logo a seguir (nota de rodapé 47).

[46] HART, Oliver; ZINGALES, Luigi. Companies Should Maximize Shareholder Welfare Not Market Value. *Journal of Law, Finance, and Accounting*, 2: 247-274 (2017).

deixar as companhias fazendo dinheiro enquanto indivíduos e governos lidam com as externalidades.

Ocorre que, segundo os autores, tal separação é possível apenas quando o lucro (*profit-making*) e a geração de danos (*damage-generating*) dos agentes econômicos são separáveis e governo perfeitamente internalizasse as externalidades com leis e regulação, o que não ocorre no mundo real. É por essa razão que apenas se poderia cogitar da busca incondicional do lucro caso a regulação internalizasse as externalidades negativas da atividade econômica.

Tal discussão realça precisamente o relevantíssimo papel da regulação jurídica de endereçar e contornar as externalidades negativas da atividade empresarial, inclusive para o fim de responsabilizar aqueles que causaram danos inaceitáveis.

Como defende Stiglitz[47], o problema das externalidades negativas vai muito além das falhas de mercado. Mesmo quando os mercados funcionam bem, frequentemente não malsucedidos em atingir resultados justos e eficientes, produzindo muito de determinadas coisas, como poluição, e pouco de outras, como a pesquisa básica. Logo, havendo grandes discrepâncias entre os retornos sociais de uma atividade e os retornos privados para a mesma atividade, os livres mercados não resolvem o problema por si só, devendo a regulação necessariamente endereçar tais aspectos.

6. SÓ HÁ LIVRES MERCADOS SE HOUVER LIVRE CONCORRÊNCIA: SÓ QUE A LIVRE CONCORRÊNCIA NÃO PODE SER TÃO LIVRE ASSIM E O ANTITRUSTE PRECISA ENFRENTAR ESSE DESAFIO

Como já se teve oportunidade de mostrar anteriormente, várias das premissas da defesa dos livres mercados e da desregulação partem da premissa de que mercados competitivos seriam suficientes para assegurar resultados eficientes e justos. Aliás, Friedman[48] propõe um verdadeiro *tradeoff* entre concorrência e regulação, como se fossem alternativas excludentes, tendo optado pela primeira em detrimento da segunda.

Ocorre que a concorrência por si só, não resolve vários dos problemas já apontados, especialmente os relacionados às externalidades negativas e aos danos que podem decorrer da atividade empresarial.

É esse precisamente o fio condutor da recente obra de Stucke e Ezrachi[49], ao mostrarem que a concorrência que decorre da desregulação, normalmente associada à ideologia dos livres mercados, não vem servindo à maior parte da população. Os autores abordam muitos exemplos concretos para mostrar como a idolatria dos livres mercados, em relação aos quais o único *driver* seria a concorrência, transformou os cidadãos em servos, beneficiando apenas as empresas e criando um ambiente que propicia não apenas a degradação de produtos e serviços, mas também a utilização da concorrência para esconder a corrupção, a exploração, a incompetência e a ignorância.

---

[47] *Power, and Profits. Progressive Capitalism for an Age of Discontents.* Op. cit.

[48] *Free to choose: a personal statement.* Op. cit.

[49] *Competition Overdose*: How free market mythology transformed us from citizen kings to market servants. Op. cit.

Com tais exemplos, Stucke e Ezrachi mostram que a premissa defendida por Friedman, no sentido de que a melhor forma de proteger consumidores é aumentar a competição e diminuir a regulação, simplesmente não vem funcionando. Consequentemente, assegurar o livre mercado exige normalmente um delicado equilíbrio entre a regulação e a concorrência.

Por fim, cumpre ressaltar que a própria defesa da concorrência é também uma política regulatória, que buscará conter o abuso de poder econômico e assegurar uma concorrência pelo mérito. Daí por que a chamada livre concorrência nunca foi propriamente livre ou a defesa do "vale tudo", mas sim a concorrência do jogo justo, de acordo com as regras adequadas, levando em consideração os argumentos já mencionados ao longo do estudo.

Tais discussões estão diretamente conectadas com o objetivo do Direito Antitruste de preservar a livre concorrência, o qual, além de ser instrumental às finalidades já mencionadas, tem a função precípua de assegurar que as regras do jogo sejam adequadas, ou seja, que os mercados sejam espaços abertos e acessíveis, que viabilizem a disputa pelo mérito e não pela força, pela dominação ou pela fraude e outros tipos de ilícitos.

Sob essa perspectiva, observa-se que é a livre concorrência que assegura os próprios "livres mercados", já que estes, por definição, apenas podem ser livres se todos puderem acessá-los ou neles permanecer pelos seus méritos, tendo a chance de receber o retorno dos seus talentos e do seu trabalho. Não obstante, os resultados do processo competitivo ainda estão associados a menores preços, maior qualidade e diversidade e fomento à inovação.

Dessa maneira, torna-se urgente a necessidade de que o Direito Antitruste resgate seus compromissos originários com a proteção de mercados competitivos, especialmente diante dos desafios inerentes à economia digital movida a dados, seara em que a análise concorrencial focada no aumento de preços já se mostrou claramente insuficiente para endereçar as novas questões concorrenciais.

Daí a necessidade de proteção do processo competitivo em si mesmo, objetivo que, segundo Tim Wu[50], dialoga diretamente com os compromissos originários do Direito Antitruste com a antimonopolização e a descentralização do poder econômico. Mais do que isso, a superação do *consumer welfare standard* e da *price fixation* possibilita que a análise antitruste se dedique não somente aos danos estáticos, que se projetam normalmente sobre os preços, como também aos danos dinâmicos, tais como o bloqueio ou a desaceleração da inovação, a perda de qualidade competitiva e a estagnação da indústria como um todo. Por essa razão, é necessária uma luta mais dura contra preços exclusionários, praticados unilateralmente ou em colusão.

Ainda sustenta Wu[51] que o critério da tutela da competição é muito mais fácil, seguro e estável do que o proposto do Chicago, pois a proteção do processo se limita a eliminar abusos, distorções e subversões, condutas cujo diagnóstico costuma ser mais

---

[50] WU, Tim. After consumer welfare, now what? The protection of competition standard in practice. *The Journal of the Competition Policy International, 2018*. Columbia Public Law Research Paper No. 14-608. Disponível em: https://papers.ssrn.com/sol3/papers.cfm?abstract_id=3249173.

[51] After consumer welfare, now what? The protection of competition standard in practice. Op. cit.

óbvio do que saber se haverá ou não a maximização do bem-estar do consumidor. De fato, buscar um determinado resultado, como é o caso da maximização do bem-estar do consumidor, requer planejamento social e grandes dificuldades operacionais, inclusive do ponto de vista da mensuração.

Acresce que a tutela do processo competitivo possibilita, ao mesmo tempo, a proteção dos competidores e a proteção dos consumidores, que direta e indiretamente são beneficiados pelas vantagens que decorrem da competição. E nem se afirme que tal postura implica proteger ineficientes, pois se trata tão somente de assegurar um jogo limpo e justo, em que os ganhadores vençam pelo seu próprio mérito e não por estratégias anticompetitivas.

O critério também possibilita a consideração da perspectiva dinâmica da competição, avaliando as empresas não somente a partir das premissas neoclássicas estáticas, mas também em razão dos seus diferentes ciclos de vida: se são incumbentes, entrantes, *mavericks* etc. Também possibilita que sejam analisadas as dinâmicas efetivas de competição a partir de novos e diferentes aportes, como os oriundos da economia comportamental, que podem ajudar a entender melhor as distintas estratégias de ação. Dentre as consequências dessa mudança de olhar estão, como adverte Tim Wu[52], a adoção de uma postura mais rigorosa sobre as aquisições e os comportamentos excludentes que dificultam a entrada e barram a inovação externa.

Certamente que uma das prioridades nessa seara deve ser o controle de estruturas. Especialmente em se tratando de mercados movidos ou influenciados pelo *big data*, mesmo aquisições pequenas podem ser concorrencialmente problemáticas, especialmente se realizadas por plataformas gigantes e tendo por objeto empresas que, a médio ou longo prazo, poderiam ser importantes rivais. Não se pode esquecer que os recursos do *big data* possibilitam àqueles que deles se utilizam mapear entradas e o crescimento de novos rivais com muita rapidez, a fim de criar estratégias anticompetitivas, seja para adquiri-los, seja para aniquilá-los.

Logo, especial atenção precisa ser dirigida à concorrência potencial e as estratégias das grandes agentes diante de entrantes e *startups*, até porque a única alternativa provavelmente viável para contestar o poder dos grandes agentes vem de pequenos negócios que podem implementar destruições criativas[53] ou mesmo disrupções. É por essa razão que atos de concentração na economia digital precisam ser submetidos a um rígido escrutínio diante dos riscos de se aniquilar a concorrência potencial.

Por essa razão, Tim Wu[54], a partir da proposta de substituição do teste do bem-estar do consumidor pelo teste da proteção da competição, sustenta que fusões e aquisições que levem a altos níveis de concentração são inerentemente problemáticas, ainda que não afetem diretamente os preços. Sob essa perspectiva, o autor chega a sugerir o banimento de operações que reduzam o número de competidores para quatro ou menos.

---

[52] WU, Tim. Taking innovation seriously: antitrust enforcement if innovation mattered most. *Antitrust Law Journal*, v. 78, p. 313-328, 2012.

[53] SCHUMPETER, Joseph A. *Capitalism, socialism & democracy*. Londres: Routledge, 2003.

[54] WU, Tim. *The curse of bigness. Antitrust in the new gilded age*. New York: Columbia Global Reports, 2018.

Em sentido semelhante, como já se adiantou no artigo anterior, Marshall Steinbaum e Maurice Stucke[55] também propõem a substituição do *consumer welfare standard* pelo *effective competition standard*, a fim de assegurar a proteção dos mercados simultaneamente à proteção dos indivíduos, por meio da desconcentração do poder privado. Algumas das consequências práticas da proposta são:

(i) a diminuição substancial de competição passa a ser vista como suficiente para o controle antitruste, dispensando as autoridades de demonstrar o quanto isso fere consumidores ou de mensurar as perdas e os ganhos;

(ii) o reconhecimento de que a competição exige competidores, razão pela qual se espera das autoridades uma postura mais dura com práticas monopolistas, predatórias e exclusionárias, que reduzem as oportunidades competitivas para entrantes e rivais, independentemente da eficiência econômica ou mesmo da prova do dano;

(iii) a proteção de todos os agentes do mercado, ao contrário do *consumer welfare standard*, que apenas considera o impacto de condutas em relação a consumidores;

(iv) a eliminação da etapa precária de se tentar apurar como a redução da competição irá prejudicar consumidores e a restauração dos propósitos do *Clayton Act* de impedir atos restritivos da competição na sua incipiência, antes de se tornarem plenas violações ao *Sherman Act*.

Na mesma linha de Wu, Steinbaum e Stucke, antecipando as conhecidas críticas de que uma nova abordagem traria grande insegurança, deixam claro que o *consumer welfare standard* está longe de garantir segurança, na medida em que apresenta diversas definições e está sujeito a alto grau de subjetividade, nunca tendo sido uma bússola coerente para orientar as decisões judiciais e ainda tendo se mostrado excessivamente tolerante com práticas anticompetitivas.

Por outro lado, Steinbaum e Stucke também reconhecem que o Direito Antitruste, ao precisar servir a vários objetivos, estará mais sujeito aos riscos de erros e capturas, ainda mais se a análise antitruste continuar a ser feita por parâmetros tradicionais, tais como a regra da razão. Daí defenderem a necessidade de claras presunções legais para orientar a análise antitruste e conciliar os seus múltiplos objetivos com a segurança e com uma metodologia que seja de fácil administração.

Aliás, não são poucos os autores que vêm sustentando a necessidade de o Direito Antitruste passar a se basear em presunções estruturais. Como aponta Jonathan Baker[56], não se pode negar, com base nos dados da realidade atual, que existe uma relação entre mercados concentrados e o exercício de poder de mercado, razão pela qual as presunções estruturais estão mais bem fundadas na teoria econômica do que os defensores de Chicago supunham.

No mesmo sentido, John Kwoka[57] também mostra que o Direito Antitruste deve se basear em presunções estruturais para diversos fins, inclusive para o objetivo de

---

55 The effective competition standard: a new standard for Antitrust. Op. cit.
56 KHAN, Lina. *The Antitrust Paradigm Restoring a Competitive Economy*. Cambridge: Harvard University Press, 2019.
57 KWOKA, John. *Controlling mergers and market power*: a program for reviving Antitrust in America. Boston: CPI Competition Policy International, 2020.

proibir atos de concentração em indústrias altamente concentradas sem necessidade de análises exaustivas. Sob essa perspectiva, os parâmetros devem ser extremamente rigorosos para operações que resultem em poucos competidores – sobretudo um, dois ou três competidores – ou eliminem a concorrência potencial.

Além de presunções, uma das formas de assegurar a competição é por meio de adoção de regras específicas para alguns casos, tais como as propostas por Lina Khan[58] em relação às plataformas digitais, no sentido de que deve haver uma separação estrutural, a fim de que o agente que provê a infraestrutura não possa concorrer com os seus usuários, sob pena de se criar intrínseco conflito de interesses que permite as plataformas tirar vantagens de sua dominância, minando a competição e diminuindo a inovação.

O relatório do Stigler Center[59] sobre plataformas digitais também confere grande importância à questão da manutenção do processo competitivo, reconhecendo inclusive que a redução da concorrência leva a maiores preços, menor inovação, menor qualidade, além dos danos aos investimentos. Da mesma maneira, o relatório reconhece que a proteção da concorrência nesses mercados exige a proteção dos competidores e que a competição pelo mérito deve ser restaurada a partir da seguinte diretriz: *Private conduct that creates or increases market power, other than by efficiency-based competition on the merits, is illegal.*

Em sentido convergente, o recentíssimo relatório do *Subcomitte on Antitrust, Commercial and Administrative Law of the Committee on the Judiciary* norte-americano, também aponta a necessidade de se restaurar a competição em mercados digitais a partir de uma série de medidas, como reduzir conflitos de interesse por meio de separações estruturais e restrições às linhas de negócios, bem como evitar discriminações, favoritismos, *self-preferencing* e abusos de posição dominante. O relatório também menciona a importância das presunções para o controle de concentração, assim como propõe o reforço da legislação antitruste para restaurar os seus fins antimonopólio[60].

Todos esses novos aportes e visões convergem para a conclusão de que a proteção da competição é fundamental para que exista o próprio "livre mercado", visto como aquele que todos podem acessar ou nele se manter pelo seu mérito, tendo a chance de serem retribuídos pelos seus talentos e trabalho duro.

Tal postura envolve uma visão do Antitruste que privilegia o processo competitivo e não determinado resultado – postura, aliás, que é bem mais condizente com as dificuldades preditivas que vêm sendo acentuadas por tantos novos estudos na economia –, assim como conecta o processo competitivo a diversos importantes aspectos, tais como o fomento à inovação.

Por outro lado, a proteção do processo competitivo, inclusive no que diz respeito ao seu papel para o fomento da inovação, longe de ser incompatível com a tutela do consumidor, é objetivo com ela convergente.

---

58   KHAN, Lina. The separation of platforms and commerce. *Columbia Law Review*, vol. 119, p. 973, 2019.

59   Disponível em: https://www.publicknowledge.org/wp-content/uploads/2019/09/Stigler--Committee-on-Digital-Platforms-Final-Report.pdf.

60   Disponível em: https://judiciary.house.gov/uploadedfiles/competition_in_digital_markets.pdf.

7. SÓ HÁ LIVRES MERCADOS E LIBERDADE DE INICIATIVA SE HOUVER UM ADEQUADO EQUILÍBRIO ENTRE ESTADO E SOCIEDADE: A SÍNTESE DE ACEMOGLU E ROBINSON

Diante de todos os argumentos já expostos até aqui, fica muito claro que a existência dos livres mercados e da própria liberdade de iniciativa não é um problema meramente econômico, mas também político e social.

Nesse sentido, vale ressaltar a precisa síntese de Acemoglu e Robinson[61], ao ressaltarem que a liberdade é um direito que apenas pode surgir e florescer em um contexto em que tanto o Estado como a sociedade sejam fortes. Um Estado forte é importante para controlar a violência, assegurar o *enforcement* das leis e prover serviços públicos que são fundamentais para que as pessoas possam fazer suas escolhas e persegui-las. De outra parte, uma sociedade forte é importante para controlar e limitar o poder do Estado, mantendo-o "algemado": daí a ideia de *Shackled Leviathan*.

Vale ressaltar que os autores partem de uma noção material – e não meramente formal – da liberdade, entendendo que somente é livre aquele que não está sujeito a nenhum tipo de ameaça, coação ou subjugação vinda de pessoas, grupos ou organizações. Da mesma forma, não há liberdade efetiva quando conflitos são resolvidos (i) pela força ou pela sua ameaça ou (ii) por relações de poder desiguais. Como já se antecipou na seção 3, só existe liberdade quando não há dominância, qualquer que seja a sua fonte, pública ou privada.

O que não pode ser negligenciado é que o reconhecimento da liberdade emerge de um processo confuso, que não pode ser facilmente desenhado ou previsto, nem mesmo assegurado por um sistema de freios e contrapesos. Por essa razão é que é indispensável a vigilância da sociedade, já que o despotismo está no DNA do Estado.

Outra conclusão importante dos autores é que existe uma relação intrínseca entre liberdade, prosperidade e crescimento econômico. Afinal, a prosperidade e o crescimento econômico originam-se de princípios básicos, que incluem incentivos para as pessoas investirem, experimentarem e inovarem. Tais incentivos dependem do Estado, sem o qual não há um direito para adjudicar disputas nem proteção para os direitos de propriedade que se situam no conflito[62].

Todavia, a prosperidade e o crescimento econômico não repousam apenas em direitos de propriedade seguros, mas dependem criticamente de amplas oportunidades econômicas. Por essa razão, é necessário que as oportunidades sejam amplas e justamente distribuídas na sociedade, a fim de que quem quer que tenha uma boa ideia para inovar ou investir em algo valioso tenha a chance de executá-la e receber as recompensas. Consequentemente, a liberdade no domínio econômico requer que o campo do jogo seja nivelado e acessível a todos.

Mais do que isso, instituições econômicas inclusivas apenas se prolongam no tempo se forem apoiadas por instituições políticas igualmente inclusivas, ou seja, que evitem a monopolização do poder político por um pequeno segmento da sociedade.

---

[61] *The Narrow Corridor. States, Societies and the Fate of Liberty.* Op. cit.
[62] Op. cit., p. 144.

Além do papel estruturante do Estado sobre a economia, já mencionado anteriormente, Acemoglu e Robinson dão diversos exemplos da necessidade da intervenção estatal sobre os mercados, dentre os quais para (i) endereçar as externalidades, como é o caso da poluição, (ii) assegurar os bens públicos, dos quais todos obtêm benefícios, como a infraestrutura ou a defesa nacional, (iii) enfrentar situações de informação assimétrica e (iv) evitar que monopólios cobrem preços excessivos ou entrem em atividades predatórias contra competidores.

Entretanto, os autores vão além, para defender que a intervenção governamental é também necessária para a segurança social e para a redistribuição com a finalidade de limitar a desigualdade. Afinal, sem isso, não se tem como nivelar o campo e assegurar a equitativa distribuição de oportunidades econômicas para todos.

Outro ponto importante é que Acemoglu e Robinson também defendem a intervenção do Estado na economia para o fim de reequilibrar o poder político dos agentes envolvidos. Disso decorre a preocupação com a manutenção e o fortalecimento dos sindicatos que, para Acemoglu e Robinson, são centrais para manter o equilíbrio parcial de poder entre negócios organizados e o trabalho. Na verdade, foi o declínio do poder dos sindicatos ao longo das últimas décadas que modificou o equilíbrio de poder na sociedade americana em favor das grandes companhias.

Na parte final do livro, os autores ainda se debruçam mais especificamente sobre o problema do aumento da desigualdade, traduzido no aumento crescente da remuneração dos que estão no topo às custas da estagnação dos rendimentos dos que estão na parte inferior da pirâmide social. Se a concentração do sistema financeiro tem levado à assunção de riscos excessivos e a grandes ineficiências, o aumento da concentração em outras áreas têm sido decisivo para o aumento da desigualdade, até por ter como consequência o achatamento dos salários dos trabalhadores.

Outro grave problema decorrente da desigualdade é a perda da confiança nas instituições, o que compromete o próprio *Shackled Leviathan,* cuja existência depende de a sociedade acreditar nas instituições que o apoiam e estiver disposta a protegê-las contra o poder do Estado e contra as elites. Entretanto, o aumento da desigualdade, a diminuição do emprego e os enormes lucros do setor financeiro e das grandes empresas sem regulação estimulam na sociedade o sentimento de que a economia é fraudada contrariamente aos interesses da maioria e de que o sistema político é cúmplice nesse processo.

Fica muito claro, portanto, que a liberdade econômica pressupõe a liberdade política, razão pela qual é necessário um duro trabalho de mobilização social, o que requer, dentre outras medidas, assegurar representatividade a atores coletivos, como os sindicatos, e implantar uma concepção inclusiva e efetiva de liberdade e de direitos, incluindo minorias.

8. CONSIDERAÇÕES FINAIS

Como se pode demonstrar ao longo do presente artigo, até mesmo a existência dos livres mercados depende de uma adequada regulação jurídica que, sendo capaz de assegurar a concorrência pelo mérito, possa (i) evitar condutas que se desviem da eficiência e dos talentos e causem danos aos outros por meio de fraudes, manipulações e enganos, (ii) evitar que a liberdade dos mais fortes anule ou restrinja sensivelmente a liberdade dos mais fracos, transformando-se em uma espécie de tirania privada, (iii) assegurar que a liberdade de iniciativa dos agentes econômicos seja compatível com a necessária proteção da liberdade dos consumidores, (iv) endereçar o problema das falhas de mercado e das externalidades negativas, criando um equilíbrio entre poder (*profit-making*) e responsabilidade (*damage-generating*) e (v) assegurar efetivamente a livre concorrência, não apenas criando as regras do jogo justo, como assegurando a eficácia do processo competitivo.

Mais do que isso, o projeto de implementação dos livres mercados exige também que se encontre um equilíbrio entre sociedade e Estado, a fim de assegurar liberdade econômica e liberdade política para todos. Aliás, não é demais lembrar que, mesmo para libertários como Friedman, a liberdade política e a liberdade econômica se interpenetram, de forma que uma não existe sem a outra.

Diante dos aspectos envolvidos, é ingênua a visão de que os livres mercados atingirão tais objetivos natural e espontaneamente, ainda mais quando se demonstra que, na maior parte dos casos, vários dos vetores essenciais para assegurar os bons resultados do mercado – informação, racionalidade dos agentes econômicos e competição – não estão persentes. Dessa maneira, sem regulação, há considerável risco de que livres mercados propiciem a fraude e a manipulação, a criação de danos e de externalidades negativas e a prevalência do poder do mais forte em detrimento de todos os demais atores econômicos, incluindo os consumidores.

Após todas essas reflexões, fica claro que o problema não é a utopia pessoal de Friedman – uma sociedade em que todos tenham liberdade para perseguirem seus objetivos desde que não comprometam a igual liberdade dos demais – mas sim a fantasia de que tal objetivo possa ser alcançado como consequência natural dos livres mercados.

É exatamente por compartilhar da utopia de Friedman que eu entendo que a regulação jurídica é fundamental para viabilizá-la, assegurando a coexistência entre liberdades e a competição pelo mérito. Sem regulação jurídica adequada, não há nem livre mercado, nem livre iniciativa, nem o atendimento dos objetivos da ordem econômica constitucional brasileira.

REFERÊNCIAS

ACEMOGLU, Daron; ROBINSON, James. *The Narrow Corridor. States, Societies and the Fate of Liberty*. New York: Penguin Press, 2019.

AKERLOF, George; SHILLER, Robert. *Phishing for Phools. The economics of manipulation and deception*. New Jersey: Princeton University Press, 2015.

BAKER, Jonathan. *The Antitrust Paradigm Restoring a Competitive Economy*. Cambridge: Harvard University Press, 2019.

BANERJEE, Abhijit; DUFLO, Esther. *Good Economics for Hard Times*. New York: Public Affairs, 2019.

BRAZ, Bruno. *A que(m) serve o Antitruste?* Eficiência e rivalidade na política concorrencial de países em desenvolvimento. São Paulo: Singular, 2019.

FIRST, Harry; WALLER, Spencer. Antitrust's Democracy Deficit, 81 *Fordham L. Rev.* 2543 (2013). Disponível em: https://ir.lawnet.fordham.edu/flr/vol81/iss5/13.

FRAZÃO, Ana. Liberdade econômica para quem? A necessária vinculação entre a liberdade de iniciativa e a justiça social. In: SALOMÃO, Luís Felipe; CUEVA, Ricardo Villas Bôas;

FRAZÃO, Ana. *Lei de Liberdade Econômica e seus impactos no Direito Brasileiro*. São Paulo: Revista dos Tribunais, 2020.

FRAZÃO, Ana. *Propriedade e empresa*: função social e abuso do poder econômico. São Paulo: Quartier Latin, 2006.

FRIEDMAN, Milton. *Capitalism and Freedom*. Chicago: Chicago University Press, 2003.

FRIEDMAN, Milton; FRIEDMAN, Rose. *Free to choose*: a personal statement. Mariner Books, 2006.

HART, Oliver; ZINGALES, Luigi. Companies Should Maximize Shareholder Welfare Not Market Value. *Journal of Law, Finance, and Accounting*, v. 2, p. 247-274, 2017.

KAHNEMAN, Daniel. *Rápido e devagar*: duas formas de pensar. Tradução de Cassio Leite. São Paulo: Objetiva, 2011.

KHAN, Lina. The ideological roots of America's Market power problem. *The Yale Journal Forum*, June 4, 960 (2018).

KHAN, Lina. The separation of platforms and commerce. *Columbia Law Review*, vol. 119, p. 973, 2019.

KWOKA, John. *Controlling mergers and market power: a program for reviving Antitrust in America*. Boston: CPI Competition Policy International, 2020.

LAO, Marina. Ideology matters in the Antitrust debate. *Antitrust Law Journal*, vol. 79, n. 2, 2014.

LYNN, Barry. *Liberty from all masters*. New York: St. Martin's Publishing Group, 2020.

MILL, John Stuart. *Sobre a Liberdade*. São Paulo: Edições 70, 2006.

ORRELL, David. *Economyths. 11 ways economics gets it wrong*. Icon Books, 2017.

RAWLS, John. *O Liberalismo Político*. Tradução de Dinah de Abreu Azevedo. São Paulo: Ática, 2000.

RAWLS, John. *Teoría de la Justicia*. Tradução de Maria Dolores González. Madri: Fondo de Cultura Económica de España, 1997.

SCHUMPETER, Joseph A. *Capitalism, socialism & democracy*. Londres: Routledge, 2003.

STEINBAUM, Steinbaum; STUCKE, Maurice Stucke. The effective competition standard: a new standard for Antitrust . *The University of Chicago Law Review*, v. 86, p. 595, 2020.

STIGLITZ, Joseph. *Power, and Profits. Progressive Capitalism for an Age of Discontents*. New York: W.W. Norton & Company, 2019.

STIGLITZ, Joseph. *O preço da desigualdade*. Tradução de Dinis Pires. Lisboa: Bertrand, 2013.

STUCKE, Maurice; EZRACHI, Ariel. *Competition Overdose*: How free market mythology transformed us from citizen kings to market servants. Harper Business, 2000.

THALER, Richard. *Misbehaving. The Making of Behavioral Economics*. New York: W.W Norton & Company, 2015.

TIROLE, Jean. *Economics for the common good*. New Jersey: Princeton University Press, 2017.

WU, Tim. *The curse of bigness. Antitrust in the new gilded age*. New York: Columbia Global Reports, 2018.

WU, Tim. After consumer welfare, now what? The protection of competition standard in practice. *The Journal of the Competition Policy International, 2018*. Columbia Public Law Research Paper No. 14-608. Disponível em: https://papers.ssrn.com/sol3/papers.cfm?abstract_id=3249173.

WU, Tim. Taking innovation seriously: antitrust enforcement if innovation mattered most. *Antitrust Law Journal*, v. 78, p. 313-328, 2012.

Capítulo 2

A CATEDRAL E SUAS SOMBRAS: O PAPEL DA IDEOLOGIA NA CONSTRUÇÃO DO ARGUMENTO DE AUTORIDADE A PARTIR DA ECONOMIA NO DISCURSO JURÍDICO

Angelo Prata de Carvalho

Advogado. Doutorando e Mestre em Direito pela Universidade de Brasília.
Professor voluntário da Universidade de Brasília e Professor da pós-graduação
em Direito Digital do UniCEUB.

Après tout, il ne tournait qu'à regret sa face du côté des hommes; sa cathédrale lui suffisait. Elle était peuplée de figures de marbre, rois, saints, évêques, qui du moins ne lui éclataient pas de rire au nez et n'avaient pour lui qu'un regard tranquille et bienveillant. Les autres statues, celles des monstres et des démons, n'avaient pas de haine pour lui Quasimodo. Il leur ressemblait trop pour cela[1].

1. INTRODUÇÃO

Na década de 1890, Claude Monet produziu sua conhecida série de pinturas da catedral de Rouen, ressaltando a sua beleza nos mais diversos momentos do dia e com as várias nuances que podem ser ressaltadas a depender do ponto em que se lança a luz do sol. A metáfora da catedral ficou notória em artigo já clássico de Guido Calabresi e Douglas Melamed[2] no qual os autores procuram demonstrar sua visão sobre os direitos de propriedade como *uma visão da catedral*, isto é, um ponto de vista específico de enfrentar problemas jurídicos, na medida em que seria impossível adotar uma abordagem totalmente integrada, apesar de que, para que efetivamente se entenda a catedral, é preciso vê-la de todos os pontos de vista possíveis.

---

[1] HUGO, Victor. *Notre-Dame de Paris.* Paris: Perrotin, 1844. p. 143.

[2] CALABRESI, Guido; MELAMED, Douglas. Property rules, liability rules, and inalienability: one view of the cathedral. *Harvard Law Review*, v. 85, n. 6, p. 1089-1128, abr. 1972.

A metáfora da catedral, assim, é bastante cara a abordagens jurídicas como a análise econômica do Direito, que não raro procuram demonstrar que há um determinado lado da catedral que não está sendo visto com a necessária clareza, ou que somente se está visualizando uma perspectiva da catedral. O que se pretende discutir no presente trabalho não é propriamente qual a melhor visão da catedral a ser adotada, mas sim o que condiciona a escolha por uma visão ou outra, e quais elementos devem ser verdadeiramente deixados às claras nesse contexto.

Isso porque a catedral não é um mero edifício fundado em pedra ou concreto, mas, antes de tudo, um símbolo de autoridade. Catedral nada mais é do que a principal igreja de uma determinada diocese, assim chamada em virtude do fato de ser o local onde se encontra a cadeira (*cathedra*) do bispo que governa aquela circunscrição religiosa[3]. A ideia de *cathedra*, aliás, é um sinal de autoridade desde o início do cristianismo, de tal maneira que a expressão *ex cathedra* inclusive diz respeito à autoridade solene de um determinado ensinamento papal, considerando que são os papas os sucessores de São Pedro em sua *cathedra*[4]. A propósito, o que faz uma catedral não é a sua beleza ou resplendor, mas sim a designação de sua autoridade[5]. Dessa maneira, a compreensão do papel da autoridade é elemento fundamental não somente para que se veja a catedral de maneira abrangente, mas para que se compreenda por que se trata de uma catedral.

A edição da Lei de Liberdade Econômica (Lei 13.874/2019) trouxe consigo não somente um conjunto expressivo de inovações legislativas, mas um conjunto de princípios próprios com a pretensão de conferir novas interpretações a institutos jurídicos já existentes, notadamente mediante a introdução de conceitos e metodologias econômicas baseadas em premissas da chamada economia neoclássica. Com isso, a análise jurídica passou-se não somente a propor a agregação de metodologias econômicas, mas a supor que tais técnicas seriam o caminho por excelência para superar a subjetividade e a insegurança potencialmente oriundas do discurso e da hermenêutica jurídica.

Ao passo que a mencionada lei evoca um conjunto de pressupostos teóricos comumente apontados como os mais adequados para resolver questões jurídicas em razão de adotarem métodos quantitativos que alcançam relativa certeza matemática ou estatística, o diploma normativo também atrai um modo de pensar que vai de encontro ao desenvolvido ao longo de várias gerações na teoria do direito, desafiando inclusive as premissas assentadas pelo giro linguístico e pelo pós-positivismo, notadamente quanto à textura aberta da linguagem. Assim, o raciocínio jurídico é inserido em uma aparente encruzilhada na qual, de um lado, longo processo de desenvolvimento teórico levou à construção de uma dogmática jurídica ciente dos vieses e constrangimentos impostos pela linguagem, e, de outro, um discurso econômico procura tomar emprestada de uma noção geral de "ciência" a autoridade necessária para suplantar a fundamentação jurídica.

O presente trabalho, nesse sentido, procurará explorar as fragilidades do argumento econômico contido nas discussões associadas à Lei de Liberdade Econômica,

---

[3] CARSON, Thomas; CERRITO, Joan (org.). *New catholic encyclopedia*. 2. ed. Detrois: Thomson Gale, 2003. v. 3, p. 260-261.

[4] CARSON; CERRITO, op. cit., v. 3, p. 260-261.

[5] CARSON; CERRITO, op. cit., v. 3, p. 260-261.

notadamente quanto à tentativa de colonização do discurso jurídico por uma pretensão de objetividade fabricada a partir de compreensões econômicas que, por mais que tenham pretensões totalizantes e universalizantes, deliberadamente deixam de lado aspectos fundamentais que necessariamente devem informar a análise jurídica em um Estado Democrático de Direito. No entanto, o objetivo do trabalho não é propriamente apreciar os elementos materiais do discurso econômico ou aquilatá-los com os eixos valorativos que devem orientar o discurso jurídico, mas sim verificar em que medida tais raciocínios se estruturam como argumentos de autoridade e investigar, de maneira crítica, os mecanismos ideológicos velados que circundam esse discurso.

Para tanto, este trabalho será dividido em três capítulos, sendo o primeiro destinado a apresentar as principais características da construção do argumento de autoridade no direito, notadamente aquele oriundo da utilização de raciocínios econômicos. Na sequência, procurar-se-á explorar as contradições e paradoxos verificáveis na importação de raciocínios econômicos ao discurso jurídico, mesmo após longo período de desenvolvimento teórico voltado a suplantar os riscos e perigos associados à adoção de presunções de racionalidade e à idolatria ao método. Ao final, pretende-se discutir o caráter ideológico da construção de tal autoridade, assim como a necessidade de se lançar olhar crítico a tais reflexões.

2. A ESTRUTURA DO ARGUMENTO DE AUTORIDADE E SUAS FINALIDADES RETÓRICAS: DO DIREITO À ECONOMIA

Por mais que comumente seja apresentado como uma falácia argumentativa, o argumento de autoridade se apresenta como elemento constitutivo de diversas modalidades de discurso, das quais é exemplo o discurso jurídico, de que não se pode afastar a natureza autoritativa, seja em razão da forma institucionalizada de sua produção, seja pela força impositiva de suas normas, que condicionam em larga medida as premissas do discurso jurídico, conforme assevera Manuel Atienza[6]. Daí a razão pela qual, no discurso jurídico, "os argumentos baseados em autoridade não somente são usados com profusão, mas também se considera legítimo fazê-lo"[7].

Isso não significa, por evidente, que o direito naturalize também a forma falaciosa do argumento de autoridade, especialmente a partir do momento em que o emprego da autoridade deixa de ser um meio de afirmação institucional das orientações normativas aplicáveis ao caso concreto para tornar-se simplesmente um meio de afirmação não fundamentada de determinado discurso[8]. O argumento de autoridade despido de

---

[6] ATIENZA, Manuel; VALE, André Rufino. O argumento de autoridade no direito. *Novos Estudos Jurídicos*, v. 17, n. 2, p. 144-160, 2012.

[7] ATIENZA; VALE, op. cit., p. 147.

[8] Não é sem motivo que, segundo Joseph Raz, o direito não seria mero argumento de autoridade, mas a voz autoritativa de uma comunidade política, de maneira que a característica de argumento de autoridade é elemento intrínseco da prática jurídica. Não se trata, no entanto, de afirmar que as decisões judiciais devem ser prontamente aceitas tão somente em razão de sua autoridade, mas sim pelo fato de estarem expostas a controle público de linguagem que fornece critérios racionais de verificação da legitimidade dos discursos (RAZ, Joseph. *Between authority and interpretation*: on the theory of law and practical reason. Oxford: Oxford University Press, 2009). Ver, nesse sentido: PRATA DE CARVALHO, Angelo; ROESLER, Claudia

respaldo institucional, nesse sentido, torna-se falacioso a partir do momento em que as razões não obrigatórias para a tomada de decisão são baseadas simplesmente na infalibilidade de determinado autor ou método[9].

No caso do discurso econômico – que, cabe lembrar, não raro entrecruza-se com o discurso jurídico, como ocorre com frequência na própria redação e nas discussões sobre a aplicação da Lei de Liberdade Econômica –, dificilmente se poderá falar em autoridade vinculante em virtude da inexistência de um arcabouço institucional voltado a aplicar argumentos econômicos coercitivamente. Entretanto, o fato de se tratar de argumento econômico de maneira alguma torna o discurso indene da necessidade de angariar autoridade persuasiva, na medida em que – diferentemente do que podem querer sustentar determinadas correntes econômicas – a adequação de um raciocínio econômico não decorre demonstração de soluções matemáticas cuja correção e autoridade seriam autoevidentes, mas sim de elementos que carecem de fundamentação consistente com os parâmetros de controle do discurso aplicáveis ao campo em questão.

A falácia do apelo à autoridade, nesse sentido, de maneira alguma procura suprimir o papel da autoridade institucional para fixação de entendimentos – evidentemente sujeitos à controvérsia – nos mais diversos campos, mas sim apontar os vícios de raciocínios que se descolem de seu contexto e da própria viabilidade dos fundamentos em prol de um apoio em autoridade externa inquestionável ou de difícil superação. O argumento de autoridade, nesse sentido, caracteriza-se por sustentar uma determinada pretensão em função do prestígio de elemento externo ao discurso (ou, ainda, às premissas que constituem o discurso concreto), a indicar a fraqueza da argumentação ou a debilidade de uma tese[10]. O apelo à autoridade, por conseguinte, conforme apontam Perelman e Olbrechts-Tyteca, é uma das falácias mais criticadas no meio científico, notadamente em virtude de sua ampla utilização para a concessão de valor coercivo a assertivas, "como se as autoridades invocadas houvessem sido infalíveis"[11].

Evidentemente que o argumento de autoridade tem por fundamento de efetividade a noção de campo-dependência, isto é, sua força será determinada em função de sua relevância para o campo em que se desenvolve a argumentação. De acordo com Stephen Toulmin[12], "dois argumentos pertencem ao mesmo campo quando os dados e as conclusões em cada um dos dois argumentos são, respectivamente, do mesmo tipo lógico; diz-se que eles vêm de campos diferentes quando o suporte ou as conclusões de cada um dos dois argumentos não são do mesmo tipo lógico". Dessa maneira, a força de um argumento de autoridade será diretamente influenciada pelo campo em que se implementa, na medida em que determinados campos ou podem ser refratários a raciocínios que não lhes sejam familiares (isto é, os integrantes do campo não são capazes

---

Rosane. O argumento de autoridade no Supremo Tribunal Federal: uma análise retórica em perspectiva histórica. *Revista Direito, Estado e Sociedade*, n. 55, p. 42-68, jul.-dez. 2019.

[9]   Trata-se, aqui, da distinção feita por Schauer entre autoridade vinculante (*binding authority*) e autoridade persuasiva (*persuasive authority*). Ver: SCHAUER, Frederick. Authority and authorities. *Virginia Law Review*, v. 94, p. 1931-1961, 2008. p. 1940-1942.

[10]   PERELMAN, Chaïm; OLBRECHTS-TYTECA, Lucie. *Tratado da Argumentação*. São Paulo: Martins Fontes, 2014. p. 347-348.

[11]   PERELMAN; OLBRECHTS-TYTECA, op. cit., p. 348.

[12]   TOULMIN, Stephen. *Os usos do argumento*. São Paulo: Martins Fontes, 2006. p. 20-21.

de apreender completamente os fundamentos utilizados ou mesmo de compreender a relevância da autoridade mencionada), ou, ainda, podem colocar em dúvida, em razão de discrepâncias metodológicas, elementos que dificilmente seriam questionados no campo de onde retiram sua autoridade.

No entanto, por mais que a discussão sobre a campo-dependência seja central na análise argumentativa – e notadamente na argumentação jurídica, já que há campos apartados associáveis aos diversos ramos do Direito, cujos vocabulários não necessariamente se comunicam –, não se pode esquecer que, especialmente em áreas cujas interações – ainda que de ordem social, cultural ou política – sejam mais intensas, a autoridade de um campo pode ser de grande relevância para o outro ou, ainda, pode ser ainda maior justamente pelo fato de estar vinculada àquele campo específico.

É o que parece muitas vezes ocorrer justamente na relação entre Direito e Economia, especialmente a partir do momento em que a dogmática jurídica e mesmo diplomas legislativos como a Lei de Liberdade Econômica internalizam conceitos econômicos em virtude dos quais invariavelmente se terá de recorrer a raciocínios oriundos da ciência econômica. Os argumentos de autoridade econômicos, nesse sentido, podem ganhar grande força no discurso jurídico, especialmente diante da dificuldade de se criticar, com o léxico comum aos juristas, discursos econômicos baseados não somente em teorias exóticas ao raciocínio jurídico, mas em métodos diversos caracterizados por linguagem matemática que dificilmente dialoga com o raciocínio normativo que é próprio do Direito. Não é sem motivo que autores como Frederick Schauer[13] sustentam que, por mais que o argumento de autoridade possa ser campo-dependente, a autoridade propriamente dita é campo-invariável, uma vez que sua força advém não de seu conteúdo, mas sim de sua fonte.

O efeito pretendido pelo argumento de autoridade, nesse sentido, é justamente o de construir a credibilidade de um discurso em virtude da credibilidade de um elemento externo ao próprio discurso, de tal maneira que a autoridade será de ainda mais árdua contestação quando advinda de campo cujos fundamentos são estranhos ao ambiente em que o argumento se desenvolve. É por esse motivo que Walton, ao tratar do argumento de autoridade (ou *argumentum ad verecundiam*), assevera que tal estrutura argumentativa procura obter efeito inverso àquele que decorre do *ad hominem*, por meio do qual o orador utiliza argumentos direcionados a pessoa específica para "minar ou destruir a credibilidade de alguém numa discussão crítica"[14].

O *ad verecundiam*, nesse sentido, "recorre a alguém que seja especialmente confiável e reconhecido como fonte de esclarecimento"[15]. Contudo, as duas falácias têm em comum o fato de que têm por objetivo desviar o foco da disputa da linha de argumentação desenvolvida, seja para a autoridade invocada, seja para características pessoais da pessoa alvejada pelo *ad hominem*, de maneira que a discussão deixa de se

---

[13]   SCHAUER, op. cit., p. 1935.
[14]   WALTON, op. cit., p. 241.
[15]   WALTON, op. cit., p. 241.

referir à própria matéria para voltar-se à legitimidade daquela autoridade para embasar (ou encerrar) a discussão[16].

É notável, ainda no que se refere à estrutura do argumento de autoridade, que não é qualquer autoridade que servirá como trunfo de determinado discurso, mas sim a autoridade especializada. Por essa razão, pontua também Walton que, em determinados campos, um argumento de autoridade não será considerado irracional ou mesmo desarrazoado caso proferido por um profissional devidamente qualificado e reconhecido por seus pares[17]. Tal característica, porém, representa uma das principais deficiências do argumento de autoridade, na medida em que o foco do discurso deixa de ser a refutação dos fundamentos e torna-se a busca por opinião especializada capaz de desautorizar a autoridade originalmente mencionada, seja para desacreditá-la, seja para superá-la em virtude do maior prestígio da segunda autoridade[18].

Acontece que, na relação entre Direito e Economia e na consequente "importação" de argumentos de autoridade da Economia para o Direito, o apelo à autoridade ganha características peculiares. Isso porque, como já se sinalizou, a efetividade do argumento de autoridade depende fundamentalmente do mecanismo psicológico segundo o qual, quanto maior a confiança do auditório a que se destina o discurso no orador, mais aceitável ou persuasiva será sua argumentação[19], de tal maneira que o orador contará com uma série de estratégias voltadas a convencer seu público de que

---

[16] Segundo Walton (Op. cit., p. 271), o argumento de autoridade pode ser representado da seguinte maneira:

"*E* é um especialista na área *D*.

E declara que *A* é reconhecidamente verdadeiro

A está contido em *D*

Logo, *A* pode (plausivelmente) ser considerado verdadeiro".

[17] WALTON, op. cit., p. 243-244.

[18] É por esse motivo que a refutação por excelência para o argumento de autoridade é o próprio *argumentum ad hominem*. Ver, nesse sentido: MIZRAHI, Moti. Take my advice – I am not following it: *Ad hominem* arguments as legitimate rebuttals to appeals to authority. *Informal Logic*, v. 30, n. 4, p. 435-456, 2010.

[19] Pontuam os autores: "La efectivity de un *argumentum ad verecundiam* deriva del mecanismo psicológico que hace que mientras más confianza tenga la audiencia en una persona, más probable es que acepte lo que esa persona dice. En casos extremos, un *ethos* particularmente fuerte puede hacer incluso que la argumentación a favor de un punto de vista se vuelva superflua. No hay ninguna necesidad de argumentar, puesto que la audiencia confía plenamente en la palabra del hablante y acepta cualquier cosa que este diga o proponga" (EEMEREN; GROOTENDORST, 1992, p. 154). Com isso, tem-se que o argumento de autoridade opera, segundo a classificação aristotélica, no âmbito do *ethos*, isto é, dentre as provas de persuasão que residem no caráter moral do orador. Para Aristóteles: "Persuade-se pelo caráter quando o discurso é proferido de tal maneira que deixa a impressão de o orador ser digno de fé. Pois acreditamos mais e bem mais depressa em pessoas honestas, em todas as coisas em geral, mas sobretudo nas de que não há conhecimento exacto e que deixam margem para dúvida. É, porém, necessário que esta confiança seja resultado do discurso e não de uma opinião prévia sobre o carácter do orador; pois não se deve considerar sem importância para a persuasão a probidade do que fala, como aliás alguns autores desta arte propõem, mas quase se poderia dizer que o carácter é o principal meio de persuasão" (ARISTÓTELES. *Retórica*. 2. ed. Lisboa: Imprensa nacional/Casa da moeda, 2005. p. 96).

um argumento oriundo de outro campo é dotado de autoridade apta a ser respeitada também no campo que lhe é estranho.

Mecanismo comum utilizado como índice da autoridade de um argumento derivado de outros campos é a menção a prêmios e condecorações que ofereçam credibilidade a determinada fonte (como, por exemplo, a referência a autor laureado com o Prêmio Nobel ou a um *imortal* da Academia Brasileira de Letras) ou mesmo a exaltação de determinadas características acadêmicas (como os usuais prefixos "professor de todos nós" ou "a mais abalizada doutrina", comuns em textos jurídicos[20]). Evidentemente que a menção a honrarias acadêmicas pode servir para ressaltar a relevância e a ampla aceitação de determinada linha argumentativa no seu campo de origem, no entanto também não se pode ignorar o seu caráter autoritativo que transborda os próprios limites do campo.

Pode-se, aliás, mencionar o célebre exemplo do bioquímico Linus Pauling, laureado com o Prêmio Nobel de Química de 1954 (por seus estudos sobre ligações químicas) e com o Prêmio Nobel da Paz de 1962 (por seu ativismo contra testes nucleares), que ao final de sua vida, passou a advogar a ampla utilização de vitamina C como meio de prolongamento de expectativas de vida e aprimoramento da saúde da população (posição duramente criticada por autores relevantes da área médica, na qual Pauling não era um *expert* reconhecido). Nesse caso, conforme explica Walton[21], em eventual discussão sobre a utilização de vitaminas para a obtenção de melhorias na saúde, criar-se-ia verdadeira controvérsia quanto à análise da autoridade, uma vez que: (i) de um lado, rejeitar a invocação do nome de Linus Pauling por se tratar de *argumentum ad verecundiam* seria posição demasiadamente simplista, já que o bioquímico não era um profissional da área médica, porém é uma referência de primeira ordem em área correlata (a bioquímica) que poderia trazer aportes interessantes à Medicina; (ii) de outro, aceitar a posição de Pauling em detrimento da autoridade especializada do campo médico significaria ignorar as presunções de correção que derivam da reprodução do entendimento compartilhado pelos profissionais da Medicina.

O apelo à autoridade econômica na argumentação jurídica não raro vem acompanhado das dificuldades acima mencionadas, tendo em vista que se trata de áreas com evidentes correlações e que os mencionados "índices" da autoridade econômica (como a menção vencedores do prêmio Nobel de Economia) estão longe de ser ignoráveis pelos operadores do Direito. Acresce, porém, que a autoridade que se atribui a argumentos econômicos não advém simplesmente de elementos pessoais associados aos seus autores, mas também ao próprio fato de se tratar de argumento econômico, notadamente em virtude da utilização de métodos alegadamente mais objetivos ou confiáveis do que aqueles comumente utilizados pelo Direito.

O emprego de métodos empírico-matemáticos pela economia certamente oferece uma série de campos de pesquisa relevantes para as ciências econômicas e serviu em larga medida para a consolidação do conhecimento econômico especialmente a partir da conhecida "revolução de credibilidade" que marcou as publicações econômicas es-

---

[20]   Ver: PRATA DE CARVALHO; ROESLER, op. cit.
[21]   WALTON, Douglas. *Appeal to expert opinion:* arguments from authority. University Park: The Pennsylvania State University Press, 1997. p. 219-221.

pecialmente a partir dos anos 1980 e 1990[22]. Acontece que, por mais interessantes que possam ser as tentativas de tradução de dados econômicos em modelos matemáticos que sirvam para explicar determinados fenômenos, a transposição desse tipo de raciocínio para a análise jurídica pode criar uma série de dificuldades, notadamente em virtude da impossibilidade prática de que a maior parte dos juristas consistentemente refute esse tipo de abordagem.

Isso porque, para além de não ser comum que juristas dominem a linguagem econométrica, ao mesmo tempo o fornecimento de argumentos matemáticos (que, cabe desde logo salientar, não deixam de ser argumentos ou de ter natureza retórica simplesmente pelo fato de serem matemáticos) lança mão de uma pretensão de correção associada à objetividade aritmética que pretende apresentar-se como mais vantajosa diante do alegadamente subjetivo e muitas vezes ambivalente raciocínio argumentativo do Direito e de algumas ciências humanas. Tanto é assim que alguns dos críticos das metodologias pós-positivistas de interpretação e aplicação do Direito (em prol de sua substituição por raciocínios pragmático-empíricos oriundos da análise econômica) sustentam que a análise jurídica padeceria de inafastável formalismo que geraria perdas relevantes de racionalidade ao discurso jurídico[23].

Como se procurou demonstrar ao longo deste capítulo, o argumento de autoridade é elemento usual no discurso jurídico em virtude da própria natureza autoritativa do Direito, sem prejuízo de se admitir que, em diversas situações, pode ser invocado o apelo à autoridade destinado a descolar o discurso dos fundamentos legitimamente sustentáveis que conduziriam determinado raciocínio para buscar trunfo argumentativo no prestígio de determinado autor (de maneira que se trataria de artifício falacioso). Acontece que, como se mostrará na sequência, a consolidação das metodologias de análise jurídica pós-positivistas serviu para construir um conjunto de estruturas discursivas que, admitindo a natureza intrinsecamente valorativa do raciocínio jurídico, fornecem ferramentas importantes de controle e verificação da legitimidade da linguagem jurídica, que, por sua vez, não se confundem com os parâmetros da análise econômica. Da mesma maneira, também se demonstrará que a alusão à maior objetividade e correção de raciocínios oriundos da ciência econômica pode ser verdadeiramente contraditória com a pretensão de correção e racionalidade que pretende imprimir ao Direito, tendo em vista que seus procedimentos são igualmente valorativos (por mais que procurem ocultar-se por detrás de uma suposta precisão aritmética ou validação empírica).

---

[22]   Ver: ANGRIST, Joshua D.; PISCHKE, Jörn-Steffen. The Credibility Revolution in Empirical Economics: How Better Research Design is Taking the Con out of Econometrics. *Journal of Economic Perspectives*, v. 24, n. 2, p. 3-30, 2010.

[23]   Nesse sentido: "Em última instância, os juristas (teóricos e práticos) ficaram e permanecem sem qualquer instrumental analítico adequado para avaliar as consequências de suas decisões ou interpretações, atendo-se a uma retórica formalista sem maiores preocupações empíricas falsificáveis ou pragmáticas. Por essa razão, em sua prática cotidiana, voltaram-se ao exercício de análise e classificação de normas e regras em abstrato, cujo principal instrumento (hermenêutica) em larga medida não passa de um jogo de palavras sob o qual escolhas reais são ignoradas ou simplesmente escamoteadas. Obviamente esse resultado enfraqueceu e degenerou a proposta de finalidade racional do direito" (GICO JR., Ivo. Introdução ao direito e economia. In: TIMM, Luciano Benetti. *Direito e economia no Brasil*. Indaiatuba: Foco, 2019. p. 6).

3. A PARADOXAL CONSTRUÇÃO DA AUTORIDADE DA TEORIA ECONÔMICA NO CAMPO JURÍDICO AO ARREPIO DAS PRÓPRIAS CONSTRUÇÕES DA ANÁLISE JURÍDICA

A teoria do direito passou por diversas transformações e controvérsias no sentido de superar a utopia de objetividade proposta pelo positivismo do século XIX – formulada com o objetivo de assegurar a independência do ordenamento jurídico das razões ético-valorativas que orientavam visões jusnaturalistas –, inclusive com vistas a mitigar o entendimento segundo o qual o Direito deveria ser estudado segundo aquilo que ele realmente *é*, ou seja, sem que se fizesse permanente referência a um direito *ideal24*. Em outras palavras, a ideia de racionalidade que se atribuiu ao Direito na atualidade em muito se afasta da objetividade cientificista pretendida, por exemplo, pela Escola da Exegese francesa e pela Pandectística alemã, que tiveram finalidades relevantes para a afirmação do pensamento jurídico em suas épocas e locais, porém vão radicalmente de encontro ao paradigma pós-positivista que governa a interpretação e a aplicação do Direito na atualidade[25].

Em outras palavras, tanto não faria sentido atribuir ao Direito um ideal de racionalidade descolado do contexto histórico e cultural do ordenamento em questão, quanto seria postura demasiadamente ingênua a que defendesse que o Direito pudesse libertar-se da linguagem e dos mecanismos de interpretação em prol de uma objetividade aritmética ou mesmo de um raciocínio puramente consequencialista que desconsiderasse os bens tutelados pelas normas jurídicas. Pelo contrário, a dogmática jurídica é ideológica e historicamente localizada justamente em virtude da necessidade de ma-

---

[24]   Nesse sentido: "Pois bem, o positivista jurídico assume uma atitude científica frente ao direito já que, como dizia Austin, ele estuda o direito tal qual é, não tal qual deveria ser. O positivismo jurídico representa, portanto, o estudo do direito como fato, não como valor: na definição do direito deve ser excluída toda qualificação que seja fundada num juízo de valor e que comporte a distinção do próprio direito em bom e mau, justo e injusto. O direito, objeto da ciência jurídica, é aquele que efetivamente se manifesta na realidade histórico-social; o jus-positivista estuda tal direito real sem se perguntar se além deste existe também um direito ideal (como aquele natural), sem examinar se o primeiro corresponde ou não ao segundo e, sobretudo, sem fazer depender a validade do direito real da sua correspondência com o direito ideal; o romanista, por exemplo, considerará direito romano tudo o que a sociedade romana considerava como tal, sem fazer intervir um juízo de valor que distinga entre direito 'justo' ou 'verdadeiro' e direito 'injusto' ou 'aparente'. Assim a escravidão será considerada um instituto jurídico como qual quer outro, mesmo que dela se possa dar uma valoração negativa" (BOBBIO, Norberto. *O positivo jurídico*: lições de filosofia do direito. São Paulo: Ícone, 1995. p. 136).

[25]   É o que ensina, por exemplo, Miguel Reale: "Cada época, em verdade, fixa as normas e os limites de sua exegese do Direito, em função dos valores culturais dominantes, tendo representado grande avanço a compreensão de que a interpretação jurídica não constitui senão uma das formas constantes e fundamentais da Teoria Geral da Interpretação, ao lado da exegese filosófica, artística, histórica, etc. [...] Posta a questão nesse contexto, preciso é convir que as Escolas da Exegese e dos Pandectistas corresponderam aos ideais de seu tempo. A atitude que, aos olhos atormentados do jurisconsulto ou do politicólogo de nossos dias parece ser passiva perante a lei, era antes a única posição correspondente aos anseios e aspirações da civilização individualista. Foi somente quando esta entrou em crise, em virtude de ter-se revelado" (REALE, Miguel. Para uma hermenêutica jurídica estrutural. *Revista da Faculdade de Direito da Universidade de São Paulo*, v. 72, n. 1, p. 81-91, 1977. p. 81).

nutenção de seu potencial persuasivo, tendo em vista que não faria sentido sustentar um direito descolado do ambiente social e cultural que o reproduz[26].

Não é sem motivo que mesmo o positivismo normativista kelseniano, notadamente a partir da publicação da edição de 1960 da *Teoria Pura do Direito*, não deixa de levar em consideração o fato de que a interpretação e a aplicação do Direito não constituem atos de conhecimento decorrentes da aplicação de método científico a um corpo de normas, mas sim atos de vontade consistentes na escolha fundamentada de uma conclusão dentre as várias possíveis sob a égide de determinado ordenamento[27]. Em outras palavras, mesmo os esforços de construção de estatuto de ciência ao direito não ignoram que, na prática – ou naquilo que Kelsen chamou de "política do direito" –, o direito é necessariamente marcado por elementos valorativos.

Significa dizer que a busca por ideais de objetividade que são próprios das ciências exatas desafia a própria tentativa de descrição do estatuto epistemológico do Direito, considerando que o pós-positivismo procurou justamente estruturar um conjunto de técnicas de interpretação e aplicação do Direito que, conscientes da textura aberta[28] das normas jurídicas, oferecessem não um caminho para superar subjetividades e ideologias, mas sim soluções que adequadamente refletissem os acordos constitutivos da sociedade que originou determinado sistema de normas[29]. O positivismo jurídico, por conseguinte – a menos que equivocadamente compreendido à luz do que se construiu em momento anterior ao giro linguístico –, não deixa de estar preocupado com o rigor na aplicação da lei positiva, porém igualmente não se furta de reconhecer a textura aberta do Direito e a necessidade de construção de decisões que adequadamente promovam os valores fundantes do ordenamento.

Em outras palavras, o giro linguístico representa a superação, pelo próprio positivismo, do apego típico do modernismo do século XVII (isto é, em sentido cartesiano, representante por antonomásia do pensamento do pós-medievo) a tentativas de demonstração matemático-empírica de fenômenos associados à conduta humana. Não é sem motivo que Deirdre McCloskey assevera que a metodologia oficial da ciência econômica é este "Modernismo" (ou, ainda "positivismo", apesar do esforço da autora em separar a postura dos economistas do positivismo que é próprio das ciências sociais, que, não obstante, tende a ser apontado justamente como ideal metodológico[30]), no

---

[26] Ver: ROESLER, Claudia. Entre o paroxismo de razões e a razão nenhuma: paradoxos de uma prática jurídica. *Quaestio Juris*, v. 8, n. 4, p. 1-15, 2015.

[27] Nesse sentido: "A interpretação jurídico-científica tem de evitar, com o máximo de cuidado, a ficção de que uma norma jurídica apenas permite, sempre e em todos os casos, uma só interpretação: a interpretação 'correta'. Isto é uma ficção de que se serve a jurisprudência tradicional para consolidar o ideal da segurança jurídica. Em vista da plurissignificação da maioria das normas jurídicas, este ideal somente é realizável aproximativamente" (KELSEN, Hans. *Teoria pura do direito*. São Paulo: Martins Fontes, 1999. p. 251).

[28] Nesse sentido: HART, H.L.A. *O conceito de direito*. Lisboa: Fundação Calouste Gulbenkian, 1986.

[29] Ver: CARVALHO NETTO, Menelick; SCOTTI, Guilherme. *Os direitos fundamentais e a (in)certeza do direito*. Belo Horizonte: Fórum, 2020.

[30] Nesse sentido: "O juspositivismo contribuiu para a teoria jurídica ao estabelecer de forma clara a distinção entre análise positivo e normativa do direito, bem como com a identificação do direito como um mecanismo de mudança social, que deveria obedecer a critérios de racionalidade. Por outro lado, a maneira como a proposta de alcançar independência

qual qualquer outro elemento distinto de hipóteses falsificáveis em sentido popperiano deve ser descartado, tendo em vista que a ciência, a partir dessa concepção, apresenta-se como axiomática e matemática, separando seu campo do reino das formas, valores, beleza, bondade e qualquer outro elemento que não possa ser medido[31].

Tal comentário faz referência direta à parêmia *de gustibus non est disputandum*, título de artigo de George Stigler e Gary Becker que vem a tornar-se verdadeiro bordão da análise econômica do Direito, comumente repetido inclusive pela literatura brasileira[32], destinado a neutralizar a análise econômica de quaisquer aspectos que digam respeito às individualidades dos agentes que compõem os mercados e à formação dessas individualidades, imputando aos sujeitos parâmetros de racionalidade abstrata que se descolam da realidade concreta não por ignorarem que há uma realidade subjacente à ação individual, mas por deliberadamente ignorarem aspectos essenciais dessa realidade em prol de uma empiria estatística[33] que, no afã de simplificar o mundo para explicá-lo, elege como instrumentos analíticos aqueles com suposto caráter de "cientificidade" – isto é, aqueles que são capazes de ser aferidos objetiva e matematicamente.

É por essa razão que Pierre Bourdieu, ao tratar das teorias da escolha racional (com expressa referência à obra de Becker e Stigler), assevera que "Esta filosofia atomista e mecanicista exclui puramente e simplesmente a história. Ela exclui, primeiramente, agentes cujas preferências, que não devem nada às experiências passadas, são inacessíveis às flutuações da história, a função de utilidade individual sendo decretada imutável ou, pior, sem pertinência analítica"[34]. Assinala o autor, nesse sentido, que as teorias da escolha racional acabam por ignorar os próprios fundamentos da ação econômica, isto é, as diversas condicionantes culturais, sociais e históricas que constrangem os comportamentos dos indivíduos:

---

metodológica foi implementada e evoluiu, não apenas excluiu das faculdades de direito qualquer forma de análise normativa (o que deve ser), como resultou na adoção de uma postura xenófoba e hermética, contrária ao próprio positivismo filosófico, cujo resultado foi praticamente eliminar o diálogo entre o direito e as ciências" (GICO JR., op. cit., p. 6).

[31] MCCLOSKEY, Deirdre N. *The rhetoric of Economics*. 2. ed. Madison: The University of Wisconsin Press, 1998. p. 142.

[32] A título exemplificativo: "Racionalidade, para a juseconomia, é um conceito técnico que pode ser expresso de três formas diversas e complementares. De início, dizer que o agente econômico é racional significa supor que cada pessoa possui gostos específicos, que chamamos de preferências. Não se faz julgamentos de valor em relação a estas preferências (*de gustibus non est disputandum*), nem se tenta entender porque cada pessoa gosta de uma coisa ou outra. A teoria econômica é uma teoria sobre os meios empregados pelas pessoas para alcançarem seus fins (comportamentos) e não sobre os fins que elas buscam (motivação). A existência das preferências é um dado da realidade e para a teoria normalmente não são relevantes" (GICO JR., Ivo. Metodologia e epistemologia da análise econômica do direito. *Economic Analysis of Law Review*, v. 1, n. 1, p. 7-33, jan.-jun. 2010. p. 26).

[33] Para abordagem crítica da empiria estatística comumente adotada pela economia neoclássica, notadamente a respeito do conceito de significância, ver: ZILIAK, Stephen C.; MCCLOSKEY, Deirdre N. *The cult of statistical significance:* How the standard error costs us jobs, justice, and lives. Ann Arbor: The University of Michigan Press, 2011.

[34] BOURDIEU, Pierre. O campo econômico. *Política e Sociedade*, n. 6, p. 15-57, abr. 2006. p. 52-53.

Ela faz assim desaparecer, paradoxalmente, qualquer interrogação sobre as condições econômicas da conduta econômica, privando-se, deste jeito, de descobrir que há uma gênese individual e coletiva da conduta econômica socialmente reconhecida como racional em certas regiões de certas sociedades de uma época determinada e, portanto, de tudo o que designam as noções, aparentemente incondicionadas, que ela coloca como seu fundamento: necessidades, cálculo ou preferências[35].

Evidentemente que as reflexões a respeito da introdução de critérios da análise econômica no raciocínio jurídico não ficam infensas a esse tipo de crítica direcionada às abordagens de inspiração neoclássica, de tal maneira que em larga medida também se pretende trazer para o campo jurídico abordagens que procuram superar (ou ao menos mitigar) alguns dos dogmas da economia neoclássica, como é o caso da economia institucional – que, justamente, admite que as regras do jogo a serem observadas pelos atores econômicos podem advir das mais diversas fontes, o que inclui normas culturais e constrangimentos oriundos do contexto histórico-social em que se inserem os agentes. No entanto, não se pode deixar de notar que mesmo os conceitos que compõem a economia institucional podem se instrumentalizados no intuito de perpetuar a lógica neoclássica, substituindo-se a maximização de utilidade[36] por objetivos como a redução de custos de transação (que muitas vezes acaba por tornar-se verdadeiro sucedâneo daquilo que significa a eficiência alocativa para a economia neoclássica) [37].

É necessário, por conseguinte, que mesmo escolas de pensamento econômico que ponham em dúvida as premissas da economia neoclássica – notadamente as presunções de racionalidade que adotam os neoclássicos ao propalarem a ideia de *homo oeconomicus* e abstrações como informação perfeita, concorrência perfeita, e ausência de custos para operar em mercados –, sejam vistas de maneira crítica. Skidelsky, nesse sentido, sustenta que a ascensão da Nova Economia Institucional representa aprimoramento considerável das visões neoclássicas baseadas em abstrações semelhantes ao comportamento de Robinson Crusoé – apontado como ideal antonomástico do indivíduo maximizador de utilidade que lança mão dos recursos à sua disposição para garantir sua sobrevivência da maneira mais eficiente (ainda que isso envolva explorar a servidão de Sexta-Feira[38]) –, no entanto a escola constantemente flerta com reducionismos que não muito se afastam daquilo que pretende combater (por exemplo, com a atribuição

---

[35] BOURDIEU, op. cit., p. 53.

[36] Ver: SKIDELSKY, Robert. *What's wrong with economics*. New Haven: Yale University Press, 2021. p. 115-118.

[37] Nesse sentido, para análise empírica sobre o uso das ideias de Coase no contexto do Judiciário norte-americano, ver: WHITE, Barbara Ann. Coase and the courts: economics for the common man. *Iowa Law Review*, v. 72, p. 577-635, 1987.

[38] A respeito da alegoria de Robinson Crusoé para explicar a racionalidade neoclássica, ver: KARAGOZ, Ufuk. The neoclassical Robinson: antecedents and implications. *History of Economic Ideas*, v. 22, n. 2, p. 75-100, 2014. Sobre a problemática envolvendo a subjugação de Sexta-Feira e os vieses de gênero e raça envolvidos na mencionada alegoria, ver: SAMSON, Melanie. Towards a 'Friday' Model of International Trade: A Feminist Deconstruction of Race and Gender Bias in the Robinson Crusoe Trade Allegory. *The Canadian Journal of Economics*, v. 28, n. 1, p. 143-158, fev. 1995.

de uma noção de eficiência ao estilo do *homo oeconomicus* ao objetivo de redução de custos de transação)[39].

O que se verifica, assim, é que, por mais que o direito contemporâneo tenha sido desenvolvido sobre sólidas bases metodológicas que resultaram da superação dos dogmas positivistas pelos pressupostos que marcam o chamado pós-positivismo – notadamente o giro linguístico e a assunção da postura hermenêutica segundo a qual o discurso jurídico é diretamente condicionado pela textura aberta da linguagem, de maneira a lançar à terra pretensões irreais de neutralidade ou absoluta objetividade –, o movimento de introdução de argumentos econômicos no discurso jurídico aponta para verdadeiro retrocesso no processo de amadurecimento da metodologia que é própria à ciência jurídica.

Isso porque o discurso da teoria econômica neoclássica tende justamente a eleger um método específico, baseado em presunções irreais de racionalidade, como resposta para problemas jurídicos que não conseguem ser resolvidos senão com uma abordagem abrangente, que leve em consideração tanto a textura aberta da linguagem quanto elementos sociais, políticos e culturais que invariavelmente moldam a normatividade que é própria do discurso jurídico. Curiosamente, a incerteza que advém das metodologias jurídicas – notadamente a hermenêutica jurídica – é justamente um dos pontos de crítica das abordagens que pretendem importar metodologias do campo econômico. No entanto, a partir do momento em que se insere a Lei de Liberdade Econômica no ordenamento brasileiro, é justamente a textura aberta da linguagem jurídica que põe às claras as contradições do discurso oficial sobre o diploma em questão, que em vez de confirmar sua defesa da objetividade científica acaba dando lugar a defesas ideológicas fundadas em um pretenso discurso de autoridade.

4. A FUNÇÃO IDEOLÓGICA DO ELEMENTO ECONÔMICO NO DISCURSO JURÍDICO: A ANÁLISE ECONÔMICA COMO ÍNDICE VALORATIVO EM LUGAR DE MARCA DE OBJETIVIDADE

Como se pretendeu esclarecer no capítulo anterior, a teoria do direito trilhou longo caminho até alcançar a conclusão pós-positivista de que a neutralidade é um objetivo inalcançável, de que metodologias específicas não são capazes de superar o problema da indeterminação da linguagem, e de que a pretensão de cientificidade do Direito não se dá nos termos daquilo que se procura obter nas ciências exatas ou naturais. Em última análise, causa espécie supor que existiria abordagem jurídica totalmente isenta e desinteressada, na medida em que a construção do argumento jurídico está em larga medida associada à defesa de determinados interesses.

Tanto é assim que, na tradição de inspiração marxiana, o direito muitas vezes é apontado como um epifenômeno das relações sociais e econômicas que dizem respeito

---

[39] De outro lado, igualmente não se pode descartar a tentativa de algumas escolas que declaradamente internalizam as premissas da teoria neoclássica de apropriarem-se também das premissas da Nova Economia Institucional, especialmente com a popularização e a difusão do estudo das instituições em economia. Nesse sentido, ver: POSNER, Richard A. The New Institutional Economics meets Law and Economics. *Journal of Institutional and Theoretical Economics*, v. 149, n. 1, p. 73-87, mar. 1993.

à infraestrutura social, de tal maneira que seria verdadeiramente um instrumento da classe dominante para fazer valer os seus interesses sobre as classes dominadas[40]. De fato, não se pode ignorar, na análise de mercados e mesmo das instituições jurídicas a influência exercida pelos agentes econômicos na arquitetura jurídica dos mercados,[41], inclusive por intermédio da articulação de processos políticos necessários à alteração do quadro normativo. Não é sem motivo que Georges Ripert, em sua obra clássica *Aspectos jurídicos do capitalismo moderno*, assinala que "O capitalismo jacta-se de dizer que nada pede, que simplesmente lhe basta a liberdade [...] O direito comum não lhe bastava. Criou seu próprio direito. É uma criação contínua e nunca acabada. Trata-se de encontrar as regras jurídicas próprias a assegurar o melhor funcionamento da empresa capitalista"[42].

Maria Rosaria Ferrarese, aliás, explica que o desenvolvimento das instituições jurídicas serve para conformar as próprias estruturas de Estado e legitimar determinados posicionamentos políticos vigentes em suas respectivas épocas[43]. Basta ver que, ao passo que o chamado Estado Liberal para de construções quase teológicas herdadas medievo para sustentar um discurso de autoridade do direito legislado que se aproxima da onipotência, o advento do Estado Social vem acompanhado da transição para uma linguagem jurídica fundada na promoção e na garantia de direitos[44]. O Direito associado à ideia de bem-estar social, no entanto, passa por outra transição especialmente a partir dos anos 1970 em virtude da intensificação dos processos

---

[40] É notável, nesse sentido, que a visão de Marx perpassa, não somente as instituições jurídicas, mas toda a ideia de Estado e do arcabouço jurídico a ele subjacente: "Sendo o Estado, portanto, a forma pela qual os indivíduos de uma classe dominante fazem valer seus interesses comuns e na qual se resume toda a sociedade civil de uma época, conclui-se que todas as instituições comuns passam pela mediação do Estado e recebem uma forma política. Daí a ilusão de que a lei repousa na vontade, e, mais ainda, em uma vontade livre, destacada da sua base concreta. Da mesma maneira, o direito por sua vez reduz-se à lei" (MARX, Karl; ENGELS, Friedrich. *A ideologia alemã*. São Paulo: Martins Fontes, 2002. p. 75).

[41] Interessante, nesse sentido, é a leitura de Weber realizada por Trubek no sentido de que o arcabouço criado pelo direito não serve para limitar a ação do Estado em prol dos agentes econômicos, mas para reforçar a sua atuação justamente em nome dos interesses dos agentes dominantes: "O legalismo dá legitimidade à dominação dos capitalistas sobre os trabalhadores. As relações entre direito, estado e mercado são complexas. O legalismo, embora pareça restringir as ações do estado, na verdade as reforça, e embora este sistema garanta imparcialidade formal, também dá legitimidade à dominação de classe. O legalismo reforça o estado ao restringir, aparentemente, suas ações: ao submetê-lo a um sistema de regras, aumenta sua legitimidade e, portanto, sua autoridade ou seu poder efetivo. E à medida que o estado liberal se fortalece, reduz a intensidade de outras forças sobre o desenvolvimento do mercado. Esta situação reforça a posição daqueles que controlam as propriedades, pois a organização de um mercado aumenta o poder efetivo dos indivíduos e organizações que controlam os recursos econômicos" (TRUBEK, David M. Max Weber sobre direito e ascensão do capitalismo. *Revista DireitoGV*, v. 3, n. 1, p. 151-186, jan.-jun. 2007. p. 175).

[42] RIPERT, Georges. *Aspectos jurídicos do capitalismo moderno*. Rio de Janeiro: Freitas Bastos, 1947. p. 23.

[43] FERRARESE, Maria Rosaria. Gli stati, i governi: poteri residuali? *Teoria Politica*, v. 7, p. 183-197, 2017. p. 184-185.

[44] FERRARESE, op. cit., p. 185.

de globalização[45] – e, em simultâneo, com a ascensão do chamado neoliberalismo[46] –, abrindo espaço para a introdução, com maior ênfase, ao lado das ferramentas já conhecidas pelo léxico jurídico, de ideias econômicas segundo as quais o Direito é formado por "sujeitos contratuais" que operam segundo as regras de mercado, sendo papel do Estado notadamente a garantia de observância das normas que regem as transações entre indivíduos com a finalidade de não obstar o livre desenvolvimento de mercados[47].

O que se procura demonstrar é que o papel do Direito como mecanismo conformador da sociedade e dos mercados é indissociável do fato de que as normas jurídicas são consequência de uma confluência de interesses dos verdadeiros operadores do capital, isto é, os agentes econômicos que buscam "codificar", em linguagem jurídica, relações econômicas que carecem de legitimação pelo ordenamento[48]. Significa dizer que é indissociável da análise jurídica a identificação de interesses associados à própria análise, notadamente diante da circunstância de que o mero texto muito pouco diz sobre o conteúdo da norma. Em outras palavras, a interpretação de norma jurídica que ignore os elementos ideológicos associados à própria norma será incompleta e a postura supostamente neutra do intérprete dificilmente deixará de ocultar um posicionamento ideológico determinado.

Nesse sentido, quando se procura analisar as premissas da análise econômica do Direito conforme expostas nos capítulos anteriores, isto é, aquelas segundo as quais o Direito carece de metodologias objetivas, que atribuam maior grau de racionalidade (matemática) ao sistema e o liberem de vieses excessivamente subjetivos, o que se verifica é justamente um conjunto de sintomas de uma ideologia que, como intuíram Marx e Engels, apresenta-se como véu que impede a visualização da realidade como ela

---

[45]   A própria autora, em obra especializada sobre o tema, assevera que, por mais que o Estado tenha seu papel ressignificado, jamais seria possível conceber o contexto de trocas econômicas sem alguma presença do Estado, inclusive no contexto de globalização econômica – que, em tese, em última análise prescindiria da mediação do Estado justamente em virtude do fato que as trocas econômicas transnacionais não estão confinadas às fronteiras nacionais. Ver, nesse sentido: FERRARESE, Maria Rosaria. *Prima lezione di diritto globale.* Bari: Laterza, 2012.

[46]   David Harvey assinala que a ascensão do neoliberalismo se deve a uma ampla variedade de fatores políticos, econômicos e sociais que convergiram a partir da década de 1970: "Como então se gerou suficiente consenso popular para legitimar a virada neoliberal? Os canais por meio dos quais se fez isso foram diversificados. Fortes influências ideológicas circularam nas corporações, nos meios de comunicação e nas numerosas instituições que constituem a sociedade civil – universidades, escolas, Igrejas e associações profissionais. A 'longa marcha' das ideias neoliberais nessas instituições, que Hayek concebera já em 1947, a organização de bancos de ideias (apoiados e financiados por corporações), a cooptação de certos setores dos meios de comunicação e a conversão de muitos intelectuais a maneiras neoliberais de pensar – tudo isso criou um clima de opinião favorável ao neoliberalismo como o garante exclusivo da liberdade. Esses movimentos mais tarde se consolidaram com o domínio dos partidos políticos e, em última análise, o poder do Estado" (HARVEY, David. *O neoliberalismo:* história e implicações. São Paulo: Loyola, 2008. p. 49-50).

[47]   FERRARESE, op. cit., p. 185-186.

[48]   Ver: PISTOR, Katharina. *The code of capital*: how the law creates wealth and inequality. Princeton: Princeton University Press, 2019.

realmente se estrutura[49]. Causa ainda maior preocupação, dessa maneira, o fato de que a ideologia que se pretende incutir no ordenamento brasileiro – por intermédio, dentre outros instrumentos, da Lei de Liberdade Econômica – esteja justamente associada à negação da complexidade da realidade em prol da promoção de um discurso científico que lança mão do trunfo do método para eleger os dados que serão levados em consideração na tomada de decisão dos agentes econômicos e mesmo do poder público.

É isto, aliás, que diagnostica István Mészáros ao analisar o poder da ideologia na contemporaneidade. Segundo o autor, a partir do momento em que a ideologia dominante passa a ser identificada com o discurso "racional" e "academicamente válido", de tal maneira que passam a ser apontadas como ilegítimas todas as tentativas de identificar as posições valorativas implícitas contidas na ordem dominante, que se volta contra as tentativas de crítica em prol da "objetividade" e da "ciência" – ao mesmo tempo em que, justamente em virtude da "objetividade" e da "ciência", o discurso oficial adquire caráter quase inquestionável[50].

É esta a função que passa a exercer o discurso econômico na medida em que se insere no discurso jurídico por intermédio da análise econômica do Direito e de diplomas normativos como a Lei de Liberdade Econômica, que conta com uma série de previsões que fazem referência a conceitos e metodologias econômicas – podendo-se mencionar, de maneira mais explícita, a referência expressa ao conceito de "custos de transação" – como se fossem o caminho para a obtenção de um status de objetividade de que o Direito ainda careceria, assim projetando sobre mecanismos como "análises de impacto regulatório" a capacidade de alcançar esse aspecto "científico" e "não hermenêutico".

A utilização desses instrumentos, assim, causa perplexidade não simplesmente por se adotar metodologias baseadas na teoria neoclássica que partem de presunções irreais de racionalidade e mesmo de bem-estar, mas principalmente em virtude do fato de que tais métodos não são apresentados como um conjunto de técnicas dentre várias outras possíveis, mas como as únicas ferramentas válidas para que se supere a incerteza que seria ínsita ao discurso jurídico. Assim, de maneira quase paradoxal, utiliza-se discurso contrário aos vieses, à incerteza, à maleabilidade ou mesmo ao caráter ideológico ou decisionista de determinadas metodologias jurídicas, para que se adote um discurso que, embora travestidos de técnico e científico, nada mais faz do que replicar elementos ideológicos que serão afirmados a partir da autoridade emprestada da "ciência".

Trata-se, aqui, de fenômeno semelhante àquele abordado por Herbert Marcuse em *A ideologia da sociedade industrial* e Jürgen Habermas em *Técnica e ciência como ideologia*, ao passo em que sustentam que, com o advento das sociedades industriais

---

[49] MARX; ENGELS, op. cit., p. 34-38.

[50] Nesse sentido: "Naturally, those who take for granted the dominant ideology as the objective framework of 'rational' and 'scholarly' discourse reject as illegitimate all attempts that aim at identifying the hidden assumptions and implicit value- commitment of the ruling order. Thus, they have to disqualify the use of some vital categories of critical thought in the name of 'objectivity' and 'science'. For recognizing the legitimacy of such categories would mean consenting to submit to scrutiny the very assumptions that are being taken for granted, together with the conclusions that can be - and, of course, are – conveniently drawn from them" (MÉSZÁROS, István. *The power of ideology*. Londres: Zed Books, 2005. p. 4).

modernas e da ascensão da tecnocracia e do governo por parâmetros matemático-
-científicos como mecanismos por excelência de organização social, a ideologia é
absorvida pela própria realidade, o que evidentemente não significa o fim da ideologia;
"Pelo contrário, em sentido específico, a cultura industrial avançada é mais ideológica
do que sua predecessora, visto que, atualmente, a ideologia está no próprio processo
de produção"[51]. O que se verifica, por conseguinte, é uma "peculiar *fusão de técnica
e dominação,* de racionalidade e opressão, [que suporia que] no *a priori* material da
ciência e da técnica se oculta um projecto de mundo determinado por interesses de
classe e pela situação histórica"[52].

O argumento de autoridade oriundo da utilização da ciência econômica para
resolver problemas jurídicos, assim, não é simplesmente uma falha de fundamentação
à luz de parâmetros de análise típicos do discurso jurídico, mas traduz-se também na
tentativa de imposição de uma determinada posição ideológica encoberta pelo caráter
de cientificidade que se pretende emprestar ao argumento econômico. O discurso
econômico neoclássico que procura resolver problemas jurídicos, por conseguinte,
não é uma decorrência direta da vida em sociedade e muito menos consiste na única
forma ou metodologia para atribuir algum grau de previsibilidade ou tangibilidade às
decisões jurídicas, mas é, na verdade, uma escolha política que traz consigo posição
ideológica que deve ser evidente, até mesmo para que possa ser criticada tanto em suas
premissas quanto em suas consequências.

5. CONSIDERAÇÕES FINAIS

A visualização da catedral – isto é, do fenômeno jurídico – em todos os seus
aspectos e em toda sua complexidade pode ser tarefa extremamente árdua, de forma
que descartar determinados pontos de vista pode ser altamente prejudicial para a visão
do todo. Não obstante, não se pode ignorar que algumas visões da catedral, por mais
que possam ser sedutoras por sua beleza ou até por sua aparente perfeição, podem
induzir o intérprete a erro ou mesmo iludi-lo diante daquilo que de fato atrai olhares
ao monumento: a sua autoridade.

Por mais que o Direito esteja fundado em bases autoritativas – ou seja, a autoridade
faz parte da argumentação jurídica mesmo em razão da necessidade de garantia da
normatividade –, não se justifica a idolatria a métodos oriundos de outras ciências que
pretendam simplesmente encerrar questões por meio da criação de verdadeiros atalhos
consistentes na adoção de elementos matemáticos e quantitativos em um ambiente normativo marcado por relevantes características axiológicas, culturais e históricas que não
podem ser ignoradas, sob pena de descaracterizar-se a própria autoridade do Direito.

A colonização do discurso jurídico por argumentos econômicos é um fenômeno a ser visto com especial cautela, sobretudo a partir do momento em que procurar
albergar-se em autoridade que, diferentemente do caráter autoritativo que é próprio à
argumentação jurídica, procura afirmar-se unilateralmente e adquirir ares axiomáticos
que dificilmente encontram guarida na teoria jurídica.

---

[51] MARCUSE, Herbert. *A ideologia da sociedade industrial:* o homem bidimensional. Rio de Janeiro: Zahar, 1973. p. 31-32.

[52] HABERMAS, Jürgen. *Técnica e ciência como ideologia.* Lisboa: Edições 70, 1968. p. 50.

Não se está a sugerir, por evidente, que o argumento econômico neoclássico se apresentaria como axiomático e irrefutável a partir de sua lógica interna – situação na qual o recurso à falácia do espantalho seria bastante facilitado, já que as metodologias neoclássicas partem justamente das premissas de demonstração empírica e da falseabilidade de seus resultados –, mas sim que o próprio método se arroga de uma legitimidade inquestionável, na medida em que se apresenta como a maneira correta ou mais razoável de ver a realidade, quando deliberadamente adota presunções de racionalidade inexistentes e descarta variáveis que, embora inexoráveis, são comumente apontadas como distrações.

O que se propõe, por conseguinte, é que, uma vez fitada a catedral, procure-se não somente visualizá-la a partir da perspectiva que a torne mais bela, mas também notar as razões pelas quais ela atrai olhares.

REFERÊNCIAS

ANGRIST, Joshua D.; PISCHKE, Jörn-Steffen. The Credibility Revolution in Empirical Economics: How Better Research Design is Taking the Con out of Econometrics. *Journal of Economic Perspectives*, v. 24, n. 2, p. 3-30, 2010.

ARISTÓTELES. *Retórica*. 2. ed. Lisboa: Imprensa Nacional/Casa da Moeda, 2005.

ATIENZA, Manuel; VALE, André Rufino. O argumento de autoridade no direito. *Novos Estudos Jurídicos*, v. 17, n. 2, p. 144-160, 2012.

BOBBIO, Norberto. *O positivo jurídico*: lições de filosofia do direito. São Paulo: Ícone, 1995.

BOURDIEU, Pierre. O campo econômico. *Política e Sociedade*, n. 6, p. 15-57, abr. 2006.

CALABRESI, Guido; MELAMED, Douglas. Property rules, liability rules, and inalienability: one view of the cathedral. *Harvard Law Review*, v. 85, n. 6, p. 1089-1128, abr. 1972.

CARSON, Thomas; CERRITO, Joan (org.). *New catholic encyclopedia*. 2. ed. Detrois: Thomson Gale, 2003.

CARVALHO NETTO, Menelick; SCOTTI, Guilherme. *Os direitos fundamentais e a (in)certeza do direito*. Belo Horizonte: Fórum, 2020.

FERRARESE, Maria Rosaria. Gli stati, i governi: poteri residuali? *Teoria Politica*, v. 7, p. 183-197, 2017.

FERRARESE, Maria Rosaria. *Prima lezione di diritto globale*. Bari: Laterza, 2012.

GICO JR., Ivo. Introdução ao direito e economia. In: TIMM, Luciano Benetti. *Direito e economia no Brasil*. Indaiatuba: Foco, 2019.

GICO JR., Ivo. Metodologia e epistemologia da análise econômica do direito. *Economic Analysis of Law Review*, v. 1, n. 1, p. 7-33, jan.-jun. 2010.

HABERMAS, Jürgen. *Técnica e ciência como ideologia*. Lisboa: Edições 70, 1968.

HART, H. L. A. *O conceito de direito*. Lisboa: Fundação Calouste Gulbenkian, 1986.

HARVEY, David. *O neoliberalismo*: história e implicações. São Paulo: Loyola, 2008.

HUGO, Victor. *Notre-Dame de Paris*. Paris: Perrotin, 1844.

KARAGOZ, Ufuk. The neoclassical Robinson: antecedents and implications. *History of Economic Ideas*, v. 22, n. 2, p. 75-100, 2014.

KELSEN, Hans. *Teoria pura do direito*. São Paulo: Martins Fontes, 1999.

MARCUSE, Herbert. *A ideologia da sociedade industrial:* o homem bidimensional. Rio de Janeiro: Zahar, 1973.

MARX, Karl; ENGELS, Friedrich. *A ideologia alemã.* São Paulo: Martins Fontes, 2002.

MCCLOSKEY, Deirdre N. *The rhetoric of Economics.* 2. ed. Madison: The University of Wisconsin Press, 1998.

MÉSZÁROS, István. *The power of ideology.* Londres: Zed Books, 2005.

MIZRAHI, Moti. Take my advice – I am not following it: *Ad hominem* arguments as legitimate rebuttals to appeals to authority. *Informal Logic,* v. 30, n. 4, p. 435-456, 2010.

PERELMAN, Chaïm; OLBRECHTS-TYTECA, Lucie. *Tratado da Argumentação.* São Paulo: Martins Fontes, 2014.

PISTOR, Katharina. *The code of capital:* how the law creates wealth and inequality. Princeton: Princeton University Press, 2019.

POSNER, Richard A. The New Institutional Economics meets Law and Economics. *Journal of Institutional and Theoretical Economics,* v. 149, n. 1, p. 73-87, mar. 1993.

PRATA DE CARVALHO, Angelo; ROESLER, Claudia Rosane. O argumento de autoridade no Supremo Tribunal Federal: uma análise retórica em perspectiva histórica. *Revista Direito, Estado e Sociedade,* n. 55, p. 42-68, jul.-dez. 2019.

RAZ, Joseph. *Between authority and interpretation:* on the theory of law and practical reason. Oxford: Oxford University Press, 2009.

REALE, Miguel. Para uma hermenêutica jurídica estrutural. *Revista da Faculdade de Direito da Universidade de São Paulo,* v. 72, n. 1, p. 81-91, 1977.

RIPERT, Georges. *Aspectos jurídicos do capitalismo moderno.* Rio de Janeiro: Freitas Bastos, 1947.

ROESLER, Claudia. Entre o paroxismo de razões e a razão nenhuma: paradoxos de uma prática jurídica. *Quaestio juris,* v. 8, n. 4, p. 1-15, 2015.

SAMSON, Melanie. Towards a 'Friday' Model of International Trade: A Feminist Deconstruction of Race and Gender Bias in the Robinson Crusoe Trade Allegory. *The Canadian Journal of Economics,* v. 28, n. 1, p. 143-158, fev. 1995.

SCHAUER, Frederick. Authority and authorities. *Virginia Law Review,* v. 94, p. 1931-1961, 2008.

SKIDELSKY, Robert. *What's wrong with economics.* New Haven: Yale University Press, 2021.

TOULMIN, Stephen. *Os usos do argumento.* São Paulo: Martins Fontes, 2006.

TRUBEK, David M. Max Weber sobre direito e ascensão do capitalismo. *Revista DireitoGV,* v. 3, n. 1, p. 151-186, jan.-jun. 2007.

WALTON, Douglas. *Appeal to expert opinion:* arguments from authority. University Park: The Pennsylvania State University Press, 1997.

WHITE, Barbara Ann. Coase and the courts: economics for the common man. *Iowa Law Review,* v. 72, p. 577-635, 1987.

ZILIAK, Stephen C.; MCCLOSKEY, Deirdre N. *The cult of statistical significance:* How the standard error costs us jobs, justice, and lives. Ann Arbor: The University of Michigan Press, 2011.

Capítulo 3

O PARADOXO DA LIBERDADE ECONÔMICA: UMA LEI INCOERENTE COM SEU PROPÓSITO DE INCENTIVAR A CONCORRÊNCIA

Júlia Namie M. P. Ishihara

Advogada. Assistente Técnica na Superintendência-Geral do CADE.
Gerente do WICADE 2021 e 2022. Integrante do GECEM – UnB.

1. INTRODUÇÃO

A Lei 13.874/2019, Lei de Liberdade Econômica (LLE), em seu art. 1º, declara que "estabelece normas de proteção à livre iniciativa e ao livre exercício de atividade econômica e disposições sobre a atuação do Estado como agente normativo e regulador".[1] Ademais, em sua exposição de motivos, destaca a importância do livre mercado para promover a competitividade no país e as razões simbólicas de restringir a intervenção estatal no domínio econômico: "[h]oje é um anacronismo, que não pode conviver com a nova era de nossa economia, que tem de se basear na liberdade e na ampla competição entre os agentes econômicos".[2]

Fica evidente, dessa forma, como um dos grandes objetivos da Lei de Liberdade Econômica (LLE) é estimular a competição no país através da "proteção" à livre iniciativa, traduzida no referido diploma legal como a diminuição da intervenção estatal no domínio econômico. Diante disso, surgem as seguintes perguntas: os pressupostos da Lei de Liberdade Econômica são de fato adequados ao incentivo da concorrência no Brasil? As discussões teóricas recentes no campo do Direito Concorrencial estão em consonância com esses pressupostos?

Parte-se da hipótese de que a LLE, na medida em que pretende restringir a intervenção estatal na economia, paradoxalmente vai de encontro a um de seus principais objetivos que é fomentar a concorrência no país. Ao revés, conforme os debates mais atuais na seara antitruste, para promover a competição, seria necessário endereçar a elevada concentração dos mercados atual, e não diminuir a intervenção estatal. Para tanto, em linha com a obra de Khan, sustenta-se a necessidade de reconhecer as raízes

---

[1] BRASIL, Lei 13.874, de 20 de setembro de 2019.

[2] BRASIL, Exposição de Motivos da Medida Provisória 881, de 30 de abril de 2019 (Lei da Liberdade Econômica).

ideológicas do problema.[3] Como pontua Lao, é preciso trazer à tona os fundamentos ideológicos e ter uma conversa normativa baseada em diferenças de valor, ao invés de confiar nas teorias econômicas como um substituto para a discussão.[4]

Nesse sentido, propõe-se (ii) explorar os pressupostos da Lei de Liberdade Econômica e, em sequência, (iii) a evolução teórica no campo do Direito Concorrencial, demonstrando-se que ambos sofreram a influência de premissas neoliberais vinculadas ao Estado mínimo, em que a intervenção estatal necessariamente é negativa, apesar da suposta neutralidade científica em que se embasa. Diante disso, será (iv) analisada a incompatibilidade das premissas da LLE com o seu propósito de incentivar a concorrência no mundo atual. Por fim, será feita (v) uma breve digressão sobre as possíveis influências da LLE no Direito Concorrencial Brasileiro.

2. A CRENÇA NO ESTADO MÍNIMO – A MOTIVAÇÃO IDEOLÓGICA POR TRÁS DA LEI DE LIBERDADE ECONÔMICA

Inicialmente, importa ressaltar que não se defende aqui, de forma alguma, a inexistência ou impossibilidade de eventuais abusos na intervenção estatal no domínio econômico. Pelo contrário, acredita-se que são urgentemente necessários diversos incentivos ao crescimento econômico no país, em especial a desburocratização da atuação empresarial. O que se defende no presente artigo é tão somente que a Lei de Liberdade Econômica (LLE) não é afeita a esses objetivos, confundindo desburocratização com desregulação,[5] e nem cientificamente neutra como se propõe.

A exposição de motivos da LLE evidencia três importantes premissas liberais das quais parte a referida lei: (i) que a liberdade econômica, nos termos propostos, seria um fator necessário e cientificamente embasado para o crescimento econômico; (ii) que as medidas propostas pela lei para assegurar a liberdade econômica seriam efetivas para solucionar a crise econômica do país e dar efeito real às políticas públicas; (iii) que o Estado seria irracionalmente controlador e que haveria um "pressuposto vigente de antiliberdade e antidesenvolvimento".

Quanto ao primeiro ponto, observa-se que a LLE parte do princípio de que a liberdade econômica, da forma como ela a conceitua, seria um fato cientificamente necessário para o crescimento econômico, conforme sua exposição de motivos:

> Existe a percepção de que no Brasil ainda prevalece o pressuposto de que as atividades econômicas devam ser exercidas somente se presente expressa permissão

---

[3] KHAN, Lina M. The Ideological Roots of America's Market Power Problem. *The Yale Law Journal Forum*, v. June 4, p. 20, 2018.

[4] LAO, Marina. Ideology Matters in the Antitrust Debate. *Antitrust Law Journal*, v. 79, p. 649, 2014.

[5] "Ocorre que a Lei de Liberdade Econômica, a pretexto de valorizar a livreiniciativa e desburocratizar a economia, vai muito além desse objetivo, até porque confunde desburocratização com desregulação e adota a premissa equivocada de que o Estado é exógeno à economia, ignorando a realidade de que ele é constitutivo dos mercados" (FRAZÃO, Ana. Liberdade Econômica para quem? A necessária vinculação entre a liberdade de iniciativa e a justiça social. *In:* SALOMÃO, Luis Felipe; CUEVA, Ricardo Villas Boas; FRAZÃO, Ana (orgs.). *Lei de Liberdade Econômica e seus impactos no Direito Brasileiro*. São Paulo: Thomson Reuters Brasil, 2020, p. 89-120. p. 113).

> do Estado, fazendo com que o empresário brasileiro, em contraposição ao resto do mundo desenvolvido e emergente, não se sinta seguro para produzir, gerar emprego e renda. Como resultado, o Brasil figura em 150º posição no ranking de Liberdade Econômica da Heritage Foundation/Wall Street Journal, 144º posição no ranking de Liberdade Econômica do Fraser Institute, e 123º posição no ranking de Liberdade Econômica e Pessoal do Cato Institute.
>
> Esse desempenho coaduna com a triste realidade atual de mais de 12 milhões de desempregados, a estagnação econômica e a falta de crescimento da renda real dos brasileiros nos últimos anos. A realidade urge uma ação precisa, mas **cientificamente embasada**, de caráter imediato e remediador.
>
> Após a análise de dezenas de **estudos empíricos**, todos devidamente especificados nas Notas Técnicas, incluindo os dedicados à América Latina, conclui-se que a **liberdade econômica é cientificamente um fator necessário e preponderante para o desenvolvimento e crescimento econômico de um país**. Mais do que isso, é uma medida efetiva, apoiada no mandato popular desta gestão, para sairmos da grave crise em que o País se encontra.
>
> Em realidade, ao contrário do que se historicamente defendeu no Brasil, similar **análise empírica,** que acompanhou mais de 100 países a partir da segunda metade do século XX, concluiu que investimentos em produção, educação e tecnologia, quando realizados em um país com mau desempenho em liberdade econômica, não produzem crescimento e desenvolvimento. Ou seja, **liberdade econômica é cientificamente um pré-requisito necessário**, e daí urgente, para que todas as políticas públicas de educação, tecnologia, produtividade e inovação, que estão sendo desenvolvidas pela nova administração, tenham – de fato – um **efeito real sobre a realidade econômica do País, sob pena de privilegiar somente uma elite.**
>
> Um estudo específico, que reanalisou o histórico de várias pesquises empíricas realizadas desde a década de 80, **reconfirmou a conclusão científica de que a liberdade econômica, e especialmente proteção à propriedade privada, é mais determinante para o bem-estar da população do que, por exemplo, as características regionais e demográficas de um país**. Não é coincidência que o país com maior liberdade econômica da América Latina, nosso parceiro a República do Chile, recentemente passou a ser considerado o primeiro país desenvolvido da região, **tendo o maior Índice de Desenvolvimento Humano** entre os seus vizinhos.[6]

Não obstante, conforme pontuam Juruena e Rodrigues, na ficha de tramitação da proposta na Câmara Legislativa não foi possível localizar as referidas notas técnicas, não tendo sido possível, assim, verificar a confiabilidade dos estudos ou dos métodos utilizados.[7]

---

[6]   BRASIL, op. cit., grifos adicionados.

[7]   JURUENA, Cynthia Gruendling; RODRIGUES RECK, Janriê. Relação dicotômica entre Estado e mercado? Uma análise da lei de liberdade econômica à luz da Constituição. *Revista Quaestio Iuris*, v. 14, n. 04, 2021, p. 98.

Ademais, os autores criticam a falsa associação entre a posição nos rankings de liberdade econômica e a no de IDH (índice de desenvolvimento humano), sendo em ambos as primeiras colocações de países desenvolvidos, pontuando que a correlação entre eles não pode ser feita sem a análise de outros fatores e que os resultados dos países em desenvolvimento também se relacionam a um contexto histórico de tardia industrialização da periferia.[8]

Ignora-se, assim, que esses mesmos países que hoje figuram no topo dos rankings de IDH e de liberdade econômica tiveram um intenso e prévio período de industrialização marcado pelo protecionismo e incentivo estatal, enquanto países como o Brasil ainda figuravam como colônias de exploração. É necessária, portanto, uma reflexão crítica sobre as soluções necessárias conforme o contexto de cada país, "não sendo suficiente simplesmente se basear em índices oficiais como se fossem receitas de bolo".[9]

Ainda, Juruena e Rodrigues destacam que são diversas as questões analisadas pelo referido índice de liberdade econômica,[10] e que os quesitos nos quais o Brasil teve pontuação mais baixa – quais sejam, efetividade do Judiciário, integridade do governo, e liberdade financeira – sequer são endereçados pela LLE.[11] Mais curioso ainda é notar que os referidos parâmetros associados à liberdade econômica que estão mais em falta no Brasil estão associados a prestações estatais positivas, e não negativas.

Verifica-se, assim, que a LLE, a despeito de seu declarado posicionamento científico, embasa-se em um conceito de "liberdade econômica" reducionista e voltado ao seu aspecto formal, associado essencialmente a premissas neoliberais de abstenção estatal, e dissociado de outros fatores de atuação positiva e material do Estado. Como observa Frazão, "até a terminologia 'liberdade econômica' tem como objetivo eclipsar os demais desdobramentos da liberdade, pois é a lei do mercado que se pretende universalizar".[12] A feição científica atribuída às premissas do *mainstream* econômico não é nova e impactou, inclusive, o Direito Concorrencial, como será visto no próximo tópico.

Quanto à segunda premissa, o trecho da exposição de motivos da LLE colacionado acima também denota uma suposta associação positiva entre a liberdade econômica e a geração de empregos, o aumento de renda dos brasileiros e até a superação da crise econômica do país. Mais uma vez, tal associação decorre da premissa neoliberal de que o mercado é capaz de se autorregular e, livre da intervenção estatal indevida, necessariamente ocorreria o crescimento econômico, que, por sua vez, seria naturalmente revertido em benefício de toda a sociedade:

---

[8] Id., p. 96-97.

[9] FRAZÃO, op. cit. 2020, p. 114.

[10] Confira-se: "É interessante ressaltar que a análise realizada nos países para verificar a pontuação em liberdade econômica abrange diversas questões: direitos de propriedade, efetividade do Judiciário, integridade do governo, carga tributária, gastos do governo, saúde fiscal, liberdade empresarial, liberdade trabalhista, liberdade monetária, liberdade de comércio, liberdade de investimento e liberdade financeira (HERITAGE, 2019)" (JURUENA & RODRIGUES, op. cit., p. 99).

[11] Id., p. 100.

[12] FRAZÃO, Liberdade Econômica para quem? A necessária vinculação entre a liberdade de iniciativa e a justiça social. p. 99.

Assim, dez direitos para situações concretas foram elaborados no corpo de uma Declaração de Liberdade Econômica, com o objetivo de alterar em caráter emergencial a realidade do Brasil. São os direitos do brasileiro contra um **Estado irracionalmente controlador**. Eles primeiramente afetam relações microeconômicas específicas, que **repercutirão macroeconomicamente, especialmente em favor dos mais vulneráveis**, por sua expansividade por todos os setores: nada foi enunciado de maneira a privilegiar um em detrimento do outro, como o espírito da verdadeira economia de mercado demanda.[13]

A realidade, contudo, não é bem assim, conforme já demonstrado amplamente na literatura.[14] Não necessariamente a maior liberdade econômica, no aspecto reducionista de menor intervenção estatal, gera crescimento e, muito menos, este é automaticamente distribuído com a população. Nesse sentido, cita-se um estudo que, ao analisar o período de 1981 a 2009 no Brasil, concluiu que a redução da desigualdade tem mais impacto na queda dos níveis de pobreza do que simplesmente políticas voltadas para o crescimento da renda média, e uma tentativa de explicar tal fenômeno foi o argumento de que aumentos de renda são repassados de forma desproporcional/desigual para a população pobre da região.[15]

Cai por terra, assim, o argumento da exposição de motivos de que a uma "maior" liberdade econômica, supostamente garantida pelos direitos elencados na LLE, repercutiriam "especialmente em favor dos mais vulneráveis". Outro estudo, por exemplo, chegou à conclusão de que o crescimento econômico precisa durar um longo período para produzir uma transformação relevante na magnitude da pobreza e que, apesar desta reagir com maior sensibilidade aos esforços de aumento da equidade, o Brasil continua investindo, de modo sistemático, no crescimento econômico, respondendo esta estratégia, no limite de uma "não estratégia", em grande medida, pela ineficácia no combate à pobreza ao longo das últimas décadas no país:[16]

A alternativa, aparentemente difundida entre vários especialistas, do modelo culinário do "crescer o bolo para depois distribuir" ou, então, a sua versão mais refinada do "crescer, crescer e crescer" enquanto via única de combate à pobreza parece sucumbir à inércia do pensamento e deve, no mínimo, ser relativizada.[17]

---

[13] BRASIL, op. cit., grifos adicionados.

[14] "Note-se que tais argumentos comportam uma cosmovisão *mainstream* na política e na econômica. É como se com mais liberdade econômica mais empregos surgiriam. Tais proposições já foram amplamente rechaçadas pela literatura" (JURUENA e RODRIGUES, op. cit., p. 97).

[15] CASTELAR, Pablo Urano de Carvalho; TABOSA, Francisco José Silva; IRFFI, Guilherme Diniz. Impacto do crescimento econômico e da desigualdade de renda na pobreza do Brasil. *Encontro Regional de Economia*, v. 18, 2013.

[16] BARROS, Ricardo Paes de; HENRIQUES, Ricardo; MENDONÇA, Rosane. Texto para Discussão nº 800. A estabilidade inaceitável: desigualdade e pobreza no Brasil. Textos Para Discussão IPEA, 2001.

[17] Id. p. 20-21.

Ainda, há evidências de que a excessiva desigualdade econômica pode comprometer até mesmo o próprio objetivo de crescimento econômico.[18] Um estudo que revisou a literatura na área identificou várias situações em que a desigualdade prejudica o crescimento.[19]

Por fim, em relação à terceira premissa, a exposição de motivos da LLE colacionada acima também denota que existiria no Brasil um pressuposto vigente de antiliberdade e de excesso de controle estatal, elencando o dispositivo direitos "contra um Estado irracionalmente controlador". Isto reforça as conclusões anteriores, demonstrando a influência da concepção do *mainstream* econômico do Estado mínimo na elaboração da LLE que taxa a intervenção em geral como algo necessariamente negativo.

Não obstante, conforme assinala Campilongo, seria impensável a liberdade econômica sem as instituições jurídicas uma vez que os mercados não existem descolados da regulação, pelo contrário, a demandam para sua estabilização.[20] Diante disso, é interessante a contradição exposta por Frazão de que o capitalismo, na verdade, sempre pediu pela intervenção do Estado na economia quando a julgava útil.[21]

Há que se considerar, assim, que as forças econômicas, ao contrário do que faz parecer a LLE, muitas vezes sequer se configuram como vulneráveis perante o Estado, ao revés, exercem influência sobre o poder político e a regulação de mercado.[22] Pistor, por exemplo, expõe como o próprio sistema jurídico, em verdade, foi codificado conforme os interesses do capital.[23]

---

[18]   FRAZÃO, op. cit. 2020, p. 114.

[19]   Confira-se: "No entanto, a literatura revisada neste estudo mostra que os modelos que consideram interação entre desigualdade e imperfeições de mercado e também características políticas e institucionais de um país apresentam muitas situações em que a desigualdade prejudica o crescimento. Mais especificamente, foi mostrado que a desigualdade pode prejudicar o crescimento quando: (a) a política redistributiva do governo (impostos, despesas e regulação) é endogenamente determinada pelo sistema político (redistribuição à la Robin Hood); (b) os direitos de propriedade e outras instituições moldados para desigualdade (redistribuição à la King John e educação pública voltada para a população rica); (c) mercado de crédito sofrendo problemas de informação e investimentos requerendo despesas iniciais; (d) a desigualdade resultando em um pequeno mercado consumidor de produtos industrializados, dificultando o processo de industrialização; (e) finalmente, os países mais desiguais têm um ambiente político e econômico mais volátil e podem, portanto, serem incapazes de sustentar longos períodos de crescimento" (MENDES, Marcos. Desigualdade e crescimento: uma revisão da literatura. Núcleo de Estudos e Pesquisas/CONLEG/Senado. *Texto para Discussão* nº 131, 2013.

[20]   CAMPILONGO, Celso Fernandes. Lei da Liberdade Econômica, Concorrência e Abuso de Poder Regulatório. *In*: SALOMÃO, Luis Felipe; CUEVA, Ricardo Villas Boas; FRAZÃO, Ana (orgs.). *Lei de Liberdade Econômica e seus impactos no Direito Brasileiro*. São Paulo: Thomson Reuters Brasil, 2020, p. 89-120.

[21]   FRAZÃO, op. cit. 2020, p. 95.

[22]   Nesse sentido: "É importante determinar as balizas de hipersuficiência, tendo em vista que há muitos casos que agentes do Mercado não se configuram em vulneráveis perante o Estado, mas sim, exercem influências no poder político e que se refletem no ente público" (JURUENA e RODRIGUES, op. cit., p. 103).

[23]   PISTOR, Katharina. *The code of capital*: how the law creates wealth and inequality. Princeton: Princeton University Press, 2019.

Nesse sentido, é preciso reconhecer como os agentes econômicos têm incentivos para influenciar no desenvolvimento de regulações que os favoreçam e, por conseguinte, restrinjam a concorrência.[24] Philippon e Gutiérrez, ao analisar a alta concentração econômica atual, chegaram à conclusão de que a ausência de entrada de novos concorrentes nos mercados estadunidenses não era explicada por retornos de escala, mas sim por regulações e lobby.[25] Os resultados dos estudos dos autores demonstram que as regulações têm um impacto negativo nas pequenas empresas, especialmente nas indústrias com altos gastos com lobby, além de impactarem positivamente o lucro dos incumbentes, sugerindo que a captura regulatória pode ter aumentado nos últimos anos.[26]

Portanto, é necessária a reflexão crítica de que a regulação estatal está intrinsecamente ligada ao poder econômico, que tanto clama pela intervenção, quando a julga útil, quanto pela desregulação, que não deixa de ser outra forma de interferência. Zingales, assim, pontua que o chamado *laissez-faire* puro não é propriamente a falta de intervenção governamental, mas sim a intervenção ativa para proteger o *status quo*.[27]

Além disso, a LLE se posiciona como um instrumento inovador na proteção da liberdade econômica, quando, em verdade, já há uma positivação constitucional da ordem econômica, que dirige e baliza a atuação estatal. Isto, por óbvio, é um requisito para o Estado Democrático de Direito, em que não se permite mais um absolutismo imune a controles legais. O que se pontua aqui, assim, é que a LLE, é muito mais um reforço ideológico abstrato do que um diploma normativo necessário e concreto de controle de abusos estatais como se pretende.

Nesse sentido, Tomasevicius pontua que a LLE "tem mais cunho retórico do que um verdadeiro rol de 'direitos' e 'garantias', uma vez que pouco se acrescenta ao que já está verdadeiramente declarado e garantido no art. 170 da Constituição Federal".

Verifica-se, portanto, que a LLE, longe da neutralidade científica em que supostamente se embasa, está, em verdade, atrelada a premissas do *mainstream* econômico, associando a intervenção estatal a algo inerentemente negativo aos mercados. Como será visto a seguir, situação semelhante ocorreu também no âmbito do Direito Concorrencial.

3. A EVOLUÇÃO TEÓRICA DO DIREITO CONCORRENCIAL – DA INFLUÊNCIA DOS PARADIGMAS LIBERAIS ATÉ OS DEBATES ATUAIS

Desde as décadas de 1970 e 1980, a Escola de Chicago incorporou à análise concorrencial pressupostos econômicos neoclássicos, apresentando-se como uma

---

[24] Philippon, assim, chega a uma interessante conclusão: "Unfortunately, the virtue of competition—that its positive effects are widespread—is also its downfall: the winners are dispersed, and the losers are concentrated. This is why we see a lot of lobbying aimed at restricting competition and little advocacy to protect it" (PHILIPPON, Thomas. *The great reversal*: how America gave up on free markets. Cambridge: The Belknap press of Harvard University Press, 2019, p. 54).

[25] PHILIPPON, Thomas; GUTIÉRREZ, Germán. Tha Failure of Free Entry, NBER Working Paper Series, v. Working Paper 26001, n. June 2019.

[26] Idem, p. 25-27.

[27] ZINGALES, Luigi. *A capitalism for the people*: recapturing the lost genius of American prosperity. New York: Basic Books, 2012.

alternativa supostamente neutra aos debates das finalidades e princípios do Direito Concorrencial.[28] Essa corrente surgiu em um contexto em que cortes estadunidenses, influenciadas pela Escola de Harvard, privilegiavam o controle preventivo a fim de evitar a concentração de mercado, favorecendo uma estrutura mais pulverizada, o modelo de *workable competition*.[29] Não obstante, como aponta Pitofsky, este período, conhecido como "*Warren Courts*", gerou decisões controversas e um terreno fértil para que pesquisadores subsidiados pelo setor privado demonstrassem os impactos que os excessos do antitruste poderiam causar.[30]

Nesse contexto, a Escola de Chicago, tendo Robert Bork como um de seus principais expoentes, colocou a eficiência no centro da análise antitruste, baseando-a na maximização do bem-estar dos consumidores.[31] Diante disso, os institutos antitrustes passaram a ser pensados em termos de eficiência alocativa e as concentrações do mercado deixaram de ser vistas como um mal a ser evitado, pelo contrário, passaram a ser economia de custos de transação, eficiências e ganhos para os consumidores.[32]

Dessa forma, em consonância com o *mainstream* econômico, a Escola de Chicago defende o menor grau de intervenção possível de regulação estatal, uma vez que o jogo competitivo seria suficiente para regular as relações econômicas. A atuação concorrencial, assim, deveria se limitar a analisar a eficiência dos atores e atuar quando houvesse falhas de mercado.

Ainda que a Escola de Chicago tenha sofrido diversas críticas, ela foi a base intelectual para a política antitruste nos Estados Unidos.[33] No Brasil, a despeito do posicionamento de autores no sentido de que os objetivos do antitruste devem dialogar com os demais princípios da ordem econômica constitucional,[34] a Escola de Chicago tornou-se o referencial normativo indisputado, preenchendo um vazio teórico do Direito da Concorrência.[35] Mesmo movimentos posteriores, como o Pós-Chicago, acabaram por oferecer apenas modificações técnicas para a estrutura da Escola de Chicago e, por

---

[28] FORGIONI, Paula A. *Os fundamentos do antitruste*. 8. ed. São Paulo: Revista dos Tribunais, 2015, p. 172.

[29] Ibidem, p. 166-167.

[30] PITOFSKY, Robert. Introduction: Setting the Stage. In: PITOFSKY, Robert (org.). *How the Chicago School overshot the mark*: the effect of conservative economic analysis on U.S. antitrust. Oxford; New York: Oxford University Press, 2008.

[31] Confira-se: BORK, Robert H. *The antitrust paradox*: a policy at war with itself. New York: Free Press; Toronto: Maxwell Macmillan Canada, 1993.

[32] FORGIONI, op. cit., p. 169-170.

[33] KOVACIC, William E. The Chicago Obsession in the Interpretation of US Antitrust History. *The University of Chicago Law Review*, v. 87, p. 36, 2020, p. 459-460.

[34] Nesse sentido, seguem os autores Ana Frazão (*Direito da concorrência*: pressupostos e perspectivas. São Paulo: Saraiva, 2017, p. 47-48); Paula Forgioni (Op. cit., p. 186); Calixto Salomão Filho (Op. cit., p. 82) e Fábio Comparato (Regime constitucional do controle de preços no mercado. *Direito constitucional*: constituição financeira, econômica e social. São Paulo: Revista dos Tribunais, 2013. v. 6, p. 19).

[35] SCHUARTZ, Luis Fernando. A desconstitucionalização do direito de defesa da concorrência. *Revista do IBRAC.*, v. 16, n. 1, p. 325-351, 2009, p. 327).

conseguinte, ratificaram implicitamente seus pressupostos normativos e ideológicos, que permanecem embutidos na doutrina antitruste atual.[36]

Não obstante, recentemente, os paradigmas da Escola de Chicago vêm sendo questionados, principalmente em face da elevada concentração dos mercados que ela teria permitido, em especial, na economia digital.[37] Surgiu, desse modo, uma nova corrente, intitulada neobrandeisiana[38] ou "hipster",[39] que propõe uma aplicação do Direito Concorrencial mais agressiva.[40] A despeito de algumas críticas do *mainstream* econômico,[41] o movimento neobrandeisiano vem ganhando cada vez mais força no cenário antitruste mundial. Isto pode ser verificado na atuação mais incisiva das autoridades concorrenciais europeias[42] e, mais recentemente, estadunidense,[43] frente aos gigantes da Internet.

Conforme exposto por Wu, a atuação concorrencial mais leniente causada pela Escola de Chicago e a política econômica guiada pelo liberalismo neoclássico geraram uma concentração econômica sem precedentes.[44] Nesse mesmo sentido, Khan defende que o declínio da competição é tão consistente entre mercados que a concentração excessiva e o poder de mercado indevido não são mais uma questão isolada, mas sim uma característica sistêmica da política econômica estadunidense.[45]

---

[36] KHAN, Lina M. Book Review – The End Of Antitrust History Revisited: The Curse Of Bigness: Antitrust In The New Gilded Age. *Harvard Law Review*, v. 133, 2020, p. 1670.

[37] KHAN, Lina M. Amazon's Antitrust Paradox.pdf. *Yale Law Journal*, v. 126, n. 3, p. 710-850, 2017.

[38] KHAN, Lina. The New Brandeis Movement: America's Antimonopoly Debate. *Journal of European Competition Law & Practice*, v. 9, n. 3, p. 131-132, 2018.

[39] MEDVEDOVSKY, Konstantin. Hipster Antitrust – a brief fling or something more? *Competition Policy International*, v. Abril, p. 7, 2018.

[40] GLICK, Mark. The Unsound Theory Behind the Consumer (and Total) Welfare Goal in Antitrust. *The Antitrust Bulletin*, v. 63, n. 4, p. 455-493, 2018, p. 456.

[41] As críticas gerais, conforme exposto por Hovenkamp, são de que o movimento neobrandeisiano não conseguiu estabelecer um parâmetro que possa substituir o bem-estar do consumidor com certa previsibilidade e nem métricas mensuráveis e objetivas que possam orientar a análise concorrencial ao invés das utilizadas atualmente associadas a este princípio (HOVENKAMP, Herbert. Is Antitrust's Consumer Welfare Principle Imperiled? *The Journal of Corporation Law*, v. 45, 2020, p. 30.).

[42] Nos últimos anos, a Comissão Europeia multou o Google em: i) 2,42 bilhões de euros por abuso de posição dominante para favorecer o Google Shopping em 2017 (COMISSÃO EUROPEIA, Case AT AT.39740 Google Search (Shopping), 27/06/2017); ii) 4,34 bilhões de euros por impor o Google Search a celulares Androids em 2018 (COMISSÃO EUROPEIA, Case AT.40099 Google Android, 18/07/2018); e iii) 1,49 bilhões de euros por práticas abusivas no mercado de publicidade online em 2019 (COMISSÃO EUROPEIA, Case AT.40411 Google Search (AdSense), 20/03/2019).

[43] FTC, FTC Sues Facebook for Illegal Monopolization: Agency challenges Facebook's multi-year course of unlawful conduct, Press Release FTC, 2020. Disponível em: https://www.ftc.gov/news-events/press-releases/2020/12/ftc-sues-facebook-illegal-monopolization. Acesso em: 15 mar. 2021.

[44] WU, Tim. *The Curse of Bigness* – Antitrust in the New Gilded Age. New York: Columbia Global Reports, 2018.

[45] KHAN, Lina M. The Ideological Roots of America's Market Power Problem. *The Yale Law Journal Forum*, June 4, 2018, p. 960-979.

A autora sustenta, ainda, que para endereçar o problema do poder de mercado, é necessário reconhecer as suas raízes ideológicas. Khan expõe que, conforme o problema da concentração vai ficando mais evidente, diversos autores e figuras públicas tentam endereçar as questões do poder de mercado excessivo, contudo, sem enfrentar a filosofia que redesenhou o sistema concorrencial atual. Segundo a autora, o regime da Escola de Chicago avalia a competição analisando como a conduta afeta o bem-estar e, em seguida, define a dinâmica de mercado de tal forma que a conduta raramente é anticompetitiva. [46]

O próprio sistema concorrencial atual, ademais, tem uma preferência embutida de *"under-enforcement"*: "[a]té que consideremos a estrutura ideológica que paralisa nossas ferramentas de *enforcement*, nossas tentativas de revitalizar o *enforcement* ficarão aquém da reabilitação necessária para resolver o problema de poder de mercado de hoje".[47]

Lao, de forma similar, aponta que a ideologia influencia no otimismo ou pessimismo sobre o funcionamento dos mercados, a intervenção estatal, as virtudes das empresas dominante e o valor da concorrência. A autora ressalta que esses valores e crenças influenciam nas interpretações dos fatos e na valoração da prova nos julgamentos concorrenciais, bem como na análise dos custos e benefícios de intervenção, isto é, dos riscos de falso positivo e falso negativo. Em suma, conclui que argumentos "técnicos" que analisam estes pontos podem derivar mais da ideologia do que a economia.[48]

Ainda, a própria concepção do que seria liberdade econômica, segundo Lao, difere conforme a ideologia adotada, podendo ter seu epítome na crença no mercado *laissez-faire* ou, então, significar o direito de participar de um sistema econômico que é relativamente justo para todos, sendo o governo uma forma de controlar o poder econômico privado.[49] Conclui, assim, que seria mais útil uma conversa normativa baseada nas diferenças de valores dos fundamentos ideológicos, ao invés de confiar nas teorias econômicas como um substituto para essa discussão.[50]

No cenário brasileiro, a ideologia neoliberal também foi crucial para o desenho do Direito Concorrencial atual. Nesse sentido, Miola faz uma interessante análise de dois fatores aparentemente contraditórios: a ascensão de medidas de privatização e liberalização dos mercados características do liberalismo, em 1990, com a simultânea propagação de leis da concorrência para controlar o poder econômico.[51] Longe de contraditórias, o autor explora como a regulação concorrência, da maneira que foi im-

---

[46] Idem.

[47] Tradução livre. Confira-se o trecho original: "Until we reckon with the ideological frame that cripples our en- forcement tools, our attempts to revitalize enforcement will fall short of the rehabilitation that is needed to address today's market power problem" (KHAN, op. cit., 2018, p. 978).

[48] LAO, Marina. Ideology Matters in the Antitrust Debate. *Antitrust Law Journal*, v. 79, p. 649, 2014, p. 666.

[49] Idem, p. 681.

[50] Idem, p. 685.

[51] MIOLA, Iagê Zendron. Direito da concorrência e neoliberalismo: a regulação da concentração econômica no Brasil / Competition law and neoliberalism: the regulation of economic concentration in Brazil. *Revista Direito e Práxis*, v. 7, n. 4, p. 643-689, 2016.

plementada, compatibilizou-se com a produção de um arranjo econômico propagado pelos ideais neoliberais, legitimando a concentração do poder econômico:

> Uma explicação alternativa do alinhamento entre direito da concorrência e neoliberalismo foi apontada, ainda que não aprofundada, ao longo do artigo: as ideias jurídicas e econômicas que dominaram a aplicação da regulação concorrencial. Conforme descrito na seção 3, essas ideias formam uma interpretação genuína que defende a concentração como algo desejável (ou mesmo inevitável) para uma economia complexa e que dominou a produção regulatória. Este conjunto de ideias – como quaisquer outras neste campo regulatório – converge com certos interesses políticos e econômicos que, no caso, são principalmente aqueles das empresas que se concentram.[52]

Miola, ainda, pontua que essa conclusão pode ser ilustrada pelos dados dos atos de concentração decididos pelo CADE entre 1994 e 2010. A análise da proporção, considerando que foram impostos remédios em pouquíssimos dos atos de concentração analisados, e dos tipos de restrições impostas pelo CADE, em sua maioria apenas comportamentais, revelam que que a prática da regulação da concorrência não atacou diretamente a concentração, mas em grande parte a legitimou.[53]

Dessa forma, como se viu neste tópico, o antitruste, da mesma forma que a Lei de Liberdade Econômica (LLE), sofreu influências ideológicas do *mainstream* econômico. Mais ainda, atualmente, tem se debatido como isto contribuiu para um cenário atual de grande concentração econômica, ao contrário da competitividade que se esperaria com base na crença na autorregulação dos mercados e no Estado mínimo.

4. INCOMPATIBILIDADE DAS PREMISSAS DA LEI DE LIBERDADE ECONÔMICA COM O SEU PROPÓSITO DE INCENTIVAR A CONCORRÊNCIA NO MUNDO ATUAL

Conforme exposto nos tópicos anteriores, a Lei de Liberdade Econômica (LLE) parte, em 2019, de raciocínio similar ao que Bork fez, no antitruste, em 1978. Ambos, atrelados a uma suposta neutralidade científica do *mainstream* econômico, buscaram restringir os "excessos" que a intervenção estatal poderia causar.

Nesse ponto, é necessário reconhecer que o Estado mínimo não é um fim em si mesmo, pelo contrário, nos termos da LLE, seria um caminho necessário para o crescimento econômico, isto é, o incentivo à entrada e ao desenvolvimento de agentes econômicos, que intrinsecamente se relaciona à concorrência. A crença na autorregulação dos mercados está embasada na dinâmica competitiva, que seria suficiente para gerar riqueza e desenvolvimento econômico. Patente, assim, como a LLE está relacionada ao Direito Concorrencial e como ambos foram influenciados pelas premissas neoliberais.

Não obstante, como visto no tópico anterior, o antitruste vem passando por duras críticas de como sua atuação leniente contribuiu para a concentração econômica e para

---

[52] Idem, p. 682-683.
[53] Idem, p. 672-681.

um problema de poder de mercado, evidenciando como o pensamento embutido na LLE é anacrônico com a realidade atual e, por conseguinte, com o seu propósito de fomentar a concorrência.

Em defesa da LLE, alguns autores sustentam a necessidade de uma reflexão sobre o tema desvinculada de ideologias e preconceitos, pois haveria uma certa confusão na compreensão da lei e na sua identificação como uma carta de reforço a posições econômicas dominantes e preestabelecidas,[54] ou, ainda, que as críticas aos dispositivos legais seriam ideologicamente sustentadas.[55] Todavia, como sustenta Khan, é necessário endereçar as raízes ideológicas do problema para enfrentá-lo.[56]

Ademais, verifica-se que os que defendem a LLE argumentam justamente que a interpretação de liberdade econômica sem restrições e, portanto, sem qualquer intervenção estatal, seria incompatível com a Constituição e a ordem econômica que ela prestigia.[57] Pontuam que a LLE não defende a ilicitude *per se* da regulação, mas sim o controle de excessos do Estado Regulador, em uma tentativa de reescrever a trajetória de lento desenvolvimento do país.[58]

Ignoram-se nas ditas análises, contudo, paradoxalmente, a exposição de motivos da referida lei e as claras premissas ideológicas neoliberais em que se embasa, conforme já visto neste artigo. Ainda que, obviamente, não se possa defender na ordem jurídica e democrática atual a inexistência absoluta de regulação, é inegável que a LLE parte do pressuposto do Estado mínimo e da falsa crença de que o controle da intervenção estatal seria suficiente para gerar crescimento econômico e social. É importante, assim, uma reflexão crítica das raízes ideológicas do problema, a fim de se pensar legislações e políticas públicas mais efetivas.

Como exposto ao longo deste artigo, o Direito Concorrencial brasileiro, tal qual a LLE, também foi influenciado pelo *mainstream* econômico, notadamente pela Escola de Chicago, que também se pauta na crença da autorregulação dos mercados. Isto, conforme expõe Khan, fez com que o arcabouço antitruste prime pelo *"under-enforcement"*, não sendo possível endereçar este problema sem reconhecer suas raízes ideológicas, e mais ainda, partindo-se das mesmas premissas, como faz a LLE.

---

[54] DOMINGUES, Juliana Oliveira; SILVA, Pedro Aurélio de Queiroz P. da. Lei da Liberdade Econômica e a Defesa da Concorrência. *In*: SALOMÃO, Luis Felipe; CUEVA, Ricardo Villas Boas; FRAZÃO, Ana (orgs.). *Lei de Liberdade Econômica e seus impactos no Direito Brasileiro*. São Paulo: Thomson Reuters Brasil, 2020, p. 267-287. p. 270.

[55] OLIVEIRA, Amanda Flávio de. Abuso de poder regulatório: contribuições para a política antitruste brasileira. *In*: OLIVEIRA, Amanda Flávio de; ROLIM, Maria João (orgs.). *Abuso de poder regulatório*. Rio de Janeiro: Synergia Editora, 2021, p. 243-259.

[56] KHAN, op. cit., 2018.

[57] Confira-se: "Diante do momento socioeconômico que vive o Brasil, parece-nos salutar uma reflexão sobre o tema desvinculada de ideologias e preconceitos, pois percebemos uma certa confusão na compreensão da LLE e na sua identificação como uma carta de reforço a posições econômicas dominantes e preestabelecidas. Trata-se, como procuraremos demonstrar, de um entendimento equivocado e até mesmo incompatível com a Constituição, que prestigia uma ordem econômica equilibrada pautada, entre outros, em ditames de justiça social, valorização do trabalho humano, livre concorrência, livre-iniciativa, redução de desigualdades e que tem por fim assegurar a todos existência digna (artigo 170 da CF)" (DOMINGUES & SILVA, op. cit., p. 270).

[58] OLIVEIRA, op. cit., p. 247-251.

Novamente, destaca-se que não se pretende aqui sustentar a inexistência de abusos ou de efeitos negativos da intervenção estatal na economia, mas tão somente que a LLE não é afeita a endereçar o problema concorrencial atual de alta concentração de mercados e que não é possível endereçar a questão sem o reconhecimento e a análise das premissas ideológicas que a embasam. Isto porque são essas mesmas premissas que justificam o raciocínio por trás da LLE que, não só confunde desregulação com desburocratização, como também propaga a crença de que, ausente o abuso regulatório, o "empresário brasileiro" se sentiria seguro para produzir,[59] em outras palavras, causando o aumento da entrada de agentes econômicos nos mercados.

Cabe lembrar aqui, que a desigualdade de renda não só cresceu no Brasil, novamente, em 2020, como foi a pior em duas décadas, com 1% da população concentrando 49,6% de toda a riqueza do país.[60] Como bem pontua Frazão, o pequeno empreendedorismo poderia ser uma excelente solução para a questão da redução da pobreza, mas parcela substancial da população não tem acesso sequer a condições mínimas de sobrevivência e muito menos a condições mínimas para empreender, como acesso a crédito.[61] A LLE, assim, ao focar no abuso regulatório e no controle da intervenção estatal, fecha os olhos para as diversas barreiras à entrada de agentes econômicos existentes no país que devem ser endereçadas por uma atuação positiva e ativa do Estado. Não bastam, portanto, as declarações feitas na LLE para garantir uma efetiva liberdade econômica.

É interessante ressaltar novamente que dentre os parâmetros analisados pelo índice de liberdade econômica citados pela exposição de motivos da LLE, os que o Brasil teve pontuação mais baixa – quais sejam, efetividade do Judiciário, integridade do governo, e liberdade financeira[62] – justamente requerem uma prestação positiva estatal e sequer foram endereçados pela LLE. Isto porque, como já visto, o conceito de "liberdade econômica" adotado pela referida lei é reducionista e ignora que esta ultrapassa a mera liberdade abstrata de mercado.

Ademais, apesar do pretenso caráter inovador da LLE, fato é que ela pouco cria em relação à ordem econômica constitucional brasileira,[63] que, como próprio pressuposto do Estado de Direito Democrático, já contém limitações e diretrizes à intervenção estatal no domínio econômico no art. 170 da CF. Nesse mesmo sentido, Campilongo afirma que a "Lei de Liberdade Econômica funciona mais como elenco de princípios do que como ferramenta de procedimentalização e controle de abusos de reguladores".[64]

---

[59] Veja novamente a exposição de motivos da LLE: "[e]xiste a percepção de que no Brasil ainda prevalece o pressuposto de que as atividades econômicas devam ser exercidas somente se presente expressa permissão do Estado, fazendo com que o empresário brasileiro, em contraposição ao resto do mundo desenvolvido e emergente, não se sinta seguro para produzir, gerar emprego e renda" (BRASIL, op. cit.).

[60] ELIAS, Juliana. Desigualdade no Brasil cresceu (de novo) em 2020 e foi a pior em duas décadas. *CNN Brasil Business*, 2020. Disponível em: https://bit.ly/3DznQJI. Acesso em: 6 dez. 2021.

[61] FRAZÃO, op. cit., 2020, p. 117.

[62] JURUENA e RODRIGUES, op. cit., p. 99-100.

[63] TOMASEVICIUS FILHO, op. cit.

[64] CAMPILONGO, op. cit., p. 393.

5. POSSÍVEIS INFLUÊNCIAS DA LEI DE LIBERDADE ECONÔMICA NO DIREITO CONCORRENCIAL BRASILEIRO

Vista a incompatibilidade entre as premissas da LLE com o seu propósito de incentivar a concorrência, passa-se a discorrer, brevemente, sobre as possíveis implicações concretas que o referido diploma legal pode ter no cenário antitruste brasileiro.

Nesse ponto, destacam-se dois pontos principais: o abuso de poder regulatório e a análise de impacto regulatório (AIR).[65]

Quanto a este último, este artigo se limitará a fazer um breve apontamento sobre possíveis benefícios que o instituto da AIR pode trazer à advocacia da concorrência, primando pela análise preventiva de possíveis impactos concorrenciais de atos regulatórios. Domingues e da Silva, nesse sentido, esclarecem que uma das atribuições da Secretaria de Advocacia da Concorrência e Competitividade (SEAE/ME) é justamente analisar o impacto regulatório de políticas públicas e que a diferença, com a LLE, estaria na obrigação dos órgãos e entidades da administração pública federal de realizar previamente a AIR. Nesse ponto, é interessante o apontamento de Frazão que, embora a LLE valorize estudos de impacto regulatório, não foi precedida, ela própria, de nenhuma análise mais rigorosa nesse sentido.[66] Cabe, assim, aguardar para ver como as AR serão conduzidas na prática, qual será o ônus e a viabilidade de sua realização, se avaliarão de forma satisfatória possíveis impactos da regulação na concorrência e qual será o seu real impacto na diminuição de barreiras à entrada e na promoção de competitividade.

Já quanto ao abuso de poder regulatório, Amanda Flávio de Oliveira destaca que seria um desenvolvimento natural e necessário do instituto do abuso de direito, obstando que este se revele sob a forma de atuação estatal na economia. A autora pontua, ainda, que o abuso de poder regulatório pode dar maior peso à advocacia da concorrência, uma vez que a desconsideração de recomendação da SEAE/ME deixa de ser uma solução na medida em que agora recai a condição de ilícito às ações em relação às quais ela deve atuar. Em relação ao Conselho Administrativo de Defesa Econômica (CADE), ressalta que a LLE consistiu em fundamento para muitas notas técnicas relacionadas a projetos ou regulações em vigor, especialmente no período de pandemia.[67]

Em sentido similar, Domingues e da Silva ressaltam que os atos estatais, em geral, sempre escaparam ao controle concorrencial típico exercido pelo Sistema Brasileiro de Defesa da Concorrência (SBDC). Também destacam a natureza consultiva e propositiva da SEAE, que agora também teria ao seu lado a imposição da LLE do dever dos órgãos públicos de evitar o abuso do poder regulatório nos termos do artigo 4°.[68]

Desse modo, verifica-se que os autores identificam que o que o abuso de poder regulatório pode ter maiores impactos especialmente sobre a advocacia da concorrência. Não obstante, surgem algumas questões relevantes sobre como se daria na prática o impacto do ilícito de abuso de poder regulatório na política antitruste. Nos termos do

---

[65] Nesse sentido: confira-se: DOMINGUES & SILVA, op. cit.
[66] FRAZÃO, op. cit., 2020, p. 114.
[67] OLIVEIRA, op. cit., p. 251-255.
[68] DOMINGUES & SILVA, op. cit., p. 278-283.

art. 4º da Lei de Liberdade Econômica, verifica-se que os seus três primeiros incisos poderiam ter maiores implicações concorrenciais:

> Art. 4º É dever da administração pública e das demais entidades que se vinculam a esta Lei, no **exercício de regulamentação de norma pública** pertencente à legislação sobre a qual esta Lei versa, exceto se em estrito cumprimento a previsão explícita em lei, **evitar o abuso do poder regulatório de maneira a, indevidamente**:
> I – **criar reserva de mercado ao favorecer, na regulação, grupo econômico, ou profissional, em prejuízo dos demais concorrentes**;
> II – **redigir enunciados que impeçam a entrada de novos competidores nacionais ou estrangeiros no mercado**;
> III – **exigir especificação técnica que não seja necessária para atingir o fim desejado**;[69]

Quanto ao primeiro inciso, contudo, Campilongo questiona qual seria seu real alcance, uma vez que não fica claro se todo e qualquer ato regulatório poderá ser questionado com base em noções genéricas, como "prejuízo aos demais concorrentes" e que tampouco está explicito o rol de autoridades aptas a atestarem se de fato houve "criação de reserva de mercado" e "prejuízo aos concorrentes", o que potencializa a insegurança jurídica.[70] Em verdade, segundo o autor:

> O inciso I do art. 4º emana, portanto, o caráter paralisante do princípio da precaução na crítica formulada por SUNSTEIN (2012): *parece oferecer orientação prática somente porque as pessoas deixam de enxergar certos aspectos da situação de risco, focando somente um mero subconjunto dos perigos que estão em jogo.* **Ao enfocar somente os males potenciais da atividade regulatória perante a defesa da concorrência, ele pouco contribui para, efetivamente, aperfeiçoá-las.**[71]

Ademais, não se sabe como se daria o controle do conflito da LLE com normas e leis novas, que derrogariam a lei anterior, nos termos do art. 2º, § 2º da Lei de Introdução às Normas de Direito Brasileiro (LINDB). Diante disso, Domingues e da Silva entendem que caberá "aos órgãos do SBDC, advocacias públicas, MPs, associações de defesa de direitos e classes, e, entre outros, Tribunais de Contas atuarem para fazer cessar eventuais conflitos normativos, provocando, se necessário, o Poder Judiciário".[72]

Cabe pontuar que, no que os autores identificam um possível reforço à advocacia da concorrência, caberia à SEAE ou a outros agentes privados, valendo-se de sua análise, ingressarem em juízo contra o ato considerado um ilícito de abuso de poder

---

[69] Grifos adicionados, BRASIL, Lei n. 13.874, de 20 de setembro de 2019, publicado no *DOU* de 20.09.2019 – Edição extra-B.

[70] CAMPILONGO, op. cit., p. 386.

[71] Id., p. 387, grifou-se.

[72] DOMINGUES & SILVA, op. cit., p. 383.

regulatório, com base na LLE, visando a sua suspensão ou revogação, além de eventual indenização, se for o caso.[73]

Campilongo ressalta, assim, que, em verdade, o que se observa na LLE é o receio de se atribuir à Administração função que lhe é própria e transferi-la às mãos do Poder Judiciário, mediante o discurso de abuso regulatório. Assim, a referida lei acaba por cair nessa armadilha do controle jurisdicional que, igualmente pode dar muita margem a novas formas de abuso de poder, paradoxalmente abrindo espaços para o sacrifício abusivo da atividade empresarial.[74]

É difícil crer que, considerando o elevado número de processos que estão em trâmite atualmente no Brasil, o Judiciário de fato disporia do tempo adequado para endereçar tais questões. Ainda, considerando a especificidade de cada mercado regulado e da ausência de suporte e conhecimento técnico em relação a eles ou aos termos concorrenciais empregados pela LLE, pode se chegar a resultados poucos satisfatórios ou até mesmo negativos e contrários ao que a lei pretende. Mais uma vez, importa ressaltar que a regulação é essencial para os mercados e, por conseguinte, para o estímulo à competitividade e à entrada de novos agentes. Campilongo, destaca que é nebuloso como o dispositivo em questão lidaria com regulações assimétricas, em que se pretende justamente nivelar as condições entre empresas incumbentes e entrantes.[75]

É temerosa, assim, a possibilidade de que o judiciário entenda pela configuração de abuso de poder regulatório em regulações que são pró-competitivas ou, ainda, que não entenda pelo referido ilícito quando de fato haja abuso.

Não fica claro, ainda, se o CADE teria competência para, com base no art. 4º da LLE e seus incisos, declarar o abuso do poder regulatório de algum ato regulatório em suas decisões administrativas. A ausência de qualquer menção à autarquia ou a outros órgãos na LLE leva a crer que a aplicação do referido diploma seria exclusiva do Poder Judiciário, que pode incorrer em sérias dificuldades técnicas na análise de conceitos como "reserva de mercado" e "barreiras à entrada" em casos concretos.

Além disso, considerando-se todas as questões e dúvidas acima, é difícil imaginar alguma situação concreta em que o CADE utilizaria o abuso de poder regulatório previsto na LLE como fundamentação em suas decisões. O que não quer dizer, contudo, que os atos regulatórios estão imunes à análise concorrencial e à conformidade com a Lei 12.529/2011. Nesse sentido, cita-se a recente condenação da Tecon Suape pela cobrança da taxa THC2, também chamada de SSE, no mercado portuário. Em seu voto, o Conselheiro Luiz Hoffmann entendeu que embora a referida cobrança não seja, por si só, considerada ilícita sob o ponto de vista da Agência Nacional de Transportes Aquaviários (Antaq), sendo permitida pela sua (então vigente) Resolução Normativa 34/2019, é competência do CADE verificar no caso concreto se a cobrança praticada pelo operador caracteriza infração à ordem econômica em virtude de sua possibilidade de produzir efeitos anticompetitivos.[76]

---

[73]   OLIVEIRA, op. cit., p. 254.
[74]   CAMPILONGO, op. cit., p. 392.
[75]   Id., p. 387.
[76]   CADE, Processo Administrativo 08700.005499/2015-51, Voto do Conselheiro Relator Luiz Hoffman, julgado em 03.02.2021.

A referida decisão põe fim a uma conturbada jurisprudência sobre a matéria, em especial ao debate sobre a competência ou não do CADE de avaliar a perspectiva concorrencial de regulações, demonstrando a complexidade da análise dos limites regulatórios em casos práticos.

Verifica-se, assim, que a LLE, ao simplesmente criar o abuso de poder regulatório com incisos contendo conceitos concorrenciais amplos e delegar a análise da configuração do ilícito ao Poder Judiciário, não contribui efetivamente para o seu adequado controle e, ainda, pode gerar conflitos. É possível, por exemplo, que se chegue a uma situação em que o CADE conclua que determinada regulação em um caso concreto configura ou não uma infração concorrencial à Lei 12.529/2011, nos termos do art. 36, § 3º, III – limitar ou impedir o acesso de novas empresas ao mercado; enquanto um juiz, com base no abuso de poder regulatório LLE, previsto no seu art. 4º, II – redigir enunciados que impeçam a entrada de novos competidores nacionais ou estrangeiros no mercado, conclua em sentido diverso.

Ademais, é interessante notar que a própria lógica do *mainstream* econômico, embutida tanto no Direito Concorrencial quanto na LLE, podem prejudicar negativamente o que esta última pretende. Isto porque, conforme já visto, o antitruste, influenciado pela Escola de Chicago, possui uma incidência restritiva à proteção do "bem-estar" do consumidor, que se traduz em um sistema embasado em um pesado ônus probatório, com a prevalência da análise de efeitos, de valorização de impactos em preços e a preferência de erros do tipo II (falsos negativos). Além disso, como pontua Khan, favorecer os erros deste pressupõe a eliminação das barreiras de entrada e considera os mercados como "autocorretivos", de forma que qualquer abuso seria eventualmente controlado pela concorrência,[77] o que na realidade, não ocorreu, resultando na alta concentração econômica atual.

Assim, considerando-se esse sistema antitruste redesenhado pela racionalidade neoliberal "pró mercado", é possível que um ato regulatório, mesmo que analisado pelo CADE, não seja visto como anticompetitivo por não se conseguir provar os seus efeitos. Apesar de a Lei 12.529/2011 prever em seu art. 36 a possibilidade de condenação de condutas pelo seu potencial efeito anticompetitivo, ainda que não alcançado, a jurisprudência da autoridade concorrencial, diante de toda a influência do *mainstream*, é reticente em aplicar tal dispositivo na prática.

Essa mesma lógica também prejudica outros agentes econômicos ao permitir a prática de condutas abusivas que não conseguem atender ao ônus probatório de prejuízo ao "bem-estar" do consumidor, ainda que evidentemente potencialmente anticompetitivas. É preciso, assim, uma reflexão crítica de como as teorias do dano precisam ser construídas em cada caso concreto. Há mercados em que dificilmente se comprovará danos específicos ao consumidor, ainda que seja perfeitamente possível a prática de infrações concorrenciais como, por exemplo, os mercados de trabalho. Ainda, em setores dinâmicos, como os mercados digitais, a comprovação de efeitos pode ser difícil, ao mesmo tempo em que é necessária uma resposta rápida da autoridade.

---

[77] KHAN, op. cit., 2018, p. 975.

Também no aspecto do controle de estruturas, a lógica do *in dubio pro mercado* favorece a ocorrência de erros do tipo II e, por conseguinte, a aprovação de atos de concentração que prejudicam a concorrência. A análise pós Chicago, para considerar o ato de concentração prejudicial, em geral, demanda provas claras de aumentos de preço após a consumação do ato, ignorando-se ou subestimando os danos da aquisição de potenciais competidores e não dando a devida consideração a efeitos dinâmicos e inovação, uma vez que serão difíceis de mensurar. Por essas razões, como expõe Wu, as agências concorrenciais dos Estados Unidos e da Europa permitiram que o Facebook e o Google comprassem vários dos seus maiores potenciais competidores.[78]

A LLE, assim, ao reforçar as premissas do *mainstream* econômico não só é insuficiente para endereçar o problema da alta concentração, como também o agrava. De nada adianta a LLE assumir que, ao reduzir barreiras à entrada regulatórias, entrarão mais agentes econômicos nos mercados, quando, na verdade, apenas retoma e legitima os mesmos pressupostos que favoreceram a alta concentração econômica atual.

6. CONCLUSÃO

O presente artigo procurou dar uma resposta às seguintes perguntas: os pressupostos da Lei de Liberdade Econômica são de fato adequados ao incentivo da concorrência no Brasil? As discussões teóricas recentes no campo do Direito Concorrencial estão em consonância com esses pressupostos?

Para tanto, analisou-se a exposição de motivos da LLE e demonstrou-se que, apesar de sua pretensa neutralidade científica, está fortemente embasada em premissas do *mainstream* econômico, notadamente no Estado mínimo. Viu-se, ainda, como a mera pretensão de controle da intervenção estatal feita pela LLE não é suficiente para garantir a liberdade econômica, que é mais ampla que a mera liberdade de mercado, e muito menos estimular a concorrência.

Em sequência, fez-se uma breve análise da evolução teórica no campo do Direito Concorrencial, demonstrando também como as influências de premissas neoliberais, em especial da Escola de Chicago, redesenharam o sistema de defesa da concorrência. Não obstante, conforme os debates mais atuais na seara antitruste, para promover a competição, seria necessário endereçar a elevada concentração dos mercados atual, e não diminuir a intervenção estatal. Para tanto, em linha com a obra de Khan, sustenta-se a necessidade de reconhecer as raízes ideológicas do problema.[79] O nível de intervenção, ou, em outras palavras, a preferência por erros de falso positivo ou falso negativo, segundo Lao, pode derivar muito mais da ideologia adotada do que de argumentos "técnicos" e econômicos.[80]

Diante disso, restou evidente a incompatibilidade das premissas da LLE com o seu propósito de incentivar a concorrência no mundo atual. A LLE não é afeita a endereçar o problema concorrencial atual de alta concentração de mercados e não é

---

[78] WU, op. cit., 2018, p. 207.

[79] KHAN, op. cit., 2018.

[80] LAO, op. cit., 2014, p. 666.

possível endereçar a questão sem o reconhecimento e a análise das premissas ideológicas que a embasam.

Por fim, em uma breve consideração sobre as possíveis influências da LLE no Direito Concorrencial Brasileiro viu-se que, a despeito de possíveis contribuições positivas dos institutos de abuso de poder regulatório e análise de impactos regulatórios (AIR) para a advocacia da concorrência, a lei não estabelece de forma clara como eles seriam aplicados e nem elenca os órgãos responsáveis por sua aplicação. Ademais, é temerosa a transferência de controle que a LLE faz da Administração Pública ao Poder Judiciário mediante o discurso de abuso do poder regulatório.[81]

Parece improvável, por fim, que o instituto de abuso de poder regulatório tenha impacto direto nas decisões administrativas do CADE, o que não quer dizer, contudo, que as regulações estariam imunes ao escrutínio antitruste. Não obstante, a LLE não contribui de forma concreta para a redução de eventuais barreiras regulatórias ao acesso ao mercado, além de ignorar o papel do lobby do poder econômico na sua elaboração, e não traz considerações e nem incentivos quanto à formulação de regulações favoráveis à competitividade. Ademais, é necessária uma reflexão crítica de que a própria lógica do *mainstream* econômico, embutida tanto no Direito Concorrencial quanto na LLE, podem prejudicar negativamente o seu propósito de incentivar a concorrência no Brasil.

REFERÊNCIAS

BARROS, Ricardo Paes de; HENRIQUES, Ricardo; MENDONÇA, Rosane. Texto para discussão nº 800. A estabilidade inaceitável: desigualdade e pobreza no Brasil. Textos para Discussão IPEA, 2001.

BORK, Robert H. *The antitrust paradox*: a policy at war with itself. New York: Free Press; Toronto: Maxwell Macmillan Canada, 1993.

CAMPILONGO, Celso Fernandes. Lei da Liberdade Econômica, Concorrência e Abuso de Poder Regulatório. In: SALOMÃO, Luis Felipe; CUEVA, Ricardo Villas Boas; FRAZÃO, Ana (orgs.). *Lei de Liberdade Econômica e seus impactos no Direito Brasileiro*. São Paulo: Thomson Reuters Brasil, 2020.

CASTELAR, Pablo Urano de Carvalho; TABOSA, Francisco José Silva; IRFFI, Guilherme Diniz. Impacto do crescimento econômico e da desigualdade de renda na pobreza do Brasil. *Encontro Regional de Economia*, v. 18, 2013.

COMPARATO, Fábio Konder. Regime constitucional do controle de preços no mercado. *Direito constitucional*: constituição financeira, econômica e social. São Paulo: Revista dos Tribunais, 2013.

DOMINGUES, Juliana Oliveira; SILVA, Pedro Aurélio de Queiroz P. da. Lei da Liberdade Econômica e a Defesa da Concorrência. In: SALOMÃO, Luis Felipe; CUEVA, Ricardo Villas Boas; FRAZÃO, Ana (orgs.). *Lei de Liberdade Econômica e seus impactos no Direito Brasileiro*. São Paulo: Thomson Reuters Brasil, 2020.

---

[81] CAMPILONGO, op. cit., p. 386.

ELIAS, Juliana. Desigualdade no Brasil cresceu (de novo) em 2020 e foi a pior em duas décadas. *CNN Brasil Business*, 2020. Disponível em: https://bit.ly/3DznQJI. Acesso em: 6 dez. 2021.

FORGIONI, Paula A. *Os fundamentos do antitruste*. 8. ed. São Paulo: Revista dos Tribunais, 2015.

FRAZÃO, Ana. *Direito da concorrência*: pressupostos e perspectivas. São Paulo: Saraiva, 2017.

GLICK, Mark. The Unsound Theory Behind the Consumer (and Total) Welfare Goal in Antitrust. *The Antitrust Bulletin*, v. 63, n. 4, p. 455-493, 2018.

HOVENKAMP, Herbert. Is Antitrust's Consumer Welfare Principle Imperiled? *The Journal of Corporation Law*, v. 45, 2020.

KHAN, Lina M. The Ideological Roots of America's Market Power Problem. *The Yale Law Journal Forum*, v. June 4, p. 20, 2018.

KHAN, Lina M. Amazon's Antitrust Paradox.pdf. *Yale Law Journal*, v. 126, n. 3, p. 710-850, 2017.

KHAN, Lina M. Book Review – The End Of Antitrust History Revisited: The Curse Of Bigness: Antitrust In The New Gilded Age. *Harvard Law Review*, v. 133, 2020.

KHAN, Lina M. The Ideological Roots of America's Market Power Problem. *The Yale Law Journal Forum*, June 4, 2018.

KHAN, Lina. The New Brandeis Movement: America's Antimonopoly Debate. *Journal of European Competition Law & Practice*, v. 9, n. 3, p. 131-132, 2018.

KOVACIC, William E. The Chicago Obsession in the Interpretation of US Antitrust History. *The University of Chicago Law Review*, v. 87, p. 36, 2020.

LAO, Marina. Ideology Matters in the Antitrust Debate. *Antitrust Law Journal*, v. 79, p. 649, 2014.

LAO, Marina. Ideology Matters in the Antitrust Debate. *Antitrust Law Journal*, v. 79, p. 649, 2014.

MEDVEDOVSKY, Konstantin. Hipster Antitrust – a brief fling or something more? *Competition Policy International*, v. Abril, p. 7, 2018.

MENDES, Marcos. Desigualdade e crescimento: uma revisão da literatura. Núcleo de Estudos e Pesquisas/CONLEG/Senado, v. Texto para Discussão nº 131, 2013.

MIOLA, Iagê Zendron. Direito da concorrência e neoliberalismo: a regulação da concentração econômica no Brasil / Competition law and neoliberalism: the regulation of economic concentration in Brazil. *Revista Direito e Práxis*, v. 7, n. 4, p. 643-689, 2016.

OLIVEIRA, Amanda Flávio de. Abuso de poder regulatório: contribuições para a política antitruste brasileira. In: OLIVEIRA, Amanda Flávio de; ROLIM, Maria João (orgs.). *Abuso de poder regulatório*. Rio de Janeiro: Synergia Editora, 2021.

PHILIPPON, Thomas. *The great reversal*: how America gave up on free markets. Cambridge: The Belknap press of Harvard University Press, 2019.

PHILIPPON, Thomas; GUTIÉRREZ, Germán. Tha Failure of Free Entry. *NBER Working Paper Series, v. Working Paper* 26001, n. June 2019.

PISTOR, Katharina. *The code of capital*: how the law creates wealth and inequality. Princeton: Princeton University Press, 2019.

PITOFSKY, Robert. Introduction: Setting the Stage. In: PITOFSKY, Robert (org.). *How the Chicago School overshot the mark*: the effect of conservative economic analysis on U.S. antitrust. Oxford; New York: Oxford University Press, 2008.

SCHUARTZ, Luis Fernando. A desconstitucionalização do direito de defesa da concorrência. *Revista do IBRAC*, v. 16, n. 1, p. 325-351, 2009.

WU, Tim. *The Curse of Bigness* – Antitrust in the New Gilded Age. New York: Columbia Global Reports, 2018.

Capítulo 4
OS IMPACTOS IDEOLÓGICOS DA LEI DE LIBERDADE ECONÔMICA

Natalia Marques D'Ávila

Advogada no Gustavo Tepedino Advogados, Pós-graduanda em Direito dos Contratos na Pontifícia Universidade Católica do Rio de Janeiro (PUC-Rio) e Bacharel em Direito pela Pontifícia Universidade Católica do Rio de Janeiro (PUC-Rio).

1. INTRODUÇÃO

Mesmo antes de sancionada, a Lei de Liberdade Econômica ("Lei") foi tida por muitos juristas como um exemplo de legislação "que não atinge os seus objetivos" por não passar de "bravata legislativa".[1] A crítica decorre da visão de que a Lei (então ainda Medida Provisória 881/2019), invés de adotar agenda positiva que efetivamente reduzisse entraves burocráticos à livre iniciativa, não promoveu alterações substanciais à legislação, de modo que os óbices que a lei promete remover continuariam plenamente em vigor.[2]

Embora concordemos com a crítica acima, consideramos os impactos da lei ainda mais nefastos. Isso porque, para além de não promover as alterações à realidade empresarial que foram prometidas, a Lei se pautou (e reforçou) em ideias ultrapassadas do *mainstream economics*. O reforço de tais ideias gera a perpetuação de ideologia neoliberal retrógrada que vem há muito sendo questionada – notadamente a (falsa) ideia de que a desregulação e promoção de mercados livres gera crescimento econômico. Estudos demonstram que a ideologia neoliberal reforçada pela Lei, longe de gerar crescimento econômico, acaba por criar terreno fértil para o aumento da desigualdade e impactos ambientais, obstando, assim, o desenvolvimento pleno do país.

Desse modo, ao prometer crescimento econômico via retirada de entraves burocráticos – leia-se, a desregulação da iniciativa privada –, a Lei se assenta em forte ideologia neoliberal, cujas consequências acabam por frustrar os seus próprios objetivos de desenvolvimento econômico. Ademais, ao promover ideias ultrapassadas de livre mercado sob a premissa de que visaria promover o princípio constitucional da livre ini-

---

[1] TEPEDINO, Gustavo. A MP da Liberdade Econômica e o Direito Civil. *Revista Brasileira de Direito Civil*, v. 02, 2019.

[2] TEPEDINO, op. cit., 2019.

ciativa, a Lei acaba por desconsiderar os demais princípios constitucionais. Isso porque, como será demonstrado, a ideologia neoliberal é pautada em uma análise puramente quantitativa – não já qualitativa – do direito, o que inviabiliza a tomada de decisões e implementação de políticas que contemplem questões como justiça social, por exemplo.

Com efeito, a proteção da liberdade econômica e da livre iniciativa através da promoção da ideologia neoliberal impacta a sociedade em diversos níveis e, ao fim e ao cabo, acaba por não promover o tão almejado crescimento econômico. Percebe-se, portanto, que muito mais do que uma Lei "vazia", esta vai na contramão de sua finalidade e reforça ideais que apresentam nefastos efeitos para a sociedade e para a própria atividade econômica que busca resguardar, para além de desconsiderar relevantes princípios constitucionais em nome da "liberdade econômica".

2. A FINALIDADE ALMEJADA PELA LEI DE LIBERDADE ECONÔMICA

A Lei de Liberdade Econômica foi promulgada com a finalidade de proporcionar o crescimento econômico brasileiro por meio da promoção do empreendedorismo. Para atingir tal finalidade, a lei partiu da premissa de que seria necessária a redução do Estado nas atividades econômicas, enxergando o seu intervencionismo como o principal entrave ao empreendedor brasileiro.

É o que se depreende da exposição de motivos da Medida Provisória 881/2019[3] e da solenidade de sanção da Lei de Liberdade Econômica, quando o relator do projeto declarou expressamente que a lei representava forma de "rebel[ia] contra um estado impeditivo do empreendedorismo brasileiro",[4] enquanto o presidente Bolsonaro afirmou que a lei viabilizaria aqueles "que reclamam que não tem emprego [a virarem] patrões".[5]

A Lei partiu de estudos empíricos para afirmar que a prosperidade das nações depende do ambiente institucional e afirmar que "países com direitos de propriedade bem definidos, que facilitam os negócios privados e incentivam o trabalho, experimentam taxas mais elevadas de investimento e alcançam níveis mais elevados de bem-estar".[6] Foi explicitado ter sido realizada análise para "quantificar os ganhos em

---

[3] "Por tudo isso, entende-se que a referida alteração legal permitiria a constituição de uma importante ferramenta de promoção e ampliação do mercado de capitais, notadamente no âmbito das PMEs (Pequenas e Médias Empresas), o que indubitavelmente virá, ao fim e ao cabo, melhorar o ambiente de negócios e investimentos no País, auxiliando no crescimento da economia"; "O objetivo desta Medida Provisória diferencia-se das tentativas do passado por inverter o instrumento de ação, ao empoderar o Particular e expandir sua proteção contra a intervenção estatal, ao invés de simplesmente almejar a redução de processos que, de tão complexos, somente o mapeamento seria desgastante e indigno, considerando que os mais vulneráveis aguardam por uma solução" (exposição de motivos).

[4] Relator da lei, Deputado Jerônimo Goergen. Disponível em: https://www.youtube.com/watch?v=KyinG9dNfZY, a partir de 11m28s.

[5] "Para nós realmente podermos abrir o mercado, poder fazer a economia funcionar, poder empregar mais gente, não temos outro caminho, num primeiro momento, fazer o que estamos fazendo: deixar o estado de atrapalhar quem produz. E no segundo momento, dar condições para aqueles que reclamam que não tem emprego serem patrões" (Disponível em: https://www.youtube.com/watch?v=KyinG9dNfZY, a partir de 24m21s).

[6] Nota Informativa da MP da Liberdade Econômica: Impacto Potencial sobre o PIB *per capita* e o emprego, 03.07.2019.

termos de PIB per capita associados à melhora que a MP 881/2019 deverá promover nos indicadores brasileiros", estimando-se que "o efeito potencial da MP 881/2019 seria um ganho no longo prazo de 7% no PIB per capita e de 4% na população ocupada" o que geraria acréscimo de 0,4% a 0,7% no crescimento média anual do país em um período de 10 a 15 anos.[7] A Lei, ademais, se baseou em estudos empíricos[8] de que o Brasil estaria vivenciando "estagnação econômica" que seria remediada mediante o reforço da liberdade econômica – a qual, segundo a exposição de motivos da Lei, seria fator "preponderante para o desenvolvimento e crescimento econômico de um país".

Percebe-se, portanto, que a Lei visou principalmente o crescimento econômico do País, buscando contornar a estagnação da economia por meio da promoção da iniciativa privada sob o mantra de que a "liberdade econômica" – ou seja, o não intervencionismo estatal – permitiria o alcance de tal fim.

É o que se depreende da mera leitura da Lei, que estabeleceu como seus princípios, dentre outros, "a liberdade como uma garantia no exercício das atividades econômicas", "a boa-fé do particular perante o poder público" e "a intervenção subsidiária e excepcional do Estado sobre o exercício de atividades econômicas" (art. 2º, I, II e III). Foi declarado, ademais, como "direitos de liberdade econômica", (i) ser direito de toda pessoa desenvolver atividade econômica, tida como essencial para o desenvolvimento e crescimento do País (art. 3º, I e II); (ii) gozar de presunção de boa-fé nos atos praticados no exercício da atividade econômica, preservando-se a autonomia privada na interpretação de normas de direito civil, empresarial e urbanístico (art. 3º, V); e (iii) a garantia de que negócios jurídicos empresariais paritários são "objeto de livre estipulação das partes pactuantes" (art. 3º, VIII).

A Lei ainda impôs que a interpretação de normas jurídicas se baseasse em suas diretrizes, dispondo que "interpretam-se em favor da liberdade econômica, da boa-fé e do respeito aos contratos, aos investimentos e à propriedade todas as normas de ordenação pública sobre atividades econômicas privadas" e que "o disposto nesta Lei será observado na aplicação e na interpretação do direito civil, empresarial, econômico, urbanístico e do trabalho nas relações jurídicas que se encontrem no seu âmbito de aplicação e na ordenação pública, inclusive sobre exercício das profissões, comércio, juntas comerciais, registros públicos, trânsito, transporte e proteção ao meio ambiente" (art. 1º, §§ 1º e 2º).

Como se vê, a Lei enxergou, na iniciativa privada, o caminho para o crescimento econômico do país e, no intervencionismo estatal, o seu maior obstáculo para tanto. A Lei buscou conferir a maior liberdade possível no exercício da atividade econômica,

---

[7] Nota Informativa da MP da Liberdade Econômica: Impacto Potencial sobre o PIB per capita e o emprego, 03.07.2019.

[8] "Após a análise de dezenas de estudos empíricos, todos devidamente especificados nas Notas Técnicas, incluindo os dedicados à América Latina, conclui-se que a liberdade econômica é cientificamente um fator necessário e preponderante para o desenvolvimento e crescimento econômico de um país. Mais do que isso, é uma medida efetiva, apoiada no mandato popular desta gestão, para sairmos da grave crise em que o País se encontra"; "Esse desempenho coaduna com a triste realidade atual de mais de 12 milhões de desempregados, a estagnação econômica e a falta de crescimento da renda real dos brasileiros nos últimos anos. A realidade urge uma ação precisa, mas cientificamente embasada, de caráter imediato e remediador" (exposição de motivos).

garantindo-se o mínimo de intervencionismo estatal e elencando a iniciativa privada como um dos pilares da sociedade brasileira. A Lei possui, portanto, forte viés neoliberal que, apesar de se apresentar como neutro, é evidentemente ideológico, possuindo consequências significativas.

Com efeito, ao adotar tal ideologia, a Lei acabou por desconsiderar que, em um país como o Brasil, a iniciativa privada apenas se mostra possível para parcela reduzida da população que possui acesso ao mercado. Assim, ao garantir plena liberdade da iniciativa privada e reduzida intervenção estatal na ordem econômica, em pauta fortemente neoliberal, a Lei cria terreno fértil para a exploração de tal liberdade por aqueles que já possuem boas condições econômicas, em prejuízo dos brasileiros com menor renda. Afinal, não há liberdade econômica ou livre iniciativa sem que haja acesso ao mercado.

A Lei, ao buscar facilitar o empreendedorismo sem garantir que a população tivesse sequer a possibilidade de empreender, acabou por manter o *status quo,* viabilizando a exploração (e usufruto) do mercado por poucos que já se encontram nele inseridos.[9] Como será demonstrado, a ideia de liberdade tal como propagada pela Lei – que adota ideais neoliberais de que o livre mercado geraria crescimento econômico –, equivale à garantia de liberdade a uma parcela específica da população, reforçando a desigualdade e, ao fim, obstando o crescimento econômico. Assim, como demonstramos no presente artigo, a ideologia adotada apresenta graves consequências tanto no plano material – tendo em vista que a regulação e o Estado se mostram imprescindíveis para que o desenvolvimento econômico do país seja realizado de forma inclusiva e sustentável –, quanto no psicológico da população.

3. A IDEOLOGIA ADOTADA (E PROPAGADA) PELA LEI DE LIBERDADE ECONÔMICA

Como narra a Profa. Paula Forgioni, a partir dos anos 1970, o mercado foi colocado como o centro do sistema econômico e jurídico, em linha com o que defendia a Escola

---

[9] "A referência aos 'livres mercados' é simbólica e ajuda a entender o contexto da Lei de Liberdade Econômica, ainda mais diante do cenário político atual, claramente despreocupado com princípios igualmente importantes da ordem econômica. Importa ainda mais diante da experiência histórica, que já se mostrou que o *laissez-fair,* na verdade, é uma forma travestida de defender a prevalência dos mais fortes ou simplesmente à manutenção do *status quo.* Nesse sentido, é perfeita a conclusão de Luigi Zingales, de que o puro *laissez-faire* não é uma ausência de intervenção governamental, mas sim uma intervenção governamental ativa para proteger o *status quo.* É interessante que a Exposição de Motivos da Medida Provisória da qual surgiu a Lei insiste na compatibilidade e na harmonia entre a livre-iniciativa e os demais princípios constitucionais da ordem econômica, mas, além do fechamento interpretativo que decorre de expressões como 'livre mercado', não há, no seu texto, nenhuma referência aos demais princípios nem qualquer outro indicativo de como seria tal diálogo. Pelo contrário, além de acolher as garantias do livre mercado, a Lei de Liberdade Econômica prevê igualmente o princípio da intervenção subsidiária e excepcional do Estado sobre o exercício de atividades econômicas" (FRAZÃO, Ana. *Lei de Liberdade Econômica e seus impactos no direito brasileiro.* São Paulo: Thomson Reuters, 2021, p. 116).

de Chicago.[10] Acreditava-se que o mercado alcançaria invariavelmente a resposta mais democraticamente justificável, pois alocaria os recursos da sociedade de forma mais eficiente. Assim, defendeu-se fortemente o reducionismo estatal, tendo em vista que qualquer intervenção à ordem "natural" do mercado implicaria uma subversão da justiça.

Ao defender livres mercados como a forma de solucionar os problemas econômicos e sociais do Brasil, a Lei resgata a ideologia da Escola de Chicago. A visão do intervencionismo estatal como maior barreira ao crescimento econômico almejado reflete justamente o posicionamento neoliberal. Apesar de flagrantemente ideológica, a Lei foi apresentada como o caminho "natural" para o crescimento econômico, simplesmente porque protegeria os livres mercados – que, por sua vez, necessariamente alocariam os recursos de maneira mais eficiente e "neutra".

Como aponta a Profa. Paula Forgioni, a técnica de apartar política e ideologia da economia é típica do neoliberalismo, que funde eficiência com justiça.[11] Ao promover livres mercados, a dimensão política deste é vista como exclusivamente econômica, de modo que a ideologia (apesar de evidentemente política) é apresentada como neutra simplesmente por calcar-se na alocação de recursos de forma supostamente mais eficiente.

Como explica Karl Polanyi, o liberalismo apresenta pretensão de neutralidade e naturalidade que, na realidade, é falsa.[12] De acordo com o discurso liberal, livres mercados representam fenômeno natural, decorrente da livre ação humana e baseado puramente na racionalidade econômica, de modo que qualquer interferência externa (como do Estado, por exemplo) deveria ser suprimida por representar óbice à ordem natural das coisas. Tal ideia se desenvolveu em uma crença na ideologia neoliberal como resposta economicamente racional e natural para os problemas da sociedade.[13]

Contudo, como adverte a Professora Paula Forgioni,[14] a técnica não é neutra e o mercado, longe de uma ordem espontânea, deriva de regras e decisões políticas. Afinal, os mercados não existem sem a lei e o Estado. Não por outro motivo o Prof. Sunstein afirma que a noção de *laissez-faire* é uma distorção grotesca do que livre mercados de

---

[10] FORGIONI, Paula. *A evolução do direito comercial brasileiro*: da mercancia ao mercado. São Paulo: Revista dos Tribunais, 2019, p. 146.

[11] FORGIONI, Paula, op. cit., 2019.

[12] "Em resumo, que na sua atividade econômica ele tenderia a guiar-se por aquilo que eles descreviam como racionalidade econômica, e que todo comportamento em contrário seria o resultado de uma interferência externa. Decorria daí que os mercados eram instituições naturais, que surgiriam espontaneamente se apenas se deixassem os homens em paz. Nada era mais natural, portanto, do que um sistema econômico que consistia em mercados sob o controle único dos preços de mercados, e uma sociedade humana baseada em tais mercados seria, assim, o objetivo de todo o progresso. Qualquer que fosse a desejabilidade ou indesejabilidade de uma tal sociedade, sob o ponto de vista moral, sua praticabilidade – isto era axiomático – se fundamentava nas características imutáveis da raça" (POLANYI, Karl. *A grande transformação*: as origens de nossa época. Rio de Janeiro: Elsevier, 2000, p. 290).

[13] "A recurring and not unsubstantiated charge against economics over the last century has been its employment, not as a science, but as supporting faith. In this latter role it is held to serve not the understanding of economic phenomena but the exclusion of lines of thought that are hostile or unsettling to the discipline or, a related matter, to an influential economic or political community" (GALBRAITH, Kenneth. *Economics in the Industrial State: Science and Sedative, Economics as a System of Belief*, 2014, p. 469).

[14] FORGIONI, Paula, op. cit., 2019.

LEI DE LIBERDADE ECONÔMICA: ANÁLISE CRÍTICA – *Ana Frazão e Angelo Prata de Carvalho*

fato representam, tendo em vista que estes livres mercados dependem completamente da existência da lei, com suas regras sobre propriedade e sanções. O autor afirma que livres mercados são uma construção legal e, por isso, devem ser avaliados de acordo com o bem que promovem à sociedade, não já como um organismo natural que existe de maneira autônoma.[15] Aliás, Cass Sunstein e Amartya Sen[16-17] demonstram, a própria ideia de mercados autorreguláveis como reflexo do *laissez-faire* defendido por Adam Smith distorce as suas bases, que originalmente eram calcadas em ideias estoicas de cooperação entre indivíduos.

No mesmo sentido, Karl Polanyi defende que liberalismo econômico não pode ser confundido com o *laissez-faire* justamente porque um sistema de mercado exige forte colaboração do Estado e das leis para se estabelecer, defender e até mesmo reerguer (principalmente em momentos de crise).[18] Assim, o autor alerta à hipocrisia do dis-

---

[15] "The notion of 'laissez-faire' is a grotesque misdescription of what free markets actually require and entail. Free markets depend for their existence on law. We cannot have a system of private property without legal rules, telling people who owns what, imposing penalties for trespass, and saying who can do what to whom. Without the law of contract, freedom of contract, as we know and live it, would be impossible [...]. Moreover, the law that underlies free markets is coercive in the sense that in addition to facilitating individual transactions, it stops people from doing many things that they would like to do. This point is not by any means a critique of free markets. But it suggests that markets should be understood as a legal construct, to be evaluated on the basis of whether they promote human interests, rather than as a part of nature and the natural order or as a simple way of promoting voluntary interactions" (SUNSTEIN, Cass. *Free Markets and Social Justice*. Oxford University Press, 1999).

[16] SUNSTEIN, op. cit., 1999.

[17] "A man, according to the Stoics, ought to regard himself, not as something separated and detached, but as a citizen of the world, a member of the vast commonwealth of nature"; "to the interest of this great community, he ought at all times to be willing that his own little interest should be sacrificed". A autora acrescenta sarcasticamente que "Smith's championing of 'sympathy', in addition to 'prudence' (including 'self-command'), has tended to be so lost in the writings of many economists championing the so-called 'Smithian' position on self-interest and its achievements", and that "many admirers of Smith do not seem to have gone beyond this bit about the butcher and the brewer" (SEN, Amartya. *On Ethics and Economics*, 2004, p. 23).

[18] "A propósito, isso ajuda a esclarecer o verdadeiro significado do termo 'intervencionismo' com o qual os liberais econômicos gostam de demonstrar o oposto da sua própria política, mas que apenas demonstra confusão de pensamento. O oposto do intervencionismo é o *laissez-faire* e acabamos justamente de ver que o liberalismo econômico não pode ser identificado com o *laissez-faire* (embora na linguagem comum não exista qualquer prejuízo em intercambiá-los). De forma estrita, o liberalismo econômico é o princípio organizador de uma sociedade na qual a indústria se baseia na instituição de um mercado autorregulável. É verdade que, uma vez atingido um tal sistema, mesmo aproximadamente, é cada vez menos necessário um certo tipo de intervenção. Todavia, isto não quer dizer que sistema de mercado e intervenção são termos mutuamente exclusivos. Enquanto esse sistema não é estabelecido, os liberais econômicos apelarão, sem hesitar, para a intervenção do estado a fim de estabele-lo e, uma vez estabelecido, a fim de mantê-lo. O liberal econômico pode, portanto, sem qualquer contradição, pedir que o estado use a força da lei; pode até mesmo apelar para as forças violentas da guerra civil a fim de organizar as precondições de um mercado autorregulável. Na América do Norte, o Sul apelou para os argumentos do *laissez-faire* para justificar a escravidão; o Norte apelou para a intervenção das armas para estabelecer um mercado de trabalho livre. A acusação de intervencionismo por parte de autores liberais

curso liberal, que prega o não intervencionismo, mas não hesita em exigir intervenção para se manter.

Ademais, os mercados autorreguláveis defendidos pela ideologia liberal nada apresentam de natural. Como explica Karl Polanyi, a ideia de mercados autorreguláveis representou um desvio na linha de desenvolvimento da vida econômica da sociedade. Antes do surgimento do liberalismo, o mercado era absorvido pelo sistema social e apresentou crescimento paralelo a regulações pautadas na sociedade.[19] Foi apenas com o surgimento de ideais liberais que a sociedade se submeteu às diretrizes do mercado, que passou a ser visto como o seu principal organizador – criando-se, assim, verdadeiras sociedades de mercado, pautadas na crença de que mercados autorreguláveis resultariam em sociedade melhor.[20] Do mesmo modo, Piketty aponta que a crença quase religiosa nos mercados interrompeu movimento mundial que caminhava em favor de um Estado de bem-estar social pautado na relativa igualdade educacional.[21]

De mais a mais, a própria escolha de que o mercado é o maior responsável por definir a alocação de recursos de determinada sociedade é política e fortemente ideológica, não havendo qualquer neutralidade. Afinal, toda sociedade deve construir um sistema para definir a alocação de seus recursos.[22] Como destaca Piketty, a mera circunstância de conferir ao mercado o poder de definir tal alocação não torna tal escolha isenta,

---

é, portanto, um *slogan* vazio, implicando a denúncia de um único e idêntico conjunto de ações conforme eles possam aprová-las ou não" (POLANYI, op. cit., 2000, p. 181-182).

[19] "O rápido esboço dos sistemas econômicos e dos mercados, tomados em separado, mostra que até a nossa época os mercados nada mais eram do que acessórios da vida econômica. Como regra, o sistema econômico era absorvido pelo sistema social e, qualquer que fosse o princípio de comportamento predominante na economia, a presença do padrão de mercado sempre era compatível com ele. O princípio da permuta ou troca subjacente a esse padrão não revelava qualquer tendência de expandir-se às expensas do resto do sistema. Mesmo quando os mercados se desenvolveram muito, como ocorreu sob o sistema mercantil, eles tiveram que lutar sob o controle de uma administração centralizada que patrocinava a autarquia tanto no ambiente doméstico do campesinato como em relação à vida nacional. De fato, as regulamentações e os mercados cresceram juntos. O mercado autorregulável era desconhecido e a emergência da ideia da autorregulação se constituiu numa inversão completa da tendência do desenvolvimento" (POLANYI, op. cit., p. 89)

[20] "O liberalismo econômico foi o princípio organizador de uma sociedade engajada na criação de um sistema de mercado. Nascido como mera propensão em favor de métodos não burocráticos, ele evoluiu para uma fé verdadeira na salvação secular do homem através de um mercado autorregulável" (POLANYI, op. cit., 2000, p. 166).

[21] "A grande redução da desigualdade observada em meados do século XX foi possível graças à construção de um Estado de bem-estar social pautado na relativa igualdade educacional e em certo número de inovações radicais, tais como a cogestão germânica e nórdica ou a progressividade tributária ao estilo anglo-saxão. A revolução conservadora dos anos 1980 e a queda do comunismo interromperam esse movimento e contribuíram para que, a partir dos anos 1980-1990, o mundo entrasse numa nova fase de fé ilimitada na autorregulação dos mercados e na quase sacralização da propriedade" (PIKETTY, Thomas. *Capital e ideologia*. Rio de Janeiro: Intrínseca, 2020, p. 872).

[22] Guido Calabresi and Philip Bobbitt, *Tragic Choices: The Conflicts Society Confronts in the Allocation of Tragically Scarce Resources*, 1978.

mas, pelo contrário, evidentemente ideológica.[23] Assim, apesar de a Lei se apresentar como neutra, é evidente que esta se assenta em premissas neoliberais ideológicas.

Frank Dobbin explica que os direitos relativos à propriedade não são ditados por regras econômicas, mas elaborados por grupos com poder, que impõem forma de organização social que lhes favorece.[24] As convenções impostas são, portanto, criadas por grupos de poder, nada havendo de natural ou inerente à sociedade, apesar de serem vistos de tal forma.[25-26]

---

[23] "Com frequência é qualificada como ideológica uma visão que se caracteriza pelo dogmatismo e pela pouca preocupação com os fatos. O problema é que, muitas vezes, esses que professam o pragmatismo absoluta são, de todos, os mais 'ideológicos' (no sentido pejorativo do termo): sua postura pretensamente pós-ideológica mal disfarça seu parco interesse pelos fatos, a extensão de sua ignorância histórica, o primarismo de seus pressupostos e de seu egoísmo de classe" (PIKETTY, op. cit., 2020, p. 19).

[24] "Today power theorists rarely portray the nation-state as a tool of capitalists, but they have built on Marx's idea that states impose a particular set of rules, regulations and institutions shaping economic life – a set of 'property rights', in the language of institutional economists. These property rights are not dictated by economic laws, but are worked out by powerful groups. In support of the idea that economic laws do not dictate public policy, comparative studies of capitalism, such as Richard Whitley's 'business systems' studies (chap. 6), demonstrate that there are many ways of organizing a capitalist economy efficiently. Thus, while today's power theorists accept the idea that capitalism is more efficient than other economic systems, they argue that power relations produce different forms of capitalism. From institutional theory (Meyer, Boli, and Thomas 1987; Berger and Luckmann 1966; Wuthnow 1987) they draw insights about why we believe that there must be 'one best way' to organize economic activity under capitalism. The modern worldview depends on a scientific cosmology in which the world we experience is produced by universal laws governing nature and the economy. Those laws determine the best way to design a bicycle, just as they determine the best way to design a semiconductor market. When we encounter a bicycle, we presume that trial and error have produced the best possible outcome. We think about semiconductor markets in the same way. For power theorists, people come to take for granted, and to interpret as rational, the economic conventions that surround them. Power shaped those conventions in the first place" (DOBBIN, Frank. *The New Economic Sociology*. Princeton University Press, 2004, p. 26).

[25] "For most economic sociologists, power is a regular part of economic life. Modern regulatory institutions and business conventions are shaped in the first place by power relations. This is particularly evident in the United States, where industries are typically regulated by former captains of industry (Useem, 1984). The studies included in this part suggest that business conventions and forms we take entirely for granted as originating in the search for efficiency – the oligopolistic manufacturing firm and the diversified conglomerate – were shaped by power struggles" (DOBBIN, op. cit., 2004, p. 30).

[26] "Karl Marx first defined power not merely as coercion, but as the ability to shape how others view the world and their own interests. From the dawn of capitalism, successful entrepreneurs and managers have defined economic conventions by proselytizing, telling the world that the best way to run a business is their way. Success itself gives these people the authority to define what rational behavior is. Economic power also goes hand in hand with the political power to determine public policies that shape how people see their interests and how they can behave. For instance, in chapter 16, William Roy finds that at the beginning of the twentieth century, a group of financiers who wanted to consolidate American manufacturing shaped the American view that oligopoly is natural and large firms are more efficient than small ones. In this way, power shaped the public policies that govern competition between firms and the pricing conventions of firms. This sort of power over economic institutions and economic norms operates through political networks, industry networks and professional

Capítulo 4 · OS IMPACTOS IDEOLÓGICOS DA LEI DE LIBERDADE ECONÔMICA | **75**

Ademais, o próprio objetivo expressamente visado pela Lei já reflete, por si, posicionamento neoliberal que apresenta graves consequências.[27] Com efeito, estudos demonstram que a elevação do crescimento econômico como um objetivo a ser buscado pelo direito gera a distribuição de renda para os mais ricos.[28] Da mesma forma, enxergar que os livres mercados gerariam maior eficiência alocativa, baseando Lei inteira em tal premissa, acarreta a desconsideração de aspectos essenciais para o direito, como a moralidade e equidade, tornando o debate jurídico em discussão puramente quantitativa invés de qualitativa.[29] E pior: a prevalência da eficiência alocativa como objetivo a ser almejado pelo direito" é apresentado como algo "natural" e "correto", decorrente de escolhas feitas pelo livre mercado e que, por isso, não poderiam ser questionadas, sob pena de se configurar indevida interferência do Estado.

Como aponta o professor de Harvard, David Kennedy, ao analisar a desigualdade entre nações, a alocação de recursos e de poder (tanto no âmbito nacional quanto internacional) não é definida por fatos, mas por arranjos institucionais.[30] A desigualdade possui raízes legais quando a lei permite que centros de poder capitalizem a sua vantagem sobre periferias, permitindo que certo segmento avance enquanto outro permanece estagnado.[31]

Por fim, destaque-se que o *homo economicus* – premissa na qual se calca a ideologia neoliberal – vem sendo cada vez mais questionada, notadamente diante de avanços no âmbito da economia comportamental. O campo demonstra que, longe do ser calculista pintado pelos neoliberais, o ser humano apresenta racionalidade limitada, de modo que as suas ações não são guiadas por cálculos frios que almejem o resultado mais financeiramente interessante.[32] As descobertas no campo da economia comportamental levaram à revisão de premissas antes inquestionadas no direito, como os limites da liberdade de contratar – que foi reforçado pela Lei –, tendo em vista que

---

    networks that serve as the conduits for new policy ideas and business strategy" (DOBBIN, op. cit., 2004, p. 6)

[27] "[A] livre-iniciativa não é um valor absoluto e, mais do que isso, deve ser adequadamente compatibilizada com inúmeros outros princípios, incluindo a função social da empresa, proteção do trabalho, do meio ambiente e do consumidor, entre inúmeros outros. Diante dessa perspectiva, indaga-se em que medida se pode falar, diante do arcabouço constitucional brasileiro, em garantia de livre mercado, tal como pretende a Lei de Liberdade Econômica. Para começar, livres mercados sequer existem, porque todos eles dependem, em alguma medida, da regulação jurídica. De toda sorte, ainda que existissem, não poderiam ser o único objetivo buscado pela regulação jurídica" (FRAZÃO, op. cit., 2021, p. 115).

[28] LISCOW, Zachary. Is Efficiency Biased? *The University of Chicago Law Review*, 2018.

[29] SUNSTEIN, op. cit., 1999.

[30] KENNEDY, David. *Law, Expertise and Global Political Economy*, 2018.

[31] "Patterns of dynamic inequality have legal roots when law allows "centers" to compound their advantage over lagging 'peripheries' and encourages the forces which leave some communities behind while others speed ahead. From colonial governance to bilateral investment treaties, the arrangements allowing winners to consolidate gains and establish dynamics of inequality between centers and peripheries are legal. Then as now, legal institutions solidify the distribution of rents from global economic activity and consolidate the political authority of those committed to the stability of the outcome" (KENNEDY, David, op. cit., 2018).

[32] JOLLS, Christine; SUNSTEIN, Cass; THALER, Richard. A Behavioral Approach to Law and Economics. *Stanford Law Review*, 1998.

a racionalidade limitada de indivíduos evidentemente impacta a sua capacidade de negociar e contratar.[33]

4. A FUNDAMENTAÇÃO EM DADOS EMPÍRICOS INCOMPLETOS PARA JUSTIFICAR A PROMULGAÇÃO DA LEI

Ao se basear em estudos empíricos para defender a visão de que o crescimento econômico seria alcançado por meio da redução do Estado e da promoção de livres mercados, a Lei de Liberdade Econômica emana uma falsa neutralidade.

Afinal, estudos empíricos, longe de neutros e imparciais, podem ser utilizados para defender uma gama de visões divergentes. É o que aponta Jeffrey Rachlinski, professor de direito e estudos empíricos da Universidade de Cornell, reconhece que estudos empíricos refletem visões políticas dos pesquisadores.[34] Como o professor destaca, pesquisadores podem facilmente optar por coleta de dados e métodos de análise que suportem o seu posicionamento ideológico. O pesquisador reconheceu que a parcialidade em estudos empíricos é particularmente preocupante tendo em vista que tais estudos se propõem a serem neutros e objetivos, sendo apresentados como uma análise "correta" e imparcial de dados concretos.[35]

De maneira similar, os professores Adam Chilton e Eric Posner realizaram pesquisa com dez professores de quatorze faculdades distintas dos EUA para averiguar se o posicionamento político influenciava artigos que os próprios autores declaravam como neutros. Os autores concluíram que as produções acadêmicas de professores que doavam para o partido democrata tendiam a ser mais liberais, enquanto aquelas elaboradas por professores que já doaram para o partido republicano eram mais conservadoras.[36]

A Lei de Liberdade Econômica deve ser examinada com cautela. A mera circunstância de se basear em dados empíricos para afirmar que o crescimento econômico seria alcançado por meio da promoção da liberdade econômica (leia-se, redução do Estado) não atraí a imparcialidade. Os dados apresentados evidentemente refletem posição política e ideológica e desconsideram relevantes aspectos da realidade brasileira.

---

[33] BAR-GILL, Oren. *Seduction by Contract*, 2012; AKERLOF George; SHILLER, Robert. *Phishing for Phools*, 2015.

[34] RACHLINSKI, Jeffrey J. The Politics of Legal Empirics: Do Political Attitudes Predict the Results of Empirical Legal Scholarship. *Cornell Law School Legal Studies Research Paper Series*, 2018.

[35] "Is bias a problem? Evidence of bias should be of greater concern to empirical legal scholars than to scholars who do not collect data to test their conclusions. Empirical scholars strive for objectivity, whereas many conventional legal scholars can defend the idea that they are, in part, advocates. Many scholars do not pretend to be neutral, and openly embrace particular perspectives. Empirical scholars are comfortable as advocates as well, but only up to a point. Partisans might sensibly pick topics to study that are congenial to their policy preferences. But the choice of data or methods should be guided by norms of the profession and not politics. These data cannot sort whether the observed bias among the Democratic authors arises from topic selection or more troublesome tendencies. The results, however, raise the specter that empirical work is not so neutral" (RACHLINSKI, Jeffrey J. Op. cit., 2018).

[36] POSNER, Eric; CHILTON, Adam. An Empirical Study of Political Bias in Legal Scholarship. *University of Chicago Coase-Sandor Institute for Law & Economics Research Paper*, 2015.

Nesse sentido, o IBGE apontou que em 2018, 34.000.000 (trinta e quatro milhões) de brasileiro não tinham acesso a qualquer serviço bancário.[37] Por sua vez, o Serasa S.A. concluiu que 44% dos brasileiros com renda mensal abaixo de cinco salários mínimos tinham pedidos de crédito negados por instituições financeiras, enquanto apenas 18% dos brasileiros com mais de cinco salários mínimos tinham tal pedido rejeitado. No mesmo sentido, o *Global Wealth Report 2021* elaborado pelo *Credit Suisse* indicou que o Brasil tem um dos maiores níveis de desigualdade do mundo, que apenas cresceu nas últimas décadas, tendo em vista que o *wealth share* do top 1% é de 49,6%, enquanto era de 44,2% em 2002.[38]

Aliás, Piketty alerta, em seu livro mais recente, que os dados disponíveis atualmente não permitem análise contundente da desigualdade econômica e social dos países, muito em razão da ausência de acesso a dados financeiros.[39] Assim, os dados e estatísticas disponíveis refletem visão distorcida da realidade. Evidente, portanto, o problema decorrente de Lei elaborada com base em dados específicos (e insuficientes) que se propõe a promover o desenvolvimento de um país.

Assim, não se compreende como Lei baseada em dados empíricos incompletos veja, como solução "natural" para a nossa economia, a promoção do empreendedorismo no Brasil. A ideologia adotada pela Lei, portanto, longe de encontrar respaldo estatísticos e factuais, reflete posicionamento neoliberal que vem sendo crescentemente questionado. Ainda mais preocupante é o fato de que a Lei se utiliza do fato de que se baseou em dados estatísticos para se apresentar como neutra, apesar de inquestionavelmente ideológica.

5. O REFORÇO DE IDEIAS NEOLIBERAIS QUE LEVAM A MAIOR CONCENTRAÇÃO DE RENDA

Ao contrário que almeja a lei, estudos demonstram que a promoção de livres mercados não leva necessariamente a maior crescimento econômico.

---

[37] Disponível em: https://valor.globo.com/brasil/noticia/2021/08/19/mais-de-34-milhes-de--brasileiros-no-tinham-acesso-a-servio-bancrio-at-2018-aponta-ibge.ghtml. Acesso em 15 fev. 2022.

[38] "[Brazil's] wealth Gini coefficient in 2020 was 89.0, up from 84.7 in 2000 [and] the wealth share of the top 1% is now 49.6% versus 44.2% in 2000" (Disponível em: https://www.credit-suisse.com/about-us/en/reports-research/global-wealth-report.html. Acesso em: 15 fev. 2022).

[39] "Sem indicadores inteligíveis calcados em fontes confiáveis e sistemáticas, é impossível promover um debate público tranquilo nos âmbitos nacional, regional e, *a fortiori*, mundial [...]. As fontes disponíveis hoje, apesar de todos os esforços dos pesquisadores, ainda são parciais e insuficientes devido às consideráveis limitações de dados trazidos a público pelos governos e pelas administrações. O mundo de hoje se caracteriza, em certa medida, por uma falta de transparência econômica e financeira reforçada em particular no que tange à avaliação e ao registro de rendas e patrimônios financeiros. A situação pode parecer paradoxal numa época em que as tecnologias de informação deveriam, em princípio, permitir uma transparência maior quanto a esses temas. E traduz, em certos casos, uma verdadeira renúncia por parte das administrações estatais, fiscais e estatísticas envolvidas e, sobretudo, uma recusa político-ideológica de levar a sério a questão da desigualdade, em especial as relativas à propriedade" (PIKETTY, op. cit., 2020, p. 573-574).

Nesse sentido, estudos demonstram que a fé neoliberal nos livres mercados e a crença de que os mercados corrigiriam as suas próprias inconsistências gerou o encolhimento do direito antitruste e consequente aumento na concentração de renda dos EUA na década de 70. Ou seja, o poder de mercado – e, portanto, a possibilidade de empreender – diminuiu justamente porque o governo optou por adotar postura não intervencionista na crença de que livres mercados acarretariam crescimento econômico.[40] Tal concentração do mercado tende a apresentar problemas cíclicos, na medida em que, ao obter mais poder de mercado, poucas companhias ganham cada vez mais influência sobre a política nacional, podendo utilizá-la em prejuízo de seus concorrentes.

A desigualdade econômica e social gera, ademais, a desigualdade política, permitindo que elites se mantenham no poder. Heather Boushey destaca que a concentração de poder econômico reduz a competição, diminuindo a produtividade e obstruindo inovação. Com efeito, estudos demonstram que o projeto de liberalização dos EUA gerou menos dinamismo empresarial e empreendedorismo[41] e a renda média diminuiu,[42] enquanto a renda daqueles que se encontram no topo 1% aumentou.[43]

Os professores de Harvard Oren Bar-Gill and Yochai Benkler explicam tais ocorrências no fato de que, em regra, empresas buscam atingir um poder de mercado considerado socialmente excessivo.[44] Ou seja, conferida liberdade à iniciativa privada, as empresas utilizam-na de forma a obter maiores lucros, independentemente das consequências para seus funcionários, clientes e fornecedores. Defendem os juristas que, nestes casos, deve ser editada legislação para evitar que tal liberdade se traduza em prejuízo para a sociedade.[45]

Com efeito, como narra Frank Dobbin, a sugestão de que a promoção de livres mercados geraria sistema econômico mais eficiente – tendo em vista que eventuais erros seriam corrigidos pelo próprio mercado – se provou inverídica.[46] Do mesmo modo, Cass Sunstein alerta que o mercado gera consequências nefastas, ressaltando que, ao contrário do que defendem os neoliberais, a solução não se encontra na promoção da

---

[40] "In 2012 the richest 160,000 [American] families together owned nearly as much wealth in stocks, bonds, pensions, housing, and other assets as the 144 million [American] families in the bottom 90% did as a whole" (VAHEESAN, Sandeep; KHAN, Lina. Market Power and Inequality: The Antitrust Counterrevolution and Its Discontents. *Harvard Law and Policy Review*, 2017).

[41] UFUK Akcigit; SINA Ates. *What Happened to U.S. Business Dynamism?*, 2019.

[42] LAWRENCE Mishel et al. The State of Working America, 2012.

[43] SAEZ, Emmanuel. Striking it Richer: The Evolution of Top Incomes in the United States, 2013.

[44] BAR-GILL, Oren; BENKLER, Yochai *Productivity Versus Power: The Role of Law and Technology, (Mis)Perceptions and Ideology*, 2021.

[45] BAR-GILL, Oren; BENKLER, Yochai. *Productivity Versus Power: The Role of Law and Technology, (Mis)Perceptions and Ideology*, 2021.

[46] "In 1776, Adam Smith suggested that economic laws dictate that there is one best way to organize economic life. Trial and error would, he argued, reveal the details to nations. This suggested that modern societies would converge on one optimal set of economic institutions and behavior patterns. That assumption is now part of modern common sense, but comparative studies of capitalism do not bear it out" (DOBBIN, op. cit., 2004, p. 9).

autorregulação.[47] Por fim, destaque-se que Piketty alerta que as sucessivas crises do liberalismo reaganista causaram um crescente questionamento da ideologia.[48]

6. A LEI COMO FORMA DE PERPETUAR A IDEOLOGIA NEOLIBERAL

Como se não bastassem os impactos acima, que demonstram que a Lei vai na contramão do próprio crescimento econômico que busca estimular, a Lei ainda apresenta nefastos efeitos ideológicos.

Ao promover a ideia de que mercados são autorreguláveis e que o atual estado da sociedade não passaria de mero reflexo da alocação neutra de recursos por eles realizada, e Lei contribui com o que Paul Krugman denomina de *zombie ideas*.[49] Tais ideias são aquelas que, apesar de não possuírem qualquer embasamento jurídico ou econômico, continuam "vivas" em razão de uma desonestidade intelectual. Ao se basear em tais ideais, a Lei acaba por reforçar algumas *zombie ideas*.

Por exemplo, ao se basear na ideia de mercados autorreguláveis e que o reducionismo Estatal bastaria para estimular o empreendedorismo e crescimento econômico brasileiro, a Lei reforça uma série de ideias sobre desigualdade. Como demonstra Paul Krugman, o sistema neoliberal não promove mobilidade social. A despeito de tal circunstância, ideias neoliberais de que o livre mercado geraria o crescimento econômico e, portanto, beneficiaria a coletividade continua viva. Como vimos, contudo, a verdadeira experiência neoliberal dos EUA se mostrou falha em diversos aspectos, tendo contribuído para o aumento de renda de parcela pequena da população, em drástico aumento da desigualdade.[50] Como explica o autor, a desigualdade é mais ligada às relações de poder do que com a "mão invisível do mercado".

Nessa linha, Paul Krugman combate especificamente o mito de que livres mercados levam à liberdade dos cidadãos. O autor mostra que os livres mercados geram maior desigualdade e, portanto, não geram liberdade de fato. Afinal, com maior concentração de renda e de poder de mercado, poucas empresas são

---

[47] "In many cases, the Market itself produces harmful or even disastrous results, measured in terms of efficiency or justice. The appropriate response to the paradoxes of regulation is not to return to a system of 'laissez-faire', but to learn from past failures" (SUNSTEIN, op. cit., 1999, p. 271).

[48] "Vários acontecimentos e evoluções recentes sugerem que a fase iniciada com a eleição de Reagan em 1980 está hoje perto de terminar. Por um lado, a crise financeira de 2008 mostrou os excessos da desregulação. Por outro, a crescente conscientização, a partir do fim dos anos 2000 e início dos anos 2010, da magnitude do aumento da desigualdade e da estagnação das baixas rendas desde os anos 1980 trouxe uma gradual reavaliação da guinada reaganista. Esses fatores contribuíram para reorientar os debates políticos e econômicos nos Estados Unidos" (PIKETTY, op. cit., 2020, p. 717).

[49] KRUGMAN, Paul. Arguing with Zombies: Economics, Politics, and the Fight for a Better Future. 2020.

[50] "There are substantive issues about income distribution. Nobody really knows all the reasons why incomes at the top have soared while those at the bottom have plunged. Still less is there a consensus about what kinds of policies might limit or reverse the trend. But it seems that many conservatives not only don't want to discuss substance: they prefer not to face reality, and to live in a fantasy world in which the 1980s turned out the way they were supposed to, not the way they did" (KRUGMAN, op. cit., 2020).

capazes de ditar preços e condições de emprego, entre outros fatores, não restando aos consumidores e trabalhadores outra opção que não os aceitar.[51] Outro ponto interessante da obra é a análise do autor acerca do domínio da produção intelectual. Paul Krugman demonstra que, por controlar a produção acadêmica e *think tanks*, questões econômicas têm sido decididas por elites de forma evidentemente política, em benefício próprio.[52] Por possuir poder e influência sobre a mídia e o governo, a elite é capaz de promover a expansão de ideias que lhe são favoráveis, ainda que não correspondam à realidade.[53]

A perpetuação das *zombie ideas* tem grande impacto em nossa sociedade. O Professor de Harvard Benjamin Sachs aponta que a fragilidade social dos EUA decorre de exercício de poder desproporcional dos mais ricos sobre governo e política. A ideia, promovida pela Lei, de que a sociedade não passa de reflexo de escolhas neutras tomadas pelo livre mercado impede a mobilização social contra a nossa ordem econômica – que tradicionalmente é forma importante de gerar mudança legal e social.[54]

Como demonstra Cass Sunstein, ademais,[55] toda lei possui caráter expressivo – ou seja, a lei reflete o posicionamento de determinada sociedade sobre os assuntos tratados. Assim, a Lei, ao promover ideias neoliberais, expressa que a sociedade brasileira se mostra favorável a tal visão, reforçando cada vez mais a crença nos livres mercados.

Há, aliás, parcela doutrinária que – reconhecendo que economia não é ciência exata, apesar de se apresentar como tal –, defende que a economia nada mais é do que retórica, inexistindo argumentos falsos ou verdadeiros, mas apenas argumentos

---

[51] KRUGMAN, op. cit., 2020.

[52] KRUGMAN, op. cit., 2020.

[53] KRUGMAN, op. cit., 2020.

[54] ANDRIAS, Kate; SACHS, Benjamin I. Constructing Countervailing Power: Law and Organizing in an Era of Political Inequality. *Labor and Employment Law*, 2021.

[55] "A unifying theme for the discussion is the expressive function of law. When evaluating a legal rule, we might ask whether the rule expresses an appropriate valuation of an event, person, group or practice. The point matters for two reasons. The first and most important is based on a prediction about the facts: An incorrect valuation may influence social norms and push them in the wrong direction. For example, if the law wrongly treats something – say, reproductive capacities – as a commodity, the social kind of valuation may be adversely affected. If the law mandates recycling, subsidizes national service, or requires mandatory pro bono work, it may have healthy effects on social valuations of the relevant activities. It is appropriate to evaluate the law on this ground [...]. A society might identify the kind of valuation to which it is committed and insist on that kind, even if the consequences of the insistence are obscure or unknown. A society might, for example, insist on an antidiscrimination law for expressive reasons, even if it does not know whether the law actually helps members of minority groups. A society might protect endangered species partly because it believes that the protection makes best sense of its self-understanding, by expressing an appropriate valuation of what it means for one species to eliminate another. A society might endorse or reject capital punishment because it wants to express a certain understanding of the appropriate course of action after one person has taken the life of another [...]. I do suggest that the expressive function is a part of political and legal debate. Without understanding the expressive function of law, we will have a hard time in getting an adequate handle on public views with respect to civil rights, prostitution, the environment, endangered species, capital punishment, and abortion" (SUNSTEIN, op. cit., 1999, p. 93).

persuasivos ou não.[56] Economistas adotam retórica (normalmente favorável aos grupos no poder) e a apresentam como a única possível, o que acaba sendo aceito pelos indivíduos da sociedade. A Lei, portanto, adota a retórica neoliberal, apresentando-a como o caminho "correto" para o desenvolvimento do país e, assim, a reforçando.

Nessa linha, Frank Dobbin explica que os indivíduos se pautam no posicionamento de seu grupo sobre determinado tema. Assim, escolhas que são tidas como próprias refletem, na realidade, a visão da sociedade na qual o indivíduo está inserido.[57] Desse modo, a concepção coletiva de como o capitalismo funciona molda como o indivíduo pensa e age, mesmo em nível individual.[58] Desse modo, visões flagrantemente políticas e ideológicas passam a ser vistas como uma realidade inquestionável.[59] Ao promover a

---

[56] "Deirdre McCloskey is the best-known exponent of the view of economic as rhetoric. Coming from a mainstream economics background, she denies that economics can prove its arguments, because there is no possibility of falsification. There are no true or false arguments, only persuasive and unpersuasive ones. Maths is neoclassical economics' most emphatic metaphor: the economic researcher has only to produce a correlation, and the statistically unsophisticated are persuaded he has discovered a cause. Nevertheless, McCloskey believes that the rhetorical character of neoclassical economics is socially useful, because it strengthens the case for free markets. To say that economics is purely rhetorical is to deny that there is a reality outside the language of persuasion itself. How does rhetoric work? It normally starts with an appeal to some thought or prejudice already in the mind of the audience, like 'we all know that…'. The rhetorical articulation of this 'common sense' makes it consciously common. This, as we have seen, is precisely the way all economic arguments start, with the 'facts of experience' being the 'premises' of the deductive logic. The rhetorical character of this procedure is disguised by the claim that what 'we all know' is true. Economics has to assert the truth of its premises to generate its prized 'quantitative predictions'. But this is a rhetorical device. The 'facts of experience' cannot provide the universal premises necessary to demonstrate the truth of the conclusion. There are too many contrary facts. This does not make the conclusion utterly false. It makes the argument incomplete. Rhetoric is the art of incomplete argument, a 'heuristic' device, or story, to point the mind in the right direction" (SIDELSKY, Robert. *What's Wrong with Economics? A Primer for the Perplexed*. Yale University Press, 2020).

[57] "Weber saw that many social systems produce individual psyches oriented to tradition rather than progress. He traced both the traditional and the modern psyche to the structure of religious institutions. In sociology, but also in cognitive psychology, behavioral economics, and cognitive science, the idea that core aspects of the psyche are situational rather than hard-wired has become common-place. Economic sociologists are particularly interested in how ideas of rational self-interest vary with exposure to what Erving Goffman (1974) called different 'frames' for understanding the world. For Goffman as for cognitive psychologists, cognitive frameworks are situated in individual consciousness, but they are shared among groups of people exposed to common institutions. Bond traders share a culture that shapes individual cognitive structures, and the same can be said for Yanomamo warriors. In modern social systems, people are exposed to different frameworks – market efficiency, economic justice, and so on (Boltanski and Thevenot 1991) – in different realms" (DOBBIN, op. cit., 2004, p. 6).

[58] "Each national business system embodies a different conception of how capitalism operates – of the different collective actors involved (family-owned businesses versus monolithic firms) and the relationships among them. For Whitley, each system has a logic that comes to shape how individuals think about their own behavior; in consequence individuals have different cognitive maps of the economic world, and groups have different customs that accord with those maps" (DOBBIN, op. cit., 2004, p. 16).

[59] "Berger and Luckmann (1966, 20) say that their task is to grasp 'the objectivations of subjective processes (and meanings) by which the *inter*subjective commonsense world is constructed'.

82 | LEI DE LIBERDADE ECONÔMICA: ANÁLISE CRÍTICA – *Ana Frazão e Angelo Prata de Carvalho*

ideia de que livres mercados trariam crescimento econômico, a Lei se pauta (e reforça) o *link* na mente dos indivíduos, que passam a ver desenvolvimento econômico como necessariamente decorrente da autorregulacão dos mercados. Como o autor explica, o poder reside justamente na ideologia, tendo em vista que esta possui a capacidade de fazer com que indivíduos enxerguem convenções econômicas como naturais, inevitáveis e eficientes.[60-61] Não há, dúvidas, portanto, acerca da relevância da ideologia,

---

How is it, in other words, that our subjective 'knowledge' of the world comes to have the feel of an objective reality? The fact that our fellows share that subjective knowledge helps to give it the feel of objective fact. Understanding how we come to take for granted the world as it presents itself is key to understanding how economic conventions are stabilizes, and how they can change. If everyone around us believes that economic success is a consequence of the local totem's sentiment, of God's will, or of market conditions, we will find that belief compelling and will come to see it as objective knowledge rather than subjective belief. This is how we make sense of the world, as Durkheim contends. We do not see the socially constructed reality around us – the belief in the connection between market conditions and economic success – as a social product. We see it as real. Gravity is what it is, a force of nature (not of the spirit world) as predictable as death and taxes [...]. Understanding what the actor has in mind when she acts is important to Berger and Luckmann not only as an intellectual exercise, but because it facilitates prediction. For some forms of behavior, as March and Simon argue in chapter 20, local scripts are highly routinized. But for many, individuals have to draw on the general mental models of action available to them. If you know that the American psyche makes a Darwinian market the driving force of progress, you can reasonably predict that when Americans face a problem of efficiency, they will try to apply the model. And indeed even where economists think market mechanisms will not work – telecommunications, air transport, health care, education – Americans have favored market solutions. Mid-twentieth--century Americans saw such preferences as innate, whereas economic sociologists tend to see them as learned – as nurture, not nature" (DOBBIN, op. cit., 2004, p. 34-35).

[60] "Marx's idea was that power relations are obscured by ideology. It is not the threat of force that is the key to power, but the capacity to cause people to see certain economic conventions as natural and inevitable. Powerful individuals, firms, and countries promote their favored economic conventions not merely as such, but as good for society at large. Once a country, a firm, or a tycoon has convinced the world of the efficacy of a new public policy or business strategy, they policy or strategy is held in place not by the sustained exercise of power, but by its own self-evident efficacy (Lamont 1989). Power theory has increasingly come to parallel institutional theory, in that both build on the idea that we read utility into the social conventions and institutions that surround us. When we see antitrust law in action, we develop explanations of it as a necessary component of an efficient market. We do not naturally think of it as the legacy of a nineteenth-century power struggle among different groups. Charles Perrow's (2002) *Organizing America: Wealth, Power and the Origins of Corporate Capitalism* takes this approach to its highest form by arguing that large-scale capitalism emerged not because it was more efficient than small-scale production, but because a wealthy few wanted to dominate the economy. What drove the evolution of huge firms was not the democratic striving for plenty, in Perrow's view, but the striving of a small group for control over the economy" (DOBBIN, op. cit., 2004, p. 25).

[61] "In each case, a set of business institutions is challenged by an emergent network, different groups use power to try to define the new institutions that will replace the old, and the group that wins links new institutions to a compelling cognitive model of efficiency. What results looks to the world like the work of natural economic laws that replace inefficient business conventions with more efficient ones" (DOBBIN, op. cit., 2004, p. 39); "Fligstein shows how power (among financial experts) shaped the rise of the diversified conglomerate and contributed to our taking it for granted as efficient. Roy does the same for the huge oligopoly at the dawn of the twentieth century, showing that power has an ongoing effect – once a

principalmente quando esta é promovida por meio de leis que se apresentam como neutras.[62] Assim, a Lei promove modelo econômico que não se pauta na "realidade", apesar de se apresentar de tal forma – o que, por sua vez, perpetua tal ideologia e toda as consequências dela decorrentes.[63]

Como visto, a Lei promove convenções que beneficiam parcela da população. Apesar disso, a Lei foi promulgada sob o discurso de que visaria auxiliar o empreendedor brasileiro, gerando desenvolvimento econômico em benefício de toda a sociedade. Piketty também destaca tal circunstância em seu último livro, afirmando que a desigualdade é política e ideológica – não já econômica –, tendo em vista que não passa de construção social e histórica que reflete as escolhas de determinadas sociedades pautadas em valores (e ideologias) específicas.[64]

---

power struggle establishes a new business convention (the oligopoly), we come to believe it must be efficient, and this belief sustains it. In this case, the theory of scale economies was articulated to reinforce the oligopoly. Thereafter, people believed that firms were big because big was efficient, not because medium-sized firms had gobbled up small rivals by threatening price wars – by exercising power" (DOBBIN, op. cit., 2004, p.29).

[62] "As futuras evoluções na China e na índia, e a médio prazo no Brasil, na Indonésia ou na Nigéria, também terão um papel crescente no âmbito de um cenário ideológico mundial cada vez mais conectado entre si. Não resta dúvida de que a importância da ideologia está longe de diminuir, muito pelo contrário. Nunca a complexidade das questões inerentes ao regime de propriedade e do sistema de fronteiras foi tão forte; nunca as incertezas quanto às respostas dadas foram tão extremas, nessa era que se pretende pós ideológica, mas que na realidade está por inteiro dominada pela ideologia" (PIKETTY, op. cit., 2020, p. 814-815).

[63] "The accepted economic models, in the past, have not necessarily been the ones that illuminated reality. They have frequently served to divert attention from questions of great social urgency which, in the established view, had alarming implications for political action. In doing this, economics has served a political function. It has been not a science but a conservatively useful system of belief defending that belief as a science. And knowing, and indeed agreeing, that this has occurred before, our minds must be open (or less incautiously closed) to the possibility that it may happen again" (GALBRAITH, Kenneth. *Economics in the Industrial State: Science and Sedative, Economics as a System of Belief*, 2014, p. 470).

[64] "A desigualdade não é econômica ou tecnológica: é ideológica e política. Essa é, sem dúvida, a conclusão mais evidente da pesquisa histórica apresentada neste livro. Em outras palavras, o mercado e a concorrência, o lucro e o salário, o capital e a dívida, os trabalhadores qualificados e não qualificados, os nacionais e os estrangeiros, os paraísos fiscais e a competitividade não existem como tais. São construções sociais e históricas que dependem inteiramente do sistema jurídico, tributário, educacional e político que se escolhe instituir e das categorias que se opta por criar. Essas escolas remetem, antes de mais nada, às representações que cada sociedade tem da justiça social e da economia justa e das relações de força político-ideológicas entre os diferentes grupos e discursos em questão. O ponto importante é que essas relações de força não são apenas materiais: são também, e sobretudo, intelectuais, ideológicas. Em outros termos, ideias e ideologias contam na história. Elas permitem permanentemente imaginar e estruturar mundos novos e sociedades diferentes. Múltiplas trajetórias são sempre possíveis" (PIKETTY, op. cit., 2020, p. 17); "No fundo, todo regime desigualitário se apoia em uma teoria da justiça. A desigualdade se justifica e se fundamenta em uma visão plausível e coerente da organização social e política ideal. Em todas as sociedades, isso significa estabelecer uma série de questões conceituais e práticas referentes às fronteiras da comunidade, à composição das relações de propriedade, bem como ao acesso à educação e à repartição dos impostos. As soluções das sociedades do passado apresentavam fragilidades. Em sua maioria, não resistiram ao tempo e acabaram sendo substituídas por outras. Contudo, seria um erro

Francis Fukuyama demonstra, ademais, que a desigualdade social permitida – e tida como natural pelo pensamento neoliberal – impede que a classe média exerça o seu papel histórico de reivindicação de direitos, na medida em que esta passa a focar exclusivamente em seu sustento.[65] Como explica Piketty, a população se sente impotente (e isenta) perante a desigualdade apresentada como inerente à sociedade, inibindo que ajam para alterar ordem econômica cuja construção, como visto, é social e política.[66] Todo regime desigualitário é pautado em uma teoria de justiça, que busca justificar as circunstâncias existentes.[67] No caso do neoliberalismo, justifica-se a desigualdade na meritocracia.

Interessante notar que Michael Sandel, em sua mais recente obra, aponta aos efeitos psicológicos da crença no livre mercado e da justificação da desigualdade na meritocracia.[68] O autor destaca que a ideia de que os mercados promoveriam a liberdade individual, permitindo que cidadãos se beneficiassem de crescimento econômico de acordo com os seus méritos simplesmente porque não haveria obstrução para tanto, criou a falsa ideia de meritocracia. Tal ilusão gerou ressentimento nos indivíduos que, por sua vez, deu força a movimentos populistas e xenofóbicos, em ameaça à democracia. Não por outro motivo, Duncan Kennedy afirma que a adoção de políticas neoliberais foi forte motivador para a eleição de Trump.[69] De maneira similar, Piketty demonstra

---

acharmos que as ideologias do presente, baseadas principalmente nas diversas formas de sacralização da falta de transparência financeira e da riqueza merecida, são menos insanas ou mais duradouras" (PIKETTY, op. cit., 2020, p. 625).

[65] FUKUYAMA, Francis. *The Future of History: Can Liberal Democracy Survive the Decline of the Middle Class?* 2012.

[66] "Além da esfera dos pesquisadores, a autonomização do saber econômico tem efeito deletérios na esfera cívica e política, pois alimenta o fatalismo e a sensação de impotência. Em especial, os jornalistas e os cidadãos costumam se curvar diante da competência do economista, por mais imitada que seja, recusando-se a ter opinião quanto a salários e lucros, impostos e dívidas, negócios e capital. Mas essas matérias não são facultativas para o exercício da soberania democrática. Acima de tudo, tais questões são complexas de uma maneira que não justifica de modo algum deixá-las a cargo apenas de uma pequena casta de especialistas, muito pelo contrário. Sua complexidade é tamanha que apenas uma vasta deliberação coletiva baseada no raciocínio, nos percursos e nas experiências de todas e de todos pode nos permitir esperar alguns progressos rumo a sua resolução" (PIKETTY, op. cit., 2020, p. 876).

[67] "No fundo, todo regime desigualitário se apoia em uma teoria da justiça. A desigualdade se justifica e se fundamenta em uma visão plausível e coerente da organização social e política ideal. Em todas as sociedades, isso significa estabelecer uma série de questões conceituais e práticas referentes às fronteiras da comunidade, à composição das relações de propriedade, bem como ao acesso à educação e à repartição dos impostos. As soluções das sociedades do passado apresentavam fragilidades. Em sua maioria, não resistiram ao tempo e acabaram sendo substituídas por outras. Contudo, seria um erro acharmos que as ideologias do presente, baseadas principalmente nas diversas formas de sacralização da falta de transparência financeira e da riqueza merecida, são menos insanas ou mais duradouras" (PIKETTY, op. cit., 2020, p. 625).

[68] SANDEL, Michael. *The Tyranny of Merit*, 2020.

[69] "I think the single most important cause of devastation has been the adoption of 'neoliberal' policies, equally by Democrats and Republicans, in and out of office, since approximately the Carter Administration. Nixon was the last president with a strong, affirmative model of state intervention to stabilize the system and inflect its growth. I certainly prefer the nicer

que o fato de a desigualdade econômica ter sido encarada como inevitável, decorrente da única ordem econômica possível, fez com que as tensões sociais geradas por tal desigualdade desbocassem em sentimentos ultranacionalistas.[70]

7. O IMPACTO DA LEI NO JUDICIÁRIO

Há, ademais, graves consequências jurídicas decorrentes da edição da Lei. Ao determinar que as normas de direito civil, comercial e urbanístico sejam interpretadas de acordo com os seus imperativos, a lei força a sua ideologia no judiciário, estimulando decisões que sejam pró-mercado.

Em pesquisa realizada com juízes federais dos EUA, foi demonstrado que aqueles submetidos a um curso de economia no *Manne Economics Institute for Federal Judges* proferiam decisões mais economicamente conservadores, em defesa dos mercados.[71] O

Democratic neoliberal policies, but for the question of devastation I think they are equally to blame. I don't think neoliberalism is a philosophy. I think of it as a set of policies that collectively eliminated particular regulatory structures that had produced relatively evenly distributed growth, leaving many other regulatory structures in place. Rather than a coherent vision of 'the market', the drivers of policy change acted from a correct estimate that there would be many gainers, above all, and enormously the one percent for whom they acted. They had zero regard (or less!) for the many losers [...]. This set of policies might have set up the downward-spiraling center-periphery dynamic even without globalization. The domestic economy is large and diverse enough for neoliberal policies to produce 'global' dynamics right here at home. Already in the 1930's, industry was beginning to flee the high wage, strong-union, blue cities of the Northeast for Georgia and North Carolina" (KENNEDY, Duncan. *A Left of Liberal Interpretation of Trump's 'Big' Win, Part One: Neoliberalism.* 2017).

[70] "Também tentei mostrar nos últimos capítulos deste livro os consideráveis perigos provocados pelo aumento da desigualdade socioeconômica observado desde os anos 1980-1990. Por não ter sido capaz de suficiente renovação, num contexto marcado pela internacionalização do comércio e da terceirização educacional, a coalizão social-democrata e o sistema esquerda--direita que, em meados do século XX, haviam possibilitado a redução da desigualdade se desintegraram pouco a pouco. A revolução conservadora dos anos 1980, o colapso do comunismo soviético e o desenvolvimento de uma nova ideologia do tipo neoproprietarista levaram o mundo a níveis impressionantes e descontrolados de concentração de renda e de patrimônio neste início do século XXI. Essa desigualdade gera, em quase todos os lugares, tensões sociais crescentes. Sem resultados políticos construtivos e perspectiva igualitária universal, tais frustrações alimentam o crescimento das clivagens identitárias e nacionalistas observadas hoje em quase todas as regiões do mundo, nos Estados Unidos e na Europa, na Índia e no Brasil, na China e no Oriente Médio. A partir do momento em que se afirma não haver nenhuma alternativa plausível para a organização socioeconômica atual e a desigualdade entre as classes, não surpreende que a esperança de mudança se volta para a exaltação da fronteira e da identidade. No entanto, a nova narrativa hiperdesigualitária imposta desde os anos 1980-1990 não é uma fatalidade. Se, em parte, é produto da história e do desastre comunista, também resulta da insuficiente propagação de conhecimentos, de barreiras disciplinares demasiado rígidas e de uma apropriação coletiva limitada das questões econômicas e financeiras, em geral abandonadas a terceiros. Com base nas experiências históricas disponíveis, estou convencido de que é possível erradicar o sistema capitalista atual e traçar os contornos de um novo socialismo participativo para o século XXI, ou seja, uma nova perspectiva igualitária universal baseada na propriedade social, na educação e no compartilhamento de conhecimento e poderes" (PIKETTY, op. cit., p. 819-820).

[71] ASH, Elliott; CHEN, Daniel L.; NAIDU, Suresh. *Ideas Have Consequences,* 2021.

curso, apesar de promovido como neutro, adotava ideologia neoliberal, de modo que o judiciário americano se moldou conforme tal viés, como demonstram o aumento de decisões contra regulação do mercado e que visam a eficiência alocativa. De maneira similar, Siying Cao, pesquisadora da Universidade de Chicago, demonstrou que a mera adoção de racionalidade econômica gera decisões mais favoráveis ao livre mercado.[72] A autora realizou pesquisa com juízes que frequentaram cursos fortes em *law and economics* – corrente que adota postura economicamente conservadora – concluindo que estes tinham maior chance de proferir decisões pró-mercado. Assim, a pesquisa da autora demonstrou que o conhecimento econômico gera crença filosófica no mercado e no reducionismo estatal que, por sua vez, acarreta na resolução de disputas de forma favorável aos negócios.

Destaque-se que decisões pró-negócios não são equivocadas por si, mas apresentam riscos graves quando não reconhecem a sua relação com determinadas ideologias, notadamente quando a eficiência é privilegiada em relação a valores constitucionais. A premissa de que as decisões seriam neutras porque a teoria econômica assim o seria é uma ilusão desonesta que deve ser abordada. A busca pela eficiência alocativa e a expressa determinação da Lei de que normas sejam interpretadas de acordo com os seus imperativos (que, como vimos, possuem forte viés neoliberal) representam um lamentável distanciamento da corrente civil constitucional, que defende que a dignidade da pessoa humana deve guiar a interpretação do direito civil.[73] Isso é ainda mais problemático tendo em vista que, como destaca a Profa. Ana Frazão,[74] a Lei posiciona a livre-iniciativa como um super-princípio, acima dos demais valores constitucionais.

O Professor de Yale David Singh Grewal demonstra que, quando imperativos de mercado se chocam com valores democráticos, a legislação (e pensamento) neoliberal tende a favorecer o primeiro.[75] Como demonstra o professor ideais de justiça normalmente defendidos por cidadãos, como a justa oportunidade econômica, igualdade e justiça distributiva não necessariamente refletem maior eficiência de mercado. Nestes casos, a legislação neoliberal opta por proteger o mercado, em evidente prejuízo aos valores democráticos.

A ausência de reconhecimento da influência ideológica sobre a legislação evita o debate importante sobre valores e princípios que devem governar a nossa ordem jurídica e econômica. É o que se percebe da forma que a Lei foi apresentada, como se menos intervenção estatal gerasse automaticamente aumento do PIB de acordo com cálculos aritméticos. Como vimos, nada há de certo ou neutro em tais premissas, devendo ser reconhecido o seu viés ideológico. A Lei abre portas para políticas, pensamento e proje-

---

[72] CAO, Siying. *Quantifying Economic Reasoning in Court: Judge Economics Sophistication and Pro-business Orientation*, 2020.

[73] TEPEDINO, Gustavo; BARBOZA, Heloisa Helena; MORAES, Maria Celina Bodin de. *Código Civil Interpretado Conforme a Constituição da República*, 2014.

[74] FRAZÃO, Ana. *Lei de Liberdade Econômica e seus impactos no direito brasileiro*. São Paulo: Thomson Reuters, 2021, p. 115.

[75] GREWAL, David Singh; PURDY, Jedediah. Law and Neoliberalism. *Law and Contemporary problems*, 2014.

tos neoliberais que, em regra, intensificam a grave desigualdade nacional, impondo-se sejam adotadas mudanças urgentes.[76]

8. CONSIDERAÇÕES FINAIS

A lei deve ser usada para concretizar os valores e princípios constitucionais –[77] dentre os quais a justiça social. Ao não garantir acesso à oportunidade, a Lei viola a própria liberdade econômica que busca promover. Como demonstra o Prof. Bruce Ackerman, a liberdade individual (inclusive a econômica) apenas existe em uma sociedade que estende tal liberdade para todos os seus cidadãos.[78] A mera garantia formal da liberdade econômica aliada ao estímulo de livres mercados e ausência de medidas para garantir acesso a tal mercado traduz, na prática, a uma limitação do princípio constitucional às elites e consequente perpetuação da desigualdade.

A Lei, portanto, permite o desenvolvimento de ordem econômica e social distorcida, apresentando-a como natural invés de um produto de escolhas políticas. Tal discurso permite que políticas neoliberais embasadas em ideais superados de mercados autorreguláveis sejam consolidadas.[79-80] O direito possui função central em tal debate, por ser a instituição que codifica e legitimiza a nossa ordem social, podendo ser utilizado para promover a justiça ou consolidar a prevalência de determinado grupo.[81]

Desse modo, diversos autores têm defendido que interpretemos a lei como uma forma de contribuir ativamente para a atividade econômica.[82-83] Assim, seria necessário (a) reconhecer dinâmicas de poder no processo de tomada de decisões, estudando como a lei cria e reproduz poder político e econômico; (b) buscar uma ideia efetiva de liberdade, não meramente formal; (c) reconhecer a impossibilidade de neutralidade, buscando-se a equidade.[84]

Devemos, assim, reintroduzir o debate valorativo e qualitativo na economia, criando leis que efetivamente concretizem ideais democráticos. Como ressalta Piketty, a história da sociedade é a história das lutas da ideologia, sendo imprescindível que ajamos

---

[76] BRITTON-PURDY, Jedediah; GREWAL, David Singh; KAPCZYNSKI, Amy; RAHMAN, K. Sabeel. Building a Law-and-Political-Economy Framework: Beyond the Twentieth-Century Synthesis. *The Yale Law Journal*, 2020; HARRIS, Angela; VARELLAS, James. Law and Political Economy in a Time of Accelerating Crises. *Journal of Law and Political Economy*, 2020.

[77] MINOW, Martha. Equality vs Equity. *American Journal of Law and Equality*, 2021.

[78] ACKERMAN, Bruce. *Social Justice in the Liberal State,* 1980.

[79] KENNEDY, Randall; MINOW, Martha; SUNSTEIN, Cass. Introducing the American Journal of Law and Equality. *American Journal of Law and Inequality*, 2021.

[80] BRITTON-PURDY, Jedediah; GREWAL, David Singh; KAPCZYNSKI, Amy; RAHMAN, K. Sabeel, op. cit., 2020.

[81] PISTOR, Katharina. *The Code of Capital: How the Law Creates Wealth and Inequality.* Princeton University Press, 2019.

[82] KENNEDY, David. *Law and the Political Economy of the World*, 2013.

[83] BENKLER, Yochai. *A Political Economy of Oligarchy: Winner-take-all ideology, superstar norms, and the rise of the 1%*, 2017.

[84] BRITTON-PURDY, Jedediah; GREWAL, David Singh; KAPCZYNSKI, Amy; RAHMAN, K. Sabeel, op. cit., 2020.

para fixar ideologia que se mostre benéfica para a sociedade.[85] Afinal, a liberdade não pode se limitar à liberdade da livre-iniciativa, devendo ser garantia a toda a população.[86]

REFERÊNCIAS

ACKERMAN, Bruce. *Social Justice in the Liberal State*, 1980.

AKERLOF George; SHILLER, Robert, *Phishing for Phools*, 2015.

ANDRIAS, Kate; SACHS, Benjamin I. *Constructing Countervailing Power: Law and Organizing in an Era of Political Inequality*. Labor and Employment Law, 2021.

ASH, Elliott; CHEN, Daniel L.; NAIDU, Suresh. *Ideas Have Consequences*, 2021.

BAR-GILL, Oren; BENKLER, Yochai. *Productivity Versus Power: The Role of Law and Technology, (Mis)Perceptions and Ideology*, 2021.

BAR-GILL, Oren. *Seduction by Contract*, 2012.

BENKLER, Yochai. *A Political Economy of Oligarchy: Winner-take-all ideology, superstar norms, and the rise of the 1%*, 2017.

BRITTON-PURDY, Jedediah; GREWAL, David Singh; KAPCZYNSKI, Amy; RAHMAN, K. Sabeel. Building a Law-and-Political-Economy Framework: Beyond the Twentieth-Century Synthesis. *The Yale Law Journal*, 2020.

CALABRESI, Guido; BOBBITT, Philip. *Tragic Choices: The Conflicts Society Confronts in the Allocation of Tragically Scarce Resources*, 1978.

CAO, Siying. *Quantifying Economic Reasoning in Court: Judge Economics Sophistication and Pro-business Orientation*, 2020.

DOBBIN, Frank. *The New Economic Sociology*. Princeton University Press, 2004.

---

[85] "'Até hoje a história de toda sociedade é a história da luta de classes', escreveram Friedrich Engels e Karl Marx em 1848 no *Manifesto do Partido Comunista*. A afirmação ainda é pertinente, mas, após esta pesquisa, sou tentado a reformulá-la da seguinte maneira: até hoje a história de toda sociedade é a história das lutas das ideologias e da busca pela justiça. Em outras palavras, as ideias e as ideologias têm relevância para a história. A posição social, por mais importante que seja, não basta para forjar uma teoria da sociedade justa, uma teoria da propriedade, uma teoria da fronteira, uma teoria do imposto, da educação, do salário, da democracia. Mas sem respostas exatas para essas questões complexas, sem uma estratégia clara de experimentação política e de aprendizado social, as lutas não têm resultado político bem definido, podendo às vezes conduzir ao poder construções político-ideológicas ainda mais opressoras do que as que pretendiam derrubar" (PIKETTY, op. cit., 2020, p. 871).

[86] "O fim da economia de mercado pode se tornar o início de uma era de liberdade sem precedentes. A liberdade jurídica e real pode se tornar mais ampla e mais geral do que em qualquer tempo; a regulação e o controle podem atingir a liberdade, mas para todos e não para alguns. Liberdade não como complemento do privilégio, contaminada em sua fonte, mas como um direito consagrado, que se estendo muito além dos estreitos limites da esfera política e atinge a organização íntima da própria sociedade. Assim, as antigas liberdades e direitos civil serão acrescentados ao fundo da nova liberdade gerada pelo lazer e pela segurança que a sociedade oferece a todos. Uma tal sociedade pode-se permitir ser ao mesmo tempo justa e livre. Entretanto, encontramos o caminho bloqueado por um obstáculo moral. O planejamento e o controle vêm sendo atacados como negação da liberdade. A empresa livre e a propriedade privada são consideradas elementos essenciais à liberdade. Não é digna de ser chamada livre qualquer sociedade construída sobre outros fundamentos. A liberdade que a regulação cria é denunciada como não liberdade; a justiça, a liberdade e o bem-estar que ela oferece são descritos como camuflagem da escravidão" (POLANYI, op. cit., p. 297-298).

FORGIONI, Paula. *A evolução do direito comercial brasileiro*: da mercancia ao mercado. São Paulo: Revista dos Tribunais, 2019.

FRAZÃO, Ana. *Lei de Liberdade Econômica e seus impactos no direito brasileiro*. São Paulo: Thomson Reuters, 2021.

FUKUYAMA, Francis. *The Future of History: Can Liberal Democracy Survive the Decline of the Middle Class?* 2012.

GALBRAITH, Kenneth. *Economics in the Industrial State: Science and Sedative, Economics as a System of Belief*, 2014.

GALBRAITH, Kenneth. *Economics in the Industrial State: Science and Sedative, Economics as a System of Belief*, 2014.

GREWAL, David Singh; PURDY, Jedediah. Law and Neoliberalism. *Law and Contemporary problems*, 2014.

HARRIS, Angela; VARELLAS, James. Law and Political Economy in a Time of Accelerating Crises. *Journal of Law and Political Economy*, 2020.

JOLLS, Christine; SUNSTEIN, Cass; THALER, Richard. A Behavioral Approach to Law and Economics. *Stanford Law Review*, 1998.

KENNEDY, David. *Law and the Political Economy of the World*, 2013.

KENNEDY, David. *Law, Expertise and Global Political Economy*, 2018.

KENNEDY, Duncan. *A Left of Liberal Interpretation of Trump's 'Big' Win, Part One: Neoliberalism*. 2017.

KENNEDY, Randall; MINOW, Martha; SUNSTEIN, Cass. Introducing the American Journal of Law and Equality. *American Journal of Law and Inequality*, 2021.

LAWRENCE Mishel et al. The State of Working America, 2012.

LISCOW, Zachary. Is Efficiency Biased? *The University of Chicago Law Review*, 2018.

MINOW, Martha. Equality *vs* Equity. *American Journal of Law and Equality*, 2021.

PIKETTY, Thomas. *Capital e ideologia*. Rio de Janeiro: Intrínseca, 2020.

PISTOR, Katharina. *The Code of Capital: How the Law Creates Wealth and Inequality*. Princeton University Press, 2019.

POLANYI, Karl. *A grande transformação*: as origens de nossa época. Rio de Janeiro: Elsevier, 2000.

POSNER, Eric; CHILTON, Adam. An Empirical Study of Political Bias in Legal Scholarship. *University of Chicago Coase-Sandor Institute for Law & Economics Research Paper*, 2015.

RACHLINSKI, Jeffrey J. The Politics of Legal Empirics: do Political Attitudes Predict the Results of Empirical Legal Scholarship. *Cornell Law School Legal Studies Research Paper Series*, 2018.

SAEZ, Emmanuel, Striking it Richer: The Evolution of Top Incomes in the United States, 2013.

SANDEL, Michael. *The Tyranny of Merit*, 2020.

SEN, Amartya. *On Ethics and Economics*, 2004.

SIDELSKY, Robert. *What's Wrong with Economics? A Primer for the Perplexed*. Yale University Press, 2020.

SUNSTEIN, Cass. *Free Markets and Social Justice*. Oxford University Press, 1999.

TEPEDINO, Gustavo; BARBOZA, Heloisa Helena; MORAES, Maria Celina Bodin de. *Código Civil interpretado conforme a Constituição da República*, 2014.

TEPEDINO, Gustavo. A MP da Liberdade Econômica e o Direito Civil. *Revista Brasileira de Direito Civil*, v. 2, 2019.

UFUK Akcigit; SINA Ates. *What Happened to U.S. Business Dynamism?*, 2019.

VAHEESAN, Sandeep; KHAN, Lina. Market Power and Inequality: The Antitrust Counterrevolution and Its Discontents. *Harvard Law and Policy Review*, 2017.

Capítulo 5

MIDAS, O PROSPECTO E O CISNE NEGRO: A ARROGÂNCIA EPISTEMOLÓGICA DO CONSEQUENCIALISMO ECONÔMICO PROPOSTO PELA LEI DE LIBERDADE ECONÔMICA (LLE)

Paulo Fernando Pinheiro Machado

Diplomata, jurista, financista e historiador. Barrister (*unregistered*), na Inglaterra e no País de Gales, pela Honourable Society of Gray's Inn, além de Membro do Baltic Exchange, da London Maritime Arbitrators Association (LMAA) e da International Law Association (ILA). Como árbitro internacional, é Fellow do Chartered Institute of Arbitrators (FCIArb) e Árbitro da Court of Arbitration for Art (CAfA), na Holanda. Vice-Presidente da Comissão de Direito Marítimo, Portuário e Aduaneiro e Membro da Comissão de Direito Internacional do Instituto dos Advogados Brasileiros (IAB), além de Membro da Comissão de Direito Internacional da OAB/PR e Membro Honorário da Comissão Especial de Direito Marítimo e da Comissão de Relações Internacionais e Integração do Mercosul da OAB/RS. Autor de "Centelhas de Tempestade: a diplomacia em um mundo em transformação" (Saraiva), "Idéias e Diplomacia: o Visconde do Uruguai e o nascimento da política externa brasileira. 1849-1852" (Lisbon Press) e "Linha de Água" (Só Livro Bom). Pinheiro Machado também é Revisor Editorial do Global Journal of Comparative Law, na Holanda, e Colunista do Jota, no qual assina a série semanal "Diários de um Diplomata".

1. A ARROGÂNCIA DE MIDAS

A Lei de Liberdade Econômica (LLE), inspirada na Análise Econômica do Direito, representou a positivação de fato do consequencialismo econômico no direito brasileiro. A LLE alça a liberdade econômica a um patamar privilegiado, colocando-a acima de outros valores igualmente válidos. Dessa maneira, pela lógica do consequencialismo, ao aplicar-se o direito ao caso concreto, o juiz, o árbitro ou o administrador deverá decidir com base não na Justiça ou outro valor que circunstancialmente a encarne, mas sim com base nas consequências da sua decisão para a liberdade econômica.

A LLE, assim, derroga o princípio milenar do *fiat justitia, ruat caelum*, isto é, do "faça-se justiça ainda que os céus desabem". Essa máxima latina tem sido aplicada ao longo da história para materializar o conceito simbólico de que a Justiça é cega, não somente para os atributos pessoais das partes, mas também para as consequências econômico-políticas das suas decisões. Justiça é Justiça, independente do sabor político momentâneo.

Em perspectiva histórica, o consequencialismo econômico é sem sombra de dúvida uma novidade, ainda a ser submetida ao teste do tempo. O principal problema com o conceito é justamente a sua aplicabilidade prática. De fato, seria realmente bom se pudéssemos antever todas as consequências que advém de nossos atos. Viveríamos, contudo, em uma outra realidade.

O mito e a literatura clássica alertam incansavelmente para os perigos que rondam os seres humanos quanto estão tomados pela *hubris*, pela arrogância de dominar epistemologicamente o cosmos. Quem não conhece a história do rei Midas, que teve seu desejo atendido de que seu toque transformasse tudo em ouro. Não antevera ele as consequências da sua decisão para a sua família, a sua água e a sua comida, que seriam elas também transformadas em ouro, vindo Midas a morrer de inanição. Aristóteles dizia que a prece de Midas era fruto "de insaciável cobiça".[1] O termo usado em grego antigo é "aplestía" (ἀπληστία), que encerra uma ideia de cobiça, desejo insaciável, vaidade e arrogância. Vaidade e arrogância diante de um mundo cuja complexidade nos escapa.

A situação da LLE é análoga ao do rei mitológico. Arrogam-se os seus autores a capacidade de prever com acuidade as consequências das decisões humanas, com o intuito de maximizar o lucro econômico, de transformar tudo em ouro. O ponto crucial que nos cabe perguntar aqui é o de que se os operadores do direito, tal qual Midas, seriam realmente capazes de predizer com algum grau de acuidade as consequências econômicas da aplicação das normas jurídicas ou estariam, como o rei mitológico, inebriados por sua própria arrogância epistemológica?

De acordo com toda a experiência histórica pregressa da humanidade e, especialmente no que nos interessa neste capítulo, os desenvolvimentos científicos da psicologia e da economia comportamental nas últimas décadas, a resposta é claramente negativa. Como veremos a seguir, os operadores do direito, seres humanos falíveis que são, não são capazes de predizer com acuidade as consequências econômicas da aplicação e da interpretação das normas jurídicas.

Em primeiro lugar, porque a estrutura da realidade é radicalmente incerta, impossibilitando, na maioria das vezes, uma predição acurada das consequências das nossas decisões. Em segundo lugar, porque a estrutura da mente humana é tendenciosa, fortemente propensa a recortar certas consequências e se esquecer de outras. A barreira aqui é dupla, isto é, de um lado os seres humanos não têm capacidade cognitiva para abarcar a realidade como um todo, em todas as suas infinitas redes de conexões, e, de outro lado, nem a realidade mesma se apresenta de maneira abarcável à mente humana. E nem poderia ser de outra maneira: uma estrutura de conexões infinitas, logicamente, não poderia ser abarcada por uma mente individual finita. O consequencialismo econômico, assim, não passa de um erro pueril, fruto de uma "arrogância epistemológica", cujo risco, conforme alertado desde tempos imemoriais, é o da própria destruição do agente.

---

[1] ROSS, W. D. (ed.) *Oxford Classical Texts: Aristotelis: Politica.* Oxford: Oxford Classical Texts, 1957. 1.1257b.

2. CONTRADIÇÕES TEÓRICAS DA LEI DE LIBERDADE ECONÔMICA: A OBRIGAÇÃO LEGAL DE SER LIVRE

A Lei de Liberdade Econômica (LLE), conhecida também como "Declaração dos Direitos de Liberdade Econômica", foi editada com base em pressupostos teóricos *sui generis*. O objetivo declarado da legislação é o de oferecer uma garantia jurídica de que a livre iniciativa teria preponderância legal sobre outros valores sociais, de forma a inserir o Brasil nos padrões das métricas internacionais de liberdade econômica.[2] Normalmente, a literatura enquadra esses objetivos dentro do pensamento da chamada "Escola de Chicago" ou "neoclássica". A LLE, contudo, baseia-se na premissa de que a atividade econômica é perfeitamente quantificável, e que, portanto, o funcionamento dos mercados poderia ser mensurado, de forma a subsidiar a tomada de decisões dos agentes, aumentando a eficiência geral da sociedade. Essa premissa quantitativa e planificante, entretanto, é totalmente estranha à "Escola de Chicago".

Fruto, talvez tardio, da produção dos "Chicago Boys" – o grupo de ex-alunos da Universidade de Chicago que conduziu as reformas liberalizantes de Pinochet no Chile nos anos 1970 –, a LLE foi estruturada a partir da premissa de que os mercados livres possuem uma racionalidade intrínseca, que se manifestaria em uma forma de determinismo econômico.[3] Esse, de fato, é um axioma tanto do pensamento liberal clássico quanto do neoclássico, traduzido na famosa metáfora da "mão invisível do estado" de Adam Smith. Em uma economia de livre-mercado, assim, o sistema funcionaria de maneira autorregulável pelas incontáveis interações espontâneas de agentes individuais que buscariam maximizar o seu interesse-próprio.

A partir daí, uma linha de pensamento econômico, hoje dominante – e que parece mais correto chamá-la de *mainstream* do que propriamente "neoclássica" –, dá um salto epistemológico. Para essa corrente *mainstream*, se o sistema econômico funciona de maneira espontânea a partir de uma miríade de ações individuais racionais, seria possível, então, quantificar essas ações e predizer as consequências coletivas dos seus agregados, baseada na premissa "realista" de que os desejos racionais são sempre realizáveis, ou, como lembra Skidelsky, de que "não há incerteza".[4] Bastaria, assim, simplesmente computar o conjunto de objetivos individuais e os governos poderiam planejar políticas públicas mais eficientes para garantir um melhor ambiente de negócios. Para isso, constroem-se modelos preditivos, baseados em cálculos econométricos, para predizer e planejar as consequências macroeconômicas de ações microeconômicas. Esse pressuposto, contudo, não encontra fundamento teórico, seja na literatura clássica, seja na neoclássica.

Uma das características mais marcantes do pensamento liberal é justamente a sua forte oposição a propostas de planejamento macroeconômico, articulada na famosa

---

[2]   FRAZÃO, A. Liberdade econômica para quem? A necessária vinculação entre a liberdade de iniciativa e a justiça social. In: SALOMÃO, L. F; CUEVA, R. V. B.; e FRAZÃO, A. *Lei de Liberdade Econômica e seus impactos no Direito Brasileiro*. São Paulo: Revista dos Tribunais, 2020. p. 90.

[3]   Idem, p. 98.

[4]   SKIDELSKY, R. *What's Wrong with Economics?* A primer for the perplexed. Londres: Yale University Press, 2020. Cap.1.

obra de Hayek "O Caminho para a Servidão". O argumento central de Hayek é mesmo o de que o planejamento governamental é impossível, e o único resultado de qualquer tentativa de realizá-lo é o aumento do poder estatal em detrimento da liberdade individual. Conferir poder aos governos para que controlem a economia inevitavelmente leva a constituição de regimes autoritários. Tentar controlar a microeconomia pelo planejamento macroeconômico é o caminho para a servidão.

Milton Friedman vai além e acrescenta que a ineficiência burocrática se apresenta como um impeditivo a mais para a operacionalização do planejamento centralizado. Para ele, "o governo se provou incapaz de administrar empresas, de organizar recursos para atingir objetivos predeterminados a um custo razoável. Ele se afundou na confusão burocrática e na ineficiência".[5] Milton Friedman afirma categoricamente que a burocracia governamental não é capaz de planejar uma intervenção na economia de maneira minimamente eficiente, em total oposição às premissas do *mainstream*, de que pela construção de modelos econométricos teóricos poder-se-ia planejar intervenções úteis e eficazes na vida concreta das pessoas. Ou seja, o *mainstream* nada tem de liberal.

O *mainstream*, de fato, opera com base em uma *reductio ad absurdum* dos pressupostos liberais. É uma forma de pensamento baseada em modelos teóricos, que simplificam a realidade, na busca de melhor apreender alguns aspectos dela. O problema é que, nesta busca, que em si é cientificamente válida, o *mainstream* econômico, como tendência acadêmica, acabou se olvidando de que a simplificação dos modelos é apenas um recurso analítico, para descartar a realidade e viver dentro do modelo simplista, mais fácil de ser compreendido e articulado. Ainda que se denomine "liberal", o *mainstream* não passa de uma simplificação tão radical dos pressupostos clássicos e neoclássicos que acaba por negá-los abertamente.

Segundo Skidelsky, é justamente essa simplificação da realidade que está no âmago da falência do *mainstream* econômico:

> Os economistas reduzem as estruturas sociais às transações econômicas e erigem um aspecto do comportamento humano, o cálculo de custos ("quando me custa fazer X ao invés de Y?"), em uma lei universal do comportamento humano. Eles ficam perplexos quando você indica motivos para a ação como amor, devoção, piedade, coragem, honra, lealdade, ambição, serviço público que sob qualquer interpretação razoável não são motivados pelo cálculo subjetivo de ganho ou resultado. Os códigos que governam esses comportamentos podem estar "além do preço", porque seria vergonhoso quebrá-los. Os economistas têm de dizer que esses motivos aparentam ser irracionais, mas podem ser racionais em situação de informação limitada. Eles são forçados pelos requisitos do seu próprio raciocínio a espremer as suas explicações do comportamento humano por canais absurdamente estreitos.[6]

---

[5] FRIEDMAN, T. Introduction to the Fifthieth Anniversary Edition of HAYEK, F.A. The Road to Serfdom. 50º Aniversário Ed. Chicago: The University of Chicago Press, 1994. p. xiii (tradução livre).

[6] SKIDELSKY, R. *What's Wrong with Economics?* A primer for the perplexed. Londres: Yale University Press, 2020. Cap. 1.

A Lei de Liberdade Econômica, assim, não tem por pressupostos teóricos os ditames do liberalismo econômico ou da "Escola de Chicago", mas sim a pobreza intelectual do *mainstream* econômico. O *mainstream* é tão reducionista, que chega ao ponto de negar, no eixo ontológico, a própria liberdade que ela pretensamente busca defender. Como bem apontou o Professor Angelo Prata Gamba de Carvalho, em uma das reuniões do Grupo Estudos Constituição Empresa e Mercado (GECEM) da UNB, a Lei de Liberdade Econômica encontra-se em uma autocontradição terrível: ela impõe, isto é, torna obrigatória, a liberdade econômica. A LLE, como de resto todo o *mainstream* econômico, sofre irreparavelmente daquilo que Olavo de Carvalho – outro autor caro aos proponentes da LLE – batizou de "paralaxe cognitiva", isto é uma desconexão entre o eixo existencial e o eixo discursivo do agente. O fenômeno, segundo Carvalho, "é o resultado de um esforço de abstração mal dirigido, que acaba por tomar como separados efetivamente os elementos que tinham sido apenas afastados em imaginação, por facilidade de método".[7] No mesmo sentido vai a crítica de Skidelsky, segundo o qual "a realidade econômica – qualquer que seja ela – é demasiado complexa para ser interrogada diretamente; ela precisa, então, ser simplificada ao ponto da caricatura".[8]

O grande problema, como veremos a seguir, é que o *mainstream* econômico age dentro dessa "caricatura". Propõe-se a construção de um modelo teórico que represente uma simplificação da realidade e, em seguida, descarta-se a realidade e fica-se com o modelo. Os proponentes do modelo assim, prescrevem ações reais com base no modelo, não na realidade. Citando novamente Skidelsky,

> o modelo econômico padrão tipicamente é uma representação teorética de um sistema fechado. Mas modelar um sistema aberto como se fosse um sistema fechado ´introduz uma fissura maléfica entre a ontologia e a epistemologia – i.e. entre a forma como o mundo de fato é e a forma como ele é representado nos modelos econômicos. Uma vez estabelecida, essa fissura não pode ser fechada.[9]

Aí a falência e o enorme perigo das políticas propostas pelo *mainstream*. É impossível prever com algum grau de acuidade fenômenos concretos e as consequências microeconômicas de determinadas políticas públicas. A total falha dos economistas, em geral, em prever a crise financeira de 2008 fala por si só. O problema, contudo, é que tanto a tentativa de prever ocorrências concretas quanto – pior – a tentativa de produzi--las na realidade, geram outras consequências não antecipadas pelo planejador. E isso ainda é mais perigoso quando a pretensa consequência econômica é erigida em valor máximo da sociedade e imposta aos juízes e administradores como métrica absoluta para a resolução de casos concretos. É preciso uma *hubris*, uma arrogância intelectual, de proporções demoníacas para pretender impor tal experimento de engenharia social em um país de enormes desigualdades como o Brasil.

---

[7] CARVALHO, O. de. Menti para os leitores. O Globo, 10 de julho de 2004. Disponível em: https://olavodecarvalho.org/tag/paralaxe-cognitiva/. Acesso em: 18 set. 2021.

[8] SKIDELSKY, R. *What's Wrong with Economics?* A primer for the perplexed. Londres: Yale University Press, 2020. Cap. 5.

[9] Ibid. (Tradução livre).

3. O CONSEQUENCIALISMO DE HUMPTY DUMPTY: O DIREITO NO PAÍS DAS MARAVILHAS

É exatamente essa linha de arrogância epistemológica – da pretensão de se ter um controle onisciente das infinitas relações de causa e consequência que ocorrem diariamente em uma determinada economia – que é a adotada pela LLE. Dispõe o § 2º do art. 1º da LLE que interpretam-se em favor da liberdade econômica, da boa-fé e do respeito aos contratos, aos investimentos e à propriedade todas as normas de ordenação pública sobre atividades econômicas privadas." Esse dispositivo, na prática – se não também na teoria – institui o consequencialismo econômico no ordenamento jurídico brasileiro.

Isso significa que o juiz ou o administrador público, no momento e efetivação da norma jurídica, terão de fazer uma análise das consequências econômicas da sua decisão e adotar a possibilidade que dê máxima efetividade à liberdade econômica, conforme definida pelo art. 2º da LLE. Dessa maneira, o juiz está adstrito a julgar a causa, não da maneira que considere mais justa, mas da maneira que, de acordo com alguma métrica não previamente estabelecida, isto é, que a lei não define qual seja, a decisão seja mais "eficiente" do ponto de vista da liberdade econômica.

O legislador delimitou as áreas em que o consequencialismo econômico deve ser observado no § 1º do art. 1º da LLE[10], excluindo expressamente o direito tributário e o direito financeiro da sua égide no § 3º do mesmo artigo. Ou seja, se a questão é tributação e orçamento público, a liberdade econômica do particular pode ser desconsiderada. Presume-se, também, que o direito de família e os direitos humanos estejam excluídos do âmbito de aplicação da norma, apresentando-se como o entendimento mais viável o de que o rol do § 1º do art. 1º componha-se de *numerus clausus*, ainda que contenha "a proteção ao meio ambiente" no seu bojo, cuja constitucionalidade é, no mínimo, questionável.

Scalia e Garner reconhecem que em certas situações estritas, o aplicador da norma deve, sim, levar em conta a consequência da sua aplicação para o ordenamento jurídico como um todo, quando, por exemplo, interpreta um contrato de forma a torná-lo inválido ou absurdo, ou mesmo quando o resultado da interpretação implicará na inconstitucionalidade de uma norma.[11] Com relação ao tipo específico de consequencialismo econômico esposado pela LLE, contudo, os autores são assaz convincentes na sua condenação:

> Mas o chamado consequencialismo invoca um tipo muito distinto de consequência, sugerido por perguntas como "Quem ganha?" "Esta decisão ajudará futuros reclamantes?" "Ajudará futuros reclamados" "É esta uma boa decisão para o 'povão'?" "É ela boa para os negócios?" "Irá ela promover os direitos das

---

[10] Art. 1º, § 1º: "O disposto nesta Lei será observado na aplicação e na interpretação do direito civil, empresarial, econômico, urbanístico e do trabalho nas relações jurídicas que se encontrem no seu âmbito de aplicação e na ordenação pública, inclusive sobre exercício das profissões, comércio, juntas comerciais, registros públicos, trânsito, transporte e proteção ao meio ambiente".

[11] SCALIA, A.; GARNER, B. A. *Reading the Law*: The Interpretation of Legal Texts. St. Louis: Thomson/West, 2012, cannon 61.

mulheres? Das minorias?" Questões como essas são apropriadas para aqueles que redigem as leis, mas não para aqueles que as aplicam. O dispositivo do juramento judicial federal que promete "administrar a justiça sem distinção de pessoas e conceder o direito igualmente ao pobre e ao rico" o exclui dos seus limites. Em suma, "uma vez que o significado esteja claro, não cabe à corte perquirir a sua sabedoria ou as suas razões políticas".[12]

O consequencialismo, assim, é antes de mais nada uma clara incursão na seara legislativa. Ou mais do que isso: ele coloca o aplicador do direito acima e além do ordenamento jurídico, alçado à posição de um demiurgo capaz de julgar a conveniência e a oportunidade de se aplicar ou não a lei e de que forma. Esse ponto é crucial, porque, como bem apontam Scalia e Garner, o consequencialismo não deixa claro, *a priori*, a partir de qual perspectiva mesma a aplicação da lei será avaliada.[13] É um cheque em branco, em suma, cuja principal consequência é a de permear o ordenamento de uma insegurança jurídica atroz.

O direito comparado nos traz, de fato, exemplos macabros de consequencialismo jurídico, que por si só já desaconselhariam a sua adoção pelo ordenamento jurídico brasileiro. No direito inglês, Lorde Atkin deu um voto discordante histórico no caso de *Liversidge v Anderson* (1941),[14] no qual um cidadão, Robert Liversidge, foi detido sem apresentação de justificativa, no tempo da Segunda Guerra Mundial. A prisão se baseou na Regulação 18B das Regulações de Defesa (Geral) de 1939, que permitia ao Secretário do Interior deter pessoas se ele tivesse "causa razoável" (*reasonable cause*) para acreditar que o detido pudesse ter "associações hostis" com o inimigo.

A maioria da Câmara dos Lordes decidiu, durante a Segunda Guerra Mundial, que o Secretário do Interior não era obrigado a fundamentar uma prisão preventiva, já que não cabia à corte apreciar questões de segurança nacional. A Corte decidiu que para dar maior eficácia à intenção do Parlamento, isto é, para que a legislação de segurança nacional tivesse as consequências que a maioria da corte entendeu que deveria ter, seria lícito até mesmo imputar palavras adicionais ao texto da Regulação 18B, de forma a tornar "causa razoável" em um elemento subjetivo do Secretário do Interior, no sentido de dar-lhe o poder de deter uma pessoa se ele "pensa que tem causa razoável" para suspeitar dela, que é como o texto teria de ser lido para poder produzir a consequência desejada.

Lorde Atkin não poupou palavras para criticar o fato de que "alguns juízes se mostram de mentalidade mais executiva do que o executivo",[15] e procedeu a uma condenação feroz do consequencialismo:

> Eu protesto, mesmo que o faça sozinho, contra uma construção forçada posta em palavras com o efeito de dar um poder de prisão descontrolado ao ministro. Para recapitular: as palavras têm apenas um significado. Elas são usadas com esse signifi-

---

[12]   Ibid., loc. 4947. Tradução livre.
[13]   Ibid., loc. 4956.
[14]   *Liversidge v Anderson* [1941] UKHL 1.
[15]   Ibid., 244. Tradução livre.

cado nas declarações da *common law* e nas leis. Elas nunca foram usadas no sentido que agora lhes é imputado. São utilizadas nos Regulamentos de Defesa no seu sentido literal e, quando se pretende exprimir o sentido que agora lhes é atribuído, são utilizados termos diversos e adequados nos regulamentos em geral e neste regulamento em particular. Mesmo se fosse relevante, o que não é, não há absurdo algum ou mesmo perigo de dano público que justificasse uma interpretação não literal.

Conheço apenas uma autoridade que pode justificar o método de interpretação sugerido: "'Quando uso uma palavra', Humpty Dumpty disse em um tom um tanto desdenhoso, 'significa exatamente o que eu escolhi que significasse, nem mais nem menos.' 'A questão é', disse Alice, 'se você pode fazer as palavras significarem tantas coisas diferentes.' 'A questão é', disse Humpty Dumpty, 'quem é o mestre – isso é tudo.'" ("Através do espelho", C. Vi.) Depois de toda essa longa discussão, a questão é se as palavras "Se um homem tem" podem significar "Se um homem pensa que tem". Sou da opinião de que não podem e que o caso deve ser decidido em conformidade com isso.[16]

As palavras do voto histórico de Lord Atkin falam por si só a respeito dos riscos que o consequencialismo impõe para a liberdade dos cidadãos. Um claro e sonoro exemplo histórico, que descortina a magnitude da "paralaxe congnitiva" dos liberais brasileiros que defendem o consequencialismo, como se ele fosse um instrumento promotor da liberdade. Pura arrogância de Midas.

Há, contudo, um outro caso no direito inglês, que, talvez, mais do que nenhum outro, apresente de maneira tão cristalina os riscos macabros que o consequencialismo apresenta para a liberdade individual. Trata-se do caso dos "Seis de Birmingham".[17]

O caso refere-se a um atentado à bomba em dois pubs no centro de Birmingham em 1974. O atentado fora perpetrado pelo Exército Republicano Irlandês (IRA, na sigla em inglês), no qual 21 pessoas morreram e 162 ficaram feridas. O episódio causou intensa comoção nacional, o que levou a polícia a agir rapidamente, prendendo 6 pessoas imediatamente após o ataque. Os seis eram simpatizantes do IRA, mas não estavam envolvidos no ataque. A polícia, entretanto, extraiu-lhes uma confissão sob tortura, o que levou a uma condenação à prisão perpétua. Havia ampla evidência de que os homens haviam sido torturados, também, por oficiais na prisão, o que serviu de ensejo para que a acusação sustentasse que as violências contra eles teriam sido perpetradas somente na prisão, e não pela polícia durante o interrogatório, o obviamente anularia o inquérito.

Os seis homens, assim, protocolaram uma ação de indenização cível por agressões contra a polícia. O caso subiu até a Corte de Apelação, onde Lorde Denning extinguiu a ação, sob um argumento claramente consequencialista, o de que as alegações trazidas para a corte pelos seis homens não deveriam ser conhecidas, porque, se provadas verdadeiras, o sistema jurídico-policial seria jogado em total descrédito.[18] O texto da própria sentença não deixa dúvidas dos perigos do consequencialismo:

---

[16]   Ibid, 244-245. Tradução livre.

[17]   Sobre o caso, ver ELLIOTT, C.; QUINN, F. *English Legal System*. 16. ed. Londres: Pearson, 2015, p. 380-382.

[18]   Ibid, p. 173.

Capítulo 5 · MIDAS, O PROSPECTO E O CISNE NEGRO | **99**

Basta considerar o curso dos eventos se essa ação for a julgamento. Ela não será julgada antes de 18 meses ou dois anos. Levará semanas e semanas. As evidências sobre violência e ameaças serão dadas novamente, mas desta vez seis ou sete anos após o evento, ao invés de um ano. Se os seis homens perderem, isso significará que muito tempo, dinheiro e preocupação terão sido gastos por muitas pessoas sem um bom propósito. Se os seis homens vencerem, isso significará que a polícia seria culpada de perjúrio, que ela seria culpada de violência e ameaças, que as confissões foram involuntárias e foram indevidamente admitidas como provas e que as condenações foram errôneas. Isso significaria que o Ministro do Interior teria que recomendar o perdão ou remeter o caso a Corte de Apelação nos termos do artigo 17 da Lei de Apelação Criminal de 1968. Este é um panorama tão apavorante que qualquer pessoa sensata neste país diria: 'Não pode ser certo que essas ações sigam a diante. Elas deveriam ser arquivadas com o fundamento de que os seis homens estão impedidos de contestar a decisão do Juiz Bridge ou, alternativamente, que são litigância de má-fé. Seja como que for, essas ações devem ser interrompidas.[19]

Os réus lutaram por 16 anos para ter as suas sentenças anuladas, tendo sido finalmente libertados apenas em 1991. Os absurdos dos fatos dispensam comentários, mas são eloquentes em demonstrar cabalmente que consequencialismo não se coaduna com liberdade. Casos como esse acabaram por gerar uma intensa reação da opinião pública na Grã-Bretanha, o que levou à instauração, pelo Secretário do Interior, da Comissão Real sobre a Justiça Criminal, conhecida popularmente como "Comissão Runciman", nome do seu presidente, que por dois anos estudou o sistema penal britânico, ao fim dos quais propôs uma série de reformas que vieram a ser adotadas nos anos seguintes.[20]

O exemplo do direito comparado, assim, desaconselha por completo a adoção do consequencialismo jurídico no Brasil, tendo-se em vista, particularmente, o histórico do país com o autoritarismo, a impunidade e a corrupção. O consequencialismo definitivamente é uma roleta-russa, cuja bala fatal é sempre disparada contra a liberdade individual. Toque de Midas.

Para além dessas críticas de ordem geral ao consequencialismo, passaremos agora a examinar mais de perto a espécie proposta pela LLE, qual seja a do "consequencialismo econômico". Todas as críticas gerais também lhe são válidas, com a adição de uma especialmente importante: ele é impossível. Como veremos nos pontos seguintes, o consequencialismo econômico esposado pela LLE é fruto de uma enorme arrogância epistemológica, a de pretender compreender toda a complexidade da economia e as suas consequências na vida real, fora dos modelos imaginários e das torres de marfim.

4. A PRETENSÃO DE SE TER CERTEZA SOBRE UM UNIVERSO RADICALMENTE INCERTO

Os assuntos humanos, de fato, não se prestam a cálculos exatos, nem a medições precisas de suas relações de causa e consequência. Antes de mais nada, isso se dá porque

---

[19] *McIlkenny v Chief Constable of the West Midlands Police Forte and Another and Related Appeals Midlands* (1980) 2 All E.R. 277, per Lorde Denning. Tradução livre.
[20] ELLIOTT, C.; QUINN, F. *English Legal System.* 16. ed. Londres: Pearson, 2015, p. 382.

os sistemas humanos possuem uma característica fundamental, batizada por Robert K. Merton de "reflexividade", isto é, o seu funcionamento não é estático, como nas ciências matemáticas, sendo mesmo influenciado pelas expectativas dos agentes.[21] Como bem afirmam Kay e King, "a reflexividade mina o elemento estático",[22] materializando os ditames da "Lei de Goodhart", segundo a qual "qualquer estratégia governamental ou comercial que assuma relações sociais e econômicas estáticas está fadada ao fracasso, porque a sua implementação alterará o comportamento das pessoas por ela afetadas e, portanto, destruirá aquele elemento estático".[23]

Em outras palavras, o cálculo das consequências econômicas de uma determinada decisão não pode levar em conta o impacto da própria decisão, que, por sua vez, alterará as consequências, invalidando a antecipação delas realizada anteriormente. A LLE ignora o fato de que os seres humanos vivem em um universo radicalmente incerto, no qual a sua capacidade de compreender – quem dirá então de prever – as consequências dos seus atos mais triviais é, na melhor das hipóteses, limitada.

A LLE, em linha com o *mainstream* econômico, ignora a distinção básica entre risco e incerteza. Trata-se, de fato, de uma distinção histórica dentro da ciência econômica, que fora abandonada no último século, substituída por cálculos probabilísticos que causaram enormes danos à economia e a vida das pessoas reais.[24] No período do Entre-Guerras, Frank Knight e John Maynard Keynes bateram-se fortemente pela manutenção da distinção na teoria econômica.[25] Trata-se, essencialmente, de uma diferença do grau de conhecimento do círculo de possibilidades de um determinado fenômeno.

Risco, assim, é definido como um evento cujo grau de dúvida é relativo e sobre o qual é possível fazer algum cálculo probabilístico sobre a sua realização ou não. Incerteza, por sua vez, refere-se a uma outra classe de eventos sobre os quais não temos conhecimento suficiente para formular qualquer tipo de cálculo probabilístico acerca da possibilidade da sua ocorrência.[26] Como diria Keynes, "nós simplesmente não sabemos".[27]

Kay e King reformularam essa distinção clássica entre risco e incerteza, rebatizando o binômio de incerteza "solucionável" e "radical". Segundo os autores:

> Incerteza solucionável é a incerteza que pode ser removida por alguma pesquisa (estou incerto acerca de qual é a capital da Pensilvânia) ou a que pode ser representada por uma distribuição probabilística conhecida de resultados (o giro de uma roleta). Para a incerteza radical, entretanto, não há meios similares de se resolver a incerteza – simplesmente não se sabe. A incerteza radical tem muitas

---

[21] KAY, J.; KING, M. *Radical Uncertainty*: Decision-Making Beyond Numbers. Londres: W. W. Norton & Company, 2021. p. 36.

[22] Ibid.

[23] Ibid. Tradução livre.

[24] Ibid. p. 12.

[25] Ibid. p. 13.

[26] Ibid, p. 13.

[27] KEYNES, J. M. The General Theory of Employment. *Quarterly Journal of Economics*, vol. 51, nº 2, Oxford: OUP, 1937. p. 214, citado por KAY e KING, ob. cit., p. 13.

dimensões: obscuridade; ignorância; imprecisão; ambiguidade; problemas mal-
-definidos; e uma falta de informação que em alguns casos, mas não em todos,
pode-se ter a esperança de retificar em algum momento futuro. Esses aspectos
da incerteza são o material da experiência cotidiana.[28]

Parece-me que o que os autores definem como "incerteza radical" seria um grau
mais extremo de incerteza, dentro ainda da definição clássica dos termos na teoria
econômica. Mas, realmente, não importa. O fundamental é ter-se em mente que existe
toda uma categoria de fenômenos e situações, que perfazem a maioria das experiências
cotidianas dos seres humanos neste planeta, para os quais não se dispõem de informações necessárias para se fazer uma aferição mínima acerca das consequências futuras
de decisões sobre esses mesmos fenômenos e situações. Qualquer tentativa de modelar,
quantificar ou calcular probabilisticamente resultados desconhecidos, só pode ser feito
por meio de uma simplificação – ou mesmo falsificação – da realidade, o que por si
mesma torna o exercício estéril.

O problema se coloca na medida em que no último século ocorreu uma deturpação da teoria econômica – da qual a LLE é um produto tardio – que pretende
representar todos os fenômenos por modelos matemáticos, como se toda a realidade
econômica não fosse reflexiva, mas sim estática e conhecida. Ou seja, fruto de uma
enorme arrogância epistemológica, o *mainstream* econômico acredita que tudo sabe e
que tudo pode calcular. E essa *hubris* intelectual está sendo enormemente exacerbada
pelas novas tecnologias, como a inteligência artificial e o *big data*, que reforçam essa
falsa sensação de controle de grande parte dos tomadores de decisão.

A construção de modelos matemáticos quantitativos para se estimar as consequências de uma determinada decisão que é em si incerta, portanto, jamais pode
funcionar, porque os modelos não passam de simplificações, muitas vezes grotescas, da
realidade. Durante a crise financeira de 2008 e a atual pandemia de Covid-19, o mundo
assistiu a um triste espetáculo de especialistas tentado ajustar seus modelos preditivos,
a posteriori, a uma realidade que lhes escapava. Como bem ressaltaram Kay e King,
"esse tipo de exercício de ajustamento de dados, no qual o modelo é constantemente
ajustado para se compatibilizar com a experiência, é comum em economia, é dá origem
à piada de que 'um economista é um especialista que vai lhe dizer amanhã o porquê
de a sua previsão de ontem não ter se realizado hoje'".[29]

Aliás, é lícito questionar se, em atenção às necessidades concretas de implementação da LLE, os juízes e administradores teriam à sua disposição mecanismos ou
especialistas em modelagem quantitativa para testar os efeitos das suas decisões? Os
custos da implementação de uma tal estrutura seriam altíssimos e, como vimos aqui,
seriam fúteis, porque a decisão baseada nos modelos, na grande maioria dos casos,
não produziria os efeitos desejados. Como vaticinam Kay e King, "boas decisões se
originam do uso de informação não quantitativa, combinada com a experiência e com
o aprendizado alheio".[30]

---

[28] KAY, J.; KING, ob. cit., p. 15. Tradução livre.
[29] Ibid., p. xxiv. Tradução livre.
[30] Ibid., p. xvi. Tradução livre.

Mas, mesmo que assim não fosse e, digamos, o consequencialismo da LLE se reduzisse somente a eventos de risco, não se aplicando a eventos de incerteza, a impossibilidade de se erigir a previsão econômica em valor supremo do ordenamento jurídico continuaria impossível. Há uma outra gama de fenômenos que, por sua total imprevisibilidade, impedem a tomada de uma decisão baseada nas suas supostas consequências econômicas. Ninguém consegue prever o que nunca viu ou imaginou.

5. CISNES NEGROS E A FRAGILIDADE DO CONSEQUENCIALISMO

Alguns eventos são inéditos. Por sua própria natureza, são eventos impossíveis de serem previstos, porque não se encontram no horizonte de possibilidades de um povo em uma determinada época. Esses eventos, contudo, acontecem com muita frequência – ainda que sem regularidade –, jogando por terra os planos e das previsões sobre as consequências dos atos dos seres humanos. São os chamados "cisnes negros".

O termo ficou famoso após a publicação do livro homônimo de Nassim Nicholas Taleb.[31] Até o a chegada dos europeus na Austrália, em 1606, onde avistaram-se os primeiros cisnes negros, acreditava-se que existiam apenas cisnes brancos. Segundo Taleb, "isso ilustra uma severa limitação para a nossa aprendizagem a partir de observações e experiências e a fragilidade do nosso conhecimento. Uma única observação pode invalidar uma afirmação geral oriunda de milênios de visualizações confirmatórias de milhões de cisnes brancos."[32]

A partir da constatação desse fato, Taleb desenvolveu a sua "Teoria do Cisne Negro", segundo a qual os seres humanos padeceriam de uma espécie de "cegueira em relação ao acaso, em especial com relação à grandes desvios"[33] da probabilidade média da ocorrência de um determinado evento. De acordo com essa linha teórica, seria inútil – e mesmo fútil – tentar prever com acuidade a ocorrência de fenômenos raros. O melhor caminho, então, seria o de construir sistemas robustos capazes de absorver o impacto da ocorrência desses fenômenos.

O consequencialismo econômico, por conseguinte, aparece precisamente como um desses exercícios fúteis, correndo o risco de, positivado, transformar os operadores do direito em "vendedores de opções", cujo sucesso médio é um ganho marginal, mas cujas perdas, relativamente raras, são catastróficas. O consequencialismo econômico, diante da teoria da probabilidade, aparece como um claro exemplo de "arrogância epistemológica". Nem o juiz, nem o administrador, seres humanos falíveis que são, teriam a capacidade de antecipar em suas decisões o efeito que "cisnes negros" teriam sobre elas. Simplesmente porque tais fenômenos, pelo seu próprio caráter inédito ou raro, não podem ser antecipados. O consequencialismo, em suma, é um modelo frágil de sistema decisório, porque, inevitavelmente, expõe as suas decisões às intempéries do acaso. Tal qual a decisão de Midas de orar pelo poder de tudo transformar em ouro.

Em suma, a própria estrutura da realidade em que vivemos torna impossível a imposição de um consequencialismo econômico, que não pode se materializar em

---

[31] TALEB, N. N. The Black Swan. *The impact of the highly improbable*. 2. ed. Nova Iorque: Random House, 2010.

[32] Ibid., p. xxi. Tradução livre.

[33] Ibid., p. xix.

um universo incerto e, muitas vezes, aleatório. Ou seja, há uma série de elementos externos ao tomador de decisão que o impossibilitam de prever com algum grau de acuidade as reais consequências, econômicas ou não, da sua decisão. Mas, mesmo se esses elementos não existissem, mesmo se a realidade fosse estacionária, há, ainda, uma outra gama de elementos internos ao agente, de ordem cognitiva e psicológica que em si mesmos impossibilitam, também, qualquer tentativa de prever com acuidade as decisões que tomamos.

6. O ENQUADRAMENTO: A TENDÊNCIA DE DISTORCER AS CONSEQUÊNCIAS DE NOSSAS DECISÕES

Nas últimas duas décadas a economia comportamental tem produzido evidências muito sólidas de que os seres humanos possuem uma capacidade de análise muito limitada em situações de incerteza. As pesquisas do ganhador do prêmio Nobel de economia de 2002, Daniel Kahneman, demonstraram que os seres humanos tendem a avaliar as consequências de suas ações de maneira assimétrica e distorcida, no que ficou conhecido como "Teoria do Prospecto".[34]

Segundo essa vertente, haveria uma tendência dos seres humanos de enquadrarem (*framing*) as consequências das suas ações, selecionando eventos individualmente que, isolados do contexto maior da realidade, tenderiam a ser supervalorizados pelos tomadores de decisão que, assim, ignorariam outras potenciais consequências das suas decisões.[35] Essa tendência, por si só, aconselharia extrema cautela na aplicação do consequencialismo econômico. Como Midas, que ignorou completamente o fato de que, realizado o seu desejo, ao tocar sua família e sua comida elas seriam também transformadas em ouro.

Mesmo em situações de risco, onde há a possibilidade de se calcular probabilidades de resultados, as pesquisas demonstram que nós, os seres humanos, temos uma tendência a tomar decisões não com base nos resultados estatisticamente previsíveis, mas sim com base na heurística disponível, isto é, naqueles métodos intuitivos ou tradicionais, que não produzem um efeito preciso, como "tentativa e erro", "intuição" ou mesmo o famoso "chute".[36] Contra toda a evidência científica, geralmente tomamos decisões tendenciosas, fortemente influenciados pelas ideias correntes, ainda que não sejam as mais relevantes para o processo decisório.

Daniel Kahneman demonstrou que nossa mente trabalha em dois sistemas distintos, porém interdependentes, o Sistema 1 e o Sistema 2.[37] O Sistema 1 funciona de forma rápida e automática, sem muito esforço do agente, como o reconhecimento de uma feição facial, por exemplo. Já o Sistema 2, funciona de maneira mais lenta e necessita de esforço e atenção, como a solução de uma equação matemática. O ponto a se

---

[34] KAHNEMANN, D. e TVERSKY, A. Prospect Theory: An Analysis of Decision under Risk. *Econometrica*, vol. 47, n. 2, 1979, p. 263-291.

[35] KAHNEMANN, D.; TVERSKY, A. Rational Choice and the Framing of Decisions. *The Journal of Business*, vol. 59, n. 4, 1986, p. 251-278.

[36] KAHNEMANN, D. *Thinking Fast and Slow*. Nova Iorque: Farrar, Straus and Girouz, 2013. p. 8.

[37] Ibid., p. 20.

remarcar aqui, é o de que o Sistema 2 pode influenciar o Sistema 1, focando a atenção do sujeito de forma a tornar-lhe cego para tudo o que está ao seu redor.[38]

Kahneman cita o famoso experimento do gorila, pelo qual apresenta-se um vídeo a um expectador com dois grupos passando uma bola de basquete entre si. O expectador é instruído a contar quantas vezes a bola passa de mão, tornando-se tão concentrado a ponto de não perceber que um gorila adentra o jogo e faz uma série de gestos. Segundo Kahneman, "o estudo do gorila ilustra dois importantes fatos sobre as nossas mentes: nós podemos ficar cegos ao óbvio, e também cegos à nossa cegueira".[39] Exatamente como Midas.

O fato é que o Sistema 1 alimenta o Sistema 2 com sugestões, muitas vezes inconscientes, que, se aceitas pela Sistema 2 se transformam em crenças e ações.[40] O problema é que o Sistema 1 é tendencioso, isto é, "tem a propensão de cometer erros sistemáticos em circunstâncias específicas (...), ele às vezes responde de maneira mais simplória do que a pergunta lhe foi feita e tem pouca capacidade de compreensão de lógica e estatística".[41] A avaliação das consequências econômicas das nossas decisões, assim, é um exercício contra intuitivo, baseado inteiramente no Sistema 2, o que exige um esforço e, mais importante, um treinamento específico que os tomadores de decisão não possuem.

Mais importante para o debate em questão é o fato de que, possivelmente, as falhas de nosso sistema cognitivo não podem ser corrigidas. Segundo Kahneman,

> A questão que mais frequentemente é levantada sobre ilusões cognitivas é a de se é possível superá-las. A mensagem desses exemplos não é encorajadora. Porque o Sistema 1 opera automaticamente e não pode ser desligado voluntariamente, erros do pensamento intuitivo são frequentemente difíceis de prevenir. Preconceitos frequentemente não podem ser evitados, porque o Sistema 2 pode não ter a menor ideia do erro. Mesmo quando indícios dos possíveis erros estão disponíveis, os erros somente podem ser evitados por um monitoramento avançado e uma atividade exigente do Sistema 2. Como uma forma de viver a sua vida, entretanto, uma vigilância contínua não é necessariamente boa, e ela certamente é impraticável.[42]

Tudo isso aponta para uma impossibilidade fática do consequencialismo econômico. Em primeiro lugar, a própria estrutura da realidade, de uma incerteza radical, impossibilita uma previsão acurada, por parte do agente, das consequências reais da sua decisão. Em segundo lugar, mas não menos importante, a própria estrutura da mente humana não é capaz de tomar decisões de maneira clara e objetiva, antecipando com precisão as consequências dos seus atos. Ao contrário, ela é falha, propensa a erros e preconceitos, com uma forte tendência a recortar a realidade, distorcendo os fatos para que se ajustem aos seus preconceitos.

---

[38] Ibid., p. 23.
[39] Ibid., p. 24. Tradução livre.
[40] Ibid.
[41] Ibid., p. 25.
[42] Ibid., p. 28. Tradução livre.

Capítulo 5 · MIDAS, O PROSPECTO E O CISNE NEGRO | 105

O consequencialismo econômico instituído pela LLE, assim, é fruto de uma arrogância epistemológica tremenda: a de pretender que os agentes tomadores de decisão são demiurgos capazes de controlar a incerteza radical da realidade mesma e, também, capazes de avaliar fria e racionalmente a consequência de cada decisão sua, como se o Sistema 1 de nossa mente não existisse. *Quos Deus vult perdere, prius dementat.*

7. CONCLUSÕES

O mito do rei Midas, que fora destroçado por ter tido atendido o seu desejo de transformar tudo o que tocasse em ouro, enseja, no arquétipo de nossa consciência coletiva universal, a importante lição de respeitar os limites da mente humana, que é absolutamente falível quando confrontada com a realidade, que não conhece limites. Midas morreu solitário de inanição, após tudo ter transformado em ouro. A realidade suplantara a sua capacidade de antecipar as consequências econômicas dos seus desejos. O mito é um mau presságio para a Lei de Liberdade de Econômica que, no pretenso afã de maximizar a liberdade econômica, corre o risco de muito destruir nesse processo.

Ao estabelecer, no parágrafo 1º de seu art. 1º que a "a interpretação e a aplicação" das normas jurídicas, em uma série de áreas, devem observar o disposto na LLE, a legislação, na prática, impõe aos operadores do direito uma forma rígida de tomada de decisão, na qual a aplicação das normas deve se pautar por uma avalição prévia das suas potenciais consequências econômicas. O pressuposto implícito, portanto, da LLE é que é possível – e desejável – antecipar com precisão as consequências econômicas da interpretação e da aplicação de uma determinada norma jurídica. Como Midas, que também acreditava que havia compreendido todas as consequências de ter o poder de tudo transformar em ouro.

Como vimos neste capítulo, há, contudo, um corpo muito sólido de pesquisa científica que ataca frontalmente a noção de que os agentes seriam capazes de predizer, com algum grau de acuidade, as consequências das suas decisões, em particular daquelas referentes à interpretação e à aplicação das normas jurídicas. Essas linhas de pesquisa, via de regra, focam a sua atenção no fenômeno do acaso, do elemento aleatório presente na realidade, e em como ele afeta o processo decisório dos seres humanos, que a ele reagem e procuram se adaptar, sempre de maneira imperfeita. As limitações da mente humana, de um lado, para apreender uma realidade que, de outro lado, possui um forte elemento aleatório, demonstram o quanto a LLE está baseada em um pressuposto de fé. A fé na racionalidade dos mercados. A fé no toque de Midas.

A imposição aos operadores do direito, em suma, de um método de tomada de decisão (consequencialismo econômico), fruto da positivação de um modelo econômico falho é um ato grave, a macular o ordenamento jurídico brasileiro, com consequências, certamente, imprevisíveis para economia e para a sociedade brasileiras. O objeto do presente capítulo, assim, visa a demonstrar as falhas do *mainstream* econômico, no que diz respeito especificamente ao consequencialismo adotado pela LLE, cuja importância e cujos riscos não podem ser minimizados.

A melhor solução não é a imposição de uma forma reducionista de processo decisório, mas sim a construção de sistemas que sejam robustos, isto é, capazes de absorver o impacto que a incerteza e as falhas da mente humana podem acarretar. E como deixar o sistema decisório judicial ou administrativo mais robusto? É muito simples:

basta atentar para a tradição desenvolvida por milênios de experiência jurídica pela humanidade, erigindo, não a liberdade econômica como valor primordial do sistema, mas a Justiça, encontrada, no caso concreto, pelo exercício humilde da Prudência.

Sto. Tomás de Aquino dizia que a Prudência é a mãe de todas as virtudes: a capacidade de buscar realizar a Justiça pela visão mais ampla dos processos e dos seres humanos. O consequencialismo econômico da LLE é uma redução da mente e da experiência humana a um único aspecto que, ao ignorar a Justiça, torna como principal o que deveria, sempre, manter-se acessório. A idolatria do econômico foi justamente o que destruiu Midas. Nenhuma civilização foi construída tendo como princípio fundamental o aspecto econômico das relações humanas, mas sim a legitimidade da busca, incessante e dolorosa, da materialização da Justiça em cada caso concreto. *Fiat justitia, ruat caelum.*

REFERÊNCIAS

CARVALHO, O. de. Menti para os leitores. *O Globo*, 10 de julho de 2004. Disponível em: https://olavodecarvalho.org/tag/paralaxe-cognitiva/. Acesso em: 18 set. 2021.

ELLIOTT, C.; QUINN, F. *English Legal System*. 16. ed. Londres: Pearson, 2015.

FRAZÃO, A. Liberdade econômica para quem? A necessária vinculação entre a liberdade de iniciativa e a justiça social. In: SALOMÃO, L. F.; CUEVA, R. V. B.; e FRAZÃO, A. *Lei de Liberdade Econômica e seus impactos no Direito Brasileiro*. São Paulo: Revista dos Tribunais, 2020.

FRIEDMAN, T. Introduction to the Fifthieth Anniversary Edition of HAYEK, F.A. The Road to Serfdom. 50º Aniversário Ed. Chicago: The University of Chicago Press, 1994.

KAHNEMANN, D. *Thinking Fast and Slow*. Nova Iorque: Farrar, Straus and Girouz, 2013.

KAHNEMANN, D.; TVERSKY, A. Prospect Theory: An Analysis of Decision under Risk. *Econometrica*, vol. 47, n. 2, p. 263-291, 1979.

KAHNEMANN, D.; TVERSKY, A. Rational Choice and the Framing of Decisions. *The Journal of Business*, vol. 59, n. 4, p. 251-278, 1986.

KAY, J.; KING, M. *Radical Uncertainty*: Decision-Making Beyond Numbers. Londres: W. W. Norton & Company, 2021.

KEYNES, J. M. The General Theory of Employment. *Quarterly Journal of Economics*, Oxford: OUP, vol. 51, nº 2, 1937.

ROSS, W. D. (ed.). *Oxford Classical Texts: Aristotelis: Politica*. Oxford: Oxford Classical Texts, 1957.

SCALIA, A.; GARNER, B. A. *Reading the Law*: The Interpretation of Legal Texts. St. Louis: Thomson/West, 2012.

SKIDELSKY, R. *What's Wrong with Economics?* A primer for the perplexed. Londres: Yale University Press, 2020.

TALEB, N. N. *The Black Swan*. The impact of the highly improbable. 2. ed. New York: Random House: 2010.

JURISPRUDÊNCIA

Liversidge v Anderson [1941] UKHL 1.

McIlkenny v Chief Constable of the West Midlands Police Forte and Another and Related Appeals Midlands (1980) 2 All E.R. 277.

PARTE 2

DECLARAÇÃO DE DIREITOS DE LIBERDADE ECONÔMICA (ARTIGO 3º)

Capítulo 6

MUITA IDEOLOGIA E POUCA ENTREGA: LEI DE LIBERDADE ECONÔMICA DISCUTIDA SOB A PERSPECTIVA DE PROTEÇÃO À INOVAÇÃO NO ANTITRUSTE E PROPRIEDADE INTELECTUAL

Humberto Cunha dos Santos

Doutorando em Direito Comercial pela Universidade de São Paulo.
Mestrado em Direito pelo CEUB, Pós-graduação lato sensu em Direito Econômico
e Defesa da Concorrência pela FGV. Pós-graduação lato sensu em Regulação Econômica
pelo CEFET/RJ, Bacharel em Direito pelo CEUB e Licenciatura em Ciências Sociais pela
UnB. Professor de Direito do CEUB. Procurador Federal da Advocacia-Geral
da União – AGU, com atuação perante o Conselho Administrativo
de Defesa Econômica – CADE.

Torben Maia

Advogado com atuação em Direito Comercial.
Doutorando em Direito Comercial pela Universidade de São Paulo (USP).
Mestre em Direito Econômico pela Universidade Federal da Paraíba (UFPB).

1. INTRODUÇÃO

A história da economia política é marcada por debates infindáveis sobre como o Estado deve lidar com os mercados. Para Adam Przeworski, "esses debates giram em círculos", nos quais os argumentos e perspectivas em relação às falhas de mercado costumam ser contrastados com argumentos e perspectivas antagônicas realçadoras de falhas de governos. Metaforicamente, Przeworski retrata esses debates como verdadeiras lutas de boxe, com vários ringues sendo travados no curso da marcha dos acontecimentos, apresentando diferentes vencedores em cada qual.[1]

Aparentemente, um novo ringue se iniciou com a ascensão de Donald Trump ao governo dos Estados Unidos, entre 2017 a 2020, com a retomada de uma política mais liberal, com nítido discurso em prol de reduzir a intervenção estatal sobre a eco-

---

[1] PRZEWORSKI, Adam. Nota sobre o Estado e o mercado. *Revista de Economia Política*, vol. 16, n. 3, 63, jul.-set. 1996. p. 117.

nomia. Por aqui, os mesmos ventos que sopraram no Norte vêm ecoando na agenda liberalizante da equipe econômica do Presidente Bolsonaro (2019-2022), tendo como símbolo a aprovação da Lei 13.874/2019, intitulada Lei de Liberdade Econômica (LLE), fruto de medida provisória originariamente apresentada pelo Presidente da República.

Sob a promessa de promoção de competitividade, inovação, crescimento e desenvolvimento, a partir da defesa da liberdade econômica, essa norma se volta contra medidas de intervenção estatal em geral, possuindo nítido conteúdo ideológico a favor da autorregulação dos mercados, destinando a aplicação de seus preceitos a diversas áreas do direito nacional.

Tomando, portanto, o recorte específico do tema da inovação, a fim de contribuir na construção dos melhores entendimentos na forma de interpretação e aplicação da LLE em nosso país, propõe-se a discussão que se segue, buscando-se enfatizar que, seja no âmbito da propriedade intelectual, seja no antitruste, a intervenção estatal não pode ser encarada ideologicamente como negativa ao desenvolvimento dos mercados, visto que a preservação da inovação pressupõe uma atuação do Poder Público que vai muito além da mera abstenção.

Na estruturação deste artigo, antes de tratarmos propriamente do tema da inovação, será discutida a fragilidade das premissas do *mainstream* econômico que fundamentam a LLE. Longe de servirem como aparato explicativo da realidade, os fundamentos da ortodoxia se apresentam mais ana postulados ideológicos, não merecendo qualificação propriamente científica. No item seguinte, será discutido como a proteção à inovação pressupõe ações estatais que vão muito além da mera abstenção apregoada pela LLE. Ao final, serão trazidas as conclusões do artigo, destacando como a LLE tem pouca importância prática na forma de compreensão na ordenação dos mercados, não havendo razões para que os intérpretes da norma incorporem a carga ideológica subjacente a várias de suas prescrições.

É cedo para afirmar quem sairá vencedor deste novo ringue. Se conseguirmos bem delimitar o âmbito de aplicação da LLE, afastando a excessiva carga ideológica que a acompanha, teremos um cenário mais claro sobre a aplicação de seus comandos, podendo apostar num cenário de vitória da sociedade brasileira.

2.   A HISTÓRIA SE REPETE

Existe uma noção muito compartilhada e bem difundida mundo afora de que a inovação pressupõe liberdade para ensejar a criação dos autores e direitos de propriedade intelectual bem delimitados e reconhecidos para incessantemente alimentar e estimular o contínuo processo inventivo. Encarado sob esse aspecto, o papel reservado ao Poder Público seria tipicamente de abstenção, já que qualquer ação interventiva seria vista com maus olhos e potencialmente ameaçadora à frustração legítima de expectativas num ambiente já repleto de riscos e incertezas que acompanhariam o processo de descoberta em si.

Segundo essa forma de compreensão da realidade, num primeiro momento, a abstenção estatal seria cogitada justamente para não prejudicar o ímpeto inventivo dos criadores, deixando espaço aberto à exploração privada. Num segundo momento, quando chamado a atuar, em razão de eventual disputa sobre a extensão dos direitos de propriedade discutidos, se esperaria que o Poder Público respeitasse a vontade inicial das partes envolvidas no litígio e, ao assim agir, o fizesse sem se descurar da importância que os direitos de propriedade intelectual teriam para incessantemente estimular o processo inventivo, o que também traria apelo a favor da postura de abstenção, justamente como forma indireta de proteger a inovação, preservando-se os estímulos econômicos e financeiros no processo incerto de tomada de decisão que caracterizaria o esforço de criação.

Esse sucinto quadro, replicado de forma geral no dever de proteção ao universo abrangido pelos chamados de direitos de propriedade intelectual, permitiria assegurar segurança jurídica e previsibilidade à sociedade em geral, o que retrataria uma espécie de cenário ideal ao desenvolvimento dos mercados, por meio da inovação, onde quer que se cogitasse.

Não é de se estranhar que essa tenha sido a narrativa apresentada pelos países ricos do Norte, especialmente os Estados Unidos, para a formalização do TRIPs, em meados dos anos 1990, sob forte respaldo das ideias originais de Chicago para reger a ordenação do comércio global, numa nova fase do comércio internacional que até então se apresentava, pós superação de qualquer ameaça socialista, e centrada essencialmente na defesa da liberdade de comércio e na proteção irrestrita dos direitos de propriedade intelectual.[2]

Transcorridas mais de duas décadas e meia desde a formalização do TRIPs, deparamo-nos com a influência dessas mesmas ideias para fundamentar a edição da LLE em nosso país. Ancorada na capacidade preditiva dos agentes econômicos e na repulsa a qualquer medida de intervenção governamental na ordenação dos mercados, a LLE se centra na defesa da liberdade individual e nos títulos de propriedade como valores fundamentais a informar o conjunto interpretativo de suas prescrições. O § 2º do seu art. 1º dispõe que "interpretam-se em favor da liberdade econômica, da boa-fé e do respeito aos contratos, aos investimentos e à propriedade todas as normas de ordenação pública sobre atividades econômicas privadas".

No processo legislativo que culminou em sua aprovação, já na exposição de motivos que acompanhou a edição da Medida Provisória 881/2019,[3] identificam-se trechos fortemente ideológicos que expressam o que se buscaria com a edição da norma. Nas justificativas apresentadas ao Congresso Nacional, apregoa-se que, por meio da defesa da liberdade econômica, atingiríamos os almejados desenvolvimento e crescimento econômicos. Destaca-se breve trecho:

---

[2] Carlos Correa assim resume a posição dos EUA e demais países desenvolvidos sobre a necessidade de proteção aos direitos de propriedade intelectual como "un instrumento que favorece la innovación, las inversiones y la transferecia de tecnología, con independencia de los niveles de desarrollo económico de los países en que se aplique. Esta visión – sostenida por las grandes empresas industriales, sobre todo farmacéuticas, de semiconductores, y las productoras de fonogramas y programas de computación – alentaba la expansión y ele reforzamiento de la propriedad intelectual a escala universal. Cuanto más y mejor se proteja, mayores serían los beneficios globales" (CORREA, Carlos. *Acuerdo TRIPs* – regimen internacional de la propiedad intelectual. Buenos Aires: Ciudad Argentina, 1998, p. 21).

[3] Disponível em: http://www.planalto.gov.br/ccivil_03/_ato2019-2022/2019/Exm/Exm-MP-881-19.pdf. Acesso em: 10 dez. 2021.

(...) a liberdade econômica é cientificamente um fator necessário e preponderante para o desenvolvimento e crescimento econômico de um país. Mais do que isso, é uma medida efetiva, apoiada no mandato popular desta gestão, para sairmos da grave crise em que o País se encontra.

Fincada, portanto, na defesa ideológica da liberdade econômica e com redação panfletária que aparenta atribuir-lhe status superior a de uma simples lei ordinária – o art. 1º enuncia pomposamente a instituição de uma "Declaração de Direitos de Liberdade Econômica" –, a LLE traz comandos vagos e dúbios que se destinam à aplicação e interpretação em diversas áreas do Direito, abrangendo "direito civil, empresarial, econômico, urbanístico e do trabalho nas relações jurídicas que se encontrem no seu âmbito de aplicação e na ordenação pública, inclusive sobre exercício das profissões, comércio, juntas comerciais, registros públicos, trânsito, transporte e proteção ao meio ambiente" (§ 1º do art. 1º), assegurando um conjunto de princípios, positivados em seu art. 2º, que pressupõe abstenção estatal na aplicação de todos os seus preceitos.[4]

Por meio da temática da inovação, enfatizaremos que, seja no âmbito da propriedade intelectual, seja no antitruste, a intervenção estatal não pode ser encarada ideologicamente como ruim ao desenvolvimento dos mercados, posto que preservação e fomento da inovação pressupõem ações do Poder Público que vão muito além da mera abstenção.

Desde logo, cabe assumirmos que, no âmbito da propriedade intelectual, em razão do fato de estarmos diante de bens intangíveis, a postura de proteção a esses direitos se mostra diferente da mera abstenção reclamada diante da tradicional propriedade tangível. Seja qual for o fundamento para proteção à propriedade intelectual, o Estado terá papel determinante na construção dos entendimentos que legitimarão o exercício desses bens.[5]

No antitruste, do mesmo modo, justifica-se a intervenção estatal justamente para assegurar condições de competição, permitindo-se, pelo exercício das competências de repressão e prevenção, o combate a expressões do poder econômico que dificultem ou impeçam a concorrência nos diversos mercados considerados. É um verdadeiro contrassenso postular aprioristicamente que os órgãos investidos dessa função não a exerçam.

---

[4] "Art. 2º São princípios que norteiam o disposto nesta Lei:
I – a liberdade como uma garantia no exercício de atividades econômicas;
II – a boa-fé do particular perante o poder público;
III – a intervenção subsidiária e excepcional do Estado sobre o exercício de atividades econômicas; e
IV – o reconhecimento da vulnerabilidade do particular perante o Estado.
Parágrafo único. Regulamento disporá sobre os critérios de aferição para afastamento do inciso IV do *cap*ut deste artigo, limitados a questões de má-fé, hipersuficiência ou reincidência."

[5] "Understanding the reasons why we protect intellectual property – and how those reasons differ from the justifications for real and other forms of tangible property – motivates the many legal rules that will follow in this book. (...) All justifications for intellectual property protection, whether economic or moral, must contend with a fundamental difference between ideas and tangible property" (MENELL, Peter; LEMLEY, Mark; MERGES, Robert. Intellectual Property in the New Technological Age 2019: Vol I. Perspectives, Trade Secrets and Patents Paperback. July 10, 2019. Vol. I, p-2-3).

Apesar de ter sido recentemente aprovada, o que se constata é que a LLE já nasce ultrapassada, desconsiderando rico debate que desnuda narrativas generalizantes e simplistas que a fundamentam. Nesse mesmo sentido, como será discutido adiante, ao redor do mundo, o que se tem constatado é o incremento de medidas estatais destinadas a regrar mercados que se mostram cada dia mais complexos, o que envolve posturas muito diversas da abstenção apregoada pela norma.

Digno de nota é realçar que nem mesmo por ocasião da formalização do TRIPs houve a assunção de um compromisso internacional de proteção irrestrita aos direitos de propriedade intelectual e à liberdade econômica. A proteção aos direitos de propriedade intelectual sempre se mostrou condicionada a objetivos sociais que legitimariam o conteúdo da propriedade cogitada. Pelo artigo 7º do TRIPs, há o atrelamento desses direitos às finalidades de "promoção da inovação tecnológica e para a transferência e difusão de tecnologia, em benefício mútuo de produtores e usuários de conhecimento tecnológico e de uma forma conducente ao bem-estar social econômico e a um equilíbrio entre direitos e obrigações".[6]

E o artigo 8º do TRIPs sempre conferiu legitimidade aos países para adotarem "medidas apropriadas para evitar o abuso dos direitos de propriedade intelectual por seus titulares ou para evitar o recurso a práticas que limitem de maneira injustificável o comércio ou que afetem adversamente a transferência internacional de tecnologia".[7]

Como se vê, no plano internacional, nunca houve adoção irrestrita da defesa da liberdade e dos direitos correlatos de propriedade intelectual, nem mesmo quando as ideias originárias de Chicago desfrutavam de um prestígio maior que nos idos atuais. Passemos, portanto, a discutir as fragilidades das premissas que estruturam a LLE.

3. AS FRÁGEIS PREMISSAS QUE ALICERÇAM A LEI DE LIBERDADE ECONÔMICA (LLE) – O GENERALISMO, REDUCIONISMO E IDEOLOGIAS DO *MAINSTREAM* ECONÔMICO

Em diversas passagens, a exposição de motivos da medida provisória que resultou na edição da LLE afirma que a defesa da liberdade econômica seria uma exigência

---

[6] Art. 7 – Objetivos: "A proteção e a aplicação de normas de proteção dos direitos de propriedade intelectual devem contribuir para a promoção da inovação tecnológica e para a transferência e difusão de tecnologia, em benefício mútuo de produtores e usuários de conhecimento tecnológico e de uma forma conducente ao bem-estar social econômico e a um equilíbrio entre direitos e obrigações". Disponível em: https://www.wto.org/english/docs_e/legal_e/31bis_trips_03_e.htm. Acesso em: 16 nov. 2021.

[7] Art. 8 – Princípios: "1. Os Membros, ao formular ou emendar suas leis e regulamentos, podem adotar medidas necessárias para proteger a saúde e nutrição públicas e para promover o interesse público em setores de importância vital para seu desenvolvimento sócioeconômico e tecnológico, desde que estas medidas sejam compatíveis com o disposto neste Acordo. 2. Desde que compatíveis com o disposto neste Acordo, poderão ser necessárias medidas apropriadas para evitar o abuso dos direitos de propriedade intelectual por seus titulares ou para evitar o recurso a práticas que limitem de maneira injustificável o comércio ou que afetem adversamente a transferência internacional de tecnologia". Disponível em: https://www.wto.org/english/docs_e/legal_e/31bis_trips_03_e.htm. Acesso em: 16 nov. 2021.

científica para o desenvolvimento da ordem econômica nacional.[8] Em que sentido poderíamos atribuir qualificativo de tamanha envergadura a tais afirmações?

Nas ciências sociais, boas práticas de epistemologia vêm acompanhadas de constante reflexão sobre o que se propõe e as formas sob as quais são analisados e interpretados os fatos sociais.

Há muito, a fim de merecer o atributo científico a que vindica, o campo tem se mostrado sujeito a uma verdadeira constituição enquanto "sociologia do conhecimento", permanentemente sujeito à reflexão crítica sobre as próprias condições em que se dão suas conclusões. E isso deve às características de seu próprio objeto de estudo. Conforme José de Souza Martins, o conhecimento científico da vida social não se baseia apenas no fato, mas na concepção do fato e na relação entre a concepção e o fato, o que implica numa sociologia da práxis que também leva em conta a reflexão e a problematização de seus próprios achados.[9]

Essa prática reflexiva tem forte legado nas contribuições de Florestan Fernandes, o qual insistia sobre a indispensável postura crítica de se refletir entre o "pensamento e o pensado".[10]

Segundo Florestan Fernandes, a objetividade na observação, descrição e interpretação dos fatos sociais não pode perder de vista que "os conceitos e a explicação científica das atividades sociais humanas são delimitados, formalmente, pelo universo empírico de sentido a que se referem".[11]

As explicações para os fenômenos submetidos à análise econômica não deveriam restar distantes desse referencial. Historicamente, a ciência econômica surgiu como uma ramificação dentre as ciências sociais, sendo referida como economia política. Ilustrativamente, Adam Smith se propôs a explicar os "sistemas de economia política", objeto tratado em seu livro IV, em sua obra clássica.[12] Já Sir James Steuart se voltou a investigar os princípios da política econômica, em obra datada do mesmo período.[13]

---

[8]   "(...) conclui-se que a liberdade econômica é cientificamente um fator necessário e preponderante para o desenvolvimento e crescimento econômico de um país. (...)
     (...) Ou seja, liberdade econômica é cientificamente um pré-requisito necessário, e daí urgente, para que todas as políticas públicas de educação, tecnologia, produtividade e inovação, que estão sendo desenvolvidas pela nova administração, tenham – de fato – um efeito real sobre a realidade econômica do País, sob pena de privilegiar somente uma elite. (...)
     (...) Um estudo específico, que reanalisou o histórico de várias pesquisas empíricas realizadas desde a década de 80, reconfirmou a conclusão científica de que a liberdade econômica, e especialmente proteção à propriedade privada, é mais determinante para o bem-estar da população do que, por exemplo, as características regionais e demográficas de um país. (...)" (Disponível em: http://www.planalto.gov.br/ccivil_03/_ato2019-2022/2019/Exm/Exm--MP-881-19.pdf. Acesso em: 10 dez. 2021).

[9]   MARTINS, José de Souza; FORACCHI, Marialice Mencarini. *Sociologia e sociedade*: leituras de introdução à sociologia. Rio de Janeiro: LTC, 1977, p. 2.

[10] Cfr. MARTINS, José de Souza. *Florestan*: sociologia e consciência social no Brasil. São Paulo: Editora da USP, 1998, p. 15.

[11] FERNANDES, Florestan. *Ensaios de sociologia geral e aplicada*. São Paulo: Livraria Pioneira, 1960, p. 279.

[12] SMITH, Adam. *Uma investigação sobre a natureza e causas da riqueza das nações*. (1776). São Paulo: Hemus, 2008.

[13] STEAURT, James. An Inquiry into the Principles of Political Economy, 1776.

Capítulo 6 · MUITA IDEOLOGIA E POUCA ENTREGA | 115

Como se vê, os fundadores da economia enquanto ciência autônoma não dissociavam a compreensão dos problemas econômicos do contexto social e político que lhe conferiria sentido. Ambos, na criação original do arcabouço explicativo-instrumental da área, propunham à disciplina objetivos eminentemente políticos, que, em síntese, poderiam ser compreendidos como formas de propiciar "aumento de riquezas" (ouro e prata), para Adam Smith[14] pretensões ainda fortemente influenciadas pelo mercantilismo outrora vivenciado, e assegurar "certo fundo de subsistência para todos os habitantes", objetivo central da economia para Sir James Steaurt,[15] o que, por sua vez, também permite identificar a influência das teorizações fisiocratas no curso do pensamento econômico.

No desenrolar histórico da ciência econômica, em determinado momento, deu-se um movimento de rompimento do tronco comum de identificação com as ciências sociais. O novo ramo passaria a ser o das ciências exatas abstratas, especialmente o da matemática. Diversas são as explicações suscitadas para tanto. Não cabe aqui debatê-las, mas há relativo consenso em admitir certa busca por maior rigor científico nas análises como um dos propósitos motivadores dessa guinada, almejando-se a apropriação da sonhada acurácia do raciocínio abstrato e generalizável das formulações físicas e matemáticas.[16]

Nas teorizações marginalistas que dão substrato ao *mainstream* econômico reside a gênese desse movimento e auxilia a compreender a fragilidade das premissas que sustentam a LLE. No furor causado pela significativa importância que o conceito de utilidade passou a carregar no processo de compreensão das trocas entabuladas nos mercados, a economia abandonaria muito do esforço voltado a compreender o processo de valoração dos bens e serviços e passaria a se contentar apenas com a métrica de quantificação envolvida no processo.

No aparato conceitual econômico, a noção marginalista de utilidade suplantaria a discussão clássica então existente que buscava dissociar valor de uso de valor de troca. Essa distinção tentava lidar com o fato de existirem bens tão valiosos para o uso que não possuíam esse mesmo atributo refletido nas trocas. O referencial explicativo de David Ricardo inicia-se, por exemplo, pela descrição de que a água e o ar são muito valiosos, mas não é possível obter nada com a troca deles; já o ouro tem pouca utilidade quando comparado a esses dois bens, mas pode ser trocado por uma infinidade de outros bens.

Segundo Ricardo, o que explicaria esse fato é que a utilidade não é a medida do valor de troca, embora seja absolutamente essencial aos bens, já que "se um bem não fosse de um certo modo útil – em outras palavras, se não pudesse contribuir de alguma maneira para nossa satisfação –, seria destituído de valor de troca, por mais escasso que pudesse ser, ou fosse qual fosse a quantidade de trabalho necessária para produzi-lo".[17] Segundo o economista clássico, o valor de troca dos bens decorreria objetivamente da escassez e da quantidade de trabalho necessária para obtê-los.

---

[14] SMITH, op. cit., 2008, p. 165-166.
[15] STEAURT, op. cit., 1776, p. 9.
[16] *Acurácia: Mat. Exatidão de uma operação ou de uma tabela. 2. Fís. Propriedade de uma medida de uma grandeza física que foi obtida por instrumentos e processos isentos de erros sistemáticos.*
[17] RICARDO, David. *Princípios de economia política e tributação.* São Paulo: Nova Cultura, 1996, p. 24.

Valor, na acepção marginalista, passaria a expressar simplesmente as circunstâncias que permitiriam a troca dos bens, não devendo constituir, portanto, o objeto central de preocupação econômica identificá-lo, mas sim a compreensão da "mecânica da utilidade e do interesse individual", para nos valermos da linguagem de Jevons.[18]

O interesse individual e a utilidade esperada que cada um atribui ao processo de troca, sintetizadas numa racionalidade que visaria à maximização de utilidades, decorrentes de uma ponderação subjetiva que buscasse a extração dos maiores ganhos possíveis numa relação de custos *versus* benefícios, passariam a ser os pilares explicativos do processo de precificação dos bens e, por consequência, da teoria geral dos preços.

Digno de assinalar é que o termo "mecânica" explicativa não é utilizado de forma acidental. Propositalmente, Jevons o menciona porque acredita que a economia pode se tornar uma ciência exata, tal como a física. Em essência, incorporar o método correto que ele propõe tornaria a economia voltada a quantificar a extensão de dor que justificaria a obtenção de determinado prazer associado às trocas.[19]

Ancorado nas postulações utilitaristas explicativas do comportamento humano em geral, especialmente no pensamento de Bentham,[20] restaria natural generalizar essa dinâmica comportamental explicativa para todos os mercados, cabendo à economia substancialmente quantificar as variáveis que importassem para satisfação das utilidades eleitas em face da escassez dos recursos disponíveis. Segundo Jevons, eis, portanto, a justificativa para conceber a ciência econômica mais próxima da matemática do que das demais ciências sociais:

> Se a Economia deve ser, em absoluto, uma ciência, deve ser uma ciência matemática. A teoria consiste na aplicação do cálculo diferencial aos conceitos familiares de riqueza, utilidade, valor, procura, oferta, capital, juro, trabalho e todas as outras noções quantitativas pertencentes às operações cotidianas dos negócios. (...) Parece-me que nossa ciência deve ser matemática, simplesmente porque lida com quantidades.[21]

---

[18] JEVONS, W. Stanley. *A teoria da economia política*. São Paulo: Abril Cultural, 1983, p. 58.

[19] "Neste trabalho, tentamos tratar a Economia como um cálculo do prazer e do sofrimento, e esbocei, quase sem considerar opiniões anteriores, a forma que a ciência, tal qual ela me parece, deve enfim tomar. Há muito penso que ela, por lidar permanentemente com quantidades, deve ser uma ciência matemática no conteúdo, se não na linguagem. Procurei chegar a conceitos quantitativos precisos sobre Utilidade, Valor, Trabalho, Capital, etc., e com frequência me surpreendi ao descobrir quão claramente alguns dos conceitos mais difíceis, especialmente o conceito mais intrincado, o de Valor, admitem análise e expressão matemáticas. A Teoria da Economia, tratada dessa forma, sugere uma estreita analogia com a ciência da Mecânica Estática, e verifica-se que as Leis de Troca se assemelham às Leis do Equilíbrio de uma alavanca, determinadas sob o princípio das velocidades virtuais" (Idem, p. 16).

[20] O capítulo II da "Teoria da economia política" tem o título "a teoria do prazer e do sofrimento" e assume todas as premissas de Bentham para aplicá-las no capítulo seguinte sobre a teoria da utilidade. Em determinada passagem, o autor afirma que "é óbvio que a Economia se baseia de fato nas leis do prazer humano; e que, se essas leis não são desenvolvidas por nenhuma outra ciência, deverão sê-lo pelos economistas. Só trabalhamos para produzir com o único objetivo de consumir, e as espécies e quantidades dos artigos produzidos devem ser determinadas em relação ao que queremos consumir. (...)" (Idem, p. 70).

[21] JEVONS, W. Stanley. Op. cit., p. 29-30.

Capítulo 6 · MUITA IDEOLOGIA E POUCA ENTREGA | **117**

O cálculo diferencial passou a ser, em síntese, a explicação quantitativa que justificaria o desprendimento de algum custo (dor) para obtenção de um benefício almejado (prazer) nas trocas realizadas nos mercados, o que explicaria a consistência de formulação de *rankings* gerais para aferição de graus de desenvolvimento dos mercados, os quais, não estranhamente, também restam mencionados na exposição de motivos da MP que originou a LLE.[22]

Essa simples formulação teórica teria o efeito avassalador de se tornar o principal pressuposto explicativo dos comportamentos atribuídos a ofertantes e demandantes para quaisquer mercados considerados, tendo ainda contado com importantes contribuições de Walras e Alfred Marshall.

Walras incrementou a importância atribuída à matemática e ao desprendimento da economia das demais ciências sociais com suas formulações que buscavam comprovar que os mercados, em termos objetivos, tenderiam a funcionar em estado de equilíbrio geral no ajuste das forças da oferta e demanda que determinam os preços. Sua formulação foi tão matematicamente densa que Phyllis Deane assinala que não se mostrava acessível nem mesmo à maioria dos teóricos econômicos até épocas relativamente recentes, destacando que sua obra só ganhou tradução para a língua inglesa em 1954.[23]

Na 4ª edição de sua obra, publicada em 1900, Walras menciona ter tomado conhecimento do livro de Jevons, cujo título era muito semelhante ao seu, e destaca como as obras se complementavam, mas realça terem inspirações distintas. Walras atribuiu suas inspirações aos trabalhos de seu pai, Auguste Walras, e à Augustin Cournot[24] e assim resume sua teorização de economia pura:

> La economia política pura es, em esencia, la teoria de la determinación de los precios bajo um hipotético régimen de competencia libre perfecta. La suma de todas las cosas, materiales o no, susceptibles de tener un precio por ser escasas, es decir, que son tanto *útiles* como limitadas en cantidad, constituye la riqueza social. Por ello, la economia política pura es también la teoria de la riqueza social.[25]

O uso do adjetivo "puro" para se referir ao que seria propriamente objeto do tema econômico, cada vez mais associado às ciências exatas, guarda semelhanças com o que foi vivenciado no direito com os trabalhos de Kelsen no esforço de sintetizar o que seria próprio do campo jurídico. Não é de se estranhar que, para o grande expoente do positivismo jurídico, sua obra também faça alusão a uma suposta teorização pura atribuída ao direito. Muito do sentido científico atribuído à defesa da liberdade na

---

[22]   "3. Existe a percepção de que no Brasil ainda prevalece o pressuposto de que as atividades econômicas devam ser exercidas somente se presente expressa permissão do Estado, fazendo com que o empresário brasileiro, em contraposição ao resto do mundo desenvolvido e emergente, não se sinta seguro para produzir, gerar emprego e renda. Como resultado, o Brasil figura em 150º posição no ranking de Liberdade Econômica da Heritage Foundation/Wall Street Journal, 144º posição no ranking de Liberdade Econômica do Fraser Institute, e 123º posição no ranking de Liberdade Econômica e Pessoal do CatoInstitute".

[23]   DEANE, Phyllis. *A evolução das ideias econômicas.* Rio de Janeiro: Zahar Editores, 1980, p. 133.

[24]   WALRAS, León. *Elementos de economía política pura (o teoría de la riqueza social).* Madrid: Alianza Editorial, 1987, p. 122.

[25]   Idem, p. 126.

exposição de motivos da MP culmina com a argumentação aqui exposta, devendo ser reservada menção também às contribuições de Alfred Marshall na compreensão das premissas marginalistas.

Schumpeter atribui ao pensamento de Marshall como sendo uma das mais fortes influências para o surgimento da econometria,[26] tecendo diversos elogios à sofisticação do ferramental matemático-analítico proposto pelo autor em sua obra seminal sobre os princípios de economia, originalmente publicada em 1890. Mesmo apontando a obsolescência do quadro analítico proposto por Marshall, Schumpeter reconhece a genialidade do autor ao se posicionar como um dos primeiros a perceber a economia como uma ciência evolucionária[27] e por ter feito uma ponte explicativa do conceito de custo de produção de David Ricardo com o de utilidade de Jevons na compreensão do processo decisório, adicionando, para tanto, o elemento temporal na percepção da dinâmica das trocas, sendo as primeiras determinadas pela perspectiva de longo prazo enquanto as últimas seriam informadas pela dimensão de curto prazo.

No cerne do modelo explicativo de Marshall reside a ideia de que as forças de mercado levariam à distribuição dos recursos da melhor maneira possível, considerados os diversos usos alternativos possíveis. Para explicá-la, o autor faz uso da estratégia *caeteris paribus* para isolar variáveis, buscando explicar o funcionamento do equilíbrio geral dos mercados a partir de somas de equilíbrios parciais,[28] os quais seriam possíveis por reações e acomodações ocorridas por substituições operadas na margem, tal como se houvesse uma mecânica física que incessantemente levasse ao inexorável equilíbrio de funcionamento.

Admitido esse aparato lógico, suas métricas e simplificações explicativas, acompanhada de um apelo estético que o uso da linguagem matemática confere ao aparentar maior objetividade e cientificidade das análises, não é de se estranhar a generalização desse referencial para servir como modelo explicativo dos fenômenos reputados econômicos a partir do século XX. Com gradativos incrementos de seu ferramental de análise, mas sem se distanciar dos principais pilares aqui expostos, o campo econômico se afastou das demais ciências sociais e esse paradigma passou a constituir a ortodoxia no meio.

---

[26] "Marshall was one of the first economists to realize that economics is an evolutionary science (although his critics not only overlooked this element of his thought but in some instances actually indicted his economics on the very ground that it neglected the evolutionary aspect), and in particular that the human nature he professed to deal with is malleable and changing, a function of changing environments" (SCHUMPETER, J. *Ten great economists* – From Marx to Keynes. London: Taylor & Francis e-Library, 2003, p. 107).

[27] No prefácio à 8ª edição, Marshall destaca que: "a principal preocupação da economia é, assim, com seres humanos que, para o bem ou para o mal, são impelidos a mudar e progredir. Hipóteses estáticas fragmentárias são utilizadas como auxiliares temporárias de concepções dinâmicas, ou melhor, biológicas, mas a ideia central da Economia, mesmo quando somente os seus Fundamentos estão em discussão, deve ser a de força viva e de movimento" (MARSHALL, Alfred. *Princípios de Economia* – Tratado introdutório. São Paulo: Nova Cultural, 1996, p. 62).

[28] Ao enunciar a lei da procura marginal, o autor destaca: "quanto maior for a quantidade de uma coisa que uma pessoa possui, tanto menor será, não se alterando as outras condições (isto é, o poder aquisitivo do dinheiro e a quantidade disponível do mesmo), o preço que ela pagará por um pouco mais da coisa; ou, em outras palavras, seu preço de procura marginal para a coisa decresce" (Op. cit., p. 161).

Capítulo 6 · MUITA IDEOLOGIA E POUCA ENTREGA | 119

Condizente com essas premissas, a LLE toma por pressuposto central que agentes racionais livres possuem condições de fazerem as melhores escolhas nos processos de trocas, bastando ao Poder Público simplesmente assegurar as condições necessárias para tanto, essencialmente pela abstenção, já que estaríamos diante de um Estado descrito como "irracionalmente controlador", onde vigem os pressupostos da "antiliberdade e antidesenvolvimento" e que a, a partir da LLE, teríamos condições de "invertê-los".[29]

Até que ponto a explicação paradigmática do pensamento neoclássico e das frágeis premissas contidas na LLE conseguem minimamente abarcar a complexidade das diversas especificidades dos mercados, a ponto de justificar o conteúdo de suas normas e a extensão de suas prescrições para os diversos ramos do Direito especificados no §1º, de seu art. 1º? Quais são os estudos empíricos que teriam suportado as conclusões trazidas pela LLE? Ou, numa reflexão típica entre o "pensamento e o pensado", até que ponto as postulações que ancoram a LLE se mantêm minimamente capazes de descrever as realidades que cogitam?

Thomas Piketty, em uma de suas obras, fruto de pesquisa empírica sobre a dinâmica histórica de renda e de evolução de patrimônio em diversos países, realizada ao longo de quinze anos (1998-2013), faz duras críticas a seus colegas economistas pelas predileções às especulações teóricas e pelo fato da economia, enquanto ciência, ter se separado das demais ciências sociais. Referindo-se expressamente ao perigo ideológico existente na assunção de determinados pressupostos teóricos, afirma o autor:

> Sejamos francos: a economia jamais abandonou sua paixão infantil pela matemática e pelas especulações puramente teóricas, quase sempre muito ideológicas, deixando de lado a pesquisa histórica e a aproximação com as outras ciências sociais. (...) Na realidade, a economia jamais deveria ter tentado se separar das outras ciências sociais; não há como avançar sem saber o que se passa nas outras áreas.[30]

Mariana Mazzucato enfatiza como o distanciamento da economia de outras ciências sociais empobreceu a discussão sobre temas centrais, como, por exemplo, a noção de geração de valor no processo econômico, levando os estudantes a conhecerem apenas a teoria dominante sobre o tema.[31] Para a pesquisadora, muito das iniquidades

---

[29] Conforme Exposição de Motivos da Medida Provisória nº 881/2019. Disponível em: http://www.planalto.gov.br/ccivil_03/_ato2019-2022/2019/Exm/Exm-MP-881-19.pdf. Acesso em: 10 dez. 2021.

[30] PIKETTY, Thomas. *O capital no século XXI*. Rio de Janeiro: Intrínseca, 2014. p. 38-39.

[31] "In the intellectual world, economists wanted to make their discipline seem 'scientific' – more like physics and less like sociology – with the result that they dispensed with its earlier political and social connotations. While Adam Smith's writings were full of politics and philosophy, as well as early thinking about how the economy works, by the early twentieth century the field which for 200 years had been 'political economy' emerged cleansed as simply 'economics'. And economics told a very different story. (...) So while economics students used to get a rich and varied education in the idea of value, learning what different schools of economic thought had to say about it, today they are taught only that value is determined by the dynamics of price, due to scarcity and preference" (MAZZUCATO, Mariana. *The value of everything* – making and taking in the global economy. New York: Public affairs, 2018, p. 8).

que a teorização prevalecente admite advém de uma noção equivocada de valor que engloba num mesmo conceito práticas que, de fato, criam valor (*value creation*) com outras que extraem valor (*value extraction*), o que justificaria muito de seu esforço argumentativo em dissociar esses dois universos.

Em convergência com essas percepções, Skidelsky[32] nega a compreensão da economia enquanto ciência dura e clama pelo retorno ao diálogo com as outras ciências sociais justamente para suprir as lacunas que permitiriam à economia a compreensão da realidade. Nos seus dizeres:

> It's because economics is not a science that it needs other helps of study, notably, psychology, sociology, politics, ethics, history to supply the gaps in its method of understanding reality.

A preocupação em degeneração ideológica de postulados explicativos nas ciências sociais perpassa pelo problema da "falsa consciência" que, segundo Mannheim, impede compreender a "realidade como resultado da constante reorganização dos processos mentais que compõem os mundos em que vivemos".[33] No rigor epistemológico, o sociólogo enfatiza:

> Uma teoria será, portanto, errada se, em dada situação prática, usar conceitos e categorias que, utilizados, impediriam o homem de se adaptar àquele estágio histórico. Normas, modos de pensamento e teorias antiquados e inaplicáveis tendem a degenerar em ideologias, cuja função consiste em ocultar o real significado da conduta, ao invés de revelá-lo.[34]

Muito da teorização que embasa a LLE é fortemente ideológica, no sentido acima referido. Sem análise empírica, esvaziada de um esforço legítimo de compreensão do papel dos atores e das estruturas que conformam os distintos mercados, vê-se a generalização de soluções modelares para diversos ramos do Direito, distintos mercados e distintas situações, sob a falsa promessa de que a partir da defesa da liberdade e dos títulos de propriedades atingiremos o almejado desenvolvimento da ordem econômica prevista pelo art. 170, caput, da Constituição Federal.

Numa síntese, as generalizações contidas na LLE não permitem levar em consideração aquilo que a sociologia econômica chama atenção para análise de qualquer mercado: de que as práticas se dão "imersas em sistemas concretos e contínuos de relações sociais", nos dizeres de Granovetter.[35] Essas práticas e estruturas não são analisadas por conta do reducionismo das premissas adotadas pela teorização prevalecente.

Nas ciências sociais, observação, descrição e interpretação dos fenômenos são etapas imbricadas, o que reforça a postura de rigor e cuidado no processo do que deve

---

[32] SKIDELSKI, Robert. *What's wrong with economics?* A primer for the perplexed. Yale University Press, 2021, p. 78.

[33] MANNHEIM, Karl. *Ideologia e utopia*. 4 ed. Rio de Janeiro: Guanabara, 1986, p. 120.

[34] Idem, p. 121.

[35] GRANOVETTER, Mark. Ação econômica e estrutura social: o problema da imersão. *RAE-EAESP-FGV*, v. 6, n. 1, jan.-jun. 2007, p. 185.

ou não constar na fundamentação do processo explicativo da realidade que se cogita. Na síntese ainda atual de Florestan Fernandes, esse rigor se traduz na ideia de que "a reconstrução é o único meio operacional de que dispõem os cientistas sociais para conduzir a observação, com os recursos fornecidos pela análise, até onde ela é levada nas ciências ditas experimentais".[36]

Ao desconsiderar fatos relevantes para compreensão da realidade, haverá modificação do resultado conclusivo das análises, podendo levar os achados a se desvirtuarem em postulações ideológicas. A degeneração ideológica de postulados do *mainstream,* ao não dar conta de satisfatoriamente lidar com as complexidades existentes em diversos mercados, deveria resultar na reconstrução, ou, no limite, no abandono de seus referenciais explicativos. Para Krugman, tratam de *zombie ideas*, as quais permanecem vivas apenas por questões ideológicas envolventes de disputas de poder e de dinheiro.[37]

Quais estudos permitiriam concluir que temos um Estado "irracionalmente controlador", onde vigem os pressupostos da "antiliberdade e antidesenvolvimento", tal como afirmado pela exposição de motivos da medida provisória que originou a LLE? Isso valeria para todos os mercados no país, envolvendo todos os entes da Federação? Se tomarmos o antitruste como exemplo, será extremamente desafiador qualquer conclusão empírica nesse sentido. Do mesmo modo, há muito se tem defendido que a inovação não consegue ser protegida apenas pela proteção à liberdade e aos títulos de propriedade de seus titulares, seja na perspectiva do antitruste ou mesmo da propriedade intelectual em geral.

Como se passa a discutir na sequência, a proteção à inovação pressupõe ações estatais que vão muito além dos estreitos limites apregoados pela LLE.

4. A INOVAÇÃO NÃO É PROTEGIDA APENAS AO SE ASSEGURAR LIBERDADE E AMPLO RECONHECIMENTO DOS TÍTULOS DE PROPRIEDADE DOS AUTORES

Na dimensão explicativa de funcionamento dos mercados, Schumpeter destacara que "o capitalismo é, por natureza, uma forma ou método de transformação econômica e não só não é, como não pode ser estacionário",[38] realçando a necessidade de compreensão ampliada da dinâmica de seus fenômenos, com inserção de momentos de mudanças e desequilíbrio como atributos inerentes ao sistema.

Ao refutar os prognósticos autodestrutivos que Marx atribuiu ao capitalismo, Schumpeter assinala a resiliência como característica fundamental de funcionamento do sistema, a qual, tomada num contexto de adaptação e inovação de práticas, catalisa a dinâmica competitiva que realmente o alimenta, já que "produtos e métodos novos não concorrem com os produtos e métodos antigos em termos de igualdade, mas

---

[36] FERNANDES, Florestan. *Fundamentos empíricos da explicação sociológica*. São Paulo: Cia. Editora Nacional, 1972, p. 40.

[37] KRUGMAN, Paul. *Arguing with zombies*. Economics, politics, and the fight for a better future. New York: W.W. Norton & Company, 2020.

[38] SCHUMPETER, Joseph. *Capitalismo, socialismo e democracia*. Trad. Luiz Antônio de Oliveira Araújo. São Paulo: Unesp, 2017. Obra originariamente publicada em Londres em 1942 e em 1943 nos Estados Unidos, p. 119.

como uma vantagem decisiva que pode significar a morte destes. É assim que se dá o progresso na sociedade capitalista".[39]

Assim considerada, a inovação não ocorreria de forma estática, mas em razão de contínuas "ondas de tecnologia" que, em determinados momentos, provocariam mudanças varredouras nos ofertantes e em seus produtos. Nisso residiria boa parte do mérito do que chamara de processo de "destruição criativa", pois permitiria o aumento do bem-estar coletivo pela superação ou eliminação de ofertantes e produtos considerados obsoletos com o passar dos tempos, em um contínuo processo de melhoria e aperfeiçoamento de práticas, algo inerente ao sistema capitalista.

Nesse contínuo processo de incremento e remodelagem dos mercados, a propriedade intelectual teria papel fundamental, dando vivacidade ao processo de inovação. O entendimento prevalecente nessa área justifica a proteção "not in rewarding creators for their labor but in ensuring that they (and other creators) have appropriate incentives to engage in innovative and creative activities".[40]

Ocorre que os direitos de propriedade intelectual também podem servir como mecanismos impeditivos à concorrência e à própria inovação quando passam a ser utilizados de forma abusiva por seus titulares. Ao invés de servirem ao propósito de melhoria da qualidade dos bens e serviços ofertados, podem se apresentar enquanto "estratégias anticompetitivas alimentadas para eliminar competição sem beneficiar os consumidores", o que, segundo Schrepel, caracterizaria fundamentalmente a noção de "inovação predatória".[41]

Nessa mesma linha, Tim Wu aduz que o preço da exclusão de rivais tem um papel determinante no processo de inovação. Se o preço para excluir um concorrente for baixo, é bem provável que o processo de inovação caminhe em desenvolver técnicas voltadas para tanto, já que inovação e exclusão são respostas alternativas à competição atual ou futura nesses mercados. É por essa razão que o autor defende que um dos papéis do antitruste nesses mercados seria justamente de tornar a exclusão mais cara, estimulando assim que a inovação se mostre orientada para, de fato, melhorar produtos e serviços e não para excluir rivais.[42]

Richard Gilbert propõe diversos ajustes ao antitruste para que a área consiga efetivamente proteger a inovação, todas elas reclamando maior intervenção estatal justamente para conter diversas estratégias exclusionárias que empresas dominantes poderiam adotar em setores de alta tecnologia.[43]

Essa preocupação se mostra muito presente no âmbito das plataformas digitais. Com a ascensão da economia digital, novos modelos de negócio surgiram e outros foram drasticamente reconfigurados, trazendo novos desafios ao antitruste. Há carac-

---

[39] SCHUMPETER, Joseph. Op. cit., p. 55.

[40] POTTS, Jason. *Innovation commons* – the origin of economic growth. Oxford, 2019, p. 41.

[41] SCHREPEL, Thibault. Predatory Innovation: The Definite Need for Legal Recognition. *21 SMU Sci. & Tech. L. Rev.* 19, 2018, p. 22.

[42] WU, Tim. *Hearing on digital economy*. OECD, 2012, p. 4.

[43] Por exemplo, "dominant firms can exclude rivals by unilaterally promoting a standard that is not compatible with products supplied by their rivals" (GILBERT, Richard J. *Innovation matters* – competition policy for the high-technology economy. Cambridge, Massachusetts: MIT Press, 2020, p. 12).

terísticas inerentes ao funcionamento desses mercados que chamam consideravelmente a atenção das autoridades concorrenciais, sendo uma delas os efeitos de rede (também chamados de *network effects*).

Em razão desses efeitos, o ingresso de novos usuários em um dos lados da plataforma de produtos/serviços incrementa o valor do produto/serviço oferecido, numa tendência de dominação e concentração de poder dessas empresas, produzindo um ciclo vicioso chamado de *user feedback loop*, em que exponencialmente se aumenta o ingresso de consumidores, crescendo na mesma proporção o valor da plataforma, e vice-versa.[44]

Quando associado ao efeito *winner takes all*[45] ou "vencedor leva tudo", há uma tendência de concentração de poder sobre um mercado relevante que permite a criação de superempresas. Isso pode, naturalmente, impedir a entrada de novos agentes no respectivo mercado, em razão da incapacidade de concorrer com alguém que já desenvolveu suas habilidades a um patamar que dificilmente outro agente conseguirá atingir, além do incumbente poder se valer do uso estratégico de direitos de propriedade intelectual para aumentar essas barreiras à entrada. Com base em dados empíricos e análise de dados de diversos setores, Philippe Aghion, Céline Antonin e Simon Bunel concluem que "not only do the incumbents block the entry of new competitors; they also resist the adoption of public policies aimed at increasing competition".[46]

Há ainda os casos em que os agentes econômicos já consolidados podem prejudicar a inovação praticando as chamadas *killer acquisitions*, de modo a evitar o surgimento e/ou desenvolvimento de potenciais concorrentes, adquirindo-os, em alguns casos, ainda em fase embrionária. Sobre esse cenário, há um fato curioso envolvendo as *Big Techs*.[47]

---

[44]   PFEIFFER, Roberto Augusto Castellanos. Digital Economy, Big Data and Competition Law Market and Competition. *Law Review*, Volume III, n. 1, abril de 2019, p. 53-89. Disponível em: https://papers.ssrn.com/sol3/papers.cfm?abstract_id=3440296. Acesso em: 16 nov. 2021.

[45]   ORGANISATION FOR ECONOMIC COOPERATION AND DEVELOPMENT. Big data: bringing competition policy to the digital era. Background note by the Secretariat, 2016. Disponível em: http://www.oecd.org/competition/big-data-bringingcompetition-policy-tothe-digital--era.htm. Acesso em: 10 nov. 2021.

[46]   AGHION, Philippe; ANTONIN, Céline; BUNEL, Simon. *The Power of Creative Destruction*: Economic Upheaval and the Wealth of Nations. 2021, p. 61.

[47]   Sobre isso, podemos citar os seguintes fatos que foram objeto de notícia de grandes jornais nacionais: "Comitê da Câmara dos EUA acusa big techs de monopólio e lista possíveis abusos cometidos pelas companhias". Disponível em: https://www.infomoney.com.br/negocios/comite-da-camara-dos-eua-acusa-big-techs-de-monopolio-e-lista-possiveis--abusos-cometidos-pelas-companhias/; "Fortnite X Apple: batalha entre game e 'big tech' chega aos tribunais. Entenda". Disponível em: https://oglobo.globo.com/economia/2270--fortnite-apple-batalha-entre-game-big-tech-chega-aos-tribunais-hoje-entenda-24663783; "China prepara investigação antitruste contra o Google, dizem fontes". Disponível em: https://oglobo.globo.com/economia/tecnologia/3050-china-prepara-investigacao-anti-truste-contra-google-dizem-fontes-24668319; "Japão vai juntar forças com EUA e UE para regular Google, Facebook, Amazon e Apple". Disponível em: https://oglobo.globo.com/economia/japao-vai-juntar-forcas-com-eua-ue-para-regular-google-facebook-amazon--apple-24700598; "União Europeia deve adotar imposto sobre gigantes tech como Facebook e Google mesmo sem acordo global, diz França". Disponível em: https://oglobo.globo.com/economia/2020/10/14/2270-uniao-europeia-deve-adotar-imposto-sobre-gigantes-tech--como-facebook-google-mesmo-sem-acordo-global-diz-franca.

Conhecidas como as maiores empresas de tecnologia do mundo e também ofertando importantes plataformas digitais, esses agentes foram responsáveis por invenções e revoluções em diversos mercados.

Paralelamente, também são essas mesmas companhias que enfrentam grandes investigações e acusações de abusos de poder econômico, envolvendo, em diversos casos, o uso abusivo de propriedade intelectual.

A União Europeia está em vias de aprovar o *Digital Markets Act*. Trata-se de uma proposta de regulação que visa assegurar a concorrência em mercados digitais, buscando coibir o abuso de poder econômico e voltado a permitir a entrada de novos agentes no mercado.[48] A China editou um projeto que regula as atividades das grandes plataformas.[49] O Reino Unido criou o *Digital Regulation Cooperation Forum* (DRCF), palco que reúne as autoridades de proteção de dados (*Information Commissioner's Office*, ICO), a autoridade concorrencial (*Competition Markets Authority*, CMA), a autoridade de comunicação e de serviços financeiros para debater temas como mercados digitais.

Em outubro de 2020, o subcomitê antitruste da Câmara dos Deputados dos EUA concluiu uma investigação que durou 16 meses sobre as operações comerciais das empresas Google, Facebook, Amazon e Apple. O relatório aprovado aponta a ocorrência de diversas práticas anticoncorrenciais, monopólio de mercado e intimidação de rivais, destacando como o poder de mercado dessas companhias foi utilizado para garantir o domínio de mercados, muitos deles por meio abusivo de propriedades intelectuais.[50] Ao final, foram sugeridos cinco projetos de lei de regulação das plataformas digitais.

A forte carga ideológica da LLE também se mostra presente na redação conferida ao seu artigo 4º, ao tratar sobre o que caracterizaria a situação de abuso de poder regulatório. No inciso IV do referido artigo, há a inclusão genérica de medidas que impeçam ou retardem inovação de tecnologia nesse conceito, sem haver qualquer preocupação em distinguir os tipos de inovação de que se cogita.

Trata-se, portanto, de disposição temerária e na contramão do que é praticado no mundo, já que parte do pressuposto de que toda inovação se mostra sempre positiva. O mundo assiste atualmente à edição de marcos legais por diversos governos nacionais que inserem regramentos acerca do tratamento de dados pessoais, por exemplo. A Europa, Alemanha, China, Dinamarca, EUA[51] e mesmo o Brasil com a Lei Geral de

---

48 MONTI, Giorgio. The Digital Markets Act – Institutional Design and Suggestions for Improvement (February 22, 2021). *TILEC Discussion Paper* No. 2021-04. Disponível em: https://papers.ssrn.com/sol3/papers.cfm?abstract_id=3797730. Acesso em: 15 nov. 2021.

49 Disponível em: https://www.ianbrown.tech/2021/11/01/chinas-new-platform-guidelines/. Acesso em: 15 nov. 2021.

50 UNITED STATES. Investigation of competition in digital markets. Majority Staff Repor and Recommendations. Subcommittee on antitrust, commercial and administrative law of the committee on the judiciary. Disponível em: https://int.nyt.com/data/documenttools/house--antitrust-report-on-big-tech/b2ec22cf340e1af1/full.pdf. Acesso em: 24 out. 2021.

51 A Europa editou a General Data Protection Regulation – GDPR. Alemanha editou a Lei Federal de Proteção de Dados de 2017 (Bundesdatenschutzgesetz – BDSG). A China aprovou em 2021 a Lei de Proteção de Informações Pessoais (PIPL). A Dinamarca aprovou uma lei de Proteção de Dados em 2018. A Islândia nesse mesmo ano, seguiu o mesmo caminho e substituiu sua antiga Lei de Processamento de Dados Pessoais (Lei 77 de 2000)

Proteção de Dados – LGPD, impõem limites à inovação no anseio de conferir maior proteção aos dados das pessoas por meio dessas leis.

Até a edição dessas normas, existiam práticas globais que usavam os dados pessoais de forma indiscriminada. Através das respectivas normas, foram estabelecidos limites ao compartilhamento, à coleta e à exploração dessas informações, o que certamente implica em freios à criatividade e à atividade dos agentes econômicos.

Admitir, portanto, que a inovação e, por consequência, o desenvolvimento dos mercados se dará apenas pela proteção à liberdade econômica e aos direitos de propriedade intelectual mostra-se totalmente equivocado. A Lei de defesa da concorrência no país, inclusive, prevê que "exercer ou explorar abusivamente direitos de propriedade industrial, intelectual, tecnologia ou marca" pode vir a caracterizar infração à ordem econômica (Lei 12.529/2011 – art. 36, § 3º, XIX), o que permite concluir pela necessidade de afastamento da excessiva carga ideológica da LLE contrária a medidas interventivas que tenham por propósito defender a inovação e assegurar condições hígidas de competição em mercados intensivos em tecnologia.

No meio acadêmico, Hovenkamp enxerga que poucos seriam aqueles capazes de se mostrarem contra qualquer intervenção estatal, incluindo Chicago scholars. Para ele, "the question is not whether intervention is ever appropriate, for nearly everybody believes it is appropriate sometimes. The question is when".[52]

5. CONCLUSÕES

A LLE reaviva uma histórica e interminável discussão sobre os limites de intervenção do Estado no trato econômico. Sem qualquer atributo científico que possa minimamente respaldar as justificativas que foram apresentadas na exposição de motivos que subsidiou sua apresentação enquanto medida provisória, a referida norma se baseia em explicações ideológicas, simplistas e generalistas para promover a defesa da liberdade econômica e dos direitos de propriedade para os mercados em geral.

Repleta de disposições excessivamente abstratas, com pouca ou nenhuma densidade jurídica, a LLE pode trazer dificuldades ao intérprete e aplicador da norma sobre as hipóteses que mereceriam a observância de suas prescrições. Conforme discutido ao longo deste artigo, no recorte específico sobre a preservação da inovação, seja na perspectiva da propriedade intelectual, seja do antitruste, a LLE não tem nada ou muito pouco a contribuir. Trata-se, na verdade, de norma descompassada com o que se tem presenciado ao redor do mundo.

---

pela Lei 90 de 2018 de mesmo nome. Os Estados Unidos embora não possuam uma lei nacional que trate sobre privacidade de dados, possui legislações estaduais que tratam sobre privacidade: Lei da Califórnia de Privacidade do Consumidor (CCPA) e o California Consumer Privacy Act of 2018 (CCPA). O Japão, que embora possuísse desde 2003 a Lei de Proteção de Informações Pessoais (Lei 57 de 2003), em 2017 aprovou a Emenda APPI (IAPP. Global Comprehensive Privacy Law Mapping Chart. Disponível em: https://iapp.org/media/pdf/resource_center/global_comprehensive_privacy_law_mapping.pdf. Acesso em: 10 nov. 2021).

[52] HOVENKAMP, Herbert. *Federal Antitrust Policy* – The law of competition and its practice. 5. ed. Hornbook Series, West Academic Publishing, EUA, 2016, p. 89.

No amplo e pretensioso universo de aplicação da norma (art. 1º, § 1º), o mais sensato seria, inicialmente, abandonar boa parte da carga ideológica que a acompanha e reduzir o seu campo de aplicação para efetivamente destiná-la apenas para refrear eventuais excessos e abusos identificados na atuação estatal e, ainda assim, nos termos do art. 20 da LINDB, com preocupação em endereçar as consequências práticas da tomada de decisão, tendo em vista os valores jurídicos abstratos contidos em várias de suas prescrições.

REFERÊNCIAS

AGHION, Philippe; ANTONIN, Céline; BUNEL, Simon. *The Power of Creative Destruction*: Economic Upheaval and the Wealth of Nations, 2021.

CORREA, Carlos. *Acuerdo TRIPs* – regimen internacional de la propiedad intelectual. Buenos Aires: Ciudad Argentina, 1998.

DEANE, Phyllis. *A evolução das ideias econômicas*. Rio de Janeiro: Zahar Editores, 1980.

FERNANDES, Florestan. *Ensaios de sociologia geral e aplicada*. São Paulo: Livraria Pioneira, 1960.

FERNANDES, Florestan. *Fundamentos empíricos da explicação sociológica*. São Paulo: Cia. Editora Nacional, 1972.

FORGIONI, Paula. *Os fundamentos do antitruste*. São Paulo: Revista dos Tribunais, 2018.

FRAZÃO, Ana. *Direito da concorrência*: pressupostos e perspectivas. São Paulo: Saraiva, 2017.

FRAZÃO, Ana. Liberdade econômica para quem? A necessária vinculação entre a liberdade de iniciativa e justiça social. *Lei de liberdade econômica e seus impactos no direito brasileiro*. São Paulo: Revista dos Tribunais, 2020.

FRAZÃO, Ana; SANTOS, Luiza Mendonça da Silva Belo. Plataformas digitais e o negócio de dados: necessário diálogo entre o direito da concorrência e a regulação dos dados. *Revista de Direito Público*, v. 17, n. 93, 2020.

GILBERT, Richard J. *Innovation matters* – competition policy for the high-technology economy. Cambridge, Massachusetts: MIT Press, 2020.

GRANOVETTER, Mark. Ação econômica e estrutura social: o problema da imersão. *RAE--EAESP-FGV*, v. 6, n. 1, jan.-jun. 2007.

HOVENKAMP, Herbert. *Federal Antitrust Policy* – The law of competition and its practice. 5. ed. Hornbook Series, West Academic Publishing, EUA, 2016.

JEVONS, W. Stanley. *A teoria da economia política*. São Paulo: Abril Cultural, 1983.

KRUGMAN, Paul. *Arguing with zombies*. Economics, politics, and the fight for a better future. New York: W.W. Norton & Company, 2020.

MANNHEIM, Karl. *Ideologia e utopia*. 4. ed. Rio de Janeiro: Guanabara, 1986.

MARSHALL, Alfred. *Princípios de economia* – tratado introdutório. São Paulo: Nova Cultural, 1996.

MARTINS, José de Souza; FORACCHI, Marialice Mencarini. *Sociologia e sociedade*: leituras de introdução à sociologia. Rio de Janeiro: LTC, 1977.

MARTINS, José de Souza; FORACCHI, Marialice Mencarini. *Florestan*: sociologia e consciência social no Brasil. São Paulo: Editora da USP, 1998.

MAZZUCATO, Mariana. *The value of everything* – making and taking in the global economy. New York: Public affairs, 2018.

MENELL, Peter; LEMLEY, Mark; MERGES, Robert. Intellectual Property in the New Technological Age 2019: Perspectives, Trade Secrets and Patents Paperback. July 10, 2019. vol. I.

MONTI, Giorgio, The Digital Markets Act – Institutional Design and Suggestions for Improvement (February 22, 2021). *TILEC Discussion Paper* No. 2021-04. Disponível em: https://papers.ssrn.com/sol3/papers.cfm?abstract_id=3797730. Acesso em: 15 nov. 2021.

ORGANISATION FOR ECONOMIC COOPERATION AND DEVELOPMENT. *Big data: bringing competition policy to the digital era. Background note by the Secretariat*, 2016. Disponível em: http://www.oecd.org/competition/big-data-bringingcompetition-policy-tothe-digital-era.htm. Acesso em: 10 nov. 2021.

PFEIFFER, Roberto Augusto Castellanos. Digital Economy, Big Data and Competition Law Market and Competition. *Law Review*, vol. III, n. 1, p. 53-89, abr. 2019. Disponível em: https://papers.ssrn.com/sol3/papers.cfm?abstract_id=3440296. Acesso em: 16 nov. 2021.

PIKETTY, Thomas. *O capital no século XXI*. Rio de Janeiro: Intrínseca, 2014.

POTTS, Jason. *Innovation commons* – the origin of economic growth. Oxford, 2019.

RICARDO, David. *Princípios de economia política e tributação*. São Paulo: Nova Cultura, 1996.

SCHREPEL, Thibault. Predatory Innovation: The Definite Need for Legal Recognition. *21 SMU Sci. & Tech. L. Rev.*, 19, 2018.

SCHUMPETER, J. *Ten great economists* – From Marx to Keynes. London: Taylor & Francis e-Library, 2003.

SCHUMPETER, J. *Capitalismo, socialismo e democracia*. Trad. Luiz Antônio de Oliveira Araújo. São Paulo: Unesp, 2017.

SKIDELSKI, Robert. *What's wrong with economics?* A primer for the perplexed. Yale University Press, 2021.

SMITH, Adam. *Uma investigação sobre a natureza e causas da riqueza das nações*. (1776). São Paulo: Hemus, 2008.

STEAURT, James. *An Inquiry into the Principles of Political Economy*, 1776.

UNITED STATES. Investigation of competition in digital markets. Majority Staff Repor and Recommendations. Subcommittee on antitrust, commercial and administrative law of the committee on the judiciary. Disponível em: https://int.nyt.com/data/documenttools/house-antitrust-report-on-big-tech/b2ec22cf340e1af1/full.pdf. Acesso em: 24 out. 2020.

WALRAS, León. *Elementos de economía política pura (o teoría de la riqueza social)*. Madrid: Alianza Editorial, 1987.

WU, Tim. *Hearing on digital economy*. OECD, 2012.

Capítulo 7

LIBERDADE, PREVISÃO, AÇÃO: DESAFIOS DA LEI DE LIBERDADE ECONÔMICA SOB O VIÉS DA ECONOMIA COMPORTAMENTAL

Isabela de Araújo Santos

Graduanda em Direito pela Universidade de Brasília.
Pesquisadora do Grupo de Estudos Constituição Empresa e Mercado (GECEM).

Tayná Frota de Araújo

Graduanda em Direito pela Universidade de Brasília.
Pesquisadora do Grupo de Estudos Constituição Empresa e Mercado (GECEM).

1. INTRODUÇÃO

O clássico bordão cinematográfico "luz, câmera, ação" traz em si ideias já consagradas na história do cinema. A luz indica sobre o que ou quem se quer dar notoriedade; a câmera, com possibilidades de lentes e enquadramentos, determina o que ficará dentro ou de fora da visão do público, delimitando expressamente o que será registrado; a ação refere-se ao comando dado aos atores e demais integrantes da equipe, dando início ao que se deseja ser gravado[1].

Essa associação pode ser trazida ao âmbito jurídico e, por que não, à seara social e econômica: *liberdade, previsão, ação*. A *liberdade* se compararia à *luz* da famosa expressão cinematográfica, destacando-se como ponto principal abordado no presente artigo. A *previsão* faria alusão à *câmera*, logo configura o enquadramento e a delimitação que o artigo terá sob o viés do *Behavioral Economics*; e a *ação* equipararia os atores cinematográficos aos agentes de mercado e às suas *decisões*, que serão analisados adiante.

Feita essa analogia, passemos a entender porque ela nos é útil para a elucidação da temática da Lei 13.874/2019 e seus desdobramentos no campo intimamente decisório dos agentes econômicos na sociedade capitalista de vigilância.

---

[1] Esta discussão foi extraída a partir da entrevista concedida pelo editor e diretor de cinema brasileiro Daniel Rezende ao Podcast Inteligência Ltda. Íntegra disponível em: https://www.youtube.com/watch?v=ZXQI5x8TuaM. Acesso em: 28 dez. 2021.

A Lei 13.874/2019, conhecida como a Lei de Liberdade Econômica, traz consigo uma concepção de emanação de direitos relacionados ao incentivo da livre concorrência e à autonomia de desenvolvimento da atividade econômica como alicerce do desempenho econômico do país e da própria pessoa natural ou jurídica. Todavia, essa oportunidade de suposta emancipação pode estar transvestida de enviesamentos de processos decisórios dos agentes de mercado, colocando em xeque a soberania dos consumidores[2].

Isso porque, ao considerarmos a existência de técnicas persuasivas de moldagem de atitudes dos consumidores[3], podemos constatar que sua autonomia e liberdade de escolha tornam-se comprometidas. Essa moldagem pode ocorrer basicamente por três vias: pela mudança cognitiva, pela mudança afetiva e pela via conativa[4] – mudança comportamental. A Teoria da Consistência Cognitiva[5], por exemplo, afirma que o indivíduo necessita sempre estabelecer o equilíbrio entre os componentes da atitude. Não acontecendo dessa maneira, observar-se-á o que Leon A. Festinger[6] denominou de dissonância cognitiva, que seria o resultado de um estado psicológico incômodo, solucionado pelo consumidor através da reorganização da sua própria estrutura cognitiva.

Deve ser analisado, desta feita, até que ponto as pessoas são de fato dotadas de direitos ao livre exercício da atividade econômica e em que medida os *players* têm suas decisões influenciadas por fatores externos ou até mesmo, mais especificamente, *nudges*[7]. Por isso, pretende-se analisar a Lei de Liberdade Econômica sob o viés do *Behavioral Economics*, pois acredita-se que uma análise psicojurídica da suposta independência dos agentes de mercado fornecerá maiores subsídios à compreensão do problema de como os agentes podem ser influenciados e em que medida pode ser considerada a livre definição no âmbito dos "mercados não regulados" referente ao "preço de produtos e serviços"[8].

Entende-se que o campo do *Behavioral Economics* pode auxiliar a compreender as possíveis influências externas no campo intimamente decisório dos agentes econômicos em suas tomadas de decisões, notadamente com os avanços tecnológicos, principalmente em uma sociedade datificada – como a que os agentes estão atualmente inseridos.

---

[2] Por consumidores, o projeto adotará a conceituação utilizada pelo Código de Defesa do Consumidor do Brasil: "Art. 2º Consumidor é toda pessoa física ou jurídica que adquire ou utiliza produto ou serviço como destinatário final. Parágrafo único. Equipara-se a consumidor a coletividade de pessoas, ainda que indetermináveis, que haja intervindo nas relações de consumo".

[3] KRECH, David; CRUTCHFIELD, Richards S. *Elementos de Psicologia*. 5. ed. São Paulo: Pioneira. (Biblioteca Pioneira de Ciências Sociais, v. 2)

[4] NEUTZLING FRAGA, Pauline. *Atitude do consumidor: o caminho para a persuasão*. VIII Congresso Brasileiro de Ciências da Comunicação da Região Sul – Passo Fundo – RS. Intercom – Sociedade Brasileira de Estudos Interdisciplinares da Comunicação, 2007.

[5] SHETH, Jagdish N.; MITTAL, Banwari; NEWMAN, Bruce I. *Comportamento do cliente*: indo além do comportamento do consumidor. São Paulo: Atlas, 2001.

[6] FESTINGER, Leon A. *A theory of cognitive dissonance*. Evanston, Il: Row, Peterson, 1957.

[7] SUNSTEIN, Cass R.; THALER, Richard H. *Nudge*: Improving Decisions About Health, Wealth, and Happiness. New Haven: Yale University Press, 2008.

[8] Preceito do inciso III do art. 3º da legislação ora em discussão.

Isso porque essa área da Economia considera a existência de tomadas de decisões dos indivíduos por influência não só de fatores externos, como também pelo julgamento intuitivo por meio de avaliações básicas, que muitas vezes entram no lugar de questões mais difíceis, o que caracteriza justamente abordagens heurísticas e vieses[9].

Acredita-se, portanto, que, para a garantia do "desenvolvimento e o crescimento econômicos do País"[10], é importante a paridade de armas, a exemplo da liberdade de informação e do pleno convencimento. Portanto, estudos que se propõem a observar esta problemática com lentes de outras áreas de conhecimento, como a Psicologia e a Economia, aliadas à perspectiva jurídica e digital-contemporânea, possibilitarão discutir o alcance e as controvérsias inerentes aos princípios da Lei de Liberdade Econômica (LLE).

Dessa forma, o artigo se dividirá nas seguintes seções: o primeiro capítulo abordará os conceitos e implicações referentes ao campo do *Behavioral Economics* na tomada de decisões dos consumidores; o segundo capítulo tratará de aspectos históricos e doutrinários da liberdade econômica; e, em seguida, o terceiro capítulo se dedicará a apresentar as relações entre as temáticas e suas consequências na interpretação da Lei de Liberdade Econômica. Por fim, serão apresentadas as conclusões do estudo realizado, que pretende, em menção comparativa à famosa expressão *luz, câmera, ação*, compreender como a LLE pode dar foco a previsões normativas para garantia da liberdade econômica, a despeito de todo o contexto que foi deixado de fora das "lentes" do Legislativo.

2. *BEHAVIORAL ECONOMICS*: CONCEITOS E IMPLICAÇÕES NO ÂMBITO DECISÓRIO DOS CONSUMIDORES NO ATUAL CENÁRIO DE CAPITALISMO DE VIGILÂNCIA

Primeiramente, para que se possa compreender as implicações da Economia Comportamental na Lei de Liberdade Econômica, torna-se primordial conceituar essa área de conhecimento e entendê-la diante do capitalismo de vigilância[11], no qual estão os agentes econômicos atualmente inseridos.

O *Behavioral Economics* é um campo da ciência econômica que combina elementos da Psicologia para entender como e por que as pessoas se comportam da maneira como se comportam. Difere da Economia Neoclássica, que assume que a maioria das pessoas tem preferências definidas e tomam decisões bem informadas e interessadas em si mesmas com base nessas preferências[12].

---

[9]   KAHNEMAN, Daniel. *Rápido e devagar*: duas formas de pensar. Trad. Cassio Leite. São Paulo: Objetiva, 2011, p. 67.

[10] BRASIL. *Lei nº 13.874, de 20 de setembro de 2019*. Disponível em: http://www.planalto.gov.br/ccivil_03/_ato2019-2022/2019/lei/L13874.htm. Acesso em: 12 fev. 2022.

[11] Termo cunhado por Shoshana Zuboff em *The age of surveillance capitalism. The fight for a human future at the new frontier of power*. New York: Public Affairs, 2019.

[12] WITYNSKI, Max. *Behavioral economics, explained*, 2020. Disponível em: https://news.uchicago.edu/explainer/what-is-behavioral-economics#:~:text=Behavioral%20economics%20combines%20elements%20of,decisions%20based%20on%20those%20preferences. Acesso em: 12 fev. 2022.

Baseado no trabalho de Richard Thaler, da Universidade de Chicago, a Economia Comportamental examina as diferenças entre o que as pessoas deveriam fazer e o que elas realmente fazem, bem como as consequências dessas ações. Logo, é fundamentada em observações empíricas do comportamento humano, que demonstram que os agentes nem sempre tomam o que os economistas neoclássicos consideram a decisão "racional" ou "ótima"[13], mesmo que tenham a informação e as ferramentas disponíveis para fazê-la.

Outros grandes nomes do *Behavioral Economics* que merecem destaque são Amos Tversky e Daniel Kahneman, ambos psicólogos israelenses que, nos anos 1970 e 1980, identificaram vários preconceitos consistentes na forma com que as pessoas fazem julgamentos, descobrindo que muitas vezes os indivíduos confiam em informações facilmente lembradas, ao invés de dados reais, ao avaliar a probabilidade de um determinado resultado, um conceito conhecido como o "heurístico de disponibilidade"[14].

Daniel Kahneman, em seu clássico *Rápido e Devagar*, expõe que tirar conclusões precipitadas é eficaz se há grandes probabilidades de que as conclusões estejam corretas e se o custo ocasional de um possível erro for "aceitável", bem como se "o 'pulo' poupa grande tempo e esforço"[15]. Contudo, o psicólogo alerta que pular para conclusões é arriscado quando a situação é pouco familiar, pois existe muita coisa em jogo e não há o devido tempo para reunir a quantidade necessária de informação[16]. Segundo afirma o autor, "essas são as circunstâncias em que erros intuitivos são prováveis"[17].

Ainda sobre decisões precipitadas, cuja existência é considerada pela Economia Comportamental, Richard Thaler e Carl Sunstein cunharam o termo *nudge*[18] para definir "uma maneira de manipular as escolhas das pessoas para levá-las a tomar decisões específicas"[19], sem propriamente coagi-las a tomar essa decisão, mas sim influenciá-las.

Ademais, o termo *nudge* advém da língua inglesa e pode ser traduzido como pequeno empurrão ou cotovelada. Para Thaler e Sunstein, o *nudge* pode ser considerado como um mecanismo de controle comportamental, uma iniciativa que direcionaria as pessoas para determinados caminhos, porém, ao mesmo tempo em que apontaria a direção para o indivíduo, permitiria que eles possuíssem certa liberdade para segui-lo da forma como desejarem. Desta feita, esse incentivo não pode se dar de forma impositiva, uma vez que o *nudge* em tese se pauta por uma suposta liberdade do sujeito[20]:

---

13   WITYSNKI, op. cit., 2020.
14   WITYSNKI, op. cit., 2020.
15   KAHNEMAN, op. cit., 2011, p. 60.
16   Hoje há divergências quanto à quantidade de informação ser sinônimo de melhor tomada de decisão. Byung Chul Han, em *No enxame*: perspectivas do digital. 3. ed. Rio de Janeiro: Vozes, 2018, explana que mais informação e comunicação não esclarecem o mundo por si mesmo, logo a transparência não seria sinônimo de clarividência. Deve-se, ademais, diferir até que ponto a informação deixa de ser informativa e passa a ser deformadora; e até que ponto a comunicação não é mais comunicativa, e sim cumulativa.
17   KAHNEMAN, op. cit., 2011.
18   SUNSTEIN, Cass R; THALER, Richard H., op. cit., 2008.
19   WITYSNKI, op. cit., 2020.
20   SOUZA, Luciana C.; RAMOS, Karen T. F.; PERDIGÃO, Sônia R. V. Análise crítica da orientação de cidadãos como método para otimizar decisões públicas por meio da técnica nudge. *Revista Brasileira de Políticas Públicas – Programa de Mestrado e Doutorado em Direito do UniCEUB*, vol. 8, n. 2, ago. 2018. Brasília: UniCEUB, 2011, p. 238.

Logo, resta evidente o motivo de caracterizar o *nudge* como um mecanismo de economia comportamental, tendo em vista que está voltado para lidar com o comportamento humano. Esta é uma das razões que atrai as instituições públicas e privadas para atingir seus objetivos específicos. Além disso, os custos para a sua implementação podem ser baixos e a taxa de efetividade é considerada alta. Esses elementos fazem do *nudge* um grande atrativo.

Dentre as formas de *nudges*, possuímos o GPS, aplicativos que calculam a quantidade de calorias que foram ingeridas pela pessoa no dia anterior, mensagens de texto que informam o vencimento de uma conta ou que informam o agendamento de uma consulta, o cadastro em planos de pensão, dentre outros[21].

Além disso, outra abordagem de suma relevância da área da Psicologia Comportamental é a Teoria da Consistência Cognitiva[22], que afirma que o indivíduo necessitaria sempre de estabelecer o equilíbrio entre os componentes da sua atitude. Não acontecendo dessa maneira, observar-se-ia a dissonância cognitiva[23], que seria o resultado de um estado psicológico incômodo, solucionado pelo consumidor através da reorganização da sua própria estrutura cognitiva.

> Esse fato é evidenciado especialmente na dissonância cognitiva pós-compra, situação na qual as possibilidades ignoradas num primeiro momento (informações sobre o produto/marca) subitamente se tornam pertinentes e interessantes, surgindo então inúmeras dúvidas quanto à escolha já efetuada. Essa dissonância tende a ser dissipada por meio de mecanismos psicológicos, como por exemplo, o de apoio à escolha efetuada ou o da busca por informações que confirmem sua suposta validade[24].

Assim, percebe-se uma clara manipulação decisória dos indivíduos – como consumidores – por parte de empresas fornecedoras de produtos. Esse cenário afeta a esfera íntima dessas pessoas, vistas como fantoches fomentadores do capitalismo, estimuladas a consumir cada vez mais, muitas vezes se arrependendo de suas próprias escolhas.

Hoje, além de os indivíduos conviverem diariamente com *nudges* e dissonâncias cognitivas, ainda estão submetidos – como usuários – a técnicas manipulatórias por parte das *big techs*, de cunho preditivo e de cunho captológico[25]. A primeira diz respeito à predição de comportamentos e às vulnerabilidades dos consumidores – incluindo de usuários de plataformas digitais – e a segunda refere-se à captologia e ao engajamento de informações, tendo relação intrínseca com a economia da atenção.

A matriz preditiva de detecção de dados pessoais se constitui em métodos de detectar e reconhecer emoções medidas pela precisão do acerto, seja da personalidade

---

21   SOUZA, Luciana C.; RAMOS, Karen T. F.; PERDIGÃO, Sônia R. V., op. cit., 2011, p. 238.
22   SHETH, Jagdish N.; MITTAL, Banwari,; NEWMAN, Bruce I, op. cit., 2001.
23   FESTINGER, op. cit., 1957.
24   NEUTZLING FRAGA, op. cit., 2007, p. 10.
25   FRAZÃO, Ana. Proteção de dados pessoais e democracia: a ameaça da manipulação informacional e digital. *A Lei Geral de Proteção de Dados LGPD*. São Paulo: Revista dos Tribunais, 2021, p. 739-762.

do usuário ou consumidor, seja dos aspectos psicológicos e emocionais apresentados momentaneamente[26]. Essa dimensão da economia psíquica dos algoritmos revela, inclusive, uma perspectiva laboratorial dessas tecnologias, sendo possível comparar os usuários das *big techs* com meras cobaias experimentais, utilizados com fins de alcançar um objetivo maior – o aprimoramento da manipulação dos usuários.

Porém, o engajamento econômico corporativo não é o único almejado pelas grandes plataformas: o engajamento dos próprios usuários, no sentido de capturar sua atenção pelo máximo de tempo possível, se tornou um dos principais fatores de investimento no segundo tipo de matriz da economia psíquica dos algoritmos, a captológica[27].

Essa matriz tem como objetivo capturar, mobilizar e direcionar a atenção dos usuários das plataformas digitais, de modo que as tecnologias empregadas tenham efeito persuasivo diretamente sobre os consumidores. Ademais, a captologia tem como fundamento a teoria de B.J. Fogg – fundador do Laboratório de Tecnologias Persuasivas em Stanford –, cuja ênfase se deu em pesquisas práticas e teóricas com fins de elucidar uma intersecção entre tecnologias computacionais e persuasão[28], visando efeitos planejados.

Desta feita, pode-se identificar uma aproximação da captologia com a Psicologia Behaviorista, afinal ambas analisam como manipular o comportamento humano de modo a obter padrões desejados, prevendo e controlando as ações[29]. Shoshana Zuboff, inclusive, reconhece, em certa medida, que o capitalismo de vigilância cria uma arquitetura behaviorista[30] propícia à atuação veemente e em ampla escala das *big techs*.

Portanto, além de lidar com decisões de ordem econômica propriamente ditas, os consumidores hoje têm sua psique invadida por técnicas manipulatórias, de modo a não entenderem mais como ou por que fazem o que fazem. Byung Chul Han, em seu livro *No Enxame: Perspectivas do digital*, enfatiza que a possibilidade de decifrar modelos comportamentais a partir do *Big Data* enuncia o início da chamada "psicopolítica"[31]. Esse "psicopoder" influenciaria os indivíduos de "dentro para fora" na medida em que controla, vigia e influencia o "inconsciente digital"[32] das massas.

Partindo das perspectivas apresentadas, torna-se possível notar uma vulnerabilidade intrínseca aos consumidores, tanto como agentes de mercado propriamente ditos, quanto como indivíduos dotados de emoções e interesses dignos de salvaguardas. Isso

---

[26] SANTOS, Isabela de Araújo. *Manipulação comportamental em uma economia datificada: uma análise de métodos de persuasão da psicologia para obtenção de dados no capitalismo de vigilância*. Publicado em 3 mar. 2022. Disponível em: https://www.jota.info/opiniao-e-analise/colunas/agenda-da-privacidade-e-da-protecao-de-dados/comportamento-manipulacao--comportamental-na-economia-datificada-03032022. Acesso em: 3 mar. 2022.

[27] SANTOS, op. cit., 2022.

[28] FOGG, B. J. *A Behavior Model for Persuasive Design*. Persuasive Technology Lab Stanford University, 2009.

[29] SANTOS, op. cit., 2022.

[30] ZUBOFF, S. *The age of surveillance capitalism*: the fight for a human future at the new frontier of power. New York: Public Affairs, 2019.

[31] HAN, Byung C. *No enxame*: perspectivas do digital. 3. ed. Rio de Janeiro: Vozes, 2018, p. 132.

[32] HAN, op. cit., 2018, p. 134.

porque toda a estrutura econômica voltada ao desmantelamento de sua autodeterminação prejudica sua tomada de decisões como *players* de mercado.

Para que se possa analisar a Lei de Liberdade Econômica pelo prisma crítico da Economia Comportamental, vale considerar brevemente o processo histórico da relação entre Estado e pessoas, naturais e jurídicas, com destaque aos possíveis conceitos sobre liberdade econômica. Desta forma, o tópico seguinte destina-se a este fim, com o objetivo de se estabelecer posteriormente um parâmetro passível de análise legal e constitucional.

3. PERSPECTIVAS SOBRE A LIBERDADE ECONÔMICA: BREVE APARATO HISTÓRICO-DOUTRINÁRIO

Discorrer sobre o termo *Liberdade Econômica* traz, inicialmente, algumas questões centrais, a exemplo do próprio histórico ocidental mercantil. De forma sintética, destaca-se que a passagem do Estado Burguês Absolutista ao Estado Democrático de Direito e Regulador foi acompanhada da modificação da relação do Estado com os agentes privados, através do surgimento de novos atores e modificações nas funções e responsabilidades do Estado e demais partícipes da economia.

Isso porque, no Estado Burguês Absolutista, havia a vigência do mercantilismo, considerada como expressão da razão de Estado enquanto tentativa deste de se constituir como a "única forma de dominação legal e burocrática, fazendo a lei o papel viabilizador de uma dominação organizada, em parâmetros de universalidade, positividade e formalidade"[33]. Dessa forma, entende-se que nesse período, através do poder de polícia do Estado, a sua principal expressão no meio econômico era vinculada "à tentativa de monopolização e coerção"[34], com pouca expressividade de outros participantes na economia.

No Estado Liberal, a atuação do governo passou a considerar o surgimento de novos atores, destacando-se em especial os agentes privados. A sua intervenção apresentava o objetivo de permitir que os "sujeitos de interesses" pudessem exercer suas escolhas em "um mercado supostamente autorregulável"[35]. Assim, o Estado Liberal passou a se dedicar no manejo de fatos e técnicas, dando relevância à academia e à burocracia, por exemplo, para que "fosse hábil e adequado", além de permitir que se movimentasse "de acordo com fronteiras delimitadas por verdades construídas a partir do funcionamento do mercado"[36]. Os estudos de Adam Smith – para quem a economia se moveria pelo interesse privado dos indivíduos – e conceitos como a "mão invisível do mercado" – relativa acerca da explicação dada às leis de mercado e o ajuste que ocorre entre a oferta e demanda – são características desse período.

Após a Primeira Guerra Mundial, houve uma mudança de paradigma diante do desgaste acerca do conceito de liberdade e igualdade, já que no período anterior o entendimento de que todos seriam iguais perante a lei era insuficiente na realidade. O

---

[33] LOPES, Othon de Azevedo. *Fundamentos da regulação*. Rio de Janeiro: Processo, 2017, p. 76.
[34] LOPES, op. cit., 2017, p. 76.
[35] LOPES, op. cit., 2017, p. 82.
[36] LOPES, op. cit., 2017, p. 81.

Estado Social, por conseguinte, ganhou destaque com a busca pela materialização dos direitos coletivos e sociais, almejando a sua concretização material diante das diferenças sociais[37]. Na seara dos conceitos sobre *liberdade econômica*, vale considerar que John Maynard Keynes defendia uma maior intervenção do Estado na regulação de valores e de trâmites do mercado. Como exemplo mais notório de políticas de intervenção social, tem-se o *New Deal*, adotado pelos Estados Unidos da América em resposta à crise da Bolsa de 1929.

No Estado Democrático de Direito, durante 1945 e 1970, com predominância na Europa Ocidental, houve a redefinição de direitos da primeira e segunda geração, com a identificação de direitos difusos[38], como os direitos ambientais e do consumidor. Nesse período, passou-se a considerar que o campo público não mais pode ser reduzido ao estatal, com a expansão da política neoliberal e questionamentos acerca da capacidade do poder legislativo de regular adequadamente a vida social e política, o que marcou o fim dos antigos modelos.

Teóricos como Friedrich Von Hayek e Milton Friedman são expoentes do neoliberalismo. Para Friedman, exemplificadamente, o Estado deveria atuar de forma recuada na economia, com ênfase à relação da própria liberdade econômica, à liberdade política e prosperidade[39], pois, em suma, a liberdade econômica seria uma condição essencial para a liberdade dos indivíduos e das sociedades.

O autor defende que o mercado é um garantidor da liberdade econômica, já que este apresenta como uma de suas principais características a capacidade de viabilizar a existência de "uma grande diversidade, significando, em termos políticos, um sistema de representação proporcional"[40]. O governo, sob esse viés, seria necessário para "a determinação das 'regras do jogo'" e atuar como "um árbitro para interpretar e pôr em vigor as regras estabelecidas"[41].

Em relação ao contexto brasileiro, enquanto constituído como Estado Democrático de Direito, através do estabelecimento de mecanismos de limitação do poder político e estatal, composto de "elementos que garantem as liberdades públicas, os direitos fundamentais, políticos, sociais e econômicos e a livre iniciativa"[42].

Todas as Constituições brasileiras, a partir da Constituição de 1934, podem ser consideradas Constituições formalmente econômicas, uma vez que se preocuparam em dispor acerca de questões referentes à economia em títulos próprios. A Constituição Econômica caracteriza-se por estabelecer os fundamentos de toda uma ordem econômica, dando especificidade ao princípio ideológico do Estado em relação à economia,

---

[37] CARVALHO NETTO, Menelick. A contribuição do direito administrativo enfocado da ótica do administrado: para uma reflexão acerca dos fundamentos do controle de constitucionalidade das Leis no Brasil. Um pequeno exercício de Teoria da Constituição. *Revista TST*, Brasília, vol. 68, nº 2, p. 67-84, abr.-jun. 2002.

[38] BONAVIDES, Paulo. *Curso de direito constitucional*. 19. ed. São Paulo: Malheiros, 2006.

[39] FRIEDMAN, Milton. *Capitalismo e liberdade*. Rio de Janeiro: LTC, 2017, versão digital.

[40] FRIEDMAN, op. cit., 2017, versão digital.

[41] FRIEDMAN, op. cit., 2017, versão digital.

[42] PIMENTA, Adriana Campos de Souza Freire; PRATA, Lucília Alcione. O tratamento da questão econômica na história constitucional brasileira. *Rev. Trib. Reg. Trab. 3ª Reg.*, Belo Horizonte, v. 50, n. 80, p. 227-254, jul.-dez. 2009.

com a finalidade da instalação de uma ordem econômica e o tipo de economia que ela regerá[43].

Nesta senda, a Constituição Federal de 1988 é uma Constituição formalmente econômica, estabelecendo, através de uma ordem econômico-financeira[44], o conteúdo ideológico e formal da economia brasileira, fixando os princípios nacionais, a atuação da iniciativa privada e pública, as formas de ação do Estado em relação às atividades setoriais essenciais e em relação à intervenção no domínio privado.

A ordem econômica da Constituição Federal de 1988, enunciada pelo art. 170, é estabelecida mediante os seguintes princípios:

> Art. 170. A ordem econômica, fundada na valorização do trabalho humano e na **livre-iniciativa**, tem por fim assegurar a todos existência digna, conforme os ditames da justiça social, observados os seguintes princípios:
>
> I – soberania nacional;
>
> II – propriedade privada;
>
> III – função social da propriedade;
>
> **IV – livre concorrência;**
>
> **V – defesa do consumidor;**
>
> VI – defesa do meio ambiente, inclusive mediante tratamento diferenciado conforme o impacto ambiental dos produtos e serviços e de seus processos de elaboração e prestação;
>
> VII – redução das desigualdades regionais e sociais;
>
> VIII – busca do pleno emprego;
>
> IX – tratamento favorecido para as empresas de pequeno porte constituídas sob as leis brasileiras e que tenham sua sede e administração no País.
>
> Parágrafo único. É assegurado a todos o livre exercício de qualquer atividade econômica, independentemente de autorização de órgãos públicos, salvo nos casos previstos em lei. (grifos nossos)

Entretanto, apesar de as garantias constitucionais estarem formalmente expressas em seu texto com tanto detalhamento e tanta exposição, é possível aferir a dificuldade na materialização desses direitos e princípios.

Em recente pesquisa referente ao índice de Liberdade Econômica Mundial (*Economic Freedom of the World* – EFM), guia anual publicado pela Heritage Foundation[45], o qual tem a finalidade de computar o nível em que as políticas e instituições dos países apoiam e conduzem a liberdade econômica em seus territórios[46]. Na publicação de 2021, dos 162 países considerados para análise, o Brasil

---

43 PIMENTA; PRATA, op. cit., 2009.

44 PIMENTA; PRATA, op. cit., 2009.

45 2021 Index of Economic Freedom. About the index. Disponível em: https://www.heritage. org/index/about. Acesso em: 13 fev. 2022.

46 Conforme explicações do Guia, o índice é elaborado a partir da análise de doze elementos quantitativos e qualitativos, "grouped into four broad categories, or pillars, of economic freedom: Rule of Law (property rights, government integrity, judicial effectiveness); Govern-

ocupou a posição 109ª. A nível regional, o país ocupa a posição 24ª, ficando atrás dos vizinhos Paraguai (16º), Peru (7º), Colômbia (6º) e Uruguai (4º – mais bem classificado da América do Sul)[47].

O relatório pondera que, apesar dos esforços do Chefe do Executivo brasileiro em "decretar reformas robustas que teriam fortalecido a liberdade econômica", na realidade, constatou-se que "não houve progresso suficiente para reformar o complexo sistema tributário brasileiro, que é um dos mais onerosos entre as economias emergentes", sendo inefetivo em conter gastos públicos. Ressaltou-se também que o "Estado de Direito no Brasil continua muito fraco para um país potencialmente de classe mundial"[48].

Entende-se que o relatório reflete resultados que os estudiosos brasileiros já vinham discutindo, em especial, quanto à falta de "técnica jurídica" na legislação que poderia implicar em dificuldades na sua execução, originando preocupações acerca da preocupação de seus "aspectos cruciais" que "dependerão, para ser eficazes, da devida regulamentação"[49].

Conforme indicado na ementa da Lei de Liberdade Econômica, ela foi desenvolvida com o intuito de reduzir a intervenção estatal nas atividades econômicas no Brasil, buscando estabelecer as "garantias de livre mercado"[50].

Contudo, consoante afirma Ana Frazão, "a lei é, na verdade, um grande manifesto, uma declaração de direitos com forte viés ideológico, mas pouca preocupação com a sua implementação prática"[51]. Ademais, além de a lei basear-se em conceitos muito abertos, "muitos deles até mesmo obscuros ou misteriosos, que acabarão tendo que

---

ment Size (government spending, tax burden, fiscal health); Regulatory Efficiency (business freedom, labor freedom, monetary freedom); Open Markets (trade freedom, investment freedom, financial freedom)". Disponível em: https://www.heritage.org/index/about. Acesso em: 13 fev. 2022.

[47] Economic Freedom: Regional Variations (Regional Average). Disponível em: heritage.org/index/pdf/2021/book/2021_IndexofEconomicFreedom_REGIONAL.pdf. Acesso em: 13 fev. 2022.

[48] Tradução livre de "In Brazil, South America's largest country, early efforts by the government of center-right President Jair Bolsonaro to enact robust reforms that would have strengthened economic freedom have bogged down. In particular, there has been insufficient progress to reform Brazil's complex tax system, which is one of the most burdensome among emerging economies, consuming about 33 percent of GDP, and creates a plethora of opportunities for corruption. Although the Bolsonaro administration has generally pursued a free-market agenda, including an overhauling of the public pension system and privatization of government assets, it has failed to rein in spending and reduce unsustainable debt levels, which contributed to Brazil's registering one of the world's lowest Index indicator scores for fiscal health this year. In addition, the rule of law in Brazil remains too weak for a potentially world-class country" (2021 Index of Economic Freedom. Regional Variations. Disponível em: heritage.org/index/pdf/2021/book/2021_IndexofEconomicFreedom_REGIONAL.pdf. p. 42. Acesso em: 13 fev. 2022).

[49] FRAZÃO, Ana. Lei de Liberdade Econômica e alguns de seus desafios. *JOTA*, 13 nov. 2019. Disponível em: https://www.jota.info/opiniao-e-analise/colunas/constituicao-empresa-e--mercado/lei-de-liberdade-economica-e-alguns-de-seus-desafios-13112019. Acesso em: 14 fev. 2022.

[50] Trecho da Ementa da Lei 13.874/2019: "Institui a Declaração de Direitos de Liberdade Econômica; estabelece garantias de livre mercado (...)".

[51] FRAZÃO, op. cit., 2019.

Capítulo 7 · LIBERDADE, PREVISÃO, AÇÃO | 139

ser densificados pelo Judiciário", isso pode acabar por comprometer um dos principais objetivos da lei: o de garantir a segurança jurídica da liberdade econômica. A autora também pondera que:

> Outra importante crítica foi o fato de a Lei ter se afastado das preocupações com a governança pública, aspecto que caracterizava o projeto inicial elaborado por professores, que pretendia não propriamente uma desregulação radical, mas sim a priorização da governança pública e da avaliação da eficácia da regulação. Tanto é assim que foi reafirmada a necessidade e a importância do Projeto de Lei nº 4.888/2019, de autoria dos deputados Eduardo Cury e Alessandro Molon, que dispõe sobre a governança da ordenação pública econômica[52].

Ademais, a partir do momento que a LLE se apoia em todo um conjunto de preceitos genéricos e premissas ingênuas de que mercados podem se autorregular e existir de maneira espontânea, toda ação do Estado torna-se questionável, "até porque a lei confunde desburocratização com desregulação"[53].

No ponto, André Cyrino é preciso ao apontar as dificuldades sobre as Constituições Econômicas, porquanto a "transposição de normas de cunho econômico" para o texto constitucional "causa inevitável (e muitas vezes confusa) judicialização das questões econômicas no país, transformando o Poder Judiciário em instituição criadora de políticas públicas"[54] o que, certamente, potencializa tensões institucionais.

Ademais, deve-se recordar que a livre iniciativa, bem como a livre concorrência, já estão garantidas constitucionalmente como fundamento da República – art. 1º, IV – e como fundamento da ordem econômica constitucional – art. 170, *caput* –, motivo pelo qual pode-se considerar que não seria necessária nenhuma espécie normativa infraconstitucional para protegê-la ou assegurá-la[55]:

> A iniciativa privada é livre nos termos da Constituição. A Constituição de 1988 não admite qualquer forma de organização econômica nem permite toda e qualquer conduta dos agentes econômicos, pelo contrário, seu texto estabelece os fundamentos e regras essenciais da atividade econômica, seja a atividade econômica em sentido estrito, sejam os serviços públicos . Nesse sentido, tanto a atividade econômica em sentido estrito prestada pelos agentes econômicos privados como a própria configuração do mercado no Brasil subordinam-se aos parâmetros constitucionais, especialmente os fixados nos artigos 1º, 3º e 170 da Constituição de 1988[56].

---

[52]   FRAZÃO, op. cit., 2019.

[53]   FRAZÃO, op. cit., 2019.

[54]   CYRINO, André Rodrigues. Análise econômica da Constituição econômica e interpretação institucional. *Revista Estudos Institucionais*, v. 3, p. 953, 2017.

[55]   BERCOVICI, Gilberto. As inconstitucionalidades da "lei da liberdade econômica" (Lei nº 13.874, de 20 de setembro de 2019). In: SALOMÃO, Luis Felipe; VILLAS BÔAS CUEVA, Ricardo; FRAZÃO, Ana. *Lei de Liberdade Econômica e seus impactos no direito brasileiro*. São Paulo: Thomson Reuters Brasil, 2020.

[56]   BERCOVICI, op. cit., 2020.

Veja-se que as discussões históricas sobre as mencionadas transformações sociais, políticas e econômicas são densas e não se objetiva impor limites aos debates neste estudo. Em verdade, buscou-se identificar de forma breve como a percepção do papel do Estado, o surgimento de atores na economia e novas responsabilidades, ao poder público e ao poder privado, ocorreram historicamente.

Pode-se considerar, neste sentido, a existência de um movimento histórico, comumente indicado como semelhante a um pêndulo, em que se busca o equilíbrio dos ônus e bônus de cada agente. Identifica-se por meio deste processo que, por vezes, imposições unilaterais como legislações, ainda que com o intuito de garantir e/ou promover direitos, podem não ser efetivas na sociedade sem que ocorra a garantia de permitir às pessoas a sua materialização – seja o direito à propriedade, à vida, ou a exercer livremente sua atividade econômica.

Outrossim, não se pode considerar irrelevante que a Lei 13.874/2019 alterou o art. 170 da Constituição pois já havia previsão constitucional que buscava privilegiar a liberdade econômica, em consonância com os demais direitos e previsões sociais. Viu-se, por exemplo, que os direitos emergentes a partir da terceira geração trouxeram novos parâmetros a exemplo das garantias dos consumidores. Desta forma, é válido compreender que "a interpretação econômica da Constituição econômica é uma discussão sobre os limites do controle de constitucionalidade das leis"[57].

Portanto, cientes da complexidade histórica sobre liberdade econômica e buscando se restringir ao escopo de discussão deste estudo, o capítulo seguinte pretende analisar de forma específica os incisos III e VI do art. 3º da Lei de Liberdade Econômica, em consideração ao discutido anteriormente.

4. ANÁLISE REFERENTE AOS INCISOS III E VI DO ART. 3º DA LEI DE LIBERDADE ECONÔMICA PELO PRISMA DO *BEHAVIORAL ECONOMICS* E DO APARATO HISTÓRICO-DOUTRINÁRIO

O art. 3º da Lei de Liberdade Econômica (LLE) descreve os direitos da pessoa, natural ou jurídica, essenciais para o desenvolvimento e o crescimento econômico do País. Dentre esses direitos, estão os elencados no inciso III, os quais serão especificamente abordados e analisados no presente artigo.

O inciso III define como direito da pessoa natural e jurídica "definir livremente, em mercados não regulados, o preço de produtos e de serviços como consequência de alterações da oferta e da demanda"[58], partindo claramente do pressuposto de que o agente de mercado seria livre para tomar a decisão de fixar preços de produtos e serviços, como resultado estritamente de variações de oferta e demanda.

Contudo, de acordo com as elucidações realizadas nos capítulos anteriores, percebe-se que a tomada de decisões por parte dos indivíduos no capitalismo de vigilância é influenciada tanto por *nudges* e dissonâncias cognitivas, quanto por manipulações

---

[57] CYRINO, op. cit., 2017, p. 969.

[58] BRASIL. *Lei nº 13.874, de 20 de setembro de 2019.* Institui a Declaração de Direitos de Liberdade Econômica; estabelece garantias de livre mercado. Disponível em: http://www.planalto.gov.br/ccivil_03/_ato2019-2022/2019/lei/L13874.htm. Acesso em: 12 fev. 2022.

psicológicas de matrizes preditivas e captológicas. Além de todo um contexto de sujeição e submissão dos *players* a uma ordem econômica cujas diretrizes favorecem muitas vezes monopólios e oligopólios concentradores de renda.

Em acréscimo, percebeu-se que considerar a intenção de atuar em prol da liberdade econômica não pode estar desvinculada do sistema o qual está inserida. Isso porque, e, já de início, a própria lei traz dificuldades em sua interpretação, com termos genéricos e pendente de futuras regulamentações. Como mencionado, as consequências originadas podem contribuir para uma judicialização excessiva. As decisões supervenientes, além de almejarem solucionar a lide das partes – isto é, problemas reais entre agentes dos diversos setores econômicos – devem observar a previsão constitucional, a qual não apenas garante a ordem econômica, mas a busca concretizar com os direitos e garantias constitucionais.

Enunciar que os indivíduos são livres para definir os preços de mercado é, desta feita, uma mera utopia trazida pela LLE, visto estarem os agentes econômicos inseridos hoje em uma sociedade otimizada por adentrar a psiquê humana, influenciando suas decisões e seus comportamentos. O panóptico digital[59] substitui as relações de confiança por relações de controle, dando aos indivíduos uma falsa sensação de liberdade, pois o que de fato ocorre é uma "hiperatividade"[60] destes, considerados os próprios opressores de si mesmos[61].

Isso porque a competitividade estimulada pelo capitalismo de vigilância acaba por hiperestimular os indivíduos ao cansaço extremo, ainda mais ao se considerar os aspectos de indução comportamental descobertos e revelados pelo *Behavioral Economics*, que, desde a década de 1970, vem apresentando a vulnerabilidade cognitiva-comportamental dos agentes econômicos diante da tomada de decisões enviesadas.

Tanto para Skinner quanto para Zuboff "a liberdade humana não passa de ilusão e exprime nada mais que nossa ignorância sobre os mecanismos determinantes de nossas ações"[62]. Tal máxima se aplica adequadamente a um contexto de alto fluxo de dados pessoais, escavação de emoções e uso de relações sociais como principal matéria-prima das *big techs*, como o qual estão inseridos os agentes de mercado hoje.

O psicanalista francês Franck Enjolras constata que os dados extraídos de *posts*, *likes*, movimentos, fotos e compras dos usuários de plataformas digitais permitem aos algoritmos um conhecimento de seus *selfs* capaz de não só saber o que fazem ou o que fizeram, mas também o que farão[63]:

---

[59] Termo cunhado por Han para descrever a sociedade inserida no contexto da psicopolítica em *No enxame: perspectivas do digital*. 3. ed. Rio de Janeiro: Vozes, 2018.

[60] HAN, Byung C. *Sociedade do cansaço*. 2. ed. Rio de Janeiro: Vozes, 2020.

[61] HAN, *Sociedade do cansaço*, op. cit., 2020.

[62] ZANATTA, R. A. F.; ABRAMOVAY, R. Dados, vícios e concorrência: repensando o jogo das economias digitais. *Estudos Avançados*, [S. l.], v. 33, n. 96, p. 425, 2019. Disponível em: https://www.revistas.usp.br/eav/article/view/161303. Acesso em: 22 jul. 2021.

[63] ENJOLRAS, Franck. *Gare à ces 'algorithmes qui pourraient finir par nous connaître mieux que nous nous connaissons nous-mêmes'...* Le Monde, 26.12.2018. Disponível em: https://www.lemonde.fr/sciences/article/2017/12/26/gare-a-ces-algorithmes-qui-nous-connaissent-mieux-que-nous-memes_5234390_1650684.html. Acesso em: 15 jun. 2019.

(...) o inconsciente se revela não na sessão de psicanálise, na relação vivida entre dois seres humanos, de forma íntima, discreta e com a finalidade de ampliar nosso autoconhecimento, mas por dispositivos controlados por estruturas que coletam, armazenam e analisam nossos mais elementares gestos cotidianos e que dão concretude à ideia, hoje já banal, de que os algoritmos nos conhecem melhor que nós mesmos ou que as pessoas com quem convivemos em laços estreitos[64].

Ademais, insta salientar que Sigal Samuel[65] defende que, na era do chamado "neurocapitalismo", no qual os pensamentos, desejos e emoções são submetidos a escrutínios e mapeamentos, seria necessária a criação de novos direitos. Ainda de acordo com Samuel, Marcello Ienca, pesquisador do ETH de Zurique, diz que deve-se considerar a criação de ao menos quatro novos direitos específicos para a neurotecnologia[66]: direito à liberdade cognitiva, à privacidade mental, à integridade mental e à continuidade psicológica.

O primeiro estaria relacionado com a possibilidade de optar pelo uso da neurotecnologia, enquanto o segundo requereria a preservação da intimidade da mente, com importantes desdobramentos em garantias constitucionais – a exemplo do direito ao silêncio e ao princípio da não autoincriminação. Em continuidade, o terceiro direito traria a ideia de que ninguém poderia ser prejudicado física ou psicologicamente pela neurotecnologia, de modo a se evitar qualquer ação de cunho manipulatório, repercutindo na segurança de dados cerebrais. Por fim, o quarto e último direito diria respeito à proteção contra alterações do seu senso identitário, evitando sua perda[67].

Percebe-se, entretanto, que a Lei de Liberdade Econômica não pressupôs nenhuma dessas considerações sobre o cerceamento da liberdade humana sob o ponto de vista do panóptico digital ou da neurotecnologia. Vê-se ainda, na realidade, no inciso III de seu art. 3º, a consideração de que essa autodeterminação existe e configura a vivência e o cotidiano dos agentes de mercado abarcados pela lei, o que é um problema considerável para as garantias legais e constitucionais desses indivíduos.

Isso porque o direito à liberdade econômica pode ser conferido no art. 170 da Constituição Federal[68]: a livre concorrência, a livre-iniciativa e a defesa do consumidor configuram direitos que expressam a necessidade que os agentes econômicos, como *players* de mercado ou como consumidores de produtos e serviços, têm de participar ativa e conscientemente sobre suas tomadas de decisões.

---

[64] ZANATTA, R. A. F.; ABRAMOVAY, R., op. cit., 2019.

[65] SAMUEL, Sigal. *Brain-reading tech is coming. The law is not ready to protect us*. Disponível em: https://www.vox.com/2019/8/30/20835137/facebook-zuckerberg-elon-musk-brain-mind--reading-neuroethics. Acesso em: 7 ago. 2021.

[66] FRAZÃO, Ana, op. cit., 2021, p. 739-762.

[67] FRAZÃO, Ana, op. cit., 2021, p. 758.

[68] "Art. 170. A ordem econômica, fundada na valorização do trabalho humano e na livre iniciativa, tem por fim assegurar a todos existência digna, conforme os ditames da justiça social, observados os seguintes princípios: I – soberania nacional; II – propriedade privada; III – função social da propriedade; IV – livre concorrência; V – defesa do consumidor; (...)".

Ressalta-se que há apenas uma única menção ao termo "consumidor" em toda a Lei de Liberdade Econômica[69]. Por mais óbvio que pareça ser, é inviável a existência de um mercado sem os consumidores, ideia já há muito tempo considerada pela base da demanda e oferta. Mesmo que ocorra a rápida menção aos direitos dos consumidores, entende-se que a proteção dessa vulnerabilidade não foi objeto da devida análise legislativa, insustentável no âmbito econômico e constitucional.

A partir do momento em que a soberania dos consumidores e dos *players* de mercado é colocada em xeque, em decorrência de uma violação de sua autodeterminação para decidir na esfera econômica, garantias constitucionais são violadas. Consequentemente, a própria eficácia da Lei de Liberdade Econômica é questionada, visto que a lei nem ao menos prevê possibilidades plausíveis e factíveis a fim de possibilitar aos agentes o que seu próprio nome pressupõe: liberdade.

Outra problemática sob o ponto de vista da aferência de concretização da liberdade econômica pela lei seria a prevista no inciso VI do art. 3º da LLE, que enuncia que são direitos dos agentes:

> VI – desenvolver, executar, operar ou comercializar novas modalidades de produtos e de serviços quando as normas infralegais se tornarem desatualizadas por força de desenvolvimento tecnológico consolidado internacionalmente, nos termos estabelecidos em regulamento, que disciplinará os requisitos para aferição da situação concreta, os procedimentos, o momento e as condições dos efeitos; (...)

Isso porque aspectos essenciais da lei, como os arrolados no inciso VI – desenvolver, executar, operar ou comercializar novas tecnologias –, para serem eficazes, dependerão de posterior regulamentação. Sem falar que, enquanto essa regulamentação não for devidamente prontificada, pode haver um super empoderamento do Poder Executivo[70], "que pode ser usado indevidamente, inclusive para o fim de restringir vários dos direitos e liberdades previstos pela lei"[71].

Em suma, há uma inevitável contrariedade entre os propósitos da lei, a sua previsão escrita e a prática social. A disposição legislativa que almeja a garantia da liberdade econômica esbarra em um texto vago que abre margens à discricionariedade, com chances de comprometer o sistema econômico, o qual, atualmente, já não se considera desvinculado dos avanços tecnológicos e de fenômenos como o *Big*

---

[69] "Art. 3º São direitos de toda pessoa, natural ou jurídica, essenciais para o desenvolvimento e o crescimento econômicos do País, observado o disposto no parágrafo único do art. 170 da Constituição Federal: (...) III – na hipótese de existência de legislação estadual, distrital ou municipal sobre a classificação de atividades de baixo risco, o ente federativo que editar ou tiver editado norma específica encaminhará notificação ao Ministério da Economia sobre a edição de sua norma. (...) § 3º O disposto no inciso III do caput deste artigo não se aplica: (...) II – à legislação de defesa da concorrência, aos direitos do consumidor e às demais disposições protegidas por lei federal." (grifos nossos)

[70] FRAZÃO, op. cit., 2019.

[71] FRAZÃO, op. cit., 2019.

Data, com preocupações à preservação da democracia[72] e à perda do livre-arbítrio informacional[73].

5. CONSIDERAÇÕES FINAIS

O artigo se propôs a realizar a análise dos incisos III e VI do art. 3º da Lei 13.874/2019, pelo prisma do *Behavioral Economics*, enquanto campo da Economia capaz de detalhar como esse domínio por parte das empresas – na maioria *big techs* e grandes plataformas – consegue estimular o comportamento e as emoções dos indivíduos a ponto de fazerem-nos decidir de acordo com anseios que extrapolam vontades particulares e íntimas, mas sim da própria ordem econômica monopolista e datificada. Assim, pode-se inferir que os agentes econômicos hoje têm sua liberdade cerceada por mecanismos de manipulação de tomada de decisões enviesadas e intuitivas.

A ordem econômica parasítica atual reivindica a experiência humana como matéria prima, a princípio gratuita, para práticas comerciais dissimuladas de extração, previsão e vendas – a produção é estreitamente vinculada a uma arquitetura global de influência na modificação comportamental. Influenciar comportamentos, desta feita, passou a ser o objetivo central das *big techs* e demais empresas dentro do capitalismo de vigilância, visto que a obtenção de dados pessoais, juntamente com sua análise – recorrentemente por meio da utilização de algoritmos –, permite às grandes plataformas digitais um poderio econômico sem precedentes e uma alta manipulação preditiva e captológica comportamental de seus usuários[74].

A partir das análises algorítmicas, torna-se possível entregar conteúdos personalizados aos usuários, utilizando técnicas de *profiling* e *microtargeting*, de modo a influenciar mais eficientemente suas tomadas de decisões dentro desse modelo capitalista datificado. A psicologia comportamental tem mostrado que as pessoas apresentam limitações de racionalidade e influências de emoções e vieses que comprometem drasticamente o livre exercício de seus direitos de livre iniciativa, livre concorrência e defesa do consumidor, garantidos no ordenamento jurídico pátrio.

Desta feita, ainda que se possa argumentar que a abrangência da Lei de Liberdade Econômica exista para possibilitar que a lei se aplique melhor aos mais diversos casos concretos que venham a existir, vê-se que, de imediato, há grandes riscos de se tornar ineficaz ao não considerar o mínimo quanto à liberdade e ação dos agentes, em especial, do polo mais vulnerável da relação econômica, os consumidores.

---

[72] Sobre o tema, Sylvio Cruz o sintetizou afirmando que: "O grande debate sobre a democracia presente é que ela perdeu o controle sobre o poder das corporações. As grandes corporações açambarcam riquezas e influências num volume e velocidade nunca vistos. Retroalimentam, continuamente, os processos de espoliação e de desigualdade para transformar cidadãos em clientes. As grandes indústrias, as companhias petrolíferas e os grandes bancos deixam ser as corporações mais poderosas do mundo" (CRUZ, Sylvio Augusto de Mattos. Big Data e o fim do livre arbítrio: a democracia manipulada. *Pensar Acadêmico*. Manhuaçu, v. 19, 2021, p. 1.086).

[73] PARCHEN, Charles Emmanuel; FREITAS, Cinthia Obladen de Almendra; EFING, Antônio Carlos. Serendipidade e livre-arbítrio informacional. *Revista da Faculdade de Direito do Sul de Minas*, v. 35, p. 407-427, 2019.

[74] SANTOS, op. cit., 2022.

Portanto, coloca-se em privilégio a inviabilidade da previsão normativa em detrimento do exercício da liberdade econômica dos cidadãos, uma vez que há a possibilidade de mais discrepância entre a garantia formal e material de direitos. Além de desconsiderar os estudos do campo da Economia Comportamental, a lei tenta reafirmar direitos e garantias já previstos em âmbito constitucional – o que não necessitaria de uma ratificação propriamente dita –, também concebe um poder desnecessário ao Executivo enquanto medidas regulatórias não forem suficientes ao longo do tempo para regular as tecnologias criadas e comercializadas pelos agentes econômicos que porventura trouxerem inovações ao mercado.

Por fim, a Lei de Liberdade Econômica, em seu art. 3º, III e VI, falhou ao não trazer mecanismos, significados e pressupostos adequados para a garantia da liberdade que depreende-se de seu nome. Entende-se que o zelo necessário ao enquadramento estabelecido pela lei à liberdade econômica não deve ser desassociado do contexto social na qual está inserida, podendo ser questionado se apenas uma única menção ao direito do consumidor – parte mais vulnerável da relação de consumo – demonstra a capacidade da LLE cumprir com a garantia da liberdade econômica. Diferente de obras cinematográficas, a realidade não possibilita que as ações humanas sejam pausadas, regravadas, editadas após ocorrerem e, por isso, a perspectiva histórica e doutrinária sobre as correntes da liberdade econômica, bem como os estudos da Economia Comportamental, são importantes auxílios para este fim.

REFERÊNCIAS

2021 Index of Economic Freedom. *About the index.* Disponível em: https://www.heritage.org/index/about. Acesso em: 13 fev. 2022.

2021 Index of Economic Freedom. *Regional Variations.* Disponível em: heritage.org/index/pdf/2021/book/2021_IndexofEconomicFreedom_REGIONAL.pdf. Acesso em: 13 fev. 2022.

BERCOVICI, Gilberto. As inconstitucionalidades da "lei da liberdade econômica" (Lei nº 13.874, de 20 de setembro de 2019). In: SALOMÃO, Luis Felipe; VILLAS BÔAS CUEVA, Ricardo; FRAZÃO, Ana. *Lei de Liberdade Econômica e seus impactos no direito brasileiro.* São Paulo: Thomson Reuters Brasil, 2020.

BONAVIDES, Paulo. *Curso de direito constitucional.* 19. ed. São Paulo: Malheiros, 2006.

BRASIL. *Constituição da República Federativa do Brasil de 1988.* Disponível em: http://www.planalto.gov.br/ccivil_03/constituicao/constituicao.htm. Acesso em: 12 fev. 2022.

BRASIL. *Lei nº 8.078, de 11 de setembro de 1990.* Disponível em: http://www.planalto.gov.br/ccivil_03/leis/l8078compilado.htm. Acesso em: 12 fev. 2022.

BRASIL. *Lei nº 13.874, de 20 de setembro de 2019.* Disponível em: http://www.planalto.gov.br/ccivil_03/_ato2019-2022/2019/lei/L13874.htm. Acesso em: 12 fev. 2022.

CARVALHO NETTO, Menelick. A contribuição do direito administrativo enfocado da ótica do administrado: para uma reflexão acerca dos fundamentos do controle de constitucionalidade das Leis no Brasil. Um pequeno exercício de Teoria da Constituição. *Revista TST*, Brasília, v. 68, n. 2, p. 67-84, abr.-jun. 2002.

CIALDINI, Robert; SAMSON, Alain. *The Behavioral Economics Guide.* Ed. 2018. Disponível em: http://www.behavioraleconomics.com. Acesso em: 11 ago. 2021.

CRUZ, Sylvio Augusto de Mattos. Big Data e o fim do livre arbítrio: a democracia manipulada. *Pensar Acadêmico*, Manhuaçu, v. 19, p. 1083-1102, 2021.

CYRINO, André Rodrigues. Análise econômica da Constituição econômica e interpretação institucional. *Revista Estudos Institucionais*, v. 3, p. 953, 2017.

ENJOLRAS, Franck. *Gare à ces 'algorithmes qui pourraient finir par nous connaître mieux que nous nous connaissons nous-mêmes'...* Le Monde, 26.12.2018. Disponível em: https://www.lemonde.fr/sciences/article/2017/12/26/gare-a-ces-algorithmes-qui-nous-connaissent-mieux-que-nous-memes_5234390_1650684.html. Acesso em: 15 jun. 2019.

FESTINGER, Leon A. *A theory of cognitive dissonance*. Evanston, II: Row, Peterson, 1957.

FRAZÃO, Ana. *Direito da concorrência*. São Paulo: Saraiva, 2017.

FRAZÃO, Ana. *Lei de Liberdade Econômica e alguns de seus desafios*. 13 ago. 2019. Disponível em: https://www.jota.info/paywall?redirect_to=//www.jota.info/opiniao-e-analise/colunas/constituicao-empresa-e-mercado/lei-de-liberdade-economica-e-alguns-de-seus-desafios-13112019. Acesso em: 7 set. 2021.

FRAZÃO, Ana. Proteção de dados pessoais e democracia: a ameaça da manipulação informacional e digital. *A Lei Geral de Proteção de Dados LGPD*. São Paulo: Revista dos Tribunais, 2021.

FRAZÃO, Ana; CARVALHO, Angelo Gamba Prata de Carvalho (coord.). *Empresa, mercado e tecnologia*. Belo Horizonte: Fórum, 2019.

FRIEDMAN, Milton. *Capitalismo e liberdade*. Rio de Janeiro: LTC, 2017. Versão digital.

HAN, Byung C. *No enxame*: perspectivas do digital. 3. ed. Rio de Janeiro: Vozes, 2018.

HAN, Byung C. *Sociedade do cansaço*. 2. ed. Rio de Janeiro: Vozes, 2020.

KAHNEMAN, Daniel. *Rápido e devagar*: duas formas de pensar. Trad. Cassio Leite. São Paulo: Objetiva, 2011.

KRECH, David; CRUTCHFIELD, Richards S. *Elementos de Psicologia*. 5. ed. São Paulo: Pioneira. (Biblioteca Pioneira de Ciências Sociais, v. 2)

LOPES, Othon de Azevedo. *Fundamentos da regulação*. Rio de Janeiro: Processo, 2017.

MARQUES NETO, Floriano Peixoto; RODRIGUES JÚNIOR, Otavio Luiz; LEONARDO, Rodrigo Xavier (coord.). *Comentários à Lei de Liberdade Econômica*: Lei 13.874/2019. São Paulo: Thomson Reuters Brasil, 2019. ePub.

MYERS, David G. *Psicologia social*. Trad. Daniel Bueno, Maria Cristina Monteiro e Roberto Cataldo Costa. 10. ed. Porto Alegre: AMGH, 2014.

NALINI, Lauro Eugênio Guimarães; CARDOSO, Michel de Melo; CUNHA, Sinthia Rodrigues. Comportamento do consumidor: uma introdução ao Behavioral Perspective Model (BPM). *Fragmentos de Cultura*, Goiânia, v. 23, n. 4, p. 489-505, out.-dez. 2013.

NEUTZLING FRAGA, Pauline. *Atitude do consumidor: o caminho para a persuasão*. VIII Congresso Brasileiro de Ciências da Comunicação da Região Sul – Passo Fundo – RS. Intercom – Sociedade Brasileira de Estudos Interdisciplinares da Comunicação, 2007.

PARCHEN, Charles Emmanuel; FREITAS, Cinthia Obladen de Almendra; EFING, Antônio Carlos. Serendipidade e livre-arbítrio informacional. *Revista da Faculdade de Direito do Sul de Minas*, v. 35, p. 407-427, 2019.

PIMENTA, Adriana Campos de Souza Freire; PRATA, Lucília Alcione. O tratamento da questão econômica na história constitucional brasileira. *Rev. Trib. Reg. Trab. 3ª Reg.*, Belo Horizonte, v. 50, n. 80, p. 227-254, jul.-dez. 2009.

PLONER, K. S. et al. (org.). Ética e paradigmas na psicologia social [on-line]. Rio de Janeiro: Centro Edelstein de Pesquisas Sociais, 2008.

REZENDE, Daniel (Diretor de Cinema). *Inteligência Ltda*. Podcast #359. Íntegra disponível em: https://www.youtube.com/watch?v=ZXQI5x8TuaM. Acesso em: 28 dez. 2021.

SAMUEL, Sigal. *Brain-reading tech is coming. The law is not ready to protect us.* Disponível em: https://www.vox.com/2019/8/30/20835137/facebook-zuckerberg-elon-musk-brain-mind--reading-neuroethics. Acesso em: 7 ago. 2021.

SANTOS, Isabela de Araújo. *Manipulação comportamental em uma economia datificada: uma análise de métodos de persuasão da psicologia para obtenção de dados no capitalismo de vigilância.* 3 mar. 2022. Disponível em: https://www.jota.info/opiniao-e-analise/colunas/agenda-da-privacidade-e-da-protecao-de-dados/comportamento-manipulacao-comportamental-na-economia-datificada-03032022. Acesso em: 3 mar. 2022.

SHETH, Jagdish N.; MITTAL, Banwari; NEWMAN, Bruce I. *Comportamento do cliente*: indo além do comportamento do consumidor. São Paulo: Atlas, 2001.

SKINNER, Burrhus F. *About behaviorism*. Nova York: Appleton-Century-Crofts, 1978.

SOLOMON, Michael R. *O comportamento do consumidor*: comprando, possuindo e sendo. São Paulo: Bookman, 2008.

SOUZA, Luciana C.; RAMOS, Karen T. F.; PERDIGÃO, Sônia R. V. Análise crítica da orientação de cidadãos como método para otimizar decisões públicas por meio da técnica nudge. *Revista Brasileira de Políticas Públicas – Programa de Mestrado e Doutorado em Direito do UniCEUB*, Brasília: UniCEUB, vol. 8, n. 2, ago. 2018.

SUNSTEIN, Cass R.; THALER, Richard H. *Nudge*: Improving Decisions About Health, Wealth, and Happiness. New Haven: Yale University Press, 2008.

XAVIER, Vinícius P. P. *Análise do comportamento do consumidor sob uma perspectiva comportamental: modelos de consumo em um ambiente relativamente fechado.* Dissertação (Mestrado em Psicologia) – Pontifícia Universidade Católica de Goiás, Goiânia, 2010.

ZANATTA, R. A. F.; ABRAMOVAY, R. Dados, vícios e concorrência: repensando o jogo das economias digitais. *Estudos Avançados*, [S. l.], v. 33, n. 96, p. 425, 2019. Disponível em: https://www.revistas.usp.br/eav/article/view/161303. Acesso em: 22 jul. 2021.

ZUBOFF, S. *The age of surveillance capitalism*: the fight for a human future at the new frontier of power. New York: Public Affairs, 2019.

Capítulo 8

LEI DE LIBERDADE ECONÔMICA (LEI 13.874/2019) À LUZ DA LEGISLAÇÃO AMBIENTALISTA E O ENFOQUE CONSTITUCIONAL DA PROTEÇÃO AO MEIO AMBIENTE EQUILIBRADO

Nathália Amorim Pinheiro

Advogada. Graduada pelo Centro Universitário de Brasília.
Pós-graduanda em Direito Empresarial pelo IBMEC.

1. INTRODUÇÃO

À luz das discussões inauguradas pela edição da Lei 13.874/2019 – Lei de Liberdade Econômica – seus efeitos em diversas esferas do ordenamento jurídico tornaram-se alvo de estudos e dos cuidados de doutrinadores e juristas que buscam, precisamente, avaliar a limitação de seus dispositivos e sua compatibilização com as demais normas que consubstancializam princípios tão caros à Constituição Federal, como o da liberdade econômica.

Não destoa dessas preocupações os questionamentos aventados na esfera do direito ambiental, em que pese não constar, de forma expressa, na Lei de Liberdade Econômica, a sua incidência no meio ambiente.

Uma das maiores preocupações diz com a possibilidade de liberação tácita, ou mesmo a desnecessidade de liberação, para atos de baixo impacto ambiental.

No presente artigo, para além da preocupação primacial supramencionada, também será abordada outra disposição que pode ter efeitos sobre o meio ambiente e a sua possível nocividade: a determinação de extirpar-se do ordenamento jurídico normas infralegais desatualizadas.

Em um primeiro momento, abordar-se-á a questão acerca da delimitação do que seria potencialmente causador de danos e a da difícil atividade de conceituação do impacto ambiental para fins de liberação. Partindo dos pressupostos ensartados nesta primeira avaliação, este trabalho dispensará maiores cuidados à segunda questão aventada, lançando luz à quantidade de normas dispersas e conflitantes a guiar a atividade de proteção ambiental.

Para tanto, o primeiro capítulo cuidará de minudenciar os impactos da Lei de Liberdade Econômica no meio ambiente, bem como as preocupações que exsurgem de uma análise sistêmica do ordenamento jurídico brasileiro.

Dispostas as premissas acerca dos potenciais impactos da desburocratização das atividades de liberação e do afastamento das normas desatualizadas, será abordada, com mais acuidade, a matéria sobre liberação de atividade de baixo impacto ambiental.

A partir disto, estarão maduras as premissas para se tratar da complexidade e indispensabilidade dos estudos e relatórios de impacto ambiental, prévios ao empreendimento.

Apenas para mais bem contextualizar os efeitos concretos das modificações impostas pela Lei, também se lançará mão das preocupações acerca da atividade minerária.

Abordar-se-á, ainda, a complexidade dos direitos fundamentais e da definição de meio ambiente e sua avaliação na sistemática do ordenamento jurídico brasileiro, partindo para a proteção por normas internacionais do meio ambiente.

Finalmente, serão dispensados cuidados ao direito empresarial ambiental, buscando como conclusão compatibilizar a Lei de Liberdade Econômica aos preceitos de proteção do meio ambiente, a partir do questionamento sobre o que se pode fazer do que foi feito da liberalização econômica na esfera ambiental.

2. IMPACTOS DA LEI DE LIBERDADE ECONÔMICA NO MEIO AMBIENTE

Com a promulgação da Lei 13.874/2019, a Lei de Liberdade Econômica, foram suscitados numerosos debates acerca dos efeitos alcançados por seus princípios e dispositivos em suas esferas de aplicação – direito civil, empresarial, econômico, urbanístico e do trabalho – de acordo com o § 1º do seu art. 1º e, em que pese não constar, de forma expressa, a sua incidência no âmbito do direito ambiental, esta preocupação não passou despercebida pelos setores que avaliam o impacto da liberalização econômica e do alinhamento das políticas de Estado às feições liberalistas, no que diz com o meio ambiente e o desenvolvimento sustentável.

Dentre os possíveis – e previsíveis – impactos na legislação ambiental e, dito de outro modo, na proteção ao meio ambiente saudável, destacam-se a previsão de autorização tácita dos atos de liberação de atividade econômica de baixo impacto e o afastamento da incidência de normas infralegais desatualizadas.

Em um primeiro momento, quando se avalia a possibilidade de uma espécie de autorização tácita em casos de autorização de empreendimentos cujos efeitos sejam considerados de baixo impacto, não é dizer que as prescrições deste jaez são incompossíveis, em sua totalidade, à complexa trama da sustentabilidade e do desenvolvimento às raias do meio ambiente equilibrado, tanto porque o próprio Ministério do Meio Ambiente, ao avaliar o escopo da norma de liberalização econômica, publicou a Portaria 48, que dispõe sobre quais atos – emanados do órgão ministerial – são passíveis de autorização tácita, bem como os prazos para manifestação da Administração Pública e, doutra banda, quais as providências que devem ser adotadas quando se estiver diante de empreendimentos cuja autorização tácita para sua efetivação seja impossibilitada.

Na contramão do espírito de rechaçar do ordenamento jurídico uma série de normativas infralegais – ainda que desatualizadas – as incertezas e lacunas perpetradas pela possibilidade de se aplicarem à legislação ambiental as previsões de licença tácita, ou mesmo de desnecessidade de licença, mais decretos foram editados, dentre eles o Decreto 10.178, que deixa a cargo das autoridades competentes (órgão ou entidades máximas) a fixação dos prazos de resposta para as hipóteses em que da omissão não poderá decorrer presunção de autorização.

Esse cenário denota, portanto, a especificidade da temática ambiental e do desenvolvimento econômico, trazendo a lume as tensões – tão presentes quanto complexas – entre as necessidades de se promover o fomento à atividade econômica e a oposição do direito fundamental ao meio ambiente equilibrado ante a toda a sociedade e ao próprio Estado, de forma que lhe seja imperativo a edição de normas protetivas e limitadoras ao anseio desenvolvimentista que se instala, sobretudo em períodos de crise, verticalizando preocupações e mitigando outras esferas de direitos e garantias.

Ainda na esteira das normas germinadas por sua natureza em razão das incertezas trazidas à balha pelo diploma normativo, o IBAMA editou, ainda, em decisão integrativa ao Decreto de lavra do Ministério do Meio Ambiente, a Portaria 229/2020, que dispõe acerca das normas inaplicáveis às suas determinações, relativamente à aprovação tácita.

Neste ponto, rememora-se que a matéria ambiental já é regulamentada por uma série de Portarias e atos infralegais, que especificam a importante sistemática no que tange ao licenciamento ambiental e, até mesmo, a caracterização de atividade de relevante impacto ambiental.

Essa mesma observação permite inferir que a possibilidade, trazida à realidade pela Lei de Liberdade Econômica, de se extirpar do ordenamento jurídico normas desatualizadas, pode significar, de igual modo, impacto na legislação sobre o meio ambiente, cuja qualificação – se boa ou ruim – será mais bem discutida no capítulo adequado.

Desta breve análise, se verifica que os impactos prementes da atividade econômica, nos termos da Lei de Liberdade Econômica, à proteção ambiental, podem ser evidenciados diante da (**i**) possibilidade de autorização tácita ou dispensa de liberação para atos de baixo impacto; e (**ii**) previsão de serem removidas do ordenamento jurídico normas antigas e desatualizadas.

Os capítulos que se seguem, portanto, cuidarão de discutir tais aspectos de forma minudenciada.

3. LIBERAÇÃO DE ATIVIDADE ECONÔMICA DE BAIXO IMPACTO

Na linha de intelecção inaugurada pelos ditames de liberalização econômica ensartados da multimencionada Lei de Liberdade Econômica, uma das inovações diz respeito à possibilidade encetada pelo diploma normativo de hipóteses em que o silêncio da Administração Pública possa implicar em presunção de autorização – autorização tácita – bem como a instituição de prazos de manifestação acerca dos atos que não se amoldem à essa circunstância, por sua própria natureza.

Conforme adiantado preambularmente, tendo em vista as tensões oriundas da criativa dinâmica de autorizações e análises entabulada pela Lei de Liberdade Econômica, o Ministério do Meio Ambiente publicou a Portaria 48, que estabelece quais os atos emanados do órgão são passíveis de autorização tácita, bem como os prazos para manifestação administrativa e o regramento atribuído àqueles que não podem se submeter à semelhante sistemática – e deverão obedecer o quanto instituído pelo Decreto 10.178, que deixa a cargo da autoridade competente (órgão ou entidade máxima) a fixação dos respectivos prazos de resposta.

Nessa mesma toada, o IBAMA, dotado da legitimidade que lhe assiste para regulamentar os liames das normativas e autorizações que emanem de suas competências, editou a Portaria 229/2020, que estabelece as normas inaplicáveis ao órgão – diz-se, a limitação atribuída à possibilidade de incidência – quanto à aprovação tácita. Sem embargo disso, a referida Portaria ressalva a hipótese em que a atividade desenvolvida tenha baixo impacto no meio ambiente, classificação esta a ser estabelecida pelo órgão competente.

Importa, tencionando amplificar o debate que ora se instala, lançar luz à especificidade das florestas públicas para produção sustentável e o procedimento de consentimento prévio de importação, em que as atividades que se desenvolvam não poderão ser alvo de autorização tácita.

Em atenção de se destacar e minudenciar os aspectos relevantes acerca do que se considera atividade de risco, editou-se o Decreto Federal 10.219/2020, que explicitou os critérios e procedimentos para a classificação de risco da atividade econômica e os prazos para aprovação tácita no âmbito da legislação ambiental, a despeito da série de Portarias e atos infralegais, que especificam importante sistemática no que tange ao licenciamento ambiental e, até mesmo, a caracterização de atividade de relevante impacto ambiental.

À guisa de esclarecimento, o licenciamento ambiental deve obedecer a regra de competência disposta pela Lei Complementar 140/2011, de acordo com a qual a licença deve ser concedida por órgão responsável do ente cujo meio ambiente será afetado pelo empreendimento.

De acordo com o art. 9º, XIV, da referida lei, por exemplo, é de competência do Município o licenciamento ambiental das atividades ou empreendimentos que causem ou possam causar impacto ambiental de âmbito local, conforme regras e metodologia definida pelos Conselhos Estaduais de Meio Ambiente, à luz dos critérios acerca do porte, potencial poluidor e natureza da atividade.

A questão que merece ser relevada é se o Decreto Federal 10.219/2020 pode afastar a determinação contida na Lei Complementar 140/2011 e, mais ainda, quais os efeitos de eventual discordância entre os aspectos relativos a "relevante impacto econômico" distinguidos pelo supramencionado Decreto e metodologia/tipologia definida pelos Conselhos Estaduais, à guarda da Lei Complementar.

Ressalta-se que os impactos que se observam desta previsão assumem importante papel também com o que diz com a atividade minerária, no escopo da qual a controvérsia verte-se de maior relevância, uma vez que, em razão da enorme variedade de recursos minerais existente em território brasileiro e a dificuldade para exploração e aproveitamento, o art. 2º do Código de Mineração classificou os regimes de aproveitamento dos recursos minerais, tratando das especificações para serem empreendidos – regime de autorização e concessão; regime de licenciamento; regime de permissão de lavra garimpeira; e regime de extração.

À luz das instabilidades dos conceitos trazidos pela Lei de Liberdade Econômica, a prevenção ao retrocesso, os tratados internacionais acerca do meio ambiente e a intrincada sistemática da legislação brasileira, é importante se avaliar se o que atingirá será, de fato, o desenvolvimento da atividade econômica ou, em sentido diametralmente oposto, a inauguração de novas inseguranças jurídicas cujas consequências podem, até mesmo, atravancar o avanço econômico do País.

A preocupação ora evidenciada faz-se de necessária análise uma vez que, a despeito das tentativas de estabelecer eficaz regulação das normas e previsões alinhadas pela Lei de Liberdade Econômica, são trazidos à balha questionamentos relativos, sobretudo, à inconsistência e abrangência das especificações, vez que parece complexo determinar, de plano, o que seria uma atividade de importante impacto ambiental, quais os prazos razoáveis de resposta para o ato a ser emanado pelo órgão responsável – até mesmo porque, diante disso, de acordo com o artigo 14 da Lei Complementar 140/2011, surge a competência supletiva para o licenciamento ambiental – ou, mesmo, de que forma se dará a autorização para atividades, considerando-se um sistema de legislação ambiental pautado por regulamentos diversos, portarias por vezes desconexas e uma distribuição de competência entre os entes federativos para autorizações e licenças que, em sua gênese, já abarcam relações conflituosas.

Nesse sentido, o sistema de competências da Constituição Federal, aos dispor sobre a competência concorrente, deixou a matéria ambiental a cargo da regulamentação por lei complementar – esta, inaugurada somente após 23 anos da promulgação da Carta Magna – a Lei Complementar 140/2011[1].

Dentre os sistemas de licenciamento existentes até então – ainda mais esparsos, dispersos e confusos entre si – a Lei Complementar 140 adotou a sistemática e o modelo da Resolução CONAMA 237/97, de acordo com a qual o licenciamento deve se dar em um único nível de competência.

O art. 9º, XIV, da referida lei, por exemplo, esclarece que é de competência do Município o licenciamento ambiental de atividades ou empreendimentos que causem ou possam causar impacto ambiental em âmbito local, critério este estabelecido por uma análise de risco respaldada pela metodologia alinhada pelos respectivos Conselhos Estaduais de Meio Ambiente, considerados os critérios de porte, potencial danoso e natureza da atividade.

Em linhas de um federalismo estabelecido pela sistemática da Constituição Federal, a delimitação da competência para licenciar determinado empreendimento perpassa, inelutavelmente, pela definição do que seria interesse local. Essa definição, por sua vez, está correlacionada às especificidades do caso concreto, seja das condições da localidade em que se intenta instalar a atividade econômica a ser empreendida, seja da própria natureza e consequências da atividade.

Esse aspecto do interesse local, elaborado na Constituição Federal em seu art. 30, I, já foi alvo de discussão no Supremo Tribunal Federal em consideráveis oportunidades, como na edição de Súmula Vinculante que elucida ser do Município a competência para fixar o horário de funcionamento de estabelecimento comercial (Súmula Vinculante 38).

Trazida a lume esta primeira preocupação com relação às hipóteses de definição de interesse local, a primeira consequência desassisada que se pode depreender é a circunstância em que um empreendimento de determinada natureza seja considerado de baixo impacto ambiental e, portanto, passível de autorização tácita, em um determinado município e outra, de mesma natureza, venha a ser considerado potencialmente causador de danos em outra localidade. Salta aos olhos a insegurança jurídica examinada

---

[1] BRUZACA, Ruan Didier. *Direito, ambiente e complexidades*: estudos em homenagem ao Ministro Herman Benjamin.

no diploma normativo e, mais ainda, a possibilidade de se conferir tratamento diverso a duas atividades idênticas em razão da análise local de interesse.

Para ir mais além, o que dispõe o Decreto Federal 10.219/2020 acerca dos critérios de avaliação de risco de determinado empreendimento ou atividade econômica. Frise-se que essa sistemática já foi exaustivamente disposta pelos respectivos Conselhos de Meio Ambiente, que respaldam as avaliações dos órgãos competentes a partir da metodologia do interesse local. Elaborar mais uma normativa e mais uma sistemática passa ao largo do espírito da lei, qual seja desburocratizar as autorizações e os procedimentos de licenciamento ambiental, uma vez que a desburocratização somente poderá ser perfectibilizada à luz de normas claras e inequívocas, e não o contrário.

Assumir circunstância distinta da elaboração de normas de caráter unificado e respaldadas pelos órgãos competentes significaria, ao fim e ao cabo, impor mais um óbice de insegurança jurídica aos empreendedores, em uma seara cuja própria natureza e sistemática já apresenta especificidades tais que, muitas vezes, mesmo após a concessão as primeiras licenças, a efetivação do empreendimento é levada à análise do Poder Judiciário, dando ensejo a questionamentos a respeito da higidez do procedimento e mesmo da validade das autorizações concedidas pela Administração Pública.

A problemática ensartada por ocasião da dificuldade de se dispor acerca da competência para o licenciamento ambiental em um cenário em que as normas primaciais, decorrentes da tardia lei de complementação à Constituição (Lei Complementar 140/2001), em si mesmas já apresentam um óbice à celeridade toma forma em momento posterior com uma relevância constitucional potencializada. É que a compensação devida pela implantação de empreendimentos que tenham propiciado significativo impacto ao meio ambiente é, também, balizada pelo órgão licenciador.

Foi precisamente este o entendimento exarado pelo Supremo Tribunal Federal por ocasião da Ação Direta de Inconstitucionalidade 3.378/DF, cujo excerto em destaque merece ser repetido na sua integralidade:

> AÇÃO DIRETA DE INCONSTITUCIONALIDADE. ART. 36 E SEUS §§ 1º, 2º E 3º DA LEI Nº 9.985, DE 18 DE JULHO DE 2000. CONSTITUCIONALIDADE DA COMPENSAÇÃO DEVIDA PELA IMPLANTAÇÃO DE EMPREENDIMENTOS DE SIGNIFICATIVO IMPACTO AMBIENTAL. INCONSTITUCIONALIDADE PARCIAL DO § 1º DO ART. 36. (...)
> 2. Compete ao órgão licenciador fixar o quantum da compensação, de acordo com a compostura do impacto ambiental a ser dimensionado no relatório – EIA/ RIMA.

Partindo-se da premissa de que compete ao órgão licenciador fixar o montante a ser pago a título de indenização por dano ambiental causado por empreendimento cuja licença tenha sido emitida por órgão incompetente, advém a questão acerca da competência para fixação de indenização e de uma análise posterior de impacto. Tendo sido o empreendimento licenciado em desacordo com os aspectos de competência para liberação, destaca-se enevoada a temática da compensação. Mais ainda: se, antes da instalação do empreendimento, o licenciamento fora concedido de forma inadequada, por órgão ou ente incompetente, também o interesse local ficará prejudicado.

Há ainda mais uma especificidade: a área de FLONA, caracterizada pela Lei 9.985/2000, em seu art. 14, III, como unidade de conservação de uso sustentável, restando sua exploração vinculada ao uso sustentável dos recursos renováveis.

Indo às raias da hipótese amplificada de insegurança jurídica, determinado empreendimento cujos riscos de impacto ao meio ambiente tenha sido determinado de forma equivocada, a responsabilidade do Estado, ao não se pronunciar de forma adstrita à legislação ambiental e à Constituição Federal, também deverá ser perquirida, em se tratando o direito ao meio ambiente equilibrado de norma de caráter fundamental oponível também ao Estado numa sistemática de verticalização de seus efeitos.

4. TENSÕES SOBRE OS ASPECTOS DO CONCEITO DE BAIXO IMPACTO NA LEGISLAÇÃO AMBIENTAL E NA LEI DE LIBERDADE ECONÔMICA

Como premissa necessária à configuração do raciocínio acerca das tensões que se afiguram entre a legislação ambiental e a lei de liberdade econômica com relação ao conceito de "baixo impacto (ambiental)", destaca-se que a Resolução CONAMA 1/86, uma das mais importantes no rol de resoluções que minudenciam o regramento sobre o licenciamento ambiental, elabora "impacto ambiental" como a potencialidade de alteração não apenas das propriedades físicas da localidade onde será efetuado o empreendimento ou a exploração, como também quaisquer alterações (negativas ou positivas) de natureza química ou biológica do meio ambiente, que resultem da atividade humana.

Ressalta-se que o impacto observa-se não apenas com relação ao meio ambiente natural, como também na saúde, segurança, bem-estar e atividades sociais e econômicas da população residente do local. O impacto ambiental, portanto, tem o condão de alterar todo o equilíbrio local e a dinâmica preestabelecida entre as relações sociais e o meio ambiente natural da forma como disposto.

Na esteira de tantas vozes que, ao longo do tempo, buscam conceituar o impacto ambiental e diferenciá-lo do dano ambiental, destaca-se a doutrina de Terence Trennepohl, que endereça a preocupação com o impacto ambiental em uma sentença: cuida-se de todas as mudanças do meio ambiente, alterações, não necessariamente negativas, mas que sejam objeto de análise.

Não por outra razão, o Estudo de Impacto Ambiental, importado da doutrina norte americana, responsável pela sua criação, em 1969, pelo National Environmental Act (NEPA) – sobre o qual se dispensará maiores cuidados no capítulo seguinte – deve ser instruído de uma série de elementos capazes de fornecer informações sobre o empreendimento, eventuais impactos e as respectivas medidas compensatórias.

A mesma Resolução CONAMA 1/86 minudencia os aspectos que devem constar o estudo de impacto ambiental, que deve ser fundamentado, substancialmente, na Política Nacional do Meio Ambiente, contemplando, por exemplo, alternativas tecnológicas e de localização do projeto; a identificação e avaliação dos impactos gerados na fase de implantação e operação da atividade (por essa razão, a existência de licenças a serem concedidas em momentos distintos do empreendimento – licença prévia, licença de instalação e licença de operação); limites da área geográfica a ser direta ou indiretamente afetada pelos impactos (área de influência do projeto); e, ainda, o diagnóstico ambiental da área de influência do projeto, com uma análise completa e descritiva de todos os recursos ambientais, bem como suas interpelações e o meio biológico e socioeconômico (uso e ocupação do solo, uso da água e a socioeconomia).

Indo mais além, não apenas o estudo de impacto ambiental deverá ser instruído de elementos suficientes a se elaborar a dinâmica socioeconômica e ambiental da localidade de exploração como também deve o empreendimento ser acompanhado, a fim de se observar os eventuais impactos e consequências ao meio ambiente, sendo possível, até mesmo, o pedido de complementação dos estudos, como bem sedimentado na jurisprudência brasileira.

A exemplo disto, o desembargador Souza Prudente, do Tribunal Regional Federal da 1ª Região, destacou que, no caso de se demonstrar, de forma objetiva, a necessidade de complementação dos estudos inicialmente realizados para se avaliar o impacto ambiental, nem sequer o poder discricionário do órgão ambiental (competente) poderá impedir a realização, sob pena de infringir o interesse maior da sociedade, perfectibilizado na elucidação das questões pertinentes (e autorizadoras) ao licenciamento ambiental.

Neste lance de ideias, a Resolução CONAMA 237/1997, diploma editado para fins de regular as principais normas e aspectos do licenciamento ambiental, elabora, como conceito de estudo ambiental, "todos e quaisquer estudos relativos aos aspectos relacionados à localização, instalação, operação e ampliação de uma atividade ou empreendimento, apresentado como subsídio para análise da licença requerida", ressaltando, em seu artigo preliminar, que, mais do que avaliação de riscos, o estudo de impacto ambiental deve conter relatório de todo o ambiente e plano de recuperação de área eventualmente degradada.

Amparam-se, tais resoluções, no limite do ordenamento brasileiro, à Política Nacional do Meio Ambiente e, a nível internacional, no direito transgeracional a um meio ambiente equilibrado, que alçou a princípio fundamental, tendo sido aprovado na Conferência das Nações Unidas sobre o Meio Ambiente, em 1972[2]:

> 1. O homem tem o direito fundamental à liberdade, à igualdade e ao desfrute de condições de vida adequadas, em um meio ambiente de qualidade tal que lhe permita levar uma vida digna, gozar de bem-estar e é portador solene de obrigação de proteger e melhorar o meio ambiente, para as gerações presentes e futuras.
>
> 2. Os recursos naturais da Terra, incluídos o ar, a água, o solo, a flora e a fauna e, especialmente, parcelas representativas dos ecossistemas naturais, devem ser preservados em benefício das gerações atuais e futuras, mediante um cuidadoso planejamento ou administração adequada.
>
> Dessa forma, os estudos ambientais prévios devem abranger diferentes áreas e situações afetadas por uma obra ou empreendimento, pois o meio ambiente é integrado por elementos naturais e artificiais, incluindo os recursos da natureza propriamente ditos, a forma de vida, os valores culturais, sociais e históricos que possam ser afetados e, inclusive, as atividades econômicas existentes na área de influência.

---

[2] TRENNEPOHL, Terence. *Manual de direito ambiental.* 8. ed. São Paulo: Saraiva Educação, 2020.

Todos esses aspectos denotam a amplitude do conceito de impacto ambiental e a complexidade para se avaliar, seja sua natureza – positiva ou negativa (ou ambas) – seja seu âmbito de incidência, de forma que o conceito de "baixo impacto" não pode se presumir, ou mesmo esvaziar-se, como pretendeu a Lei de Liberdade Econômica.

Frise-se, uma vez mais, que o impacto de que trata a legislação ambiental não se restringe, tão somente, aos elementos de meio ambiente natural, como também ao aspecto socioeconômico do território e as relações com a população instalada. Mais um motivo, pois, para que a avaliação de risco de impacto não se restrinja a presunções. E nem se diga que apenas um diploma normativo exauriria a necessidade de regulamentação. Por essa razão, as resoluções dos órgãos dispostos na PNMA e a Lei Complementar 140/2011 dispuseram, aliás, sobre a participação de instituições como a FUNAI, o IPHAN, a Fundação Cultural Palmares e o Ministério da Saúde como entes interessados no licenciamento ambiental quando o empreendimento se efetivar em áreas de terras indígenas; quando afetar determinados bens tombados ou classificados como arqueológicos, sob a proteção do Decreto 3.551/2000; em áreas quilombolas; e em localidades ou regiões de riscos endêmicos de malária, respectivamente.

Quaisquer tentativas de desembaraços a atividades econômicas devem, portanto, observar todo o arcabouço normativo que resguarda, neste particular, o direito fundamental ao meio ambiente equilibrado, não acomodando-se a previsões reducionistas e esparsas, a exemplo da disposição contida na Lei de Liberdade Econômica.

5. IMPACTOS E CONTROVÉRSIAS SOBRE OS ESTUDOS DE VIABILIDADE E IMPACTO AMBIENTAL (EIA/RIMA)

Dando continuidade às perquirições de natureza constitucional e de impacto ao meio ambiente equilibrado, faz-se indispensável observar a elaboração de prévio estudo de impacto ambiental e posterior relatório de impacto ambiental à luz das dispensas tácitas elaboradas pela Lei de Liberdade Econômica.

De acordo com o art. 225 da Constituição Federal, que dispõe ser um direito de todos o meio ambiente equilibrado, na condição de bem de uso comum do povo e essencial à sadia qualidade de vida, e impõe, ainda, ao Poder Público e à coletividade a responsabilidade pela defesa e preservação transgeracional, uma das condições de se assegurar a efetividade desse direito é a exigência, frise-se, na forma da lei, para instalação de obra ou atividade potencialmente causadora de significativa degradação do meio ambiente, estudo prévio de impacto ambiental, a que deverá ser dada publicidade.

À luz desse dispositivo, o que se pode perceber é que a ação do Estado ao afastar a exigibilidade de licenciamento, se não respaldada por estudos que lhe respaldem, induz a responsabilização por afronta a direito de caráter coletivo.

Nesse diapasão, não parece razoável que a análise acerca do impacto ambiental e potencial causador de danos seja relegado a normas distintas e ao alvedrio de órgãos esparsos sem que seja observada o mínimo critério de uniformização.

De tamanha importância é o estudo de viabilidade ambiental que o Supremo Tribunal Federal, na Ação Direta e Inconstitucionalidade 1.086/SC, ao se debruçar sobre a matéria, declarou inconstitucional diploma normativo que dispensava estudo prévio de impacto ambiental no caso de áreas de florestamento ou reflorestamento para fins empresariais:

AÇÃO DIRETA DE INCONSTITUCIONALIDADE. ARTIGO 182, § 3º, DA CONSTITUIÇÃO DO ESTADO DE SANTA CATARINA. ESTUDO DE IMPACTO AMBIENTAL. CONTRAIEDADE AO ARTIGO 225, § 1º, IV, DA CARTA DA REPÚBLICA. A norma impugnada, ao dispensar a elaboração de estudo prévio de impacto ambiental no caso de áreas de florestamento ou reflorestamento para fins empresariais, cria exceção incompatível com o disposto no mencionado inciso IV do § 1º do artigo 225 da Constituição Federal. Ação julgada procedente, para declarar a inconstitucionalidade do dispositivo constitucional catarinense sob enfoque.

Em que pese a decisão cuida de hipótese restrita às áreas de florestamento ou reflorestamento, sinaliza a Corte Constitucional a dimensão da relevância do estudo de impacto ambiental, isto porque, a depender do perímetro em que se intente erigir empreendimento ou iniciar atividade empresarial, determinadas quotas mostrem-se mais sensíveis ou mesmo não passíveis de exploração econômica. Tais especificidades somente podem ser apreendidas pelo órgão competente, do contrário, a proteção ao meio ambiente equilibrado enfrentaria ainda maiores fragilidades.

6. A QUESTÃO DAS ATIVIDADES MINERÁRIAS

Se é bem verdade que o intuito da Lei de Liberdade Econômica é fomentar, a quaisquer custos, o desenvolvimento econômico, em detrimento dos demais princípios ensartados pela Carta Magna, a elaboração de normas que não observem a sistemática do ordenamento jurídico e a necessidade de proteção de outros direitos que não tenham natureza econômica traz consigo a insegurança jurídica ínsita aos atos cuja perfectibilização enfrenta a amplitude e vagueza da norma.

Soma-se a isso a previsão exarada na Lei de Liberdade Econômica a respeito do afastamento de normas infralegais que estejam desatualizadas. No aspecto da atividade minerária, a controvérsia verte-se de ainda maior importância.

Diante da enorme variedade de recursos minerais existentes em território brasileiro e a dificuldade para exploração e aproveitamento, o art. 2º do Código de Mineração classificou os regimes de aproveitamento dos recursos minerais, tratando das especificações para serem empreendidos – regime de autorização e concessão; regime de licenciamento; regime de permissão de lavra garimpeira; e regime de extração.

De todos esses regimes, toma-se como base para a complexidade da construção do pensamento ambiental e de atividade minerária, apenas para mais bem especificar a problemática, o regime mais genérico, de autorizações e concessões, porque pode ser previsto para extração e manipulação de todas as substâncias minerais.

O procedimento obedece cinco etapas, quais sejam:

(i) Requerimento de pesquisa – disciplinado pelo art. 16 do Código de Mineração;

(ii) Autorização de pesquisa – disciplinada pelo art. 27 do Código de Mineração;

(iii) Apresentação do relatório dos trabalhos de pesquisa – arts. 22 e 30 do Código de Mineração;

(iv) Requerimento de lavra – art. 38 do Código de Mineração; e

(v) Portaria de outorga de lavra – arts. 37 e 47 do Código de Mineração.

Capítulo 8 · LEI DE LIBERDADE ECONÔMICA (LEI 13.874/2019) | 159

Para que seja realizado o requerimento de lavra e a posterior concessão, é necessário que seja apresentada a licença de instalação, conforme o item 2.8 do Manual Sobre o Aproveitamento de Recursos Minerais, disponibilizado no sítio eletrônico do antigo Departamento Nacional de Produção Mineral, substituído, atualmente, pela Agência Nacional de Mineração, no âmbito do Ministério.

O direito de exploração minerária, à luz do art. 2º da Resolução 237, do CONAMA, prevê que todo empreendimento potencialmente causador de danos ao meio ambiente deve ser previamente licenciado pelo órgão ambiental competente. E mais ainda: especificamente, a licença de instalação é requisito de concessão de outorga de lavra.

O que se tem, portanto, é mais um regramento para definir o que seria um empreendimento potencialmente causador de danos ao meio ambiente, somado às outras tantas Portarias e resoluções infralegais e, agora, aos novos Decretos e normativas interministeriais que nem sequer se atentam ao conceito de interesse local, de tamanho prestígio e importância à constitucionalização da proteção ao meio ambiente equilibrado.

7. MEIO AMBIENTE SOB A ÓPTICA DA COMPLEXIDADE DOS DIREITOS FUNDAMENTAIS

Ao especificar o meio ambiente equilibrado sob a óptica do direito fundamental, Alana Ramos Araújo e Belinda Pereira da Cunha, em célebre obra coletiva elaborada para fins de trazer à balha discussão sobre Direito, Ambiente e Complexidades, destacam que os pressupostos observados condizem com a historicidade, a universalidade, a inalienabilidade, a irrenunciabilidade, a relatividade e a relatividade:

> Como direito fundamental, o meio ambiente ecologicamente equilibrado tem como pressupostos: historicidade, por não ser preexistente nem imutável, modificando-se ao longo do tempo, o que o distancia de fundamentos jusnaturalísticos; universalidade, ao tratá-lo como núcleo mínimo de proteção à dignidade humana, devendo estar presente em todas as sociedades, ainda que considerados e respeitados certos aspectos culturais; inalienabilidade, sendo intransferível e inegociável, se caráter econômico-patrimonial; imprescritibilidade, por não ser alcançado pela prescrição em caso de não exercício; irrenunciabilidade, não se podendo abrir mão definitivamente do seu núcleo substancial, cabendo excepcional limitação voluntária; e relatividade, segundo a qual, por ser expresso comumente por princípios, não é absoluto, permitindo a convivência das liberdades públicas por meio do afastamento recíproco em caso de colisão.

Depreende-se disso que, em face da disputa entre o meio ambiente e demais garantias e liberdades, é permitido que em exercício hermenêutico e construtivo se forneça soluções capazes de equalizar tensões e endereçar necessidades de diferentes naturezas, desde que observada a dignidade humana e a inalienabilidade do bem-estar ambiental.

Em linha com os doutrinadores que defendem a inconstitucionalidade da Lei de Liberdade Econômica em suas previsões que atinjam o meio ambiente, Celso Antônio Fiorillo entende que os direitos, seja de ordem constitucional ou de ordem inconstitucional, que garantem a dignidade à pessoa, natural ou jurídica, em face do desenvolvimento e crescimento econômico já estão devidamente previstos pelo ordenamento jurídico brasileiro e a Lei 13.874/2019 estaria, portanto, "redefinindo deveres e direitos já estabelecidos superiormente".

Indo mais além, o grupo de juristas que se posiciona diametralmente contra a lei de liberdade econômica e quaisquer intenções de se modernizar a legislação ambiental defende que são tentativas menosprezíveis, porquanto estariam a contrariar o balizamento normativo ambiental estabelecido pela Constituição Federal:

> Destarte, por determinação constitucional adaptada aos princípios constitucionais de direito ambiental já indicados no presente trabalho, os "princípios" indicados no art. 2º da Lei n. 13.874/2019 são despiciendos e por via de consequência inaproveitáveis no que se refere à aplicação e à correta compreensão do direito empresarial ambiental, bem como no que se refere à ordenação pública vinculada à proteção ambiental.

Quer-se, com isso, indicar que a norma infraconstitucional não se erige de importância e seria, mesmo, dispensável em face da Constituição Federal e da sistemática de proteção ao meio ambiente por ela inaugurada.

Para além dos posicionamentos extremados, o meio ambiente e a teia de direitos e normas que lhe respaldam devem ser analisados de forma sistêmica que elabora toda a racionalidade dos direitos fundamentais.

Ainda na obra Direito, Ambiente e Complexidade, as supramencionadas autoras elaboram a racionalidade moderna de avaliação sistêmica sobre as bases cartesianas, que partem da redução à menor parte, suficiente à compreensão do todo:

> Isso implica dizer que o pensamento analítico cartesiano que fundou as bases do pensamento científico moderno significa isolar alguma coisa para poder entende-la e, entendendo-a, o todo poderá ser também entendido (Capra, 2007, p. 41). Ocorre que as insuficiências deste pensamento ocasionaram significativos impactos no mundo fenomenológico, na relação humano/natureza, nos sentidos existenciais, nos vários campos da ciência.

Partindo desta compreensão sistêmica e da metodologia de redução para compreensão do todo, não se pode pretender entender a proteção do meio ambiente de forma apartada às demais garantias e liberdades, incluída a econômica, como prevê a Lei de Liberdade Econômica.

A própria Política Nacional do Meio Ambiente (PNMA) – Lei 6.938/1981, prevê, em seu art. 4º, I, que a proteção do meio ambiente deve se dar de forma a se compatibilizar com o desenvolvimento econômico-social e a preservação do meio ambiente e do equilíbrio ecológico.

É precisamente neste sentido que se compreende que a proteção do meio ambiente não é incompatível ao desenvolvimento econômico. Antes, fazem parte do mesmo todo e da mesma complexa trama de direitos fundamentais, não podendo, portanto, ser analisados, ou mesmo garantidos, se um não observar os limites de incidência e atuação dos pressupostos de outro.

Na oportunidade de avaliar a higidez da licença de instalação e da licença prévia concedida após ter o IBAMA apresentado programas e planos relevantes para que o empreendimento fosse efetivado, o Supremo Tribunal Federal asseverou, no âmbito da ACO 876, mais uma vez, que o meio ambiente não é incompatível com o desenvolvimento econômico, classificando-o, antes, como "palco para a promoção do homem":

> Agravo regimental. Medida liminar indeferida. Ação civil originária. Projeto de Integração do Rio São Francisco com as Bacias Hidrográficas do Nordeste Setentrional. *Periculum in mora* não evidenciado.
>
> 4. O meio ambiente não é incompatível com projetos de desenvolvimento econômico e social que cuidem de preservá-lo como patrimônio da humanidade. Com isso, pode-se afirmar que o meio ambiente pode ser palco para a promoção do homem todo e de todos os homens. 5. Se não é possível considerar o projeto como inviável do ponto de vista ambiental, ausente nesta fase processual qualquer violação de norma constitucional ou legal, potente para o deferimento da cautela pretendida, a opção por esse projeto escapa inteiramente do âmbito desta Suprema Corte. Dizer sim ou não à transposição não compete ao Juiz, que se limita a examinar os aspectos normativos, no caso, para proteger o meio ambiente.

Partiu-se do pressuposto de que o órgão competente já havia levado em consideração as devidas condicionantes para licença prévia e, posteriormente, licença de instalação, bem como os planos de construção e de impacto, a Corte aplicou o entendimento de ser o ambiente necessário ao desenvolvimento econômico, do que também poderia se depreender, por decorrência lógica, a importância do desenvolvimento econômico para a concretização das demais dignidades humanas e, avaliando-se o todo sistematicamente apreensível, a proteção do meio ambiente.

8. DIREITO EMPRESARIAL AMBIENTAL E A INSEGURANÇA TRAZIDA PELA LEI DE LIBERDADE ECONÔMICA

Retomando-se o intuito desenvolvimentista da Lei de Liberdade Econômica, a implementação de normas que não observem a quantidade de portarias e regulamentos na legislação ambiental é verdadeira faca de dois gumes, uma vez que, no ímpeto de desburocratizar as atividades de liberação, traz insegurança jurídica e possibilita o tratamento desigual por entes da federação aos empreendimentos de mesma natureza.

No sentido do chamado "direito empresarial ambiental", eventuais contradições nas normatizações sobre a política ambiental têm o condão de atingir mesmo as relações contratuais, haja vista que os contratos de exploração mineral ou que se submetam a autorizações e licenças ambientais levam em conta esses pressupostos para firmar a base negocial, considerando eventuais riscos de tal natureza e fixando obrigações recíprocas que podem ser abaladas pela insegurança jurídica da norma.

A preocupação do direito empresarial ambiental, dessa forma, vai além da compatibilização entre a política ambiental e o desenvolvimento econômico e da mera desburocratização dos procedimentos administrativos, isto porque a previsão, em normas dispersas e conflitantes entre si, de processos de obtenção de licenças e liberações amplia a base de riscos no negócio e atrai insegurança jurídica para as negociações, mesmo porque, sem a autorização, o empreendimento que figura como objeto da contratação não pode nem sequer ser perfectibilizado.

O licenciamento ambiental, muito mais do que mera etapa de liberalização administrativa, é verdadeiro instrumento de efetivação da PNMA e constitui um dos tendões do poder de polícia ambiental, que tem como objetivo, neste particular, promover a prevenção de danos ambientais ou mitigar seus efeitos, mesmo em situação em que se pondere pelo desenvolvimento econômico e a proteção ao meio ambiente.

A Lei Complementar 140/2011, por sua vez, catalisa os aspectos de competência para promover o licenciamento ambiental, mas, ainda assim, as questões referentes ao interesse local e ao impacto ambiental são relegadas a uma série de outras resoluções, minudenciadas nos capítulos precedentes, que merecem ser observadas no exercício de *compliance* ambiental das empresas.

Se é bem verdade que o licenciamento tem por fundamento o estabelecimento de medidas compensatórias e condicionantes de expedição de licenças, a fim de gerenciar o dever estatal de promoção ao meio ambiente equilibrado e ponderar o desenvolvimento econômico e o equilíbrio ecológico, no limite dos princípios da prevenção e precaução como substratos de sua existência, não se pode pressupor quaisquer realidades em que fosse razoável a licença tácita. Adotar tal premissa – sob todos os ângulos, equivocada – deságua em prejuízos de grande monta, que, além de não favorecerem o desenvolvimento econômico, comprometem o bem-estar social e ambiental.

Soma-se o fato de que a omissão administrativa acarreta, à luz das disposições da LC 140/2011, o exercício da competência supletiva, que deverá ser observada para fins de endereçar o pedido de licenciamento e observar o trâmite do procedimento.

Dos impactos da Lei de Liberdade Econômica no meio ambiente, avalia-se, em primeiro plano, a possibilidade de autorização tácita de empreendimentos considerados de baixo impacto ambiental.

Acerca do ponto relativo ao conceito de "baixo impacto", ressoa cristalina insuficiência do citado diploma normativo para prever quais as precisas características de que decorreriam a conclusão pelo impacto pouco significativo ao meio ambiente. Desde logo, nota-se a insegurança jurídica aos empreendimentos que, partindo deste pressuposto, fossem geridos sem que se observasse a legislação competente e os procedimentos administrativos respaldados pelo direito fundamental ao meio ambiente equilibrado.

Nessa toada, foram editadas ainda mais normas, como por exemplo a Portaria 48, do Ministério do Meio Ambiente, para fins de dispor a respeito de quais atos seriam passíveis de autorização tácita, bem como os prazos para manifestação da Administração Pública.

Como exaustivamente relatado, parece incompossível às bases constitucionais do ordenamento jurídico brasileiro elaborar hipótese de autorização tácita em matéria ambiental. Nas palavras do Ministro Herman Benjamin, na relatoria do REsp 1.245/149/MS, "é intolerável que, a partir da omissão estatal e do nada jurídico, se entreveja salvo-conduto para usar e até abusa dos recursos naturais".

A despeito disso, contudo, é possível e juridicamente eficaz a previsão de medidas administrativas que obriguem a Administração a decidir e, neste ponto, a previsão das normas editadas a partir da Lei de Liberdade Econômica, acerca dos prazos para manifestação, parecem coadunar-se ao espírito liberalizante sem incidir em manifesta inconstitucionalidade.

Chama atenção, quanto ao ponto, o despropósito da técnica legislativa que, ambicionando promover a liberalização das atividades econômicas e rechaçar "burocracias administrativas", com a previsão de exclusão de normas desatualizadas, cria ainda mais resoluções e portarias a conflitar com disposições já existentes.

Dito de outro modo, para além de criar ainda mais normas, amontoando regras e previsões esparsas acerca de tema complexo, como a matéria ambiental, as disposições editadas por ocasião da supramencionada Lei trazem, ainda, regulamentos conflitantes com Resoluções já existentes e, até mesmo, com as balizas da Lei Complementar 140/2011.

É estreme de dúvidas que a quantidade exacerbada de normas a respeito de um mesmo procedimento, complexo por sua própria natureza, fomenta insegurança jurídica, mais do que agilidade, nas atividades econômicas. Quando tais normas conflitam entre si, a insegurança nos procedimentos e garantias sobre as quais são ensartadas as bases do negócio assumem proporções ainda mais significativas.

A forma a se catalisar eventuais dubiedades, a pretexto de fornecer fundamentos concretos aos parâmetros a serem observados quando do procedimento de licenciamento ambiental, verteu ainda maiores inseguranças à tomada de decisões, isto porque a solução encontrada foi a edição de Decreto Federal 10.219/2020, que explicitou os critérios e procedimentos para classificação de risco da atividade econômica e o prazo para aprovação tácita no âmbito da legislação ambiental.

A um só lance, a alternativa exarada dispôs previsão rechaçada pela jurisprudência pátria (autorização tácita em matéria ambiental) e, ainda, adversou com uma série de dispositivos que já expõem, de maneira complexa, o procedimento de licenciamento ambiental e os critérios amplos de relevante impacto ambiental.

Se o espírito da lei era possibilitar o desenvolvimento econômico a todo custo e sem amarras, se percebe que a amplificação do todo pelas lentes do bom senso denotam que ensartar novos princípios, apartados das especificidades de todo o ordenamento jurídico, não se amolda aos pressupostos de segurança jurídica que, mesmo nos momentos de crise – ou, sobretudo nos momentos de crise – afiguram-se indispensáveis. mais afiguram-se indispensáveis .

9. A PROTEÇÃO INTERNACIONAL AO MEIO AMBIENTE

Para além da complexidade dos direitos fundamentais no que diz com a sua interpolação entre garantias, mostra-se tarefa árdua a conceituação de seu espectro material, de forma que sua configuração e limitação depende, por vezes, dos tratados internacionais.

As normas transnacionais, é bem verdade, exercem influência tamanha na política ambiental brasileira, de modo que o Princípio da Vedação ao Retrocesso é um dos princípios basilares da Política Nacional do Meio Ambiente (PNMA).

O referido princípio vem ensartado no Acordo Regional de Escazú para América Latina e Caribe sobre Acesso à Justiça em Matéria Ambiental de 2018 e, à luz de suas disposições, pode-se perceber que, ainda que se permita a inovação por meio da desburocratização, não se pode permitir que sua consubstancialização se dê de forma a promover o retrocesso dos mecanismos e proteção ao meio ambiente equilibrado[3].

Diante disso e da existência e plena eficácia da Lei de Liberdade Econômica, o questionamento que surge é: o que fazer com o que foi feito da liberação econômica?

10. DESBUROCRATIZAÇÃO DAS ATIVIDADES ECONÔMICAS E O MEIO AMBIENTE – O QUE FAZER O QUE FOI FEITO DA LEI DE LIBERDADE ECONÔMICA?

Para se concluir as perquirições a que se lançou luz no presente artigo, sem, contudo, pretender exaurir futuras e maduras discussões que tenham como escopo fornecer balizas à aplicação da lei de liberdade econômica na esfera do meio ambiente, não se pode negar a vigência do diploma normativo. Seria tarde para trazer à balha eventual inconstitucionalidade?

Decerto que o diploma normativo integrou o ordenamento jurídico brasileiro e, em sua companhia, trouxe uma série de decretos que lhe elucidam seus limites. Não se pode fugir, portanto, da sua plena eficácia no campo dos direitos. E, se é bem verdade que o todo deva considerar os aspectos individuais e que não há individualidade apartada da complexidade sistêmica, há que se encontrar um modo de se compatibilizar o intuito desburocratizante da lei e a proteção do meio ambiente equilibrado como direito fundamental.

Como sobredito e exaustivamente elaborado, é indiscutível a insegurança jurídica trazida pela existência de normas distintas e conflitantes. Uma alternativa, à luz da lei de liberdade econômica e precisamente do excerto do diploma ora discutido, qual seja o afastamento do ordenamento jurídico de normas infralegais desatualizadas, a uniformização das normas de competência para licenciamento. Mais ainda: o balizamento do pressuposto de interesse local e a fundamentação objetiva do que se pode considerar potencialmente causador de danos.

O Decreto Federal 10.178/2019, que pretendeu regulamentar os dispositivos da lei de liberdade econômica já trouxe à luz critérios e procedimentos para classificação de risco da atividade econômica. Não se pode perder a oportunidade, portanto, de elaborar balizas mais claras para a efetivação de empreendimentos que tenham como escopo o desenvolvimento da atividade econômica.

A previsão, pela Constituição Federal, da esfera de proteção aos direitos fundamentais e ao meio ambiente equilibrado podem – e devem – vir acompanhadas de regras que amoldem as necessidades, sobretudo aquelas advindas de momentos de crise, da sociedade, das quais decorre a concretização, mesmo, das demais liberdades e da dignidade do homem.

REFERÊNCIAS

ALEXY, Robert. *Teoria dos direitos fundamentais*. Trad. Virgílio Afonso da Silva. São Paulo: Malheiros, 2008.

---

[3] CUEVA, Ricardo Villas Boas; FRAZÃO, Ana. *Lei de Liberdade Econômica e seus impactos no direito brasileiro*, 2020.

ALMEIDA, Fernanda Dias de Menezes. *Competências na Constituição de 1988*. São Paulo: Atlas, 2007.

ANTUNES ROCHA, Cármen **Lúcia**. Constituição e ordem econômica. In: FIOCCA, Demian; GRAU, Eros Roberto (org.). *Debate sobre a Constituição de 1988*. São Paulo: Paz e Terra, 2001.

ANTUNES, Paulo de Bessa. *A tutela judicial do meio ambiente*. Rio de Janeiro: Lumen Juris, 2005.

ANTUNES, Paulo de Bessa. *Direito ambiental*. 20. ed. São Paulo: Atlas, 2019.

ANTUNES, Paulo de Bessa. *Federalismo e competências ambientais no Brasil*. Rio de Janeiro: Lumen Juris, 2007.

BARROSO, Luís Roberto. *Temas de direito constitucional*. Rio de Janeiro: Renovar, 2003. t. II.

BELCHIOR, Germana Parente Neiva. *Hermenêutica jurídica ambiental*. São Paulo: Saraiva, 2011.

BELTRÃO, Antônio Figueiredo Guerra. *Aspectos jurídicos do estudo de impacto ambiental (EIA)*. São Paulo: MP Editora, 2008.

BELTRÃO, Antônio Figueiredo Guerra. *Curso de direito ambiental*. Rio de Janeiro: Forense, 2009.

BELTRÃO, Antônio Figueiredo Guerra. *Manual de direito ambiental*. São Paulo: Método, 2008.

BENJAMIN, Antonio Herman. Meio ambiente e Constituição: uma primeira abordagem. In: BENJAMIN, Antonio Herman (org.). *Anais do 6º Congresso Internacional de Direito Ambiental*. São Paulo: Imesp, 2002.

BIANCHI, Patrícia. *Eficácia das normas ambientais*. São Paulo: Saraiva, 2010.

BOBBIO, Norberto. *A era dos direitos*. Trad. Carlos Nelson Coutinho. 10. ed. Rio de Janeiro: Campus, 1992.

BRUZACA, Ruan Didier. *Direito, ambiente e complexidades*: estudos em homenagem ao Ministro Herman Benjamin.

CARNEIRO, Ricardo. *Direito ambiental*: uma abordagem econômica. Rio de Janeiro: Forense, 2001.

CANOTILHO, José Joaquim Gomes. O direito ao ambiente como direito subjetivo. In: CANOTILHO, José Joaquim Gomes. *Estudos sobre direitos fundamentais*. Coimbra: Coimbra Editora, 2004.

CANOTILHO, José Joaquim Gomes; MENDES, Gilmar Ferreira; SARLET, Ingo Wolfgang; STRECK, Lenio Luiz (org.). *Comentários à Constituição do Brasil*. 2. ed. São Paulo: Saraiva, 2018.

CUEVA, Ricardo Villas Boas; FRAZÃO, Ana. *Lei de Liberdade Econômica e seus impactos no direito brasileiro*, 2020.

DI PIETRO, Maria Sylvia Zanella. *Direito administrativo*. 18. ed. São Paulo: Atlas, 2005.

DIAMOND, Jared. *Licenciamento ambiental*: aspectos teóricos e práticos. 7. ed. Belo Horizonte: Fórum, 2019.

FENSTERSEIFER, Tiago; SARLET, Ingo Wolfgang. *Direito constitucional ecológico*: Constituição, direitos fundamentais e proteção da Natureza. 6. ed. São Paulo: Ed. RT, 2019.

FENSTERSEIFER, Tiago; SARLET, Ingo Wolfgang. *Princípios do direito ambiental*. 2. ed. São Paulo: Saraiva, 2017.

FINK, Daniel Roberto; ALONSO JR., Hamilton; DAWALIBI, Marcelo. *Aspectos jurídicos do licenciamento ambiental*. 3. ed. Rio de Janeiro: Forense Universitária, 2004.

FIORILLO, Celso Antônio Pacheco. *Princípios do processo ambiental*. São Paulo: Saraiva, 2003.

FIORILLO, Celso Antônio Pacheco. *Curso de direito ambiental brasileiro*, 2021.

FIORILLO, Celso Antônio Pacheco; FERREIRA, Renata Marques. *Liberdade Econômica (Lei 13.874/2019) em face do direito ambiental constitucional brasileiro.*

FURLAN, Anderson. *Direito ambiental.*

GRAU, Eros Roberto. *A ordem econômica na Constituição de 1988*: interpretação e crítica. 19. ed. São Paulo: Malheiros, 2018.

GUERRA, Sidney; GUERRA, Sérgio. *Intervenção estatal ambiental*: licenciamento e compensação de acordo com a Lei Complementar n. 140/11. São Paulo: Atlas, 2012.

KRELL, Andreas Joachim. O licenciamento ambiental no SISNAMA: competência e controle. In: BENJAMIN, Antonio Herman V. (org.). *Paisagem, natureza e direito.* São Paulo: Instituto O Direito por um Planeta Verde.

LANFREDI, Geraldo Ferreira. *Política ambiental*: busca de efetividade de seus instrumentos. 2. ed. São Paulo: Revista dos Tribunais, 2007.

MACHADO, Paulo Affonso Leme. *Direito ambiental brasileiro*. 14. ed. São Paulo: Malheiros, 2006.

MACHADO, Paulo Affonso Leme. *Direito ambiental brasileiro*. 26. ed. São Paulo: Malheiros, 2018.

MARTINS, Ives Gandra da Silva. *As vertentes do direito constitucional contemporâneo.* Rio de Janeiro: América Jurídica, 2002.

MEIRELLES, Hely Lopes. *Direito administrativo brasileiro.* 24. ed. São Paulo: Malheiros, 1999.

MENDES, Gilmar Ferreira; COELHO, Inocêncio Mártires; BRANCO, Paulo Gustavo Gonet. *Curso de direito constitucional.* São Paulo: Saraiva, 2007.

MENDES, Gilmar Ferreira; STRECK, Lênio Luiz; SARLET, Ingo Wolfgang. *Comentários à Constituição do Brasil.* São Paulo: Saraiva/Almedina, 2013.

MILARÉ, Edis. *Direito do ambiente.* 5. ed. São Paulo: Revista dos Tribunais, 2007.

RODRIGUES, Marcelo Abelha. *Direito ambiental esquematizado.* Coord.: Pedro Lenza. 8. ed. São Paulo: Saraiva Educação, 2021.

RODRIGUES, Silvio. *Direito civil.* 16. ed. São Paulo: Saraiva, 1986.

SARLET, Ingo Wolfgang. *Curso de direito ambiental.* 2. ed. Rio de Janeiro: Forense, 2021.

TRENNEPOHL, Terence. *Manual de direito ambiental.* 8. ed. São Paulo: Saraiva Educação, 2020.

Capítulo 9

O DIREITO À LIVRE PRECIFICAÇÃO: O NOVO PARADIGMA ECONÔMICO E AS BALIZAS DA INTERVENÇÃO ESTATAL

Rodrigo Rabello Iglesias

Advogado. LL.M pela *London School of Economics and Political Science*. Bacharel em Direito pela Universidade de Brasília. Pesquisador do GECEM – Grupo de Estudos Constituição, Empresa e Mercado.

Luana Graziela A. Fernandes

Advogada. Bacharel em Direito pela Universidade de Brasília. Pesquisadora do GECEM – Grupo de Estudos Constituição, Empresa e Mercado.

1. CONSIDERAÇÕES INICIAIS

A Lei 13.874, de 20 de setembro de 2019, conhecida como a Lei de Liberdade Econômica, instituiu a Declaração de Direitos de Liberdade Econômica com o objetivo de "estabelecer garantias de livre mercado (...) contra um Estado irracionalmente controlador".[1] Visando a esse objetivo, a Lei elenca "dez direitos para situações concretas",[2] indicados como essenciais para o desenvolvimento e o crescimento econômicos do Brasil. Dentre esses direitos, de maior relevância para este trabalho, está o de "definir livremente, em mercados não regulados, o preço de produtos e de serviços como consequência de alterações da oferta e da demanda" (art. 3º, III, da Lei 13.874/2019).

Nesse aspecto, é possível verificar um alinhamento da Lei de Liberdade Econômica ao paradigma do liberalismo econômico, o qual dá predominância às leis da oferta e da demanda, ao passo em que se distancia das questões da ordem ética e moral, tendo como fim último a eficiência econômica.

---

[1] BRASIL. Ministério da Economia, Advocacia-Geral da União, Ministério da Justiça e Segurança Pública. EMI nº 00083/2019 ME AGU MJSP. Exposição de Motivos sobre a Medida Provisória nº 881/2019. Brasília: 2019. Item I da Exposição de Motivos da MP nº 881/2019. Disponível em: http://www.planalto.gov.br/ccivil_03/_ato2019-2022/2019/Exm/Exm-MP-881-19.pdf. Acesso em: 10 dez. 2021.

[2] BRASIL. Ministério da Economia, Advocacia-Geral da União, Ministério da Justiça e Segurança Pública, op. cit., 2019, item I.

Nota-se, contudo, que a noção de que o livre mercado naturalmente leva a uma alocação eficiente de bens está desprendida da realidade empírica e das questões morais e éticas que fundamentaram o liberalismo econômico, como bem apontam alguns autores contemporâneos, como Jonathan Aldred, Heather Boushey, Joseph Stiglitz, Katharina Pistor, dentre outros. Nesse sentido, o direito à livre precificação não pode ser compreendido de forma isolada, mas a partir de um paradigma que reconheça os limites da atuação dos agentes econômicos no mercado e também o necessário papel do Estado nas relações comerciais, ainda que excepcional.

Sob a égide do Estado Constitucional brasileiro, há normas que regulam os limites da intervenção do Estado no mercado, traçando balizas legais para a atuação dos agentes econômicos, inclusive sobre a precificação de bens e serviços. A própria Lei de Liberdade Econômica prevê restrições ao direito à livre precificação, no § 3º do seu art. 3º, remetendo à legislação de defesa da concorrência, aos direitos do consumidor e às demais disposições protegidas por lei federal.

Com base nesse panorama, a Seção 2 deste trabalho trata das críticas contemporâneas a respeito do *mainstream* econômico e da separação entre questões de eficiência e questões morais, éticas e distributivas, assim como da necessidade de retomada das considerações sobre justiça social para a concretização do projeto democrático brasileiro. A Seção 3 trata especificamente do direito à livre precificação apresentado na Declaração de Direitos de Liberdade Econômica, abordando os diplomas legais aplicáveis que traçam os limites da livre iniciativa e as balizas da intervenção estatal no âmbito da precificação dos produtos e serviços prestados por agentes econômicos. Ao final, serão apresentadas as conclusões.

2. A LIBERDADE DE INICIATIVA E O NOVO PARADIGMA ECONÔMICO

2.1 As bases teóricas do liberalismo econômico: o enfoque na eficiência econômica e a dissociação de questões morais e subjetivas

O liberalismo econômico pauta-se em um conjunto de leis tidas como naturais, conferindo destaque às noções do *laissez-faire*, da racionalidade absoluta do ser humano e da neutralidade do mercado.[3] À época de seu desenvolvimento, o debate político liberal tinha foco predominante na eficiência de mercado, conforme apontado por Stiglitz.[4]

A obra de Adam Smith, um dos principais marcos teóricos para o advento do liberalismo econômico, foi interpretada por muitos no sentido de que o livre mercado e sua mão invisível levariam inevitavelmente a resultados eficientes e que os mercados não necessitariam de intervenção governamental para seu bom funcionamento.[5] Ao mesmo tempo, alguns economistas adeptos do *mainstream* econômico entendiam os

---

[3] FRAZÃO, Ana. Liberdade de iniciativa x *Laissez-faire*: resgatando a base ética do liberalismo. In: CUEVA, Ricardo; SOUTO, João Carlos (org.). *Bill of Rights Norte-Americano* – 230 anos. São Paulo: JusPodivm, 2020a, p. 297.

[4] STIGLITZ, Joseph. *Prize Lecture by Joseph E. Stiglitz*, 2021, Estocolmo, Information and the Change in The Paradigm in Economics, p. 516. Disponível em: https://www.nobelprize.org/prizes/economic-sciences/2001/stiglitz/lecture/. Acesso em: 3 dez. 2021.

[5] STIGLITZ, op. cit., 2001, p. 472.

seres humanos como criaturas egoístas, de modo que a crescente desigualdade seria consequência inevitável da economia de mercado, também com base nas teorias de Adam Smith.[6]

O advento da teoria de Vilfredo Pareto sobre eficiência permitiu que os debates morais sobre as consequências de políticas públicas fossem deixados de lado por argumentos que tinham a pretensão de serem objetivos. O objetivo da análise econômica passou a ser a busca pela eficiência no formato definido por Pareto, não se tratando mais de argumentos morais para avaliar qual política pública deveria ser tomada e quem seriam os beneficiários. Dessa forma, os efeitos relacionados à desigualdade passaram a ser ignorados nos debates políticos.[7]

Nesse contexto, os trabalhos de Simon Kuznets e Arthur Okun contribuíram para moldar o pensamento de gestores públicos americanos sobre como pensar a desigualdade e o crescimento econômico. À época, Okun afirmava que a busca pela eficiência geraria necessariamente desigualdade, havendo uma *trade-off* necessária entre igualdade e eficiência, enquanto Kuznets indicava que a desigualdade diminuiria conforme a economia crescesse.[8]

Assim, as teorias econômicas que incentivavam o aumento da eficiência, independentemente dos impactos em distribuição dos ganhos entre a população, foram promovidas sob o argumento de que a mão invisível do mercado levaria à alocação eficiente de bens – nesse caso, alocação Pareto eficiente.[9]

Essa linha de pensamento voltada ao aumento da eficiência econômica definiu o paradigma hegemônico nas últimas décadas – identificado por Stiglitz como o paradigma do modelo de equilíbrio competitivo –, cujas premissas são as ideias de (i) que os mercados atingiriam o equilíbrio entre oferta e demanda, (ii) que o mesmo bem seria vendido pelo mesmo preço no mercado, (iii) que o preço competitivo (aquele que advém do equilíbrio entre oferta e demanda) seria igual ao custo marginal, (iv) que os mercados seriam eficientes e (v) que os preços dos valores mobiliários no mercado de capitais refletiriam as informações relevantes para os não informados.

Conforme defende Stiglitz, a hegemonia deste pensamento por dois séculos teria orientado, de forma errônea, o desenvolvimento de políticas públicas, que por vezes não seriam adequadas para implementação.[10]

Com efeito, estratégias de desenvolvimento como a contemplada no Consenso de Washington – que, segundo o autor, se baseou no fundamentalismo de mercado e na visão de que os agentes econômicos possuem informação perfeita –[11] teriam cau-

---

[6]   ALDRED, Jonathan. Licence to be Bad. How Economics Corrupted Us. [S. l.]: Penguin, 2019, p. 10-11. Na visão do autor, essa interpretação sobre Adam Smith estaria incorreta, pois Smith acreditava em um interesse próprio esclarecido, que difere do egoísmo, e que envolve a incorporação de sentimentos morais, dentre outros elementos. ALDRED, op. cit., 2019, p. 10-11.

[7]   ALDRED, op. cit., 2019, p. 217.

[8]   BOUSHEY, Heather. *Unbound*: How Inequality Constricts Our Economy and Whats We Can Do About It. Cambridge: Harvard University Press, 2019. p. 15-16.

[9]   STIGLITZ, op. cit., 2001, p. 503.

[10]   STIGLITZ, op. cit., 2001, p. 519.

[11]   Vale destacar que o próprio John Williamson, economista que cunhou o termo "Consenso de Washington", se opôs à associação do termo com a noção de fundamentalismo de mercado,

sado prejuízos às políticas públicas, notadamente, porque, ao se basearem em ideias desconectadas da realidade, levariam ao fracasso.[12]

A pretensão de tornar a economia um campo objetivo e de aplicação universal, por meio do uso da matemática, resultou na aparente abolição do debate político e ético na economia, questões essas que, na visão de Jonathan Aldred, passariam a ser incorporadas de forma implícita por meio de uma agenda política e ética travestida de ciência objetiva.[13] O argumento da eficiência foi, assim, utilizado de forma a sobrepujar considerações sobre igualdade e justiça.[14]

É necessário destacar que, muito embora o liberalismo econômico tenha afastado a liberdade econômica da discussão sobre moral e intersubjetividade,[15] essas questões estavam presentes nas ideias de liberdade de pensadores como Locke, Kant e o próprio Adam Smith. No que se refere ao pensamento desses indivíduos, Locke contemplou os fundamentos morais da propriedade, como a utilidade e o trabalho, refletindo sobre a possibilidade de todos terem terras, advogando pela aquisição moderada de propriedades; Kant identificou o homem como um fim em si mesmo e tratou da liberdade e igualdade, considerando que não há liberdade compatível com a opressão, pois a igualdade implica um direito de igualdade dos indivíduos em exercerem seus projetos de vida; e Adam Smith tratou do autointeresse dos indivíduos, mas também se preocupou com a questão dos salários, destacando a problemática de sociedades que têm em sua maioria pobres e miseráveis.[16]

Como expressa Ana Frazão, as considerações morais destes pensadores do liberalismo foram filtradas pelos interesses de certos grupos durante o século XVIII e o que antes era liberdade e igualdade passou a significar apenas liberdade e igualdade formais. Nesse sentido, o liberalismo teria passado a identificar a desigualdade como uma consequência natural e justificável.[17]

Com base nesse entendimento, o Estado teve sua atuação limitada ao se conferir, a partir dessa compreensão de liberdade em sentido negativo, proteção à esfera privada contra qualquer tipo de interferência estatal.[18] Ignorava-se, portanto, a noção de que

---

compreendendo esse uso como uma perversão do sentido original. Para Williamson, o termo original referia-se a políticas públicas que representavam uma mudança de orientações consideradas ortodoxas em países em desenvolvimento para políticas públicas presentes na Organização para a Cooperação e Desenvolvimento Econômico – OCDE, ou seja, uma mudança de políticas como tolerância à inflação, importação substituindo industrialização e de papel proeminente do Estado para políticas públicas de disciplina macroeconômica, de *outward orientation* e de economia de mercado. Mesmo assim, Williamson reconhece que há identificação do termo "Consenso de Washington" com o fundamentalismo de mercado. Stiglitz adota a interpretação do Consenso de Washington como representando o fundamentalismo de mercado. (WILLIAMSON, John. The Strange History of the Washington Consensus. *Journal of Post Keynesian Economics*, [s. l.], v. 27, n. 2, p. 195-206, 2004-2005. p. 197, 201).

[12]   STIGLITZ, op. cit., 2001, p. 518.
[13]   ALDRED, op. cit., 2019, p. 10.
[14]   ALDRED, op. cit., 2019, p. 10.
[15]   FRAZÃO, op. cit., 2020b, p. 91.
[16]   FRAZÃO, op. cit., 2020b, p. 91-92.
[17]   FRAZÃO, op. cit., 2020b, p. 91-92.
[18]   FRAZÃO, op. cit., 2020b, p. 93-94.

Capítulo 9 · O DIREITO À LIVRE PRECIFICAÇÃO | 171

um dos papeis centrais do Estado é resolver problemas para os quais o mercado não pode, realisticamente, apresentar uma solução.[19]

Por sua vez, o liberalismo ético, que se preocupava com a intersubjetividade e a igualdade, afastou-se, ao longo do século XIX, da sua base moral e se desenvolveu de forma a justificar a busca pelo autointeresse como forma de se alcançar a harmonia social. Para esta compreensão sobre as leis naturais do mercado, o Estado não teria espaço para intervenção, como parte do determinismo econômico.[20]

2.2 O novo paradigma econômico e o reencontro entre eficiência econômica e igualdade social

Na compreensão de Pistor, o favorecimento de um paradigma que se preocupa com a eficiência, independentemente de suas consequências, sem se ater a um arcabouço ético que leve à distribuição, finda por ser uma manobra interpretativa que beneficia aqueles que são detentores do capital. Como defendem estes, "o que é bom para as empresas é bom para todos", pois dessa forma se "aumenta o bolo", havendo, pretensamente, a garantia de que os benefícios seriam, mesmo que apenas parcialmente, compartilhados com todos, em razão da mão invisível do mercado.[21] Contudo, as experiências norte americana e britânica fornecem um exemplo de que esse entendimento – de que os benefícios irão escorrer (*trickle down*) para os mais pobres – não se concretiza na realidade e tampouco resolve o problema da desigualdade.[22]

Mais do que isso, para Pistor, a desigualdade resultante da aplicação do *mainstream* econômico pode comprometer o objetivo de crescimento econômico e, consequentemente, comprometer o crescimento do "bolo".[23] A desigualdade econômica obsta o crescimento econômico ao impedir que as pessoas que não foram privilegiadas por essa desigualdade possam fazer uso de oportunidades, dificultando que contribuam para a economia, mesmo que consigam ter acesso ao desenvolvimento pessoal.[24]

A partir disso, Pistor entende que aqueles que detêm o capital não estão interessados em uma divisão dos benefícios e se utilizam dos meios jurídicos para se proteger, seja em sua jurisdição, seja em outra mais favorável, utilizando-se do direito até onde lhes convir.[25]

A regulação jurídica teria sido ferramenta necessária para o processo de desenvolvimento dos mercados dentro do sistema capitalista[26] e tal regulação estatal inclusive

---

[19] BANERJEE, Abhijit; DUFLO, Esther. *Good Economics for Hard Times*. New York: PublicAffairs, 2019, p. 268.

[20] FRAZÃO, op. cit., 2020a, p. 298-299.

[21] PISTOR, Katharina. *Code of Capital*: How the law creates wealth and inequality. Princeton: Princeton University Press, 2019, p. 206.

[22] BANERJEE; DUFLO, op. cit., 2019, p. 273.

[23] FRAZÃO, Ana. Liberdade econômica para quem? A necessária vinculação entre a liberdade de iniciativa e a justiça social. In: SALOMÃO, Luis Felipe; CUEVA, Ricardo; FRAZÃO, Ana (org.). *Lei de Liberdade Econômica e seus impactos no direito brasileiro*. São Paulo: Revista dos Tribunais, 2020b, p. 114.

[24] BOUSHEY, op. cit., 2019, p. 30-31.

[25] PISTOR, op. cit., 2019, p. 206.

[26] FRAZÃO, op. cit., 2020a, p. 299.

teria servido aos interesses de uma elite como forma de perpetuar a desigualdade pautada no liberalismo econômico.[27] Isso porque, nos sistemas jurídicos modernos, os direitos subjetivos – compreendidos como direitos negativos contra o Estado – protegeriam os direitos dos detentores do capital contra o Estado e inclusive contra outros indivíduos.[28]

Ora, como aponta Thomas Piketty, os parâmetros tradicionalmente relacionados à discussão econômica, tais como lucros, salários e dívidas, são nada mais que construções sociais e históricas, criadas a partir das concepções de justiça social e justiça econômica de cada sociedade, bem como do poder político e ideológico de cada grupo com interesses conflitantes.[29]

Stiglitz também reconhece a possibilidade de que a predominância e sobrevivência deste paradigma, que apenas vislumbra a eficiência e as leis da oferta e demanda, ocorreram em razão de as políticas públicas – orientadas a partir desse paradigma – servirem a alguns interesses.[30] A desigualdade resultante também se traduziria em desigualdade em poder político, utilizado pelas elites econômicas para favorecer seus interesses.[31] Ao não se discutirem questões éticas ao tratar da economia, uma agenda política e ética oculta estaria sendo seguida.[32] Ademais, o processo de elaboração de políticas públicas, assim como as instituições públicas, estariam sofrendo o impacto da desigualdade econômica, sendo subvertidas para favorecer o interesse privado de maximização de lucros em vez do interesse público.[33]

Experiências recentes, como a crise econômica de 2008, demonstram a necessidade de uma compreensão holística da formação de teses econômicas, especialmente considerando potenciais ideologias e jogos de poder que podem estar por detrás. Para Paul Krugman, foi justamente a crença em mercados inerentemente estáveis – de maneira que as ações fossem precificadas sempre da maneira devida – um dos principais motivos para que poucos economistas antecipassem a crise de 2008, mesmo com tantos indícios claros de sua chegada. Em suas palavras: "a economia, como uma área, teve problemas porque os economistas foram seduzidos pela visão de um sistema de mercado perfeito e sem conflitos".[34]

Com efeito, Stiglitz defende que a economia da informação (*economics of information*) será o paradigma que irá substituir o paradigma do equilíbrio competitivo, considerando que a informação afeta o processo decisório, inclusive no âmbito da política econômica e nos processos decisórios coletivos.[35] Esse novo paradigma ofereceria a possibilidade de

---

[27]   FRAZÃO, op. cit., 2020b, p. 118.
[28]   PISTOR, op. cit., 2019, p. 229.
[29]   PIKETTY, Thomas. *Capital e ideologia*. Trad. Arthur Goldhammer. São Paulo: Intrínseca, 2020, p. 7.
[30]   STIGLITZ, op. cit., 2001, p. 524.
[31]   BOUSHEY, op. cit., 2019, p. 141.
[32]   ALDRED, op. cit., 2019, p. 10.
[33]   BOUSHEY, op. cit., 2019, p. 85-86.
[34]   Tradução do original: "Economics, as a field, got in trouble because economists were seduced by the vision of a perfect, frictionless market system" (KRUGMAN, Paul. How Did Economists Get It So Wrong? *The New York Times Magazine*, Nova York, 2 set. 2009. Disponível em: https://www.nytimes.com/2009/09/06/magazine/06Economic-t.html. Acesso em: 10 fev. 2022).
[35]   STIGLITZ, op. cit., 2001, p. 474.

se pensar sobre políticas públicas por uma nova forma, permitindo um maior papel ao Estado, ao se reconhecer o impacto da assimetria de informações e que os mercados não são, usualmente, Pareto eficientes. Inclusive, Stiglitz nota que essa possibilidade permite reflexões que vão além da questão relacionada meramente à assimetria informacional.[36]

Dentro desse contexto, muitos autores contemporâneos defendem que a noção de liberalismo econômico apartada das discussões éticas, na qual se pautavam os defensores do liberalismo em sua origem e cujo fundamento encontra-se no jusnaturalismo, deve ser superada. Nesse contexto, seria necessária a superação deste paradigma que permaneceu hegemônico por tanto tempo para que os sistemas jurídicos não sejam mais utilizados de forma instrumental para a preservação dos direitos de determinadas elites em detrimento dos demais. Como reconhece Thomas Philippon, não há que se falar em livres mercados nos quais incumbentes são artificialmente protegidos da concorrência e o Estado expropria a propriedade privada por meio de interferências políticas arbitrárias.[37]

Tal mudança, com a incorporação das considerações éticas e sobre justiça social e igualdade, mostra-se especialmente relevante sob a luz do texto constitucional brasileiro. O ordenamento jurídico brasileiro contempla questões de justiça social em suas normas e o poder de definir os bens jurídicos que o direito protegerá não está com os detentores do capital, mas com o povo soberano no sistema democrático e constitucional.[38] Dessa forma, revisitar a base moral do liberalismo serviria para viabilizar a harmonização entre livre iniciativa, justiça social e igualdade.[39]

Especialmente no âmbito de direitos de liberdade econômica, é imperativo pensar a liberdade para todos – ao contrário do *mainstream* econômico – a fim de que o projeto democrático brasileiro, contemplado na Constituição Federal, possa ser alcançado.[40]

3. A DECLARAÇÃO DE DIREITOS DE LIBERDADE ECONÔMICA E A LIVRE PRECIFICAÇÃO: CONTORNOS LEGAIS E CONSTITUCIONAIS

3.1 O regime constitucional brasileiro e as balizas para intervenção do Estado na economia

Como enfatizado na exposição de motivos da MP 881/2019, o objetivo da Declaração de Direitos de Liberdade Econômica foi o de "estabelecer garantias de livre mercado (...) contra um Estado irracionalmente controlador".[41] Para tanto, foram elencados "dez direitos para situações concretas (...) com o objetivo de alterar em caráter emergencial a realidade do Brasil",[42] considerados como essenciais para o desenvolvimento e o crescimento econômicos do País.

---

[36] STIGLITZ, op. cit., 2001, p. 516.
[37] PHILIPPON, Thomas. *The Great Reversal*. How America gave up on free markets. Cambridge: The Belknap Press of Harvard University, 2019.
[38] PISTOR, op. cit., 2019. p. 234.
[39] FRAZÃO, op. cit., 2020a, p. 299.
[40] FRAZÃO, op. cit., 2020b, p. 120.
[41] BRASIL. Ministério da Economia, Advocacia-Geral da União, Ministério da Justiça e Segurança Pública, op. cit., 2019, item I.
[42] BRASIL. Ministério da Economia, Advocacia-Geral da União, Ministério da Justiça e Segurança Pública, op. cit., 2019, item I.

Dentre esses Direitos de Liberdade Econômica reconhecidos pela Lei, está o de "definir livremente, em mercados não regulados, o preço de produtos e de serviços como consequência de alterações da oferta e da demanda" (art. 3º, III, da Lei 13.874/2019).

Na mesma esteira, a Lei de Liberdade Econômica revogou a Lei Delegada 4, de 26 de setembro de 1962, que previa a possibilidade de intervenção no domínio econômico para assegurar a livre distribuição de mercadorias e serviços essenciais ao uso e consumo do povo.

O posicionamento da Lei de Liberdade Econômica vai ao encontro do paradigma do liberalismo econômico, que, como visto no tópico anterior, visava especialmente à eficiência econômica, dando predominância às leis da oferta e da demanda, muitas vezes sem se ater a questões da ordem ética e moral.

Essa ideia de que o preço de produtos é definido livremente com base na oferta e demanda encontra fundamento na noção de concorrência perfeita, sistema no qual há uma grande quantidade de agentes de mercado, que atuam de forma independente e sem que qualquer deles detenha controle sobre uma parcela relevante da oferta ou da demanda (*i.e.*, todos são tomadores de preços formados no mercado e suas decisões individuais não afetam o preço de mercado).[43] Sabe-se, no entanto, que esse é um modelo teórico, que não se verifica no mundo real, já que as forças de mercado não são tão sábias e racionais na prática, especialmente considerando o impacto da assimetria de informações entre os agentes de mercado e os consumidores.[44]

É de se questionar, portanto, a utilidade da declaração deste direito à livre precificação, baseada puramente em alterações na oferta e na demanda, quando se sabe que os mercados, na prática, são formados por agentes heterogêneos, sujeitos a erros e que sequer possuem acesso a informações completas para definirem seus preços. Mais do que isso, "a Lei acolhe o mito de defender a primazia de transações naturais de mercado em detrimento da ação 'artificial' do Estado"[45] e ignora que todos os mercados são regulados de alguma forma.

Ora, a Constituição Federal, em seus arts. 1º e 170 – esse último inclusive mencionado no *caput* do art. 3º da Lei de Liberdade Econômica –, não por mera coincidência coloca a livre iniciativa ao lado da valorização social do trabalho humano, sendo ambos arrematados pela ideia de justiça.[46] O texto constitucional não permite compreender a livre iniciativa "a partir de uma interpretação liberal extremada, a condenar *per se*",[47] estando clara a necessidade de integração e harmonia da livre-iniciativa com a justiça social.[48]

---

[43] STIGLER, George J. Perfect Competition, Historically Contemplated. *Journal of Political Economy*, Chicago, vol. 65, nº 1, fev. de 1957, p. 1-17 Disponível em: http://www.economia.unam. mx/biblioteca/Pdf/bibliografia/Stigler_Perfect_competition_historically_contemplated.pdf. Acesso em: 5 dez. 2021.

[44] STIGLITZ, op. cit., 2001, p. 516.

[45] FRAZÃO, op. cit., 2020b, p. 113.

[46] FRAZÃO, op. cit., 2020b, p. 98.

[47] MIRAGEM, Bruno. Direito protege consumidor e livre concorrência de aumentos abusivos. Disponível em: https://www.conjur.com.br/2016-jan-06/garantias-consumo-direito-protege--consumidor-livre-concorrencia-aumentos-abusivos. Acesso em: 4 dez. 2021.

[48] FRAZÃO, op. cit., 2020b, p. 98.

Capítulo 9 · O DIREITO À LIVRE PRECIFICAÇÃO | **175**

A Constituição Federal já apresenta limites ao dito livre mercado, ao dispor, em seu art. 173, § 4º, que a "lei reprimirá o abuso do poder econômico que vise à dominação dos mercados, à eliminação da concorrência e ao aumento arbitrário dos lucros".[49] Também dispõe, no mesmo sentido, ser dever do Estado promover a defesa do consumidor (art. 5º, XXXII, e art. 170, V).

É cristalino, portanto, que a ordem constitucional brasileira não considera a livre iniciativa como um direito absoluto de iniciativa econômica nem como um princípio de maior importância frente aos demais. Na verdade, os princípios da livre iniciativa e da livre concorrência são considerados instrumentos para a promoção da dignidade humana, conforme os ditames da justiça social.[50]

Como destaca Eros Grau, "a visão de um Estado inteiramente omisso, no liberalismo, em relação à iniciativa econômica privada, é expressão pura e exclusiva de um tipo ideal".[51] Nesse sentido, o que preconiza a Constituição Federal "é a garantia da legalidade: liberdade de iniciativa econômica é liberdade pública precisamente ao expressar não sujeição a qualquer restrição estatal senão em virtude de lei".[52]

3.2 Limites legais à livre precificação

No plano infraconstitucional, há normas que regulam os limites da intervenção do Estado no mercado, traçando balizas legais para a atuação dos agentes econômicos, inclusive sobre a precificação de bens e serviços. A própria Lei de Liberdade Econômica prevê restrições ao direito à livre precificação, no § 3º do seu art. 3º. Além de contemplar "situações em que o preço de produtos e de serviços seja utilizado com a finalidade de reduzir o valor do tributo, de postergar a sua arrecadação ou de remeter lucros em forma de custos ao exterior", o dispositivo remete à legislação de defesa da concorrência, aos direitos do consumidor e às demais disposições protegidas por lei federal.

Para os fins deste trabalho, entende-se relevante tecer breves comentários a respeito do impacto do Direito da Concorrência e do Direito do Consumidor sobre a livre precificação, prevista na Lei de Liberdade Econômica. Tendo em vista a amplitude da matéria, por óbvio, o trabalho não tem como propósito esgotar a discussão sobre o assunto.

3.2.1 O controle de preços por meio do Direito da Concorrência

No âmbito do direito concorrencial, a Lei 12.529, de 30 de novembro de 2011 (conhecida como Lei de Defesa da Concorrência), possibilita ao Estado duas formas de controlar preços, ainda que indiretamente, tanto por meio do fomento à concorrência quanto por meio da repressão ao abuso de poder econômico:

---

[49] O dispositivo sequer foi uma novidade da Constituição Federal de 1988. Desde a promulgação da Constituição Federal de 1946, a repressão ao abuso de poder econômico já era considerada papel do Estado (art. 148 da Constituição de 1946 e 157 da Constituição de 1967).

[50] FORGIONI, Paula. *Fundamentos do Antitruste*. São Paulo: Revista dos Tribunais, 2021, p. 194.

[51] GRAU, Eros Roberto. *A ordem econômica na Constituição de 1988*. 9. ed. São Paulo: Malheiros, 2004, p. 187 e 189.

[52] GRAU, op. cit., 2004, p. 189.

Em princípio, existem duas formas de controlar o preço utilizando-se as normas antitruste: a primeira, é assegurando que a concorrência exerça seu papel, impedindo a prática de preços muito acima do custo marginal. Assim, por exemplo, quando se desfaz um monopólio, estabelecendo a concorrência em um setor da economia, os preços tendem (se não houver acordo entre os agentes econômicos, neutralizando essa mesma concorrência) a estabilizar-se em patamar inferior àqueles típicos do monopólio. Esse foi um dos principais motes que inspirou a desestatização de vários setores da economia a partir dos anos 80. Outra técnica consiste em controlar os preços praticados pelos agentes econômicos com posição dominante no mercado. No primeiro caso, *fomenta-se a concorrência*; no segundo, reprime-se o *abuso do poder econômico*.[53]

Para o fomento à concorrência, a Lei de Defesa da Concorrência prevê o controle preventivo do Estado, precipuamente por meio da análise prévia de atos de concentração econômica.[54] Ao rever operações que preenchem os requisitos previstos em lei, o Conselho Administrativo de Defesa Econômica (CADE) – autarquia responsável pela aplicação administrativa da Lei de Defesa da Concorrência – busca "identificar se há alguma possibilidade de o ato de concentração gerar efeitos negativos na dinâmica competitiva",[55] dentre os quais pode estar o aumento de preços dos produtos.[56]

Nos casos em que se verificam potenciais efeitos nocivos à concorrência, o CADE pode sujeitar a aprovação da operação a restrições comportamentais e/ou estruturais, os chamados "remédios antitruste". De acordo com o Guia de Remédios Antitruste editado pelo CADE,[57] "o desenho de remédios pode incluir a venda de ativos tangíveis e intangíveis e/ou unidades de negócios das Requerentes, assim como impor comportamentos no curso de seus negócios". Dentre as medidas comportamentais possíveis, estaria o

---

[53] FORGIONI, op. cit., 2021, p. 250-251.

[54] Nos termos do art. 90 da Lei de Defesa da Concorrência, realiza-se um ato de concentração quando:
"I – 2 (duas) ou mais empresas anteriormente independentes se fundem; II – 1 (uma) ou mais empresas adquirem, direta ou indiretamente, por compra ou permuta de ações, quotas, títulos ou valores mobiliários conversíveis em ações, ou ativos, tangíveis ou intangíveis, por via contratual ou por qualquer outro meio ou forma, o controle ou partes de uma ou outras empresas; III – 1 (uma) ou mais empresas incorporam outra ou outras empresas; ou IV – 2 (duas) ou mais empresas celebram contrato associativo, consórcio ou *joint venture*.

[55] PEREIRA NETO, Caio Mário; CASAGRANDE, Paulo. *Direito concorrencial*: doutrina, jurisprudência e legislação. São Paulo: Saraiva, 2016, p. 66.

[56] A possibilidade de aumento de preços em decorrência de atos de concentração costuma ser um ponto frequente de análise do CADE. De forma exemplificativa, vale destacar os pareceres recentes da Superintendência-Geral nos Atos de Concentração nºs 08700.003080/2021-11 (Requerentes: AerCap Holdings N.V. e GE Capital Aviation Services); 08700.006195/2020-78 (Requerentes: Notre Dame Intermédica Saúde S.A., SERPRAM – Serviço de Prestação de Assistência Médico-Hospitalar S.A., IMESA – Instituto de Medicina Especializada Alfenas S.A. e Hospital Varginha S.A.); e 08700.006656/2020-11 (Requerentes: Claro S.A. e Telefônica Brasil S.A.).

[57] BRASIL. Conselho Administrativo de Defesa Econômica. *Guia de Remédios Antitruste*, 2018, p. 57. Disponível em: https://cdn.cade.gov.br/Portal/centrais-de-conteudo/publicacoes/guias-do-cade/guia-remedios.pdf. Acesso em: 7 dez. 2021.

controle de preços – como no caso de *price-cap*, em que "preços tetos são fixados por um dado período".[58] Contudo, o próprio CADE reconhece que sua aplicação deve ser excepcional, considerando que:

> (...) além de demandar um monitoramento contínuo, na prática não representam medidas efetivas voltadas para impactos negativos nas condições de mercado no contexto de uma fusão. Nesse sentido, *price caps* são medidas que têm o potencial de gerar distorções indesejáveis nos incentivos econômicos, pois a limitação de preços pode constranger a entrada de novos concorrentes no mercado, o que compromete o nível de diversidade e/ou de quantidades ofertadas.
>
> (...)
>
> Estes tipos de controles geram expressivo custo para o Cade e elevam de forma significativa o risco de ineficácia do remédio, além de representar uma regulação no sentido estrito. Na maioria dos casos, aqueles não envolvidos no curso dos negócios e operação das unidades empresariais não possuem informações suficientes para uma determinação apropriada destas dimensões concorrenciais.[59]

De outro lado, no que se refere ao controle repressivo do CADE, a Lei de Defesa da Concorrência define, em seu art. 36, que determinadas condutas de agentes econômicos podem ser consideradas ilegais quando implicarem ou tenham por objeto (i) prejuízo à livre concorrência ou à livre iniciativa; (ii) domínio de mercado relevante de bens ou serviços; (iii) aumento arbitrário de lucros; e/ou (iv) abuso de posição dominante.[60] Em razão da indeterminação normativa e tipicidade aberta do ilícito concorrencial, há uma margem abrangente para a configuração da conduta.[61] No § 3º do art. 36 da Lei, há um rol de infrações à ordem econômica, mas seu caráter é meramente exemplificativo e outras práticas empresariais podem ser consideradas ilícitas, a depender de seu objeto ou dos efeitos à concorrência que trazem consigo.

De maior relevância para esse estudo, encontram-se as práticas de preços predatórios e de preços excessivos. Quanto à primeira, o art. 36, § 3º, XV, prevê expressamente que "vender mercadoria ou prestar serviços injustificadamente abaixo do preço de custo" pode configurar um ilícito concorrencial. Já em relação à segunda, em que pese não esteja incluída nesse mesmo rol,[62] a infração poderia ser configurada na medida em que tenha como efeito, mesmo que potencial, o aumento arbitrário

---

58   BRASIL, *Guia de Remédios Antitruste*, 2018, p. 57.

59   BRASIL, *Guia de Remédios Antitruste*, 2018, p. 17 e 41.

60   Nos termos da lei (art. 36), a responsabilização na seara administrativa independe de culpa e inclui "atos sob qualquer forma manifestados, que tenham por objeto ou possam produzir os seguintes efeitos, ainda que não sejam alcançados: I – limitar, falsear ou de qualquer forma prejudicar a livre concorrência ou a livre iniciativa; II – dominar mercado relevante de bens ou serviços; III – aumentar arbitrariamente os lucros; e IV – exercer de forma abusiva posição dominante".

61   FRAZÃO, op. cit., 2017, p. 257.

62   A antiga Lei 8.884/1994, em seu art. 21, XXIV, descrevia a prática de "impor preços excessivos, ou aumentar sem justa causa o preço do bem ou serviço" como exemplo de possível infração à concorrência, mas, por opção política, a conduta foi excluída da Lei 12.529/2011.

de lucros e/ou abuso de posição dominante, nos termos do *caput* do art. 36 da Lei de Defesa da Concorrência.[63]

A doutrina e a jurisprudência, todavia, reconhecem a dificuldade de se configurar tais práticas, o que implica a necessidade de cautela da Administração Pública ao se deparar com tais situações.

No que se refere a preços predatórios, a preocupação da autoridade concorrencial se baseia especialmente nos efeitos da conduta no ambiente competitivo a médio e longo prazo. Embora, em um primeiro momento, a prática possa gerar efeitos benéficos aos consumidores pela venda do bem ou serviços abaixo de uma determinada medida de custos, a tendência é que o agente consiga se recuperar com a saída de rivais – justamente em razão dos preços predatórios praticados – e utilizar o poder de mercado adquirido para impor preços e condições abusivas aos consumidores.[64]

Em precedente relevante sobre o tema,[65] o CADE indicou que a prática de preços predatórios somente seria configurada quando presentes os seguintes requisitos, cumulativamente: (i) detenção de poder de mercado por parte do agente da conduta; (ii) possibilidade de recuperação dos valores perdidos durante o tempo em que ocorreu a prática; (iii) comprovação de que a venda de bens ou serviços não é sustentável a longo prazo, sendo realizada abaixo de uma determinada medida de custos; (iv) demonstração de que a prática tem o objetivo de eliminar uma empresa do mercado ou discipliná-la; e (v) demonstração de que a prática leva a uma redução do bem-estar dos consumidores.

Em síntese, como explica Calixto Salomão Filho,[66] a configuração de preços predatórios perpassa a demonstração tanto da prática de preços inferiores aos que poderiam ser lucrativamente praticados quanto da possibilidade de eliminação da concorrência no mercado em razão da conduta. Por se tratar de critérios de difícil configuração, o CADE nunca chegou a condenar um agente econômico por esse tipo de ilícito.

Relativamente à prática de preços excessivos, entende-se que um aumento não equitativo de preços pode ser considerado um ilícito concorrencial na medida em que implicar, ainda que potencialmente, um dos efeitos previstos no *caput* do art. 36 da Lei de Defesa da Concorrência, notadamente o aumento arbitrário de lucros e o abuso de posição dominante.[67]

---

[63] CORRÊA, Mariana. *Abuso de posição dominante*: condutas de exclusão em relações de distribuição. Tese de Doutorado. São Paulo: Universidade de São Paulo, Faculdade de Direito, 2021, p. 66.
CORDOVIL, Leonor et al. *Nova Lei de Defesa da Concorrência comentada*: Lei 12.529, de 30 de novembro de 2011. São Paulo: Revista dos Tribunais, 2011.

[64] FRAZÃO, op. cit., 2017, p. 55.

[65] Averiguação Preliminar 08012.007897/2005-98, vogal do Conselheiro Luiz Carlos D. Prado, p. 3.

[66] SALOMÃO FILHO, Calixto. *Direito concorrencial*. 2. ed. Rio de Janeiro: Forense, 2021, p. 369.

[67] A interpretação atual do CADE é a de que a autoridade deve atuar somente no combate a preços abusivos excludentes (*exclusionary abuse*), "praticados com o intuito de excluir competidor do mercado (praticado por empresas verticalmente integradas)". Dessa forma, a autoridade não teria competência para analisar a prática de preços meramente excessivos ou "exploratórios" (*exploitative prices*), em decorrência do poder de mercado. Disponível em:

Há que se reconhecer, contudo, a extrema dificuldade de caracterizar um preço como "excessivo" ou "não equitativo".[68] A antiga Lei 8.884/1994 previa certos elementos que deveriam ser considerados na caracterização da imposição de preços excessivos ou do aumento injustificado de preços, dentre os quais estavam o custo dos insumos e de melhorias de qualidade, o preço de produtos e serviços similares ou anteriormente produzidos e a existência de ajuste ou acordo que resultasse em majoração de preços ou custos.[69] No entanto, além do fato de tal dispositivo ter sido revogado pela Lei 12.529/2011, a necessidade de valoração dos critérios no contexto de um determinado mercado relevante já prejudica sua objetividade.[70]

Com a pandemia da Covid-19 iniciada em 2020, reacendeu-se o debate sobre a conduta em vista do aumento de preços de insumos médicos-farmacêuticos, tais como máscaras cirúrgicas, álcool em gel e medicamentos. Em face desse contexto, a Superintendência-Geral do CADE instaurou um Procedimento Preparatório de Inquérito Administrativo, sob o fundamento de que seria "necessário, por parte do CADE, zelar para que tais abusos, se efetivamente verificados, sejam punidos com base no art. 36, I, III e IV, com as penas cominadas nos arts. 37 e 38, todos da Lei 12.259/2011".[71] Até o momento de finalização deste estudo, o CADE ainda não havia se manifestado quanto ao mérito da investigação.

3.2.2 O controle de preços abusivos por meio do Direito do Consumidor

No âmbito do direito consumerista, a Lei 8.078, de 11 de setembro de 1990 (conhecida como Código de Defesa do Consumidor – CDC), é considerada uma norma presente dentro do contexto da *pós-modernidade jurídica*, segundo Flávio Tartuce, o que significa ser uma norma que se preocupa com valores sociais, revendo conceitos como contrato e responsabilidade civil.[72] A proteção ao consumidor surge como um

---

https://www.gov.br/cade/pt br/acesso a informacao/perguntas-frequentes/perguntas-sobre-infracoes-a-ordem-economica. Acesso em: 5 dez. 2021.

[68] FORGIONI, Paula. *Os fundamentos do antitruste*. 4. ed. São Paulo: Revista dos Tribunais, 2010, p. 308.

[69] "Art. 21. (...) Parágrafo único. Na caracterização da imposição de preços excessivos ou do aumento injustificado de preços, além de outras circunstâncias econômicas e mercadológicas relevantes, considerar-se-á: I – o preço do produto ou serviço, ou sua elevação, não justificados pelo comportamento do custo dos respectivos insumos, ou pela introdução de melhorias de qualidade; II – o preço de produto anteriormente produzido, quando se tratar de sucedâneo resultante de alterações não substanciais; III – o preço de produtos e serviços similares, ou sua evolução, em mercados competitivos comparáveis; IV – a existência de ajuste ou acordo, sob qualquer forma, que resulte em majoração do preço de bem ou serviço ou dos respectivos custos."

[70] FORGIONI, op. cit., 2010, p. 310.

[71] Despacho de Instauração de Procedimento Preparatório 19/2020, de 18.03.2020. Disponível em: https://sei.cade.gov.br/sei/modulos/pesquisa/md_pesq_documento_consulta_externa.php?DZ2uWeaYicbuRZEFhBt-n3BfPLlu9u7akQAh8mpB9yN5-g_g0O9zChGsgE5Z_2H25KowY3-t3BnzFcJrkIPBprQu1Xz4OKIlq5iTVR2wdQK10M8ZmoD1NL3vg3xjWq5f. Acesso em: 6 dez. 2021.

[72] TARUCE, Flávio; NEVES, Daniel A. A. *Manual de direito do consumidor*: direito material e processual. 6. ed. Rio de Janeiro: Forense; São Paulo: Método, 2017, p. 4-5.

contraponto à excessiva proteção ao mercado. Em razão da proteção constitucional dos consumidores, conferida pelo art. 5º, XXXII, da Constituição Federal de 1988, o CDC possui caráter de norma principiológica e eficácia supralegal, tendo prevalência sobre as leis ordinárias e especializadas setorizadas, as quais devem ser disciplinadas em consonância com os princípios presentes do CDC.[73]

No âmbito do Direito do Consumidor, o CDC, ao tratar das práticas abusivas, dispõe em seu art. 39, X, sobre a vedação a fornecedores de produtos e serviços de elevarem o preço de produtos e serviços sem justa causa. Para Flávio Tartuce e Daniel Amorim Assumpção Neves, a justa causa referida no dispositivo "deve ser interpretada de acordo com a realidade social de ampla tutela dos consumidores e, em casos de dúvidas, deve prevalecer a sua proteção".[74]

Esse dispositivo se relaciona diretamente com o art. 51 do CDC, que trata das cláusulas abusivas, em particular em relação ao inciso X, que dispõe serem nulas de pleno direito, dentre outras, as cláusulas contratuais relativas ao fornecimento de produtos e serviços que permitam ao fornecedor, direta ou indiretamente, variação do preço de maneira unilateral.

Em conjunto com o art. 36 da Lei de Defesa da Concorrência, esses dispositivos dialogam com o princípio da livre iniciativa, disposto no art. 1º, IV, da Constituição Federal, como fundamento da República Federativa do Brasil, e presente no art. 170, ao se tratar sobre os princípios gerais da atividade econômica, dentre os quais está a defesa do consumidor, em seu inciso V.

Nesse sentido, a livre iniciativa deve ser articulada com a defesa do consumidor, não sobrepondo-se um sobre o outro, como explana a Secretaria Nacional do Consumidor (SENACON), órgão do Ministério da Justiça e Segurança Pública encarregado de conduzir a Política Nacional das Relações de Consumo, na Nota Técnica 8/2020/CGEMM/DPDC/SENACON/MJ.[75] Nesta Nota Técnica, cujo objetivo é "disseminar um guia interpretativo de atuação para a análise de eventual abusividade dos aumentos de preços de determinados produtos e serviços" durante a pandemia da Covid-19, a SENACON informa que a defesa do consumidor gera um limite a autonomia dos

---

[73] TARTUCE, op. cit., 2017, p. 10-11.

[74] TARTUCE, op. cit., 2017, p. 494-495.

[75] SECRETARIA NACIONAL DO CONSUMIDOR (Brasil). *Nota Técnica n.º 8/2020/CGEMM/DPDC/SENACON/MJ, 19 de março de 2021*. Trata-se de estudo técnico conjunto a respeito de abusividade no reajuste do preço de produtos e serviços, em decorrência da pandemia de Covid-19 – "coronavírus" – declarada pela Organização Mundial de Saúde (OMS), que configuraria, em tese, prática abusiva segundo o Código de Defesa do Consumidor e é objeto de diversos questionamentos de membros do Sistema Nacional de Defesa do Consumidor – SNDC relacionados a produtos de prevenção e tratamento da doença, como álcool gel, luvas e máscaras. Distrito Federal: Secretaria Nacional do Consumidor, p. 02. Disponível em: https://www.defesadoconsumidor.gov.br/images/SEI_MJ_-_11277339_-_Nota_T%C3%A9cnica.pdf. Acesso em: 8 dez. 2021. Em linha com os termos da Nota Técnica 8/2020/CGEMM/DPDC/SENACON/MJ está o Guia Prático de Análise de Aumentos de Preços de Produtos e Serviços, documento elaborado e aprovado no âmbito do Conselho Nacional de Defesa do Consumidor (CNDC) e consolidado pela SENACON, lançado em 08 de fevereiro de 2022. BRASIL. Secretaria Nacional de Defesa do Consumidor. *Guia Prático de Análise de Aumentos de Preços de Produtos e Serviços*, 2022. Disponível em: https://www.defesadoconsumidor.gov.br/images/Guia_de_pre%C3%A7os_abusivos_v9.pdf. Acesso em: 12 fev. 2022.

fornecedores sobre alteração de preços, sendo necessária a intervenção do Estado, mas apenas em situações legalmente autorizadas e tendo em vista o equilíbrio entre a livre iniciativa e a defesa do consumidor. A análise sobre abusividade dos preços e aumento arbitrário de lucros, deve ser realizada "caso a caso, mercado a mercado", como é realizada no âmbito da concorrência, pois limites da elevação de preço não estão definidos de antemão e cada mercado tem suas particularidades, sendo necessário também considerar que termos como "justa causa", "aumento arbitrário" e inclusive "livre iniciativa" são termos jurídicos indeterminados, justificando essa orientação interpretativa.[76] Nesse sentido, dispõe:

> Assim, é importante solicitar ao fornecedor e, posteriormente, realizar uma análise pormenorizada das planilhas de custos referentes ao período anterior ao aumento para identificar quais foram as causas que deixaram o fornecedor sem escolhas a não ser elevar o preço do produto/serviço. Não se desprezando, também, a presença de concorrência, ou seja, há de ser realizada uma análise de oferta e demanda. A redução abrupta de concorrência pode levar a aumentos significativos nos preços, sendo de especial importância esta questão pela relação inversa entre a concorrência e o preço (quanto menor a concorrência, maior o preço).[77]

Assim como a análise sobre oferta e demanda, a caracterização da conduta abusiva compreende a identificação de dois elementos: (i) a conduta dissimulada e (ii) a racionalidade econômica da variação de preço.[78] Conduta dissimulada é aquela que se aproveita da posição dominante, aqui compreendida de forma diversa do Direito Concorrencial, significando uma desigualdade nas posições contratuais.[79] Quanto à racionalidade econômica, é necessário que o aumento nos preços tenha uma justificativa aceita pelo Direito.[80]

Bruno Miragem, ao tratar sobre o art. 39, X, do CDC, informa que o aumento injustificado de preços não se caracteriza quando decorre da conjuntura econômica e também de regras de formação de preço, como o *mark up* para abranger os custos não presentes nos custos de produção, incluindo tributos.[81]

Ademais, situações de emergência ou calamidade pública podem gerar mudanças na oferta e demanda de forma a impactar a precificação de produtos e serviços realizada pelos fornecedores.[82] A pandemia da Covid-19 representou uma situação com esse potencial, ocorrendo aumento abrupto da demanda, devido à "insegurança dos consumidores acerca da continuidade do abastecimento de produtos e serviços" e

---

[76] SECRETARIA NACIONAL DO CONSUMIDOR, op. cit., 2020, p. 2.
[77] SECRETARIA NACIONAL DO CONSUMIDOR, op. cit., 2020, p. 2.
[78] SECRETARIA NACIONAL DO CONSUMIDOR, op. cit., 2020, p. 3-4.
[79] SECRETARIA NACIONAL DO CONSUMIDOR, op. cit., 2020, p. 4.
[80] SECRETARIA NACIONAL DO CONSUMIDOR, op. cit., 2020, p. 4.
[81] MIRAGEM, Bruno. *Direito protege consumidor e livre concorrência de aumentos abusivos*. [S. l.], 2016. Disponível em: https://www.conjur.com.br/2016-jan-06/garantias-consumo-direito--protege-consumidor-livre-concorrencia-aumentos-abusivos. Acesso em: 4 dez. 2021.
[82] SECRETARIA NACIONAL DO CONSUMIDOR, op. cit., 2020, p. 3.

diminuição na oferta, "causadas pelas paradas nas linhas produtivas, como as noticiadas na China e posteriormente na Europa".[83] Esses elementos, obviamente, resultam em um impacto nos preços.

Com o fim de fornecer um guia orientativo para o exame da abusividade na elevação dos preços de produtos e serviços em virtude da pandemia do coronavírus (Covid-19), a SENACON, em sua Nota Técnica 08/2020, indicou a consideração dos seguintes elementos:

1. Identificar o produto que se quer verificar abusividade (álcool gel, por exemplo);
2. Identificar as empresas que atuam concorrencialmente nesse mercado;
3. Identificar a cadeia produtiva, incluindo a matéria-prima do produto;
4. Solicitar notas fiscais de compra e de venda com uma série histórica confiável, sendo recomendável ao menos uma série de 03 meses (90 dias);
5. Identificar se há racionalidade econômica no aumento de preços ou se ele deriva pura e simplesmente de oportunismo do empresário;

A análise indicada se mostra pertinente para verificar também a abusividade dos preços inclusive fora dos cenários de crise e emergência, pois leva em consideração elementos que permitem avaliar a racionalidade econômica (ou ausência dela) por detrás do aumento de preços.

4. CONSIDERAÇÕES FINAIS

Por fim, a ideia de que o livre mercado naturalmente leva a uma alocação eficiente de bens, além de estar desprendida da realidade empírica, representa um desprendimento completo das ideias jusnaturalistas que fundamentaram o liberalismo econômico, posto que apartada do arcabouço ético e moral que necessariamente deve lhe recobrir.

O direito à livre precificação, como previsto na Declaração de Direitos de Liberdade Econômica, não pode ser compreendido de forma isolada, mas a partir de um paradigma que reconheça os limites da atuação dos agentes econômicos no mercado e também o necessário papel do Estado nas relações comerciais, ainda que excepcional. O arcabouço constitucional brasileiro exige a harmonização entre livre iniciativa e valorização social do trabalho humano, que devem se pautar pela concretude da justiça social no país.

Dessa forma, muito embora, à primeira vista, o direito previsto no art. 3º, III, da Lei de Liberdade Econômica aparente ser um direito sem limitações, a própria Lei já indica dispositivos que o limitam. As normas concorrenciais e consumeristas aqui exemplificadas evidenciam a possibilidade de intervenção do Estado no mercado, quando verificados os requisitos previstos em lei.

Mais do que isso, uma análise mais abrangente do mercado leva à conclusão de que apenas alterações da oferta e da demanda são insuficientes para a análise econômica sobre preços, sendo relevante a consideração de situações que gerem choques e distorções na precificação dos produtos e serviços, por exemplo.

---

[83] SECRETARIA NACIONAL DO CONSUMIDOR, op. cit., 2020, p. 3.

Obviamente, isso não significa possibilidade irrestrita de o Estado intervir nas relações comerciais, sob pena de geração de graves externalidades negativas sobre os mercados. Excepcionalmente, e apenas nas hipóteses previstas em lei, é que o Estado pode intervir em tais relações, a fim de resguardar a concorrência e o bem-estar do consumidor e efetivar os objetivos fundamentais da República Federativa do Brasil.

Nesse sentido, é necessário reconhecer que o direito à livre precificação tem uma roupagem distinta daquela extraída puramente do texto do art. 3º, III, da Lei de Liberdade Econômica. A liberdade deve ser pensada de forma que haja uma compatibilização entre a livre iniciativa, a igualdade e a justiça social, como é o intuito do projeto democrático brasileiro, contemplado na Constituição Federal.

REFERÊNCIAS

ALDRED, Jonathan. *Licence to be Bad*. How Economics Corrupted Us. [*S. l.*]: Penguin, 2019.

BANERJEE, Abhijit; DUFLO, Esther. *Good Economics for Hard Times*. New York: PublicAffairs, 2019.

BOUSHEY, Heather. *UNBOUND*: How Inequality Constricts Our Economy and Whats We Can Do About It. Cambridge: Harvard University Press, 2019.

BRASIL. Conselho Administrativo de Defesa Econômica. *Guia de Remédios Antitruste*, p. 57. Disponível em: https://cdn.cade.gov.br/Portal/centrais-de-conteudo/publicacoes/guias--do-cade/guia-remedios.pdf. Acesso em: 7 dez. 2021.

BRASIL. *Medida Provisória nº 881/2019*. Exposição de Motivos. Brasília, DF: Ministério da Economia, 2019. Disponível em: https://legis.senado.leg.br/sdleg-getter/documento?dm=7946806&ts=1630452005692&disposition=inline. Acesso em: 4 dez. 2021.

BRASIL. Secretaria Nacional de Defesa do Consumidor. *Guia Prático de Análise de Aumentos de Preços de Produtos e Serviços*, 2022. Disponível em: https://www.defesadoconsumidor.gov.br/images/Guia_de_pre%C3%A7os_abusivos_v9.pdf. Acesso em: 12 fev. 2022.

CORDOVIL, Leonor et al. *Nova Lei de Defesa da Concorrência comentada*: Lei 12.529, de 30 de novembro de 2011. São Paulo: Revista dos Tribunais, 2011.

CORRÊA, Mariana. *Abuso de posição dominante: condutas de exclusão em relações de distribuição*. Tese (Doutorado) – Universidade de São Paulo, Faculdade de Direito, São Paulo, 2021.

FRAZÃO, Ana. *Direito da concorrência*. São Paulo: Saraiva Jur, 2017.

FRAZÃO, Ana. Liberdade de iniciativa x *Laissez-faire*: resgatando a base ética do liberalismo. *In*: CUEVA, Ricardo; SOUTO, João Carlos (org.). *Bill of Rights Norte-Americano* – 230 anos. São Paulo: JusPodivm, 2020a.

FRAZÃO, Ana. Liberdade econômica para quem? A necessária vinculação entre a liberdade de iniciativa e a justiça social. *In*: SALOMÃO, Luis Felipe; CUEVA, Ricardo; FRAZÃO, Ana (org.). *Lei de Liberdade Econômica e seus impactos no direito brasileiro*. São Paulo: Revista dos Tribunais, 2020b.

FORGIONI, Paula. *Fundamentos do antitruste*. 11. ed. São Paulo: Revista dos Tribunais, 2021.

GRAU, Eros Roberto. *A ordem econômica na Constituição de 1988*. 9. ed. São Paulo: Malheiros, 2004.

KRUGMAN, Paul. How Did Economists Get It So Wrong? *The New York Times Magazine*, Nova York, 2 set. 2009. Disponível em: https://www.nytimes.com/2009/09/06/magazine/06Economic-t.html. Acesso em: 10 fev. 2022.

LIMA, Ruy Afonso. Preço abusivo e cabeça de bacalhau. *Revista do IBRAC*, São Paulo, 5. ed., nº 2, p. 17-32, 1998.

MIRAGEM, Bruno. *Direito protege consumidor e livre concorrência de aumentos abusivos*. [S. l.], 2016. Disponível em: https://www.conjur.com.br/2016-jan-06/garantias-consumo-direito--protege-consumidor-livre-concorrencia-aumentos-abusivos. Acesso em: 4 dez. 2021.

PEREIRA NETO, Caio Mário; CASAGRANDE, Paulo. *Direito concorrencial*: doutrina, jurisprudência e legislação. São Paulo: Saraiva, 2016.

PHILIPPON, Thomas. *The Great Reversal*. How America gave up on free markets. Cambridge: The Belknap Press of Harvard University, 2019.

PIKETTY, Thomas. *Capital e ideologia*. Trad. Arthur Goldhammer. São Paulo: Intrínseca, 2020.

PISTOR, Katharina, *Code of Capital*: How the law creates wealth and inequality. Princeton: Princeton University Press, 2019.

SALOMÃO FILHO, Calixto. *Direito concorrencial*. 2. ed. Rio de Janeiro: Forense, 2021.

SECRETARIA NACIONAL DO CONSUMIDOR (Brasil). Nota Técnica nº 8/2020/CGEMM/DPDC/SENACON/MJ, 19 de março de 2021. Disponível em: https://www.defesadoconsumidor.gov.br/images/SEI_MJ_-_11277339_-_Nota_T%C3%A9cnica.pdf. Acesso em: 8 dez. 2021.

STIGLER, George J. Perfect Competition, Historically Contemplated. *Journal of Political Economy*, Chicago, vol. 65, nº 1, p. 1-17, fev. 1957. Disponível em: http://www.economia.unam.mx/biblioteca/Pdf/bibliografia/Stigler_Perfect_competition_historically_contemplated.pdf. Acesso em: 5 dez. 2021.

STIGLITZ, Joseph. *Prize Lecture by Joseph E. Stiglitz*, 2021, Estocolmo, Information and the Change in The Paradigm in Economics. Disponível em: https://www.nobelprize.org/prizes/economic-sciences/2001/stiglitz/lecture/. Acesso em: 4 dez. 2021.

TARTUCE, Flávio; NEVES, Daniel A. A. *Manual de direito do consumidor*: direito material e processual. 6. ed. Rio de Janeiro: Forense; São Paulo: Método, 2017.

WILLIAMSON, John. The Strange History of the Washington Consensus. *Journal of Post Keynesian Economics*, [s. l.], v. 27, n. 2, p. 195-206, 2004-2005.

PARTE 3

GARANTIAS DE LIVRE-INICIATIVA (ARTIGO 4º)

Capítulo 10

O ORÁCULO DE DELFOS NÃO ERA UMA AGÊNCIA REGULADORA: OS DESAFIOS REGULATÓRIOS DIANTE DAS INCERTEZAS ORIUNDAS DA INOVAÇÃO TECNOLÓGICA

Antonio Francisco Pereira Lima Filho

Graduado em Direito pela Universidade Federal do Piauí.
Mestrando em Direito pela Universidade de Brasília.

1. INTRODUÇÃO

O Direito sempre buscou, dentro de suas limitações legiferantes, responder tempestivamente aos dilemas sociais que emergiam ao longo do tempo. Embora nem sempre perfeita, as respostas regulatórias gozavam de um tempo de reflexão diante da aplicação ao fato, o qual sofria pouca ou nenhuma alteração ao longo dos anos. Isso permitia o aperfeiçoamento da regulação. Mas essa situação aparenta estar mudando nas últimas décadas. A crescente velocidade com o que os ciclos de inovações tecnológicas ocorrem, o surgimento das gigantes da internet que exploram uma economia movida a dados e outras inovações do mundo digital, em certa instância, começam a pressionar o Direito e o seu moroso processo regulatório.

Questões como proteção de dados, *blockchain*, carros autônomos, Inteligência Artificial, práticas de concorrência desleal das gigantes da internet e outros elementos contemporâneos levantam questionamentos de como e se o Direito consegue responder adequadamente e de forma tempestiva. Mesmo com a incorporação obrigatória de ferramentas como a Análise de Impacto Regulatório, prescrita pela Lei de Liberdade Econômica, a solução definitiva para o dilema da regulação da inovação, parafraseando o mestre Eduardo Galeano, parece ser uma utopia que está no horizonte, onde, por mais que o Direito se aproxime da utopia da regulação perfeita, jamais alcançará. Mas a utopia do ideal regulatório serve para isso: para o Direito não deixar de caminhar.

Diante disso, o presente artigo parte da seguinte pergunta: como está o debate doutrinário da regulação das inovações tecnológicas em uma sociedade com inovações cada vez mais rápidas? Antes de tentar responder essa pergunta, no entanto, é imperioso entender o que é inovação e se ela é sempre boa, investigar os fatores que acarretam a aceleração do ciclo de inovações, identificar os impactos das novas tecnologias na sociedade, levantar as principais propostas regulatórias de enfrentamento do problema em tela. Por se tratar de uma pesquisa exploratória, o presente trabalho fará uso de pesquisa bibliográfica em livros, teses, dissertações e artigos sobre regulação, além de jornais e revistas especializadas em tecnologia.

Para começar o trabalho, como bem apontou Frazão[1], o debate sobre regular ou não as novas tecnologias, passa necessariamente por uma reflexão sobre o que é tecnologia e inovação. Nesse sentido, eis que surge a primeira questão:

2. A INOVAÇÃO É SEMPRE BOA?

Trata-se de uma pergunta complexa e com a resposta mais complexa ainda. Mas a resposta exige uma prévia definição do que seria tecnologia. Para Frazão[2] (6 out. 2016), a tecnologia seria uma informação diferenciada voltada à aplicação prática ou à produção e à comercialização de bens e serviços, ou seja, que tenha atuação sobre a realidade material dos indivíduos. E tais informações diferenciadas não são estáticas e isoladas, elas podem ser somadas para criar tecnologias. Christensen[3], vai distinguir dois tipos de tecnologias: as incrementais, que visam dar suporte e melhorar o desempenho de produtos já estabelecidos; e as de ruptura são caracteristicamente radicais, trazendo para o mercado proposição de valor muito diferente daquela disponível até então.

Novas tecnologias, desse modo, seria fruto desse processo de inovação. Mas o que é inovação? Tal termo é bastante amplo, mas para delimitação do presente trabalho, optou-se pelo recorte de inovação sob a ótica de tecnologias. Nesse sentido, o Manual Frascati, elaborado pela Organização para Cooperação e Desenvolvimento Econômico (OCDE), define inovação como "conjunto de etapas científicas, tecnológicas, organizativas, financeiras e comerciais, incluindo os investimentos em novos conhecimentos, que levam ou que tentam levar à implementação de produtos e de processos novos ou melhorados"[4]. Já o Manual de Oslo, também elaborado pela OCDE, afirma que é a "implantação de produtos e processos tecnologicamente novos e substanciais melhorias tecnológicas em produtos e processos"[5].

Já a Lei 10.973/2004 (Lei de Inovação) afirma que uma inovação é a introdução de novidade ou aperfeiçoamento no ambiente produtivo e social que resulte em novos produtos, serviços ou processos ou que compreenda a agregação de novas funcionali-

---

[1] FRAZÃO, A. Tecnologia e regulação dos "novos serviços". *Jota*, [S. l.], 6 out. 2016. Tecnologia. Disponível em: https://www.jota.info/opiniao-e-analise/colunas/constituicao-empresa-e--mercado/tecnologia-e-regulacao-dos-novos-servicos-06102016. Acesso em: 2 mar. 2022.

[2] FRAZÃO, op. cit., 2016.

[3] CHRISTENSEN, C. *O dilema da inovação*: quando as novas tecnologias levam empresas ao fracasso. São Paulo: M. Books do Brasil, 2012, p. 29.

[4] ORGANIZAÇÃO PARA A COOPERAÇÃO E DESENVOLVIMENTO ECNONÔMICO (OCDE). Manual de Frascati Proposta de Práticas Exemplares para Inquéritos sobre Investigação e Desenvolvimento Experimental. 2. ed. Paris: OCDE, 2002, p. 27.

[5] ORGANIZAÇÃO PARA A COOPERAÇÃO E DESENVOLVIMENTO ECNONÔMICO (OCDE). *Manual de Oslo*: Proposta de Diretrizes para Coleta e Interpretação de Dados sobre Inovação Tecnológica. 2. ed. Paris: OCDE, 1997, p. 54.

dades ou características a produto, serviço ou processo já existente que possa resultar em melhorias e em efetivo ganho de qualidade ou desempenho[6].

Isto posto, percebe-se que a ideia de inovação atrelada a ideia de tecnologia faz referência a criação ou a melhoria de algo, seja um bem ou serviço. Embora isso, por si só, não permita responder se a inovação é algo sempre bom ou ruim, ela ajuda a explicar a imagem que a "novidade" carrega socialmente. Essa concepção estimula, tanto os Governos, mercado e sociedade, a crença de a inovação como algo sempre positivo. O fascínio pela inovação também é explicado pela moderna crença no progresso, no desenvolvimento de uma condição melhorada ou mais avançada, em direção a um futuro, que é sempre melhor do que o passado[7]. O novo é, como regra, melhor que o antigo.

Mas a realidade não é tão unidimensional, pois mesmo que algumas inovações tenham nos trazido imenso bem (como penicilina ou cinema, eletricidade), temos que chegar a um acordo que outros, são inequivocamente ruins. Exemplos de más inovações podem ser muito extremos (tome o exemplo bomba atômica e campos de concentração como uma inovação para o extermínio em massa), mas na verdade a maioria das inovações são ambivalentes, pois trazem o bem e o mal para o mundo[8].

Tentando trazer uma abordagem mais concreta para diferenciar boa de má inovação, a Comissão Europeia se comprometeu a poiar o que eles chamam de "inovação responsável", a qual teria o sentido de uma abordagem que antecipa e avalia potenciais implicações e expectativas sociais, com o objetivo de fomentar o design de pesquisa e inovação inclusiva e sustentável. No mesmo sentido, Frazão[9] alerta que a inovação só deve ser considerada positiva quando os seus benefícios são alcançados de forma proporcional aos riscos e danos que causam, quando há legitimidade e razoabilidade entre os meios e fins e quando são observadas medidas de prevenção à violação de direitos fundamentais e de reparação e mitigação de danos.

Tal abordagem quanto aos impactos da inovação, é reflexo de uma preocupação cada vez mais inquietante quanto ao futuro guiado por inovações tecnológicas cada vez mais rápidas e que mudam em ciclos cada vez menores. Desse modo, faz necessário analisar o ritmo com que ocorrem as inovações tecnológicas.

2.1 A velocidade das mudanças tecnológicas

É indiscutível que nas últimas décadas houve o surgimento de uma variedade massiva de novas tecnologias que impactaram a sociedade. Computadores, smartpho-

---

[6] BRASIL. *Lei n° 10.973, de 2 de dezembro de 2004*. Dispõe sobre incentivos à inovação e à pesquisa científica e tecnológica no ambiente produtivo e dá outras providências, 2004. Disponível em: http://www.planalto.gov.br/ccivil_03/_ato2004-2006/2004/lei/l10.973.htm. Acesso em: 2 mar. 2022.

[7] MULGAN, G. Good and bad innovation: what kind of theory and practice do we need to distinguish them? *Nesta*. Inglaterra, 2021. p. 2. Disponível em: https://www.nesta.org.uk/blog/good-and-bad-innovation-what-kind-of-theory-and-practice-do-we-need-to-distinguish--them/. Acesso em: 23 mar. 2022.

[8] MULGAN, op. cit., 2021, p. 3.

[9] FRAZÃO, A. Direito e tecnologia: premissas para a reflexão sobre a regulação jurídica da tecnologia. *Jota*. [S.l.]. 6 set. 2017. Disponível em: https://www.jota.info/opiniao-e-analise/colunas/constituicao-empresa-e-mercado/inteligencia-artificial-cisnes-digitais-26012022. Acesso em: 9 mar. 2022.

nes, redes sociais, serviços de streaming, Uber, Airbnb, drones, blockchain e inúmeros outros exemplos de tecnologias emergiram recentemente e conquistaram o fascínio das pessoas. Desse modo, não é de se surpreender que muitas chamem essas e outras mais tecnologias de "disruptivas". Mas o que é uma inovação disruptiva? Como bem aponta Frazão[10], "disrupção" virou palavra da moda, mas pouco se reflete sobre o que é isso, em que medida tal fenômeno se diferencia da inovação.

Para tanto, é preciso recorrer a já citada teoria da inovação disruptiva do professor Christensen[11]. Em verdade, nem toda inovação é disruptiva, pois ela precisa atender alguns critérios, onde os inovadores precisam transformar produtos e serviços complexos, caros e inacessíveis para a maioria das pessoas, em outros baratos, acessíveis e simples. Esses critérios compõem um critério maior que é o fato de que essa nova tecnologia deve mudar/impactar o mercado ao ponto de tornar-se obsoleto o que estava previamente estabelecido.

Para além da incrível inventividade humana para gerar essas inovações, há de se falar da galopante velocidade com a qual elas estão acontecendo. Estamos em um momento em que já afirmam que a tecnologia está evoluindo mais rápido do que a capacidade humana de lidar com ela[12]. Não é de se surpreender então que, apesar do fascínio que a inovação provoca, muitas pessoas estejam começando a se preocupar com a velocidade que esse trem se dirige a um futuro que é incerto. Exemplo disso pode ser encontrado no estudo realizado em 2020 pela instituição Edelman[13]. Essa pesquisa visou verificar o grau de confiança das pessoas sobre alguns aspectos da tecnologia. Uma das perguntas era se os entrevistados estavam achando o avanço tecnológico muito rápido, rápido, lento ou muito lento e se isso gerava alguma preocupação. O resultado apontou que a maioria das pessoas entrevistadas, cerca de 61%, percebiam que a tecnologia está evoluindo muito rapidamente, ao ponto de causar preocupações. Mas você deve estar se perguntando "por que essas inovações tecnológicas estão acontecendo tão rápido?". Muito desse ritmo acelerado é explicado por dois pensamentos: a Lei de Moore e a Teoria da mudança acelerada. A Lei de Moore foi criada em 1965 por Gordon Earle Moore, um dos fundadores da Intel, uma das maiores empresas fabricantes de chips de processamento do mundo. O postulado original de Moore previa que o número de transístores em um circuito integrado de uma mesma área (no caso, em processadores) dobraria a cada ano; mas em 1975, o cofundador da Intel reviu sua afirmação, para um período mais "realista", em que o número de transístores *apenas* dobraria a cada dois anos. Com o tempo, a Intel substituiu a expressão "número de transístores" por "poder computacional", que é a atual base para o desenvolvimento de novos chips[14].

---

[10]   FRAZÃO, op. cit., 2017.

[11]   CHRISTENSEN, op. cit., 2012, p. 16.

[12]   FRABASILE, D. A tecnologia está evoluindo mais rápido do que a capacidade humana. *Época Negócios*. São Paulo, 2018. Disponível em: https://epocanegocios.globo.com/Tecnologia/noticia/2018/03/tecnologia-esta-evoluindo-mais-rapido-do-que-capacidade-humana-diz-friedman.html. Acesso em: 7 mar. 2022.

[13]   EDELMAN. *Trust Barometer 2020*. Chicago, 19 jan. 2020. Disponível em: https://www.edelman.com/trust/2020-trust-barometer. Acesso em: 24 mar. 2022.

[14]   GOGONI, R. O que diz a Lei de Moore? *Tecnoblog*. São Paulo, 2019. Disponível em: https://tecnoblog.net/responde/o-que-diz-a-lei-de-moore/. Acesso em: 4 abr. 2022.

É curioso perceber que, em um futuro não tão distante, essa lei pode não ser mais o suficiente para explicar a evolução tecnológica[15]. Embora a lei de Moore tenha sido criada para explicar a evolução computacional, ela passou a ser utilizada para tentar explicar a evolução tecnológica como um todo, o que gerava insatisfação de estudiosos por não acharem adequada o suficiente para explicar o contexto geral[16]. Foi então que em 2001, Kurzweil publicou um ensaio abordando as mudanças aceleradas. Eu seu texto, o autor expande a lei de Moore para abarcar, como um todo, o crescimento exponencial da inovação tecnológica. Enquanto Moore se preocupou apenas com crescimento exponencial dos circuitos integrados de chips. Kurzweil pega essa lógica de superação tecnológica e aplica a tecnologias antigas e a suas novas formas. Sempre que uma tecnologia encontra algum tipo de desafio ou obstáculo, diz o autor, uma nova tecnologia vai ser inventada para que se possa transpor essa barreira[17]. Seguindo essa linha de pensamento da Teoria das mudanças tecnológicas, é possível perceber como esse ciclo de inovação vai encurtando em períodos cada vez menores.

Por fim, é importante mencionar o papel do aumento da demanda e o uso da tecnologia pela sociedade. À medida que o século XXI avança, a demanda por tecnologia está crescendo cada vez mais em diferentes esferas da sociedade. No nível do consumidor, onde todos os dias os consumidores querem aparelhos tecnológicos mais avançados, como um celular com armazenamento mais extenso, com uma câmera melhor e processamento mais rápido. A demanda também está em um nível industrial e governamental onde as tecnologias adotadas podem tornar o trabalho mais eficiente[18].

Esse aumento da demanda leva as empresas a investir em engenheiros técnicos qualificados e desenvolvedores para melhorar os produtos. À medida que os melhores talentos trabalham no desenvolvimento da tecnologia, ele evolui em um ritmo mais rápido. Tal ciclo cada vez mais fugaz de inovações tecnológicas, segundo Soete[19] nem sempre é algo positivo, pois pode vir de forma a beneficiar uma pequena parcela da sociedade em detrimento de muitos, isso fugiria, segundo ela, do tipo positivo de destruição criativa que Schumpeter falou. Um exemplo desse tipo negativo seria o crescimento da obsolescência programada. No mesmo sentido, Stiglitz[20] pondera que "if innovation is not well managed, rather than bringing prosperity to all, it could have just the opposite effect".

---

[15] GORGONI, op. cit., 2019.

[16] GALOV, N. How Fast Is Technology Growing: Can Moore's Law Still Explain the Progress? *WebTribunal*. Chicago, 2022. Disponível em: https://webtribunal.net/blog/how-fast-is-technology-growing/#gref. Acesso em: 14 abr. 2022.

[17] KURZWEIL, R. The Law of Accelerating Returns. *WebArchive*. 2001. Disponível em: https://web.archive.org/web/20070517200550/http:/www.kurzweilai.net/meme/frame.html?main=%2Farticles%2Fart0134.html. Acesso em: 5 abr. 2022.

[18] MORTENSEN, J. Why Is Technology Evolving So Fast? *Tech Evaluate*. Chicago, 2021. Disponível em: https://www.techevaluate.com/why-is-technology-evolving-so-fast/. Acesso em: 16 mar. 2022.

[19] SOETE, L. Is Innovation Always Good? In: FAGERBERG, J.; MARTIN, B. R.; ANDERSEN, E. S. (eds.). *Inovation studies*: evolution & future changes. Oxford, 2013. p. 134.

[20] STIGLITZ, J. *People, Power, and Profits*: Progressive Capitalism for an Age of Discontent. Penguin UK, v. 2, f. 200, 2019. 400 p. 121.

Mas obsolescência programada não é a única preocupação que essas novas tecnologias digitais despertam na sociedade. Existe a problemática da liberdade na internet, a privacidade nas redes sociais, a questão dos dados pessoais no *bigdata*, as incertezas que cercam a Inteligência Artificial, a descentralização proposta pela Blockchain, os impactos dos carros autônomos no trânsito e o risco que o uso de drones pode provocar no espaço aéreo, além de questões mercadológicas como o poder das *bigtechs*. Desse modo, para melhor entender de forma mais concreta os impactos das inovações no tecido social, o presente trabalho, até mesmo por uma questão de limitação editorial, elegeu 5 novas tecnologias para entender como elas impactam a sociedade e quais são os principais desafios que elas impõem ao Direito. Uma vez encontrando esses desafios regulatórios, surgirá a necessidade de um tópico específico para entender como o Direito pode melhor enfrentá-los.

2.1.1 Carros autônomos

Existe um grande interesse de empresas e montadoras para o desenvolvimento mundo afora em desenvolver carros que dirigem sozinhos, sejam eles carros, ônibus e até mesmo caminhões. Mesmo em fase de testes, já houve acidentes, como o atropelamento de uma mulher por um veículo de experimental do Uber em 2018[21]. Para além de acidentes como esse e debate sobre de quem seria a responsabilidade, existem outras questões que permeiam essa tecnologia. Uma delas é a de é a de cybersegurança, pois se um hacker invadir o sistema de um carro, há uma série de ações a temer, como atos terroristas[22]. Outra questões que deve ser levada em consideração é que, para circular, esses carros vão precisar de muitos dados e coletar mais dados ainda, o que pode agravar o problema de proteção de dados. Ademais, há pontos como: haverá de ser obrigatório ter habilitação? Se um carro autônomo bater, quem é responsável – o desenvolvedor de software, o proprietário do automóvel ou o ocupante? Como os governos irão fazer a infraestrutura para proteger a rede de frequência que permitirá os carros se comunicarem para evitar o "car-haking" já citado anteriormente[23]? O preço também será um problema, pois se hoje um carro elétrico ou híbrido já custa uma fortuna em qualquer parte do mundo, o que pode fazer com que esses veículos deixem de ser produtos e se tornassem serviços.

2.1.2 Blockchain

A *Blockchain*, que em razão das suas características próprias, em especial, a distribuição, a descentralização, a possível anonimização de seus usuários, a falta de

---

[21] MOTORISTA em acidente fatal de carro autônomo do Uber é acusada de homicídio nos EUA. *G1*. São Paulo, 2020. Disponível em: https://g1.globo.com/economia/tecnologia/noticia/2020/09/16/motorista-em-acidente-fatal-de-carro-autonomo-do-uber-e-acusado--de-homicidio-nos-eua.ghtml. Acesso em: 12 abr. 2022.

[22] UNZELTE, C. Apesar de corrida internacional, veículos autônomos ainda são uma realidade distante do Brasil. *Época Negócios*. 2021. Disponível em: https://epocanegocios.globo.com/Tecnologia/noticia/2021/02/apesar-de-corrida-internacional-veiculos-autonomos-ainda--sao-uma-realidade-distante-do-brasil.html. Acesso em: 4 abr. 2022.

[23] MARK, D. F.; WULF, A. K; ERIK, P. M. Regulation Tomorrow: What Happens When Technology Is Faster than the Law? *American University Business Law Review*, v. 6, ano 3, p. 562-593, 2017. p. 569. Disponível em: https://digitalcommons.wcl.american.edu/aublr/vol6/iss3/1/. Acesso em: 10 fev. 2022.

intermediários em alguns casos e a sua potencial autonomia, impõe desafios à regulação nas suas formas mais tradicionais. Um desses desafios é a figura do contrato inteligente[24]. Com a *blockchain*, os contratos inteligentes tornaram-se mais complexos e, sem dúvida, mais seguros. Em teoria, eles sempre serão executados exatamente como planejado, uma vez que nenhuma das partes tem o poder de alterar o código vinculando uma determinada transação.

Na prática, no entanto, eliminar corretores confiáveis de uma transação pode criar algumas falhas. Uma falha de alto perfil no contrato inteligente aconteceu com o DAO, uma organização autônoma descentralizada para financiamento de capital de risco. Ela foi lançada em abril de 2016, o DAO rapidamente arrecadou mais de US$ 150 milhões via *crowdfunding*. Três semanas depois, alguém conseguiu explorar uma vulnerabilidade no código do DAO, drenando aproximadamente US$ 50 milhões em moeda digital do fundo[25]. Inúmeros foram os questionamentos sobre a legalidade do ato, com algumas pessoas argumentando que uma vez que o *hack* era realmente permitido pelo código de contrato inteligente, era uma ação perfeitamente legítima. Afinal, no ciberespaço, "código é lei".

Os contratos tradicionais reconhecem que nenhuma lei pode indexar toda a complexidade da vida como ela é, muito menos prever seu desenvolvimento futuro. Também definem com precisão termos que podem ser aplicados por lei. Mas os contratos inteligentes representam uma série de problemas de execução, como por exemplo: é possível resolver disputas decorrentes de um contrato inteligente auto executante? Como identificar quais tipos de termos contratuais podem ser devidamente traduzidos em código, e quais devem, em vez disso, ser deixados para a linguagem natural? E há uma maneira de combinar os dois[26]? O fato é que os contratos inteligentes, em contraste com os tradicionais, são simplesmente trechos de código definidos e aplicados pelo código que sustenta a infraestrutura *blockchain*. Atualmente, eles não têm nenhum reconhecimento legal, embora sejam uma realidade.

2.1.3 As GAFAMs

GAFAM é o acrônimo que Philippon usa para definir as estrelas da economia da internet, ou melhor dizendo, para se referir ao Google, Amazon, Facebook, Apple e Microsoft[27]. Na última década, o top 5 das maiores empresas do mundo, de acordo com a capitalização de mercado, sofreu uma mudança drástica: com a não tão surpreendente exceção da Microsoft, a ExxonMobil, a General Electric, o Citigroup e a Shell deram lugar a Apple, Alphabet, Amazon e Facebook. Formado por empresas

---

[24] RIBEIRO, J. M. C.; MURTA, T. M. A. (Des)regulação da tecnologia Blockchain: uma análise da experiência regulatória brasileira. In: PARENTONI, L.; MILAGRES, M. O.; VAN DE GRAAF, J. (coord.). *Direito, tecnologia e inovação*: aplicações jurídicas de Blockchain. Expert, v. 3, 2021, p. 303.

[25] KOSTAKIS, V.; FILIPPI, P.; DRECHSLER, W. Can blockchain, a swiftly evolving technology, be controlled? *The conversation*. 3 jul. 2017. Disponível em: can-blockchain-a-swiftly-evolving--technology-be-controlled-73471. Acesso em: 12 mar. 2022.

[26] KOSTAKIS; FILIPPI; DRECHSLER, op. cit., 2017.

[27] PHILIPPON, Thomas. *The Great reversal*: how America gave up on free markets. Harvard University Press, 2019, p. 343.

tradicionais do petróleo ou financeiro, esse ranking foi ocupado exclusivamente por empresas da tecnologia[28].

No entanto, mais recentemente, em 2022, essa situação sofreu uma leve alteração, o Facebook, que agora se chama Meta[29], devido a uma série de questões, incluindo escândalos envolvendo dados pessoais e questões políticas, sofreu uma queda significativa e saiu do top 10 empresas mais valiosas do mundo. O Meta agora ocupa o decimo primeira posição, tendo em seu lugar a empresa de petróleo Aramco[30].

De qualquer forma, apesar da queda do Meta, as empresas do GAFAMs ainda são extremamente poderosas. Claro, existe a crença de que essas estrelas da economia da internet são extremamente diferentes das antigas estrelas do mercado tradicional. Philippon discorda desse pensamento, mas afirma que existem razões tecnológicas que ajudam a formar esse pensamento. O primeiro deles é que as empresas de internet podem crescer muito rápido (Snapchat demorou apenas 8 meses para conseguir o valor que o Google obteve em seus primeiros 8 anos, mas uma empresa "tradicional" leva em média 50 anos para tanto. Outro ponto a ser levado em consideração é o fato de que dados digitais podem ser armazenados e tratados de forma mais eficiente do que se fosse em papéis[31].

O fato é que todas essas gigantes de tecnologia possuem um diferencial em relação aos gigantes do mercado tradicional: a capacidade de coletar, tratar e comercializar um volume absurdo de dados. É mais fácil fazer isso em uma época digital do que antigamente, com pilhas e pilhas de papéis. Cada uma dessas empresas domina um canto desse mercado da internet. O Google tem 88% de participação no mercado de publicidade vinculada a buscas, o Meta (Facebook, Instagram, WhatsApp e Messenger) detém 77% do tráfego nas redes sociais, e a Amazon controla 74% do mercado de livros eletrônicos[32].

Entender as gigantes da internet importa por uma série de motivos. O primeiro deles é a questão de privacidade e uso de dados pessoais para fins diversos, como publicidade de vigilância, a qual é algo que gera extrema preocupação em estudiosas como a Professora Shoshana Zuboff. Ela vai cunhar o termo capitalismo de vigilância[33], que nada mais é do que a maneira de capturar, de modo unilateral, a experiência humana como matéria-prima gratuita para a tradução em dados comportamentais. Embora alguns desses dados sejam aplicados para o aprimoramento de produtos e serviços, o restante é declarado como superávit comportamental do proprietário, alimentando

---

[28] TAPLIN, J. Não dá mais para disfarçar danos causados por Google e Facebook. *Folha de São Paulo*. São Paulo, 2017. Disponível em: https://www1.folha.uol.com.br/tec/2017/04/1878274- -nao-da-mais-para-disfarcar-danos-causados-por-google-e-facebook.shtml. Acesso em: 3 abr. 2022.

[29] A Meta é o nome da empresa dona de Facebook, Instagram e WhatsApp.

[30] META deixa lista das 10 empresas mais valiosas do mundo. 2022. *Poder 360*. Disponível em: https://www.poder360.com.br/economia/meta-deixa-lista-das-10-empresas-mais-valiosas- -do-mundo/. Acesso em: 12 abr. 2022.

[31] PHILIPPON, op. cit., 2019, p. 345.

[32] TAPLIN, op. cit., 2017.

[33] ZUBOFF, Shoshana. *A era do capitalismo de vigilância*. Rio de Janeiro: Intrínseca, 2021, v. 3, p. 22.

avançados processos de fabricação conhecidos como "inteligência de máquina" e manufaturado em produtos de predição de comportamento.

Existe também o impacto dessas gigantes na economia. Stiglitz demonstra preocupação com o que pode acontecer quando Big Data e Inteligência Artificial possam fazer o poder de mercado dessas empresas seja "greater and more pernicious than anything we saw at the turn of the twentieth century. [...] Now, it's about more than just price"[34]. O autor continua dizendo que o Facebook pode provocar o rápido declínio de um meio de comunicação, ou pode criar, e possivelmente acabar com novas formas de atingir grandes audiências. Philippon também concorda que analisar essas empresas é importante para compreender a concentração de mercado:

> These companies are very successful and innovative, of course, and they also control large shares of their domestic markets. I think it is hard to look at the growing concentration in US airlines, telecoms, and health care without thinking that these are negative trends for consumers and the economy as a whole. It is less clear how we should think about growing concentration in the GAFAMs' markets[35].

Outro impacto causado por esse poder de mercado exacerbado ocorre justamente na inovação. Como já dito em outro momento do texto, inovação é a pedra angular do capitalismo, desse modo, não há de se olvidar que esse elemento desenvolva um papel igualmente relevante no mercado da internet. Porém, para o arrepio das legislação antitruste, as GAFAMs se posicionam de forma nociva contra a inovação e até praticando aquisições assassinas para evitar que a concorrência cresça.

Esses foram apenas alguns exemplos de problemas oriundos dessas novas tecnologias, o presente trabalho não tinha a pretensão, e nem poderia, de esgotá-los, mas apenas de pincelar esse esboço de uma Guernica tecnológica. Somando a questão do acelerado ritmo da inovação e o uso dessas novas tecnologias, é possível, com base no exposto até aqui, ter ao menos uma mínima noção dos problemas que o Direito é confrontado a oferecer respostas. Mas aqui surge um outro problema: como o Direito, com sua lógica regulatória propositalmente lenta, contemplativa e analítica dos fatos ao longo do tempo, vai apresentar respostas satisfatórias e rápida para problemas que surgem em ciclos cada vez mais curtos? Para tanto, é preciso analisar três problemas mais gerais que desafiam o modelo regulatório atual: problema do ritmo, do timming e da desconexão regulatória.

3. UM DIREITO FORA DO RITMO E DESCONEXO

Antes de prosseguir com o texto é preciso afastar o elefante branco da sala: o mito da desregulação. Consonante com o pensamento de Frazão[36], o presente trabalho adota a premissa de que sociedades complexas que almejem serem minimamente organizadas precisam de algum tipo de regulação. No mesmo sentido, o texto em tela segue o

---

[34] STIGLITZ, op. cit., 2019, p. 123.

[35] PHILIPPON, op. cit., 2019, p. 345.

[36] FRAZÃO, op. cit., 2017.

entendimento de Durkheim[37], que destaca a importância do direito para a existência de uma sociedade, sem o qual ela seria anárquica e ineditamente encontraria o seu fim. O autor defende a ideia de que o direito é a coluna que sustenta a sociedade, que ele foi criado pelo homem para corrigir a sua própria imperfeição. Nesse sentido, o direito se colocaria como um esforço gigantesco para adaptar o mundo exterior às necessidades existenciais.

Diante das ideias expostas e da complexidade e problemáticas oriundas das novas tecnologias, esse artigo adota a noção de que é inevitável não se discutir a regulação desses novos instrumentos tecnológicos. Há quem argumente que a regulação permite um grande risco de captura das agências reguladoras por entes privados e que por isso uma desregulação seria o mais adequado. No entanto, Frazão rechaça esse pensamento, pois, segundo a autora[38], é preciso superar a crença sem sentido de que a regulação tem como destino inevitável a captura do estado pelos entes privados. A professora admite que há sim casos em que pode haver captura, mas que isso não é uma regra absoluta. Mesmo que esse problema fosse real, é preciso tentar resolvê-lo e não simplesmente optar pela não regulação, sob pena de se chegar precisamente ao mesmo efeito ou efeitos mais graves da captura.

Dito isso, é preciso falar do problema da desconexão regulatória, problema de ritmo e *timing* da regulação. Em verdade, como o leitor já deve ter percebido até o presente momento, muitos problemas legais e regulatórios florescem na fronteira tecnológica. Seja a segurança da nanotecnologia, as implicações de privacidade e dados pessoais nas redes sociais, questões éticas e legais associadas às novas tecnologias biomédicas ou as implicações dos desenvolvimentos da neurociência para o Direito Penal, as novas tecnologias são frequentemente a fonte de questões jurídicas.

É interessante perceber que tecnologia, enquanto objeto de estudo e a sua complexa relação com a sociedade, possui uma história mais longa na Filosofia e na Sociologia do que no Direito. Isso foi uma realidade por muito tempo, pois o meio jurídico negligenciou os estudos sobre essa questão, mas isso vem mudando. Os estudiosos do Direito estão agora mostrando mais interesse na relação entre regulamentação de um lado e tecnologia do outro. Tem sido sugerido que esse interesse recente decorreu de estudos sobre direito cibernético, particularmente as questões levantadas quanto à possibilidade, conveniência e natureza da regulação da internet[39]. Apesar de ser alvo recente de estudos é possível perceber, como bem aponta Philippon, que "regulation and technology are deeply conected. Technological change creates a permanent, and often beneficial, challenge to existing regulations"[40].

---

[37] DURKHEIM, Émile. *As regras do método sociológico*. São Paulo: Cia. Editora Nacional, 1960, p. 17-18.

[38] FRAZÃO, A. Os riscos de captura do Estado justificam a desregulação? *Jota*, 6 out. 2016. Tecnologia. Disponível em: https://www.jota.info/opiniao-e-analise/colunas/constituicao--empresa-e-mercado/tecnologia-e-regulacao-dos-novos-servicos-06102016. Acesso em: 2 mar. 2022.

[39] MOSES, L. B. How to Think About Law, Regulation and Technology: Problems with 'Technology' as a Regulatory Target. *SSRN*. 12 jul. 2014. p. 2. Disponível em: https://papers.ssrn.com/sol3/papers.cfm?abstract_id=2464750. Acesso em: 11 mar. 2022.

[40] PHILIPPON, op. cit., 2019, p. 19.

Moses traz uma definição bastante interessante do que seria regulação de novas tecnologias e que pode ajudar no problema apontado por Philippon, para o autor "technology regulation operates in practice as legal scholarship's answer to the call of sociologists and philosophers to think about how 'we' can influence the form that socio-technical complexes take"[41]. No entanto, nem sempre essa resposta consegue surgir de forma eficiente devido a abordagem de regulação adotada, então eis que surge o fenômeno da desconexão regulatória.

Trata-se, segundo Moses, descompasso entre as leis atuais e as abordagens regulatórias que são projetadas para o cenário tecnológico do passado, exigindo 'reconexão' constante. Isso pode ser visto tanto quando as 'novas' tecnologias (como a nanotecnologia) entram em um 'vazio regulatório', mas também quando tecnologias mais antigas, como a fertilização *in vitro* e computadores, se transformam além das formas contempladas em regimes regulatórios anteriores. Eis então o motivo do autor preferir o termo "mudança tecnológica" a "inovação tecnológica", pois o primeiro remete a todo tipo de nova tecnologia, enquanto o segundo parece limitar a algum tipo de tecnologia da moda, como a *blockchain*[42].

Vianna, por sua vez, vê a desconexão regulatória como um rompimento entre o arcabouço normativo-regulatório existente em face da nova realidade trazida pela inovação. Trata-se, segundo o autor, de fenômeno cada vez mais recorrente nos tempos atuais, por força da intensidade e da velocidade com que inovações tecnológicas têm surgido nos mais variados setores e mercados[43].

Vianna salienta que o conceito de desconexão regulatória engloba outros dois fenômenos que se interligam e interagem: "o descompasso regulatório (e o timing regulatório) e o alto grau de incerteza e complexidade, que, somados, podem ser considerados os principais desafios regulatórios à luz da inovação tecnológica [...]"[44]. As inquietações ligadas ao descompasso ou ritmo regulatório (*pacing problem*) e ao *timing* regulatório se referem, respectivamente, ao intervalo de tempo entre o momento em que se evidencia a desconexão regulatória e a consequente resposta do regulador, e à análise relativa ao momento certo para intervir (caso se decida intervir).Por fim, identifica-se um alto grau de incerteza e complexidade que conduz a uma necessária avaliação de risco por força das constantes modificações e inovações incidentes sobre o ambiente regulado[45].

O problema do ritmo, segundo Kaal, é fruto da combinação de aceleração dos ciclos de inovações tecnológicas e a lentidão da estrutura regulatória atual geram o descompasso entre ambas[46]. Uma série de fatores podem ajudar a entender esse pro-

---

[41]   MOSES, op. cit., 2014, p. 6.

[42]   MOSES, op. cit., 2014, p. 4-5.

[43]   VIANNA, E. A. B. *Regulação das fintechs e sandboxes regulatórias*. Rio de Janeiro, f. 168, 2019. 169 p. Dissertação (Mestrado em Direito) – Fundação Getulio Vargas, Rio de Janeiro, 2019. p. 58-59. Disponível em: https://bibliotecadigital.fgv.br/dspace/bitstream/handle/10438/27348/DISSERTAC%cc%a7A%cc%83O_EDUARDO_BRUZZI.pdf?sequence=1&isAllowed=y. Acesso em: 3 abr. 2022.

[44]   VIANNA, op. cit., 2019, p. 59.

[45]   VIANNA, op. cit., 2019, p. 62.

[46]   KAAL, W. A. Dynamic Regulation for Innovation. *SSRN*. 31 ago. 2016. p. 5. Disponível em: https://papers.ssrn.com/sol3/papers.cfm?abstract_id=2831040. Acesso em: 24 fev. 2022.

blema de ritmo entre novas tecnologias e regulação, como a diferença de velocidade entre a criação de leis e novas tecnologias, assimetria e/ou falta de informação quanto aos possíveis impactos da nova tecnologia em questão, assim como fatores sistemáticos, ou seja, política, estruturas ideológicas ou o fato de os legisladores não usarem todas as ferramentas regulatórias disponíveis. Por fim, o autor aponta como motivos de preocupação a divergência entre a regulação pública e privada e a crença de que leis devem ser uma fonte de previsibilidade e destina-se a durar[47]. Esse descompasso, em um cenário sem alteração das práticas regulatórias, tenderia a se ampliar ao longo do tempo[48].

De acordo com Vianna, é possível analisar o do descompasso sob diversos aspectos. Entre eles, a necessidade de avaliar o impacto trazido pela inovação e os novos riscos daí advindos, a incerteza relacionada à compatibilidade das normas existentes em relação à inovação e a eventual necessidade de adaptar tais normas e, por fim, analisar se a inovação foi capaz de tornar o arcabouço normativo-regulatório total ou parcialmente obsoleto[49].

Há basicamente dois modos de focar e descrever o problema do descompasso regulatório na visão de Moses: a) pode-se olhar, de forma mais especifica, para os tipos de problemas legais e regulatórios que surgem como resultado da mudança tecnológica, incluindo a necessidade de gerenciar novos impactos e riscos negativos, a necessidade de gerenciar as incertezas na aplicação de leis existentes, a necessidade de adaptar os regimes regulatórios; b) em um nível mais profundo, abordar o impacto dessas mudanças na interpretação de valores e conceitos importantes, como a democracia[50]. Para o presente trabalho, a abordagem que interessa é a primeira.

Em um contexto de crescente inovação, desconexão regulatória e problema do ritmo, segundo Vianna, o problema do timing passa a ser, portanto, uma preocupação para os reguladores. Isso porque faz-se necessário verificar se estão presentes mecanismos aptos e adequados para identificar e, em sendo necessário, resolver as questões regulatórias advindas da inovação tecnológica. Trata-se, portanto, de analisar a capacidade de solucionar tempestivamente problemas envolvendo inovações tecnológicas. Nesse contexto, os problemas decorrentes do timing surgem onde a inovação atua, ou seja, em um vácuo regulatório e o regulador precisa decidir qual o melhor momento para intervir/regular, caso decida assim agir[51].

Embora essa questão seja mais bem explorada em um próximo tópico, a questão do timing regulatório envolve dois problemas: a) regular a tecnologia logo no seu surgimento pode podar a sua evolução, além de, por ser algo recente, o regulador não possui muitas informações sobre o que essa tecnologia pode provocar; b) caso opte por deixar a tecnologia se desenvolver e esperar ver os impactos dela, pode ser que o regulador enfrente um obstáculo muito grande em controlá-la ou que ela caia na crença do "muito grande pra banir".

---

[47] KAAL, op. cit., 2016, p. 7-8.
[48] KAAL, op. cit., 2016, p. 6.
[49] VIANNA, op. cit., 2019, p. 64.
[50] MOSES, op. cit., 2014, p. 7.
[51] VIANNA, op. cit., 2019, p. 64-65.

Capítulo 10 • O ORÁCULO DE DELFOS NÃO ERA UMA AGÊNCIA REGULADORA | 199

O problema da desconexão regulatória, do ritmo e do timing evidenciam que é preciso repensar o atual modelo de regulação, pois o que vigora hoje é um marco legal, regulatório construído com base em correio, papel, palavras, versus uma nova ordem mundial que é digital, contínua, 24 horas por dia, 7 dias por semana, e construída em *bits* e *bytes*[52].

Mas como se daria essa nova forma de pensar a regulação? Há quem defenda que o problema a inovação tecnológica é uma questão de lei antitruste e/ou de leis sobre competição. Alguns entendem que a solução está na intervenção na fase inicial da tecnologia, enquanto outros apontar que o judiciário pode tratar melhor desse tema. Por fim, há quem advogue por uma regulação baseada em princípios ou por uma regulação experimental[53]. Esses e outras propostas serão exploradas no próximo tópico.

4. O ORÁCULO DE DELFOS NÃO É UMA AGÊNCIA REGULADORA

Como deve ser a regulação em face da inovação? A resposta para tal pergunta não é consenso no meio acadêmico. Em verdade, tentar respondê-la é algo próximo do que as Sibilias pretendiam fazer no Grande Oráculo de Delfos, ou seja, é quase como tentar prever o futuro através de uma fumaça desforme que muda e some no ar[54]. Como regular o futuro? Sem dons preditivos isso é uma tarefa impossível. Mas a incerteza sobre o futuro diante dos desafios que a inovação impõe não deve paralisar as incursões jurídicas no intuito de melhor proteger a sociedade como um todo, pois a incerteza, de um modo ou de outro, faz parte da prática regulatória, e por isso Philippon afirma que "Regulators make policy decisions under a great deal of uncertainty"[55]. Sobre essa questão, Ribeiro e Penna comentam que é notável o progresso tecnológico vivenciado nas últimas décadas, em especial, a partir dos anos 90, quando o acesso à internet se difundiu globalmente com maior vigor. Todo o progresso observado até os dias de hoje é apenas uma pequena amostra do que está por vir. A reboque desse rápido avanço tecnológico, vêm o Direito, buscando dar respostas às novas questões trazidas pela inovação[56].

As inovações, segundo Ribeiro, são particularmente desafiadoras para o Direito devido ao fato de elas se "alojarem" em pontos cegos da legislação. Esse é um lugar particularmente confortável para elas, pois há um baixo custo e é uma vantagem econômica em relação aos negócios já existentes e regulados. Além disso, outra forma de desafiar o Direito, é que elas fazem uso de plataformas digitais e tratamento de dados

---

[52] EGGERS, W. D.; KISHNANI, P. K.; TURLEY, M. *The future of regulation*. 19 abr. 2018. Disponível em: https://www2.deloitte.com/us/en/insights/industry/public-sector/future-of-regulation/regulating-emerging-technology.html. Acesso em: 14 abr. 2022.

[53] KAAL, op. cit., 2016, p. 6.

[54] Segundo a mitologia grega, o Oráculo de Delfos era um dos mais famosos tempos dedicado ao deus Apolo, o qual era ligado a previsão do futuro. As pessoas visitavam esse local para perguntar as Sibilas, nome dado ao conjunto de mulheres que inalavam fumaça para prever o futuro, o que iria acontecer com elas ou como poderiam resolver problemas que surgiram e que ainda iriam surgir. Veja mais em: https://www.significados.com.br/oraculo/.

[55] PHILIPPON, op. cit., 2019, p. 19.

[56] RIBEIRO, J. M. C.; PENNA, T. M. In: PARENTONI, L. (coord.). *Direito, tecnologia e inovação*: aplicações jurídicas de Blockchain. Belo Horizonte: Expert Editora Digital, 2021. *E-book*, p. 302-303.

pessoais para crescer ao ponto de atingir rapidamente o status de muito grande para ser banida[57]. Tal rapidez de crescimento é um fenômeno bastante curioso, pois esse meio digital permite que empresas surjam e cresçam mais rápido que empresas tradicionais[58].

Trata-se de um desafio extremamente complexo, pois, como bem escreve a professora Frazão, o processo de regulação de novas tecnologias engloba a conjugação de questões éticas, sociais, políticas e econômicas, exigindo a revisitação de praticamente todas as categorias jurídicas tradicionais – tais como pessoas, bens, direitos e relações jurídicas –, bem como a criação de novos instrumentos e alternativas para lidar com uma crescente complexidade[59].

Mas por que regular a inovação? Kormann afirma que a regulação serve para preservar e incentivar a inovação, assegurar a livre concorrência, a segurança do consumidor e o respeito às liberdades e direitos individuais nos novos contextos de mercado. Isso se torna particularmente desafiador para o Direito, pois ele não tem, no seu cerne, a prospecção e ativismo, mas sim a mecânica de buscar dentro do repertório legal já estabelecido, a solução ou como um novo problema vai se encaixar[60]. Olhando por uma perspectiva liberal clássica, a ideia de uma regulação por intervenção estatal seria algo que só se justificaria diante da necessidade de corrigir falhas de mercado e não por outras questões, como preocupações sociais. Nesse sentido, Kormann aponta que, em que pese não mais prevaleça o paradigma do Estado Liberal, fato é que os mercados continuam a apresentar falhas que demandam a ação estatal para sua correção.

As novas tecnologias, por sua vez, trazem consigo, elementos potencializadores destas falhas, daí porque as falhas de mercado continuam a ser um relevante fundamento para a ação regulatória[61]. Mais do que corrigir falhas de mercado, Kormann aponta que, no panorama atual, uma regulação deve também almejar a orientação dos particulares para que possam ser alcançados os objetivos constitucionais traçados, somando isso a construção de uma sociedade livre, justa e solidária, além da promoção de um desenvolvimento nacional[62].

Frazão[63] e Kormann[64] comungam da ideia de que encontrar o equilíbrio entre a promoção da inovação e o controle dos riscos a ela atrelados é uma missão difícil que se coloca aos reguladores. Ribeiro e Penna, em consonância com esse entendimento, anunciam que as técnicas regulatórias (sejam elas movidas pelo interesse público, ou por uma lógica econômica de interesses privados), moldadas durante o século XX, podem

---

[57]   RIBEIRO, L. C. A instrumentalidade do direito administrativo e a regulação de novas tecnologias disruptivas. In: FREITAS, R. V.; RIBEIRO, L. C.; FEIGELSON, B. (coord.). *Regulação e novas tecnologias*. Belo Horizonte: Fórum, 2017. p. 76.

[58]   PHILIPPON, op. cit., 2019, p. 239.

[59]   FRAZÃO, op. cit., 2017.

[60]   KORMANN, M. E. *Novas tecnologias e regulação: inovações disruptivas e os desafios ao direito da regulação*. 2020. Dissertação (Mestre em Direito do Estado) – Universidade Federal do Paraná, Curitiba. p. 49.

[61]   KORMANN, op. cit., 2020, p. 53.

[62]   KORMANN, op. cit., 2020, p. 55.

[63]   FRAZÃO, op. cit., 2017.

[64]   KORMANN, op. cit., 2020, p. 12.

não ser suficientes ao se analisar as inovações trazidas no século XXI, em especial, em razão das novas tecnologias[65].

Diante dessa situação, o Brasil, embora de forma tímida, vem se mobilizando através de algumas medidas salutares, como a EC 85/2015 e a revisão da Lei de Inovação, há ainda os exemplos do Marco Civil da Internet. Desse modo, esquivar-se de decidir regular uma nova tecnologia é algo que foge das atribuições constitucionalmente impostas ao Estado. Kormann, ao analisar o art. 174 da Constituição e a questão da omissão quanto a regulação, afirma que o enfrentamento dessas questões pelo Estado é um imperativo e não há de se titubear. Na visão da autora, trata-se de uma situação inerentemente reflexiva e complexa, mas que visa alcançar o que uma boa regulação deve ter: atingir os objetivos constitucionais e fazê-los respeitando a soberania, cidadania, dignidade da pessoa humana, trabalho e livre iniciativa[66]. Nas palavras da autora:

> Em suma, reguladores devem incentivar os benefícios gerados por novas tecnologias ao mesmo tempo em que devem gerenciar os riscos atrelados às inovações. Com isso, devem preservar a confiança do consumidor e nivelar as regras entre os competidores, ainda que com assimetria onde apropriado for[67].

Dito isso, é importante destacar um outro problema questionador da regulação vigente. Uma característica marcante dos novos *players* de novas tecnologias é a sua insistência em negar e afastar qualquer proximidade com os serviços tradicionais já estabelecidos, desse modo, eles alegam que são inovadores, o que tem como objetivo de se esquivar de qualquer regulação existente. Em um sentido geral, essa tática é algo bastante esperto, pois permite esses *players* atuarem no limbo regulatório sem o mesmo peso da regulação imposta aos que já estão no mercado a mais tempo.

Essa questão, carece de uma análise particularmente criteriosa para distinguir semelhanças e disparidades entre esses *players*. Ao se debruçar sobre esse tema, Frazão aponta três preocupações que servem de início para essa discussão: 1 – ponderação entre os extremos que dizem que os novos serviços são mais do mesmo ou totalmente diferentes dos já existente. A professora afirma que há semelhanças, mas também há pontos que diferem em certas particularidades de serviços novos, como o caso da economia compartilhada; 2 – embora seja legítimo argumentar que novos serviços não devam estar sob a mesma regulação de serviços tradicionais, é preciso, por uma questão de repercussão na concorrência, isso pode agravar as deficiências regulatórias e favorecer os novos serviços. Nesse sentido, uma regulação deve ser feita de forma harmônica com a regulação de serviços tradicionais ou até reformulando estes; 3 – a regulação deve, na medida certa, estimular a inovação, mas com a observação de alguns limites, como a observação de normas que garantem a proteção de interesses públicos indisponíveis[68].

Mesmo com esses apontamentos, a autora pondera que, não obstante as especificidades, diferenças, eficiências e inovações dos novos serviços, tais aspectos não são

---

[65]   RIBEIRO; PENNA, op. cit., 2021, p. 300.

[66]   KORMANN, op. cit., 2020, p. 33.

[67]   KORMANN, op. cit., 2020, p. 67.

[68]   FRAZÃO, op. cit., 2016.

suficientes para justificar um total isolamento destes, do ponto de vista regulatório e concorrencial, diante dos demais serviços regulados. Por mais que se trate de análise necessariamente casuística, em alguns casos pode até ser sustentável que, em face das grandes semelhanças, a melhor solução possível seja uma regulação única para os novos serviços e os serviços tradicionais[69].

Vários são os exemplos quanto a necessidade do Direito se ater a esses novos modos de se ler elementos tradicionais. Frazão relembra o caso USA vs. Causbys, julgado pela Suprema Corte norte-americana em 1946. Neste julgado, os autores, que eram fazendeiros criadores de galinhas, alegavam a invasão de suas terras em razão dos aviões que sobrevoavam o espaço aéreo a elas correspondente, causando-lhes inúmeros danos, já que as aves, transtornadas com o barulho, acabavam se estressando, ferindo-se ou matando umas as outras. No entanto, o Justice Douglas, cuja opinião foi vencedora, afastou o *trespass* por entender que não se poderia adotar interpretação ilimitada da propriedade que, além de atentar contra o senso comum, ainda seria suscetível de causar vários danos, dentre os quais o de impossibilitar o desenvolvimento da aviação. Daí a necessidade de se reatualizar o conceito de propriedade, tornando-o compatível com a inovação e com o progresso tecnológico[70].

Um outro exemplo pitoresco é o caso da Lei da Bandeira Vermelha em Londres, de 1865, que obrigava todo motorista a ter, à frente de seu automóvel em movimento, um homem tremulando uma bandeira vermelha durante o dia e uma lanterna acesa durante a noite. Isso serviria para avisar a todos da "máquina letal" que se aproximava. Além da bandeira/lanterna sinalizatória, os carros não podiam ultrapassar a velocidade: 2 milhas por hora. A lei foi abrandada em 1878, mas a pessoa com a lanterna/bandeira à frente do veículo, ainda permaneceu, mas teve sua distância necessária do carro diminuída de 55 metros para 18 metros. Mesmo assim, se fosse avistado qualquer sinal de um cavalo, o motorista deveria interromper a marcha imediatamente para não assustar o animal e causar um acidente. Mas em 1896 essa lei foi abolida, não havia mais a necessidade sinalização e a velocidade foi aumentada para 14 milhas por hora[71]. Não demorou para que aparecessem mais inovações no setor do automóveis e nem houve o apocalipse nas ruas que os reguladores da época tanto temiam.

Esses exemplos demonstram a importância de se refletir sobre uma nova tecnologia levando em consideração o que já se tem estabelecido, seus potenciais danos, benefícios e como não mitigar a inovação. Mark, Wulf e Erik, ao analisarem esses e outros pontos, argumentam que qualquer tentativa de regulação deve levar em consideração como essa tecnologia pode impactar a sociedade, economia e saúde. Nesse sentido, para os autores, a regulação partiria da análise de fatos relevantes quanto a uma tecnologia: "o que", "quando" e "como" essa regulação deve entrar para intervir[72].

A questão do "o que", segundo os pesquisadores, diz respeito a identificar na tecnologia os aspectos que devem ser regulados. No entanto, nem sempre esses aspectos

---

[69]   FRAZÃO, op. cit., 2016.

[70]   FRAZÃO, op. cit., 2017.

[71]   A LEI DA BANDEIRA vermelha. *Mapa de Londres*. 2012. Disponível em: https://mapadelondres. org/a-lei-da-bandeira-vermelha/. Acesso em: 10 mar. 2022.

[72]   MARK; WULF; ERIK, op. cit., 2017, p. 571.

podem ser de fácil percepção, pois, por exemplo, como determinar a área cinza que é dizer quando um carro deveria ser tido como autônomo ou apenas como um modo de auxiliar o motorista[73]?

Já a questão do "quando" refere-se ao tempo de qualquer regulação. Essa ação precisa ser cronologicamente precisa, pois se for muito cedo pode distorcer o desenvolvimento na nascente tecnologia, mas também não pode ser muito tardia ao ponto de permitir o surgimento de problemas. Eis então a hora de retornar ao problema do timming regulatório para trazer o conceito de Dilema de Collingridge. Essa teoria argumenta que a regulação, ao responder a uma mudança tecnológica, pode enfrentar dois problemas: a) em um estágio inicial no desenvolvimento de uma tecnologia, a regulamentação era problemática devido à falta de informações sobre o provável impacto da tecnologia; b) em um estágio posterior, a regulamentação era problemática, pois a tecnologia se tornaria mais arraigada, tornando as mudanças exigidas pelos reguladores caras para implementar[74].

Outra maneira de entender o mesmo fenômeno é reconhecer que os sistemas tecnológicos adquirem '*momentum*' à medida que se tornam maiores e mais complexos, tornando-os mais resistentes a estímulos regulatórios. Isso sugere que os reguladores que desejam influenciar o design tecnológico (para evitar ou minimizar riscos de danos à saúde, ambientais e sociais, por exemplo) precisam agir em um estágio inicial, quando a situação é mais maleável. Em um estágio inicial, no entanto, pouco se sabe sobre as perspectivas da nova tecnologia, os danos que ela pode causar ou as formas que ela pode assumir[75].

Isso ajudaria explicar o porquê ser tão difícil regular as empresas do já citado GAFAMs, pois elas se tornaram grandes ao ponto de fazerem frente ao poder regulatório. Seja pelo repentino interesse dessas gigantes da internet na prática do Lobby[76] ou pela crença dos reguladores de que elas geram empregos (quando na verdade não) e por isso não devem ser incomodadas. Medidas drásticas como a de dividir essas empresas para evitar concentração, também seriam pouco efetivas, pois, segundo Philippon:

> This is the most controversial option, and it would indeed be complicated. One issue is that the activities of the GAFAMs are more integrated than those of AT&T. In the case of AT&T, there was a clear distinction between long-distance service and the local infrastructure companies. It is not clear how a breakup of Amazon or Google would proceed. A breakup might seem like putting the cart before the horse. The priority should be to define privacy regulation and property rights over digital data and give customers effective opt-out clauses[77].

É claro que nem toda nova tecnologia resulta em um dilema de Collingridge e que as empresas do GAFAMs são casos extremos, somente onde há lacunas regulatórias, associadas a novos danos ou riscos potenciais, o dilema de Collingridge explica as

---

[73]   MARK; WULF; ERIK, op. cit., 2017, p. 572.
[74]   MOSES, op. cit., 2014, p. 6.
[75]   MOSES, op. cit., 2014, p. 7.
[76]   PHILIPPON, op. cit., 2019, p. 206.
[77]   PHILIPPON, op. cit., 2019, p. 388.

dificuldades do momento regulatório[78]. O problema reside no fato de que o processo legislativo é extremamente moroso, uma lei que surja para regular uma nova tecnologia, ao entrar em vigor, pode já estar defasada ou encontrar uma tecnologia diferente da que estava regulando[79].

Bom, além da questão do "o que" e "quando", um outro problema é o do "como" comporta a forma e o conteúdo da regulação. Essa inovação tecnológica deve ser incentivada, proibida ou sofrer algum tipo de limitação? Quais princípios serão adotados para atingir o objetivo regulatório? O fato é que, na visão dos autores, a atual estrutura regulatória é incapaz de distinguir boa de má inovação, sendo necessário pensar de forma mais concretas, propostas de regulatórias para tais celeumas[80].

Diante do exposto, percebe-se que o problema da regulação é um túnel escuro, onde a sociedade e o Direito seguem tateando a parede. Mas nem tudo é um breu regulatório, existem algumas propostas, embora não harmônicas entre si, de como se deve iluminar o debate em tela. E é esse o assunto do próximo tópico.

5.   PROPOSTAS REGULATÓRIAS

Frazão é cirúrgica ao comentar o risco da inação regulatória e ao afirmar que, enquanto os governantes e a sociedade civil não sabem o que fazer, os agentes empresariais muitas vezes se aproveitam da inação, do excesso de otimismo das pessoas e das zonas de penumbra da regulação para avançar em diversas searas, inclusive por meio de modelos de negócio supostamente imunes a qualquer regulação jurídica. Esse empreendedorismo, continua a autora, coloca a sociedade diante de novos questionamentos, que desafiam as posturas simplistas quanto ao problema em tela.

Dito isso, é interessante perceber que o legislador parece basear-se em uma premissa de excesso de regulação diante da inovação, nesse sentido, foi elaborada a Lei de Liberdade Econômica (Lei nacional 13.874/2019). Tal dispositivo, além de consagrar o texto do art. 1º, IV, e art. 170, *caput*, da Constituição Federal, impõe as mais variadas formas de limites à regulação econômica, como o art. 4º, IV, o qual declara que é dever da administração pública e das demais entidades, no exercício regulatório, evitar abuso do poder de maneira a, indevidamente redigir enunciados que impeçam ou retardem a inovação e a adoção de novas tecnologias, processos ou modelos de negócios. Tal redação demonstra uma preocupação sobre quando regular a inovação, no intuito de não sufocar o seu pleno desenvolvimento. Para tanto, a Lei em questão também faz menção no art. 5º ao uso da ferramenta de Análise de Impacto Regulatório (AIR), qual visaria prever os impactos de se regular uma inovação. No entanto, como será mais bem abordado em um tópico especifico, a AIR pode não ser tão eficaz ou até ocasionar efeitos contrários aos pretendidos. Nesse sentido, é preciso que o regulador tome algumas precauções quando optar por regular uma inovação.

Um primeiro cuidado que o regulador deve tomar é de não cair na tentação de regular toda e qualquer nova tecnologia de forma isolada e específica. Segundo Moses,

---

[78]   MOSES, op. cit., 2014, p. 8.
[79]   MARK; WULF; ERIK, op. cit., 2017, p. 572.
[80]   MARK; WULF; ERIK, op. cit., 2017, p. 573.

esse é um problema que pode ocorrer quando os reguladores resolvem regular uma nova tecnologia é que essa regulação pode ser bastante restritiva e focada em uma só tecnologia. O autor dá o exemplo do que ocorreu com a nanotecnologia que gerou o campo da "nanolei", não é surpreendente encontrar leis específicas de tecnologia sendo propostas e promulgadas. Várias cidades e estados nos Estados Unidos adotaram ou consideraram a nanotecnologia como uma categoria regulatória. Na Europa, os cosméticos que contêm nanomateriais estão sujeitos a disposições específicas, incluindo requisitos de segurança, relatórios e rotulagem. O Parlamento Europeu também manifestou a sua preferência por uma abordagem nanoespecífica de forma mais geral. Percebe-se que os reguladores foram chamados a dar uma resposta aos problemas oriundos da nanotecnologia, e eles o fizeram, mas de forma específica. Tal especificidade pode ser desejável em alguns casos, mas no caso da nanotecnologia, segundo o autor, quaisquer mecanismos de prevenção de risco prescritos para produtos químicos geralmente podem ser usados para nanomateriais. Nesse sentido, a regulação que visa a "nanotecnologia" quase inevitavelmente se tornará obsoleta[81].

Posto o que não fazer, ou melhor dizendo, o que o regulador deve fazer, mas em casos extremamente específicos e de forma comedida, existem opções do que a regulação pode fazer diante de novas tecnologias. Um primeiro passo, segundo Mark, Wulf e Erik é uma mudança de postura e mentalidade dos reguladores, pois os problemas decorrentes da inovação exigem mais proatividade, dinamismo e responsividade[82].

É um fato que o Estado precisa se adequar ao novo contexto de mudanças na inovação cada vez mais rápidas. No entanto, há quem defenda que até que esse dia chegue, as lides e incompatibilidades entre regulação e novas tecnologias deveriam recair na esfera do Judiciário, o qual vai ser chamado para atuar como se legislador fosse[83]. Esse posicionamento, se baseia na concepção de que de que o judiciário possui o conhecimento, habilidades e insights necessários para avaliar os fatos que surgiriam diante de uma nova tecnologia. Não só para isso, o judiciário teria também a capacidade de revisar estatutos já existentes e assim trazer conformidade para a paisagem jurídica[84].

Porém, essa abordagem, na visão de Kaal, seria problemática. Ele acredita que delegar ao judiciário seria uma medida ineficiente pois, apesar do judiciário ter sim capacidade de avaliar e ponderar a regulação de novas tecnologias, ele não conseguiria suprir de forma adequada a incapacidade do Legislativo em acompanhar o ritmo da tecnologia. Além disso, o judiciário não é conhecido por sua celeridade processual, onde casos podem durar anos ou até décadas em processo[85]. Outro ponto que deve ser levado em consideração é que isso pode agravar o problema do "grande demais para banir", pois alguns casos podem chegar ao judiciário trazendo grandes empresas com forte apelo ao consumidor, tal como o WhatsApp ou o Telegram. Por fim, quando se fala em deixar o judiciário lidar com a questão da inovação, outro fator que pesa é o fato

---

[81] MOSES, op. cit., 2014, p. 14-15.

[82] MARK; WULF; ERIK, op. cit., 2017, p. 572.

[83] FEIGELSON, B. A relação entre modelos disruptivos e o direito: estabelecendo uma análise metodológica baseada em três etapas. In: FREITAS, R. V.; RIBEIRO, L. C.; FEIGELSON, B. (coord.). *Regulação e novas tecnologias*. Belo Horizonte: Fórum, 2017. p. 52-53.

[84] KAAL, op. cit., 2016, p. 11.

[85] KAAL, op. cit., 2016, p. 15-16.

de que muitas empresas possuem poder econômico grande o suficiente para se manter firme em batalhas judiciais nas mais diversas instancias e amplitudes geográficas[86].

Outro posicionamento diz que a regulação deve ser feita logo no estágio inicial da tecnologia e isso seria importante para evitar que a sociedade seja lesada por efeitos ainda desconhecidos dessa inovação. Kaal não vê com bons olhos essa abordagem, pois, não há informação o suficiente quanto aos riscos no começo do processo de inovação[87]. Baptista e Keller seguem a mesma linha de pensamento ao dizerem que regular antecipadamente pode gerar um elevado gasto que acabe sendo desnecessário, pois é possível que a tecnologia se mostre benéfica ou até mesmo inofensiva e não careça de todo o esforço e recursos públicos. Outro ponto é que o regulador pode acabar matando a inovação através de uma regulação precoce[88]. Por outro lado, Frazão vai argumentar em sentido contrário, pois, ao afirmar que é preciso superar esse argumento de que algo não deve ser regulado por não se saber ainda muito sobre ela. A autora segue dizendo que lidar com as incertezas não é algo fácil, mas não é a primeira vez que os legisladores se deparam com esse desafio, pois é algo comum no Direito Ambiental, saúde humana etc. Assim sendo, a incerteza não é algo novo para o legislador, mas que exige reflexões importantes, tal como, quando se fala em princípio da precaução, ter de superar a ideia de regulação baseada em evidências ou em análises de impacto regulatório[89].

O outro lado da moeda da regulação na fase inicial da tecnologia, por assim dizer, é o "esperar para ver". Há quem argumente que seria melhor deixar a regulação para quando a inovação já estivesse consolidada no mercado e na sociedade, quando a o direito já teria tido tempo para analisar com mais precisão os possíveis impactos. No entanto, Kormann aponta que essa opção não é isenta de risco, visto que, além do já citado agravamento do "grande demais para banir", isso acarretaria insegurança jurídica, o que poderia impedir o surgimento de novos produtos ou serviços, assim como incentivaria a judicialização de produtos já existentes no mercado. Para além disso, essa espera pode gerar uma inércia regulatória e, eventualmente, a omissão normativa[90].

Kormann vai apontar que, em sua visão, o que seria mais relevante do que quando regular, seja no início ou depois, seja talvez mais importante a definição de uma revisão periódica do que a definição pontual do momento de ação[91]. Porém, olhando de uma perspectiva brasileira, não parece muito viável falar em revisão periódica. Veja bem, o Brasil vive 'emaranhado legal' e nem sabe quantas leis estão valendo, muitas continuam em vigência mesmo sem ter efeito. Outras entram em conflito entre si e trazem insegurança jurídica. E as iniciativas para simplificar o ordenamento jurídico enfrentam grandes obstáculos. A título de exemplo, há a Lei Federal 20, de 22 de outubro de 1891, está em vigência há 125 anos. Ela foi feita para durar pouco e previa (tecnicamente, ainda

---

[86] FEIGELSON, op. cit., 2017, p. 54.

[87] KAAL, op. cit., 2016, p. 14.

[88] BAPTISTA, P.; KELLER, C. I. Por que, quando e até onde regular as novas tecnologias? Entre inovação e preservação, os desafios trazidos pelas inovações disruptivas. In: FREITAS, Rafael Véras de; RIBEIRO, Leonardo Coelho; FEIGELSON Bruno (coord.). *Regulação e novas tecnologias*. Belo Horizonte: Fórum, 2017. p. 137.

[89] FRAZÃO, op. cit., 2017.

[90] KORMANN, op. cit., 2020, p. 74-75.

[91] KORMANN, op. cit., 2020, p. 77.

prevê) o pagamento de uma pensão anual de 120 contos de réis ao imperador deposto. Mas o monarca sem cetro morreu em 5 de dezembro daquele ano, tornando a lei sem sentido um mês e 13 dia depois de ser sancionada. Ainda assim, ela segue valendo[92].

O "sunset regulatório" é técnica que consiste em estipular uma "data de validade" das normas de regulação, podendo a técnica ser conjugada com a consolidação periódica destas normas de regulação. Trata-se de técnica que enfrenta o problema de definição quanto à transitoriedade ou permanência das ações regulatórias. Essa linha de pensamento defende que, com base na Lei de Moore, uma lei deve ter um prazo de validade de 18 meses após entrar em vigor. Porém isso não resolve o problema e pode gerar insegurança jurídica[93].

Os defensores da regulação baseada em princípios argumentam que ela é mais eficiente, pois são guias mais gerais e abstratos, assim permitindo mais liberdade e flexibilidade para as práticas de mercado[94]. Essa abordagem exige que legisladores abandonem a fixação na finalidade, segurança jurídica e abraçar a contingência, flexibilidade e abertura para novas ideias. Essa mudança de perspectiva ajuda na questão do "como" regular novas tecnologias. O elemento chave, então, é a mudança do eixo normas para princípios. Isso possibilita ações e revisões futuras no regime regulatório de acordo com novas descobertas ou conhecimentos adquiridos ao longo do tempo[95]. No entanto, há quem argumente que, apesar de ter o benefício de permitir melhor resposta ao processo de inovação, assim como flexibilidade, liberdade e melhorar o relacionamento entre empresas e Estado, possui o lado negativo de: ser uma mudança cara e demorada de regulamentação baseada em regras para uma regulamentação baseada em princípios, insegurança jurídica e problemas de conformidade oriundos dessa incerteza.

Existe a abordagem de Sandbox regulatório, que nada mais é do que criar um ambiente seguro e controlado para testar produtos e serviços inovadores sem haver a obrigação de cumprir regras que normalmente seriam aplicáveis. Com isso, os reguladores podem promover a inovação, reduzindo as barreiras regulatórias e os custos para testar tecnologias inovadoras disruptivas, garantindo ao mesmo tempo que os consumidores não serão afetados negativamente[96]. É importante destacar que A Comissão de Valores Mobiliários (CVM) publicou Resolução CVM 29, de 11.05.2021, que dispõe sobre as regras para constituição e funcionamento de ambiente regulatório experimental (sandbox regulatório)[97]. Ribeiro e Penna, no entanto, salientam que, apesar dos benefícios, pois: (i) o uso de sandbox não faz sentido para toda e qualquer

---

[92] MARTINS, Fernando. Brasil vive 'emaranhado legal' e nem sabe quantas leis estão valendo. *Gazeta do Povo*. Disponível em: https://www.gazetadopovo.com.br/vida-publica/brasil-vive--emaranhado-legal-e-nem-sabe-quantas-leis-estao-valendo-cvkkiig0bkirj55uy89mviunb/. Acesso em: 1º abr. 2022.

[93] KAAL, op. cit., 2016, p. 12.

[94] KAAL, op. cit., 2016, p. 11.

[95] MARK; WULF; ERIK, op. cit., 2017, p. 573.

[96] MARK; WULF; ERIK, op. cit., 2017, p. 586.

[97] COMISSÃO DE VALORES MOBILIÁRIOS (CVM). *Resolução nº 29, de 10 de maio de 2021*. Dispõe sobre as regras para constituição e funcionamento de ambiente regulatório experimental (sandbox regulatório) e revoga a Instrução CVM nº 626, de 15 de maio de 2020. Diário Oficial,

tecnologia; (ii) uma vez definido que a criação de um sandbox é o caminho mais adequado, este deve ser feito de modo a mitigar (quatro) principais desvantagens do uso da técnica: a) falta de transparência sobre seu uso; b) desigualdade entre os participantes da sandbox, beneficiados por vantagens não disponíveis aos concorrentes que dela não participam; c) dificuldade em se atingir neutralidade tecnológica ao se definir quem poderá ou não participar da sandbox; e d) prejuízos a consumidores dos modelos de negócios que se tornaram clientes antes de sua entrada na sandbox, de modo que agora as regras aplicáveis seriam outras, mais brandas[98].

Kaal, por sua vez, defende que a ideia de uma regulação dinâmica, ou seja, a utilização e integração de elementos dinâmicos no processo regulação. Para tanto, é preciso atender algumas observações: a) admitir que a estrutura regulatória atual é cheia de limitações quando o assunto é criar regulações para novas tecnologias; b) que a natureza as atuais inovações tecnológicas possuem um potencial efeito desestabilizador na sociedade, pois quanto mais rápido é o ciclo de inovação, menor é o tempo para a sociedade se adaptar e responder ao que possa surgir com a inovação; c) a regulação dinâmica não é meramente utópica, pois a literatura sobre regulação dinâmica já introduziu vários mecanismos regulatórios dinâmicos que permitem pelo menos alguns elementos dinâmicos na regulação; d) que com a quantidade de dados crescendo exponencialmente, pode ser razoável supor que outras ferramentas regulatórias dinâmicas possam se tornar disponíveis e coincidir com a inovação exponencial. Nesse sentido, Kaal advoga que agregar elementos dinâmicos no processo de regulação seria, de certo modo, um suplemento para melhorar a prática legislativa existente[99].

Como é possível perceber com esses posicionamentos, que não são os únicos, apenas os mais expressivos na doutrina, tão grande quanto a quantidade de problemas é a quantidade de pessoas e ideias que se propõem a enfrentar os problemas oriundos da tecnologia. É claro que, independentemente de qual visão se adote, uma intervenção por regulação não deve ser feita de qualquer maneira, é preciso se analisar os impactos que ela pode causar. É para isso foi criada o instrumento Análise de Impacto Regulatório (AIR), que, em linhas gerais é um instrumento de análise prospectiva, onde se busca conjectura o futuro identificando os possíveis riscos e resultados de eventuais cursos de ação a serem escolhidos e seus impactos para o desenvolvimento de interesses sociais e econômicos. Esse instrumento virou algo obrigatório para os entes da Administração Pública Federal com o advento da Lei de Liberdade Econômica (art. 5º) e da Lei das Agências Reguladoras (art. 6º), admitindo-se a dispensa apenas de acordo com previsões regulamentares e mediante apresentação de nota técnica ou documento equivalente (art. 6º, §§ 1º e 5º)[100].

Porém, como nada é perfeito, é preciso levantar algumas considerações sobre a AIR. Por se tratar de algo inerentemente preditivo, há que se ponderar que sempre haverá um significativo índice de erro envolvido e que é agravado à medida que o

---

11 maio 2021. Disponível em: https://conteudo.cvm.gov.br/legislacao/resolucoes/resol029. html. Acesso em: 4 abr. 2022.

[98] RIBEIRO; PENNA, op. cit., 2021, p. 311-312.

[99] KAAL, op. cit., 2016, p. 17.

[100] KORMANN, op. cit., 2020, p. 78.

período projetado aumenta e – ao se tratar de fenômenos sociais – há sempre variáveis de caráter aleatório envolvidas na previsão. Ainda, de acordo com experiência norte-americana com a implantação da AIR demonstra que a sua compulsoriedade pode tornar o processo regulatório mais engessado, caro e lento, o que não é desejável.

Há também que se ponderar que a AIR foi projetada pensando-se nos mecanismos tradicionais de regulação, sendo necessário um esforço adicional para que se incorporem estratégias regulatórias alternativas, já que ela sempre privilegiará uma atuação *top down* em detrimento de esquemas regulatórios colaborativos e plurais, com a participação de atores privados[101]. No mesmo sentido, ao analisar o Decreto 10.411/2020, que regulamenta as AIR, Frazão aponta algumas questões que demonstram a perda da oportunidade do decreto disciplinar melhor as AIRs. A autora destaca em seu texto que ele é pautado por uma visão extremamente economicista, negligenciado setores fundamentais para a sociedade, enquanto privilegia questões econômicas. O texto legal é omisso ou pouco fala dos custos ou impactos sociais e ambientais, assim como não faz menção aos possíveis efeitos negativos da atividade econômica que a regulação pode tentar endereçar. Outro ponto é que o decreto é falho quanto aos procedimentos de participação popular. Com base em tudo que foi exposto até então no presente trabalho, permite algumas reflexões no último tópico do texto.

6. CONCLUSÃO: EMPRESAS PRIVADAS PODEM ERRAR, MAS O ESTADO NÃO PODE?

O presente texto almejou analisar o panorama geral da problemática da regulação de novas tecnologias. A discussão levantada e analisada demonstra que há uma complexa questão que vai além do "*não regular*", presente no senso comum. Ficou claro que, uma sociedade minimamente civilizada deve pensar em algum tipo de regulação. Nesse sentido, observamos que o debate da regulação da inovação passa por um fino ajuste de elementos de "como, quando e como regular"; observando obstáculos, como o Dilema de Collingridge, a superação da crença de que o princípio da precaução só se aplica ao Direito ambiental e a adoção de novas práticas participativas de se fazer regulação, levando em consideração todos os agentes envolvidos. Tudo isso ponderando, concomitantemente, formas de estimular a inovação e evitar que ela seja sufocada por regulações nocivas. Esses são obstáculos que se mostram mais desafiadores em um capitalismo movido a dados e gigantes da internet influenciadores do consumo ao contexto político global. Esses são apenas alguns dos problemas que o regulador deve enfrentar, pois há ainda o problema da desconexão regulatória, do ritmo e *timing*.

As propostas de enfretamento desses problemas, embora sejam muitas, e algumas até robustas, como a regulação por princípios e a dinâmica, parecem ainda carecer de mais desenvolvimento e polimento, mitigando assim seus efeitos nocivos. Outras propostas de solução, como a AIR prevista na Lei de Liberdade Econômica e a ideia de exercer, sem muitos freios, o direito de livre exercício de qualquer atividade econômica, podem surtir efeitos nocivos para a sociedade, como agravar o problema do "grande demais pra banir" e o Dilema de Collingridge, além de engessar o processo regulatório, o qual já não é dos mais fluídos.

---

[101] KORMANN, op. cit., 2020, p. 89-90.

De qualquer forma, o que se conclui é que, o Estado precisa tomar atitudes quanto aos problemas que as novas tecnologias e as gigantes da internet que fazem uso delas geram ou podem gerar. É claro que aqui não estamos falando de prever o futuro, pois como dito anteriormente, regulação não era algo praticado no Oráculo de Delfos, mas sim de agir. Veja bem, estamos no começo de uma era movida a dados, todos, de crianças a idosos, de ricos a pobres, estamos nos expondo a todo tipo de inovação que nos guia para um futuro incerto. Então parece sensato quando Frazão salienta a importância do princípio da precaução na regulação, pois tem muita coisa em jogo.

Não dá para arriscar.

Nesse sentido, o autor desse texto concorda com o pensamento de Philippon, que devemos permitir que o governo erre algumas vezes. Os governos também deveriam cometer erros, pois é melhor uma regulação imperfeita, mas que se possa melhorar, do que nenhuma regulação[102]. Vivemos em um mundo onde toleramos violações de dados pessoais, empresas de mídia social envolvidas em escândalos, servidores de e-mail e empresas de pontuação de crédito com algoritmos obscuros. Mas neste mundo a ideia de que um regulador possa cometer um erro é inaceitável. Quando a ação de um regulador é menos que perfeita, eles são ridicularizados pela imprensa e escrachados pela sociedade. Não é sem razão que eles são tímidos e possuem medo de decidir. Mas não deveriam ser assim. Estamos enfrentando novos problemas que exigem novas soluções. Novas soluções sempre envolvem erros, tentativa e erro e correções. Uma abordagem de regulação sem erro é uma abordagem de regulação zero. Melhor ter uma regulação imperfeita que atua em certa medida, ao invés de não ter nenhuma regulação.

Reguladores, errem, mas não muito.

REFERÊNCIAS

A LEI DA BANDEIRA vermelha. *Mapa de Londres*. 2012. Disponível em: https://mapadelondres.org/a-lei-da-bandeira-vermelha/. Acesso em: 10 mar. 2022.

BAPTISTA, P.; KELLER, C. I. Por que, quando e até onde regular as novas tecnologias? entre inovação e preservação, os desafios trazidos pelas inovações disruptivas. In: FREITAS, Rafael Véras de; RIBEIRO, Leonardo Coelho; FEIGELSON Bruno (coord.). *Regulação e novas tecnologias*. Belo Horizonte: Fórum, 2017.

BRASIL. *Lei nº 10.973, de 2 de dezembro de 2004*. Dispõe sobre incentivos à inovação e à pesquisa científica e tecnológica no ambiente produtivo e dá outras providências, 2004. Disponível em: http://www.planalto.gov.br/ccivil_03/_ato2004-2006/2004/lei/l10.973.htm. Acesso em: 2 mar. 2022.

CHRISTENSEN, C. *O dilema da inovação*: quando as novas tecnologias levam empresas ao fracasso. São Paulo: M. Books do Brasil, 2012.

COMISSÃO DE VALORES MOBILIÁRIOS (CVM). *Resolução nº 29, de 10 de maio de 2021*. Dispõe sobre as regras para constituição e funcionamento de ambiente regulatório experimental (sandbox regulatório) e revoga a Instrução CVM nº 626, de 15 de maio de 2020. Diário Oficial, 11 mai. 2021. Disponível em: https://conteudo.cvm.gov.br/legislacao/resolucoes/resol029.html. Acesso em: 4 abr. 2022.

DURKHEIM, Émile. *As regras do método sociológico*. São Paulo: Cia. Editora Nacional, 1960.

---

[102] PHILIPPON, op. cit., 2019, p. 411-412.

EDELMAN. *Trust Barometer 2020*. Chicago, 19 jan. 2020. Disponível em: https://www.edelman.com/trust/2020-trust-barometer. Acesso em: 24 mar. 2022.

EGGERS, W. D.; KISHNANI, P. K.; TURLEY, M. *The future of regulation*. 19 abr. 2018. Disponível em: https://www2.deloitte.com/us/en/insights/industry/public-sector/future-of-regulation/regulating-emerging-technology.html. Acesso em: 14 abr. 2022.

FEIGELSON, B. A relação entre modelos disruptivos e o direito: estabelecendo uma análise metodológica baseada em três etapas. In: FREITAS, R. V.; RIBEIRO, L. C.; FEIGELSON B. (coord.). *Regulação e novas tecnologias*. Belo Horizonte: Fórum, 2017.

FRABASILE, D. A tecnologia está evoluindo mais rápido do que a capacidade humana. *Época Negócios*, São Paulo, 2018. Disponível em: https://epocanegocios.globo.com/Tecnologia/noticia/2018/03/tecnologia-esta-evoluindo-mais-rapido-do-que-capacidade-humana-diz-friedman.html. Acesso em: 7 mar. 2022.

FRAZÃO, A. Direito e tecnologia: premissas para a reflexão sobre a regulação jurídica da tecnologia. *Jota*. [S.l.]. 6 set. 2017. Disponível em: https://www.jota.info/opiniao-e-analise/colunas/constituicao-empresa-e-mercado/inteligencia-artificial-cisnes-digitais-26012022. Acesso em: 9 mar. 2022.

FRAZÃO, A. Os riscos de captura do Estado justificam a desregulação? *Jota*, 6 out. 2016. Tecnologia. Disponível em: https://www.jota.info/opiniao-e-analise/colunas/constituicao-empresa-e-mercado/tecnologia-e-regulacao-dos-novos-servicos-06102016. Acesso em: 2 mar. 2022.

FRAZÃO, A. Tecnologia e regulação dos "novos serviços". *Jota*, [S. l.], 6 out. 2016. Tecnologia. Disponível em: https://www.jota.info/opiniao-e-analise/colunas/constituicao-empresa-e-mercado/tecnologia-e-regulacao-dos-novos-servicos-06102016. Acesso em: 2 mar. 2022.

GALOV, N. How Fast Is Technology Growing: Can Moore's Law Still Explain the Progress? *WebTribunal*. Chicago, 2022. Disponível em: https://webtribunal.net/blog/how-fast-is-technology-growing/#gref. Acesso em: 14 abr. 2022.

GOGONI, R. O que diz a Lei de Moore? *Tecnoblog*, São Paulo, 2019. Disponível em: https://tecnoblog.net/responde/o-que-diz-a-lei-de-moore/. Acesso em: 4 abr. 2022.

KAAL, W. A. Dynamic Regulation for Innovation. *SSRN*. 31 ago. 2016. Disponível em: https://papers.ssrn.com/sol3/papers.cfm?abstract_id=2831040. Acesso em: 24 fev. 2022.

KORMANN, M. E. *Novas tecnologias e regulação: inovações disruptivas e os desafios ao direito da regulação*. 2020. Dissertação (Mestre em Direito do Estado) – Universidade Federal do Paraná, Curitiba.

KOSTAKIS, V.; FILIPPI, P.; DRECHSLER, W. Can blockchain, a swiftly evolving technology, be controlled? *The conversation*, 3 jul. 2017. Disponível em: can-blockchain-a-swiftly-evolving-technology-be-controlled-73471. Acesso em: 12 mar. 2022.

KURZWEIL, R. The Law of Accelerating Returns. *WebArchive*. 2001. Disponível em: https://web.archive.org/web/20070517200550/http:/www.kurzweilai.net/meme/frame.html?main=%2Farticles%2Fart0134.html. Acesso em: 5 abr. 2022.

MARK, D. F.; WULF, A. K.; ERIK, P. M. Regulation Tomorrow: What Happens When Technology Is Faster than the Law? *American University Business Law Review*, v. 6, ano 3, p. 562-593, 2017. Disponível em: https://digitalcommons.wcl.american.edu/aublr/vol6/iss3/1/. Acesso em: 10 fev. 2022.

MARTINS, Fernando. Brasil vive 'emaranhado legal' e nem sabe quantas leis estão valendo. *Gazeta do Povo*. Disponível em: https://www.gazetadopovo.com.br/vida-publica/brasil-vive-emaranhado-legal-e-nem-sabe-quantas-leis-estao-valendo-cvkkiig0bkirj55uy89mviunb/. Acesso em: 1º abr. 2022.

META deixa lista das 10 empresas mais valiosas do mundo. 2022. *Poder360*. Disponível em: https://www.poder360.com.br/economia/meta-deixa-lista-das-10-empresas-mais-valiosas--do-mundo/. Acesso em: 12 abr. 2022.

MORTENSEN, J. Why Is Technology Evolving So Fast? *Tech Evaluate*. Chicago, 2021. Disponível em: https://www.techevaluate.com/why-is-technology-evolving-so-fast/. Acesso em: 16 mar. 2022.

MOSES, L. B. How to Think About Law, Regulation and Technology: Problems with 'Technology' as a Regulatory Target. *SSRN*, 12 jul. 2014. Disponível em: https://papers.ssrn.com/sol3/papers.cfm?abstract_id=2464750. Acesso em: 11 mar. 2022.

MOTORISTA em acidente fatal de carro autônomo do Uber é acusada de homicídio nos EUA. *G1*. São Paulo, 2020. Disponível em: https://g1.globo.com/economia/tecnologia/noticia/2020/09/16/motorista-em-acidente-fatal-de-carro-autonomo-do-uber-e-acusado--de-homicidio-nos-eua.ghtml. Acesso em: 12 abr. 2022.

MULGAN, G. Good and bad innovation: what kind of theory and practice do we need to distinguish them? *Nesta*. Inglaterra, 2021. Disponível em: https://www.nesta.org.uk/blog/good-and-bad-innovation-what-kind-of-theory-and-practice-do-we-need-to-distinguish--them/. Acesso em: 23 mar. 2022.

ORGANIZAÇÃO PARA A COOPERAÇÃO E DESENVOLVIMENTO ECNONÔMICO (OCDE). *Manual de Oslo*: Proposta de Diretrizes para Coleta e Interpretação de Dados sobre Inovação Tecnológica. 2. ed. Paris: OCDE, 1997.

ORGANIZAÇÃO PARA A COOPERAÇÃO E DESENVOLVIMENTO ECONÔMICO (OCDE). *Manual de Frascati Proposta de Práticas Exemplares para Inquéritos sobre Investigação e Desenvolvimento Experimental*. 2. ed. Paris: OCDE, 2002.

PHILIPPON, Thomas. *The Great reversal*: how America gave up on free markets. Harvard University Press, 2019.

RIBEIRO, J. M. C; MURTA, T. M. A. (Des)regulação da tecnologia Blockchain: uma análise da experiência regulatória brasileira. In: PARENTONI, L. (coord.); MILAGRES, M. O. (coord.); VAN DE GRAAF, J. (coord.). *Direito, tecnologia e inovação*: aplicações jurídicas de Blockchain. Expert, v. 3, 2021.

RIBEIRO, J. M. C.; PENNA, T. M. In: PARENTONI, L. (coord.). *Direito, tecnologia e inovação*: aplicações jurídicas de Blockchain. Belo Horizonte: Expert Editora Digital, 2021. *E-book*.

RIBEIRO, L. C. A instrumentalidade do direito administrativo e a regulação de novas tecnologias disruptivas. In: FREITAS, R. V.; RIBEIRO, L. C; FEIGELSON, B. (coord.). *Regulação e novas tecnologias*. Belo Horizonte: Fórum, 2017.

SOETE, L. Is Innovation Always Good? In: FAGERBERG, J.; MARTIN, B. R.; ANDERSEN, E. S. (eds.). *Inovation studies*: evolution & future changes. Oxford, 2013.

STIGLITZ, J. *People, Power, and Profits*: Progressive Capitalism for an Age of Discontent. Penguin UK, v. 2, f. 200, 2019.

TAPLIN, J. Não dá mais para disfarçar danos causados por Google e Facebook. *Folha de São Paulo*, São Paulo, 2017. Disponível em: https://www1.folha.uol.com.br/tec/2017/04/1878274--nao-da-mais-para-disfarcar-danos-causados-por-google-e-facebook.shtml. Acesso em: 3 abr. 2022.

UNZELTE, C. Apesar de corrida internacional, veículos autônomos ainda são uma realidade distante do Brasil. *Época Negócios*. 2021. Disponível em: https://epocanegocios.globo.com/Tecnologia/noticia/2021/02/apesar-de-corrida-internacional-veiculos-autonomos-ainda--sao-uma-realidade-distante-do-brasil.html. Acesso em: 4 abr. 2022.

VIANNA, E. A. B. *Regulação das fintechs e sandboxes regulatórias*. Rio de Janeiro, f. 168, 2019. 169 p. Dissertação (Mestrado em Direito) – Fundação Getulio Vargas, Rio de Janeiro, 2019. Disponível em: https://bibliotecadigital.fgv.br/dspace/bitstream/handle/10438/27348/DISSERTAC%cc%a7A%cc%83O_EDUARDO_BRUZZI.pdf?sequence=1&isAllowed=y. Acesso em: 3 abr. 2022.

ZUBOFF, S. *A era do capitalismo de vigilância*. Rio de Janeiro: Intrínseca, 2021. v. 3.

Capítulo 11
ABUSO DE PODER REGULATÓRIO POR LIMITAÇÃO À INOVAÇÃO: REFLEXÕES A PARTIR DO USO DA INTELIGÊNCIA ARTIFICIAL

Giovana Vieira Porto

Bacharela em Direito pela Universidade de Brasília, em 2018.
Advogada na área Contenciosa em Pinheiro Neto Advogados,
com ênfase nas práticas de Direito da Concorrência e *Compliance*.

1. INTRODUÇÃO

A Lei 13.874/2019 ("Lei de Liberdade Econômica") entrou em vigor em setembro de 2019, criando o instituto do "abuso do poder regulatório" em seu art. 4º, juntamente com série de incisos com condutas que configurariam tal abuso. Dentre tais condutas, há a hipótese do inciso IV que dispõe sobre a configuração do abuso do poder regulatório quando há redação de enunciados pela Administração Pública ou por outras entidades sujeitas à Lei de Liberdade Econômica que impeçam ou retardem a inovação ou a adoção de novas tecnologias, com exceção de "situações" consideradas como de alto risco. O art. 7º da Instrução Normativa SEAE 97, de 2 de outubro de 2020, lista exemplos de atos normativos que podem constituir impedimento ou retardo de inovação ou adoção de novas tecnologias.

Muito embora a Lei de Liberdade Econômica tenha se preocupado com o desenvolvimento de inovações e tecnologias no Brasil ao criar hipótese de abuso do poder regulatório caso haja limitações a tal desenvolvimento, a referida Lei parece ter ignorado o alcance ilimitado que o desenvolvimento de inovações e tecnologias pode atingir, inclusive podendo ferir a dignidade da pessoa humana, por exemplo. O fato de a Lei ter ignorado o alcance ilimitado do desenvolvimento de inovações e tecnologias no Brasil parece se expressar, notadamente, pela imprecisão do termo "indevidamente" e pela possibilidade de extensão dos efeitos prejudiciais da inovação no tempo até que tal termo "indevidamente" seja definido judicial ou administrativamente. Nesse sentido, a Lei de Liberdade Econômica parece se basear na premissa de que toda inovação é boa, o que seria equivocado, como se verá a seguir a partir da experiência estrangeira, mas também nacional, como no exemplo do uso de reconhecimento facial em locais públicos, que se mostrou violador de direitos.

A preocupação sobre o alcance de inovações tem sido presente em discussões na Europa, por exemplo, principalmente quando se trata da utilização de inteligência artificial. A própria *Cour de Cassation* francesa já tratava em seu relatório anual de 2005 de relações entre novas tecnologias e direitos humanos sob viés do direito do trabalho. A *Cour de Cassation* destacou a obrigação de empregadores de adaptarem os funcionários às novas tecnologias, mas também de respeitarem os direitos e liberdades da pessoa humana na empresa, principalmente diante do desenvolvimento de novas tecnologias que permitem o controle contínuo da empresa[1].

De forma ativa, a Comissão Europeia também tem atuado, questionado e desenvolvido frentes de inovações. Em 2020, foi criado o sistema "Market Creation Potential Indicator", desenvolvido pelo *Joint Research Centre* ("JRC") da Comissão Europeia, por exemplo. O sistema permite a identificação de inovações financiadas por recursos públicos que possuem potencial disruptivo[2]. Em 2021, a Comissão Europeia também divulgou a criação do Conselho Europeu de Inovação ("CEI"), com a missão de "identificar, desenvolver e implantar tecnologias revolucionárias e inovações disruptivas"[3]. O CEI também anuncia oportunidades de financiamento e criou duas premiações de inovação na Europa, incluindo *EU Prize for Women Innovators* e *European Capital of Innovation Awards*.

Em relação ao reconhecimento facial, por exemplo, a Autoridade Europeia de Proteção de Dados ("AEDP" ou "EDPS") e o Comitê Europeu para a Proteção de Dados ("CEPD" ou "EDPB") ainda em 2021 propuseram o banimento da utilização de reconhecimento facial em locais públicos. Segundo as autoridades, o reconhecimento facial nesses espaços constituiria violação a direitos fundamentais e à liberdade[4]. No Brasil, em março de 2021, o Governador do Estado de São Paulo vetou integralmente o Projeto de Lei 865/19 do Estado de São Paulo, que tratava da autorização de reconhecimento facial em todas as estações do metrô de São Paulo e na Companhia de Trens Metropolitanos ("CPTM")[5]. Uma carta foi elaborada por entidades defendendo o veto integral[6].

---

[1] COUR DE CASSATION. *Rapport Annuel 2005: L'innovation technologique*. Paris, 2006. Disponível em: https://www.courdecassation.fr/files/files/Publications/Rapport%20annuel/rapport--annuel_2005.pdf.

[2] EUROPEAN COMMISSION. *Market creation potential indicator helps to navigate Horizon 2020 output*. 3 jul. 2020. Disponível em: https://ec.europa.eu/jrc/en/science-update/mcpi-launched.

[3] PORTUGAL 2020. *Lançamento do novo Conselho Europeu de Inovação*. 17 mar. 2021. Disponível em: https://www.portugal2020.pt/content/lancamento-do-novo-conselho-europeu-de--inovacao.

[4] EUROPEAN DATA PROTECTION SUPERVISOR. EDPB & EDPS call for ban on use of AI for automated recognition of human features in publicly accessible spaces, and some other uses of AI that can lead to unfair discrimination. 21 jun. 2021. Disponível em: https://edps.europa.eu/press-publications/press-news/press-releases/2021/edpb-edps-call-ban-use-ai-automated--recognition_en.

[5] ASSEMBLEIA LEGISLATIVA DO ESTADO DE SÃO PAULO. *Projeto de Lei nº 865/2019*. Disponível em: https://www.al.sp.gov.br/propositura/?id=1000278098.

[6] ARTIGO19. Carta aberta sobre Projeto de Lei nº 865/19 do Estado de São Paulo. Disponível em: https://artigo19.org/wp-content/blogs.dir/24/files/2021/03/Carta-Aberta-sobre-o--Projeto-de-Lei-no-865_19-1.pdf.

Sobre a inteligência artificial nos sistemas judiciários, a *Commission Européenne pour l'Efficacité de la Justice* ("CEPEJ") do Conselho da Europa publicou Código de Ética para utilização de inteligência artificial nos sistemas judiciários europeus em 2018, com instruções para que os países respeitem os direitos fundamentais; o princípio da não discriminação, a qualidade e segurança de dados; a transparência, a neutralidade e a integridade intelectual; e o princípio *"under user control"*[7].

Em 2021, a Comissão Europeia propôs regulação sobre inteligência artificial, ainda em discussão, incluindo seção sobre proibições da utilização de inteligência artificial, como utilizações que possam violar direitos fundamentais ou manipular pessoas "por meio de técnicas subliminares que lhe passam despercebidas ou explorar as vulnerabilidades de grupos específicos"[8].

Nesse sentido, nota-se a existência de discussões recentes sobre limites para a inovação sob o ponto de vista de proteção dos direitos humanos[9], notadamente diante da temática de utilização de inteligência artificial. Nesse contexto, este artigo possui como problema de pesquisa principal o questionamento: todo enunciado que impeça ou retarde inovação deve ser considerado abuso do poder regulatório com fundamento na Lei de Liberdade Econômica? Para responder tal questionamento, o artigo focará em questões relacionadas ao uso da inteligência artificial, notadamente, (i) reconhecimento facial; (ii) inteligência artificial em processos judiciais; e (iii) proposta elaborada pela Comissão Europeia de regulação de inteligência artificial na Europa.

Como questionamentos adicionais, o trabalho busca, com base principalmente em regulações da União Europeia sobre inteligência artificial, questionar se o termo "indevidamente" do *caput* do art. 4º deveria ser usado para limitação da inovação relacionada à inteligência artificial, principalmente considerando o fato de que o termo parece aberto e que, em alguns casos, até que o termo "indevidamente" seja definido, a inteligência artificial poderia se desenvolver de forma a causar efeitos deletérios ou mesmo irreparáveis para o ser humano.

A hipótese deste projeto de pesquisa considera que a Lei de Liberdade Econômica tem como base a premissa de que toda inovação é boa, o que seria equivocado, principalmente diante de exemplos envolvendo o mau uso da inteligência artificial no Brasil e no exterior. Nesse sentido, os efeitos que poderiam ser identificados pelo regulador como deletérios para o ser humano podem se prolongar no tempo por discussões sobre

---

[7] COMMISSION EUROPÉENNE POUR L'EFFICACITÉ DE LA JUSTICE. Charte éthique européenne d'utilisation de l'intelligence artificielle dans les systèmes judiciaires et leur environnement. 2018. Disponível em: https://rm.coe.int/charte-ethique-fr-pour-publication-4-decembre--2018/16808f699b.

[8] COMISSÃO EUROPEIA. Proposta de Regulamento do Parlamento Europeu e do Conselho que Estabelece Regras Harmonizadas em Matéria de Inteligência Artificial (Regulamento Inteligência Artificial) e Altera Determinados Atos Legislativos da União. 21 de abril de 2021. Disponível em: https://eur-lex.europa.eu/legal-content/PT/TXT/HTML/?uri=CELEX:52021PC0206&from=EN.

[9] Nota-se que, em 2016, a Organização para a Cooperação e Desenvolvimento Econômico (OCDE) promoveu Fórum para discussão da relação entre Direito da Concorrência, por exemplo, no qual a inovação é um dos campos de estudo, e direitos humanos, no âmbito do Fórum "Promoting Competition, Protecting Human Rights" (https://www.oecd.org/daf/competition/promoting-competition-protecting-human-rights.htm).

o termo "indevidamente", por exemplo, principalmente diante do Poder Judiciário, notadamente quando se trata de temática como inteligência artificial.

A fim de endereçar os questionamentos relacionados ao abuso de poder regulatório por limitação à inovação neste artigo, o artigo será estruturado da seguinte forma. Inicialmente, serão apresentados dois casos envolvendo a nocividade de ausência de regulação da inteligência artificial e algumas das medidas adotadas no Brasil e na Europa, quando aplicável, em relação a tais casos. Em segundo lugar, serão apresentadas as principais justificativas e medidas remediadoras da proposta elaborada pela Comissão Europeia de regulação de inteligência artificial na Europa. Por fim, serão apresentadas as conclusões.

2. ESTUDO DE CASOS ENVOLVENDO INTELIGÊNCIA ARTIFICIAL: REGULAÇÃO COMO SOLUÇÃO

Muito embora o inciso IV do art. 4º da Lei de Liberdade Econômica demonstre certa preocupação do legislador com o fomento da inovação no Brasil, colocando a inovação quase como valor absoluto, é importante recuperar os ensinamentos de Philippe Aghion, Céline Antonin e Simone Bunel que identificam a importância da inovação para o crescimento econômico. No entanto, apesar de a inovação parecer ser boa, em princípio, é possível que a inovação seja predatória. Nesse caso, pode se tornar necessária a intervenção estatal para identificação dos riscos existentes e para regular tal inovação[10].

Ana Frazão também reforça que parâmetros econômicos não podem ser os únicos considerados na análise jurídica. Tais parâmetros "precisam ser combinados com os critérios jurídicos, baseados nas regras e nos princípios"[11]. Portanto, analisar a inovação como máxima a ser defendida poderia distorcer consequências jurídicas importantes relacionadas, inclusive, a violações a direitos fundamentais.

A reflexão sobre inovação predatória não é apenas teórica, mas pode ser analisada de modo empírico a partir de dois usos da inteligência artificial, por exemplo, ou seja, pela utilização como reconhecimento facial e em processos judiciais, como detalhado a seguir.

a. *Reconhecimento facial a partir da utilização da inteligência artificial*

O reconhecimento facial não é um instrumento completamente novo, mas, na verdade, está em desenvolvimento, pelo menos, desde o período entre as décadas de 1960 e 1970. Inioluwa Deborah Raji e Genevieve Fried identificaram pelo menos quatro períodos de desenvolvimento do reconhecimento facial no mundo. O primeiro período teria durado entre 1964 e 1995, sendo identificado com período de pesquisas iniciais sobre o assunto ("*Early Research Findings*"). O segundo período seria verificado no período entre 1996, quando a base de dados *Face Recognition Technology* ("FERET") foi

---

[10] AGHION, Philippe; ANTONIN, Céline; BUNEL, Simon. *The power of creative destruction*: economic upheaval of the Wealth of Nations. Belknap Press, 2021. 400p.

[11] FRAZÃO, Ana. *Direito da concorrência*: pressupostos e perspectivas. São Paulo: Saraiva, 2017, p. 85.

criada, e 2006, sendo identificado como o período de visibilidade comercial do reconhecimento facial como "nova biometria". O terceiro período, entre 2007 e 2013, teria se dado com o desenvolvimento da base de dados *Labeled Faces in the Wild* ("LFW"), com diversas imagens de plataformas online, como o Google Imagens, o YouTube e o Flickr, por exemplo. Por sua vez, o quarto período, de 2014 até o momento da submissão do artigo pelas autoras em 2021, teria sido marcado pelo desenvolvimento do *DeepFace*[12].

No contexto do desenvolvimento de tecnologias associadas ao reconhecimento facial, autoridades relevantes já se pronunciaram contrariamente ao reconhecimento facial em locais públicos, principalmente, considerando efeitos deletérios associados, demonstrando que a inovação pode ser prejudicial à fruição de direitos. Nesse sentido, como mencionado acima, a AEDP e o CEPD ainda em 2021 propuseram o banimento da utilização de reconhecimento facial em locais públicos, no Parecer Conjunto 5/2021 do CEPD e da AEPD sobre a proposta de regulamento do Parlamento Europeu e do Conselho que estabelece regras harmonizadas em matéria de inteligência artificial[13]. As autoridades também indicaram em seu parecer que sistemas de inteligência artificial são relevantes para a evolução de tecnologias e para o modo como os indivíduos se relacionam com as tecnologias. No entanto, o desenvolvimento de sistemas de inteligência artificial estaria sujeito a riscos.

Especificamente, a AEDP e o CEPD indicaram seus entendimentos conjuntos no sentido de que o reconhecimento facial em locais públicos (ou "identificação biométrica à distância") representa risco de intromissão na vida das pessoas. Ademais, pode configurar (a) desproporcionalidade ao se comparar a quantidade de dados privados tratados frente à identificação de quantidade limitada de pessoas; (b) falta de transparência; (c) obstáculo ao tratamento jurídico de questões relacionadas na União Europeia, por exemplo; (d) violação à liberdade de expressão, de reunião, de associação e de circulação; (e) obstáculo ao exercício de direitos fundamentais e liberdades, além de (f) violação a princípios de base da democracia[14].

Nesse sentido, a AEDP e o CEPD recomendaram a proibição total de inteligência artificial para "o reconhecimento automatizado de características humanas em espaços acessíveis ao público". As características elencadas pela AEDP e o CEPD como proibidas incluíam rosto, andar, impressão digital, voz, digitação, entre outros. Ademais, também recomendaram a proibição de inteligência artificial, por exemplo, por meio de reconhecimento facial, que categorize pessoais individuais em grupos com base em origem étnica, gênero, entre outros, tendo em vista a possibilidade de discriminação[15].

Como mencionado anteriormente, no Brasil, em março de 2021, o Governador do Estado de São Paulo vetou integralmente o Projeto de Lei 865/19 do Estado de São Paulo, que tratava da autorização de reconhecimento facial em todas as estações do

---

[12] FRIED, Genevieve; RAJI, Inioluwa Deborah. About Face: A Survey of Facial Recognition Evaluation. AAAI 2020 Workshop on AI Evaluation. Disponível em: https://arxiv.org/abs/2102.00813.

[13] AEPD; CEPD. Parecer conjunto 5/2021 do CEPD e da AEPD sobre a proposta de regulamento do Parlamento Europeu e do Conselho que estabelece regras harmonizadas em matéria de inteligência artificial (Regulamento Inteligência Artificial). 2021. Disponível em: https://edpb.europa.eu/system/files/2021-10/edpb-edps_joint_opinion_ai_regulation_pt.pdf.

[14] AEPD; CEPD, op. cit., 2021, p. 12-14.

[15] AEPD; CEPD, op. cit., 2021, p. 14.

metrô de São Paulo e na CPTM[16]. Especificamente, o Projeto de Lei previa a obrigatoriedade de que todas as estações do metrô de São Paulo e da CPTM tivessem câmeras de reconhecimento facial, inclusive no interior dos vagões.

Tal instalação de câmeras era fundamentada, segundo o art. 1º do Projeto de Lei, na segurança e para evitar riscos à vida ou à integridade das pessoas por ações de quadrilhas ou de criminosos individuais. Ademais, o art. 3º do Projeto de Lei indicava que o metrô de São Paulo e a CPTM realizariam parcerias com órgãos competentes de segurança pública (muito embora não indicasse quais) para localização de "criminosos foragidos" e elucidação de casos de assédio e abuso sexual contra passageiros.

Mais de vinte entidades, incluindo o Instituto Brasileiro de Defesa do Consumidor – IDEC, o Laboratório de Políticas Públicas e Internet – LAPIN e o Instituto Ethos de Empresas e Responsabilidade Social, por exemplo, subscreveram nota defendendo o veto integral ao Projeto de Lei 865/19, principalmente diante de quatro questões principais relacionadas a pontos negativos/prejudiciais do Projeto de Lei[17]. A primeira questão seria relacionada ao fato de que o Projeto de Lei não considerou as falhas existentes e conhecidas de tecnologias de reconhecimento facial, como a tendência a provocar discriminação, por exemplo. Ademais, violaria padrões internacionais de direitos humanos, notadamente, "recomendação de 2019 do Relator Especial da Organização das Nações Unidas (ONU) para Liberdade de Opinião e Expressão", no sentido de que os países cessem a venda, a transferência ou o uso de tecnologias como de reconhecimento facial até que haja criação de marcos regulatórios.

A terceira questão tratava da violação a princípios de proteção de dados pessoais, como os presentes na Lei Geral de Proteção de Dados (Lei 13.709/2018), incluindo coleta e tratamento de dados pessoais. Por fim, foi indicado que o Projeto de Lei geraria insegurança jurídica, em razão de decisões judiciais no sentido contrário ao do Projeto de Lei, além de ineficiência do gasto público, considerando que ações judiciais envolvendo o Projeto de Lei, gerando, consequentemente, custas processuais e possibilidade de suspensão de editais de licitação, por exemplo.

Ainda em 2021, a Organização não Governamental Central Única das Favelas ("Cufa") também anunciou o encerramento de utilização de reconhecimento facial para cadastro de pessoas beneficiárias de doações[18], após críticas envolvendo segurança de dados de moradores de periferias e discriminação algorítmica[19]. Por sua vez, outra

---

[16] ASSEMBLEIA LEGISLATIVA DO ESTADO DE SÃO PAULO. *Projeto de Lei nº 865/2019*. Disponível em: https://www.al.sp.gov.br/propositura/?id=1000278098.

[17] ARTIGO19. *Carta aberta sobre Projeto de Lei nº 865/19 do Estado de São Paulo*. Disponível em: https://artigo19.org/wp-content/blogs.dir/24/files/2021/03/Carta-Aberta-sobre-o-Projeto--de-Lei-no-865_19-1.pdf.

[18] G1. *Por que a Cufa interrompeu o uso de reconhecimento facial após polêmica*. 27 abr. 2021. Disponível em: https://g1.globo.com/economia/tecnologia/noticia/2021/04/27/por-que-a--cufa-interrompeu-o-uso-de-reconhecimento-facial-apos-polemica.ghtml.

[19] BRASIL DE FATO. *Cufa fez cadastramento facial de pessoas em favelas; tecnologia pode promover racismo*. 26 abr. 2021. Disponível em: https://www.brasildefato.com.br/2021/04/26/cufa-fez--cadastramento-facial-de-pessoas-em-favelas-tecnologia-pode-promover-racismo.

instituição privada, a Rede de Observatórios da Segurança divulgou dados em 2021[20] de que, então com base na Portaria 793, de 24 de outubro de 2019, regulamentando incentivos financeiros ao combate à criminalidade violenta, custeados com recursos do Fundo Nacional de Segurança Pública – FNSP, incluindo ações voltadas à utilização de reconhecimento facial, a Rede identificou cerca de 80 propostas ou convênios de estados e municípios com o Ministério da Justiça e Segurança Pública com valor total superior a R$ 50.000.000,00. Também identificaram que pelo menos 20 estados já tiveram, têm ou possuem licitações em andamento envolvendo reconhecimento facial no âmbito de ações de segurança pública.

O uso de reconhecimento facial como ferramenta de segurança pública no Brasil foi objeto de estudo no Relatório "Retratos da Violência: Cinco meses de monitoramento, análises e descobertas" de junho a outubro de 2019 da Rede de Observatórios da Segurança[21]. Conforme o referido Relatório, no período de março a outubro de 2019, foram monitoradas 151 prisões nos estados da Bahia, do Rio de Janeiro, de Santa Catarina e da Paraíba. Foram identificadas prisões com base no reconhecimento facial em percentuais mensais variando de 0,6% a 31,2%. Em 42 casos com informações sobre raça e cor, foi identificado que 90,5% eram pessoas negras. Concluiu-se que o reconhecimento facial seria uma ferramenta para atualização do racismo na justiça criminal.

Ainda sobre reconhecimento facial, segurança pública e racismo, a Defensoria Pública do Rio de Janeiro (DPRJ) e o Colégio Nacional de Defensores Públicos Gerais (CONDEGE) elaboraram relatório em maio de 2021 envolvendo reconhecimento fotográfico em sede policial em 10 estados brasileiros[22]. Foi identificado que, dos casos com registro de raça e cor, 83% envolviam pessoas negras.

Como demonstrado acima, o desenvolvimento de inteligência artificial para fins de reconhecimento facial se mostrou nociva ao longo do tempo, gerando manifestações públicas e privadas sobre seus riscos e sobre a necessidade de regulação envolvendo o tema no Brasil e na Europa, pelo menos.

b. *Utilização da inteligência artificial em processos judiciais*

Além de problemáticas envolvendo o uso da inteligência artificial para fins de reconhecimento facial, é importante também analisar tal uso em processos judiciais, cujo contexto brasileiro envolve série histórica de 116 a 133 casos novos por mil habitantes no período entre 2009 a 2019, conforme dados do Conselho Nacional

---

[20] REDE DE OBSERVATÓRIOS DA SEGURANÇA. *Panóptico: reconhecimento facial renova velhas táticas racistas de encarceramento.* 22 abr. 2021. Disponível em: http://observatoriosegu-ranca.com.br/panoptico-reconhecimento-facial-renova-velhas-taticas-racistas-de-encar-ceramento/.

[21] REDE DE OBSERVATÓRIOS DA SEGURANÇA. *Retratos da Violência: cinco meses de monitora-mento, análises e descobertas.* Junho a outubro de 2019. Disponível em: http://observatorio-seguranca.com.br/wordpress/wp-content/uploads/2019/11/1relatoriorede.pdf.

[22] DEFENSORIA PÚBLICA DO RIO DE JANEIRO. *Relatório sobre reconhecimento fotográfico em sede policial.* Maio de 2021. Disponível em: https://www.defensoria.rj.def.br/uploads/arquiv os/54f8edabb6d0456698a068a65053420c.pdf .

de Justiça ("CNJ")[23]. Também no Brasil, conforme dados do relatório "Tecnologia Aplicada à Gestão dos Conflitos no Âmbito do Poder Judiciário Brasileiro" de 2021[24], foi identificado que mais da metade dos tribunais brasileiros, incluindo tribunais superiores, tribunais regionais federais, tribunais regionais do trabalho e tribunais de justiça, possuem projetos envolvendo inteligência artificial, incluindo projetos em desenvolvimento, projeto-piloto ou em produção, sendo que diversos dos projetos foram desenvolvidos em 2019 e 2020.

Segundo o relatório mencionado acima, os projetos de inteligência artificial envolvem funcionalidades da inteligência artificial listados abaixo, com o objetivo de otimizar atendimento ao público externo e aumentar celeridade processual, por exemplo:

> Verificação das hipóteses de improcedência liminar do pedido nos moldes enumerados nos incisos do artigo 332 do Código de Processo Civil; sugestão de minuta; agrupamento por similaridade; realização do juízo de admissibilidade dos recursos; classificação dos processos por assunto; tratamento de demandas de massa; penhora on-line; extração de dados de acórdãos; reconhecimento facial; chatbot; cálculo de probabilidade de reversão de decisões; classificação de petições; indicação de prescrição; padronização de documentos; transcrição de audiências; distribuição automatizada; e classificação de sentenças[25].

Em relação a projetos com inteligência artificial no Poder Judiciário, o CNJ criou painel com informação sobre os projetos existentes[26] atualizado em 7 de dezembro de 2020. Segundo o painel 32 tribunais brasileiros atualmente possuem projetos de inteligência artificial no Poder Judiciário, totalizando 41 projetos existentes. Dentre as motivações para o uso de ferramentas de inteligência artificial, encontram-se a inovação, o acúmulo de trabalho, a limitação humana de operar no mesmo tempo razoável e a melhoria de qualidade geral das decisões. O painel também indica que os recursos aplicáveis às ferramentas de inteligência artificial incluem, não cumulativamente, análise de texto, organização de dados, otimização de processos e automação do fluxo de trabalho, modelagem e avaliação de risco, análise de fala e "outros" não especificados. Considerando os 41 projetos, o CNJ identificou que, em 27, o algoritmo da ferramenta e seu código pertenciam ao tribunal; em 4, o código era aberto; e, em 10 projetos, o algoritmo e seu código pertenciam a terceiros não especificados.

O CNJ também editou a Resolução 332, de 21 de agosto de 2020, para regular o uso da inteligência artificial no Poder Judiciário. Especificamente, os arts. 4º, 5º e 6º da

---

[23] CONSELHO NAICIONAL DE JUSTIÇA. *Justiça em Números 2020: ano-base 2019*. Brasília: CNJ, 2020. Disponível em: https://www.cnj.jus.br/wp-content/uploads/2020/08/WEB-V3--Justi%C3%A7a-em-N%C3%BAmeros-2020-atualizado-em-25-08-2020.pdf, p. 99.

[24] CENTRO DE INOVAÇÃO, ADMINISTRAÇÃO E PESQUISA DO JUDICIÁRIO. Tecnologia Aplicada à Gestão dos Conflitos no Âmbito do Poder Judiciário Brasileiro. FGV Conhecimento. 2021. Disponível em: https://ciapj.fgv.br/sites/ciapj.fgv.br/files/estudos_e_pesquisas_ia_1afase.pdf

[25] CENTRO DE INOVAÇÃO, ADMINISTRAÇÃO E PESQUISA DO JUDICIÁRIO, op. cit., 2021, p. 69.

[26] CONSELHO NACIONAL DE JUSTIÇA. *Projetos com Inteligência Artificial no Poder Judiciário*. Disponível em: https://paineisanalytics.cnj.jus.br/single/?appid=29d710f7-8d8f-47be-8af8-a9152545b771&sheet=b8267e5a-1f1f-41a7-90ff-d7a2f4ed34ea&lang=pt-BR&opt=ctxmenu,currsel. Acesso em: 15 fev. 2022.

referida Resolução preveem o respeito a direitos fundamentais no desenvolvimento, na implantação e no uso da inteligência artificial, de modo que modelos de inteligência artificial busquem segurança jurídica. Os modelos também devem colaborar com o respeito à igualdade de tratamento de "casos absolutamente iguais" e observem cautelas sobre dados pessoais sensíveis e segredo de justiça.

Em dezembro de 2020, o CNJ editou a Portaria 271, de 4 de dezembro de 2020, também regulamentando o uso da inteligência artificial no Poder Judiciário. Segundo a referida Portaria, o CNJ tem competência para promover e incentivar investimento do Judiciário em pesquisa e desenvolvimento de inteligência artificial. Segundo o parágrafo único do art. 2º da referida Portaria, os projetos de inteligência artificial são os que objetivam criar soluções para automação dos processos tanto judiciais quanto administrativos e rotinas de trabalho, para análise de massa de dados no Judiciário e para promoção de solução de apoio à decisão dos magistrados ou à elaboração de minutas de atos judiciais em geral. A pesquisa e o desenvolvimento deverão observar a economicidade, a promoção da interoperabilidade, a adoção de tecnologias abertas e livres, o acesso à informação, a transparência, a capacitação humana para reestruturação dos fluxos processuais e de trabalho, a celeridade processual e mecanismos de governança colaborativa e democrática, nos termos do art. 3º e seus incisos.

Na Europa, preocupações relacionadas ao uso da inteligência artificial em processos judiciais também estão sendo consideradas. A CEPEJ do Conselho da Europa mencionada anteriormente publicou Código de Ética em 2018 tratando de cinco princípios que devem reger a utilização de inteligência artificial nos sistemas judiciários europeus[27]. O primeiro é a necessidade de respeito aos direitos fundamentais. O segundo é o princípio da não discriminação, de forma que seja impedida a discriminação entre indivíduos ou grupo de indivíduos. O terceiro trata da qualidade e segurança de dados. O quarto princípio é o da transparência, da neutralidade e da integridade intelectual. Por fim, o último princípio é o princípio *"under user control"*, de forma a garantir a autonomia do usuário, permitindo que servidor público do Poder Judiciário possa a qualquer momento acessar as decisões judiciais, além de poder analisar as especificidades dos casos concretos.

Apesar de certos parâmetros mencionados acima de observação na formulação e na implementação de ferramentas de inteligência artificial, nota-se que projetos de inteligência artificial envolvendo a tomada de decisões em processos judiciais continuam a apresentar-se como altamente questionáveis sob o ponto de vista de garantia de direitos fundamentais, uma vez que podem gerar falhas na análise de mérito, nos requisitos de conhecimento, na ausência de análise de argumentos das partes em litígio e dificuldades relacionadas ao efetivo exercício do direito ao contraditório e à ampla defesa das partes. Há também riscos associados à segurança da informação e ao vazamento de dados por defeitos nas ferramentas de inteligência artificial no Poder Judiciário, mesmo que os códigos não sejam abertos e pertençam aos Tribunais. É importante que tais riscos sejam considerados pelas autoridades no Brasil, a fim de se

---

[27]   COMMISSION EUROPÉENNE POUR L'EFFICACITÉ DE LA JUSTICE. *Charte éthique européenne d'utilisation de l'intelligence artificielle dans les systèmes judiciaires et leur environnement.* 2018. Disponível em: https://rm.coe.int/charte-ethique-fr-pour-publication-4-decembre-2018/16808f699b.

evitar que venham a ocorrer de fato. Assim, caso seja um fato que a Lei de Liberdade Econômica adotou a inovação como premissa máxima, riscos de violações a direitos fundamentais podem ser enfrentados sob a prerrogativa de a autoridade não cometer abuso de poder regulatório. Nesse sentido, tal premissa de inovação da Lei de Liberdade Econômica seria inapropriada por desconsiderar efeitos imediatos causados por inovações que podem gerar violações a direitos fundamentais.

3. PROPOSTA DE REGULAMENTO SOBRE INTELIGÊNCIA ARTIFICIAL NA UNIÃO EUROPEIA: NECESSIDADE DE ANTEVER RISCOS

Os dois casos abordados acima, ou seja, reconhecimento facial e uso de inteligência artificial em processos judiciais demonstram que tais usos da inteligência artificial foram pelo menos analisados por autoridades públicas no Brasil e/ou na Europa a fim de garantir principalmente a proteção a direitos fundamentais, considerando que tais ferramentas podem gerar consequências a nível de violação a direitos fundamentais. Nesse contexto, quando a Lei de Liberdade Econômica apresenta o desenvolvimento da inovação quase como máxima absoluta, parece desconsiderar que é possível antever riscos associados a algumas inovações, como a inteligência artificial, não adotando princípio da precaução e deixando espaço para grandes incertezas envolvendo inovação no Brasil.

É importante recuperar os ensinamentos de Daron Acemoglu no sentido de que inteligência artificial é relevante, mas pode gerar custos econômicos, políticos e sociais. Caso se mantenha não regulada, a inteligência artificial pode causar diversos danos, incluindo danos aos consumidores e à concorrência, por exemplo. Daron Acemoglu então sugere que tais riscos sejam entendidos antes que aconteçam ou se desenvolvam na prática[28].

Entender riscos associados à inovação e, especificamente, ao desenvolvimento da inteligência artificial parece ter sido ignorado na Lei de Liberdade Econômica em relação à inovação. Sob o ponto de vista de perspectivas gerais regulatórias sobre inteligência artificial, pode ser importante analisar diretrizes gerais previstas na proposta da Comissão Europeia de regulamento sobre inteligência artificial[29].

Inicialmente, a proposta já apresenta sugestão de redação envolvendo práticas de inteligência artificial proibidas. Tais práticas incluem, segundo o artigo 5º da proposta, sistemas de inteligência artificial que, em resumo: (i) empreguem técnicas subliminares para contornar a consciência de uma pessoa; (ii) explorem vulnerabilidade de indivíduos ou grupos de indivíduos de modo a distorcer substancialmente o comportamento de uma pessoa pertencente a tal grupo; (iii) envolvam avaliação ou classificação de credibilidade, por autoridades públicas ou agindo em nome da

---

[28] ACEMOGLU, Daron. Harms of AI. *Working Paper* 29247. 2021. Disponível em: https://www.nber.org/system/files/working_papers/w29247/w29247.pdf.

[29] COMISSÃO EUROPEIA. Proposta de Regulamento do Parlamento Europeu e do Conselho que Estabelece Regras Harmonizadas em Matéria de Inteligência Artificial (Regulamento Inteligência Artificial) e Altera Determinados Atos Legislativos da União. 21 de abril de 2021. Disponível em: https://eur-lex.europa.eu/legal-content/PT/TXT/HTML/?uri=CELEX:52021PC0206&from=EN.

autoridade pública, baseada em comportamento social ou características pessoais ou de personalidade.

A proposta também sugere que seja proibida a identificação biométrica à distância em tempo real em locais públicos, com exceção de alcançar finalidades relacionadas à investigação de vítimas específicas de crimes, como crianças desaparecidas; prevenção de ameaça específica; e detecção de infrator suspeito de infração penal com pena ou medida de segurança privativa de liberdade de duração máxima não inferior a três anos. Muito embora a proposta apresente tais exceções, a proposta também prevê a necessidade de observância de elementos gerais, como gravidade da situação que origina a utilização de tal tecnologia; bem como consequências da utilização do sistema para direitos e liberdades de pessoas afetadas. Ademais, tal utilização excepcional estaria sujeita à autorização prévia judicial ou administrativa autorizada. Se for o caso de urgência justificada, é possível utilizar o sistema sem autorização, podendo requerê-la posteriormente.

Apesar de sugerir hipóteses de proibição, a proposta de Regulamento também apresenta sugestões de medidas de apoio à inovação, como Título V do Regulamento. Muito embora nesse ponto a inovação seja incentivada, não é apresentada como máxima para a União Europeia. Isso porque considera a criação de ambiente de testagem de regulamentação da inteligência artificial para desenvolvimento, testagem e validação de sistemas de inteligência artificial antes de entrada no mercado.

Outra medida de apoio à inovação é relacionada ao tratamento adicional de dados para desenvolvimento de certos sistemas de inteligência artificial de interesse público no ambiente de testagem da regulamentação da inteligência artificial. Para serem considerados sistemas de interesse público deveriam estar relacionados à prevenção, detecção, entre outros, de infrações penais; envolver segurança pública e saúde pública; ou proteção e melhoria da qualidade do ambiente.

Ademais, são previstas medidas para fornecedores e empresas de pequena dimensão, como prioridade aos ambientes de testagem da regulamentação, organização de atividades de sensibilização sobre aplicação do regulamento e criação de canal específico de comunicação, para tirar dúvidas e fornecer orientações. A proposta também prevê a criação de Comitê Europeu para a Inteligência Artificial, trata da designação das autoridades nacionais competentes para aplicar e executar o Regulamento, bem como prevê a criação de base de dados da União Europeia com informações sobre sistemas de inteligência artificial de risco elevado e criação de códigos de conduta.

Infrações ao Regulamento poderiam resultar ao infrator o pagamento de multa de até 30 milhões de euros ou, caso o infrator seja empresa, até 6% do volume de negócios anual a nível mundial no exercício anterior.

Nesse sentido, a proposta de Regulamento sobre inteligência artificial na União Europeia busca incentivar e reconhece a importância da inovação. No entanto, não ignora que há certos tipos de inovação relacionadas à inteligência artificial que são prejudiciais aos direitos fundamentais e propõe frentes de atuação relacionadas para mitigar riscos associados.

4. CONCLUSÕES

Este artigo buscou analisar a previsão sobre limite à inovação prevista na Lei de Liberdade Econômica como critério para configuração de abuso de poder regulatório pelas autoridades públicas sujeitas à referida Lei. Nota-se que a Lei de Liberdade Econômica busca privilegiar a inovação e o seu desenvolvimento no país. No entanto, parece o fazer adotando postura de que a inovação deve ser máxima absoluta no Direito Brasileiro, sem fazer análise de riscos associados, mas apenas usando o termo vago "indevidamente" para qualificação de abuso de poder regulatório.

Fato é que a inovação, por meio da utilização de inteligência artificial, pode gerar riscos que, inclusive, podem ser irreversíveis. Nesse sentido, foram tratados de dois exemplos concretos que envolveram de certa forma discussão sobre regulação envolvendo inteligência artificial. O primeiro caso trata da utilização de reconhecimento facial em locais públicos, o que é entendido como prejudicial à efetivação de direitos fundamentais, muito embora possa se configurar exceção ao seu uso, como dito na proposta de Regulamento da Comissão Europeia mencionada acima. O segundo caso está relacionado à utilização de inteligência artificial em processos judiciais, o que possui orientações sobre o uso tanto no Brasil, por meio do CNJ, quanto na Europa, a fim de garantir também princípios norteadores da utilização da inteligência artificial em processos judiciais.

Os exemplos citados acima demonstram que pode haver custo na ausência de regulação de certas inovações. Não se espera que haja criação de normas específicas sobre cada possível inovação a ser desenvolvida no Brasil, mas a proposta de Regulamento da Comissão Europeia sobre inteligência artificial pode mostrar caminhos interessantes para regulação de inovação no Brasil, apresentando exemplos proibidos, princípios gerais sobre utilização de inteligência artificial e medidas de incentivo à inovação.

Considerando as discussões apresentadas neste artigo, parece ser inconcebível que o abuso de poder regulatório seja configurado por limitação à inovação sem que sejam previamente analisados os riscos e custos associados ao desenvolvimento de certas inovações no Brasil, incluindo avaliação de reversibilidade de efeitos e avaliação se os efeitos causados violam princípios fundamentais e direitos humanos.

REFERÊNCIAS

ACEMOGLU, Daron. Harms of AI. *Working Paper* 29247. 2021. Disponível em: https://www.nber.org/system/files/working_papers/w29247/w29247.pdf.

AEPD; CEPD. Parecer Conjunto 5/2021 do CEPD e da AEPD sobre a proposta de regulamento do Parlamento Europeu e do Conselho que estabelece regras harmonizadas em matéria de inteligência artificial (Regulamento Inteligência Artificial). 2021. Disponível em: https://edpb.europa.eu/system/files/2021-10/edpb-edps_joint_opinion_ai_regulation_pt.pdf.

AGHION, Philippe; BERGEAUD, Antonin; REENEN, John Van. *The Impact of Regulation on Innovation*. 2019. Disponível em: https://scholar.harvard.edu/files/aghion/files/impact_of_regulation_on_innovation_dec2019.pdf.

AGHION, Philippe; ANTONIN, Céline; BUNEL, Simon. *The power of creative destruction*: economic upheaval of the Wealth of Nations. Belknap Press. 2021. 400p.

ARTIGO19. *Carta aberta sobre Projeto de Lei nº 865/19 do Estado de São Paulo*. Disponível em: https://artigo19.org/wp-content/blogs.dir/24/files/2021/03/Carta-Aberta-sobre-o-Projeto--de-Lei-no-865_19-1.pdf.

ASSEMBLEIA LEGISLATIVA DO ESTADO DE SÃO PAULO. *Projeto de Lei nº 865/2019*. Disponível em: https://www.al.sp.gov.br/propositura/?id=1000278098.

BRASIL DE FATO. Cufa fez cadastramento facial de pessoas em favelas; tecnologia pode promover racismo. 26 abr. 2021. Disponível em: https://www.brasildefato.com.br/2021/04/26/cufa-fez-cadastramento-facial-de-pessoas-em-favelas-tecnologia-pode-promover-racismo.

BUNDESKARTELLAMT. *Innovations – challenges for competition law practice.* Series of papers on "Competition and Consumer Protection in the Digital Economy". Novembro de 2017. Disponível em: https://www.bundeskartellamt.de/SharedDocs/Publikation/EN/Schriftenreihe_Digitales_II.pdf?__blob=publicationFile&v=3.

CENTRO DE INOVAÇÃO, ADMINISTRAÇÃO E PESQUISA DO JUDICIÁRIO. Tecnologia Aplicada à Gestão dos Conflitos no Âmbito do Poder Judiciário Brasileiro. FGV Conhecimento. 2021. Disponível em: https://ciapj.fgv.br/sites/ciapj.fgv.br/files/estudos_e_pesquisas_ia_1afase.pdf.

COLOMO, Pablo Ibáñez. Restrictions on Innovation in EU Competition Law. *European Law Review, LSE Legal Studies Working Paper* 22/2015, 2016, 26 p. Disponível em: https://ssrn.com/abstract=2699395.

COMISSÃO EUROPEIA. Proposta de Regulamento do Parlamento Europeu e do Conselho que Estabelece Regras Harmonizadas em Matéria de Inteligência Artificial (Regulamento Inteligência Artificial) e Altera Determinados Atos Legislativos da União. 21 de abril de 2021. Disponível em: https://eur-lex.europa.eu/legal-content/PT/TXT/HTML/?uri=CELEX:52021PC0206&from=EN.

COMMISSION EUROPÉENNE POUR L'EFFICACITÉ DE LA JUSTICE. *Charte éthique européenne d'utilisation de l'intelligence artificielle dans les systèmes judiciaires et leur environnement.* 2018. Disponível em: https://rm.coe.int/charte-ethique-fr-pour-publication-4--decembre-2018/16808f699b.

CONSELHO NACIONAL DE JUSTIÇA. *Justiça em Números 2020: ano-base 2019.* Brasília: CNJ, 2020. Disponível em: https://www.cnj.jus.br/wp-content/uploads/2020/08/WEB-V3--Justi%C3%A7a-em-N%C3%BAmeros-2020-atualizado-em-25-08-2020.pdf .

CONSELHO NACIONAL DE JUSTIÇA. Projetos com Inteligência Artificial no Poder Judiciário. Disponível em: https://paineisanalytics.cnj.jus.br/single/?appid=29d710f7-8d8f-17be-8af8-a9152545b771&sheet=b8267e5a-1f1f-41a7-90ff-d7a2f4ed34ea&lang=pt-BR&opt=ctxmenu,currsel. Acesso em: 15 fev. 2022.

COUR DE CASSATION. *Rapport Annuel 2005: L'innovation technologique.* Paris, 2006. Disponível em: https://www.courdecassation.fr/files/files/Publications/Rapport%20annuel/rapport-annuel_2005.pdf.

COUTINHO, Diogo R. A mão invisível e a faca no pescoço: considerações críticas sobre o abuso do poder regulatório na Lei 13.874/19. In: SALOMÃO, Luis Felipe; CUEVAS, Ricardo Villas Boas; FRAZÃO, Ana (org.). *Lei de Liberdade Econômica e seus impactos no direito brasileiro.* São Paulo: Revista dos Tribunais, 2020.

DEFENSORIA PÚBLICA DO RIO DE JANEIRO. *Relatório sobre reconhecimento fotográfico em sede policial.* Maio de 2021. Disponível em: https://www.defensoria.rj.def.br/uploads/arquivos/54f8edabb6d0456698a068a65053420c.pdf.

DELRAHIM, Makan. Take It to the Limit: Respecting Innovation Incentives in the Application of Antitrust Law. 2017. Disponível em: https://www.justice.gov/opa/speech/file/1010746/download.

EUROPEAN COMMISSION. *Market creation potential indicator helps to navigate Horizon 2020 output.* 3 jul. 2020. Disponível em: https://ec.europa.eu/jrc/en/science-update/mcpi--launched.

EUROPEAN DATA PROTECTION SUPERVISOR. EDPB & EDPS call for ban on use of AI for automated recognition of human features in publicly accessible spaces, and some other uses of AI that can lead to unfair discrimination. 21 de junho de 2021. Disponível em: https://edps.europa.eu/press-publications/press-news/press-releases/2021/edpb-edps-call-ban-use-ai-automated-recognition_en.

FRAZÃO, Ana. *Direito da concorrência*: pressupostos e perspectivas. São Paulo: Saraiva, 2017.

FRIED, Genevieve; RAJI, Inioluwa Deborah. About Face: A Survey of Facial Recognition Evaluation. AAAI 2020 Workshop on AI Evaluation. Disponível em: https://arxiv.org/abs/2102.00813.

G1. *Por que a Cufa interrompeu o uso de reconhecimento facial após polêmica*. 27 abr. 2021. Disponível em: https://g1.globo.com/economia/tecnologia/noticia/2021/04/27/por-que-a-cufa-interrompeu-o-uso-de-reconhecimento-facial-apos-polemica.ghtml.

HOVENKAMP, Herbert J. Is Antitrust's Consumer Welfare Principle Imperiled? *The Journal of Corporation Law*, vol. 45, ed. 1, p. 101-130, 2019. Disponível em: https://scholarship.law.upenn.edu/do/search/?q=author_lname%3A%22Hovenkamp%22%20AND%20author_fname%3A%22Herbert%22&start=0&context=3571832&sort=date_desc&facet=.

MANNE, Geoffrey. Innovation and the Limits of Antitrust. *Journal of Competition Law and Economics*, v. 6, n. 1, p. 153-202, 2009. Disponível em: https://www.researchgate.net/publication/228132525_Innovation_and_the_Limits_of_Antitrust.

PORTUGAL 2020. *Lançamento do novo Conselho Europeu de Inovação*. 17 mar. 2021. Disponível em: https://www.portugal2020.pt/content/lancamento-do-novo-conselho-europeu-de-inovacao.

REDE DE OBSERVATÓRIOS DA SEGURANÇA. *Panóptico: reconhecimento facial renova velhas táticas racistas de encarceramento*. 22 abr. 2021. Disponível em: http://observatorioseguranca.com.br/panoptico-reconhecimento-facial-renova-velhas-taticas-racistas-de-encarceramento/.

REDE DE OBSERVATÓRIOS DA SEGURANÇA. *Retratos da Violência: cinco meses de monitoramento, análises e descobertas*. Junho a outubro de 2019. Disponível em: http://observatorioseguranca.com.br/wordpress/wp-content/uploads/2019/11/1relatoriorede.pdf.

SCHREPEL, Thibault. The European Commission is Undermining R&D and Innovation: Here's How to Change It. *International Center for Law & Economics*. 2018. Disponível em: https://laweconcenter.org/wp-content/uploads/2018/07/schrepel-eu_is_undermining_innovation_20180718_final.pdf.

Capítulo 12
ABUSO DO PODER REGULATÓRIO POR MEIO DO AUMENTO DE CUSTOS DE TRANSAÇÃO: IMPACTOS PRÁTICOS

Isabela Maria Rosal Santos

Mestranda em direito pela Universidade de Brasília
e graduada pela mesma instituição. Advogada especialista
em privacidade e proteção de dados pessoais. Gerente de projetos
do Centro de Direito, Internet e Sociedade (CEDIS-IDP).

Stephanie Vendemiatto Penereiro

Mestranda em direito pela Universidade de Brasília (UnB).
Graduada em direito pela Universidade de São Paulo (USP).

1. INTRODUÇÃO

A Lei 13.874/2019 (Lei de Liberdade Econômica) instituiu a Declaração de Direitos de Liberdade Econômica e implementou uma série de alterações a diversos diplomas normativos brasileiros com a suposta finalidade de estabelecer garantias de livre mercado. Ao prever as garantias de livre iniciativa, em seu art. 4º, V, a referida Lei estabelece como dever da administração pública, no exercício de regulamentação de norma pública, evitar o abuso do poder regulatório de maneira a, indevidamente, "aumentar os custos de transação sem demonstração de benefícios".

Na prática, portanto, a Lei determina que o Estado somente poderá editar medidas que imponham custos aos particulares se demonstrar os benefícios que serão obtidos por meio delas. Dessa forma, verifica-se que a Lei de Liberdade Econômica introduziu no ordenamento jurídico brasileiro expressão típica da teoria econômica – custos de transação –, porém aparentemente estranha ao discurso jurídico.

A partir dessa redação, questiona-se até que ponto a verificação do aumento de "custos de transação" prevista pela Lei de Liberdade Econômica consistiria em um processo concreto e único, e não uma análise abstrata, questionável e passível de diversas interpretações ou estimativas. Ainda, questiona-se se o ordenamento jurídico brasileiro permite que a análise consequencialista seja adotada como único viés para a edição de regulamentações e normativos. Em se tratando de um conceito econômico passível de interpretações e discussões, seria possível editar normas em observância ao não aumento de custos de transação sem que isso implique em uma análise abstrata e naturalmente passível de divergências e múltiplas estimativas?

Neste cenário, o artigo pretende dialogar com a seguinte questão: a introdução, no ordenamento, de expressão típica da teoria econômica – porém aparentemente estranha ao discurso jurídico – como a de "custos de transação", possui algum impacto prático na edição normativa e na aplicação do direito brasileiro?

Para tanto, o artigo encontra-se estruturado de modo a inicialmente apresentar a relação entre a Lei de Liberdade Econômica e a Lei de Introdução às Normas do Direito Brasileiro, abordando as questões relacionadas às análises prévias necessárias para as ações do setor público. Em seguida, avalia a introdução de análises técnicas e neutras no sistema regulatório brasileiro, a partir de uma revisão do movimento da Análise Econômica do Direito (AED), demonstrando que mesmo análises quantitativas perpassam por decisões qualitativas e parciais.

Em um terceiro momento, o artigo identifica efeitos práticos da análise de custo--benefício para as ações da administração pública e aborda medidas necessárias para garantir a maior efetividade das previsões da Lei de Liberdade Econômica. Por fim, de modo a ilustrar os efeitos práticos provocados pela referida Lei, o artigo reúne informações obtidas por meio de pedido realizado ao Ministério da Economia pela Lei de Acesso à Informação, relativo a denúncias realizadas no âmbito do suposto abuso de poder regulatório e concorrencial.

2. LEI DE LIBERDADE ECONÔMICA E LEI DE INTRODUÇÃO ÀS NORMAS DO DIREITO BRASILEIRO

A Lei de Introdução às normas do Direito Brasileiro (LINDB) estabelece, em seu art. 20, que nas esferas administrativa, controladora e judicial, não se decidirá com base em valores jurídicos abstratos e sem que sejam consideradas as consequências práticas da decisão. Nesse sentido, nos termos do parágrafo único do referido artigo, as decisões deverão ser motivadas, demonstrando a necessidade e a adequação da medida imposta ou da invalidação de ato, contrato, ajuste, processo ou norma administrativa, inclusive em face de possíveis alternativas.

A referida norma define, assim, que as consequências práticas de uma determinada decisão seja um dos fatores que orientem a tomada ou não daquela decisão, em conjunto com uma análise principiológica e finalística, em um todo coerente[1]. Verifica-se, portanto, que a Lei de Introdução às Normas do Direito Brasileiro não permite que a decisão administrativa seja tomada com base em valores abstratos, devendo toda decisão ser motivada, e estabelece que as consequências práticas da edição de uma norma seja um dos fatores considerados no momento de sua edição, mas não o único.

Isso porque tal previsão normativa deve ser compreendida no contexto constitucional mais amplo, assim como em conjunto com uma interpretação sistemática

---

[1] FRAZÃO, Ana. *A importância da análise de consequências para a regulação jurídica – Perspectivas e riscos do consequencialismo e do "consequenciachismo".* Parte 1. 2019a.

da Lei de Introdução às Normas do Direito Brasileiro, que em seus arts. 4º[2] e 5º[3], por exemplo, estabelece que, quando a lei for omissa, o juiz decidirá de acordo com a analogia, os costumes e os princípios gerais de direito. Ainda, a referida Lei prevê que, na aplicação do direito, o juiz atenderá aos fins sociais a que ela se dirige e às exigências do bem comum[4].

Logo, não há como se falar – ao menos não sem desrespeitar a Constituição Federal – que uma previsão legal integrante do ordenamento jurídico brasileiro possa prever uma análise consequencialista isolada ou prioritária, isto é, que a análise de consequências seja feita de modo a desconsiderar as dimensões valorativa e principiológica.

A Lei de Liberdade Econômica deve ser compreendida, portanto, dentro do contexto mais amplo do ordenamento jurídico brasileiro. Ao fazer essa leitura, torna-se evidente que a análise acerca do aumento de custos de transação é um dos fatores a serem considerados – mas não o único – no exercício de regulamentação de norma pública. Essa compreensão é necessária até mesmo porque a análise acerca dos custos de transação abre espaço para a utilização de diversas estimativas e metodologias econômicas, não havendo um único caminho possível ou correto.

Da mesma forma, é preciso ter em mente que a análise consequencialista da edição de um normativo não compreende necessariamente apenas aspectos e vieses econômicos. A abordagem consequencialista é também adotada em outras ciências humanas como a história, por exemplo. Mesmo nas ciências econômicas, é necessária cautela para que não se confunda uma análise consequencialista – mais ampla e complexa – com a simples análise de custos de transação.

Ainda que a Lei de Liberdade Econômica aparente querer conferir exatidão ou sentido único e absoluto a esse tipo de análise, o diálogo entre economia e direito deve ser feito com cautela, pois também na teoria econômica a mensuração de impactos e consequências perpassa por vieses de análise e escolhas metodológicas, inexistindo estimativas únicas e verdades ou caminhos absolutos.

3. NÃO HÁ ESTIMATIVAS ÚNICAS OU ABSOLUTAS

A relação entre direito e economia é tradicionalmente explorada a partir de uma ideia de isolamento da noção de mercado e de liberdade econômica em relação à ordem jurídica. Essa perspectiva isolacionista ganhou influência no meio jurídico principalmente a partir da década de 1960 com o desenvolvimento da Análise Econômica do Direito (AED). Principalmente a partir de trabalhos como os de Posner[5], Becker[6]

---

[2] Art. 4º da LINDB: "Quando a lei for omissa, o juiz decidirá o caso de acordo com a analogia, os costumes e os princípios gerais de direito".

[3] Art. 5º da LINDB: "Na aplicação da lei, o juiz atenderá aos fins sociais a que ela se dirige e às exigências do bem comum".

[4] FRAZÃO, Ana, op. cit., 2019a.

[5] POSNER, Richard A. *Economic Analysis of Law*. New York: Little Brown and Co, 1973.

[6] BECKER, Gary S. Crime and Punishment: An Economic Approach. *Essays in the Economics of Crime and Punishment*, v. I, p. 1-54, 1974.

e Calabresi[7], prescrições normativas da microeconomia neoclássica passaram a ser incorporadas no campo do direito, cultivando-se a ideia de que os institutos jurídicos deveriam servir à maximização de eficiências alocativas[8].

A influência da AED moldou o debate sobre a legitimidade da intervenção do Estado nos mercados, a qual passou a ser admitida com a finalidade exclusiva de correção de falhas de mercado. Dentre essas imperfeições ou externalidades que demandariam a intervenção jurídica nos mercados, destaca-se a correção de custos de transação, entendidos como os custos a terceiros oriundos das transações de mercado[9].

Sob as lentes da AED, qualquer forma de regulação jurídica deveria ser mensurada a partir do seu grau de satisfação do objetivo de maximização das riquezas[10]. Assim, caso uma decisão de política regulatória se distancie das balizas do discurso de correção de falhas de mercado poderia ser taxada como um "excesso regulatório"[11]. O Direito é visto, nesse cenário, a partir da avaliação do custo-benefício das leis e das decisões interpretativas.

Essa perspectiva da AED, em essência, espelha a premissa valorativa de que as normas jurídicas são elementos estáticos e politicamente neutros[12] que podem ser friamente instrumentalizados para influenciar o crescimento econômico dos países. Essa noção influenciou sobremaneira o programa de estruturação das relações entre direito e economia que alcançou notoriedade em meios tecnocráticos de organizações internacionais na década de 1990[13].

Tal perspectiva, no entanto, é há muito tempo alvo de críticas e objeções. O mantra de maximização da riqueza apresenta limitações na avaliação de decisões regulatórias que afetam direitos. A ideia de isolamento das relações entre Estado e economia da AED é ilusória, na medida em que pressupõe os mercados como entes alheios ao direito. Em sentido contrário, os mercados devem ser enxergados como uma artificialidade que, em essência, constituem um produto derivado do próprio ordenamento jurídico[14].

---

[7] CALABRESI, Guido. Some Thoughts on Risk Distribution and the Law of Torts. *The Yale Law Journal*, v. 70, n. 4, p. 499-553, 1961.

[8] MERCURO, N.; MEDEMA, S. G. *Economics and the Law*: From Posner to Postmodernism and Beyond. [S.l: s.n.], 2006, p. 58.

[9] COASE, Ronald. H. *A firma, o mercado e o direito*. Rio de Janeiro: Forense, 2016, p. 25.

[10] Essa perspectiva coincide com a agenda das chamadas Teorias do Interesse Público da Regulação, as quais sustentam que a ação regulatória deve voltar-se à satisfação do interesse público na forma da correção de falhas de mercado. A esse respeito, cf. OGUS, Anthony. *Regulation*: Legal Form and Economic Theory. Oxford e Portland, Oregon: Hart Publishing, 2004, p. 30.

[11] POSNER, Richard A. *A Economia da Justiça*. São Paulo: WWF Martins Fontes, 2010, p. 18.

[12] MILHAUPT, Curtis J.; PISTOR, Katharina. *Law and Capitalism*: What Corporate Crises Reveal About Legal Systems and Economic Development Around The World. Chicago e Londres: The University of Chicago Press, 2008. v. 1, p. 17.

[13] CASTRO, Marcus Faro de. Tributação e Economia no Brasil: aportes da análise jurídica da política econômica. *Revista da Procuradoria-Geral da Fazenda Nacional 2*, v. 1, n. 2, p. 23-51, 2011, p. 30.

[14] ARANHA, Márcio Iório. *Manual de direito regulatório*. London: Laccademia Publishing, 2015, p. 8.

Conforme ensina Polanyi[15], a ideia da existência de um mercado autorregulável consiste em uma utopia do capitalismo, pois as estruturas do mercado como o conhecemos só existem por uma construção social marcada pela intervenção estatal. No mesmo sentido, pontua Frazão que o direito possui extrema importância configuradora da arquitetura jurídica dos mercados, ou seja, consiste em instrumento necessário para o exercício da atividade econômica. Os mercados são construções sociais, políticas e jurídicas e, assim, precisam ser regulados de acordo com valores e preocupações sociais[16]. A discussão que se deve ter em mente não é, portanto, acerca da necessidade de uma regulação, mas sim de sua qualidade, discutindo-se como, em qual medida e para qual finalidade ela deve existir[17].

Buscar quantificar custos e benefícios de uma regulação pode ser uma iniciativa útil. Entretanto, pelo fato de as políticas públicas e da atividade econômica serem complexas e dialogarem com fenômenos sociais complexos, os resultados não oferecerão absoluta certeza e segurança, mas possíveis cenários, por vezes parciais, provisórios e falíveis[18].

A política neoliberal, contudo, pretende utilizar a economia como elemento justificador e, ao mesmo tempo, como ferramenta de análise e mensuração de todas as relações sociais, inclusive relações não mercantis[19]. Essa abordagem aprofunda as distorções da atuação do controle estatal ao tentar incorporar à lógica econômica fenômenos eminentemente sociais, buscando traduzi-los em cálculos de utilidade.

Todavia, como pontua Stiglitz[20], admiramos nos seres humanos características outras que não individualismo e egoísmo e, portanto, somos muito mais complexos que o *homo oeconomicus* estudado pelos economistas, ou seja, indivíduos autocentrados em busca constante por sua própria satisfação. Nesse contexto, como podemos pensar a análise de custos de transação, por exemplo, considerando situações mais complexas envolvendo bens coletivos e imateriais – como a proteção do meio-ambiente ou segurança pública – ou até mesmo externalidades, como poluição?

A aplicação da economia e da lógica econômica às dinâmicas sociais se dá, nesse cenário, não para tornar os processos sociais compreensíveis, mas para ancorar e justificar uma crítica política permanente à ação política e governamental. Assim, toda ação do poder público é reduzida a uma lógica de oferta, em nome da busca por uma suposta eficiência e em uma espécie de tribunal econômico permanente em face do Estado[21].

---

[15] POLANYI, Karl. *A grande transformação*: as origens da nossa época. Rio de Janeiro: Elsevier, 2000.

[16] FRAZÃO, Ana. *Direito da concorrência*: pressupostos e perspectivas. São Paulo: Saraiva, 2017, p. 77.

[17] FRAZÃO, Ana, op. cit., 2017, p. 78.

[18] Nesse sentido, Sven Hansson elenca dez tipos de problemas que afetam essa tentativa de mensuração de custos e o desenvolvimento de uma análise custo-benefício. Ver: HANSON, Sven Ove. *Philosophical problems in cost-benefit analysis. Economics and Philosophy*.

[19] FOUCAULT, Michel. Aula de 21 de março de 1979. *Nascimento da Biopolítica*. São Paulo: Martins Fontes, 2008, p. 329-330.

[20] STIGLITZ, Joseph E. *People, Power and Profits*: Progressive capitalism for an age of discontent. Great Britain: Allen Lane, 2019, p. 223.

[21] FOUCAULT, op. cit., 2008, p. 338-339.

Em nome de uma suposta tentativa de aumento de *enforcement* legal, pretende-se uma construção crítica que não seja simplesmente política ou jurídica, mas uma construção econômica que confira suposto verniz de neutralidade quando, em realidade, tal construção esconde, por trás de conceitos complexos e permeados de distorções, um discurso ideológico claro.

Isso porque mesmo a utilização de métodos quantitativos perpassa necessariamente por decisões qualitativas: a identificação em si do problema a ser analisado, a seleção dos fatos que integrarão ou não a análise, a escolha dos aspectos que serão ou não mensurados e com qual intensidade e relevância, por exemplo. A escolha desses aspectos e a relevância que se dá a cada um deles pode resultar em relevantes distorções da análise, simplificando diversos aspectos complexos[22].

Tem-se, assim, uma política deficitária em abranger escopos sociais e ambientais em nome de uma suposta racionalidade econômica que, ao fim do dia, tampouco se comprova na prática[23]. A neutralidade que se pretende atribuir à economia é também uma forma de controle social, ao dificultar o debate ideias por meio de uma suposta tecnicidade superior a qualquer debate argumentativo e retórico[24].

Essa análise é, em realidade, subjetiva e suscetível à captura por interesses políticos e econômicos. Como pontua Frazão[25], nem tudo que é importante é mensurável e nem tudo que é mensurável é importante, e, como lembra Stiglitz[26], a economia é uma ferramenta e não um fim em si mesma.

Nesse contexto, é essencial pensar o direito regulatório como forma de edição e estabelecimento de leis infraconstitucionais capazes de, guiadas pelas disposições constitucionais, concretizar os objetivos previstos pela Carta Constitucional[27]. Como pontua Castro[28], seja por meio da submissão da propriedade privada à regulação por agências independentes, seja por meio do regime de concessões, ou ainda por meio de investimentos administrados diretamente pelo Estado, o essencial é que a organização da economia seja configurada de modo a conciliar o crescimento econômico e a transformação da realidade com fruição de direitos fundamentais e humanos de forma equânime.

É preciso que estejamos atentos para que, em nome da liberdade e da eficiência econômica, não deixemos de lado os objetivos preconizados pelo direito e por nosso

---

[22] Sobre o tema: MULLER, Jerry. *The tyranny of metrics*. New Jersey: Princeton University Press, 2018.

[23] FRAZÃO, Ana. *A Medida Provisória da Liberdade Econômica:* Temos razões para comemorar ou para nos preocupar? 2019c; FRAZÃO, Ana. *Perspectivas das Análises de Impacto Regulatório – AIRs no Brasil*: As exceções e os riscos da desconsideração dos impactos sociais e ambientais – Parte I. 2021a.

[24] FRAZÃO, Ana. *A importância da análise de consequências para a regulação jurídica – Perspectivas e riscos do consequencialismo e do "consequenciachismo".* Parte 2. 2019b.

[25] FRAZÃO, Ana, op. cit., 2019.

[26] STIGLITZ, op. cit., 2019, p. xxvii.

[27] COMPARATO, Fábio Konder. O indispensável direito econômico. *Ensaios e Pareceres de Direito Empresarial*. Rio de Janeiro: Forense, 1978, p. 453-472.

[28] CASTRO, Marcus Faro de. Análise jurídica da política econômica. *Revista da Procuradoria-Geral do Banco Central*, v. 3, p. 17-71, 2009, p. 52.

ordenamento jurídico. Como destaca Forgioni, a Constituição Federal brasileira, em seu todo, persegue objetivos mais amplos e maiores do que, singelamente, o do livre mercado[29].

Nesse cenário, faz-se necessário analisar os impactos decorrentes da introdução de termos tradicionalmente econômicos – tais como a análise de custos de transação – em normas jurídicas, dialogando com os efeitos práticos e os riscos da tendência regulatória adotada pela Lei de Liberdade Econômica, em especial no tocante à regulação e à imposição de custos adicionais à atividade econômica privada.

4. EFEITOS PRÁTICOS DA ANÁLISE DE CUSTO-BENEFÍCIO

A Lei de Liberdade Econômica prevê, por meio da redação do inciso V de seu art. 4º, que o exercício de regulamentação de norma pública deva perpassar por uma análise de custo-benefício. Pelo texto da Lei, estaria configurado abuso de poder regulatório nas hipóteses em que a norma pública aumente os custos de transação sem demonstrar benefícios.

A Lei, portanto, estabelece a necessidade da análise dessa relação custo-benefício. Ocorre que, ainda que tal análise fosse considerada a partir de cálculos e ferramentas econômicas e compreendesse métodos quantitativos, ainda assim estaríamos falando de múltiplas possibilidades de análise. Isso porque mesmo métodos quantitativos de mensuração de impactos e de análises de custos e benefícios perpassam por decisões qualitativas, conforme mencionado. Assim, as premissas de uma análise econômica, por mais objetivas e assépticas que se pretendam, são sempre adotadas a partir de escolhas e recortes de análise traduzidas por meio de decisões qualitativas.

Dessa forma, a identificação da situação a ser analisada, a seleção dos fatos que serão sopesados, o peso que se dará a cada fator considerado, tudo isso integra a metodologia de análise de modo consciente, sendo sempre possível analisar essas relações de outras formas e a partir de outros recortes.

Por isso, de modo a não ignorar a complexidade das relações humanas e sociais, a garantir uma interpretação coerente com a Constituição Federal e com a Lei de Introdução às Normas do Direito Brasileiro e de modo a evitar um único viés de análise econômico que se pretenda superior e absoluto, alguns cuidados práticos devem ser tomados no momento da aplicação de regras como a do inciso V do art. 4º da Lei de Liberdade Econômica.

Um primeiro passo necessário para que esse tipo de análise não se descole de seus escopos sociais e ambientais em nome de uma suposta racionalidade econômica, é assegurar que a participação popular possa ocorrer antes da edição do relatório de impacto de avaliação dos custos e benefícios.

Desse modo, é preciso garantir que a participação popular ocorra no momento da definição das premissas que pautarão a análise, da decisão de quais serão os fatores considerados, de que forma, e qual peso receberá cada um desses elementos na análise final. Ou seja, as decisões qualitativas devem contar com a opinião pública. É preciso,

---

[29] FORGIONI, Paula A. *Os fundamentos do antitruste*. São Paulo: Revista dos Tribunais, 2015, p. 187.

portanto, criar mecanismos para assegurar a participação popular no momento da estruturação da metodologia de mensuração de efeitos, quando ainda é possível opinar sobre o peso que cada variável de análise deve receber.

Caso contrário – se a participação popular somente for prevista após a elaboração do relatório de análise de custo-benefício – será muito mais difícil ter visibilidade e transparência acerca de quais foram os critérios considerados ou não para a realização das estimativas e de que forma e com quais pesos foram ponderados frente aos demais aspectos da análise.

Nesse sentido, é necessário ter em mente que as tentativas de estimativas e mensurações são importantes ferramentas para pautar a tomada de decisões, mas é essencial não perder de vista que inexistem verdades absolutas ou forma única de se calcular tais impactos. Sendo assim, o debate acerca da forma como essas mensurações serão realizadas e complementadas com outras análises qualitativas é um debate tão ou mais importante do que o uso da métrica em si. Isso porque, conforme previamente exposto, a métrica – em especial a métrica econômica que se pretende exata e absoluta – não oferece, sozinha, respostas a problemas sociais complexos.

É preciso assegurar mecanismos para que a participação popular possa ocorrer de forma ativa e plural desde o início da formulação desse tipo de análise, para evitar que sejam conduzidas de forma simplista e enviesada. Nesse sentido, é importante que haja transparência nesse processo de análise, expondo em detalhes a metodologia que se propõe adotar, assim como humildade em reconhecer as falhas da metodologia proposta – que estarão presentes qualquer que seja essa metodologia – além de abertura para rediscuti-la e aprimorá-la.

Ainda, em um segundo ponto, é necessário cuidado para que a introdução desse mecanismo de análise custo-benefício no ordenamento jurídico brasileiro não nos leve a um cenário de puro e simples impedimento e paralisação da edição de regulação. Conforme exposto ao longo do artigo, chegar a uma forma de cálculo ou mensuração dessa relação custo-benefício é tarefa complexa e que não possui necessariamente um resultado único.

Assim, considerando a dificuldade de provar que os benefícios de uma determinada regulação superam seus custos, poderíamos nos deparar com situação em que apenas pela dificuldade de se chegar a um modelo para medir essa relação, não fosse possível provar que os benefícios de uma regulação necessariamente superariam seus custos em todos os cenários. Caso se exija, por exemplo, que a relação custo-benefício seja demonstrada em todos os possíveis cenários ou hipóteses de sua implementação prática, podemos acabar por conferir a esse artigo da Lei de Liberdade Econômica uma função de obstar toda e qualquer regulação.

Dessa forma, é necessária cautela para que os testes de custo-benefício não acabem por impor um ônus da prova ao regulador que torne inviável a edição de todo e qualquer tipo de regulação por não ser possível provar, por todas as infinitas possibilidades de método de análise, que os benefícios daquela regulação necessariamente superarão os custos dela resultantes.

Por fim, é importante que haja a devida documentação e divulgação desses processos, a fim de garantir a transparência da atuação do poder público na tomada de decisão envolvendo as políticas públicas nacionais. O registro histórico permite a

Capítulo 12 · ABUSO DO PODER REGULATÓRIO | 237

participação popular posterior e a realização de análises que permitam melhor compreensão do contexto em que tais decisões se inseriram. Por isso é tão importante a existência de mecanismos de transparência como aqueles previstos pela Lei de Acesso à Informação (Lei 12.527/2011).

5. VERIFICAÇÃO DE SUPOSTO ABUSO DO PODER REGULATÓRIO NA PRÁTICA: DENÚNCIAS E PARECERES DA FIARC

Com vistas a investigar e ilustrar como vem se dando a aplicação do art. 4º, V, da Lei de Liberdade Econômica, realizou-se um pedido formal com base na Lei de Acesso à Informação por meio da plataforma integrada "Fala.BR"[30], da Controladoria--Geral da União, solicitando informações sobre denúncias realizadas no âmbito do abuso de poder regulatório e concorrencial perante a Secretaria de Acompanhamento Econômico (SEAE) e/ou a Frente Intensiva de Avaliação Regulatória e Concorrencial (FIARC).

Isso porque, a partir da edição da Instrução Normativa SEAE 97/2020, estabeleceu-se que caberia à FIARC a competência para propor a revisão de leis, regulamentos e outros atos normativos da administração pública federal, estadual, municipal e do Distrito Federal que afetem ou possam afetar a concorrência nos diversos setores econômicos do país, assim como analisar o impacto regulatório de políticas públicas.

Nos termos da referida Instrução Normativa, os requerimentos de investigação podem ser encaminhados à FIARC, que oficiará o órgão ou entidade da Administração pública federal, estadual, municipal ou do Distrito Federal responsável pela edição do ato normativo e convidando-o a se manifestar. Em seguida, se admitido o requerimento, a FIARC poderá realizar requisição de informações, promover audiências, debates e consultas públicas, propor acordos, dentre outros instrumentos instrutórios, e elaborará, ao final, um parecer conclusivo do mérito do requerimento, indicando: (*i*) bandeira vermelha, se identificar o ato normativo como tendo caráter anticompetitivo, caso verificados fortes indícios de presença de abuso regulatório que acarretem distorção concorrencial; (*ii*) bandeira amarela, se verificados pontos suscetíveis a aperfeiçoamentos, medidas para a melhoria regulatória e do ambiente de negócios; ou (*iii*) bandeira verde, caso não verificados pontos de melhoria, encerrando a análise investigativa.

O parecer poderá ser enviado aos órgãos competentes e suas respectivas procuradorias jurídicas, bem como para a Advocacia-Geral da União, a fim de que prossigam com análises de legalidade e juridicidade consoante suas competências. Ainda, o Subsecretário de Advocacia da Concorrência poderá propor a celebração de acordo de cooperação técnica com o órgão ou entidade responsável pelo ato normativo analisado, com o intuito de auxiliar na elaboração de plano de providências a serem implementadas e respectivo cronograma de execução.

Nesse contexto, por meio do pedido realizado pela Lei de Acesso à Informação, foi solicitado acesso (*i*) ao número de denúncias recebidas pela FIARC desde a en-

---

[30]   Consulta 03005.253854/2021-78. Data de cadastro: 7 dez. 2021.

trada em vigor da Instrução Normativa SEAE 97/2020; (*ii*) à informação de quantas delas tratavam da hipótese de aumento de custos de transação sem demonstração de benefícios (art. 4º, V, da Lei de Liberdade Econômica e/ou do art. 8º da Instrução Normativa SEAE 97/2020[31]); (*iii*) ao inteiro teor das denúncias identificadas no item (*ii*); (*iv*) a quem são os órgãos ou entidades responsáveis pela edição do ato normativo questionado em cada denúncia; (*v*) ao detalhamento acerca da atual fase de tramitação dessas denúncias, informando se já foram emitidos pareceres resultantes, na forma do art. 18 da Instrução Normativa SEAE 97/2020; e (*vi*) à integra dos pareceres resultantes emitidos até o momento.

O objetivo do pedido, portanto, foi buscar informações que permitissem observar como está ocorrendo na prática a aplicação das previsões contidas na Lei de Liberdade Econômica sobre abuso do poder regulatório por meio do aumento de custos de transação. Por meio dessas informações, é possível analisar de forma concreta como estão se estruturando as análises feitas pela administração pública até o momento e a participação popular ao longo dos requerimentos analisados.

Em resposta ao pedido, em 20 de dezembro de 2021, a Secretaria de Advocacia da Concorrência e Competitividade informou que: (*i*) desde a entrada em vigor da Instrução Normativa SEAE 97/2020 haviam sido recebidas cinco denúncias pela FIARC; (*ii*) os pareceres resultantes ainda não haviam sido concluídos e assinados e sua assinatura estava prevista para janeiro ou fevereiro de 2022; e (*iii*) a informação de enquadramento ao inciso V do art. 4º da Lei de Liberdade Econômica e/ou do art. 8º da Instrução Normativa SEAE 97/2020 ficaria sob acesso restrito até a conclusão dos mencionados pareceres. Adicionalmente, foram encaminhadas cópias das denúncias identificadas e informações sobre as normas e respectivos órgãos aos quais se referiam, conforme tabela a seguir:

---

[31] "Art. 8º Pode constituir aumento dos custos de transação sem demonstração de benefícios, prejudicando o ambiente de concorrência, inclusive potencialmente na forma do inciso V do caput do art. 4º da Lei de Liberdade Econômica, o ato normativo que: I – aumentar de forma injusta os custos para obtenção de informação por parte do consumidor ou adquirente a respeito de bens ou serviços em determinado mercado; II – aumentar de forma injustificada os custos para celebração de acordo ou contrato entre agentes econômicos de todo tipo; III – aumentar de forma injustificada os custos exigidos para garantir o cumprimento efetivo do acordo ou contrato por qualquer uma das partes, ou para adoção das providências necessárias em caso de ruptura de acordo ou contrato; IV – aumentar de forma injustificada os custos explícitos e implícitos suportados pelo consumidor ou adquirente que deseje substituir um fornecedor por outro; V – desconsiderar a garantia de cumprimento e execução dos contratos entre os agentes econômicos privados, relativamente à matéria nele tratada; VI – limitar formas e meios de pagamento devidamente autorizadas pelas autoridades do Sistema Financeiro Brasileiro; VII – permitir, autorizar ou regular conduta que o Plenário do Conselho Administrativo de Defesa Econômica, em processo administrativo, já averiguou que aumenta dos custos de transação de concorrentes sem demonstração de benefícios; ou VIII – aumentar de forma injustificada os custos explícitos e implícitos suportados por atividades reguladas para a conformidade com as normas regulatórias."

Denúncias, normas e órgãos responsáveis	
1	Comissão Nacional de Energia Nuclear (CNEN). Norma questionada: Portaria CNEN 279, de 5 de dezembro de 1997. Processo SEI 10099.100837/2021-11
2	Conselho Federal de Contabilidade (CFC). Norma questionada: arts. 11, 12 e 15 da Norma Brasileira de Contabilidade NBC PG 01/2019. Processo SEI 10099.100308/2021-07
3	Congresso Nacional, Ministério da Infraestrutura e Fundo da Marinha Mercante FMM. Normas questionadas: Lei 10.893/2004 e demais normas relacionadas ao uso dos recursos originários da AFRMM. Processo SEI 10099.100163/2021-36
4	Ministério da Infraestrutura e Agência Nacional de Transportes Terrestres (ANTT). Norma questionada: Decreto 2.521/1998 e Resolução ANTT 4.777/2015. Processo SEI 10099.100859/2020-81
5	Agência Nacional de Transportes Aquaviários (ANTAQ). Norma questionada: Resolução Normativa ANTAQ 34/2019. Processo SEI 10099.100204/2021-94

Fonte: Elaborada pela autora.

Analisando cada uma das denúncias, identificou-se aquelas que mencionam explicitamente discussão envolvendo aumento de custos de transação. A tabela a seguir contém as informações relativas a cada requerimento, indicando o proponente, uma breve síntese da proposição e observações sobre a existência de menções a custos de transação – pelo uso do termo ou por menções ao art. 4º, V, da Lei de Liberdade Econômica, ou ao art. 8º da Instrução Normativa SEAE 97/2020:

Número identificador	Proponente	Resumo da proposição	Menção a custos de transação (artigos ou expressão)
449	Contabilizei Contabilidade Ltda.	Denúncia para abertura de investigação para apurar as restrições à concorrência decorrentes dos artigos 11, 12 e 15 da Norma Brasileira de Contabilidade, NBC PG 012019, que trazem limites para a publicidade de organizações especializadas em serviços de contabilidade, em especial as que atuam em formato *online* e *startups*.	Violação dos incisos I e IV do art. 8º da Instrução Normativa 97/2020, uma vez que ao restringir a publicidade, o Ato Normativo aprofundaria falha de mercado de acesso a informações relevantes por parte dos consumidores, além de outros artigos da Lei de Liberdade Econômica e da Instrução Normativa.

Número identificador	Proponente	Resumo da proposição	Menção a custos de transação (artigos ou expressão)
338	Associação de Usuários dos Portos da Bahia (USUPORT)	Denúncia para averiguar a ilegalidade da Resolução Normativa 34/2019/ANTAQ, particularmente no tocante a cobrança da chamada THC2, feita pelos Operadores Portuários em desfavor das Instalações Portuárias Alfandegadas nos serviços de segregação e entrega de cargas conteinerizadas.	Violação do inciso VII do art. 8º da Instrução Normativa 97/2020 e do inciso V do art. 4º da Lei de Liberdade Econômica, tendo em vista que o CADE já entendeu, em sede processo administrativo, que essa atividade causa aumento nos custos de transação de concorrentes sem demonstração de benefícios.
338	Buser Brasil Tecnologia Ltda.	Denúncia sobre o alto custo regulatório imposto ao setor de transporte coletivo rodoviário de passageiros, sob regime de fretamento. A denúncia diz respeito à regra do "circuito fechado". As regulações existentes prejudicariam novos *players* do mercado, através de altos custos e grande demora.	A regra do circuito fechado seria contrária ao uso das plataformas de tecnologia que reduzem os custos de transação entre as partes contratantes e contratadas, o que feriria os princípios da liberdade econômica previstos no art. 4º, V, da Lei de Liberdade Econômica e art. 8º, II, IV e VIII, da Instrução Normativa 97/2020, entre outros.
Não informado	Instituto Brasileiro de Petróleo (IBP)	Proposição para flexibilização de importação de hidróxido de lítio para uso específico na produção de graxas lubrificantes.	A falta de concorrência existente no mercado e derivada das regulações existentes feriria diretamente o art. 4º, V, da Lei de Liberdade Econômica e o art. 8º, IV, da Instrução Normativa 97/2020.
390	Sindicato Nacional das Empresas de Navegação de Apoio Portuário	Proposição para edição de resolução para restringir a utilização de recursos financeiros das contas vinculadas atreladas ao tributo denominado Adicional sobre o Frete para Renovação da Marinha Mercante (AFRMM).	Não mencionado.

Fonte: Elaborada pela autora.

Depreende-se do resultado obtido que as previsões sobre abuso regulatório estão sendo utilizadas por setores diversos (contabilidade, serviços e apoio portuários, transporte rodoviário de passageiros e produção de graxas lubrificantes), com destaque para empresas que desenvolvem inovações tecnológicas em setores regulados. Além disso, interessante destacar que, nos casos envolvendo inovações tecnológicas, os proponentes são empresas privadas e não entidades representativas do setor. Logo, a aplicação concreta da norma vem aparentemente sendo feita de forma ampla, permitindo sua aplicação por diferentes atores e em diferentes mercados.

Conforme se verifica pela tabela acima, quatro das cinco representações obtidas por meio do pedido realizado pela Lei de Acesso à Informação tratavam especificamente de suposto abuso do poder regulatório mencionando explicitamente discussão envolvendo aumento de custos de transação. Como informado na resposta obtida quando da realização dos pedidos, a informação de efetivo enquadramento pela FIARC das denúncias ao inciso V do art. 4º da Lei de Liberdade Econômica e/ou do art. 8º da Instrução Normativa SEAE 97/2020 fica sob acesso restrito até a conclusão dos pareceres resultantes.

Em 31 de janeiro de 2022, a FIARC emitiu seus três primeiros pareceres, referentes às seguintes proposições mapeadas: (*i*) 390 (Sindicato Nacional das Empresas de Navegação de Apoio Portuário) – Parecer FIARC – AFRMM; (*ii*) 338 (Buser) – Parecer FIARC – Circuito Fechado; e (*iii*) 338 (USUPORT) – Parecer FIARC – THC2[32].

Analisando o conteúdo dos três pareceres, verifica-se que em todos os casos a FIARC classificou suas recomendações como bandeira vermelha ou como bandeira vermelha e amarela. Os três pareceres fazem referências a análises de aumento de custos de transação impostos pelas regulamentações, inclusive o Parecer FIARC – AFRMM, cuja representação, pelo que foi possível verificar pelo pedido realizado pela Lei de Acesso à Informação, não mencionava expressamente o art. 4º, V, da Lei de Liberdade Econômica e/ou do art. 8º da Instrução Normativa SEAE 97/2020. Entre os pareceres, o Parecer FIARC – Circuito Fechado menciona expressamente em suas conclusões a elevação dos custos de transação como um dos efeitos provocados pela regulamentação sob análise.

Ademais, nenhum dos referidos pareceres menciona a realização de consultas públicas ou de manifestações populares durante a análise conduzida pela FIARC. No documento Parecer FIARC – THC2, há apenas menções a consultas públicas realizadas pela agência reguladora quando do momento da edição dos normativos questionados.

Dessa forma, pelos documentos existentes até o momento, verifica-se que as análises conduzidas pela FIARC têm perpassado por discussões envolvendo suposto aumento dos custos de transação impostos pelas regulações analisadas, inclusive quando esse aumento não é questionado/mencionado explicitamente na denúncia ou representação. Ademais, até o momento, todos os três pareceres expedidos foram classificados

---

[32] Disponíveis em: https://www.gov.br/economia/pt-br/acesso-a-informacao/reg/frente--intensiva-de-avaliacao-regulatoria-e-concorrencial-fiarc. Acesso em: 12 fev. 2022.

como bandeira vermelha e/ou amarela, indicando aos órgãos a posição da FIARC pela necessidade de revisão e alteração da regulamentação existente[33].

6. CONSIDERAÇÕES FINAIS

A introdução no ordenamento jurídico da expressão típica da teoria econômica "custos de transação", possui impactos práticos na edição normativa e na aplicação do direito brasileiro. Tal introdução resulta na imposição de uma necessidade de avaliação do custo-benefício da implementação de medidas regulatórias, a fim de evitar a caracterização de abuso regulatório.

As dificuldades, entretanto, aparecem na medida em que a análise de custo--benefício deve ser realizada de forma prévia, ou por meio de estimativas econômicas que dificilmente serão suficientes para medir fenômenos sociais complexos. Na prática, haverá dificuldade de que essa expressão típica da teoria econômica – e, portanto, sujeita a produzir resultados parciais, provisórios e falíveis – seja incorporada ao discurso jurídico e sirva como fundamento central para a tomada de decisão sobre a edição ou não de normas jurídicas e regulatórias.

Não se pretende questionar o mérito ou mesmo a relevância das análises quantitativas, econômicas e estatísticas, que são de grande importância inclusive para dialogar com efeitos práticos e a mensuração de consequências e resultados de edição de normas e outras decisões de políticas públicas. Tampouco se ignora os problemas decorrentes de análises puramente qualitativas, teóricas e abstratas. O que se pretende é apenas ponderar que as análises quantitativas não são isentas de vieses e valores e não estão imunes a distorções, manipulações e simplificações.

A análise de custo-benefício não pode, portanto, ser encarada como óbice único, suficiente ou absoluto à edição de qualquer regulação. É necessário reconhecer a limitação desse tipo de análise, criticar ativamente suas simplificações e a desconsideração de impactos sociais, assim como garantir a necessária participação social durante todas as fases do debate, inclusive na determinação das premissas de análise e de seu peso valorativo frente às demais variáveis analisadas.

Dessa forma, é essencial dispositivos como o inciso V do art. 4º da Lei de Liberdade Econômica sejam interpretados com a complexidade que se deve interpretar qualquer dispositivo normativo, de modo a não ignorar a complexidade dos debates sociais e coletivos e simplificar demasiadamente a sua aplicação, sob o risco de reproduzirmos um discurso econômico que se mascara por trás de uma suposta isenção e assepsia, mas, em realidade, reproduz interesses bem delimitados de uma política econômica excludente.

Por isso, essa análise de custo-benefício não deve ser a única avaliação que justifique ou obste alguma atividade pública. Considerando as limitações dessa forma de análise, ela deve ser combinada com outras avaliações a fim de garantir previsões mais completas e que alcancem elementos mais amplos de custo-benefício, como questões

---

[33] O presente artigo não possui a pretensão de elaborar ou aprofundar qualquer juízo valorativo acerca das regulamentações analisadas pela FIARC e sobre seus possíveis impactos regulatórios ou concorrenciais. A análise aqui traçada pretende apenas delinear o atual estágio da análise das denúncias e dos pareceres emitidos, agrupando-os em um cenário mais amplo de análise de políticas públicas.

ambientais ou sociais. Deve existir um uso estratégico desse tipo de análise, para garantir que a previsão legal gere efeitos positivos e não gere tantos ônus para elaboração de políticas públicas.

Além disso, para alcançar esses objetivos, é essencial reiterar a importância da participação popular desde o momento de escolha dos critérios que serão analisados até na análise posterior e mais contextual. Para tanto, deve-se explorar mecanismos de transparência e controle já existentes, como relatórios de impacto regulatório e previsões da Lei de Acesso à Informação.

De todo modo, é importante afastar o falso verniz de análise imparcial que a inclusão de conceitos econômicos em construções legais pode pretender carregar. É importante que a construção do entendimento desses conceitos econômicos seja diversa e completa, a partir da participação de atores de diversas áreas de expertise.

Nesse sentido, destaca-se que a pesquisa conduzida durante elaboração do artigo identificou a existência de cinco representações por abuso do poder regulatório perante a FIARC, frente da SEAE competente para a apuração das denúncias e elaboração de pareceres, nos termos da Instrução Normativa SEAE 97/2020. Até o momento, três desses processos haviam sido finalizados. Analisando os pareceres emitidos nesses casos, verificou-se que em todos os casos as análises conduzidas pela FIARC perpassavam por discussões envolvendo suposto aumento dos custos de transação imposto pelas regulações analisadas, inclusive quando esse aumento não havia sido questionado/mencionado explicitamente na denúncia ou representação.

Ademais, nenhum dos referidos pareceres mencionou a realização de consultas públicas ou de manifestações populares durante a análise conduzida pela FIARC. Por fim, até o momento da análise, todos os três pareceres expedidos haviam tido suas recomendações classificadas como bandeira vermelha e/ou amarela, indicando aos órgãos a necessidade de revisão e alteração da regulamentação existente.

Dessa forma – a partir dos documentos existentes até o momento e sem que se pretenda adentrar uma análise meritória acerca do teor de cada resolução questionada – verifica-se que as análises conduzidas têm indicado o posicionamento da FIARC pela necessidade de revisão e alteração da regulamentação existente em todos os três casos concluídos, bem como que não houve intensa participação popular nesses processos. Nesse cenário, parece evidente que as preocupações ressaltadas neste artigo são pertinentes e necessitam ser tidas em consideração no momento da aplicação prática da legislação.

REFERÊNCIAS

ARANHA, Márcio Iório. *Manual de direito regulatório*. London: Laccademia Publishing, 2015.

BECKER, Gary S. Crime and Punishment: An Economic Approach. *Essays in the Economics of Crime and Punishment*, v. I, p. 1-54, 1974.

CALABRESI, Guido. Some Thoughts on Risk Distribution and the Law of Torts. *The Yale Law Journal*, v. 70, n. 4, p. 499-553, 1961. Disponível em: http://www.jstor.org/stable/10.2307/794261. Acesso em: 11 ago. 2021.

CASTRO, Marcus Faro de. Análise Jurídica da Política Econômica. *Revista da Procuradoria-Geral do Banco Central*, v. 3, p. 17-71, 2009.

CASTRO, Marcus Faro de. Tributação e Economia no Brasil: Aportes da Análise Jurídica da Política Econômica. *Revista da Procuradoria-Geral da Fazenda Nacional 2*, v. 1, n. 2, p. 23-51, 2011.

COASE, Ronald. H. *A firma, o mercado e o direito*. Rio de Janeiro: Forense, 2016.

COMPARATO, Fábio Konder. O indispensável direito econômico. *Ensaios e Pareceres de Direito Empresarial*. Rio de Janeiro: Forense, 1978.

FORGIONI, Paula A. *Os fundamentos do antitruste*. São Paulo: Revista dos Tribunais, 2015.

FOUCAULT, Michel. Aula de 21 de março de 1979. *Nascimento da Biopolítica*. São Paulo: Martins Fontes, 2008.

FRAZÃO, Ana. *Direito da concorrência*: pressupostos e perspectivas. São Paulo: Saraiva, 2017.

FRAZÃO, Ana. *A importância da análise de consequências para a regulação jurídica – Perspectivas e riscos do consequencialismo e do "consequenciachismo"*. Parte 1. 2019a. Disponível em: https://www.jota.info/paywall?redirect_to=//www.jota.info/opiniao-e-analise/colunas/constituicao-empresa-e-mercado/a-importancia-da-analise-de-consequencias-para-a--regulacao-juridica-29052019. Acesso em: 11 ago. 2021.

FRAZÃO, Ana. *A importância da análise de consequências para a regulação jurídica – Perspectivas e riscos do consequencialismo e do "consequenciachismo"*. Parte 2. 2019b. Disponível em: https://www.jota.info/paywall?redirect_to=//www.jota.info/opiniao-e-analise/colunas/constituicao-empresa-e-mercado/a-importancia-da-analise-de-consequencias-para-a--regulacao-juridica-parte-ii-06062019. Acesso em: 11 ago. 2021.

FRAZÃO, Ana. *A medida provisória da liberdade econômica*: temos razões para comemorar ou para nos preocupar? 2019c. Disponível em: https://www.jota.info/paywall?redirect_to=//www.jota.info/opiniao-e-analise/colunas/constituicao-empresa-e-mercado/mp-da-liberdade-economica-temos-razoes-para-comemorar-ou-para-nos-preocupar-14082019. Acesso em: 11 ago. 2021

FRAZÃO, Ana. *Perspectivas das Análises de Impacto Regulatório – AIRs no Brasil*: as exceções e os riscos da desconsideração dos impactos sociais e ambientais – Parte I. 2021a. Disponível em: https://www.jota.info/opiniao-e-analise/colunas/constituicao-empresa-e-mercado/perspectivas-das--analises-de-impacto-regulatorio-airs-no-brasil-17022021. Acesso em: 11 ago. 2021.

HANSON, Sven Ove. *Philosophical problems in cost-benefit analysis. Economics and Philosophy*. Disponível em: https://www.researchgate.net/profile/Sven-Ove-Hansson/publication/227390985_Philosophical_problems_in_cost-benefit_analysis/links/5420097f0cf241a65a1afa56/Philosophical-problems-in-cost-benefit-analysis.pdf?origin=publication_detail. Acesso em: 11 ago. 2021.

MERCURO, N.; MEDEMA, S. G. *Economics and the Law*: From Posner to Postmodernism and Beyond. [S.l: s.n.], 2006.

MILHAUPT, Curtis J.; PISTOR, Katharina. *Law and Capitalism*: What Corporate Crises Reveal About Legal Systems and Economic Development Around The World. Chicago e Londres: The University of Chicago Press, 2008. v. 1.

MULLER, Jerry. *The tyranny of metrics*. New Jersey: Princeton University Press, 2018.

OGUS, Anthony. *Regulation*: Legal Form and Economic Theory. Oxford e Portland, Oregon: Hart Publishing, 2004.

POLANYI, Karl. *A grande transformação*: as origens da nossa época. Rio de Janeiro: Elsevier, 2000.

POSNER, Richard A. *A Economia da Justiça*. São Paulo: WWF Martins Fontes, 2010.

POSNER, Richard A. *Economic Analysis of Law*. New York: Little Brown and Co, 1973.

STIGLITZ, Joseph E. *People, Power and Profits*: Progressive capitalism for an age of discontent. Great Britain: Allen Lane, 2019.

Capítulo 13

LIMITAÇÕES DA (DES)REGULAÇÃO JURÍDICA DOS MERCADOS PELO PARADIGMA ECONÔMICO *MAINSTREAM*: OS *FILTROS COGNITIVOS* EMPREGADOS PELO STF NO JULGAMENTO ACERCA DA TERCEIRIZAÇÃO

João Moreira Pessoa de Azambuja

Mestrando em Direito, Estado e Constituição pela UnB (Linha 4: Transformações na Ordem Social e Econômica e Regulação). Pós-Graduado em Ordem Jurídica e Ministério Público pela FESMPDFT. Graduado em Direito pelo UniCEUB. Professor da Escola Nacional da Magistratura, da Escola Nacional de Formação e Aperfeiçoamento de Magistrados do Trabalho e da Escola da Magistratura do Estado do Rio de Janeiro. Juiz federal do TRF1. Juiz auxiliar da presidência do CNJ.

1. INTRODUÇÃO

A desigualdade, especialmente de renda, tem crescido nas últimas décadas. Vários juristas, economistas e filósofos já debatem as implicações da desigualdade em seus respectivos campos do conhecimento. Com efeito, este artigo busca refletir de modo interdisciplinar as implicações recíprocas entre a regulação jurídica dos mercados, desigualdade e proteção do trabalho, em especial diante das discussões do Supremo Tribunal Federal (STF) no julgamento do tema da *terceirização de mão de obra* (julgamento em conjunto do RE 958.252, rel. Min. Luiz Fux e da ADPF 324, rel. Min. Roberto Barroso).

A partir de reflexões acerca da desigualdade de renda e das consequências jurídicas e sociais decorrentes da condução do debate político e social por determinado modo de pensar econômico – pensamento econômico *mainstream* – pretende-se investigar as razões jurídicas, econômicas e políticas que justificaram a posição assumida pelo Supremo Tribunal Federal. Em seguida, questionar se, de algum modo, o STF se afastou do modo de pensar do *mainstream* econômico ao analisar o tema da terceirização.

A justificativa dessa pesquisa encontra-se na constatação de a utilização da lógica de mercado para solução de problemas políticos e sociais pode contribuir para a frustração da fruição de direitos fundamentais e sociais por aqueles que não detém, em razão da desigualdade de renda, as bases materiais necessárias para o exercício desses direitos. Em *Sociedades de Mercado*[1], onde a capacidade econômica dita a possibilidade de fruição e exercício de direitos ligados à saúde, educação, voto, a desigualdade de renda tem impacto direto na fruição desses e outros direitos sociais e fundamentais. Com efeito, para evitar análises jurídicas baseadas em compreensões estreitas e distorcidas da realidade[2] e fundadas em descrições grotescas[3], deve o jurista refletir sobre o papel da desigualdade de renda na regulação jurídica dos mercados.

Ao final, busca responder se a insistência em uma perspectiva econômica *mainstream* pode contribuir para apresentar aos juristas uma representação imprecisa da realidade social, o que pode se tornar especialmente perigoso quando o julgador confere peso maior aos argumentos consequencialistas e pragmáticos.

Portanto, o artigo pode oferecer ferramentas para compreensão de outros fenômenos em que o discurso jurídico esteja subordinado ao pensamento econômico *mainstream*, dialogando, assim, com a pesquisa acerca da Lei de Liberdade Econômica[4]. Com efeito, algumas das críticas endereçadas à Lei 13.874/2019[5] compartilham, em certa medida, das mesmas premissas adotadas neste trabalho, que pode contribuir para reflexões futuras acerca da relação entre direito, mercados e economia, isto é, contribuir para a arquitetura jurídica dos mercados, parafraseando Fligstein[6] e Frazão[7]. Assim, investigação acerca do papel do direito na formação da arquitetura jurídica dos mercados e sua regulação, especialmente os parâmetros e finalidades dessa regulação diante da ordem econômica constitucional, é fundamental para a consecução dos objetivos constitucionais da ordem econômica e garantir que tais objetivos e valores constitucionais não estejam subordinados a determinada corrente de pensamento econômico.

Diante disso, o artigo será divido em três partes. A primeira parte consiste na delimitação dos conceitos e questões a serem tratadas no trabalho. A segunda parte pretende apresentar o problema da desigualdade de renda e responder se, de algum modo, a regulação jurídica dos mercados pode influenciar ou ser influenciada pela desigualdade de renda. Finalmente, a terceira parte do trabalho pretende analisar os argumentos utilizados pelo STF nos julgamentos do RE 958.252 e da ADPF 324 (empiria do presente trabalho) para identificar, nas razões de decidir, indícios de predomínio de argumentação econômica *mainstream*.

---

[1]   SANDEL, Michael J. *What money can't buy*: the moral limits of markets. 1. paperback ed. New York: Farrar, Straus and Giroux, 2013.

[2]   MORGAN, Mary. The Formation of 'Modern' Economics: Engineering and Ideology. Working Paper. *London School of Economics, Dept. of Economic History Working paper* 62, v. 1, p. 1-43, 2001.

[3]   SUNSTEIN, Cass R. *Free markets and social justice*. New York: Oxford University Press, 1999. p. 4.

[4]   BRASIL, Lei 13.874/2019.

[5]   FRAZÃO, Ana. Liberdade econômica para quem? A necessária vinculação entre a liberdade de iniciativa e a justiça social. *In*: FRAZÃO, Ana; SALOMÃO, Luis Felipe; CUEVA, Ricardo Villas Bôas. *Lei de Liberdade Econômica e seus impactos no direito brasileiro*. São Paulo: Revista dos Tribunais, 2020, p. 89-122.

[6]   FLIGSTEIN, Neil. *The architecture of markets*: an economic sociology of twenty-first-century capitalist societies. Princeton: Princeton University Press, 2001.

[7]   FRAZÃO, Ana. *Direito da concorrência*: pressupostos e perspectivas. São Paulo: Saraiva, 2017.

Antes de continuar é importante afirmar que o artigo não pretende oferecer uma resposta alternativa ou mesmo criticar o resultado do julgamento pelo STF, mas apenas reconhecer, a partir da compreensão crítica do modo de pensar econômico *mainstream*, que a regulação jurídica dos mercados pode endereçar preocupações como desigualdade de renda prescindindo da lógica de mercado.

2. LIMITAÇÕES DO MODO DE PENSAR TRADICIONAL DA ECONOMIA PARA ENDEREÇAR A QUESTÃO DA FRUSTRAÇÃO DE DIREITOS FUNDAMENTAIS E SOCIAIS

A relação entre os mercados e o direito é objeto de reflexões por diversos ramos do conhecimento. Os mercados não existem no vácuo jurídico e a dependência de uma estrutura legal para dar suporte e estabilidade às relações econômicas evidenciam a necessidade de reflexão interdisciplinar sobre os fenômenos regulatórios[8]. Os mercados são, antes de tudo, instituições jurídicas[9-10].

É importante, portanto, que o jurista tenha capacidade crítica de analisar tais fenômenos em toda sua complexidade, que seja capaz de empregar metodologias interdisciplinares na sua análise, valendo-se de conceitos econômicos, políticos, sociais e jurídicos.

Nesse contexto, os tópicos seguintes buscam responder como a adoção de algumas premissas podem funcionar como *Filtros Cognitivos* capazes de dificultar a compreensão do jurista acerca da realidade e, consequentemente, atrapalhar e limitar a capacidade de endereçamento do problema da desigualdade de renda pela regulação jurídica do direito estatal.

O conceito de *Filtros Cognitivos* foi emprestado de estudos sobre Construtivismo Institucional e representa a codificação de algumas ideias que são o resultado de processo de enraizamento institucional e normalização. A partir de então, esses *Filtros Cognitivos* codificados passam a condicionar a resposta dos agentes e instituições aos sinais da realidade[11].

2.1 O que é o modo de pensar *mainstream*?

Nesse sentido, é importante delimitar o que se entende, para os fins desse trabalho, como pensamento econômico *mainstream*, ou, nas palavras de Mishel e Bivens, "Fundamentalismo de Mercado"[12]. Pode-se dizer que o *mainstream* econômico apoia-se

---

8 Ibid., p. 73-79.

9 GRAU, Eros Roberto. *A ordem econômica na Constituição de 1988*: interpretação e crítica. 14. ed. rev. e atual. São Paulo: Malheiros, 2010, p. 26-27.

10 KENNEDY, David. Law and the Political Economy of the World. *Leiden Journal of International Law*, v. 26, n. 1, p. 7-48, 2013.

11 RHODES, R. A. W.; BINDER, Sarah A.; ROCKMAN, Bert A. (orgs.). *The Oxford handbook of political institutions*. New York: Oxford University Press, 2006, p. 65.

12 "This movement, known as market fundamentalism and often shorthanded as neoliberalism, has a long history in both U.S. and international policy debates. By the late 1970s, it achieved great prominence, even within the Democratic Party. Neoliberalism's belief that markets are more efficient and effective than alternative instruments for distributing resources and organi-

nos modelos de equilíbrio walrasiano e Arrow-Debreu, que partem do pressuposto da existência de um equilíbrio com a eficiência de Pareto, ou seja, o modelo era eficiente na medida em que ninguém poderia melhorar a sua situação sem piorar a de outra pessoa[13]. Com efeito, dois aspectos do pensamento econômico *mainstream* são relevantes: a) a ideia de que os mercados são eficientes e tendem ao equilíbrio e; b) a ideia de que o homem, nas relações de mercado, é um ser racional e age com base em escolhas econômicas de alguma forma eficiente.

A consequência jurídica para a regulação jurídica dos mercados decorrente do pressuposto estabelecido por Adam Smith de que os mercados tendem ao equilíbrio seria avessa às intervenções regulatórias nas relações econômicas de mercado[14]. A noção de equilíbrio dos mercados também assume premissas acerca da racionalidade das escolhas dos participantes do mercado, isto é, representa o homem com um ser racional, onisciente das informações necessárias para suas relações de mercado e detentor de poder de barganha. Afinal, somente a partir dessas premissas é possível pretender que o resultado da interação auto interessada dos agentes seja o equilíbrio dos mercados[15].

Nesse ponto, importante advertência de Ana Frazão acerca da importância da liberdade de iteração espontânea dos agentes econômicos para alocação eficiente dos recursos[16], entretanto, tal perspectiva não deve afastar a noção de que o direito oferece a infraestrutura necessária para o bom funcionamento dos mercados, justificando, ontologicamente, o endereçamento jurídico de problemas econômicos como a desigualdade de renda por meio da regulação jurídica dos mercados.

Alguns autores chegam a afirmar que os modelos econômicos fundados em equilíbrio, como o proposto por Arrow e Debreu no clássico *Existence of Equilibrium for a Competitive Economy* são detentores dos piores aspectos do formalismo econômico, isto é, do pensamento econômico *mainstream*, enxergando os modelos matemáticos de equilíbrio como um fim em si mesmos[17].

Isso acontece porque a escolha de um método ou de uma métrica cria filtros através dos quais somente parcela da realidade consegue penetrar. Reconhecer a existência des-

---

zing economic life led it straight to many of the policy recommendations that drove the rise in inequality. Neoliberals, for example, see minimum wages as an inefficient friction in otherwise competitive and efficient labor markets. So minimum wages have been allowed to be battered by inflation" (MISHEL, Lawrence; BIVENS, Josh. Identifying the policy levers generating wage suppression and wage inequality. *Economic Policy Institute*, v. 13, p. 2021, May 2021.

[13] SCHUMPETER, Joseph A. Capitalismo, socialismo e democracia. São Paulo: Ed. Unesp, 2017. p. 7-8.

[14] FRAZÃO, op. cit., p. 74.

[15] FRAZÃO, op. cit., p. 75.

[16] "Apesar do significado histórico do princípio da mão invisível, que destacou a importância da interação espontânea entre os agentes econômicos como a principal estrutura de alocação de recursos e de crescimento econômico, ele acabou eclipsando o fato de que as forças de mercado não existem de forma independente das instituições, especialmente do direito" (FRAZÃO, op. cit., p. 75).

[17] BLAUG, Mark. The Formalist Revolution of the 1950s. *Journal of the History of Economic Thought*, v. 25, n. 2, p. 145-156, 2003.

ses *Filtros Cognitivos* enraizados[18], que limitam a compreensão acerca da complexidade dos fenômenos sociais e econômicos, permite reconhecer também a necessidade de uma abordagem interdisciplinar, ou seja, que observe a realidade através das diferentes lentes disponíveis para melhor compreendê-la e, a partir daí, desenhar uma arquitetura jurídica regulatória mais adequada aos anseios constitucionais.

2.2 [Re]distribuição ou fruição de direitos?

Outra limitação decorrente do modo de pensar econômico *mainstream* consiste no tratamento de direitos sociais e fundamentais como mercadoria, isto é, esperar que a livre interação auto interessada dos agentes econômicos possa, de alguma forma, distribuir adequadamente tais direitos sociais e fundamentais.

Ocorre que racionalidade *mainstream* é insuficiente para enfrentar o problema da falta de fruição de direitos fundamentais e sociais. Isso porque os direitos, ao contrário dos bens e recursos, não obedecem à lógica [re]distributiva, mas existem apenas na medida em que são exercidos. E o gozo de muitos desses direitos – especialmente os de natureza social – reclama do seu titular bases materiais reservadas a cada vez menos pessoas em uma sociedade de crescente desigualdade de renda.

Habermas compartilha dessa crítica ao analisar o paradigma do estado de bem--estar social, ao qual faz uma censura por sua lógica distributiva, *verbis*[19]:

> O erro complementar àquele cometido pelo paradigma liberal consiste em reduzir a justiça à igual distribuição de direitos, isto é, em assimilar os direitos a bens capazes de ser repartidos e possuídos. Eles tampouco podem ser equiparados a bens coletivos a serem consumidos em conjunto; os direitos só podem ser *gozados* na medida em que são *exercidos*. (...)

A economia muitas vezes é retratada como a disciplina que estuda a alocação, ou distribuição, de recursos escassos. Nesse contexto, a economia, ou o modo de pensar econômico, foi formulado com a utilização de ferramentas desenhadas para tal finalidade: a justa distribuição de recursos escassos. Ocorre que, como advertiu Habermas, direitos não podem ser [re]distribuídos por uma lógica utilitarista, mas apenas existem na medida em que são fruídos, gozados, exercidos.

Diante desse contexto, quanto maior a desigualdade de renda, maior também a frustração do gozo, fruição e do exercício de direitos sociais e fundamentais, pelo menos aqueles direitos que demandam a existência de bases materiais para sua fruição (como por exemplo o direito de moradia, cuja base material é a propriedade ou posse imobiliária). Em relação a essas pessoas, que em razão de sua renda não possuem condições de reunir as bases materiais para fruição de direitos sociais e fundamentais, resta somente a incapacidade jurídica de exercer sua dignidade, como adverte Habermas[20]:

---

[18] RHODES; BINDER; ROCKMAN (orgs.), The Oxford handbook of political institutions. p. 65.

[19] HABERMAS, Jürgen. *Facticidade e validade*: contribuições para uma teoria discursiva do direito e da democracia. São Paulo: Ed. Unesp, 2020. p. 528.

[20] HABERMAS, op. cit., p. 528-529.

A cegueira complementária dos paradigmas liberal e do Estado social remonta ao erro comum de se compreender equivocadamente a constituição jurídica da liberdade como "distribuição" e equipará-la ao modelo de partilha igualitária de bens adquiridos ou concedidos. (...).

Injustiça significa primariamente limitação da liberdade e lesão da dignidade humana. Ela pode se manifestar, no entanto, como um prejuízo pelo qual o "oprimido" ou "subordinado" encontra-se alienado daquilo que o capacitaria a exercer sua autonomia privada e pública.

A preocupação acerca do efetivo gozo de direitos deve ser central ao discurso jurídico. Entender quais as repercussões recíprocas entre situações das esferas econômicas e jurídicas, como a desigualdade, é fundamental para que o jurista tenha uma representação mais fiel da realidade, o que pode ajudar na busca pela efetiva fruição dos direitos constitucionais pela população.

Diante do reconhecimento de que a lógica utilitarista [re]distributiva pode ser insuficiente para auxiliar o jurista nessa questão, da efetiva fruição de direitos, cabe indagar: *por que a desigualdade de renda importa, ou deveria importar, ao jurista?*

3. POR QUE A DESIGUALDADE DE RENDA IMPORTA?

O fenômeno da desigualdade pode ser analisado de duas perspectivas, da desigualdade patrimonial e da desigualdade de renda. A primeira diz respeito à distribuição dos bens e dos ativos da economia, isto é, a propriedade sobre esses bens de produção e ativos econômicos. Já a desigualdade de renda diz respeito ao rendimento que determinada pessoa recebe em determinado período, ou seja, sua remuneração pelo trabalho. Um percentual muito pequeno de pessoas possui bens suficientes para que possam viver de frutos e dividendos, sem depender da remuneração pelo trabalho. Essa não é a realidade da maioria dos brasileiros, que dependem de alguma forma de remuneração para sobreviver. Nesse contexto, a obtenção das bases materiais necessárias para a fruição dos direitos fundamentais e sociais depende da renda do trabalhador, de modo que a desigualdade de renda pode ter um impacto concreto na fruição de direitos fundamentais e sociais.

Essa escolha metodológica, isto é, esse empréstimo do modo de pensar econômico *mainstream* para outras áreas da vida em sociedade – o que Sandel chama de *Sociedades de Mercado*[21] – resulta em uma simetria entre a desigualdade econômica e a desigualdade de direitos. Essa é a principal razão pela qual a desigualdade, especialmente a desigualdade de renda, deve ser uma preocupação central da arquitetura jurídica dos mercados.

Um exemplo concreto de como a desigualdade de renda impacta o gozo de direitos fundamentais e sociais é o acesso à vacina e tratamento contra Covid-19. Vários estudos já destacam os impactos da desigualdade no acesso à vacina e ao tratamento contra Covid-19[22].

---

[21] SANDEL, op. cit., p. 12.

[22] STARK, Barbara. Inequality, COVID-19, and Human Rights: Whose Lives Matter? *ILSA Journal of International and Comparative Law*, v. 27, n. 2, p. 251-274, 2020; FREY, Diane F. et al. Crises

A lógica de pensar do mercado, centrada na liberdade e racionalidade do *homo economicus*, tenta explicar o crescimento da desigualdade de renda pelo argumento da automação e novas habilidades necessárias em sociedades e mercados em constante mudança e atualização. Entretanto, essa explicação parece não convencer, ao menos segundo dados coletados pelo *Economic Policy Institute* acerca do mercado de trabalho dos Estados Unidos[23].

Figura 1: Percentual ajustado da diferença entre o salário de trabalhadores com ensino superior e daqueles somente com ensino médio

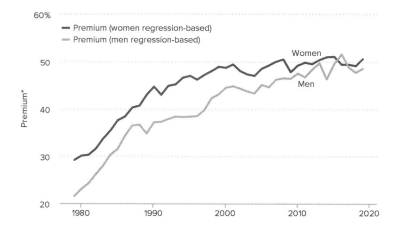

Ao se observar o gráfico (Figura 1) conclui-se que os autores do relatório têm razão ao afirmarem que não há um crescimento significativo do prêmio pago aos trabalhadores qualificados (com ensino superior, no caso) desde meados da década de 1990. Caso a explicação de automação e habilidades realmente justificasse o crescimento da desigualdade de renda esperar-se-ia certo crescimento no prêmio pago aos trabalhadores qualificados nas últimas décadas.

A hipótese de que as habilidades, talento e automação de alguma forma explicaria o crescimento da desigualdade de renda é justificada pelo modo de pensar *mainstream* econômico. Tal hipótese presume um ambiente onde o trabalhador pode investir em

---

as Catalyst: A New Social Contract Grounded in Worker Rights Special Section: Health Rights and the Urgency of the Climate Crisis. *Health and Human Rights Journal*, v. 23, n. 1, p. 153-166, 2021.

[23] MISHEL; BIVENS, op. cit., p. 105.

si mesmo, em seu *Capital Humano*[24], e negociar com poder de barganha equivalente frente aos seus empregadores.

A própria noção de *Capital Humano* traz subjacente a aceitação de que a lógica econômica permeie aspectos da vida social que antes não sofriam influência do domínio econômico até então[25], o que reforça a percepção do fenômeno que Sandel[26] caracteriza como *Sociedades de Mercado*.

Figura 2: Gráfico comparativo entre a taxa de crescimento da produtividade e a taxa de compensação dos trabalhadores

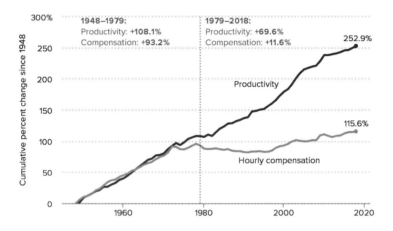

Notes: Data are for compensation (wages and benefits) of production/nonsupervisory workers in the private sector and net productivity of the total economy. "Net productivity" is the growth of output of goods and services less depreciation per hour worked.

Source: Authors' analysis of unpublished total economy productivity data from Bureau of Labor Statistics (BLS) Labor Productivity and Costs program, wage data from the BLS Current Employment Statistics, BLS Employment Cost Trends, BLS Consumer Price Index, and Bureau of Economic Analysis National Income and Product Accounts. The Productivity Pay Gap. See Bivens and Mishel (2015).

Updated from Figure A in *Raising America's Pay: Why It's Our Central Economic Policy Challenge* (Bivens et al. 2014).

Economic Policy Institute

---

[24] A expressão Capital Humano é empregada aqui no sentido da Teoria do Capital Humano, que, segundo Foucault, representa dois processos: "um que poderíamos chamar de incursão da análise econômica num campo até então inexplorado e, segundo, a partir daí e a partir dessa incursão, a possibilidade de reinterpretar em termos econômicos e em termos estritamente econômicos todo um campo que, até então, podia ser considerado, e era de fato considerado, não econômico" (FOUCAULT, Michel. *Nascimento da biopolítica*. São Paulo: Martins Fontes, 2008. p. 302.
[25] Ibid., p. 302-320.
[26] SANDEL, op. cit.

O segundo gráfico (Figura 2) revela que, apesar do crescimento da produtividade econômica, a remuneração dos trabalhadores está, em certa medida, estagnada. De alguma forma não estaria sendo repartido com os trabalhadores o produto do seu trabalho, agravando a desigualdade de renda. Isso significa que aqueles a quem Mariana Mazzucato chama de *makers* – os que produzem efetivamente os bens e serviços – estão sendo, nas palavras de Habermas, alienados daquilo que os capacitaria para exercer sua autonomia, para gozar e fruir dos seus direitos fundamentais e sociais[27].

Figura 3: Percentual da repartição dos lucros e resultados das companhias com os trabalhadores

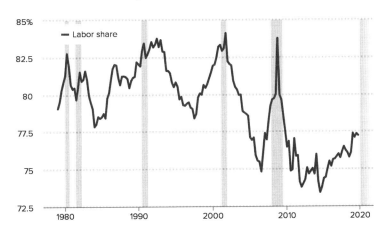

O terceiro gráfico (Figura 3) aparentemente confirma essa impressão ao demonstrar significativo declínio do percentual do lucro que as corporações repartiram com seus trabalhadores desde o início do Século XXI.

Tudo isso parece demonstrar a necessidade da reflexão jurídica acerca do problema da desigualdade de renda. Dessa forma, reconhecer que a desigualdade de renda impacta a fruição de direitos sociais e fundamentais significa também questionar como se relacionam reciprocamente a regulação jurídica dos mercados e a desigualdade de renda. A partir da reflexão de que o modo de pensar *mainstream* pode não ser suficiente para completamente representar com fidelidade a realidade apresentada ao jurista, indaga-se *qual o papel da preocupação com a desigualdade na arquitetura das políticas regulatórias?*

---

[27] HABERMAS, op. cit., p. 529.

Antes de responder essa questão é preciso responder outra, inspirada na análise de Habermas referida há pouco: *políticas regulatórias não [re]distributivas podem impactar a desigualdade de renda?*

Figura 4: Gráfico representativo do índice do Coeficiente GINI antes e depois de taxas e transferências[28]

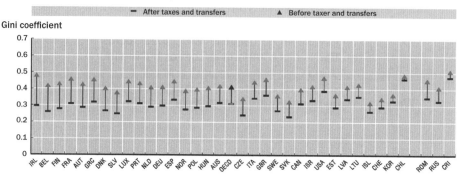

Source: OECD Income Distribution (database).

O gráfico (Figura 4) sugere que talvez a arquitetura regulatória possa repercutir na diminuição da desigualdade de renda antes da incidência dos efeitos de uma política de cunho redistributivo. Tal conclusão pode ser relevante para o reconhecimento de que a reflexão *habermasiana* trazida no início desse trabalho deve ser levada a sério, na medida que a dependência da lógica econômica redistributiva para enfrentar o problema da desigualdade de fruição de direitos pode ser insuficiente aos objetivos que se destina.

Com efeito, o gráfico da Figura 4 nos mostra que alguns países dependem mais de políticas redistributivas para redução da desigualdade do que outros, na medida em que o coeficiente GINI[29] desses Estados diminui de forma significativa após a incidência das taxas e transferências. É o caso, por exemplo, da própria média dos países da OCDE, representada em preto no centro do gráfico (Figura 4).

Por outro lado, países como a Coreia do Sul (KOR), a Suíça (CHE) e a Islândia (ISL) alcançaram níveis de coeficiente GINI inferiores a 0.4 mesmo antes da incidência das taxas e transferências, o que contribui para o reconhecimento de que a regulação jurídica dos mercados é capaz de repercutir na redução da desigualdade.

Tais evidências sugerem que políticas [re]distributivas podem não ser a única, talvez sequer a melhor, alternativa para a redução da desigualdade de renda. O reconheci-

---

[28] OECD. *Government at a Glance 2021*. Paris: Organisation for Economic Co-operation and Development, 2021. Disponível em: https://www.oecd-ilibrary.org/governance/government-at-a-glance-2021_1c258f55-en. Acesso em: 28 mar. 2022.

[29] O coeficiente GINI, ou índice GINI, é o método mais popular entre os economistas para medir a desigualdade de renda (MUKHOPADHYAY, Nitis; PRATIM SENGUPTA, Partha (orgs.). *Gini inequality index*: methods and applications. First edition. Boca Raton: CRC Press, 2021. p. 3).

Capítulo 13 · LIMITAÇÕES DA (DES)REGULAÇÃO JURÍDICA DOS MERCADOS | 255

mento da repercussão da desigualdade na arquitetura jurídica dos mercados reclama a necessidade de que esses mercados sejam regulados com objetivo de reduzir a desigualdade de renda. Diante disso, no próximo tópico, será analisada como a prevalência do modo de pensar econômico *mainstream* pode apresentar ao jurista uma visão distorcida da realidade no julgamento acerca da terceirização pelo Supremo Tribunal Federal.

4. ANÁLISE DA ARGUMENTAÇÃO DE CARÁTER ECONÔMICO UTILIZADA PELO SUPREMO TRIBUNAL FEDERAL NO JULGAMENTO ACERCA DA TERCEIRIZAÇÃO

O tema da terceirização chegou ao Supremo Tribunal Federal por meio de duas demandas de naturezas distintas, mas que de modo geral enfrentavam a mesma questão jurídica, isto é, a interpretação acerca da constitucionalidade do enunciado n. 331 da Súmula do TST[30], que trata do tema da terceirização. Em razão disso, foi realizado julgamento conjunto do RE 958.252, rel. min. Luiz Fux e da ADPF 324, rel. min. Roberto Barroso, ocasião em que os ministros do STF proferiram votos que analisavam ambos os casos. Diante de tal situação, o presente trabalho analisará, também em conjunto, linha de argumentação condutora dos acórdãos do RE 958.252 e da ADPF 324.

4.1 A controvérsia jurídica do julgamento da ADPF 324 e RE 958.252

Os casos levados a julgamento versam acerca da mesma controvérsia jurídica, a regulação jurídica do fenômeno da terceirização. A ADPF 324 foi ajuizada por entidade do setor do agronegócio contra um conjunto de decisões da Justiça do Trabalho que, em maior ou menor medida, limitavam a terceirização de mão de

---

[30] "I – A contratação de trabalhadores por empresa interposta é ilegal, formando se o vínculo diretamente com o tomador dos serviços, salvo no caso de trabalho temporário (Lei nº 6.019, de 03.01.1974).

II – A contratação irregular de trabalhador, mediante empresa interposta, não gera vínculo de emprego com os órgãos da Administração Pública direta, indireta ou fundacional (art. 37, II, da CF/1988).

III – Não forma vínculo de emprego com o tomador a contratação de serviços de vigilância (Lei nº 7.102, de 20.06.1983) e de conservação e limpeza, bem como a de serviços especializados ligados à atividade-meio do tomador, desde que inexistente a pessoalidade e a subordinação direta.

IV – O inadimplemento das obrigações trabalhistas, por parte do empregador, implica a responsabilidade subsidiária do tomador dos serviços quanto àquelas obrigações, desde que haja participado da relação processual e conste também do título executivo judicial.

V – Os entes integrantes da Administração Pública direta e indireta respondem subsidiariamente, nas mesmas condições do item IV, caso evidenciada a sua conduta culposa no cumprimento das obrigações da Lei nº 8.666, de 21.06.1993, especialmente na fiscalização do cumprimento das obrigações contratuais e legais da prestadora de serviço como empregadora. A aludida responsabilidade não decorre de mero inadimplemento das obrigações trabalhistas assumidas pela empresa regularmente contratada.

VI – A responsabilidade subsidiária do tomador de serviços abrange todas as verbas decorrentes da condenação referentes ao período da prestação laboral."

obra. Tal conjunto de decisões é representado pelo enunciado 331 da Súmula do TST (vide nota de rodapé 31). Já o RE 958.252, com repercussão geral reconhecida, representa um desses casos em que a Justiça do Trabalho limitou a terceirização de mão de obra.

Esse é o pano de fundo sobre o qual se descortina a discussão acerca do tema terceirização de mão de obra. Com efeito, o tópico seguinte trata dos critérios utilizados pelo STF na compreensão desse fenômeno econômico, e tem por objetivo identificar quais as premissas adotadas pelo STF no julgamento. Em seguida, outro tópico analisa as premissas adotadas pelo dissenso da ministra Rosa Weber, que endereça em seu voto a necessidade da regulação jurídica dos mercados preocupada com a redução da desigualdade, especialmente de renda.

4.2 Os Filtros Cognitivos utilizados pelo STF para compreensão do fenômeno da terceirização da mão de obra

A partir dos conceitos explorados nos tópicos anteriores, como o pensamento econômico *mainstream* e suas limitações, bem como as implicações recíprocas entre desigualdade de renda e regulação jurídica dos mercados, é possível investigar quais *Filtros Cognitivos* foram utilizados pelo STF no julgamento acerca da terceirização. Esse tópico se incumbe dessa tarefa, a identificação dos *Filtros Cognitivos* utilizados e, em que medida, a escolha desses filtros repercute na regulação jurídica dos mercados.

O acórdão sugere que os novos arranjos contratuais como a terceirização surgem de um processo histórico, de certa forma inevitável, sobre o qual o direito estatal não teria capacidade de regular. Afirma, também que esse processo histórico é o motor do desenvolvimento e possibilita o progresso da sociedade na medida em que aumenta a capacidade de produção da economia, gerando maior eficiência na alocação de recursos pelo aumento da capacidade competitiva das empresas, o que por sua vez seria revertido em prol de toda sociedade[31]. O seguinte trecho do acórdão sustenta esse ponto de vista:

> A terceirização é muito mais do que uma forma de reduzir custos trabalhistas por meio de uma suposta precarização do trabalho, tal como alegado pelos que a ela se opõem. Pode, em verdade, constituir uma estratégia sofisticada e, eventualmente, imprescindível para amentar a eficiência econômica, promover a competitividade das empresas brasileiras e, portanto, manter e ampliar os postos de trabalho.

O trecho acima, além de pressupor ingenuamente que os ganhos de eficiência decorrentes da terceirização seriam revertidos em favor dos trabalhadores, não corresponde com os dados trazidos no tópico anterior acerca do crescimento da discrepância entre a taxa de remuneração dos trabalhadores e a taxa de produtividade desses mesmos

---

[31]   STF, ADPF 324, Tribunal Pleno, Rel. Min. Roberto Barroso, j. 30.08.2018, *DJe* 06.09.2019, p. 47-51.

Capítulo 13 · LIMITAÇÕES DA (DES)REGULAÇÃO JURÍDICA DOS MERCADOS | 257

trabalhadores, sugerindo, de certo modo, a ocorrência de extração de valor por agentes econômicos que Mariana Mazzucato denominaria de *fakers*, isto é, aqueles que não contribuíram para a geração de valor[32].

Em outro ponto, o acórdão rememora a Teoria da Firma de Ronald Coase, segundo a qual a organização empresarial busca reproduzir as condições de mercado em uma estrutura hierarquizada em que os custos de transação seriam reduzidos, gerando ganhos de eficiência pela especialização das empresas com a consequente contratação terceirizada de mão de obra de outras empresas também especializadas naquela atividade[33].

O acórdão do STF parte de uma premissa equivocada de que a formação da disciplina econômica e suas ferramentas matemáticas não sofreram influxos ideológicos, isto é, a noção de mercados tendentes ao equilíbrio e os modelos daí decorrentes seriam fruto de escolhas valorativas dos seus formuladores e defensores.

Morgan (2001) diverge dessa premissa ao analisar a formação do pensamento econômico moderno[34]. Cita como exemplo as políticas de auxílio econômico pós-guerra destinados à reconstrução do continente europeu, no contexto do Plano Marshall, que eram vinculados às medidas de política econômica e fiscal a serem implementadas pelos países destinatários do auxílio[35].

É possível extrair da fundamentação do acórdão que o relator parte de uma compreensão da economia como mecanismo separado da ação humana pelo qual a alocação de bens, serviços e até mesmo direitos, ocorre de forma eficiente diante da conduta de agentes econômicos auto interessados e racionais[36]. A afirmação de que o emprego, renda e qualquer outro direito dos trabalhadores pressupõe e está subordinado ao desenvolvimento econômico do mercado sugere que não é reconhecida a capacidade da regulação jurídica dos mercados influenciar o funcionamento dos mercados, em especial as relações de trabalho e emprego[37].

Ao partir de premissas econômicas de caráter *mainstream* sem refletir sobre as suas origens, aplicações e consequências, o acórdão lança mão de *Filtros Cognitivos* insuficientes para compreensão de todos os complexos aspectos da relação jurídica de trabalho terceirizado e suas repercussões em outros problemas, como a desigualdade de renda. Ademais, tais filtros condicionam a resposta regulatória à lógica de mercado, insuficiente para garantir a distribuição de direitos[38].

---

[32] MAZZUCATO, Mariana. *O valor de tudo*: produção e apropriação na economia global. São Paulo: Portfolio-Penguin, 2020.

[33] STF, ADPF 324, Tribunal Pleno, Rel. Min. Roberto Barroso, j. 30.08.2018, *DJe* 06.09.2019, p. 138.

[34] MORGAN, op. cit., p. 32-36.

[35] Para uma discussão mais profunda acerca da exigência de adoção de determinadas políticas econômicas e fiscais em países em desenvolvimento para a obtenção de algum benefício econômico conferir: CHANG, Ha-Joon. *Chutando a escada*: a estratégia do desenvolvimento em perspectiva histórica. São Paulo: Unesp, 2004.

[36] STF, ADPF 324, Tribunal Pleno, Rel. Min. Roberto Barroso, j. 30.08.2018, *DJe* 06.09.2019, p. 21-25.

[37] HABERMAS, op. cit.

[38] "O risco do desemprego é a assombração das próximas gerações. A sociedade, as empresas, o direito do trabalho e o sindicalismo precisam adaptar-se ao novo tempo. A história não para.

Ao citar Acemoglu e Robinson o acórdão estabelece um falso paralelo entre a inovação e a criação de novos arranjos contratuais para regular a relação de trabalho[39]. De fato, a inovação tecnológica contribui para o progresso da sociedade na medida em que produz e aplica conhecimentos científicos otimizando atividades e criando outras novas[40]. Entretanto, o reconhecimento do ganho de eficiência pelo STF ocorre através de *Filtro Cognitivo* que mede a geração de valor pelo aumento da lucratividade da atividade econômica, equiparando-as.

Além disso, a partir da geração de valor decorrente da terceirização, é importante responder a seguinte questão: *quem são os destinatários do valor gerado pela eficiência na contratação de mão de obra terceirizada?*

O tópico anterior demonstrou que as últimas décadas testemunharam um aumento de produtividade dos trabalhadores que não foi acompanhado pela parcela de lucro das empresas a eles destinados, o que sugere que a regulação jurídica das relações de trabalho tem sido complacente com a extração de valor através de rentismo[41-42].

Apesar disso, o STF parece não ter assumido a premissa de que a regulação jurídica do contrato de trabalho pode contribuir para endereçar o problema da desigualdade de renda a partir de um marco efetivamente democrático, em que os trabalhadores participem e contribuam para o desenho regulatório e exerçam efetivamente sua autonomia. Essa ideia de autonomia – que compreende a liberdade dos seres humanos na medida em que obedecem aos regulamentos "que deram a si próprios segundo entendimentos alcançados intersubjetivamente"[43] –, faz parte do núcleo dogmático do Estado Democrático de Direito.

Não se pode deixar de reconhecer, todavia, que houve sim a preocupação do Supremo Tribunal Federal com direitos sociais e fundamentais da relação de trabalho, como a equiparação das exigências relacionadas à saúde e segurança do trabalhador terceirizado com os mesmos critérios usados em relação aos empregados da toma-

---

(...). É inevitável que, nesta realidade que eu acabo de descrever, o Direito do Trabalho passe em todos os países de economia aberta por transformações extensas e muito profundas. Não se trata propriamente – e eu queria deixar claro – de escolhas ideológicas ou preferências filosóficas. Trata-se, na verdade, do curso da história" (STF, ADPF 324, Tribunal Pleno, Rel. Min. Roberto Barroso, j. 30.08.2018, *DJe* 06.09.2019, p. 20).

[39] STF, ADPF 324, Tribunal Pleno, Rel. Min. Roberto Barroso, j. 30.08.2018, *DJe* 06.09.2019, p. 126-130.

[40] ACEMOGLU, Daron; ROBINSON, James A. *Why nations fail*: the origins of power, prosperity, and poverty. New York: Crown Business, 2012.

[41] STIGLITZ, Joseph E. *Povo, poder e lucro capitalismo progressista para uma era de descontentamento*. Rio de Janeiro: Record, 2020. p. 208-219.

[42] Para compreender algumas propostas de regulação jurídica dos mercados que endereçam o problema da desigualdade de renda ver o Capítulo 9 "Restaurando uma economia dinâmica com trabalho e oportunidade para todos" (STIGLITZ, op. cit., p. 201-229).

[43] "Assim como o próprio Estado de direito, essa compreensão paradigmática retém por certo um núcleo dogmático: a ideia de autonomia, pela qual seres humanos somente podem agir como sujeitos livres na medida em que obedecem apenas às leis que deram a si próprios segundo entendimentos alcançados intersubjetivamente" (HABERMAS, op. cit., p. 562).

dora[44]. Nada obstante, tal preocupação decorre apenas de uma concepção formal do ordenamento jurídico, isto é, a preocupação do STF está muito mais voltada ao cumprimento formal da legislação do que à reflexão acerca da fruição efetiva desses direitos pelos trabalhadores.

Contribui para essa conclusão o fato de que o acórdão do STF rechaça estudos e conclusões trazidas por entidades da sociedade civil admitidas como *amici curiae* no processo de controle concentrado de constitucionalidade numa linha de argumentação que está voltada muito mais à metodologia desses estudos do que as suas reflexões. Tais estudos, por não adotarem premissas econômicas relacionadas ao pensamento *mainstream*, como equilíbrio e racionalidade dos agentes econômicos, não se prestariam ao auxílio da compreensão daquela realidade pelo STF[45].

Também não se deve deixar de reconhecer que, em certos pontos do acórdão, é levantada a questão da desigualdade de renda, no entanto, o acórdão enfrenta o tema de maneira superficial[46]. Ao discordar de estudos trazidos pelos *amici curiae* que indicavam um prêmio de 24,7% na remuneração dos trabalhadores não terceirizados, preferiu utilizar outro estudo que indicava um prêmio inicial, ainda alto, de 17%, com redução para 12% quando computadas as características observáveis que impactam na remuneração, como raça e gênero[47].

Todavia, apesar do reconhecimento de que a opção pela terceirização de mão de obra envolve uma relação complexa entre fatores econômicos e não econômicos, o STF parece persistir na utilização de *Filtros Cognitivos* decorrentes do pensamento econômico *mainstream*, na medida em que condiciona os ganhos de eficiência decorrentes da terceirização apenas ao cumprimento das normas de Direito do Trabalho e Direito Previdenciário[48].

---

[44] STF, ADPF 324, Tribunal Pleno, Rel. Min. Roberto Barroso, j. 30.08.2018, *DJe* 06.09.2019, p. 37-38.

[45] STF, ADPF 324, Tribunal Pleno, Rel. Min. Roberto Barroso, j. 30.08.2018, *DJe* 06.09.2019, p. 147-159.

[46] "Há uma discussão quanto ao oferecimento de salários inferiores. Quem teve chance de ler os memoriais pôde observar que, nos memoriais da CUT e dos *amici curiae*, sustentou-se que haveria uma remuneração em média 24% inferior dos casos de terceirização. O IPEA tem números completamente diferentes e uma posição totalmente diferente em relação ao impacto da terceirização sobre o mercado de trabalho" (STF, ADPF 324, Tribunal Pleno, Rel. Min. Roberto Barroso, j. 30.08.2018, *DJe* 06.09.2019, p. 41).

[47] STF, ADPF 324, Tribunal Pleno, Rel. Min. Roberto Barroso, j. 30.08.2018, *DJe* 06.09.2019, p. 54-55.

[48] A tese fixada pelo Supremo Tribunal Federal confirma essa percepção: "1. É lícita a terceirização de toda e qualquer atividade, meio ou fim, não se configurando relação de emprego entre a contratante e o empregado da contratada. 2. Na terceirização, compete à contratante: i) verificar a idoneidade e a capacidade econômica da terceirizada; e ii) responder subsidiariamente pelo descumprimento das normas trabalhistas, bem como por obrigações previdenciárias, na forma do art. 31 da Lei 8.212/1993" (STF, ADPF 324, Tribunal Pleno, Rel. Min. Roberto Barroso, j. 30.08.2018, *DJe* 06.09.2019, p. 348).

4.3 O dissenso da ministra Rosa Weber no julgamento da terceirização pelo Supremo Tribunal Federal

O dissenso oferece uma alternativa às premissas utilizadas pelo STF no julgamento da terceirização, nas palavras da ministra Rosa Weber: "[C]ompreender um fenômeno social implica admitir a existência de diversos olhares a seu respeito"[49].

Ao refletir criticamente sobre as premissas do modo de pensar *mainstream* econômico o dissenso renuncia àqueles filtros cognitivos e passa a compreender outros aspectos do fenômeno social proporcionado por análises interdisciplinares que partem de premissas diversas. A terceirização passa a ser compreendido então como um desvirtuamento da relação bilateral de emprego, incumbindo o jurista de indagar acerca das suas consequências práticas para o trabalho, trabalhador e empregador.

Não é por outro motivo que o primeiro questionamento que a ministra Rosa Weber levanta em seu dissenso é saber "o papel dessa relação de emprego no acesso aos direitos sociais e constitucionais dos trabalhadores", justamente por reconhecer que o acesso à renda é indispensável para obtenção de bases materiais necessárias ao exercício dos direitos fundamentais e sociais[50-51]. Ou seja, o dissenso reconhece que a desigualdade de renda impacta a fruição de direitos constitucionais.

Com efeito, a divergência reconhece enfaticamente a inexistência da paridade de poder de barganha na relação contratual trabalhista. Admite, ao contrário, a insuficiência do paradigma do Direito Civil de igualdade formal dos contratantes para compreensão da relação de trabalho, na qual a desigualdade material reclama do direito estatal regulação apropriada. A partir dessa reflexão o Direito do Trabalho passa a endereçar o problema da desigualdade dos contratantes, dentre outras formas, pela regulação jurídica da terceirização de mão de obra.

Diante disso, busca compreender o fenômeno da terceirização através de lentes de outras disciplinas, como a Sociologia do Trabalho e História do Trabalho, para compreender "o fenômeno e seus impactos sobre as condições de vida do trabalho e dos sujeitos envolvidos"[52]. Foi precisamente essa análise que conduziu o dissenso apresentado pela Ministra Rosa Weber.

Tal método de análise se mostra necessário para conferir maior amplitude aos objetivos constitucionais da política econômica, dentre os quais se insere a preocupação com emprego e renda. Assim, o dissenso evita subordinar o debate jurídico às análises de caráter econômico, tomando cuidado especial para não empregar premissas fictas como o equilíbrio dos mercados ou a racionalidade dos agentes econômicos, pois tais *Filtros Cognitivos* repercutem na impressão que o julgador possui da realidade social.

---

[49]   STF, ADPF 324, Tribunal Pleno, Rel. Min. Roberto Barroso, j. 30.08.2018, *DJe* 06.09.2019, p. 214.

[50]   STF, ADPF 324, Tribunal Pleno, Rel. Min. Roberto Barroso, j. 30.08.2018, *DJe* 06.09.2019, p. 242.

[51]   Castro compartilha da mesma preocupação ao propor em sua Análise Jurídica da Política Econômica, a investigação justamente acerca da efetividade dos direitos, isto é, o direito em ação e a fruição e gozo dos direitos fundamentais e sociais (CASTRO, Marcus Faro de; FERREIRA, Hugo Luís Pena (orgs.). *Análise jurídica da política econômica*: a efetividade dos direitos na economia global. Curitiba: Editora CRV, 2018. p. 29).

[52]   STF, ADPF 324, Tribunal Pleno, Rel. Min. Roberto Barroso, j. 30.08.2018, *DJe* 06.09.2019, p. 217.

Paralelamente, ao tratar das possíveis consequências econômicas da regulação jurídica da terceirização nos termos do enunciado 331 da Súmula do TST o dissenso questiona a ideia enraizada na argumentação do acórdão segundo a qual a liberalização das relações de trabalho conduziria ao aumento de emprego, renda e desenvolvimento[53].

O tópico anterior, ao analisar os *Filtros Cognitivos* utilizados pela maioria vencedora no julgamento acerca da terceirização, demonstrou que o STF adotou a premissa de que a liberalização das regras de terceirização de mão de obra conduziria ao desenvolvimento do mercado de trabalho, com a criação de vagas de empregos formais e diminuição da informalidade.

Nesse ponto, é relevante a mudança de perspectiva a partir da divergência da ministra Rosa Weber, que passa a observar o fenômeno da terceirização a partir de diversos pontos de vista, inclusive aqueles *Filtros Cognitivos* utilizados pela corrente majoritária. Em seu voto, Rosa Weber assume a necessidade de compreender o contexto histórico e econômico, do qual a desigualdade de renda faz parte.

Logo, é possível concluir que o dissenso admite que os *Filtros Cognitivos* decorrentes do pensamento econômico *mainstream* são insuficientes para compreensão do fenômeno da terceirização, em suas diversas faces. Para além disso, a divergência tece uma crítica à própria noção de valor, no qual aprofunda seu significado para que dele passem a fazer partes outros bem jurídicos-constitucionais relevantes. Assim, o dissenso realiza um exercício fundamental para o debate da regulação jurídica dos mercados, o de compreender a capacidade e necessidade de o direito estatal influenciar os mercados e proteger o sistema constitucional da subordinação pelo modo de pensar econômico *mainstream*. Dessa forma, o jurista evitará debater a partir de uma compreensão estreita e imprecisa da realidade estará mais preparado para refletir criticamente acerca dos *Filtros Cognitivos* empregados em sua análise[54].

5. CONCLUSÃO

A crítica ao pensamento econômico *mainstream* não é novidade na economia, como demonstrado no tópico inicial deste trabalho. A noção de equilíbrio dos mercados e de racionalidade dos agentes econômicos em torno de uma noção abstrata de eficiência parte de uma compreensão grotesca e imprecisa da realidade. Esse conjunto de ideias limita o endereçamento de questões regulatórias a partir de valores não econômicos, bem como acaba vinculando a fruição de direitos constitucionais à capacidade financeira e econômica dos cidadãos.

Essas reflexões, trazidas nos dois tópicos iniciais do artigo, são relevantes para o debate acerca da Lei de Liberdade Econômica, que em certa medida adota metodologias consequencialistas e parte de pressupostos econômicos que, quando utilizados de forma exclusiva, podem apresentar ao jurista uma compreensão estreita e imprecisa da realidade. A insistência na subordinação do discurso jurídico por corrente de pensamento econômico pode ser capaz de transferir ao direito, ainda que involuntariamente, os

---

[53] STF, ADPF 324, Tribunal Pleno, Rel. Min. Roberto Barroso, j. 30.08.2018, *DJe* 06.09.2019, p. 254-261.

[54] MISHEL; BIVENS, op. cit.

pressupostos, valores e ideologias de corrente teórica econômica, *in casu*, o pensamento econômico *mainstream*.

Nada obstante, é possível notar, ainda durante as sustentações orais do julgamento da terceirização, que algumas das partes estavam atentas às reflexões trazidas nos tópicos anteriores, notadamente quando reconhecem e advertem a importância de não compreender o fenômeno do trabalho apenas sob a perspectiva do pensamento econômico tradicional[55]. Sob essa perspectiva, a arquitetura da regulação jurídica das relações de trabalho desenhada pela Constituição de 1988 incorpora preocupações fundamentais à dignidade da pessoa humana, com a preocupação de que a remuneração do trabalhador seja suficiente para garantir-lhe as bases materiais necessárias ao gozo dos direitos fundamentais e sociais como saúde, educação, moradia, lazer, alimentação *etc*. O trabalho, portanto, deixa de ser uma mercadoria.

O reconhecimento de que o trabalho é direito humano fundamental e não uma mercadoria impede a aplicação de uma série de ferramentas e lógicas do mercado na sua regulação. Compreender o trabalho como mercadoria e aplicar a lógica de mercado nas relações trabalhistas contribui para a monetarização de aspectos da vida social que deveriam ser imunes às condições econômicas dos sujeitos de direitos. A economia de mercado e sua lógica de funcionamento são ferramentas efetivas e valiosas para a organização eficiente da atividade produtiva, no entanto, a aplicação dessa lógica aos demais aspectos da vida social monetiza outros valores sociais que, a rigor, não deveriam obedecer a essa lógica[56], subtraindo especialmente a solidariedade dessa equação, afinal, o *homo economicus* é um ator econômico egoísta.

Ademais, segundo a crítica de Habermas ao Estado Social, os direitos só existem na medida em que são fruídos, gozados. Com efeito, a tentativa de distribuição de direitos a partir da lógica redistributiva tem se mostrado ineficiente para endereçar os efeitos da desigualdade de renda sobre a fruição de direitos constitucionais, fenômeno que Sandel denomina de Sociedades de Mercado.

Entretanto, a corrente majoritária do julgamento acerca da terceirização não endereçou ou refletiu sobre os efeitos da desigualdade de renda na fruição dos direitos fundamentais e em que medida o direito estatal é capaz de reduzi-la, seja ele fruto da atividade legislativa/normativa, seja fruto da atividade jurisdicional. Significa dizer que o emprego de outros *Filtros Cognitivos* pode galvanizar o debate acerca do momento, medida e intensidade da regulação jurídica dos mercados, ao invés do pueril debate entre regular e desregular.

A ideia de que a liberalização das relações de trabalho conduz ao melhor resultado na medida em que as partes ficam livres para negociar diretamente suas obrigações coincide com o Teorema de Coase. Entretanto, esse mesmo teorema exige condições que devem ser cumpridas a fim de que o resultado da negociação direta entre as partes seja satisfatório, dentre eles a racionalidade dos agentes, seu total conhecimento das informações necessárias para a tomada de decisão, a paridade do poder de barganha entre ambos e ausência ou insignificância dos custos de transação. Não é o que se

---

[55] Conferir sustentações orais da Procuradoria-Geral da República, Dra. Raquel Elias Ferreira Dodge e do advogado de um dos *amici curiae*, Dr. José Eymard Loguercio.

[56] SANDEL, op. cit., p. 12-13.

Capítulo 13 · LIMITAÇÕES DA (DES)REGULAÇÃO JURÍDICA DOS MERCADOS | 263

encontra na realidade quando, não raro, uma das partes depende da sua remuneração periódica pelo trabalho para fruição de direitos básicos como alimentação, educação, moradia *etc.*

Com efeito, o julgamento da terceirização pelo STF ainda não oferece resposta sobre como a regulação jurídica dos mercados deve enfrentar o problema da desigualdade de renda, especialmente diante do crescimento da taxa de disparidade entre a produtividade média dos trabalhadores e o percentual que lhes é conferido dos lucros e ganhos empresariais (Figura 2). Esse contexto indica ainda a existência de outro problema, o fortalecimento de um processo de rentismo em que o valor é extraído por aqueles que não contribuíram para a sua geração através do trabalho (Figura 3). Talvez a mudança de paradigma de tratamento do trabalho como direito humano fundamental ao invés de mercadoria possa permitir o desenho de um sistema trabalhista onde a geração e extração de valor sejam coerentes com a estatura constitucional das relações de trabalho, isto é, uma ferramenta para a redução da desigualdade de renda. No entanto, o endereçamento dessas questões pela arquitetura jurídica dos mercados demanda o abandono dos *Filtros Cognitivos* decorrentes do modo de pensar *mainstream* econômico, de forma a permitir ao jurista compreender a realidade através de vários pontos de vista, isto é, sob as lentes de várias disciplinas, e melhor responder à sua complexidade[57].

De modo contrário, o dissenso da ministra Rosa Weber empregou *Filtros Cognitivos* diversos, especialmente acerca das implicações da desigualdade de renda na fruição de direitos constitucionais e, também, o reconhecimento da discrepância de capacidade de barganha entre as partes da relação trabalhista, que a partir do contrato de terceirização se torna ainda mais desigual, na medida em que o trabalhador terceirizado é colocado entre dois empregadores, cada um orientado à maximização da respectiva eficiência operacional.

O dissenso reconhece, portanto, que a inovação jurídica advinda da terceirização de mão de obra como novo arranjo contratual trabalhista gera eficiência às empresas, tanto que terceirizam como as que fornecem a terceirização. Ocorre que, por empregar filtros cognitivos que dificultam a compreensão da realidade pelo jurista, o STF deixou de refletir criticamente sobre as premissas do pensamento econômico *mainstream* utilizadas pela corrente majoritária.

Assim, imagina-se que o trabalho apresentado contribua para reflexões críticas acerca de como as ideias do modo de pensar econômico *mainstream* têm influenciado a (des)regulação jurídica dos mercados. A partir daí e das repercussões recíprocas entre regulação jurídica dos mercados e a desigualdade de renda, espera-se que o trabalho contribua para conferir ao jurista uma compreensão fidedigna da realidade, especialmente a partir do reconhecimento da capacidade de medidas não (re)distributivas em reduzir a desigualdade social (Figura 4).

REFERÊNCIAS

ACEMOGLU, Daron; ROBINSON, James A. *Why nations fail*: the origins of power, prosperity, and poverty. New York: Crown Business, 2012.

---

[57] AYRES, Ian; BRAITHWAITE, John. *Responsive regulation*: transcending the deregulation debate. New York: Oxford University Press, 1992.

AYRES, Ian; BRAITHWAITE, John. *Responsive regulation*: transcending the deregulation debate. New York: Oxford University Press, 1992. (Oxford socio-legal studies)

BLAUG, Mark. The Formalist Revolution of the 1950s. *Journal of the History of Economic Thought*, v. 25, n. 2, p. 145-156, 2003.

BRASIL. Lei 13.874/2019.

CASTRO, Marcus Faro de; FERREIRA, Hugo Luís Pena (orgs.). *Análise jurídica da política econômica*: a efetividade dos direitos na economia global. Curitiba: Editora CRV, 2018.

CHANG, Ha-Joon. *Chutando a escada*: a estratégia do desenvolvimento em perspectiva histórica. São Paulo: Unesp, 2004.

FLIGSTEIN, Neil. *The architecture of markets*: an economic sociology of twenty-first-century capitalist societies. Princeton: Princeton University Press, 2001.

FOUCAULT, Michel. *Nascimento da biopolítica*. São Paulo: Martins Fontes, 2008.

FRAZÃO, Ana. *Direito da concorrência*: pressupostos e perspectivas. São Paulo: Saraiva, 2017.

FRAZÃO, Ana; SALOMÃO, Luis Felipe; CUEVA, Ricardo Villas Bôas. *Lei de Liberdade Econômica e seus impactos no direito brasileiro*. São Paulo: Revista dos Tribunais, 2020.

FREY, Diane F. et al. Crises as Catalyst: A New Social Contract Grounded in Worker Rights Special Section: Health Rights and the Urgency of the Climate Crisis. *Health and Human Rights Journal*, v. 23, n. 1, p. 153-166, 2021.

GRAU, Eros Roberto. *A ordem econômica na Constituição de 1988*: interpretação e crítica. 14. ed. rev. e atual. São Paulo: Malheiros, 2010.

HABERMAS, Jürgen. *Facticidade e validade*: contribuições para uma teoria discursiva do direito e da democracia. Trad. Felipe Gonçalves Silva; Rúrion Melo. São Paulo: Ed. Unesp, 2020.

KENNEDY, David. Law and the Political Economy of the World. *Leiden Journal of International Law*, v. 26, n. 1, p. 7-48, 2013.

MAZZUCATO, Mariana. *O valor de tudo*: produção e apropriação na economia global. São Paulo: Portfolio-Penguin, 2020.

MISHEL, Lawrence; BIVENS, Josh. Identifying the policy levers generating wage suppression and wage inequality. *Economic Policy Institute*, v. 13, p. 2021, May 2021.

MORGAN, Mary. The Formation of 'Modern' Economics: Engineering and Ideology. Working Paper. London School of Economics, Dept. of Economic History Working paper 62, v. 1, p. 1-43, 2001.

MUKHOPADHYAY, Nitis; PRATIM SENGUPTA, Partha (orgs.). *Gini inequality index*: methods and applications. First edition. Boca Raton: CRC Press, 2021.

RHODES, R. A. W.; BINDER, Sarah A.; ROCKMAN, Bert A. (orgs.). *The Oxford handbook of political institutions*. New York: Oxford University Press, 2006. (Oxford handbooks of political science)

SANDEL, Michael J. *What money can't buy*: the moral limits of markets. 1. paperback ed. New York: Farrar, Straus and Giroux, 2013.

SCHUMPETER, Joseph A. *Capitalismo, socialismo e democracia*. São Paulo: Ed. Unesp, 2017.

STARK, Barbara. Inequality, COVID-19, and Human Rights: Whose Lives Matter? *ILSA Journal of International and Comparative Law*, v. 27, n. 2, p. 251-274, 2020.

STIGLITZ, Joseph E. *Povo, poder e lucro capitalismo progressista para uma era de descontentamento*. Rio de Janeiro: Record, 2020.

SUNSTEIN, Cass R. *Free markets and social justice*. New York: Oxford University Press, 1999.

LEGISLAÇÃO E JULGADOS

BRASIL. *Constituição da República Federativa do Brasil de 1988*. 5 out. 1988.

BRASIL. Lei 13.874, de 20 de setembro de 2019. *DOU* 20.09.2019 – Edição extra-B.

STF, ADPF 324, Tribunal Pleno, Rel. Min. Roberto Barroso, j. 30.08.2018, *DJe* 06.09.2019.

STF, RE 958.252, Tribunal Pleno, Rel. Min. Luiz Fux, j. 30.08.2018, *DJe* 06.09.2019.

Capítulo 14

REGULAÇÃO POR EVIDÊNCIA: PERSPECTIVAS E LIMITAÇÕES – DESIGUALDADE EM SAÚDE

Marina Fontes de Resende

Advogada. Graduada em Direito pelo Centro Universitário de Brasília.
Mestre em Direito e Políticas Públicas pelo Centro Universitário de Brasília.
Doutoranda em Direito pela Universidade de Brasília.

1. INTRODUÇÃO

Os modelos econômicos utilizados como base de políticas públicas são, com frequência, descolados do mundo real. Muitas vezes os economistas confundem a beleza de seus modelos com a realidade[1], o que explica o fato de várias verdades econômicas terem caído recentemente[2].

O distanciamento dos modelos econômicos da realidade pode ser explicado pelo pouco diálogo existente entre a economia e as demais disciplinas acadêmicas, o que dificulta a compreensão das consequências reais e dos impactos das políticas regulatórias. A paixão pelo modelo gera o que ficou denominado como idolatria do método e o pensamento de que a economia é capaz de predizer com precisão e alto rigor de acurácia as consequências de aplicação de determinada política pública[3].

Os economistas apaixonados por seus métodos econômicos defendem que essa deveria ser a principal, senão única, fonte para tomada de decisões regulatórias dos mercados e desenvolvimento de políticas públicas[4]. Desconsideram, no entanto, as limitações desses modelos econômicos, ignorando a economia comportamental, adotando a premissa do *homo economicus*, de que a ação humana é sempre racional, de busca de custo-benefício, voltada à maximização de utilidades[5].

---

[1] KRUGMAN, Paul. *Arguing with zombies. Economics, Politics, and the Fight for a Better Future.* New York, W.W. Norton and Company, 2020.

[2] RODRIK, Dani. *Economics Rules. The rights and wrongs of the dismal science.* New York: W.W. Norton and Company, 2015.

[3] MULLER, Jerry Z. *The tyranny of metrics.* New Jersey: Princeton University Press, 2018.

[4] MULLER, Jerry Z. *The tyranny of metrics.* New Jersey: Princeton University Press, 2018.

[5] KAHNEMAN, Daniel; SIBONY, Olivier; SUNSTEIN, Cass. Noise. *A Flaw in Human Judgment.* Little Brown Spark, 2021.

Os modelos baseados na premissa de equilíbrio natural do mercado, defendidos pelos Chicago Boys, partem da premissa de que a ciência econômica está mais para a ciência natural do que para a ciência social. Partindo dessa ideia, economistas econometristas criam modelos cada vez mais descolados da realidade e ignoram importantes aspectos do comportamento econômico, desumanizando a ação humana e desconsiderando questões como origem do indivíduo, ideologias, incertezas e relações[6].

A lógica do utilitarismo e busca pelo custo-benefício traz muitas vezes dificuldades na seara do Direito, quando o que se está inserindo na calculadora são direitos fundamentais, como, por exemplo, a saúde. Economistas tendem a adotar uma noção de bem-estar estrita ao ganho ou consumo material, sem considerar, no entanto, valores importantes para a vida, como o respeito da comunidade, família e amigos, dignidade, entre outros[7].

A saúde do indivíduo não pode ser traduzida na lógica de custo-benefício porque se mostra impossível calcular o valor da vida e da saúde humana. Não se trata de um produto quantificável e objetivo. A quantificação, por si só, apresenta limitações que exigem uma reflexão mais cuidadosa. Nos termos de Jerry Muller, nem tudo o que é contável conta e nem tudo o que conta é contável[8].

A escolha política desempenhada pelo Governo Federal brasileiro para enfrentar a pandemia de Covid-19, conhecida como imunidade de rebanho, foi baseada na Declaração de Great Barrington[9]. As previsões lançadas pelo estudo e apostadas pelo governo brasileiro geraram grande concentração de pessoas adoecidas e um colapso do sistema de saúde de algumas cidades brasileiras. O que resultou foi um alto custo de mortalidade da população mais vulnerável, aumentando a desigualdade social em saúde no país[10].

A regulação por evidências deve considerar que não há jamais objetividade absoluta por parte dos cientistas e, reconhecendo as limitações desse tipo de regulação, considerem a utilização de habilidades e ferramentas disponíveis em múltiplas disciplinas, olhando para o problema a ser solucionado com as mais variáveis "lentes", em busca de uma solução mais próxima da realidade que possível.

2. REGULAÇÃO POR EVIDÊNCIA

Após a Segunda Grande Guerra, a economia global se dividiu em duas grandes vertentes. Uma que compartilha da premissa de Keynes, de que não é possível prever com certeza as escolhas dos indivíduos, conhecida pela célebre frase "we simply don't

---

[6] DOBBIN, Frank. *The new economic sociology. A reader*. Princeton: Princeton University Press, 2004.

[7] BANERJEE, Abhijit; DUFLO, Esther. *Good Economics for Hard Times*. New York: Public Affairs, 2019, p. 8.

[8] MULLER, Jerry Z. *The tyranny of metrics*. New Jersey: Princeton University Press, 2018.

[9] KULLDORFF, Martin; GUPTA, Sunetra; BHATTACHARYA, Jay. *Great Barrington Declaration*. American Institute for Economic Research. Massachussetts, 2020.

[10] FARIZA, Ignacio. Coronavírus joga sal sobre a ferida da desigualdade e aumenta a diferença econômica. Economia. *El País Brasil*, Madrid, 2020.

know" e a outra que segue a crença do comportamento racional e no cálculo de administração do risco[11].

A partir da década de 1960, os economistas se tornaram os orientadores das políticas públicas, sob o argumento de que as leis naturais tendem ao equilíbrio do mercado[12]. Essa premissa de racionalidade e estabilidade dos mercados reforçam a ideia de previsibilidade dos acontecimentos, bem como de controle e cálculo de riscos. A linguagem matemática e o acalento gerado para o regulador basear suas decisões em estudos econômicos gerou a regulação por evidências.

A regulação por evidências, pode ser realizada de forma positiva (*good economics*) ou negativa (*bad economics*). A má economia se relaciona com as predições e a futurologia[13]. A boa economia, por sua vez, parte da premissa de que a melhor coisa que os economistas podem fazer não é compartilhar os resultados de suas conclusões, mas sim demonstrar a forma como chegaram até tais conclusões; expor os caminhos adotados para alcançar os resultados; esclarecer quais os fatos partiram para adoção da metodologia; dizer como os fatos foram interpretados; quais foram os passos dedutivos que adotaram; e quais incertezas remanesceram[14].

Os vencedores do Prêmio Nobel de economia de 2019, Banerjee e Duflo, listam as seguintes etapas a serem percorridas pela boa economia: (i) reconhece fatos complicados; (ii) cria hipóteses com o que já é conhecido do comportamento humano e no que já foi mostrado pelas teorias anteriores; (iii) utiliza de dados para testar as hipóteses; (iv) volta atrás para ajustar as hipóteses se um novo conjunto de fatos as contrariarem; e (v) propõe uma solução[15].

Alertam, ainda, para o fato de que a ignorância, as intuições, a ideologia e a inércia combinam para nos dar respostas que parecem plausíveis e prometem respostas fáceis para problemas complexos, nos traindo do ponto de vista preditivo[16].

A má-economia parte da lógica de busca exclusiva por custo-benefício, considerando como benefício a maioria das vezes o capital, o que leva os economistas a enxergarem determinadas circunstâncias com a lente distorcida, ignorando dados do mundo real e indicando um caminho distante da realidade[17]. As análises de custo-benefício, em muitos casos apresenta uma maquiagem de objetividade para encobrir decisões enganadas que foram tomadas, na verdade, com base em outros fundamentos[18].

---

[11] BERNSTEIN, P. L. *Against the gods*: the remarkable story of risk. New York: John Wiley & Sons, 1996.

[12] APPELBAUM, Binyamin. *The Economist's Hour. False prophets, free markets, and the fracture of society*. New York: Little, Brown and Company, 2019.

[13] BANERJEE, Abhijit; DUFLO, Esther. *Good Economics for Hard Times*. New York: Public Affairs, 2019, p. 6.

[14] BANERJEE, Abhijit; DUFLO, Esther. *Good Economics for Hard Times*. New York: Public Affairs, 2019, p. 7.

[15] Op. cit., p. 8.

[16] Op. cit., p. 326.

[17] Op. cit., p. 9.

[18] KAY, John; KING, Mervin. *Radical Uncertainty. Decision-making beyond the numbers*. New York: W.W. Norton & Company, 2020.

270 | LEI DE LIBERDADE ECONÔMICA: ANÁLISE CRÍTICA – *Ana Frazão e Angelo Prata de Carvalho*

É necessário que haja maior franqueza das autoridades sobre os limites das previsões realizadas[19]. Os governos têm que se preparar para um mundo em que seus modelos dão errado e partir da lógica de que os mercados são inerentemente instáveis e é necessária uma regulação mais adequada à realidade[20].

3. IDOLATRIA DO MÉTODO

A regulação por evidências pode acarretar na idolatria do método, que consiste em utilizar a tecnicidade e a econometria como única vertente a ser considerada na formação de políticas públicas ou regulação de setores econômicos. O indivíduo busca conforto para as questões complexas e profundas em respostas simples e matematicamente solucionáveis. A falta de pragmatismo e provisionamento gera desconforto no ser humano e, por isso, o indivíduo busca criar métodos como forma de controle.

Os métodos econômicos são extremamente úteis e relevantes para a sociedade, mas a sua idolatria gera o afastamento da realidade concreta, criando um mundo apenas do dever ser. A ideia de que questões quantitativas são mais importantes e eficientes do que questões valorativas é uma das principais características da idolatria do método.

Utilizando esses métodos como fundamento, o regulador sente segurança para fazer as predições de destino, que, na maioria das vezes, não correspondem com a realidade. O afastamento da realidade ocorre porque se considera o método como única fonte de regulação, desconsiderando variáveis necessárias para uma predição mais acertada.

A lógica por trás da idolatria do método é a premissa do *homo economicus*, a qual pressupõe que todos os indivíduos ajam de maneira racional e que todos serão sempre influenciados pelos mesmos incentivos, optando pelas escolhas que tragam o melhor custo-benefício em todas as escolhas. Os princípios que regem o *homo economicus* são cinco[21].

O primeiro é o uso exclusivo da razão, que desconsidera as necessidades emocionais do indivíduo. O segundo é o princípio do mínimo esforço, que tem como importante valor evitar o lavoro de forma desnecessária. O terceiro é a atemporalidade, que defende que o homem vive o presente, desconsiderando o passado e incapaz de prever o futuro, levando as suas decisões como válidas em todos os lugares e a qualquer tempo. O quarto princípio é o da informação, de que o indivíduo deve ser perfeitamente informado para estar ciente de todas as consequências de seus atos e poder fazer o cálculo racional das suas decisões. Por fim, o princípio universal, de que as decisões valem em todas as épocas e lugares[22].

O conceito tem origem na ideia do século XIX de John Stuart Mill de que "as ações são corretas na medida em que tendem a promover a felicidade, errada na medida em que tendem a promover o reverso da felicidade".

---

[19] STIGLITZ, Joseph. *O preço da desigualdade*. Trad. Dinis Pires. Lisboa: Bertrand, 2013.

[20] MINSKY, Hyman. *Stabilizing an unstable economy*. EUA: Yale University Press, 2008.

[21] PERSKY, Joseph. Retrospectives The Ethology of Homo Economicus. *Journal of Economics Perspectives*, v. 9, n. 2, 1995.

[22] COSTA, Fernando Nogueira da. Comportamentos dos investidores: do homo economicus *ao* homo pragmaticus. *IE/UNICAMP*, n. 165, ago. 2009.

O modelo propõe a plena racionalidade do indivíduo, totalmente desprovido de emoções, agindo apenas por egoísmo e ganância, buscando atingir metas predeterminadas com o menor custo possível.

A busca incessante pelo custo-benefício é quase sempre a única variável a ser considerada. Um exemplo desse tipo de idolatria é visto no Brasil por meio da Lei de Liberdade Econômica, que considera abuso de poder regulatório "aumentar os custos de transação sem demonstração de benefícios". Desconsidera, por outro lado, se a diminuição da desigualdade social pode ser considerada como um benefício apto a aumentar os custos de transação de uma política pública. A reflexão que vale para esse tipo de posicionamento é: tudo é quantificável?[23]

A referida Lei ao partir da premissa de que tais custos são fáceis e objetivamente identificáveis e mensuráveis e de que tais custos são objetivamente comparáveis com os eventuais benefícios da política regulatória incorre em evidente risco de subversão dos pressupostos da própria economia institucional, que se abriga na matematização indevida do mundo e na ideia de racionalidade dos agentes econômicos[24].

O ambiente institucional por meio do qual atuam os agentes econômicos levam em consideração as expectativas de outros agentes, além da cultura, preferências, crenças e diversos outros componentes que impossibilitam a metrificação ou quantificação[25].

A regulação por evidências desconsidera que os estudos e métodos nos quais se baseiam para a tomada de decisões são produtos de uma narrativa arbitrária, analisada com uma única lente. O autor Dani Rodrik a classifica como "a fé cega que às vezes professam por determinados modelos"[26].

A ideia de que as decisões podem ser tomadas a partir de problemas matemáticos e resolvidas pelos computadores afasta do tomador de decisão a importância da imaginação e da criatividade[27]. A compreensão das narrativas também é relevante para os tomadores de decisão, porque são os meios que os indivíduos ordenam seus pensamentos. É a partir da narrativa que se torna possível compreender o sentido de evidências que lhe dão dadas. As narrativas podem ser estórias, números ou metodologias que devem ser usadas de forma multidisciplinar[28]. Elas são o mais importante mecanismo que temos para organizar o conhecimento e, graças a elas, não é possível

---

[23] FRAZÃO, Ana; CARVALHO, Angelo. Aumento de custos de transação como hipótese de abuso de poder regulatório – As dificuldades associadas a uma visão unilateral e reducionista das instituições. *Jota*, 2021.

[24] Op. cit.

[25] FRAZÃO, Ana. Jota. Série Perspectivas das Análises de Impacto Regulatório, em que se demonstra todas as dificuldades das métricas e quantificações e os próprios pressupostos das análises de custo-benefício. *Jota*, 2021. Disponível em: https://www.jota.info/opiniao--eanalise/colunas/constituicao-empresa-e-mercado/perspectivas-das-analises-deimpacto--regulatorio-airs-no-brasil-17022021. Acesso em: 3 maio 2022.

[26] RODRIK, Dani. *Economics Rules. The rights and wrongs of the dismal science*. New York: W.W. Norton & Company, 2015.

[27] KAY, John; KING, Mervin. *Radical Uncertainty. Decision-making beyond the numbers*. New York: W.W. Norton & Company, 2020, p. 47.

[28] FRAZÃO, Ana. As incertezas radicais e seus impactos sobre as análises econômicas preditivas – Refletindo sobre o papel dos cálculos probabilísticos, das estatísticas e dos modelos econômicos a partir da obra Radical Uncertainty – Parte I. *Jota*, 2021.

delegarmos todas as decisões importantes para computadores, porque eles não são capazes de construí-las.

Os estudos econômicos, se usados corretamente, se traduzem muito produtivos para o regulador. No entanto, dependendo da narrativa que lhes dão podem distorcer, desviar, deslocar, distrair e desencorajar. Enquanto vivermos em uma era de medição, podemos também estar vivendo a era da medição incorreta, da sobremedição, da medição enganosa e da medição contraproducente. A tirania das métricas demonstra uma preocupante prioridade das técnicas quantitativas sem considerar as importantes questões valorativas, constrangendo, inclusive, aquele que o faz em irracional, intuitivo e emocional[29].

Ao adotar a premissa do *homo economicus*, a regulação por evidências desconsidera que os fatos levantados pelas evidências em que se baseiam serão analisados por um ser humano, cujas questões valorativas influenciam na narrativa desses dados.

Ainda que os dados levantados sejam verdadeiros, a sua análise é arbitrária e sofre a influência de todo o complexo individual de cada pessoa, como sua ideologia política, sua cultura, suas experiências, traumas, origem, classe social, raça, etnia, gênero e infinitos outros aspectos da psique humana. Keynes leciona que as pessoas são movidas por fatores psicológicos e não por meros cálculos racionais[30].

A lógica econômica do *trickle down*, sob o raciocínio de que os ricos se beneficiariam primeiramente, injetando dinheiro na sociedade e beneficiando, mais tarde, o pobre, com o oferecimento de emprego, se mostrou equivocada[31]. É em razão da deficiência desse pensamento que a desigualdade social explodiu no mundo todo a partir da década de 1980, com os mercados cada vez mais concentrados e os salários estagnados[32].

4. DESIGUALDADE SOCIAL EM SAÚDE

As explicações históricas da desigualdade em saúde se baseiam na premissa de que saúde é um produto social e há organizações sociais mais sadias e mais enfermas. Assim, os mesmos sistemas que criam a estruturação da sociedade são os que geram as desigualdades sociais e produzem os perfis epidemiológicos de saúde[33].

---

[29] FRAZÃO, Ana; CARVALHO, Angelo. Aumento de custos de transação como hipótese de abuso de poder regulatório – As dificuldades associadas a uma visão unilateral e reducionista das instituições. *Jota*, 2021.

[30] KEYNES, J. M. Am I a Liberal? *The Collected Writings of John Maynard Keynes*. Londres: Macmillan, 1972. v. V.

[31] FRAZÃO, Ana. Novas perspectivas para a regulação jurídica dos mercados O que temos a aprender com os Prêmios Nobel de 2019 Abhijit Banerjee e Esther Duflo no seu livro Good Economics for Hard Times. *Jota*, 2020. Disponível em: https://www.jota.info/opiniao-e-analise/colunas/constituicao-empresa-e-mercado/novas-perspectivas-para-a-regulacao-juridica-dos-mercados-parte-iv-25032020. Acesso em: 20 fev. 2022.

[32] BANERJEE, Abhijit; DUFLO, Esther. *Good Economics for Hard Times*. New York: Public Affairs, 2019, p. 238.

[33] BARATA, Rita. *Como e por que as desigualdades sociais fazem mal à saúde*. Rio de Janeiro: Fiocruz, 2009, p. 23.

A desigualdade do estado de saúde dos indivíduos está, portanto, fortemente atrelada à organização social e tende a refletir o grau de iniquidade que existe em cada sociedade. Cerca de três quartos da diferença na expectativa de vida entre os países ricos pode ser explicada pela maior ou menor igualdade na distribuição da sua renda[34].

A desigualdade em saúde também pode ser manifestada em relação ao estado de saúde e ao seu acesso e uso de serviços de saúde para ações assistenciais ou preventivas. No Brasil, a autoavaliação do estado de saúde varia de acordo com o nível de escolaridade da população, segundo estudo da Pesquisa Mundial de Saúde. Apenas 41% dos adultos com o ensino fundamental incompleto consideram sua saúde como boa ou muito boa, enquanto que 62,2% dos adultos que completaram o ensino fundamental e iniciaram o ensino médio se consideram da mesma maneira. Os adultos com o ensino médio completo 72,1% se consideram saudáveis[35].

Quando se trata de desigualdade social em saúde se refere às diferenças no estado de saúde entre grupos categorizados por suas condições sociais, como riqueza, ocupação, educação, etnia, raça, condições do local de moradia ou trabalho e raça. As diferenças desses grupos são inúmeras o que torna a sociedade mais diversa e interessante. No entanto, ao falar em desigualdade social, normalmente se trata da implicação de algum grau de injustiça[36].

As populações atribuem à saúde diferentes graus de importância, mas a pandemia da Covid-19 trouxe a discussão em torno das desigualdades e do direito à saúde à tona em todo o mundo. As situações de risco e as condutas individuais relacionadas à saúde, em todas as sociedades, variam entre grupos sociais. Há um gradiente entre a posição social de um grupo de indivíduos e os efeitos sobre a saúde[37].

No Brasil, a Constituição Federal definiu a saúde através de um conceito amplo e apontou os princípios que o Sistema Nacional de Saúde deveriam ter: universalidade, integralidade e equidade. Quer dizer que todos os indivíduos devem ter acesso a serviços de saúde igualmente e, aqueles que apresentam maior vulnerabilidade em razão da sua posição social, devem ser tratados de forma diferente para que a desvantagem inicial seja reduzida ou anulada.

Uma sociedade mais saudável, livre e justa deve ser construída em uma base de saúde universal, que ajuda a promover a igualdade étnica e racial, além de diminuir as diferenças entre ricos e pobres e entre mulheres e homens. O direito das pessoas à vida não pode ser preterido ao interesse do mercado[38].

A busca de um sistema de saúde igualitário para todos se mostra contraditória em um país que está configurado em uma política pública interna neoliberal. De acordo com a Oxfam Brasil, o neoliberalismo e a desigualdade social em saúde são paradoxos:

---

[34] Oxfam Brasil. *A desigualdade mata. A incomparável ação necessária para combater a desigualdades sem precedentes decorrente da Covid-19*. Relatório. Janeiro de 2022.

[35] BARATA, Rita. *Como e por que as desigualdades sociais fazem mal à saúde*. Rio de Janeiro: Fiocruz, 2009, p. 32.

[36] Op. cit., p. 12.

[37] Op. cit., p. 13.

[38] Op. cit., p. 13.

Políticas governamentais que deliberadamente facilitam o acúmulo de riquezas em detrimento direto de condições de vida e trabalho decentes e do acesso a serviços públicos reduzem a expectativa de vida do indivíduo[39].

Os países que têm o sistema econômico de concentração de renda, gerando essa desigualdade na saúde, coadunam das mesmas características, como o alto poder corporativo, a ampla falta de regulamentação, controles de capital afrouxados, busca obsessiva pelo crescimento do PIB, entre outras. O crescimento econômico conquistado pelos que estão no topo acontece pela disparada dos preços do mercado de ações[40] e pela criação de entidades não regulamentadas operantes dos bastidores, como os *family offices*[41].

No mundo pré-pandêmico, as escolhas políticas relacionadas à saúde pública já causavam impactos devastadores. A falta de recursos para os sistemas de saúde públicos faz o indivíduo recorrer ao setor privado para receber assistência médica, o que constituem uma violência econômica em ação. A falta de acesso a cuidados de saúde ou a cuidados de saúde de baixa qualidade gerou a morte do que se estima em 5,6 milhões de pessoas em países de baixa e média renda a cada ano. Quer dizer que mais de 15.000 pessoas morrem diariamente por falta de acesso a cuidados de saúde em países pobres. Essa estimativa é maior do que o número diário global de mortes da pandemia oficialmente relatados[42].

A relação entre uma política de desigualdade social e a saúde da sociedade é inversamente proporcional. A doença atinge as camadas mais baixas da escala socioeconômica, que consequentemente perde seus trabalhos de maneira desproporcional. Os mais atingidos em termos médicos, nos quesitos, hospitalização e mortes, e nos termos econômicos, são os pobres, que, diante dessa circunstância acabam empobrecendo-se mais[43].

A peste, assim como a guerra e as revoluções são os únicos fatores capazes de equilibrar a relação de forças entre ricos e pobres[44]. Contudo, os que dizem que a pandemia do coronavírus é um igualador, está enganado. Durante a pandemia de Covid-19 foi possível observar o aumento da desigualdade entre trabalhadores de setores considerados estáveis e aqueles que ficam com a pior parte do isolamento[45]. Nesse mesmo período, novos bilionários surgiram e antigos bilionários adicionaram mais renda em seu patrimônio[46].

---

[39]   Oxfam Brasil. *A desigualdade mata. A incomparável ação necessária para combater a desigualdades sem precedentes decorrente da Covid-19*. Relatório. Janeiro de 2022.

[40]   Forbes (2021). *Worlds Billionaires List: The Richest in 2021*. Disponível em: https://www.forbes.com/billionaires. Acesso em: 4 maio 2022.

[41]   C. Collins e K. Thom. *Family Offices: A Vestige of the Shadow Financial System. Institute for Policy Studies*. 2021. Disponível em: https://inequality.org/wp-content/uploads/2021/05/Primer--FamilyOffices-May24-2021.pdf. Acesso em: 4 maio 2022.

[42]   LAWSON, M.; JACOBS, D. *Desigualdade mata* – Nota Metodológica. Oxfam. 2022.

[43]   STIGLITZ, Joseph. *O preço da desigualdade*. Trad. Dinis Pires. Lisboa: Bertrand, 2013.

[44]   SCHEIDEL, Walter. In: FARIZA, Ignacio. Coronavírus joga sal sobre a ferida da desigualdade e aumenta a diferença econômica. Economia. *El País Brasil*, Madrid, 2020.

[45]   MAMELUND, Svenn-Erik. Coronavírus joga sal sobre a ferida da desigualdade e aumenta a diferença econômica. Economia. *El País Brasil*, Madrid, 2020.

[46]   DISNEY. Abigail E. Prefácio. Oxfam Brasil. *A desigualdade mata. A incomparável ação necessária para combater a desigualdades sem precedentes decorrente da Covid-19*. Relatório. Janeiro de 2022.

Um exemplo de política pública baseada em evidência que agravou a desigualdade social em saúde no Brasil foi a adotada pelo Governo Federal durante a pandemia de Covid-19. A política pública de saúde conhecida como imunidade de rebanho foi baseada em estudo assinado por três epidemiologistas de Harvard, Stanford e Oxford, conhecida como Declaração de Great Barrington[47].

Conforme o estudo, a melhor forma de superar a pandemia da Covid-19 seria alcançando-se o que se chama Proteção Focada, que consiste na política de que os vulneráveis fiquem em proteção em casa e os "não vulneráveis" vivam normalmente até atingir a infecção natural.

O estudo embasou a política adotada no Brasil para a superação da pandemia. No Brasil, diferentemente, foi incluído no estudo a narrativa econômica, de que a imunidade coletiva seria atingida de forma natural e que adotar medidas para evitar a infecção atrasaria o seu alcance, além de trazer graves prejuízos à economia do país[48].

Em outubro de 2020, o Governo Federal apostou que a cidade de Manaus-AM, até então com 66% da população com anticorpos sem vacina, seria a primeira cidade no mundo a alcançar a imunidade coletiva[49]. No entanto, a concentração de pessoas adoecidas gerou um colapso do sistema de saúde na cidade, levando a uma tragédia sem precedentes. O que resultou da política pública de busca de imunidade de rebanho foi um alto custo de mortalidade da população mais vulnerável, aumentando a desigualdade social em saúde no país[50].

As desigualdades sociais em saúde vão muito além da dicotomia simplificada habitualmente como "doença de rico" *vs.* "doença de pobre" e "doenças sociais" *vs.* "doenças biológicas". Todas as doenças e suas respectivas distribuições populacionais são consequência da organização social, tornando-se todas "doenças sociais"[51].

As desigualdades existentes na organização social podem ser potencializadas a depender do sistema a ele aplicado. Há sistemas mais potencialmente desiguais e sistemas que procuram compensar, ainda que em parte, os resultados danosos da organização social sobre os grupos mais vulneráveis[52].

Os males dos tempos neoliberais – a desigualdade e a pobreza – exigem ser olhados com a perspectiva da visão do amanhã. Em um horizonte distante a pandemia da Covid-19 será vista como mais do que um abalo econômico e sanitário. Abalará também o campo das ideias. Como vai-se exercer a liberdade e se será feito a partir de um "nós" inclusivo ou de uma fragmentação de indivíduos dependerá apenas do futuro[53].

---

[47] KULLDORFF, Martin; GUPTA, Sunetra; BHATTACHARYA, Jay. *Great Barrington Declaration*. American Institute for Economic Research. Massachussetts, 2020.

[48] LIMÓN, Raúl. A imunidade de rebanho é uma perigosa falácia sem respaldo científico. *El País*. 2020. Disponível em: https://brasil.elpais.com/ciencia/2020-10-15/a-imunidade-de-rebanho--e-uma-perigosa-falacia-sem-respaldo-cientifico.html. Acesso em: 20 fev. 2022.

[49] Op. cit.

[50] SCHEIDEL, Walter. In: FARIZA, Ignacio. Coronavírus joga sal sobre a ferida da desigualdade e aumenta a diferença econômica. Economia. *El País Brasil*, Madrid, 2020.

[51] BARATA, Rita. *Como e por que as desigualdades sociais fazem mal à saúde*. Rio de Janeiro: Fiocruz, 2009, p. 20.

[52] Op. cit.

[53] FARIZA, Ignacio. *Anatomia de uma (difícil) recuperação econômica*. El País Brasil. Madrid. 2020.

Esse é um dos exemplos capaz de mostrar que a famosa frase "we simply don't know" de John Keynes[54] se aplica à regulação por evidência, que se mostra incompleta e cheia de limitações.

5. LIMITAÇÕES DA REGULAÇÃO POR EVIDÊNCIAS

A primeira limitação da política de regulação por evidências é utilizar a econometria como única fonte de regulação de mercado[55]. Isso acontece porque nem sempre será possível comparar, com segurança, eventuais custos de transação com os benefícios da política regulatória.

A abordagem econômica pode complementar estudos para análise de aplicação de políticas regulatórias, mas jamais substituir os métodos alternativos, muitas vezes qualitativos, usados em outras disciplinas acadêmicas. A falta de variação de lentes e a postura limitada de uma visão exclusivamente econômica gera afastamento da realidade e ainda maior distanciamento do objetivo que se busca com a política regulatória pretendida.

Outra limitação dessa categoria de regulação é tratar as ciências sociais como se fossem ciências físicas. Em ciências naturais, os efeitos causais são medidos por experimentos de laboratório que podem isolar as consequências das variações nas condições físicas sobre o efeito de interesse. Contudo, os economistas imitam esse método por meio de experimentos sociais aleatórios.

A história e a vida social, no entanto, não oferecem as mesmas condições que um laboratório científico. Não há como ter a mesma precisão de um mundo complexo e cheio de variáveis que se tem em um laboratório controlado. A dificuldade de se encontrar as condições perfeitas para fazer tais provisionamentos leva os economistas a recorrerem à técnica estatística[56].

A técnica estatística é extremamente relevante para análises de provisionamento, mas se analisadas de forma exclusiva, como único método para buscar as respostas econômicas perseguidas, limita a aproximação com o mundo real. A técnica estatística analisa o futuro com base em evidências do passado. A vida social está em constante mudança e se esses fatores mutantes não forem considerados, as evidências do passado não serão suficientes para a aproximação com a realidade.

Uma terceira limitação da regulação por evidências é a chamada corrupção da métrica[57]. A corrupção da métrica é o termo que se dá aos desvios metodológicos realizados por economistas para buscar resultados intencionais. Esses desvios se distanciam da realidade e são utilizados como disfarce para embasar decisões políticas, com maquiagem de decisão com base econômica.

A corrupção da métrica é capaz de distorcer e atrapalhar o debate, pois se parte do pressuposto de que não se pode discutir com números. Portanto, a utilização de

---

[54] KEYNES, J. M. *A teoria geral do emprego, do juro e do dinheiro*. São Paulo: Abril Cultural, 1983.

[55] FRAZÃO, Ana. As incertezas radicais e seus impactos sobre as análises econômicas preditivas – Refletindo sobre o papel dos cálculos probabilísticos, das estatísticas e dos modelos econômicos a partir da obra Radical Uncertainty – Parte I. *Jota*, 2021.

[56] KAY, John; KING, Mervin. *Radical Uncertainty. Decision-making beyond the numbers*. New York: W.W. Norton & Company, 2020.

[57] MULLER, Jerry Z. *The tyranny of metrics*. New Jersey: Princeton University Press, 2018.

um método, ainda que viciado – que intencionalmente procura justificar um fim e não encontrar a realidade buscada pela suposta pesquisa – transforma-se em um forte argumento, contra o qual o debate se esgota, impossibilitando assim um debate completo, multidisciplinar e próximo da realidade. Sobre o tema, Hannah Arendt leciona[58]:

> A linguagem matemática não pode ser reconvertida em palavras, de forma que a sua utilização nos assuntos humanos gera um perigoso impasse, até porque tudo o que os homens fazem, sabem ou experimentam só tem sentido na medida em que pode ser discutido.

Os modelos econômicos são ao mesmo tempo a força e o calcanhar de Aquiles da economia, porque formam uma estrutura abstrata tipicamente matemática que os economistas usam para entender o mundo[59]. O regulador, ao se deparar com estudos baseados apenas na econometria, deve questionar os métodos de como o estudo chegou àqueles números e quais foram as etapas metodológicas para alcançá-los e jamais deixar de analisar os problemas com a lente da multidisciplinaridade.

6. NECESSIDADE DE MULTIDISCIPLINARIDADE

Em 2019, o estudo vencedor do prêmio Nobel de economia falou sobre a redução da pobreza. O prêmio foi concedido pela sua contribuição do desenvolvimento de políticas de incentivo em benefício dos lares mais pobres e recebeu destaque por buscar nova forma de dar respostas factíveis ao problema. A metodologia utilizada para responder à problemática do estudo foi de experimentos de campo[60].

O estudo está entre os três denominados como "Economia do desenvolvimento". Os outros dois estudos vencedores em 2018 também receberam essa denominação por integrarem, no primeiro caso, a análise econômica com a mudança climática e no segundo, a análise econômica com inovações tecnológicas[61].

A Academia Real de Ciências da Suécia, responsável pela entrega dos Prêmios Nobel de economia, com base nos vencedores de 2018 e 2019, começa a relacionar a economia do desenvolvimento quando o estudo se integra com outras disciplinas, demonstrando a mudança de posicionamento com a importância da multidisciplinaridade.

Mostra-se necessário, portanto, para aproximar os estudos da realidade, uma heterorregulação. Essa necessidade se dá em razão da complexidade das questões regulatórias a serem respondidas. As questões se mostram tão complexas que se impossibilita encontrar todas as habilidades e ferramentas necessárias em uma única disciplina. A multiplicidade de habilidades e ferramentas gera uma regulação mais adequada e apta a resolver a questão da desigualdade e torna imperioso que se tenha informações e

---

[58] Op. cit.

[59] RODRIK, Dani. *Economics Rules. The rights and wrongs of the dismal science.* New York: W.W. Norton & Company, 2015.

[60] MAQUEDA, Antonio. *Nobel de Economia 2019 premia trio por estudos sobre a redução da pobreza.* El País Brasil. Madrid. 2019.

[61] Op. cit.

estudos com as mais variadas "lentes" para tornar possível prever os fatores diversos que a vida social é capaz de apresentar.

Os economistas, ao reconhecerem a heterogeneidade institucional apontam diferenças, vantagens e semelhanças que tornam suas conclusões e prescrições de políticas públicas mais elaboradas e acercadas[62].

O exemplo dado neste artigo como política pública adotada pela regulação por evidência que agravou a desigualdade social em saúde no Brasil, adotada pelo Governo Federal durante a pandemia de Covid-19 se baseou em estudo assinado por três epidemiologistas de conceituadas universidades do globo, que gerou a Declaração de Great Barrington.

Em reação ao estudo, um grupo de pesquisadores criou a carta The Lancet[63], que, entre muitos fundamentos, entendeu que o custo humano da política proposta pela Declaração de Great Barrington seria enorme[64], o que posteriormente se concretizou na cidade de Manaus-AM.

A carta The Lancet foi assinada por um grupo de 80 signatários das mais diversas áreas – entre elas da saúde pública, epidemiologia, medicina, pediatria, sociologia, virologia, doenças infeciosas, sistemas sanitários, psicologia, psiquiatria, política de saúde e modelagem matemática – e se mostrou uma política pública mais adequada para a superação da pandemia de Covid-19. Trata-se, portanto, de um estudo multidisciplinar.

O caráter colaborativo do pluralismo metodológico e do processo decisório para as decisões mais complexas em um cenário de incertezas é essencial. Assim como o reconhecimento das limitações de uma única disciplina que não é suficiente para explicar o que se passa no mundo sem as devidas complementações.

7. CONCLUSÃO

O regulador deve estar vigilante e alerta para a sedução do óbvio, para as respostas rasas e fáceis a problemas complexos e profundos. Deve ser cético quanto aos milagres prometidos. A regulação por evidência ideal (*good economics*) parte da premissa de que mais importante do que os resultados obtidos em estudos econômicos, são os caminhos percorridos pelo economista para chegar àquelas conclusões. É necessário que sejam dadas as explicações de seus pressupostos e as fontes dos fatos e dados inicialmente obtidos, e não apenas o compartilhamento puro e simples dos seus resultados.

A falta de pragmatismo e provisionamento gera desconforto no ser humano que busca criar métodos como forma de controle. A busca por resultados simples em estudos econômicos leva à *bad economics* e a idolatria do método, que considera a tecnicidade e econometria como única vertente, única fonte de regulação para a formação de políticas

---

[62] COUTINHO, Diogo. O direito econômico e a construção institucional do desenvolvimento democrático. *REI – Revista Estudos Institucionais*, São Paulo, v. 2, n. 1, 2016.

[63] ALWAN, N.A.; BURGESS, R.A.; ASHWORTH, S. et al. *Scientific consensus on the COVID-19 pandemic: we need to act now*. The Lancet. 2020. Disponível em: http://dx.doi.org/10.1016/S0140-6736(20)32153-X.

[64] Op. cit.

públicas. A utilização desses métodos como única "lente" para enxergar um problema social gera previsões distanciadas da realidade. É necessário também que o centro da "lente" da teoria econômica seja a dignidade das pessoas[65].

A pandemia de Covid-19 nos trouxe a dura realidade de que o acesso desigual à renda e a oportunidades criam mais do que sociedades injustas, insalubres e infelizes: ele mata pessoas. O não compartilhamento das tecnologias afetou no tempo de produção de vacinas, que poderiam ter sido amplamente produzidas e compartilhadas. A falta de cuidados hospitalares essenciais ou oxigênio decorrentes de sistemas de saúde pública com poucos recursos também é responsável. A sobrecarga de hospitais públicos também afetou aqueles que morreram por falta de tratamento de outras doenças. E, enquanto a maioria morria, as pessoas mais ricas do mundo ficaram cada vez mais ricas, os lucros de algumas das maiores empresas do mundo foram sem precedentes[66].

A revista The Economist investigou em dezenas de estudos publicados os fatores que levaram às mortes por Covid-19 e descobriu que a "desigualdade tem um poder explicativo consistentemente alto"[67]. Estudos de outros países identificaram uma associação robusta entre desigualdade de renda e mortalidade por Covid-19[68].

O exemplo prático de utilização de regulação por evidência baseado em estudo unidisciplinar foi a adotada pelo Governo Federal durante a pandemia de Covid-19, que gerou aumento na desigualdade social em saúde no país. O estudo que embasou a política de saúde adotada no Brasil foi a Declaração de Great Barrington, assinada por três epidemiologistas de Harvard, Stanford e Oxford.

Ao estudo foi incluído pelo governo brasileiro a narrativa econômica, de que a imunidade coletiva seria atingida de forma natural e que adotar medidas para evitar a infecção atrasaria o seu alcance, além de trazer graves prejuízos à economia do país.

A consequência, muito distante da realidade prevista, foi de uma grande concentração de pessoas adoecidas, que gerou um colapso do sistema de saúde, levando a uma tragédia sem precedentes. O que resultou da política pública de busca de imunidade de rebanho foi um alto custo de mortalidade da população mais vulnerável, aumentando a desigualdade social em saúde no país.

O exemplo é capaz de mostrar as três principais limitações da regulação por evidência: (i) a utilização da econometria como única fonte de regulação de mercado; (ii) o tratamento das ciências sociais como se fossem ciências físicas, nos

---

[65] FRAZÃO, Ana. Novas perspectivas para a regulação jurídica dos mercados. O que temos a aprender com os Prêmios Nobel de 2019 Abhijit Banerjee e Esther Duflo no seu livro Good Economics for Hard Times. *Jota*, 2020. Disponível em: https://www.jota.info/opiniao-e-analise/colunas/constituicao-empresa-e-mercado/novas-perspectivas-para-a-regulacao-juridica-dos-mercados-parte-iv-25032020. Acesso em: 20 fev. 2022.

[66] GHOSH, Jayati. Prefácio. Relatório Oxfam International. Janeiro. 2022.

[67] The Economist. *Why have some places suffered more covid-19 deaths than others?* 2021. Disponível em: https://www.economist.com/finance-and-economics/2021/07/31/why-have-some-places-suffered-more-Covid-19-deaths-than-others. Acesso em: 2 maio 2022.

[68] McGill University. *Trust and income inequality fueling spread of Covid-19.* 2020. Disponível em: https://www.mcgill.ca/newsroom/channels/news/trust-and-income-inequality-fueling-spread-Covid-19-325184. Acesso em: 1 maio 2022.

quais os efeitos causais são medidos por meio de experimentos de laboratório que podem isolar as consequências das variações nas condições físicas sobre o efeito de interesse; e (iii) a corrupção da métrica, que é o termo que se dá aos desvios metodológicos realizados por economistas para buscar resultados intencionais, os quais são utilizados como fundamento para a tomada de decisões políticas predeterminadas.

A solução para desviar dessas limitações é que as autoridades sejam mais fracas quanto aos limites das previsões[69], e que estejam preparados para o fato de que modelos dão errado e que os mercados são inerentemente instáveis. Uma regulação mais adequada à realidade é encontrada quando se enxerga o problema com múltiplas lentes, com ferramentas distintas e habilidades variáveis[70]. Torna-se necessário, portanto, uma avaliação multidisciplinar tendo como foco das lentes a dignidade das pessoas e a busca honesta e humilde por um resultado mais próximo do mundo real.

REFERÊNCIAS

AKERLOF, George; SHILLER, Robert. *Animal Spirits*. New Jersey: Princeton University press, 2009.

AKERLOF, George; KRANTON, Rachel. *Identity Economics. How our identities shape our work, wages and well-being*. New Jersey: Princeton University Press, 2020.

ALDRED, Jonathan. *Licence do be Bad. How Economics Corrupted Us*. UK: Allen Lane/Penguim Books, 2019.

APPELBAUM, Binyamin. *The Economist's Hour. False prophets, free markets, and the fracture of society*. New York: Little, Brown and Company, 2019.

ARTHUR, Brian. *Complexity and the Economy*. New York: Oxford University Press, 2015.

BANERJEE, Abhijit; DUFLO, Esther. *Good Economics for Hard Times*. New York: Public Affairs, 2019

BARATA, Rita. *Como e por que as desigualdades sociais fazem mal à saúde*. Rio de Janeiro: Fiocruz, 2009.

BECKERT, Jens; BRONK, Richard. *Uncertain futures. Imaginaries, narratives, and calculation in the economy*. Oxford: Oxford University Press, 2018.

BORK, Robert H. *The Antitrust Paradox*. Nova York: The Free Press, 1993.

COUTINHO, Diogo. Arquitetura de mercados como processo social: trazendo o direito para a sociologia econômica institucionalista. *Revista Brasileira de Sociologia*, v. 9, n. 22, p. 111-144, maio-ago. 2021. Disponível em: https://rbs.sbsociologia.com.br/index.php/rbs/article/view/833. Acesso em: 27 fev. 2022.

COUTINHO, Diogo. O direito econômico e a construção institucional do desenvolvimento democrático. *REI – Revista Estudos Institucionais*, São Paulo, v. 2, n. 1, 2016.

---

69 STIGLITZ, Joseph. *O preço da desigualdade*. Trad. Dinis Pires. Lisboa: Bertrand, 2013.
70 MINSKY, Hyman. *Stabilizing an unstable economy*. EUA: Yale University Press, 2008.

DOBBIN, Frank. *The new economic sociology. A reader*. Princeton: Princeton University Press, 2004.

DOWBOR, Ladislau. *A era do capital improdutivo*. São Paulo: Autonomia Literária, 2017.

FLIGSTEIN, Neil. *The Architecture of Markets: An Economic Sociology of Twenty-First-Century Capitalist Societies*. Princeton University Press, 2001, p. 239-246. Disponível em: http://www.jstor.org/stable/j.ctv39x7ds.15. Acesso em: 22 fev. 2022.

FRAZÃO, Ana. As incertezas radicais e seus impactos sobre as análises econômicas preditivas – Refletindo sobre o papel dos cálculos probabilísticos, das estatísticas e dos modelos econômicos a partir da obra Radical Uncertainty – Parte I. *Jota*, 2021. Disponível em: https://www.jota.info/opiniao-e-analise/colunas/constituicao-empresa-e-mercado/incertezas-radicais-impactos-analises-economicas-preditivas-17112021. Acesso em: 21 fev. 2022.

FRAZÃO, Ana. Novas perspectivas para a regulação jurídica dos mercados. O que temos a aprender com os Prêmios Nobel de 2019 Abhijit Banerjee e Esther Duflo no seu livro Good Economics for Hard Times. *Jota*, 2020. Disponível em: https://www.jota.info/opiniao-e-analise/colunas/constituicao-empresa-e-mercado/novas-perspectivas-para-a-regulacao-juridica-dos-mercados-parte-iv-25032020. Acesso em: 20 fev. 2022.

FRAZÃO, Ana. Novas perspectivas para a regulação jurídica dos mercados Parte V. O que temos a aprender com o livro Unbound: How inequality constricts our economy and what we can do about it, de Heather Boushey. *Jota*, 2020. Disponível em: https://www.jota.info/opiniao-e-analise/colunas/constituicao-empresa-e-mercado/novas-perspectivas-para-a-regulacao-juridica-dos-mercados-parte-v-01042020. Acesso em: 22 fev. 2022.

FRAZÃO, Ana. Novas perspectivas para a regulação jurídica dos mercados. O que temos a aprender com o livro Capital and Ideology, de Thomas Piketty Parte VIII. *Jota*, 2020. Disponível em: https://www.jota.info/opiniao-e-analise/colunas/constituicao-empresa-e-mercado/novas-perspectivas-para-a-regulacao-juridica-dos-mercados-parte-viii-22042020. Acesso em: 23 fev. 2022.

FRAZÃO, Ana. Novas perspectivas para a regulação jurídica dos mercados. O que temos a aprender com o recente livro de Joseph Stiglitz. *Jota*, 2020. Disponível em: https://www.jota.info/opiniao-e-analise/colunas/constituicao-empresa-e-mercado/novas-perspectivas-para-a-regulacao-juridica-dos-mercados-04032020. Acesso em: 23 fev. 2022.

FRAZÃO, Ana. Novas perspectivas para a regulação jurídica dos mercados. O que temos a aprender com o livro Arguing with Zombies de Paul Krugman Parte IX. *Jota*, 2020. Disponível em: https://www.jota.info/opiniao-e-analise/colunas/constituicao-empresa-e-mercado/novas-perspectivas-para-a-regulacao-juridica-dos-mercados-parte-ix-29042020. Acesso em: 23 fev. 2022.

FRAZÃO, Ana. Novas perspectivas para a regulação jurídica dos mercados. O que temos a aprender com o livro Arguing with Zombies de Paul Krugman Parte X. *Jota*, 2020. Disponível em: chrome-extension://efaidnbmnnnibpcajpcglclefindmkaj/http://www.professoraanafrazao.com.br/files/publicacoes/2020-05-06-Novas_perspectivas_para_a_regulacao_juridica_dos_mercados_O_que_ainda_temos_a_aprender_com_o_livro_Arguing_with_Zombies_de_Paul_Krugman_Parte_X.pdf. Acesso em: 24 fev. 2022.

FRAZÃO, Ana. Perspectivas das Análises de Impacto Regulatório? AIRs no Brasil: Limitações das análises preditivas e quantitativas – Parte IV. *Jota*, 2021. Disponível em: https://www.jota.info/opiniao-e-analise/colunas/constituicao-empresa-e-mercado/perspectivas-das-analises-de-impacto-regulatorio-airs-no-brasil-3-10032021. Acesso em: 3 maio 2022.

FRAZÃO, Ana. Dados, estatísticas e algoritmos. *Jota*, 2017. Disponível em: https://www.jota.info/opiniao-e-analise/colunas/constituicao-empresa-e-mercado/dados-estatisticas-e--algoritmos-28062017. Acesso em: 3 maio 2022.

FRAZÃO, Ana; CARVALHO, Angelo. Aumento de custos de transação como hipótese de abuso de poder regulatório – As dificuldades associadas a uma visão unilateral e reducionista das instituições. *Jota*, 2021. Disponível em: https://www.jota.info/opiniao-e-analise/colunas/constituicao-empresa-e-mercado/custos-de-transacao-27102021. Acesso em: 21 fev. 2022.

GRANOVETTER, Mark; SWEDBERG, Richard (org.). *The Sociology of Economic Life*. Colorado: Vestview Press, 2011.

KAHNEMAN, *Daniel. Rápido e devagar. Duas formas de pensar*. Trad. Cassio Leite. São Paulo: Objetiva, 2011.

KAHNEMAN, Daniel; SIBONY, Olivier; SUNSTEIN, Cass. Noise. *A Flaw in Human Judgment*. Little Brown Spark, 2021.

KAY, John; KING, Mervin. *Radical Uncertainty*. Decision-making beyond the numbers. New York: W.W. Norton & Company, 2020.

KEYNES, J. M. Am I a Liberal? *The Collected Writings of John Maynard Keynes*. Londres: Macmillan, 1972. v. V.

KEYNES, J. M. *A teoria geral do emprego, do juro e do dinheiro*. São Paulo: Abril Cultural, 1983.

KRUGMAN, Paul. *Arguing with zombies. Economics, Politics, and the Fight for a Better Future*. New York: W.W. Norton & Company, 2020.

KWAK, James. Economism. *Bad economics and the rise of inequality*. New York: Pantheon Books, 2017.

MINSKY, Hyman. *Stabilizing an unstable economy*. EUA: Yale University Press, 2008.

MULLER, Jerry Z. *The tyranny of metrics*. New Jersey: Princeton University Press, 2018.

PEARL, Judea. *The book of why. The new science of cause and effect*. New York: Basic Books, 2018.

PIKETTY, Thomas. *Capital and Ideology*. Trad. Arthur Goldhammer. Cambridge: The Belknap Press of Harvard University Press, 2020.

RODRIK, Dani. *Economics Rules. The rights and wrongs of the dismal science*. New York: W.W. Norton & Company, 2015.

SHILLER, Robert. *Narrative Economics. How Stories go viral and drive major economic events*. Princeton University Press, 2019.

SKIDELSKY, Robert. *What's wrong with economics? A primer for the perplexed*. New Haven: Yale University Press, 2021.

SKIDELSKY, Robert; CRAIG, Nan. *Who runs the economy? The role of power in Economics*. London: Palgrave Macmillian, 2016.

STIGLITZ, Joseph. *Power, and Profits. Progressive Capitalism for an Age of Discontents.* New York: W.W. Norton & Company, 2019.

STIGLITZ, Joseph. *O preço da desigualdade.* Trad. Dinis Pires. Lisboa: Bertrand, 2013.

TALEB, Nassim Nicholas. *A lógica do cisne negro. O impacto do altamente improvável.* Trad. Marcelo Schild. Rio: Best Business, 2018.

TETLOCK, Philip; GARDNER, Dan. *Superforecasting*: the art and the science of prediction. Crown: 2016.

Capítulo 15

AS LIMITAÇÕES DA TEORIA DOS CUSTOS DE TRANSAÇÃO COMO INSTRUMENTO PARA IDENTIFICAR ABUSO REGULATÓRIO

Rubens Cantanhede Mota Neto

Advogado e pesquisador nas áreas de direito da concorrência
e propriedade intelectual.

1. INTRODUÇÃO

A Lei de Liberdade Econômica trouxe o controverso instituto do abuso de poder regulatório sem uma preocupação em definir o conceito, optando no lugar por um rol exemplificativo de situações que poderiam categorizar tal abuso

Uma das hipóteses mais polêmicas é a do inciso V do art. 4º: "aumentar os custos de transação sem demonstração de benefícios" que traz a *transaction cost analysis* para o direito brasileiro.

Não sem razão alguns autores identificaram nesse instituto a tentativa de emplacar uma agenda libertária e contrária a regulação econômica, especialmente devido ao fato de que a regulação muitas vezes aumenta o custo de transação dos agentes econômicos, desse modo teríamos uma situação em que o regulador sempre teria o ônus de se justificar desse modo criando um desincentivo a atividade regulatória[1].

O problema, no entanto, é mais profundo, a verdade é que o mero aumento ou redução dos custos de transação pouco diz sobre a realidade dos mercados como pressupõe o *mainstream* econômico que pretende guiar a economia através de formulas simples.

A noção de custos de transação nasce do artigo de Coase, "The Nature of a Firm", em que a principal preocupação do autor é explicar a razão pela qual algumas empresas preferem verticalizar os serviços na sua cadeia produtiva ao invés de negociar esses serviços diretamente com o mercado[2].

---

[1] COUTINHO, Diogo R. A mão invisível e a faca no pescoço: considerações críticas sobre o "abuso de poder regulatório" na Lei 13.874/2019. In: SALOMÃO, Luis Felipe; CUEVA, Ricardo Villas Bôas; FRAZÃO, Ana (coord.). *Lei de Liberdade Econômica e seus impactos no Direito Brasileiro*. São Paulo: Thomson Reuters Brasil, 2020, edição ebook Thomson Reuters Proview.

[2] COASE, Ronald Harry. *The nature of the firm*: origins, evolution, and development. USA: Oxford University Press, 1993.

Coase responde que em determinados momentos os custos de se negociar esses serviços no mercado pode exceder os custos de organizar esses serviços dentro da própria empresa. Os custos de se operar essas negociações no mercado passaram a ser considerados custos de transação[3].

Um ponto importante a destacar é que mesmo na sua concepção mais contemporânea desenvolvida por Williamson[4] a teoria dos custos de transação foi pensada para explicar fenômenos de governança privada, de modo que sua aplicação na governança pública deve ser acompanhada de uma reflexão mais aprofundada.

Esse diálogo entre custos de transação e governança pública foi realizado por Williamson no final da década de 90 em artigo que traz como principal ponto de interesse o desejo de superar a dicotomia entre iniciativa privada e intervenção do estado na economia utilizando a análise de custos de transação como forma de analisar o funcionamento de órgãos de estado privatizados e regulados (modelo híbrido) e compará-los com o modelo 100% público e discutir as vantagens e desvantagens de cada modelo:

> As shown in Table 2, private bureaucracy (contracting out) has the strongest incentives and the least administrative control, the strongest propensity to be have autonomously (display enterprise and be adventurous) and the weakest propensity to behave cooperatively (be compliant), works out of a (comparatively) legalistic dispute settlement regime, appoints its own executives, and affords the least degree of security of staff employment. The public bureaucracy is the polar opposite in all of these respects, while regulation (public agency plus private firm) is located in between these two along all dimensions (with the caveat that regulation may have more administrative controls, possibly of a dysfunctional kind)[5].

Veja que as relações entre governança pública e a teoria dos custos de transação invocam discussões muito mais profundas do que um favorecimento da iniciativa privada em desfavor da regulação estatal e não se centram na minimização dos custos de transação.

Diante disso cabe o questionamento sobre a origem da base teórica que dá sustentação ao inciso que exige que o regulador se explique diante da formulação de normas que aumentem os custos de transação.

O presente artigo busca investigar esse ponto assim como apontar as fragilidades que essa abordagem possui em relação a mensuração da qualidade da regulação econômica dos mercados.

2. A SIMPLIFICAÇÃO DA FERRAMENTA ECONÔMICA

Como vimos a noção de custos de transação pode ser utilizada para explicar o fenômeno empresarial e pode ser usada como ferramenta para pensar a importância

---

[3] RINDFLEISCH, Aric; HEIDE, Jan B. Transaction cost analysis: Past, present, and future applications. *Journal of Marketing*, v. 61, n. 4, p. 30-54, 1997.

[4] WILLIAMSON, Oliver E. Comparative economic organization: The analysis of discrete structural alternatives. *Administrative Science Quarterly*, p. 269-296, 1991.

[5] WILLIAMSON, Oliver E. *Public and Private Bureaucracies: A Transaction Cost Economics Perspective.*

Capítulo 15 · AS LIMITAÇÕES DA TEORIA DOS CUSTOS DE TRANSAÇÃO | 287

da regulação econômica no desenvolvimento dos mercados, porém possui algumas limitações que iremos explorar nesse tópico.

O grande equívoco veio da concepção de custos de transação empreendidos pela Análise Econômica do Direito e a Escola de Chicago que demoniza o aumento dos custos de transação nas atividades empresariais, pensamento que se cristalizou na compreensão de que a legislação deveria sempre atuar na busca continua pela minimização desses custos:

> The impact of Coase's thinking on the economic analysis of law has been far wider than implied by the economists abstract debate over the validity of the Coase theorem, it has given rise to the view particularly among legal scholars, that the primary economic function of the law is to encourage bargaining directly by reducing transaction costs or to simulate by fiat the hypothetical bargaining outcome that would result if transaction costs were zero[6].

Esse objetivo vem da busca por esses autores da situação ideal descrita por Coase em que em um ambiente em que não há custos de transação as negociações tenderiam sempre a distribuição mais eficiente de recursos[7]. Diante da impossibilidade de um mundo sem custos de transação, esses autores defendem que para se atingir maior eficiência esses custos devem ser minimizados ao máximo pela legislação:

> Posner restates this conclusion in terms of efficiency resulting from the minimization of transaction costs: "Transaction costs are minimized when the law (1) assigns the right to the party who would buy iy from the other party if it were assigned to the other party instead and if transactions costs were zero, or (2) alternatively, places liability on the party who, if he had the right and transaction costs were zero, would sell it to the other party"[8].

Nesse ponto há algumas reflexões que podem ser retiradas, entre elas a curiosa defesa de uma necessidade de intervenção no mercado por parte dos teóricos liberais para reduzir os custos de transação, ao invés da tradicional opção pelos mercados ainda que esses sejam diferentes do idealizado:

> Apparently in the decision about whether to create or maintain actual markets, or supplant pricing mechanisms altogether, the market-based theorist poses a predicate inquiry: are transaction costs high or not? If they are not, the market-based theorist will favor creating or maintaining an actual market. If the transaction costs are high and do preclude exchange, the market-based theorist will favor supplanting pricing markets[9].

---

[6]   VELJANOVSKI, Cento G. The Coase theorems and the economic theory of markets and law. *Kyklos*, v. 35, n. 1, p. 53-74, 1982. p. 68.

[7]   COASE, Ronald H. The problem of social cost. *Classic papers in natural resource economics.* London: Palgrave Macmillan, 1960. p. 87-137.

[8]   HERMANN, Donald H. J. Review of "Economic Analysis of Law," By Richard A. Posner. *Washington University Law Review*, v. 1974, n. 2, p. 354-374, 1974.

[9]   SCHLAG, Pierre. The problem of transaction costs. *S. Cal. L. Rev.*, v. 62, p. 1661, 1988.

Essa intervenção regulatória em favor dos agentes econômicos contém alguns problemas, o primeiro é a dificuldade de se mensurar e até mesmo em saber no que consiste os custos de transação que deveriam ser reduzidos, o segundo é a falta de compreensão da importância da existência de custos de transação na construção de mercados no mundo real e como a busca pela sua redução pode levar a ineficiência e danos à sociedade. Por fim a opção por guiar a regulação com o objetivo único de se reduzir os custos de transação pode gerar problemas democráticos por substituir a vontade do eleitorado por uma solução tecnicista.

3. É POSSÍVEL MENSURAR COM PRECISÃO OS CUSTOS DE TRANSAÇÃO?

Uma das principais críticas à abordagem da análise econômica baseada em custos de transação consiste na dificuldade de identificar os custos de transação em diversos cenários, o que é crucial para fazer as prescrições jurídicas.

Para enfrentar esse problema a análise econômica do direito usa duas abordagens, uma que define custos de transação de uma forma abstrata de modo a distinguir essa de outros custos, a segunda tenta identificar padrões de custos de transação, como por exemplo efeito carona, custos de se negociar, custo de *enforcement* dos contratos, custo de se obter informações, entre outros[10].

Essa segunda forma parece o caminho da atual administração que por meio do art. 8º da Instrução Normativa SEAE 97/2020 exemplifica situações onde haveriam aumentos de custos de transação sem justificativa.

Schlag explica o problema dessa abordagem:

> Like rules of thumb, of course, these "mid-level" categories must be redeemed by the theory that informs them. As much as these categories may seem intelligible in some common sense way to legal thinkers, their particular meaning and their status as transaction costs depend upon whether they conform to theoretical criteria for determining what counts as transaction costs. The fact that these categories may seem intelligible to lawyers is no economic triumph if the lawyers systematically misunderstand the categories in a way that distorts their economic meaning and function. To put it another way, the validity, usefulness, and meaning of these categories is not self-executing. The economist should draw no comfort when the lawyer nods knowingly and says, "Bilateral monopoly? Free rider?-Yeah, I know exactly what you mean". On the contrary, these mid-level categories must be redeemed by the theory that ostensibly produced them. Free rider, holdouts, and so on are all technical terms; they cannot be redeemed as useful economic concepts solely by appeal to common sense. Instead, appeal must be made to...

Essa é uma situação em que a tentativa de simplificar o entendimento dos custos de transação pode causar sérios erros de análise como a confusão entre esse conceito

---

[10] SCHLAG, op. cit., 1988.

e os custos de produção dessa forma gerando efeitos contraproducentes aos objetivos da Lei de Liberdade Econômica:

> A própria ideia de custos de transação, dessa maneira, acaba deixando de ser um elemento heurístico de compreensão do comportamento dos agentes econômicos e passa a ser traduzida em variável isolada supostamente quantificável, facilmente confundida com os custos de produção, cenário que a economia institucional procurou superar[11].

O caminho teórico também tem sido controverso desde a sua origem, dado a dificuldade de isolar conceitualmente os custos de transação e diferenciá-lo dos custos de produção[12], mesmo grandes trabalhos que utilizam a metodologia de custos de transação partem da dificuldade de mensurá-la no mercado:

> Another reason for the lack of empirical measures of transaction costs stems from the comparative-static nature of much of the theoretical work. For the most part the approach is to identify, theoretically, the effects of increasing or decreasing transaction costs. In that context the central distinction is between situations in which transaction costs (of whatever form) are high and situations in which they are low. This is understandable, since the industrial organization literature is primarily concerned with explaining alternative forms of organization and one potential explanation is high (or low) transaction costs. Distinguishing between high and low transaction costs, however, gives us no guidelines when the problem of measuring the level of transaction costs is addressed, and that is the problem we face[13].

Soma-se a esse problema a dificuldade de se obter todas as informações relevantes para definir o cenário onde os custos de transação serão mensurados, problema não muito diferente do abordado por Hayek quando ele alerta para a dificuldade de tentar planejar a economia diante da descentralização das informações necessárias[14].

4. DEVEMOS SEMPRE REDUZIR OS CUSTOS DE TRANSAÇÃO?

Mesmo diante das dificuldades de se mensurar os custos de transação a busca pela sua minimização sempre foi um dos principais objetivos dos intelectuais que utilizam

---

[11] FRAZÃO, Ana; PRATA DE CARVALHO, A. G. Aumento de custos de transação como hipótese de abuso de poder regulatório – As dificuldades associadas a uma visão unilateral e reducionista das instituições. *Jota*, p. 1-5, 27 out. 2021.

[12] CALABRESI, Guido. Transaction Costs, Resource Allocation and Liability Rules – A Comment. *The Journal of Law and Economics*, v. 11, n. 1, p. 67-73, 1968.

[13] WALLIS, John Joseph; NORTH, Douglass C.; DAVIS, Lance E. 3. Measuring the Transaction Sector in the American Economy, 1870-1970. *Long-term factors in American economic growth.* University of Chicago Press, 2007. p. 95-162.

[14] HAYEK, Friedrich August. The use of knowledge in society. *The American Economic Review*, v. 35, n. 4, p. 519-530, 1945. Perceba que ainda que o ensaio faça uma crítica ao planejamento econômico centralizado pelo estado nos países socialistas o mesmo valeria para um planejamento econômico por parte do estado só que em favor das companhias privadas.

essa abordagem, ao fazerem isso atribuem sentido negativo aos custos de transação tratando-os como se pudessem ser equiparados a um "deadweight-loss".

Essa visão se deve como comentávamos anteriormente a busca de um mundo com custos de transação próximos de zero. Essa postura, no entanto, se revela equivocada, pois os custos que são entendidos como sendo custos de transação podem gerar benefícios econômicos por representar um grupo de empresas e profissionais liberais que atuam na intermediação e auxílio das empresas nas suas negociações com o consumidor final:

> The fact that growth of the transaction sector is due primarily to an expansion of intermediate transaction services belies a common but erroneous perception among economists and economic historians that transaction costs do not produce a corollary benefit. Or, as William Parker put it, they are "waste-sheer, reckless, glorious, spendthrift waste[15].

Um dos exemplos mais importantes desse tipo de custos são os honorários pagos aos advogados na assessoria empresarial, de modo que a busca pela redução dos custos de transação a todo custo soa contraintuitiva para um advogado e também negativa para o funcionamento da economia, mas refletem uma mentalidade bastante hostil ao direito cultivada por economistas neoclássicos[16].

Essa narrativa hoje é contraditada por diversos autores, entre eles a Katharina Pistor, que argumenta que longe de criar custos a atividade jurídica e a atuação dos advogados é essencial para a criação do capital e a sua acumulação pelos agentes econômicos[17].

Não é sem razão que alguns autores afirmam que a busca pela minimização dos custos de transação é não apenas geradora de ineficiências econômicas como também incompatível com o funcionamento dos mercados por não compreender que os mercados dependem desses custos para existir:

> We find reliance upon transaction cost minimization arguments as a means of advancing free markets paradoxical because free markets depend upon transaction costs for their very existence. We argue that people and institutions paying lawyers' fees or other transaction costs obtain something of value. They often pay transaction costs to purchase information that will help them evaluate a proposed transaction. For example, a person hiring an auto mechanic to inspect a used car that she might purchase pays the mechanic for information about the vehicle's reliability to inform her decision about whether to purchase the vehicle. People acquire information because the information has functional value to them. We identify three transaction cost functions that motivate these expenditures. Transaction costs expenditures help avoid inefficient transactions, bring

---

[15] WALLIS, John Joseph; NORTH, Douglass C. Should transaction costs be subtracted from gross national product? *The Journal of Economic History*, v. 48, n. 3, p. 651-654, 1988.

[16] MAGEE, Stephen P. et al. *Black hole tariffs and endogenous policy theory*: Political economy in general equilibrium. Cambridge University Press, 1989.

[17] PISTOR, Katharina. *The code of capital*. Princeton University Press, 2019.

about otherwise impossible efficient transactions, or help improve the equity of transactions. While transaction costs have usually been viewed as impediments to efficient transactions, we argue that they often aid the realization of efficient transactions that would never occur without them[18].

Driesen e Ghosh destacam outras funções benéficas dos custos de transação como uma forma de superar assimetria informacional, evitar negociações prejudiciais, assegurar maior eficiência na atividade empresarial e um dos mais importantes, ser um vetor para a busca de objetivos redistributivos ligados à justiça social que vão além de discussões de eficiência:

> Because public policy involves more than just efficiency, transaction costs sometimes play a role in realizing other values. Transaction costs aid the realization of equitable goals. For example, transaction costs incurred to provide an individual with a hearing may make the process more fair and help ameliorate the loss of dignity that can occur when the government makes coercive decisions depriving an individual of a significant liberty or property interest[19].

Por conta dessas questões pode se observar que vêm se buscando pensar em uma teoria do valor de transação em substituição ao atual paradigma de custos de transação[20]. Esses autores resgatam a discussão proposta por Zajac e Olsen em artigo de 1993 em que a dupla faz uma crítica à busca continua pela minimização dos custos de transação apontando suas deficiências e propondo a substituição desse objetivo pela busca da maximização do valor da transação:

> First, we demonstrate that standard transaction cost analysis is essentially a single-party analysis of cost minimization. This fact is traced to the transaction cost perspective's neglect of the interdependence between exchange partners, as shown in an analysis of the transaction cost approach to vertical integration. In response to these issues, we attempt to provide a richer perspective on transactional concerns and interorganizational strategies by (1) offering a transactional analysis framework that is based on joint value maximization, rather than single firm cost minimization[21].

Claro que aqui não se busca argumentar que todo custo de transação é positivo para os mercados e que a tentativa de os reduzir é sempre equivocada, o objetivo é justamente sair do "paradigma da minimização" em que os custos de transação são sempre ruins e seu aumento deve ser justificado pelo legislador como a Lei de Liberdade Econômica coloca.

---

[18] GHOSH, Shubha; DRIESEN, David M. *The Functions of Transaction Costs*: Rethinking Transaction Cost Minimization in a World of Friction. 2003.

[19] GHOSH, DRIESEN, op. cit.

[20] FROLOV, Daniil. *From transaction costs to transaction value*: Overcoming the Coase-Williamson paradigm. 2019.

[21] ZAJAC, Edward J.; OLSEN, Cyrus P. From transaction cost to transactional value analysis: Implications for the study of interorganizational strategies. *Journal of Management Studies*, v. 30, n. 1, p. 131-145, 1993.

A existência de custos de transação é inerente aos mercados, principalmente num mundo em que o pressuposto de mercados de zero custo de transação é cada vez mais desacreditado[22], logo se os seus efeitos são positivos ou negativos essa é uma discussão que deve ser travada num Congresso eleito democraticamente e não cerceada a priori por uma legislação infraconstitucional.

Veja que também que a discussão não se limita a uma análise de eficiências meramente quantitativa, Michael Munger argumenta a redução dos custos de transação via escolhas regulatórias em conjunto com os rápidos avanços tecnológicos representaram impactos negativos em emprego e renda da população de modo a até mesmo legitimar uma discussão sobre uma criação de uma renda mínima que busca compensar os efeitos dessas mudanças[23].

Por essa razão longe de se tratar de uma discussão meramente tecnicista, a regulação econômica dos mercados deve ser submetida a discussão democrática, tendo em vista o caráter político das repercussões de se regular prestando atenção apenas na minimização dos custos de transação.

5. DETERMINISMO ECONÔMICO E DEMOCRACIA

Na última década vem surgindo uma literatura denunciando que a ascensão do neoliberalismo gerou um processo de substituição da regulação estatal construída no período do estado social com forte participação democrática[24] por postulados da economia neoclássica.

Naomi Klein, em *The Shock Doctrine: The Rise of Disaster Capitalism*, abriu essa tendência da crítica da regulação econômica no período do neoliberalismo ao argumentar que muitas das reformas neoliberais se deram de forma apressada, em momentos de crise e sem diálogo com a sociedade que muitas vezes foi reprimida quando tentou participar do processo legislativo[25].

Mark Blyth explica que esse distanciamento da sociedade não é por acaso, as teorias econômicas encampadas pelos autores libertários identificam na democracia um risco ao sistema econômico, pois os legisladores e o executivo na tentativa de atender os anseios sociais e se reeleger tomariam decisões contrárias à eficiência econômica e que poderiam levar a processos inflacionários.

A solução para esse "problema democrático" seria proteger as instituições contra essas forças e substituir o processo político por órgãos técnicos que seguiriam os preceitos da economia neoclássica:

> Similarly, Milton Friedman opined that because of government induced inflation, "[p]rudent behavior becomes reckless and 'reckless' behavior becomes 'prudent.'

---

[22] CHEN, Ping. Complexity of transaction costs and evolution of corporate governance. *The Kyoto Economic Review*, v. 76, n. 2, p. 139-153, 2007.

[23] MUNGER, Michael C. Tomorrow 3.0: the sharing economy. *The Independent Review*, v. 20, n. 3, p. 391-395, 2016.

[24] PIKETTY, Thomas. *Capital and ideology*. Harvard University Press, 2020. Com foco na discussão dos capítulos 11 e 12.

[25] KLEIN, Naomi. *The shock doctrine*: The rise of disaster capitalism. Macmillan, 2007.

Capítulo 15 · AS LIMITAÇÕES DA TEORIA DOS CUSTOS DE TRANSAÇÃO | 293

The society is polarized; one group is set against another. Political unrest increases. The capacity of any government to govern is reduced at the same time that the pressure for strong action grows." Given these pathologies that are endemic to democracy, what must be done to save the liberal economy from the destructive forces of democracy? Banning democracy would be effective but might be unpopular. A second-best solution would be to have an institution that would effectively override such inflationary decision making[26].

Em Democracy in Chains, Nancy Maclean, mostra que essas teorias tinham como objetivo proteger as corporações contra o governo e contra as maiorias democráticas, identificando narrativas como a "public choice theory" como uma forma de deslegitimar o processo democrático em favor de uma volta ao modelo capitalista do século dezenove:

The authors made it clear that they preferred the constitutional rules of 1900 rather than 1960 – a kind of dog whistle to those who would catch the reference. It was that of the unique period referred to by legal scholars as the era *Lochner* and *Plessy*, two pivotal Supreme Court decisions that ensured extreme economic liberty for corporations and extreme disempowerment for citizens on matters from limits on working hours to civil rights. "The facts of history" showed that once the floodgates opened to a more inclusive democracy, it always led to "a notable expansion in the range and extent of collective activity" in pursuit of what authors deemed "differential or discriminatory legislation"[27].

O dispositivo do art. 4º, V, acaba por incorrer nessa situação ao acorrentar as mãos do legislador quanto à impossibilidade de editar normas que aumentem os custos de transação, o que na prática confina as justificativas da regulação dos mercados a um critério exclusivamente econômico.

Como bem notado ao obrigar os legisladores a justificar economicamente todas as normas regulatórias a lei gera um ônus que coloca a atividade regulatória como ilegítima a priori, e com isso podemos ver que ela cria uma obstrução ao processo de edição de normas regulatórias[28].

O problema de se fazer isso é que ao se recorrer a um dogmatismo econômico se corre o risco de alienar a sociedade de debates bastante importantes que afetam seu cotidiano, tendo em vista que como vimos tanto o conceito quanto a discussão ligada a custos de transação possuem um grau de complexidade que nem mesmo a norma editada com o fim de prestigiar os critérios econômicos consegue captar corretamente.

Atualmente a economia mainstream neoclássica vem recebendo diversas críticas justamente por ter se alienado da realidade, distante de evidências empíricas e isolada

---

[26] BLYTH, Mark. *Austerity*: The history of a dangerous idea. Oxford University Press, 2013.

[27] MACLEAN, Nancy. *Democracy in chains*: The deep history of the radical right's stealth plan for America. Penguin, 2018.

[28] KLEIN, Vinícius. Comentários ao art. 4º, inciso III. In: CRUZ, André Santa; DOMINGUES, Juliana Oliveira; GABEN, Eduardo Molan (orgs.). *Declaração de Direitos de Liberdade Econômica*: comentários à Lei 13.874/2019. Salvador: JusPodivm, 2020b.

das outras ciências humanas como bem aponta Skidelsky[29], de modo que a aplicação acrítica desses conceitos na elaboração de normas leva a uma ciência de baixa qualidade com efeitos negativos no bem-estar social[30].

Veja que obras mais recentes dentro da economia buscam principalmente informar o legislador no processo de formulação de normas regulatórias e políticas públicas, ao invés de confiná-lo a uma visão econômica específica. Livros como *Good Economics For Hard Times* dos laureados pelo Nobel de Economia, Dufflo e Banerjee, utilizam estudos empíricos econômicos para discutir os achados em diversas áreas como imigração, trabalho, comércio internacional, escolhas econômicas das pessoas na base da pirâmide com objetivo de subsidiar decisões políticas.

Também é inegável que a regulação econômica tem preocupações mais amplas do que o aumento ou redução de eficiências econômicas que a discussão a respeito de custos de transação nos traz. Discussões sobre o modelo capitalista atual estar nos conduzindo a um aquecimento global que nos coloca em risco de um cataclisma climático, o aumento da desigualdade econômica que ameaça o bem-estar das pessoas e a democracia, assim como a necessidade de intervenção estatal para lidar com a atual e futuras pandemias assumem uma importância muito grande na literatura econômica que vem sugerindo respostas do estado regulador[31].

Para endereçar essas preocupações o regulador não pode ficar adstrito a preocupação com o aumento dos custos de transação, pois ainda que as medidas que forem tomadas para lidar com essas questões resultem em aumento de custos de transação para alguns agentes econômicos nós vimos anteriormente que isso não é necessariamente um problema, pois custos de transação não são um deadweight-loss e podem gerar efeitos econômicos positivos.

Livros como *Reimagining Capitalism in a World on Fire* e *Economia do Donut*[32] nos convidam a pensar num modelo de capitalismo para além de uma análise de eficiências a curto prazo, um modelo em que há compatibilização entre o lucro, o crescimento econômico, o meio ambiente e o bem-estar social:

> In a world that has reimagined capitalism, if you're in business, you work for a high-commitment firm that is deeply rooted in shared values, provides great jobs, and takes for granted the idea that while it is essential to be profitable, the firm's primary goal should be to create value, not to make money at any price. Everyone shares a common understanding of the need to balance short-terms returns with the public good and the long-term potential of the business. Firms that deny the reality of climate change, treat their employees badly, or actively support corrupt or oppressive political regimes are shunned by their peers and punished by their investors[33].

---

[29] SKIDELSKY, Robert. *What's Wrong with Economics?* Yale University Press, 2020.

[30] KWAK, James. *Economism*: Bad economics and the rise of inequality. Pantheon, 2017.

[31] MAZZUCATO, Mariana. *Mission economy*: A moonshot guide to changing capitalism. Penguin UK, 2021.

[32] RAWORTH, Kate. *Economia donut*: uma alternativa ao crescimento a qualquer custo. Editora Schwarcz-Companhia das Letras, 2019.

[33] HENDERSON, Rebecca. *Reimagining Capitalism in a World on Fire*. Penguin UK, 2021.

Uma lei que constrange o regulador a atender apenas interesses econômicos de curto prazo ao mesmo tempo que ignora diversas questões importantes para a sociedade acaba por ser uma forma de cercear a participação popular na discussão sobre política econômica e assim acaba por obstruir o funcionamento de uma democracia participativa.

6. CONCLUSÃO

Ao longo do artigo exploramos que apesar da economia oferecer ferramentas bastante importantes para a regulação econômica sua aplicação de forma apressada e sem a densidade reflexiva necessária pode ser igualmente danosa.

Custos de transação estão longe de ser um conceito simples e sem controvérsias, especialmente levando em consideração suas raízes ideológicas fincadas no libertarianismo que influenciou a escola de *law and economics* em meados dos anos 1980 o que por si só já colocaria em dúvidas a sua imparcialidade política e caráter estritamente técnico.

Para além da dificuldade de se precisar exatamente quais custos de transação estariam envolvidos numa análise econômica inerente da própria doutrina e que a legislação tampouco endereça, herdamos também o viés de demonizar o aumento dos custos de transação.

Como vimos, a tentativa de se equiparar custos de transação a uma situação de *deadweight-loss* subestima a complexidade do mercado ao ignorar totalmente a importância do "transaction sector" da economia na formação do próprio PIB, além de representar um desprezo pela atividade das pessoas que prestam importantes serviços aos agentes econômicos.

Nesse sentido, uma busca incessante pela redução dos custos de transação nos conduziria a uma situação de disfunção econômica dos mercados que é contraproducente com os objetivos da própria legislação, algo que é observado em países que seguiram esse mesmo receituário como denunciado por Jonathan Tepper e Denise Hearn[34].

Por outro lado, a busca por um critério técnico e preciso dentro da teoria econômica que guiará as escolhas regulatórias a despeito de todos os outros interesses vem sendo utilizado historicamente como forma de cercear a participação da população na discussão da política econômica, através de um tecnicismo incompatível com a discussão democrática.

Diante desses pontos, a Lei de Liberdade Econômica comete o erro de simplificar uma teoria econômica para justificar uma agenda muito mais ideológica do que amparada em evidências sólidas.

Isso não significa dizer que é errado usar a economia para justificar decisões legislativas, porém como argumentei anteriormente a economia hoje é muito mais uma ferramenta de análise do que uma fórmula prescritiva e nisso reside uma de suas grandes forças na atualidade.

---

[34] TEPPER, Jonathan; HEARN, Denise. *The myth of capitalism*: monopolies and the death of competition (2019). New Jersey, Hoboken.

Podemos ficar com a exortação de Dani Rodrik em celebrar a economia na contribuição que elas trazem para o debate público ao mesmo tempo que ficando alertas para o excesso de dogmatismo, principalmente quando aplicado a políticas públicas e regulação econômica:

> But in part because economists take the natural sciences as their example, they have a tendency to misuse their models. They are prone to mistake a model for the model, relevant and applicable under all conditions. Economists must overcome this temptation, They have to select their models carefully as circumnstances change, or as they turn their gaze from one setting to another. They need to learn how to shift among different models more fluidly[35].

REFERÊNCIAS

BLYTH, Mark. *Austerity*: The history of a dangerous idea. Oxford University Press, 2013.

CALABRESI, Guido. Transaction Costs, Resource Allocation and Liability Rules – A Comment. *The Journal of Law and Economics*, v. 11, n. 1, p. 67-73, 1968.

COUTINHO, Diogo R. A mão invisível e a faca no pescoço: considerações críticas sobre o "abuso de poder regulatório" na Lei 13.874/2019. In: SALOMÃO, Luis Felipe; CUEVA, Ricardo Villas Bôas; FRAZÃO, Ana (coord.). *Lei de Liberdade Econômica e seus impactos no Direito Brasileiro*. São Paulo: Thomson Reuters Brasil, 2020. Edição ebook Thomson Reuters Proview.

CHEN, Ping. Complexity of transaction costs and evolution of corporate governance. *The Kyoto Economic Review*, v. 76, n. 2, p. 139-153, 2007.

COASE, Ronald Harry. *The nature of the firm*: origins, evolution, and development. USA: Oxford University Press, 1993.

COASE, Ronald Harry. The problem of social cost. *Classic papers in natural resource economics*. London: Palgrave Macmillan, 1960.

FROLOV, Daniil. *From transaction costs to transaction value*: Overcoming the Coase-Williamson Paradigm, 2019.

GHOSH, Shubha; DRIESEN, David M. *The Functions of Transaction Costs: Rethinking Transaction Cost Minimization in a World of Friction*. 2003.

HENDERSON, Rebecca. *Reimagining Capitalism in a World on Fire*. Penguin UK, 2021.

HERMANN, Donald HJ. Review of "Economic Analysis of Law," By Richard A. Posner. *Washington University Law Review*, v. 1974, n. 2, p. 354-374, 1974.

KLEIN, Naomi. *The shock doctrine*: The rise of disaster capitalism. Macmillan, 2007.

KLEIN, Vinícius. Comentários ao art. 4º, inciso III. In: CRUZ, André Santa; DOMINGUES, Juliana Oliveira; GABEN, Eduardo Molan (orgs.). *Declaração de Direitos de Liberdade Econômica*: comentários à Lei 13.874/2019. Salvador: JusPodivm, 2020b.

KWAK, James. *Economism*: Bad economics and the rise of inequality. Pantheon, 2017.

MACLEAN, Nancy. *Democracy in chains*: The deep history of the radical right's stealth plan for America. Penguin, 2018.

---

[35] RODRIK, Dani. *Economics rules*: Why economics works, when it fails, and how to tell the difference. OUP Oxford, 2015.

MAGEE, Stephen P. et al. *Black hole tariffs and endogenous policy theory*: Political economy in general equilibrium. Cambridge University Press, 1989.

MAZZUCATO, Mariana. *Mission economy*: A moonshot guide to changing capitalism. Penguin UK, 2021.

MUNGER, Michael C. Tomorrow 3.0: the sharing economy. *The Independent Review*, v. 20, n. 3, p. 391-395, 2016.

PIKETTY, Thomas. *Capital and ideology*. Harvard University Press, 2020.

PISTOR, Katharina. *The code of capital*. Princeton University Press, 2019.

RAWORTH, Kate. *Economia donut*: uma alternativa ao crescimento a qualquer custo. São Paulo: Editora Schwarcz-Companhia das Letras, 2019.

RINDFLEISCH, Aric; HEIDE, Jan B. Transaction cost analysis: Past, present, and future applications. *Journal of Marketing*, v. 61, n. 4, p. 30-54, 1997.

RODRIK, Dani. *Economics rules*: Why economics works, when it fails, and how to tell the difference. OUP Oxford, 2015.

SCHLAG, Pierre. The problem of transaction costs. *S. Cal. L. Rev.*, v. 62, p. 1661, 1988.

SKIDELSKY, Robert. *What's Wrong with Economics?* Yale University Press, 2020.

TEPPER, Jonathan; HEARN, Denise. *The myth of capitalism*: monopolies and the death of competition (2019). New Jersey, Hoboken.

VELJANOVSKI, Cento G. The Coase theorems and the economic theory of markets and law. *Kyklos*, v. 35, n. 1, p. 53-74, 1982.

WALLIS, John Joseph; NORTH, Douglass C.; DAVIS, Lance E. 3. Measuring the Transaction Sector in the American Economy, 1870-1970. In: *Long-term factors in American economic growth*. University of Chicago Press, 2007.

WILLIAMSON, Oliver E. Comparative economic organization: The analysis of discrete structural alternatives. *Administrative Science Quarterly*, p. 269-296, 1991.

WILLIAMSON, Oliver E. Public and Private Bureaucracies: A Transaction Cost Economics Perspective.

ZAJAC, Edward J.; OLSEN, Cyrus P. From transaction cost to transactional value analysis: Implications for the study of interorganizational strategies. *Journal of Management Studies*, v. 30, n. 1, p. 131-145, 1993.

PARTE 4

ANÁLISE DE IMPACTO REGULATÓRIO (ARTIGO 5º)

Capítulo 16

LEI DE LIBERDADE ECONÔMICA E ANÁLISES DE IMPACTO REGULATÓRIO – AIRS

Ana Frazão

Advogada. Professora Associada de Direito Civil, Comercial
e Econômico da Universidade de Brasília – UnB.

1. CONSIDERAÇÕES INICIAIS

Para entender melhor o papel das Análises de Impacto Regulatório – AIRs no direito brasileiro, há que se contextualizar o referido instrumento diante da tendência crescente de se ressaltar a importância das consequências das decisões do Poder Público, quaisquer que sejam, judiciais ou administrativas, regulatórias ou não. É o que fica claro, por exemplo, com o art. 20 da LINDB, introduzido pela Lei 13.655/2018.

Sob essa perspectiva, a AIR tem sido vista, inclusive no âmbito internacional, como um dos mais importantes mecanismos para avaliar as consequências de decisões regulatórias. A OCDE, por exemplo, associa o instrumento, no que diz respeito aos países em desenvolvimento, à melhoria da qualidade da regulação, ao aperfeiçoamento da regulação por evidências, à integração de múltiplos objetivos de política econômica e à melhor transparência, consulta e *accountability*.[1]

Logo, a AIR está intrinsecamente relacionada ao dever de motivação e fundamentação das decisões regulatórias e ao aspecto de legitimação da regulação pelo procedimento, razão pela qual está em evidente conexão com consultas e audiências públicas.

Do ponto de vista legislativo, a AIR foi expressamente prevista pelo art. 6º da Lei das Agências (Lei 13.848/2019). Ampliando a necessidade da AIR para além do âmbito das agências reguladoras, a Lei de Liberdade Econômica (Lei 13.874/2019) previu a análise de impacto regulatório como mecanismo específico para assegurar a necessária avaliação das consequências da regulação.

É no contexto desse quadro legislativo que o presente artigo pretende analisar o papel das AIRs no direito brasileiro, destacando alguns de seus riscos e limitações, assim como propondo formas mais adequadas para a sua incorporação na regulação.

---

[1] *Regulatory Impact Analysis in OECD Countries. Challenges for Developing Countries.* Disponível em: https://www.oecd.org/gov/regulatory-policy/35258511.pdf.

2. A REGULAMENTAÇÃO DO TEMA E O RISCO DE DESCONSIDERAÇÃO DAS QUESTÕES AMBIENTAIS E SOCIAIS

Apesar da diferença de abrangência entre a Lei das Agências e a LLE, as duas previsões legais a respeito da AIR são muito convergentes, na medida em que restringem o mecanismo a atos normativos de interesse geral. Esse corte é importante porque, apesar de todos os benefícios da AIR, ela costuma ser trabalhosa, complexa e custosa, de maneira que a sua ampliação excessiva poderia trazer mais problemas do que soluções.

Outro ponto convergente das duas previsões legais é a de tratarem a análise de impacto regulatório de forma bastante genérica, deixando para o regulamento a especificação de suas hipóteses de aplicação ou dispensa, bem como os requisitos materiais – incluindo aí a metodologia – e procedimentais para a sua implementação.

Não obstante, é fácil verificar que a Lei das Agências é um pouco mais minuciosa, chegando a antecipar alguns critérios procedimentais da AIR, indicando que (i) o relatório de AIR é anterior à realização de consulta ou de audiência pública (art. 6º, § 4º) e (ii) nos casos em que não for realizada a AIR, deve ser disponibilizada, no mínimo, nota técnica ou documento equivalente que tenha fundamentado a proposta de decisão (art. 6º, § 5º).

Para dar concretude à Lei da Agências e à Lei de Liberdade Econômica, o Decreto 10.411/2020 procurou disciplinar os aspectos principais da AIR. Vale ressaltar que o Decreto entra em vigor em 15.04.2021 em relação às agências reguladoras, ao Inmetro e ao Ministério da Economia (art. 24, I) e em 14.10.2021 para os demais órgãos e entidades da administração pública federal direta, autárquica e fundacional (art. 24, II).

Ao se analisar o decreto, chama a atenção, em primeiro lugar, o fato de que as exceções à AIR são consideráveis. Basta dizer que, no art. 1º, § 3º, ficam excepcionadas as propostas de edição de decreto ou atos normativos a serem submetidos ao Congresso Nacional. Trata-se de isenção cuja amplitude é bastante discutível, como se observa por vários exemplos recentes, dentre os quais os decretos presidenciais sobre liberação de armas, que tratam de assunto controverso e complexo sem nenhum estudo consistente sobre seus impactos econômicos e sociais.

O art. 3º, § 2º, do Decreto também traz um considerável rol de exceções, enquanto o art. 4º prevê inúmeras hipóteses de dispensa, muitas das quais sujeitas a requisitos excessivamente amplos e que podem dar margem a muitas controvérsias interpretativas.

Um exemplo diz respeito aos atos normativos considerados de baixo impacto (art. 4º, III), o que nos remete à definição do art. 2º, II, que depende da avaliação de requisitos – como a inexistência de aumento expressivo de custos para os agentes econômicos ou para os usuários (art. 2º, II, "a") e não repercussão de forma substancial em políticas públicas de saúde, segurança, ambientais, econômicas ou sociais (art. 2º, II, "c") – que dificilmente podem ser constatados, de forma segura, sem uma AIR, ainda que simplificada.

Muitas outras hipóteses de dispensa, longe de permitirem uma constatação simplificada ou *prima facie*, dependem de considerações complexas, tais como as de atos normativos que visem a manter a convergência a padrões internacionais (art. 4º, VI), atos normativos que procurem diminuir custos regulatórios (art. 4º, VII) e atos normativos que procurem adequar normas ao desenvolvimento tecnológico consolidado internacionalmente (art. 4º, VIII).

Dessa maneira, a primeira grande dificuldade é saber se, no legítimo propósito de definir o alcance da AIR, o Decreto prevê critérios adequados e minimamente seguros. Como já se adiantou, tudo leva a crer que não, motivo pelo qual podem surgir inúmeras controvérsias em torno do assunto.

Outro problema do Decreto é a prevalência de uma visão excessivamente "economicista" da AIR[2], que privilegia os custos dos regulados, dos consumidores e do próprio poder público, mas pouco ou nada fala dos custos ou impactos sociais e ambientais. Com efeito, estes não são tratados nem como componentes necessários e obrigatórios da AIR, nem como questões que deveriam ser analisadas de forma complementar, por qualquer que seja o meio, incluindo aí as análises de impacto social.

Aliás, a própria definição dos custos regulatórios mostra que o foco da AIR diz respeito aos custos dos regulados, dos usuários ou do poder público relacionado ao cumprimento da regulação. Afinal, o art. 2º, IV, define custos regulatórios como "estimativa dos custos, diretos e indiretos, identificados com o emprego da metodologia específica escolhida para o caso concreto, que possam vir a ser incorridos pelos agentes econômicos, pelos usuários dos serviços prestados e, se for o caso, por outros órgãos ou entidades públicas, para estar em conformidade com as novas exigências e obrigações a serem estabelecidas pelo órgão ou pela entidade competente, além dos custos que devam ser incorridos pelo órgão ou pela entidade competente para monitorar e fiscalizar o cumprimento dessas novas exigências e obrigações por parte dos agentes econômicos e dos usuários dos serviços prestados".

Além de não haver nenhuma menção aos custos sociais e ambientais, a definição também não permite nenhuma consideração sobre as externalidades negativas da atividade econômica que a regulação pode tentar endereçar.

No que diz respeito à questão ambiental, o Decreto praticamente a ignora, mencionando-a tão somente na definição de ato normativo de baixo impacto, visto como aquele que, dentre outras características, não repercuta de forma substancial nas políticas públicas ambientais. Ainda que se possa extrair, *a contrario sensu*, que a repercussão em políticas públicas ambientais torna o ato como de alto impacto, não há nenhuma solução ou mecanismo para incorporar as preocupações ambientais na AIR.

Algo semelhante ocorre em relação às preocupações sociais. Chega a ser irônico que, na avaliação de resultado regulatório – a ARR, que ocorre *ex post* (art. 2º, III) –, o Decreto exija que sejam analisados os impactos da regulação não só sobre o mercado, mas também sobre a sociedade (art. 2º, III), quando tal observação deveria estar igualmente presente, de forma clara e expressa, também em relação à AIR.

---

[2] Entende-se por economicismo a visão reducionista e distorcida da economia que privilegia apenas os interesses de determinados agentes econômicos em detrimento dos interesses gerais da sociedade. Para maiores informações, ver: FRAZÃO, Ana. Economicismo e bad economics. *Jota*. Disponível em: https://www.jota.info/paywall?redirect_to=//www.jota.info/opiniao-e-analise/colunas/constituicao-empresa-e-mercado/economicismo-e-bad-economics-02052019.

E não é só isso. Ao se analisar o conjunto do Decreto, fica claro que ocorreu a nítida e intencional priorização do viés economicista, sem maiores preocupações com as questões sociais ou ambientais, a fim de justificar a agenda de desregulação do governo.

Prova de tal afirmação é a questionável hipótese de dispensa de AIR prevista no art. 4º, VII – "ato normativo que reduza exigências, obrigações, restrições, requerimentos ou especificações com o objetivo de diminuir custos regulatórios". Interpretada à luz da definição de custo regulatório constante do art. 2º, IV – que, como já se viu, apenas considera os custos dos agentes econômicos sujeitos à regulação, dos consumidores e do Poder Público com o *enforcement* da regulação –, a hipótese pode ser utilizada para justificar o afastamento da AIR em todos os casos de desregulação, sem qualquer consideração sobre os benefícios sociais e ambientais da regulação em tais searas e sobre os impactos sociais e ambientais negativos que decorreriam da desregulação.

Verdade seja dita que, com certo esforço interpretativo, é possível superar tais deficiências do Decreto, até porque o art. 6º, III, estabelece como requisito da AIR a "identificação dos agentes econômicos, dos usuários dos serviços prestados e dos demais afetados pelo problema regulatório identificado". Dessa maneira, parte-se da premissa de que todos os interesses afetados, incluindo obviamente os interesses sociais e ambientais, terão que ser identificados e avaliados.

Entretanto, ao não mencionar expressamente os impactos sociais e ambientais nem criar instrumentos específicos para a sua avaliação, é inequívoco que o Decreto estabelece uma priorização dos interesses de regulados, usuários e do próprio Poder Público sobre os demais interesses, a partir da noção de custo regulatório estabelecida no art. 2º, IV.

Essa falta de atenção com os impactos sociais e ambientais da regulação é ainda mais preocupante quando se sabe que é muito mais fácil quantificar os custos da regulação sofridos por agentes econômicos e usuários – normalmente diretos e sentidos imediatamente ou no curto prazo – do que os benefícios da regulação em relação à sociedade e ao meio ambiente – muitas vezes indiretos ou sentidos no médio ou longo prazo.

Por essa razão, mesmo quando todos os aspectos da regulação são analisados, já pode existir um desbalanceamento da representatividade dos interesses sociais e ambientais, o que pode ser reforçado pela metodologia a ser utilizada e pela falta de canais de participação dos setores envolvidos no processo de regulação ou desregulação. Aliás, no caso brasileiro, como se verá em seguida, como o Decreto é também falho em relação aos procedimentos de participação social, esse problema pode agravar o viés excessivamente economicista da análise.

É em virtude dos problemas já anunciados que a experiência estrangeira demonstra que a consideração de questões sociais e ambientais é imprescindível para as AIRs. Aliás, as recomendações da OCDE sobre a utilização do mecanismo deixam claro que o seu objetivo é justificar se os benefícios econômicos, sociais e ambientais da regulação justificam os seus custos.[3]

---

[3] OCDE. *Recommendation of the Council on Regulatory Policy and Governance*, OECD Publishing, Paris. Disponível em: http://dx.doi.org/10.1787/9789264209022-en.

Em sentido semelhante, no *Global Indicators of Regulatory Governance: Worldwide Practices od Regulatory Impact Assessments,* o Banco Mundial indica que, dentre os impactos a serem cobertos pela AIR, estão os (i) benefícios esperados da regulação, (ii) impactos em obrigações ou acordos internacionais, (iii) impactos sobre o meio ambiente, (iv) impactos na competitividade e na abertura dos mercados, (v) impactos sobre pequenas e médias empresas.[4]

É inequívoco, portanto, que o Decreto perdeu uma excelente oportunidade de disciplinar melhor as AIRs, ocasião em que teria ao menos que indicar, de forma clara e expressa, que os custos e os impactos econômicos e sociais positivos e negativos precisam ser considerados na análise.

A omissão do Decreto – provavelmente intencional, já que a priorização do viés economicista é condizente com a política de livres mercados e de desregulação defendida pelo governo – pode ser, portanto, um grande obstáculo para a sua eficácia ou para que possa cumprir adequadamente os objetivos de aumentar a qualidade da regulação. Mais do que isso, pode transformar a AIR em um fácil instrumento para a mera chancela da agenda de desregulação do governo, como se passará a expor no capítulo seguinte.

3. RISCOS DA POLITIZAÇÃO DA AIR: SUA UTILIZAÇÃO COMO INSTRUMENTO PARA A MERA CHANCELA DA AGENDA DE DESREGULAÇÃO DO GOVERNO

A possibilidade de que as AIRs sejam indevidamente instrumentalizadas em prol de interesses políticos, notadamente os de justificar a agenda de desregulação, sempre permeou as discussões a seu respeito. Aliás, vale lembrar que a introdução das análises de custo-benefício na experiência norte-americana, no governo Reagan, ocorreu precisamente com a finalidade de embasar a política de desregulação.

Como explica Susan-Rose Ackerman,[5] o projeto de Reagan era desmantelar o Estado Regulatório, ignorando a regulação social, encorajando a inação das agências reguladoras e imputando ao Estado um altíssimo ônus da prova sempre que quisesse exercer suas competências regulatórias.

Nesse contexto, as AIRs, especialmente na sua modalidade de análises de custo-benefício, foram as soluções encontradas para, valorizando os ônus e os custos da regulação e desconsiderando muitos dos seus benefícios, dar uma roupagem técnica a decisões que eram substancialmente políticas.

É por essa razão que, no contexto norte-americano, as análises de custo-benefício sempre tiveram que conviver com as críticas de que seriam meros disfarces para objetivos políticos ou de que seriam inerentemente antirregulatórias ou eticamente equivocadas.[6]

---

[4] Disponível em: http://documents1.worldbank.org/curated/en/905611520284525814/Global-Indicators-of-Regulatory-Governance-Worldwide-Practices-of-Regulatory-Impact-Assessments.pdf.

[5] ACKERMAN, Susan-Rose. Deregulation and Reregulation: Rhetoric and Reality. *Journal of Law & Politics*, vol. VI, 1990, p. 287-291.

[6] Ver: SHAPIRO, Stuart. The Evolution of Cost-Benefit Analysis in U.S. Regulatory Decisionmaking. Jerusalem Papers in Regulation & Governance. *Working Paper* n. 5, May 2010. Disponível em: https://ideas.repec.org/h/elg/eechap/13210_28.html.

Verdade seja dita que, embora inicialmente vinculadas à agenda desregulatória republicana implementada pelo governo Reagan, as análises regulatórias de custo--benefício foram igualmente adotadas por governos democratas, sendo o governo Bill Clinton um importante marco nesse sentido.[7] Com o passar do tempo, as AIRs, especialmente nas modalidades de custo-benefício, tornaram-se realidade na prática regulatória norte-americana, dissociando-se, pelo menos em teoria, dos ideais republicanos ou da agenda de desregulação.

Criou-se, na verdade, ambiente para se sustentar até mesmo a neutralidade e o caráter apolítico das análises de custo-benefício, partindo da premissa de que seriam instrumentos de melhoria regulatória e que, se bem utilizados, poderiam levar tanto à desregulação como ao fortalecimento da regulação.

Não obstante, subsistem consideráveis discussões em torno da pretensão de tecnicidade das análises de custo-benefício. Em estudo empírico de 2006, David Driesen[8] mostra que a neutralidade de tais análises, tão defendida pela indústria e pelos *think tanks* a ela vinculados, não se confirma, uma vez que tais instrumentos são comumente contrários à proteção do meio ambiente na prática e, em muitos casos, até mesmo na teoria. É isso que explica a sua maciça utilização, no governo Bush, para produzir numerosas mudanças regulatórias contra o meio ambiente, à saúde e à segurança.

Aliás, para Driesen, mesmo antes de Bush, as análises de custo-benefício eram comumente utilizadas para justificar a desregulação, em detrimento do meio ambiente, da saúde e da segurança das pessoas. Daí a sua conclusão: "The most common legal formulation of a cost-benefit test, that the costs should not exceed the benefits of regulation, acts a one-way ratchet, demanding that some regulations become less stringent, but never demanding greater protection of health, safety, or the environment".[9]

Em seu instigante livro de 2008, *Retaking Rationality: How cost-benefit analysis can better protect the environment and our health*, os autores Richard Revesz e Michael Livermore[10] reconhecem o caráter antiambientalista das análises de custo benefício, mas justificam o resultado com base na aversão que muitos ambientalistas, sindicatos e outros grupos progressistas teriam do instrumento, o que os afastou do necessário debate em torno do aperfeiçoamento das mencionadas análises.

Consequentemente, em razão da falta de equilíbrio político e de representação de diversos setores sociais na construção das análises de custo-benefício, estas acabaram sendo capturadas pela indústria, do que resultou a sua utilização para fins antirregulatórios. Entretanto, os autores entendem que tais análises são necessárias e que

---

[7] HAHN, Robert W.; SUNSTEIN, Cass. A New Executive Order for Improving Federal Regulation? Deeper and Wider Cost-Benefit Analysis. *John M. Olin Program in Law and Economics Working Paper* No. 150, 2002. Disponível em: https://chicagounbound.uchicago.edu/cgi/viewcontent.cgi?referer=&httpsredir=1&article=1009&context=law_and_economics.

[8] DRIESEN, David M. Is Cost-Benefit Analysis Neutral? (2006). College of Law – Faculty Scholarship. 17. Disponível em: https://surface.syr.edu/lawpub/17.

[9] Idem.

[10] REVESZ, Richard; LIVERMORE, Michael. *Retaking Rationality: How cost-benefit analysis can better protect the environment and our health*. Oxford University Press, 2011.

não conflitam aprioristicamente com a proteção do meio ambiente, desde que sejam utilizadas e aperfeiçoadas para abarcar esse tipo de proteção.[11]

Como se pode observar, mesmo entendendo que as análises de custo-benefício não são destinadas apenas à desregulação, os autores reconhecem que acabaram tomando esse perfil na prática norte-americana, apontando inclusive para a necessária representação e participação social caso se queira alterar o preocupante cenário.

O aspecto da participação social será retomado mais adiante, mas, por ora, importa destacar que a obra de Revesz e Livermore aponta para o que pode ser uma dissonância entre a teoria, em que as AIRs são pensadas como instrumentos técnicos em prol da qualidade da regulação, e a prática, em que as AIRs, por questões políticas ou de captura por poderosos agentes econômicos, acabam sendo utilizadas prioritariamente para a desregulação, mesmo que às custas de danos ao meio ambiente e a outros valores sociais importantes.

De toda sorte, fica muito claro que, a depender do perfil do governo, os riscos da politização excessiva das AIRs aumentam. Não é sem razão que, em sua nova obra *Reviving rationality: saving cost-benefit analysis for the sake of the environment and our health*, Revesz e Livermore[12] denunciam os danos à regulação que foram praticados durante o governo Trump, muitas vezes com a chancela das análises de custo-benefício. Segundo os autores, Trump desestabilizou toda a ideia de racionalidade e de regulação baseada em evidências. Um exemplo seria a questão dos benefícios indiretos, que, embora sejam imprescindíveis para qualquer análise de custo-benefício, foram considerados pelo governo Trump apenas quando o propósito era justificar a desregulação, mas ignorados quando justificariam a regulação.

Em outras palavras, no seu novo livro, Revesz e Livermore, mesmo sendo árduos defensores das análises de custo-benefício, mostram os riscos da sua instrumentalização indevida e da sua utilização para encobrir uma agenda política a favor da desregulação, mesmo quando contrária às evidências e mesmo quando gere danos ao meio ambiente e à saúde.

Seria grande ingenuidade imaginar que tais riscos não estariam presentes no Brasil, não apenas em razão do perfil do governo, mas sobretudo em razão do contexto em que as AIRs foram introduzidas em nossa realidade.

A esse respeito, não se pode esquecer que o Decreto 10.411/2020 regulamenta não apenas a Lei das Agências, mas também a chamada Lei de Liberdade Econômica que, já em seu título, deixa claro o seu propósito de instituir garantias de livre mercado e adota como princípios, dentre outros, a intervenção subsidiária e excepcional do Estado sobre o exercício de atividades econômicas (art. 2º, III).

Não obstante as discussões sobre a própria constitucionalidade de tais dispositivos, o fato é que a AIR, se pensada sob a perspectiva de livre mercado e de intervenção subsidiária e excepcional do Estado, apresenta grande potencial de utilização somente em favor da desregulação.

---

[11] Idem.

[12] REVESZ, Richard; LIVERMORE, Michael. *Reviving rationality: saving cost-benefit analysis for the sake of the environment and our health.* OUP USA, 2021.

Tais riscos aumentam quando se observa que o Decreto 10.411/2020, como já visto no capítulo anterior, desconsidera que a AIR precisa incluir todos os impactos da regulação, o que abrange obviamente os impactos sociais e ambientais. Não obstante, estes não foram nem mesmo mencionados pela regulamentação, na contramão da experiência internacional sobre o tema, que considera tais impactos não apenas imprescindíveis, como ainda merecedores de uma abordagem integrada.[13]

Por outro lado, a opção de admitir que a desregulação não venha acompanhada da respectiva AIR não encontra qualquer tipo de justificativa plausível, a não ser que se trate de justificar a desregulação a qualquer preço. Sobre o tema, Noll e Grab[14] deixam claro que a ideia de avaliação de impactos econômicos e cálculos de custo benefício são igualmente relevantes para suspender ou repelir uma regulação preexistente, enfatizando, a partir da jurisprudência da Suprema Corte americana, que a avaliação dos custos regulatórios precisa incluir os danos à saúde humana, à segurança e ao meio ambiente.[15]

Logo, a falta de cuidado com que o Decreto 10.411/2020 trata de tais temas, associada ao perfil do atual governo e a inúmeras tentativas de tentar "passar a boiada" em favor da desregulação são claros sinais de que a adoção das AIRs precisa ser acompanhada de muitos cuidados, ainda mais diante da excessiva discricionariedade que se lhe emprestou.

Basta mencionar o inusitado art. 21, do Decreto 10.4111/2020, segundo o qual "a inobservância ao disposto neste Decreto não constitui escusa válida para o descumprimento da norma editada e nem acarreta a invalidade da norma editada".

Tal norma pode dar margem à interpretação de que, mesmo diante de eventual AIR que aponte para os benefícios da regulação, possa haver a revogação desta, sem que haja qualquer comprometimento à validade do ato revogador.

Na verdade, como já se viu do capítulo anterior, o Decreto admite a dispensa da AIR sempre que se tratar de ato que diminua os custos regulatórios (art. 4º, VII), os quais são vistos apenas pela restrita ótica dos agentes econômicos regulados, dos usuários e do próprio regulador (art. 2º, IV). Consequentemente, a desregulação poderia ser implementada mesmo sem AIR ou sem qualquer preocupação mais significativa com os impactos sociais e ambientais da desregulação.

Assim, no atual contexto, são fundados os riscos de que as AIRs, longe de cumprirem o seu importante papel de introduzir tecnicidade e racionalidade às decisões regulatórias, tornem-se meros instrumentos de chancela da agenda de desregulação do governo.

---

[13] SLOOTWEG, Roel et al. Function evaluation as a framework for the integration of social and environmental impact assessment. Disponível em: https://www.researchgate.net/publication/247896926_Function_evaluation_as_a_framework_for_the_integration_of_social_and_environmental_impact_assessment.

[14] NOLL, Bethany; GRAB, Denise. Deregulation: process and procedures that govern agency decisionmaking in an era of rollbacks. Disponível em: https://policyintegrity.org/files/publications/Energy_Law_Journal_Deregulation_DG_BDN.pdf.

[15] Op. cit., p. 292.

4. AS DIFICULDADES PARA A CONSIDERAÇÃO E A MENSURAÇÃO DOS CUSTOS E ESPECIALMENTE DOS BENEFÍCIOS AMBIENTAIS E SOCIAIS

Os desafios das AIRs envolvem também a própria pretensão de quantificação e mensuração dos benefícios e riscos da regulação, tarefa que, embora já seja difícil por si só, mostra-se ainda mais complicada quando se trata de questões relacionadas ao meio ambiente, à saúde humana e à segurança.

Nesse sentido, a literatura está repleta de lições que apontam para as especiais dificuldades que as análises econômicas quantitativas encontram para tratar de questões ambientais e sociais. O estudo de David Driesen[16] conclui no sentido de que os reguladores não podem quantificar muitos dos relevantes efeitos da regulação sobre o meio ambiente e sobre a saúde humana, especialmente quando se trata dos benefícios.

No que diz respeito ao meio ambiente, a situação é dramática, pois, como aponta estudo da ONU, o mundo vive uma tripla crise ambiental – climática, de biodiversidade e de poluição –, razão pela qual precisamos "fazer as pazes" com a natureza urgentemente.[17]

O alerta da ONU vai ao encontro de diversos estudos recentes, dentre os quais *The Economics of Biodiversity: The Dasgupta Review*,[18] que mostra como é difícil o diálogo entre as análises econômicas e a consideração efetiva das preocupações ambientais. Segundo o relatório, o valor da natureza não é refletido comumente nos preços de mercado, até por não ser compatível com conversão em dinheiro, o que leva a distorções de preço que direcionam os investimentos para outros ativos que não os naturais. Mais do que isso, o estudo aponta para o fato de que muitos aspectos da natureza são móveis, invisíveis ou mesmo silenciosos, o que dificulta a sua identificação e a sua mensuração.

De toda sorte, um ponto comum a vários dos trabalhos sobre o assunto é mostrar que as métricas econômicas são normalmente nefastas para o meio ambiente, pois a destruição da natureza, longe de ser devidamente avaliada como um dano, pode ser usualmente considerada como aumento de riqueza e fator de crescimento do PIB. Acresce que muitas atividades que trazem riscos substanciais ao meio ambiente ainda são vistas como etapas do crescimento.

Portanto, é importante advertir que a incorporação formal das AIRs no direito brasileiro ocorre em um momento no qual há graves alertas para o fato de que precisamos mudar nossos indicadores de sucesso econômico para torná-los mais compatíveis com uma trajetória sustentável.

Independentemente das discussões mais atuais, que colocam a questão ambiental em uma perspectiva muito mais extensa, as limitações de análises econômicas quantitativas ou de custo-benefício em relação ao meio ambiente já são apontadas há muito tempo.

---

[16] Op. cit.

[17] Disponível em: https://www.unep.org/news-and-stories/speech/triple-planetary-crisis--forging-new-relationship-between-people-and-earth.

[18] Disponível em: https://assets.publishing.service.gov.uk/government/uploads/system/uploads/attachment_data/file/962785/The_Economics_of_Biodiversity_The_Dasgupta_Review_Full_Report.pdf.

Em famoso estudo de 2002, Frank Ackerman e Lisa Heinzerling[19] explicam o grande risco de que as análises de custo-benefício ignorem o que não pode ser contado. Nesse sentido, mesmo quanto tais análises reconhecem a existência de benefícios insuscetíveis de quantificação econômica, tendem a não sopesá-los adequadamente.

Tais limitações de muitas das análises econômicas, além de chamarem a atenção para o fato de que o processo decisório precisa deixar espaços para considerações não quantitativas, ressalta outra importante conclusão de Frank Ackerman e Lisa Heinzerling:[20] vários dos benefícios ambientais nunca foram sujeitos a uma avaliação econômica rigorosa, tais como a distribuição justa de riscos ambientais, a prevenção de doenças ou a proteção de ecossistemas. Todos esses aspectos têm sido sistematicamente negligenciados, por não poderem ser quantificados e muito menos precificados.

Daí a conclusão dos autores: "These features of cost-benefit analysis make it a terrible way to make decisions about environmental protection, for both intrinsic and practical reasons". Tais limitações poderiam levar à conclusão da verdadeira imprestabilidade das análises de custo-benefício para tratar de questões ambientais, como apontam os autores:[21]

Somam-se a tais argumentos preocupações como as salientadas por Steven Kelman,[22] no sentido de que, em áreas como meio ambiente, segurança e saúde, várias decisões podem ser corretas mesmo quando os seus benefícios não superam os seus custos, pela simples razão de que refletem valores que não são de mercado e que, portanto, não podem ser avaliados monetariamente.

Mesmo autores que, como Cass Sunstein,[23] são grandes defensores e até mesmo entusiastas das análises de custo-benefício, apontam para as dificuldades específicas

---

[19]   ACKERMAN, Frank; HEINZERLING, Lisa. Pricing the priceless: cost-benefit analysis of environmental protection. Disponível em: https://scholarship.law.upenn.edu/penn_law_review/vol150/iss5/6/.

[20]   Op. cit.

[21]   Ainda segundo os autores (op. cit.): "Nor is it useful to keep cost-benefit analysis around as a kind of regulatory tag-along, providing information that regulators may find 'interesting' even if not decisive. Cost-benefit analysis is exceedingly time and resource-intensive, and its flaws are so deep and so large that this time and these resources are wasted on it. Once a cost benefit analysis is performed, its bottom line number offers an irresistible sound bite that inevitably drowns out more reasoned deliberation. Moreover, given the intrinsic conflict between cost-benefit analysis and the principles of fairness that animate, or should animate, our national policy toward protecting people from being hurt by other people, the results of cost-benefit analysis cannot simply be 'given some weight' along with other factors, without undermining the fundamental equality of all citizens-rich and poor, young and old, healthy and sick. Cost-benefit analysis cannot overcome its fatal flaw: it is completely reliant on the impossible attempt to price the priceless values of life, health, nature, and the future. Better public policy decisions can be made without cost-benefit analysis, by combining the successes of traditional regulation with the best of the innovative and flexible approaches that have gained ground in recent years".

[22]   KELMAN, Steven. Cost-Benefit Analysis. An Ethical Critique. Disponível em: http://www.colby.edu/economics/faculty/thtieten/ec476/kelmanbca.pdf.

[23]   SUNSTEIN, Cass. Cost-Benefit Analysis and the Environment. *John M. Olin Program in Law and Economics Working Paper* No. 227, 2004.

Capítulo 16 · LEI DE LIBERDADE ECONÔMICA E ANÁLISES DE IMPACTO REGULATÓRIO | **311**

que elas encontram na área ambiental, especialmente diante do princípio da precaução, que impõe a proteção do meio ambiente mesmo em cenário de incerteza.

Não é sem razão que, segundo Cass Sunstein,[24] há pelo menos três grandes limitações para o uso das análises de custo-benefício em questões ambientais. A primeira delas é que, nos casos difíceis, em que os beneficiários pagam pouco para a proteção ambiental que recebem, ganhos de bem-estar em rede e vantagens distributivas podem ser possíveis mesmo que não passem no teste de custo-benefício.

Em segundo lugar, Sunstein menciona que os reguladores dificilmente podem estabelecer probabilidades nos resultados ambientais, o que já gera uma primeira dificuldade para que se engajem em análises de custo-benefício. Acresce que, quando resultados catastróficos são possíveis e reguladores operam sob circunstâncias de incerteza, pode fazer sentido seguir a proteção máxima, o que Sunstein traduz na expressão *anti-catastrophe principle*.

Em terceiro lugar, seja diante das dificuldades de quantificação de benefícios como a redução da mortalidade, da morbidade ou dos danos ao meio ambiente, seja em razão de os seres humanos serem cidadãos e não meros consumidores, eventual quantificação dos riscos e benefícios não pode ser realizada a partir do tradicional critério utilizado pelas análises de custo-benefício (*willingness to pay – WTP*), pois este depende da habilidade de pagamento de cada um e tal parâmetro apresenta diversas distorções, especialmente entre os mais pobres.

Por essas razões, já se mostra que, aprioristicamente, as AIRs devem ser vistas com muitos cuidados diante de preocupações sociais e ambientais que precisam ser adequadamente incorporadas no respectivo exame. Nessas searas, potencializam-se vários das limitações e reducionismos das análises econômicas, notadamente os relacionados à quantificação, uma vez que aspectos sensíveis do problema não podem ser ignorados simplesmente porque não podem ser quantificados ou mensurados por parâmetros monetários.

Por outro lado, os aspectos não quantitativos não podem ficar amesquinhados diante dos aspectos quantitativos, como se examinará melhor nos próximos capítulos.

5. AS LIMITAÇÕES DAS ANÁLISES PREDITIVAS E QUANTITATIVAS

Mesmo naquelas searas que são mais propícias ao cálculo econômico, como é o caso da regulação financeira, há estudos, como o de John Coates IV,[25] que apontam que uma análise de custo-benefício precisa, confiável e quantificada, continua sendo inexequível. Daí a sua preocupante conclusão: "Detailed case studies of six rules reveal that precise, reliable, quantified CBA remains unfeasible. Quantified CBA of such rules can be no more than 'guesstimated', and is not a true alternative to expert judgment – it is simply judgment in (numerical) disguise".

---

[24] Op. cit.

[25] COATES IV, John. Cost-Benefit Analysis of Financial Regulation: Case Studies and Implications. *The Yale Law Journal* 124:882, 2015. Disponível em: https://www.yalelawjournal.org/pdf/a.882. Coates.1011_owe353wf.pdf.

No que diz respeito aos impactos da regulação ou da desregulação sobre o consumidor, área em que alguns dos custos e benefícios são mais suscetíveis de individualização e mensuração, há muitas discussões sobre as dimensões de proteção ao consumidor que podem ficar de fora de tais análises, exatamente porque não são de fácil identificação ou mensuração. Tal deficiência pode dificultar a proteção do consumidor sob outras variáveis que não somente o preço de produtos e serviços, tais como a qualidade, a variedade e o respeito pelo bem-estar do consumidor em outros aspectos que não apenas o preço.

Em instigante livro, Stucke e Esrachi fazem uma provocação sobre os resultados do processo de desregulação pelo qual vem passando a sociedade norte-americana desde o título da sua obra: *Competition Overdose: How free market mythology transformed us from citizen kings to market servants.*[26]

O argumento dos autores é o de que a livre concorrência, sem uma devida regulação que proteja os interesses dos consumidores e da sociedade como um todo, tem tornado os consumidores servos do mercado, possibilitando que as empresas os explorem das mais variadas formas possíveis, nos termos da seguinte advertência: "Sometimes unwittingly, sometimes cynically, our lawmakers have sold us out, taking away our protections and removing our safety net, all in the name of encouraging even more competition. Then, you complete your thought, highlighting how lobbyists, policy makers and powerful firms have been using competition ideology to hide their corruption, exploitation, ineptitude and ignorance".[27]

Tais considerações são ora expostas para se mostrar que as AIRs, embora tenham muitos aspectos positivos, não podem ser vistas como tábuas de salvação, como única diretriz ou como solução metodológica perfeita para resolver todos os problemas regulatórios.

Além de todas as dificuldades já expostas, as AIRs partem de três premissas bastante delicadas: (i) a de que é possível fazer predições com um considerável grau de acurácia, (ii) a de que é possível mensurar e comparar possíveis resultados de uma proposta regulatória ou desregulatória, inclusive por meio da utilização de cenários contrafactuais e (iii) a de que tais análises são exclusivamente técnicas e, portanto, neutras e objetivas, encaixando-se perfeitamente naquilo que se chama de regulação por evidências.

Ocorre que nenhuma dessas premissas realmente se sustenta, pelo menos em toda a sua extensão. No que diz respeito à primeira, não são poucos os autores que mostram que a teoria econômica, por mais desenvolvida que esteja, ainda apresenta diversas falhas e insuficiências para prever o futuro, ainda mais quando este depende de variáveis complexas e considera cenários de médio e longo prazo.[28] Aliás, não se trata propriamente de uma falha ou limitação apenas da ciência econômica, mas sim do próprio ser humano e da ciência como um todo.

---

[26] STUCKE, Maurice; EZRACHI, Ariel. *Competition Overdose: How free market mythology transformed us from citizen kings to market servants.* Harper Business, 2020.

[27] Op. cit.

[28] TETLOCK, Philip; GARDNER, Dan. *Superforecasting: The art and the science of prediction.* Crown: 2016.

Capítulo 16 · LEI DE LIBERDADE ECONÔMICA E ANÁLISES DE IMPACTO REGULATÓRIO | 313

Por mais que as estatísticas e outras metodologias e abordagens possam nos ajudar na difícil tarefa de prever o futuro, alerta Taleb que os modelos preditivos apresentam diversas limitações, incluindo a de usualmente não contemplarem o impacto de eventos raros, inesperados ou imprevistos,[29] embora tais fatos ocorram e costumem ter efeitos desastrosos, já que não eram nem mesmo cogitados.

Sob essa perspectiva, é fácil compreender, como já se viu no artigo anterior, a razão pela qual o Direito Ambiental trabalha com o princípio da precaução ou do *anti-catastrophe principle* a que se refere Cass Sunstein.[30] Diante de cenários muitas vezes marcados pela incerteza, a depender do tipo de risco, ele simplesmente não pode ser assumido, independentemente dos eventuais benefícios que dele podem decorrer.

Porém, é importante lembrar que o problema vai muito além da questão dos eventos inesperados, na medida em que envolve a necessidade de reconhecer que assuntos humanos complexos, sujeitos a múltiplas variáveis, são realmente difíceis, quando não impossíveis, de serem previstos.

Não é sem razão que os prêmios Nobel de Economia Banerjee e Duflo, no seu excelente livro *Good Economics for Hard Times*[31] chamam de *bad economics* precisamente a parte da economia relacionada às predições, pretensão em relação à qual os autores são extremamente críticos, seja por entenderem que economistas fazem um trabalho muito pobre de predição, seja por entenderem que predições com acurácia são normalmente impossíveis.[32] Por essa razão, consideram que a maioria dos economistas acadêmicos procuram ficar fora da futurologia.[33]

Para os autores, a boa economia – *good economics* – é exatamente a menos estridente, por partir da premissa de que, sendo o mundo suficientemente complicado e incerto, a melhor coisa que economistas têm a compartilhar não são suas conclusões, mas sim os caminhos que adotaram para chegar a elas: os fatos que sabem, a forma como interpretaram tais fatos, os passos dedutivos adotados e as fontes remanescentes de incertezas.[34] Sob essa perspectiva, os autores são claros no sentido de que economistas não são cientistas no mesmo sentido que físicos o são, razão pela qual normalmente têm pouca certeza absoluta para compartilhar com os outros.[35]

A perspectiva proposta por Banerjee e Duflo é muito importante, na medida em que mostra a cautela com que as AIRs precisam ser realizadas e compreendidas. Sob essa perspectiva, entende-se que as AIRs precisam inclusive ser ressignificadas, a fim de que contemplem três aspectos que nem sempre são realçados por seus idealizadores e defensores:

---

[29] TALEB, Nassim Nicholas. *A lógica do cisne negro. O impacto do altamente improvável*. Trad. Marcelo Schild. Rio: Best Business, 2018.

[30] SUNSTEIN, Cass. Cost-Benefit Analysis and the Environment. *John M. Olin Program in Law and Economics Working Paper* No. 227, 2004.

[31] BANERJEE, Abhijit; DUFLO, Esther. *Good Economics for Hard Times*. New York: Public Affairs, 2019.

[32] Op. cit., p. 6.

[33] Op. cit., p. 6.

[34] Op. cit., p. 7.

[35] Op. cit., p. 7.

(i) tão importantes quanto os resultados das AIRs são os seus caminhos meto-dológicos, os quais igualmente precisam estar sujeitos à crítica e ao controle social;

(ii) tão importante quanto o que as AIRs revelam pode ser o que elas não revelam em razão da impossibilidade ou dificuldade de quantificação ou da própria incompatibilidade da metodologia para a referida avaliação;

(iii) os resultados das AIRs não podem ser vistos como conclusões objetivas ou verdades incontestáveis, mas sempre como explicações precárias e re-ducionistas da realidade, que certamente poderão lançar algumas luzes ao problema sob exame, mas nunca encerrarão propriamente as discussões em torno dele.

No que diz respeito à segunda premissa – a de que tudo pode ser quantificado, sopesado e comparado –, talvez resida aqui dos maiores focos de crítica às análises econômicas quantitativas. As críticas normalmente se concentram nos seguintes aspectos:

(iv) nem tudo que é contável conta e nem tudo que conta é contável;

(v) nem tudo é suscetível de comparação pela mesma métrica quantitativa;

(vi) a quantificação do inquantificável, como é o caso da perda de uma vida hu-mana ou a destruição de um ecossistema, normalmente envolve a utilização de critérios que, sem embargo da moralidade duvidosa, podem envolver alto grau de arbitrariedade e reducionismo;

(vii) nem todas as opções submetidas ao cálculo e à comparação são aceitáveis do ponto de vista jurídico ou moral.

Muitos desses assuntos são muito bem abordados por Jerry Muller, no seu instigante livro *The tyranny of metrics*,[36] em que o autor também se dedica a mostrar como as técnicas quantitativas, além de vários dos problemas já expostos, estão sujeitas a inúmeras formas de deturpação e enviesamento.

Não obstante, um dos pontos fundamentais da crítica não é obviamente afastar a importância das técnicas quantitativas, ainda mais quando são bem executadas e contam com critérios consistentes. O objetivo da crítica é realçar o reducionismo de tais análises e mostrar como é importante equilibrar as análises quantitativas com outros tipos de análises e julgamentos.

Com efeito, exatamente por não poderem mensurar e quantificar uma série de impactos, é normal e esperado que as análises quantitativas priorizem – quando não se dediquem exclusivamente – aos aspectos que são mais facilmente mensuráveis.

Tal tendência, além de poder gerar um viés em prol da desregulação – pois é mais fácil calcular os custos da regulação para os regulados do que os benefícios da regulação, ainda mais em se tratando de benefícios indiretos ou difusos, tais como os ambientais e sociais –, pode fazer com que importantes impactos fiquem de fora da discussão ou não sejam devidamente considerados pelo simples fato de serem insus-cetíveis de mensuração.

---

[36] MULLER, Jerry Z. *The tyranny of metrics*. New Jersey: Princeton University Press, 2018.

Por fim, é importante também mostrar que não há ciência absolutamente objetiva ou neutra. Mesmo as análises empíricas dependem de uma série de escolhas e refletem as percepções subjetivas do pesquisador sobre o que importa e como importa, o que será mais bem examinado no próximo capítulo.

6. O MITO DA NEUTRALIDADE, DA OBJETIVIDADE E DA SEGURANÇA DAS AIRS

É equivocado também considerar que as AIRs são instrumentos seguros para a implementação da regulação por evidências, sendo superiores a qualquer outro tipo de análise, uma vez que atenderiam aos requisitos de objetividade e neutralidade.

Ora, se a pretensão de neutralidade e objetividade não seria possível nem mesmo nas ciências naturais, com maior razão não é possível nos assuntos humanos, que envolvem realidades complexas, mutáveis e repletas de variáveis, em relação às quais as avaliações de causalidade são ainda mais difíceis ou até mesmo impossíveis.

Daí por que, assim como não se pode pretender extrair dos fatos verdades absolutas e objetivas, não se pode associar as AIRs a esse tipo de propósito. É por essa razão, inclusive, que a ideia de senso comum de que "contra fatos não há argumentos" deve ser vista com bastante reserva, pois os fatos são selecionados, observados, analisados e interpretados de acordo com determinadas premissas, que normalmente decorrem de escolhas valorativas explícitas ou implícitas, em relação às quais pode haver muitos argumentos contrários.

Mais complicado ainda é pretender, no âmbito dos assuntos humanos, se valer da pretensão da suposta objetividade dos fatos para não apenas compreender o passado ou o presente, mas também para implementar análises com o objetivo de antecipar o futuro e ainda quantificar e comparar diversos cenários. Aliás, artigos anteriores da presente série já mostraram as diversas limitações das predições econômicas, que não supridas pelas análises empíricas.

Soma-se a isso a questão de que a forma como observamos e captamos os fatos depende de uma série de circunstâncias neurológicas, psicológicas, ambientais e culturais, o que reforça a premissa da hermenêutica filosófica de que não há uma separação absoluta entre o observador e o objeto da observação. Na verdade, o que muitos estudos recentes têm realçado é que a subjetividade do pesquisador afeta não somente a interpretação dos fatos, mas também a própria observação dos fatos.

Em outras palavras, o que o cientista capta dos fatos, a partir da sua observação e de suas análises empíricas, pode refletir muito mais ele próprio do que o mundo, o que mostra que mesmo as análises empíricas estão cercadas de variáveis pessoais e subjetivas.

Sobre esse assunto, a obra de Banerjee e Duflo,[37] já mencionada nas colunas anteriores, representa uma importante contribuição, ao ressaltar que mesmo a pesquisa empírica, em torno de evidências, envolve diversas escolhas valorativas por parte do cientista: o problema a ser analisado, a formulação de hipóteses, os fatos que serão se-

---

[37] BANERJEE, Abhijit; DUFLO, Esther *Good Economics for Hard Times*. New York: Public Affairs, 2019.

lecionados para confirmar ou não a hipótese, a interpretação dos fatos, a confirmação ou a rejeição da hipótese, dentre outros.

Todo esse processo, em razão da sua riqueza e complexidade, assim como das escolhas já mencionadas, é naturalmente suscetível a equívocos e enviesamentos por parte do pesquisador, quando não a deturpações. Por essa razão, também como já foi apontado no capítulo anterior, Banerjee e Duflo[38] sustentam que tão importante quanto os resultados da pesquisa é o caminho percorrido pelo pesquisador, o qual deveria ser compartilhado, até para que as pessoas possam compreendê-lo e questioná-lo.

A introdução da matemática, da estatística, da econometria e outras metodologias para as análises econômicas preditivas não afasta tais preocupações, seja porque dependerão dos fatos previamente identificados como relevantes pelo pesquisador e das premissas por ele adotadas, seja porque os resultados estarão sujeitos à superveniente interpretação, até para se verificar em que medida eventuais correlações podem ou não ser consideradas causalidades, o que é fundamental para um modelo preditivo.

Com efeito, como muito bem apontam Claudio Shikida, Leonardo Monasterio e Pedro Fernando Nery na apresentação do recente *Guia Brasileiro de Análise de Dados*,[39] fatos e dados não existem por si só, mas decorrem de várias decisões metodológicas, bem como da sua interpretação e compreensão:

> Dados não são dados. Ou seja, não caem do céu, prontos e perfeitos para quem os consome. São o resultado, por vezes, de longos processos de construção que envolvem várias decisões metodológicas. Além disso, o consumo dos dados não é imediato. Quem lê ou analisa os dados precisa também estar capacitado para compreendê-los. Mesmo pesquisadores experimentados podem cair nas diversas armadilhas que uma nova e desconhecida base de dados geralmente apresenta. (...)
> Nunca houve tantos dados disponíveis. E nunca houve, portanto, tantos problemas na sua interpretação.

Daí a conclusão de Dani Rodrik[40] sobre as limitações dos resultados econométricos, especialmente quando se utiliza a metodologia para a compreensão de relações complexas:

> Econometric results can be found to support any and all categories of arguments. However, very little of this econometric work survives close scrutiny or is able to sway the priors of anyone with strong convictions in their directions. Moreover, there is little reason to believe that the primary causal channels are invariant to time period, initial conditions, or other aspects of a country's circumstances. There may not be universal rules about what makes countries grow.

---

[38] Op. cit.

[39] SHIKIDA, Claudio et al. Disponível em: https://repositorio.enap.gov.br/bitstream/1/6039/1/Guia%20BR%20de%20Ana%CC%81lise%20de%20Dados.pdf.

[40] RODRIK, Dani. Economics Rules. *The rights and wrongs of the dismal science.* New York: W.W. Norton & Company, 2015.

Obviamente que não se está a menosprezar a importância da econometria ou dos modelos econômicos, seja para a compreensão da realidade, seja mesmo para o mapeamento de um possível futuro. O ponto aqui é simplesmente advertir que tais modelos são intrinsecamente restritivos, além de dependerem de uma série de premissas e alternativas metodológicas cuja escolha reflete a subjetividade do pesquisador.

Aliás, o próprio Dani Rodrik[41] afirma que a utilidade dos modelos econômicos reside precisamente na sua simplicidade e reducionismo, de forma que o problema não está no modelo em si, mas sim em acreditar que ele é idôneo para revelar a realidade em sua total extensão e complexidade quando, na verdade, eles só podem capturar um aspecto da realidade:

> In truth, simple models of the type that economists construct are absolutely essential to understanding the workings of society. Their simplicity, formalism, and neglect of many facets of the real world are precisely what make them valuable. These are feature, not a bug. What makes a model useful is that it captures an aspect of reality.

Fica claro, portanto, que mesmo que as AIRs se baseiem em sofisticados modelos econômicos, com o objetivo de predizer e mensurar os cenários possíveis das alternativas regulatórias, certamente que os seus resultados serão sempre parciais e incompletos. Ademais, não serão propriamente nem neutros nem objetivos, na medida em que dependerão de uma série de escolhas metodológicas que não podem ser apartadas dos valores, das pré-compreensões e da subjetividade do pesquisador, além de precisarem passar pelo crivo da interpretação quanto aos seus resultados.

Quanto mais complexo for o assunto e quanto mais variáveis estiverem em jogo, mais os resultados de tais análises serão limitados e afastados da realidade como um todo, especialmente quando existirem impactos de difícil ou impossível identificação ou mensuração, tal como já se advertiu anteriormente.

Isso já aponta para o fato de que, além do devido controle metodológico que precisa haver em relação às AIRs, seus resultados não podem ser vistos como únicas diretrizes a orientar as escolhas regulatórias. Pelo contrário, devem ser sempre contextualizados de acordo com as insuficiências de cada metodologia, bem como complementados com outras análises que possam compensar suas deficiências.

Aliás, a própria escolha da teoria na qual se embasa a pesquisa empírica ou quantitativa funciona como uma verdadeira lente, que poderá fazer com que o pesquisador só consiga ver ou só dê importância aos fatos que se ajustem às suas preocupações teóricas.

Não é sem razão que a Rainha Elisabeth, ao visitar a London School of Economics logo após a crise financeira de 2008/2009, fez uma pergunta desconcertante aos economistas: "Why did nobody notice it?".[42] A resposta para esse paradoxo pode ser a de que muitos deles adotavam teorias que consideravam os mercados perfeitos ou tendentes

---

[41] Op. cit.

[42] Disponível em: https://www.telegraph.co.uk/news/uknews/theroyalfamily/3386353/The--Queen-asks-why-no-one-saw-the-credit-crunch-coming.html.

a equilíbrio, razão pela qual desconsideraram as evidências em sentido contrário, já que elas não eram relevantes para a visão de mundo que adotavam.

Desconsiderar, portanto, as limitações das análises quantitativas e empíricas, assim como os aspectos subjetivos e valorativos que naturalmente lhes são inerentes, é, portanto, muito perigoso: a premissa de objetividade, neutralidade e segurança gera tanto uma falsa sensação de controle da realidade, como a falsa ideia de que existe a superioridade apriorística das metodologias quantitativas e empíricas sobre os demais tipos de metodologias.

Daí a importância da participação social para a seleção dos fatos a serem analisados e das discussões sobre causalidade nos assuntos humanos. Entretanto, também nesse ponto, é falha a atual regulamentação do tema, como se explorará no próximo capítulo.

7. SUPERANDO A IDOLATRIA DOS NÚMEROS: AS RAZÕES PELAS QUAIS É MELHOR NÃO TER NENHUM NÚMERO DO QUE TER UM NÚMERO EQUIVOCADO OU TENDENCIOSO

Como já se viu anteriormente, realizar uma AIR bem feita é algo bastante complexo e que requer diversos cuidados. Mesmo que se parta da premissa da possibilidade de quantificação de todas as variáveis em jogo – o que já se viu não ser possível –, os desafios para isso costumam ser tão grandes que dificilmente conseguem ser superados de forma exitosa.

Não é sem razão que o Laboratório de Regulação Econômica da UERJ, em seu relatório *Análise de Impacto Regulatório: Panorama Geral*,[43] concluiu no sentido de que, mesmo no plano internacional, o cenário é pessimista para as AIRs:

> Ao mesmo tempo, **a dificuldade em quantificar custos e benefícios – especialmente estes últimos – torna a prática da AIR de difícil execução. A literatura internacional apresenta, de modo geral, um cenário pessimista com relação à avaliação de impactos.** Hahn e Dudley (2007), analisando as regulações da agência de proteção ambiental dos Estados Unidos (EPA), concluíram que **mais de 70% das análises da amostra não forneceram qualquer informação quantitativa sobre os benefícios líquidos.** Ellig, McLaughlin e Morrall (2012) chegaram à conclusão similar, indicando que a qualidade das grandes regulações (major regulations) promulgadas entre 2008-2010 é baixa, sendo alguns tipos ainda piores, como as regulações orçamentárias e as de fim de mandato. A experiência europeia é similar, **sendo a AIR considerada ação simbólica (Radaelli, 2010) – ou seja, uma política que confere aspecto de mudança, mas, na prática, preserva o status quo.** Mais otimista são os resultados de Cecot et al (2008), que observaram uma melhora na qualidade das análises ao longo do tempo, e de acordo com o impacto potencial (i.e., AIRs com custos potenciais mais elevados também apresentam melhores análises). (grifos nossos)

---

[43] Disponível em: https://1b664b0f-ca91-4a83-ac3f-bc2c7fc2dd38.filesusr.com/ugd/dd1b35_577f9342d2a440268cee1479069e9aca.pdf, p. 15.

Como se pode observar, o diagnóstico do relatório confirma vários dos riscos anteriormente já apontados, especialmente o de que, a pretexto de se apresentarem como instrumentos de inovação, as AIRs acabem se tornando meras ações simbólicas, que criem a aparência de mudança, mas na prática preservem o *status quo*. Mais preocupante ainda é o risco de tais análises ocultarem, sob o simulacro da tecnicidade, decisões que são substancialmente políticas.

Além das dificuldades inerentes à quantificação, é importante lembrar que a interpretação é fundamental para a compreensão dos resultados das AIRs. Nesse ponto, os desafios são ainda maiores, pois não é simples encontrar relações de causalidade em assuntos humanos complexos e sujeitos a diversas variáveis, ainda mais quando se quer usar esse instrumental para embasar predições de médio e longo prazo.

Não se pode esquecer que o que as análises quantitativas costumam revelar são correlações ou outras associações entre variáveis, mas não propriamente causalidades. Daí por que existe uma limitação natural para a utilização das AIRs como fontes de diagnósticos de relações de causa e efeito, inclusive para o fim de predizer impactos de alternativas regulatórias.

Na verdade, ao se adentrar mais profundamente nas discussões atuais sobre o que pode ser considerada uma relação causal – como propõe, dentre outros autores, Judea Pearl[44] –, observa-se como é difícil o percurso para a demonstração da causalidade nos assuntos humanos, o que envolve diversas etapas e reflexões normalmente não abarcadas em análises quantitativas.

Mesmo com a introdução do auxílio imprescindível da estatística, é preciso lembrar também das próprias limitações desta, como alerta Darrell Huff:[45]

> A linguagem secreta da estatística, tão atraente em uma cultura voltada para fatos, é empregada para apelar, inflar, confundir e levar a simplificações exageradas. Métodos e termos estatísticos são necessários para relatar dados de tendências sociais e econômicas, condições de negócios, pesquisas de opinião e censos. No entanto, sem redatores que usem as palavras com honestidade e conhecimento, e sem leitores que saibam o que elas significam, o resultado só pode ser um absurdo semântico.

Daí o cuidado que se deve ter com o que Darrell Huff chama de "estatística corrompida", o que pode decorrer de inúmeras estratégias, tais como amostras pequenas ou com tendenciosidade embutida, médias bem escolhidas – que podem ocultar as desproporções entre os extremos da amostragem –, dentre inúmeras outras "técnicas".

É por essa razão que é fundamental a análise atenta dos aspectos básicos de aferição da idoneidade da estatística: (i) quem a apresenta, (ii) quais são as fontes, (iii) como a informação foi obtida, (iv) o que pode estar faltando na análise, dentre outros aspectos. Todos esses cuidados devem se juntar ao esforço indispensável para

---

[44] PEARL, Judea. *The book of why. The new science of cause and effect*. New York: Basic Books, 2018.

[45] HUFF, Darrell. *Como mentir com estatística*. Rio de Janeiro: Edições Financeiras S.A., 1968.

se distinguir correlação de causalidade, uma vez que mesmo altas correlações podem não ter nenhum significado do ponto de vista causal.

Tais aspectos mostram claramente que as mesmas limitações da racionalidade que justificam a utilização das estatísticas nos assuntos humanos podem ser utilizadas para deturpar e corromper as estatísticas, da parte de quem as elabora e as difunde.

Igualmente se pode verificar que as limitações da racionalidade humana podem fazer com que as estatísticas sejam indevidamente compreendidas pelos seus destinatários, tanto naquilo que pretendem demonstrar, como naquilo que muitas vezes procuram ocultar. Com efeito, não é raro que uma estatística seja utilizada para encobrir a realidade, destacando apenas um panorama parcial, normalmente a favor daquele a quem a estatística aproveita, a partir do qual se procura apresentar uma solução para o todo.

Assim, as metodologias quantitativas e estatísticas, apesar de serem importantes para a compreensão dos fenômenos humanos, precisam ser submetidas a criterioso escrutínio, a fim de verificar que aspecto da realidade é por elas retratado e se foi retratado de forma aceitável e com um mínimo de rigor científico.

Sob essa perspectiva, não deve haver qualquer presunção de veracidade ou mesmo de superioridade científica de tais metodologias, simplesmente porque apresentam números. Da mesma forma que Shakespeare, no *Mercador de Veneza*, mencionava que o diabo pode citar as escrituras sagradas para seus propósitos, assim também pode acontecer com os números, como foi brilhantemente sintetizado por Gregg Easterbrook: "Torture numbers, and they'll confess to anything".

É por essas razões que não procede o argumento de que é melhor alguma análise quantitativa ou algum número do que nada. Trata-se de mais uma equivocada conclusão que potencializa, ainda mais, os estragos que podem decorrer de AIRs mal feitas.

Como bem aponta Aldred,[46] um número equivocado ou reducionista pode acionar diversos vieses e limitações de racionalidade, mais prejudicando do que ajudando na tomada de uma decisão acertada, já que as pessoas podem ser influenciadas por pontos de partida irrelevantes. Como exemplo, o autor cita a experiência com juízes alemães, que fixavam penas maiores ou menores conforme o resultado do lançamento arbitrário de dados antes do momento da decisão.[47]

Trata-se do chamado efeito âncora ou ancoragem, fartamente documentado na literatura sobre economia comportamental,[48] o que é potencializado por diversas das falhas do raciocínio estatístico já apontadas anteriormente. Dentre elas, Kahneman[49] destaca, por exemplo, as distorções decorrentes da lei dos pequenos números, que é a confiança exagerada em amostragens pequenas.

Tal aspecto realça ainda mais os equívocos da ideia de que somente é satisfatório o conhecimento que pode ser quantificado e os riscos de que, na tentativa de se quantificar tudo, sejam ignoradas coisas importantes – porque são difíceis ou impossíveis de

---

[46]   ALDRED, Jonathan. *Licence do be Bad. How Economics Corrupted Us*. UK: Allen Lane/Penguim Books, 2019.

[47]   Op. cit., p. 212.

[48]   KAHNEMAN, Daniel. *Rápido e Devagar. Duas formas de pensar*. Trad. Cassio Leite. São Paulo: Objetiva, 2011, Capítulo 11.

[49]   Op. cit.

serem quantificadas – ou sejam distorcidos ou mal representados os fatos que estamos querendo mensurar.

Consequentemente, é preciso superar essa idolatria insensata dos números, até porque pode ser melhor nenhum número do que um número claramente equivocado ou tendencioso, que pode atrapalhar ou até mesmo impedir outros tipos de análises e julgamentos. Em outras palavras, ou nos esforçamos para ter AIRs com qualidade e rigor metodológico, além de serem inclusivas do ponto de vista da participação social, ou é melhor não as ter.

8. A IMPORTÂNCIA DA PARTICIPAÇÃO SOCIAL E AS FALHAS DO DECRETO 10.411/2020

Quando se analisa o Decreto 10.411/2020, observa-se a postura excessivamente otimista adotada em relação às AIRs, especialmente em seu art. 6º, que parte da premissa de que se pode esperar das AIRs os seguintes objetivos: (i) identificar as causas e a extensão do problema regulatório (inciso II), (ii) identificar os afetados pelo problema regulatório (inciso III), (iii) identificar os impactos das alternativas regulatórias, inclusive no que diz respeito aos custos (inciso VII), (iv) identificar e definir os "efeitos e riscos decorrentes da edição, da alteração ou da revogação do ato normativo" (inciso X), (v) comparar os impactos das alternativas consideradas (inciso XI).

Não obstante, o Decreto não trata de nenhuma das dificuldades inerentes a cada uma dessas etapas, assim como não disciplina nem os devidos cuidados que deverão orientar a elaboração das AIRs nem as necessárias complementações aos seus resultados.

Mais complicada ainda é a forma como o Decreto trata a participação social, medida que, pela experiência e literatura internacionais, é considerada indispensável para suprir vários dos problemas inerentes às AIRs. Afinal, se queremos realmente ter AIRs com um mínimo de acurácia e rigor científico, é fundamental assegurar a adequação daquelas que serão as principais escolhas do processo: (i) a moldura do problema regulatório, (ii) a identificação dos interesses e dos afetados pela regulação ou desregulação, (iii) os fatos que devem ser levados em consideração para a avaliação dos impactos e (iv) a metodologia de análise.

Tais aspectos são ainda mais relevantes porque, como já se demonstrou nos capítulos anteriores, as escolhas metodológicas não são propriamente neutras e objetivas. Pelo contrário, dependem de teorias, pré-compreensões, valores e ideologias. Daí por que a participação social é crucial para a definição dos próprios pressupostos e critérios da análise, não podendo ser restringida apenas ao momento em que o relatório de AIR já está pronto.

Entretanto, a participação social é tema extremamente mal tratado no Decreto 10.411/2020, cujo art. 8º prevê que "O relatório de AIR poderá ser objeto de participação social específica realizada antes da decisão sobre a melhor alternativa para enfrentar o problema regulatório identificado e antes da elaboração de eventual minuta de ato normativo a ser editado".

A regra contém pelo menos dois grandes equívocos. Em primeiro lugar, torna a participação social facultativa, sem qualquer critério para justificar a sua dispensa. Tal opção certamente pode fazer com que, sem uma visão mais democrática da extensão do problema e de suas soluções, prevaleça apenas a postura do responsável pela AIR.

O mencionado risco é potencializado por diversas outras normas do Decreto que, como é o caso do art. 4º, podem dispensar a própria AIR em prol da desregulação, tal como ocorre nos casos de atos normativos que reduzam custos regulatórios (inciso VII), os quais, por sua vez, foram conceituados de forma inaceitavelmente restrita, sem incluir os custos sociais e ambientais (art. 2º, IV).

Outro problema do Decreto é o de partir da premissa de que, como regra, a participação social deve ocorrer após o relatório da AIR. Ora, submeter um relatório de AIR já pronto à participação social pode ser pouco ou nada proveitoso, tendo em vista que já foram definidos os aspectos centrais para a obtenção dos resultados: o enquadramento do problema, os interesses a serem considerados e sopesados, os fatos a serem analisados e a definição dos critérios de análise, quantificação e comparação de tais interesses ou alternativas.

Dessa maneira, a introdução da participação social entre a apresentação do relatório e a elaboração da eventual minuta do ato normativo a ser editado restringe consideravelmente o alcance da medida, tendo em vista que não mais se discutirão propriamente as premissas do estudo, mas sim os seus resultados.

A depender do equívoco no estabelecimento das premissas ou mesmo da identificação dos riscos e interesses a serem considerados, as alternativas propostas pelo relatório de AIR podem se mostrar totalmente inadequadas para a solução do problema proposto. Logo, a contribuição da participação social nesses casos ou seria inócua – porque as alternativas regulatórias já foram previamente definidas em razão das premissas do estudo – ou acarretariam um enorme desperdício de recursos públicos, caso apontem para a total imprestabilidade das premissas adotadas pelo relatório.

Pelas mesmas razões, as consultas públicas a que se referem os arts. 9º e 11 do Decreto 10.411/2020 não suprem os problemas apontados, pois serão realizadas após a conclusão do relatório de AIR, já diante da proposta de edição, alteração ou revogação de ato normativo, quando muitas das discussões inerentes à AIR que lhe deu subsídio não mais poderão ser apresentadas, salvo se forem para indicar a imprestabilidade do estudo, com todas as consequências negativas já mencionadas.

Verdade seja dita que o art. 6º, VIII, do Decreto, menciona que o relatório de AIR contenha "considerações referentes às informações e às manifestações recebidas para a AIR em eventuais processos de participação social ou de outros processos de recebimento de subsídios de interessados na matéria em análise", o que poderia sugerir que, independentemente das hipóteses dos art. 8º, 9º e 11 – a participação social após o relatório da AIR –, também poderia haver a participação social anterior à elaboração da AIR, cujas contribuições deveriam ser devidamente consideradas no respectivo relatório.

Entretanto, seja pela ambivalência do Decreto em relação ao momento da participação social, seja pela desconsideração da própria importância da medida – que foi considerada facultativa –, observa-se claramente que há risco concreto de que ela não ocorra em nenhuma das etapas da elaboração das AIRs, muito menos no importantíssimo momento da definição das premissas da análise.

Ainda é importante lembrar que, quando se fala em participação social em processos regulatórios, já existe tendência natural à super-representação dos interesses dos agentes econômicos envolvidos e uma sub-representação dos interesses de consu-

Capítulo 16 · LEI DE LIBERDADE ECONÔMICA E ANÁLISES DE IMPACTO REGULATÓRIO | **323**

midores, demais afetados não organizados ou mesmo de interesses difusos, como os interesses ambientais e sociais.

É por essa razão que, se queremos realmente avançar na elaboração de AIRs para a implementação de uma regulação por evidências consistente e adequada, deveria ser prioritário não apenas reforçar a participação social, tornando-a obrigatória em relação aos aspectos essenciais da análise, como também criar mecanismos para uma adequada representatividade de todos os afetados pelas discussões regulatórias.

Entretanto, o Decreto 10.411/2020 não somente não cumpre tal objetivo, como ainda amesquinha a participação social, tornando-a inclusive medida dispensável. Com isso, aumenta-se consideravelmente o risco de instrumentalização política e da utilização da metodologia econômica como uma "conta de chegada", simplesmente para respaldar resultados previamente desejados pelos reguladores ou para intencionalmente limitar as alternativas regulatórias, adequando-as aos seus interesses. Ao assim fazer, o Decreto afasta-se das melhores práticas internacionais, dentre as quais as sistematizadas pela OCDE,[50] explícitas no sentido de que os processos regulatórios devem garantir:

(i) um padrão de governo aberto (*open government*), o que inclui transparência e participação social no processo regulatório, a fim de assegurar que a regulação sirva ao interesse público e seja informada pelas necessidades legítimas daqueles interessados e afetados pela regulação;

(ii) oportunidades significativas, inclusive *on-line*, para que o público possa contribuir para o processo de preparo de propostas de atos regulatórios e também para a qualidade das análises que os amparam;

(iii) consultas públicas abertas e equilibradas nas etapas do processo regulatório e em todos os aspectos das AIRs; e

(iv) engajamento de todos os *stakeholders* relevantes nos processos de revisão e desenvolvimento de novas regulações, desenhando processos de consulta pública a fim de maximizar a qualidade das informações recebidas.

Certamente que o Decreto 10.411/2020 está muito longe de tais objetivos, até porque, além de considerar a participação social facultativa, não contém nenhum mecanismo concreto para garantir o engajamento de todos os interessados ou afetados pela decisão regulatória nem para incentivar a participação social não só após a elaboração do relatório da AIR, mas sobretudo para a definição das suas premissas e dos aspectos principais.

Perde-se, portanto, a oportunidade para que a participação social possa cumprir o seu legítimo papel não apenas para a definição do problema regulatório, como também para suprir várias das limitações das análises quantitativas e das métricas que são normalmente apresentadas nas AIRs.

---

[50] OCDE. Recommendations of the Council on the Regulatory Policy and Governance. Disponível em: https://www.oecd.org/gov/regulatory-policy/49990817.pdf.

9. A NECESSÁRIA CONCILIAÇÃO ENTRE MÉTRICAS E ANÁLISES QUANTITATIVAS COM OUTRAS METODOLOGIAS E TAMBÉM COM OS JULGAMENTOS POLÍTICOS E JURÍDICOS

Como se viu ao longo dos capítulos anteriores, as análises quantitativas, em razão das suas inúmeras limitações, não substituem nem são incompatíveis com outros tipos de análises. Pelo contrário, mesmo quando são bem estruturadas e bem executadas, dependem da necessária complementaridade com outras metodologias.

Mais do que isso, as AIRs precisam dialogar com julgamentos políticos e jurídicos, até para a interpretação e valoração dos seus resultados à luz das normas jurídicas pertinentes e para a escolha dentre as alternativas possíveis.

Como bem sintetizou Hannah Arendt,[51] há que se tomar um certo cuidado com a linguagem matemática, pois esta não pode ser reconvertida em palavras, de forma que a sua utilização nos assuntos humanos gera um perigoso impasse, até porque "tudo o que os homens fazem, sabem ou experimentam só tem sentido na medida em que pode ser discutido". Daí por que é fundamental que outras análises possam auxiliar na interpretação e nas discussões a respeito dos números, conciliando os seus resultados com outras variáveis igualmente importantes para a tomada da decisão.

Aliás, é esta a principal ideia de Jerry Muller:[52] não é possível substituir julgamentos complexos por métricas, assim como é falsa a premissa de que apenas com métricas pode haver *accountability* e transparência.

Com efeito, segundo o autor, além de as coisas mais importantes não poderem ser mensuradas, os julgamentos são fundamentais não apenas para decidir o que e como será mensurado, mas sobretudo para avaliar a importância relativa do que está sendo mensurado, os resultados da mensuração e a sua compatibilidade com os aspectos qualitativos e valorativos.

Outro alerta de Jerry Muller[53] é a necessidade de controlar o viés de ultraconfiança que pode resultar da idolatria da métrica, o que propicia a tendência de adoção de uma visão excessivamente simplificada do problema, desconsiderando os seus aspectos mais complexos. Isso sem falar nas inúmeras deturpações das métricas, o que potencializa ainda mais os riscos da sua utilização, especialmente quando não há as devidas complementações.

Apenas a título de exemplo, vale a pena mencionar o problema que as métricas vêm enfrentando no tocante aos investimentos ESG (*Enviromental, Social and Governance*). Em recente artigo publicado no Valor Econômico, cujo título é bastante sugestivo – *ESG não é matemática (e isso pode ser bom para o Brasil)* – Fábio Alperowitch[54] aponta que, em razão das dificuldades de mensuração de variáveis tão complexas, não há qualquer alinhamento entre as notas atribuídas pelas três maiores agências de rating ESG do planeta (MSCI, Sustainalytics e RepRisk).

---

[51] ARENDT, Hannah. *A condição humana*. Trad. Roberto Raposo. Lisboa: Relógio d'Água Editores, 2001, p. 14-15.

[52] Op. cit.

[53] Op. cit.

[54] ALPEROWITCH, Fábio. *Valor Econômico*. Edição de 19.03.2021.

Capítulo 16 · LEI DE LIBERDADE ECONÔMICA E ANÁLISES DE IMPACTO REGULATÓRIO | 325

Dentre os fatores supostamente justificadores da mencionada divergência, encontra-se a circunstância de que, além de os dados utilizados nas métricas serem seletivos – o que faz com que empresas mais transparentes possam ser até prejudicadas –, questões complexas, como as de diversidade de gênero e raça, são extremamente difíceis de serem convertidas em números. Daí o pensamento do autor:

> Na ânsia desvairada de traduzir tudo em números, o mercado peca e perde a essência do que seja a boa prática ESG, que reside na cultura corporativa amparada à ética, boa governança e respeito aos múltiplos stakeholders.
>
> Isso não significa que não tenhamos que medir e reportar. Muito pelo contrário, métricas são essenciais, bem como o reporte profundo, denso e transparente. Sem métrica, não há avanço na prática. Mas a extrapolação do uso da métrica para além do que a métrica se propõe a fazer põe em risco a própria adoção da filosofia.

Como se pode observar, trata-se de mais uma lição que ressalta o papel da complementaridade entre as métricas e outros tipos de julgamento que possam compensar várias das dificuldades e limitações das primeiras. Aliás, tal conclusão é igualmente compartilhada pela OCDE, que ressalta a necessidade de que fatores qualitativos importantes não podem ser subordinados aos fatores quantitativos, sobretudo em se tratando de países em desenvolvimento:[55]

> 58. Quantitative benefit-cost analysis usually needs to be supplemented with other methods. Qualities like efficiency or fairness effects often cannot be plausibly expressed in monetary terms, or even quantified at all. This does not equate to a lack of importance. In situations where such qualitative factors are widely recognized as important, RIA guidelines should take care not to subordinate them to quantitative factors.

Não obstante as considerações já feitas ao longo do presente artigo, vale a pena destacar, desde já, quatro conclusões imprescindíveis para a compreensão do papel e do alcance das AIRs no direito brasileiro.

Em primeiro lugar, é importante entender exatamente o que se busca por meio de uma regulação por evidências. Valorizar o necessário aspecto técnico da regulação não implica dizer que as escolhas regulatórias sejam apenas técnicas, ignorando os necessários juízos políticos, jurídicos e valorativos que também são necessários.

Com efeito, os critérios com base nos quais devem ser decididas as escolhas regulatórias não podem ficar restritos a um pequeno grupo de *experts*, como nos alerta Celso Campilongo:[56]

> Numa sociedade que alça a ciência e a tecnologia aos postos de árbitros dos comportamentos, a transformação de questões políticas em temas "técnicos"

---

[55] Regulatory Impact Analysis in OECD Countries Challenges for developing countries. Disponível em: https://www.oecd.org/gov/regulatory-policy/35258511.pdf.

[56] CAMPILONGO, Celso Fernandes. *Direito e democracia*. São Paulo: Max Limonad, 2000, p. 47.

– e, portanto, que escapam ao âmbito usual dos "interesses gerais da cidade" como dizia Platão – pode representar a completa inversão dos processos democráticos. O movimento da democracia é ascendente: do povo em direção à autoridade. A tecnocracia pressupõe o inverso: dos técnicos à maioria. A democracia implica participação e discussão horizontal e inclusiva. A decisão técnica é vertical e exclusiva, tomada pelos que monopolizam "o discurso competente" dos saberes científicos. Daí nova hesitação: democracia majoritária ou tecnocracia elitista?

Aliás, essa visão exclusivamente técnica das escolhas regulatórias – o chamado tecnicismo – é tradicionalmente considerada como um dos maiores inimigos da democracia, como adverte Robert Dahl:[57]

> A afirmação de que o governo deve ser entregue a especialistas profundamente empenhados em governar para o bem geral e superiores a todos em seus conhecimentos dos meios para obtê-lo – os tutores, como Platão os chamava – sempre foi o mais importante rival das ideias democráticas. Os defensores da tutela atacam a democracia num ponto aparentemente vulnerável: eles simplesmente negam que as pessoas comuns tenham competência para se governar.

Dessa maneira, pautar a escolha das políticas regulatórias nas evidências e na ciência não significa abrir mão de todo o espaço de deliberação que pode e deve existir, inclusive a partir das opiniões dos *experts*. Afinal, mesmo nas ciências da natureza, em relação às quais há maior espaço para a utilização das metodologias empíricas, pode haver grandes divergências entre os *experts*, assim como vários meios ou alternativas para alcançar os objetivos por eles definidos. Nas ciências humanas e nos assuntos econômicos, soma-se a tais dificuldades o fato de que a *expertise* precisa ser devidamente contextualizada diante do grau ainda maior de dificuldade para se estabelecer relações causais.

De toda sorte, não se pode ignorar que a regulação apresenta também um evidente componente político e jurídico, o qual deve ser delicadamente equilibrado com os componentes técnicos. Daí por que a ideia de regulação por evidências não pode ser entendida como o mero tecnicismo ou a supressão dos necessários juízos políticos e jurídicos que caracterizam a regulação.

Não é sem razão que Justin Parkhust, no seu instigante livro *The politics of evidence: from evidence-based policy to the good governance of evidence,*[58] mostra os riscos de que a regulação por evidências tanto padeça de problemas técnicos, afastando-se da fidelidade científica, como de um déficit democrático. Daí sustentar o autor a necessidade de um arranjo institucional que possa assegurar, ao mesmo tempo, acurácia científica e incorporação da representação democrática nos processos regulatórios:[59]

---

[57] DAHL, Robert A. *Sobre a democracia.* Trad. Beatriz Sidou. Brasília: Universidade de Brasília, 2001, p. 83-84.

[58] PARKHURST, Justin. *The Politics of Evidence. From evidence-based policy to the good governance of evidence.* New York: Routledge, 2017. Versão Kindle.

[59] Op. cit.

> This involves the institutionalization of structures, rules, processes and practice that work to ensure that rigorous, valid and relevant bodies of evidence are utilized through transparent and deliberative processes to inform decisions that ultimately remain representative of, and accountable to, local populations. Achieving this would constitute an important step towards, establishing the good governance of evidence and could help to better realise the full potential of evidence to accomplish our collective social policy goals.

É por essas razões que as AIRs jamais poderão ser consideradas, sozinhas, os únicos elementos de motivação de uma alternativa regulatória. Pelo contrário, os aspectos quantitativos por ela traduzidos precisarão ser analisados em conjunto com os aspectos qualitativos, normalmente relacionados às escolhas políticas e aos necessários raciocínios jurídicos, para os quais a participação social é fundamental.

Em segundo lugar, é importante destacar que os julgamentos políticos e jurídicos a que se fez referência são fundamentais igualmente para que seja possível contornar alguns dos vieses interpretativos que podem surgir diante de análises quantitativas e numéricas, especialmente quando guiadas por metodologias econômicas.

Dentre os inúmeros vieses preocupantes, dois são especialmente significativos. O primeiro diz respeito ao fato de que números e métricas, principalmente quando se referem a vidas humanas, podem causar o indesejável efeito de anestesiamento do intérprete. É por essa razão que recente estudo publicado na *Nature*[60] mostra que, embora nos sintamos dispostos a agir por apenas uma vítima, paradoxalmente perdemos o senso de responsabilidade e a própria habilidade de empatia quanto o número de vítimas aumenta. Em outras palavras, a despersonalização traduzida nos números tem impactos importantes na forma como compreendemos e reagimos a esse tipo de informação.

Consequentemente, análises econômicas que convertem vidas em números ou quantificam prejuízos individuais de forma agregada podem não ser devidamente compreendidas em termos do seu impacto total, já que as suas consequências podem repercutir menos para o intérprete do que se ele estivesse vendo o problema a partir da perspectiva de uma só pessoa que seria afetada pela estratégia regulatória.

O segundo viés diz respeito ao fato de que muitas metodologias econômicas acabam levando a um resultado mais "pró-mercado" ou em prol da desregulação, o que foi de certa forma realçado ao longo da série, por meio da opinião de autores que ressaltam que as AIRs, no contexto norte-americano, têm sido utilizadas mais para a implementação da agenda de desregulação do que propriamente para uma avaliação isenta sobre a necessidade ou não de regulação.

Aliás, recente estudo da *ProMarket* ressalta que o fenômeno ocorre mesmo no âmbito do Poder Judiciário, apontando que juízes que usam mais raciocínios econômicos tendem a julgar mais favoravelmente em favor dos interesses dos agentes econômicos.[61]

---

[60] YE, Zheng; HELDMANN, Marcus; SLOVIC, Paul; MÜNTE, Thomas F. Brain imaging evidence for why we are numbed by numbers. *Nature Scientific Reports*, 10:9270, 2020. Disponível em: https://www.nature.com/articles/s41598-020-66234-z.pdf.

[61] CAO, Siying. Judges Who Use Economic Reasoning in Court Decisions Rule In Favor of Business More Often. *ProMarket*. Disponível em: https://promarket.org/2020/12/03/judges-who-use-economic-reasoning-in-court-decisions-rule-in-favor-of-business-more-often/.

328 | LEI DE LIBERDADE ECONÔMICA: ANÁLISE CRÍTICA – *Ana Frazão e Angelo Prata de Carvalho*

Assim, é fundamental que várias das premissas e das limitações das metodologias quantitativas sejam devidamente equilibradas e contrabalançadas com outros tipos de raciocínios e julgamentos que compensem eventuais vieses e limitações, complementando adequadamente tais análises.

10. A NECESSÁRIA COMPLEMENTARIDADE ENTRE AS ANÁLISES ECONÔMICAS E JURÍDICAS COMO A CHAVE PARA SE ENTENDER O PAPEL DO CONSEQUENCIALISMO

Para finalizar a presente análise, é importante salientar que a incorporação das AIRs nas discussões regulatórias não pode se dar ao preço da extirpação das análises jurídicas ou da subordinação integral da racionalidade jurídica aos pressupostos epistemológicos da economia.

Em outras palavras, não se pode orientar as escolhas regulatórias sem a observância das necessárias considerações jurídicas, a partir da pauta axiológica das normas constitucionais e infraconstitucionais aplicáveis ao problema. Por essa razão, a análise jurídica pode e deve ser complementada pelas análises econômicas – tal como é o caso da AIR – mas jamais pode ser substituída por ela.

Tal advertência é relevante porque, em muitos casos, as análises econômicas têm sido apresentadas como o único ou o principal parâmetro para a tomada da decisão administrativa ou judicial. Não é raro, nesse sentido, que a defesa da primazia ou mesmo da exclusividade da metodologia econômica seja feita a partir de uma supervalorização das qualidades desta e a partir de um destaque exagerado dos problemas e limitações das análises jurídicas.

Como consequência, cria-se uma falsa oposição entre as análises jurídicas – vistas como excessivamente subjetivas, valorativas, enviesadas e até mesmo intuitivas ou irracionais – diante das análises econômicas – vistas como racionais, objetivas, técnicas e neutras.

Ocorre que tal visão é completamente equivocada, seja por ignorar as limitações, os vieses, a subjetividade e os valores que também permeiam as análises econômicas, tal como foi demonstrado ao longo da presente série, seja por ignorar que o direito, embora não seja uma ciência, também conta com inúmeros meios e recursos para produzir raciocínios consistentes, lógicos e racionais, dentro do que é possível em se tratando de assuntos humanos.

Não é sem razão a grande preocupação que existe em torno da argumentação jurídica e da estruturação de decisões jurídicas, a fim de mostrar que, apesar de os assuntos humanos estarem sujeitos a uma lógica distinta dos assuntos naturais – que é mais de verossimilhança e adequação do que propriamente de verdades – é possível avançar nesse campo, evitando que as discussões sobre valores e o necessário caráter criativo da interpretação de normas jurídicas resvalem para o irracionalismo, a arbitrariedade e o voluntarismo.

Ora, nos assuntos humanos, costuma haver diversas soluções possíveis para o mesmo problema, sujeitas a diferentes cenários e graus de previsibilidade quanto aos seus efeitos. Exatamente por isso, raciocínios jurídicos e econômicos precisam estar integrados na busca de decisões que possam levar em consideração todos os aspectos envolvidos, inclusive para efeitos de se comparar possíveis alternativas.

Capítulo 16 · LEI DE LIBERDADE ECONÔMICA E ANÁLISES DE IMPACTO REGULATÓRIO | **329**

Aliás, não existe nem mesmo a possibilidade de se afastar a incidência dos valores e finalidades inerentes às normas constitucionais e infraconstitucionais que devem ser aplicadas nas escolhas regulatórias. Da mesma maneira, não se pode entender que qualquer abordagem qualitativa ou valorativa necessariamente descambe para análises abstratas, excessivamente teóricas ou mesmo diletantes, descoladas das preocupações pragmáticas que são fundamentais para o discurso jurídico.

É diante desses esclarecimentos preliminares que se deve compreender os arts. 20 e 21 da LINDB, que determinam, respectivamente, que "não se decidirá com base em valores jurídicos abstratos sem que sejam consideradas as consequências práticas da decisão" e que as decisões devem "indicar de modo expresso suas consequências jurídicas e administrativas".

Ora, ao assim prever, os artigos reforçam que as decisões administrativas e judiciais devem considerar, além das dimensões valorativa e principiológica, também a dimensão pragmática. Entretanto, os dispositivos não acolhem o consequencialismo como critério prioritário – e muito menos como o critério único – para a tomada da decisão, o que é particularmente verdadeiro caso se entenda que tal expressão está vinculada, de alguma maneira, ao utilitarismo.

Ao contrário, o que os referidos artigos propõem é que a necessária dimensão axiológica das decisões judiciais e administrativas seja conciliada com a sua igualmente necessária dimensão pragmática, a fim de se estruturar um discurso não apenas adequado do ponto de vista valorativo, como eficaz do ponto de vista das consequências.

É sob esta perspectiva que se deve entender a incorporação das AIRs na esfera regulatória. Não se trata de colocar o consequencialismo ou a discussão sobre as consequências à frente da das discussões sobre valores, mas sim de mostrar a necessária interpenetração que precisa existir entre ambas as abordagens do fenômeno regulatório.

Veja-se, portanto, que a alteração legislativa na LINDB manteve as técnicas tradicionais de interpretação e integração jurídicas, bem como a importância dos fins sociais e das exigências do bem comum, como fica claro pelos seus arts. 4º e 5º.

Acresce que análise de consequências não é sinônimo de análises econômicas e muito menos de metodologias específicas. Ainda que o instrumental econômico possa ter grande importância nessa tarefa, não é o único a ser utilizado, pois há várias outras áreas e metodologias que consistem em importantes ferramentas de auxílio à difícil tarefa de antever as consequências futuras de determinadas decisões relacionadas aos assuntos humanos.

Tal observação é ainda mais importante diante da constatação de que não há métodos infalíveis ou minimamente seguros para predizer o futuro. Com efeito, em um mundo complexo, com diversas variáveis sujeitas a constantes mutações, não se pode antecipar, com segurança, as consequências de determinadas decisões. Daí por que a humildade e a diversidade metodológicas são armas importantes na difícil tarefa de estimação de consequências, o que é fundamental para que se possa compreender o alcance dos arts. 20 e 21 da LINDB.

De nenhum modo se pode imaginar que tais artigos estão imputando ao tomador de decisões o ônus de comprovar, de forma absoluta, as consequências de suas escolhas, pela simples razão de que isso seria impossível nos assuntos humanos. Pelo mesmo raciocínio, tais normas não estão impondo aos tomadores de decisões que se utilizem obrigatoriamente de análises econômicas e muito menos de análises quantitativas ou vinculadas a determinadas metodologias.

O que se exige do tomador de decisões – e, portanto, do regulador – é que valorize a dimensão pragmática das suas escolhas, procurando estimar, quando possível, as consequências das suas decisões, missão para a qual poderá e deverá contar com diversas metodologias que poderão ajudá-lo a fazer análises mais consistentes.

Por isso, análises quantitativas não podem ser vistas como sinônimos de objetividade e acurácia, assim como análises qualitativas ou valorativas não podem ser vistas como sinônimos de arbítrio e voluntarismo. Esse tipo de dicotomia, além de refletir um reducionismo inaceitável, nos impede de enxergar que precisamos combinar todos esses métodos e raciocínios quando queremos resolver problemas complexos.

Mais do que um diálogo interdisciplinar entre direito e economia, deve haver um diálogo entre os dois e as demais áreas que possam contribuir para a solução do problema regulatório proposto, sempre em cenário de abertura metodológica, reconhecendo-se as premissas e as limitações de cada uma das análises utilizadas.

Dani Rodrik[62] explora essa temática, mostrando que as questões humanas mais complexas têm suas relações de impactos e causalidades também exploradas por várias outras ciências sociais, tais como a história, a sociologia e as ciências políticas. Por mais que os economistas contem com ferramentas estatísticas ou quantitativas para tentarem chegar a alguns resultados, suas conclusões não podem ser vistas como substitutas dos métodos qualitativos usados em outras áreas:

> Compreender as vantagens (e limitações) dos métodos dos economistas explica o valor que eles podem agregar à análise de questões não econômicas. Igualmente importante, ressalta como a abordagem dos economistas pode complementar, mas nunca substituir os métodos alternativos, muitas vezes qualitativos, usados em outras disciplinas acadêmicas.

Dani Rodrik também explora as discussões sobre causalidade, mostrando que a obsessão dos economistas pelas inferências causais diretas encontra muitos obstáculos práticos nos assuntos humanos. Afinal, ao contrário dos assuntos da natureza, que podem ser compreendidos por meio de experimentos de laboratório que tentam isolar as consequências das variações nas condições físicas sobre o efeito de interesse, os economistas podem, no máximo, tentar imitar esse método por meio de experimentos sociais aleatórios, mas que não podem afastar as demais conclusões provenientes das demais ciências sociais:

> Assim sendo, a pesquisa dos economistas raramente consegue substituir trabalhos de síntese mais completos, que consideram uma infinidade de causas, pesam os efeitos prováveis e abordam a variação espacial e temporal dos mecanismos causais. É mais provável que trabalhos desse tipo sejam realizados por historiadores e cientistas sociais com orientação não quantitativa.

---

[62] RODRIK, Dani. *Como economistas e não economistas podem se entender.* Trad. Anna Maria Dalle Luche. Brazil. Disponível em: https://www.project-syndicate.org/commentary/economists-other-social-scientists-and-historians-can-get-along-by-dani-rodrik-2021-03/portuguese?.

Capítulo 16 · LEI DE LIBERDADE ECONÔMICA E ANÁLISES DE IMPACTO REGULATÓRIO | **331**

O julgamento necessariamente desempenha um papel maior nesse tipo de pesquisa, o que, por sua vez, deixa mais espaço para disputas sobre a validade das conclusões. E nenhuma síntese pode produzir uma lista completa das causas, mesmo que se pudesse avaliar sua importância relativa.

No entanto, esse trabalho é essencial. Economistas nem mesmo saberiam por onde começar sem o trabalho de historiadores, etnógrafos e outros cientistas sociais que fornecem ricas narrativas de fenômenos e fazem hipóteses sobre as possíveis causas, mas não reivindicam certeza causal.

Os economistas podem justificadamente se orgulhar do poder de seus métodos estatísticos e analíticos. Mas precisam ser mais autoconscientes sobre as limitações dessas ferramentas. Em última análise, nossa compreensão do mundo social é enriquecida por ambos os estilos de pesquisa. Economistas e outros acadêmicos devem aceitar a diversidade de suas abordagens, em vez de rejeitá-las ou se ofender com o trabalho realizado em disciplinas adjacentes.

Fica muito claro, portanto, que a discussão sobre impactos e causalidades não é exclusividade das análises econômicas e muito menos das quantitativas, tais como as análises de custo-benefício, que são tão prestigiadas pelas AIRs. Daí por que, ainda que sejam bem utilizadas – sem instrumentalizações políticas ou contas de chegada e assegurando-se a plena participação social e a utilização de metodologias transparentes e adequadas –, as AIRs jamais podem ser vistas como único fundamento da decisão regulatória.

11. CONSIDERAÇÕES FINAIS

O presente artigo procurou demonstrar que a introdução das AIRs ocorreu em um contexto de injustificado otimismo, sem a devida reflexão sobre os seus inúmeros problemas e riscos. Afinal, a sua utilização adequada em nosso direito depende essencialmente (i) do reconhecimento das suas grandes limitações, (ii) de uma postura crítica sobre o que não pode ser mensurado e da consequente busca por análises complementares que levem tais variáveis em consideração, especialmente no que diz respeito aos impactos sociais e ambientais, (iii) da necessária participação social para decidir o que importa e, dentro do que importa, o que pode ou deve ser mensurado – e como – e o que deve ser feito com o que importa mas não pode ser adequadamente mensurado.

Em qualquer caso, não se pode esquecer da necessária dimensão política da regulação nem de que todos os passos do processo regulatório – assim como as etapas de realização das próprias AIRs – estão permeados de julgamentos valorativos.

Da mesma maneira, não se pode ignorar a necessária complementaridade entre direito e economia, a fim de se assegurar a conciliação entre os juízos consequencialistas e os juízos valorativos que, por serem previstos nas normas constitucionais e infraconstitucionais aplicáveis ao problema regulatório, devem ser observados por qualquer decisão que se proponha a resolvê-lo.

REFERÊNCIAS

ACKERMAN, Frank; HEINZERLING, Lisa. *Pricing the priceless: cost-benefit analysis of environmental protection*. Disponível em: https://scholarship.law.upenn.edu/penn_law_review/vol150/iss5/6/.

ACKERMAN, Susan-Rose. Deregulation and Reregulation: Rhetoric and Reality. *Journal of Law & Politics*, vol. VI, 1990.

ALDRED, Jonathan. *Licence do be Bad. How Economics Corrupted Us*. UK: Allen Lane/Penguim Books, 2019.

ALPEROWITCH, Fábio. *Valor Econômico*. Edição de 19.03.2021.

ARENDT, Hannah. *A condição humana*. Trad. Roberto Raposo. Lisboa: Relógio d'Água Editores, 2001.

BANERJEE, Abhijit; DUFLO, Esther. *Good Economics for Hard Times*. New York: Public Affairs, 2019.

CAMPILONGO, Celso Fernandes. *Direito e democracia*. São Paulo: Max Limonad, 2000.

CAO, Siying. Judges Who Use Economic Reasoning in Court Decisions Rule In Favor of Business More Often. *ProMarket*. Disponível em: https://promarket.org/2020/12/03/judges-who--use-economic-reasoning-in-court-decisions-rule-in-favor-of-business-more-often/.

COATES IV, John. Cost-Benefit Analysis of Financial Regulation: Case Studies and Implications. *The Yale Law Journal*, 124: 882, 2015. Disponível em: https://www.yalelawjournal.org/pdf/a.882.Coates.1011_owe353wf.pdf.

DAHL, Robert A. *Sobre a democracia*. Trad. Beatriz Sidou. Brasília: Universidade de Brasília, 2001.

DRIESEN, David M. "Is Cost-Benefit Analysis Neutral?" (2006). College of Law – Faculty Scholarship. 17. Disponível em: https://surface.syr.edu/lawpub/17.

FRAZÃO, Ana. Economicismo e bad economics. *Jota*. Disponível em: https://www.jota.info/paywall?redirect_to=//www.jota.info/opiniao-e-analise/colunas/constituicao-empresa-e--mercado/economicismo-e-bad-economics-02052019.

HAHN, Robert W.; SUNSTEIN, Cass. A New Executive Order for Improving Federal Regulation? Deeper and Wider Cost-Benefit Analysis. *John M. Olin Program in Law and Economics Working Paper* No. 150, 2002.

HUFF, Darrell. *Como mentir com estatística*. Rio de Janeiro: Edições Financeiras S.A., 1968.

KAHNEMAN, Daniel. *Rápido e devagar. Duas formas de pensar*. Trad. Cassio Leite. São Paulo: Objetiva, 2011.

KELMAN, Steven. Cost-Benefit Analysis. An Ethical Critique. Disponível em: http://www.colby.edu/economics/faculty/thtieten/ec476/kelmanbca.pdf.

MULLER, Jerry Z. *The tyranny of metrics*. New Jersey: Princeton University Press, 2018.

NOLL, Bethany; GRAB, Denise. *Deregulation: process and procedures that govern agency decisionmaking in an era of rollbacks*. Disponível em: https://policyintegrity.org/files/publications/Energy_Law_Journal_Deregulation_DG_BDN.pdf.

OCDE. *Recommendation of the Council on Regulatory Policy and Governance*. Paris: OECD Publishing. Disponível em: https://www.oecd.org/gov/regulatory-policy/49990817.pdf.

PARKHURST, Justin. *The Politics of Evidence. From evidence-based policy to the good governance of evidence*. New York: Routledge, 2017. Versão Kindle.

PEARL, Judea. *The book of why. The new science of cause and effect*. New York: Basic Books, 2018.

REVESZ, Richard; LIVERMORE, Michael. *Retaking Rationality: How cost-benefit analysis can better protect the environment and our health*. Oxford University Press, 2011.

REVESZ, Richard; LIVERMORE, Michael. *Reviving rationality: saving cost-benefit analysis for the sake of the environment and our health*. OUP USA, 2021.

Capítulo 16 · LEI DE LIBERDADE ECONÔMICA E ANÁLISES DE IMPACTO REGULATÓRIO | **333**

RODRIK, Dani. *Como economistas e não economistas podem se entender.* Trad. Anna Maria Dalle Luche. Brazil. Disponível em: https://www.project-syndicate.org/commentary/economists-other-social-scientists-and-historians-can-get-along-by-dani-rodrik-2021-03/portuguese?.

RODRIK, Dani. Economics Rules. *The rights and wrongs of the dismal science.* New York: W.W. Norton & Company, 2015.

SHAPIRO, Stuart. The Evolution of Cost-Benefit Analysis in U.S. Regulatory Decisionmaking. Jerusalem Papers in Regulation & Governance. *Working Paper* n. 5, May 2010. Disponível em: https://ideas.repec.org/h/elg/eechap/13210_28.html.

SHIKIDA, Claudio et al. Disponível em: https://repositorio.enap.gov.br/bitstream/1/6039/1/Guia%20BR%20de%20Ana%CC%81lise%20de%20Dados.pdf.

SLOOTWEG, Roel et al. *Function evaluation as a framework for the integration of social and environmental impact assessment.* Disponível em: https://www.researchgate.net/publication/247896926_Function_evaluation_as_a_framework_for_the_integration_of_social_and_environmental_impact_assessment.

STUCKE, Maurice; EZRACHI, Ariel. *Competition Overdose: How free market mythology transformed us from citizen kings to market servants.* Harper Business, 2020.

SUNSTEIN, Cass. Cost-Benefit Analysis and the Environment. *John M. Olin Program in Law and Economics Working Paper* No. 227, 2004.

TALEB, Nassim Nicholas. *A lógica do cisne negro. O impacto do altamente improvável.* Trad. Marcelo Schild. Rio: Best Business, 2018.

TETLOCK, Philip; GARDNER, Dan. *Superforecasting: The art and the science of prediction.* Crown: 2016.

YE, Zheng; HELDMANN, Marcus; SLOVIC, Paul; MÜNTE, Thomas F. Brain imaging evidence for why we are numbed by numbers. *Nature Scientific Reports*, 10:9270, 2020. Disponível em: https://www.nature.com/articles/s41598-020-66234-z.pdf.

Capítulo 17

REFLEXÕES SOBRE AS HIPÓTESES DE DISPENSA DA ANÁLISE DE IMPACTO REGULATÓRIO À LUZ DA LEI DE LIBERDADE ECONÔMICA

Beatriz Simas Silva

Possui Mestrado em Poder Legislativo pelo Centro de Formação, Treinamento e Aperfeiçoamento da Câmara dos Deputados (2019); Especialização em Direito Econômico da Regulação Financeira (2006) e Graduação em Direito (2007), ambos pela Universidade de Brasília; e graduação em Administração de Empresas pelo Instituto Brasileiro do Mercado de Capitais (1999). De 2000 a 2015 ocupou o cargo de analista do Banco Central, exercendo diversas funções, sendo a última a de Chefe Adjunta do Departamento de Regulação Prudencial e Cambial. Desde 2015 ocupa o cargo de Consultora Legislativa do Senado Federal, na área de direito econômico e regulatório, empresarial e do consumidor, tendo exercido no período de 2017 a 2019 a função de Coordenadora do Núcleo de Direito da Consultoria Legislativa. Atualmente também exerce a função de Coordenadora-Pedagógica do curso de Especialização em Poder Legislativo e Direito Parlamentar do Instituto Legislativo Brasileiro.

1. INTRODUÇÃO

Como regra geral, a Lei 13.874, 20 de setembro de 2019, também conhecida como Lei de Liberdade Econômica (LLE), tornou obrigatória a realização de análises de impacto regulatório (AIR) como requisito prévio à edição de atos normativos pela Administração Pública Federal. A nova legislação trouxe para o centro do debate regulatório diversas questões relacionadas a esse tipo de análise, abrangendo aspectos como as metodologias mais comuns a serem utilizadas na realização de uma AIR, bem como os potenciais benefícios e limitações inerentes a esse tipo de análise, com diversos autores ponderando as dificuldades da AIR possibilitar uma adequada mensuração de potenciais impactos sociais e ambientais das normas sob escrutínio[1] ou mesmo

---

[1] MELLO, Ana de Oliveira Frazão Vieira de. Perspectivas das Análises de Impacto Regulatório (AIRs) no Brasil. 2021. Disponível em: https://www.jota.info/opiniao-e-analise/colunas/constituicao-empresa-e-mercado/perspectivas-das-analises-de-impacto-regulatorio-airs-no-brasil-17022021. Acesso em: 12 jan. 2022.

336 | LEI DE LIBERDADE ECONÔMICA: ANÁLISE CRÍTICA – *Ana Frazão e Angelo Prata de Carvalho*

apontando preocupações quanto a um uso indevido do instrumento para a chancela de uma agenda de desregulação[2].

As mesmas leis e seus regulamentos que fixaram essa regra geral previram a possibilidade de dispensa da AIR, desde que fundamentada, sob determinadas hipóteses. O objetivo desse trabalho é refletir mais detidamente sobre uma das hipóteses específicas de dispensa da AIR: quando da edição de ato normativo que vise a manter a convergência a padrões internacionais. Propomos duas reflexões principais:

1. O que se entende por "convergência a padrões internacionais"?
2. Quais os fundamentos para a dispensa da realização de análise de impacto regulatório na hipótese de convergência a padrões internacionais?

Para tanto este artigo estará dividido nas seguintes partes: inicialmente serão analisadas a previsões legais para dispensa de AIR; em seguida serão avaliadas as hipóteses de dispensa de AIR contempladas na regulamentação; e, por fim, serão feitas considerações específicas sobre a possibilidade de dispensa da AIR quando se tratar de regulação que assegure a convergência a padrões internacionais.

2. DAS PREVISÕES LEGAIS QUANTO À DISPENSA DE REALIZAÇÃO DA ANÁLISE DE IMPACTO REGULATÓRIO

A Lei 13.874, de 2019, positivou a obrigação da realização de análises de impacto regulatório em seu art. 5o[3]. A edição de atos normativos de interesse de agentes econômicos ou usuários de serviços fica condicionada à realização de AIR com o objetivo de avaliar os possíveis impactos e de verificar a "razoabilidade do seu impacto econômico". A legislação também relegou ao regulamento a tarefa de estabelecer as hipóteses em que a análise de impacto regulatório poderá ser dispensada, bem como sobre o início

---

[2]   MELLO, Ana de Oliveira Frazão Vieira de, op. cit., 2021.

[3]   "Art. 5o As propostas de edição e de alteração de atos normativos de interesse geral de agentes econômicos ou de usuários dos serviços prestados, editadas por órgão ou entidade da administração pública federal, incluídas as autarquias e as fundações públicas, serão precedidas da realização de análise de impacto regulatório, que conterá informações e dados sobre os possíveis efeitos do ato normativo para verificar a razoabilidade do seu impacto econômico. Parágrafo único. Regulamento disporá sobre a data de início da exigência de que trata o caput deste artigo e sobre o conteúdo, a metodologia da análise de impacto regulatório, os quesitos mínimos a serem objeto de exame, as hipóteses em que será obrigatória sua realização e as hipóteses em que poderá ser dispensada" (BRASIL. Lei 13874, de 20 de setembro de 2019. Institui a Declaração de Direitos de Liberdade Econômica; estabelece garantias de livre mercado; altera as Leis 10.406, de 10 de janeiro de 2002 (Código Civil), 6.404, de 15 de dezembro de 1976, 11.598, de 3 de dezembro de 2007, 12.682, de 9 de julho de 2012, 6.015, de 31 de dezembro de 1973, 10.522, de 19 de julho de 2002, 8.934, de 18 de novembro 1994, o Decreto-Lei 9.760, de 5 de setembro de 1946 e a Consolidação das Leis do Trabalho, aprovada pelo Decreto-Lei 5.452, de 1o de maio de 1943; revoga a Lei Delegada 4, de 26 de setembro de 1962, a Lei 11.887, de 24 de dezembro de 2008, e dispositivos do Decreto-Lei 73, de 21 de novembro de 1966; e dá outras providências. Brasília, DF: Presidência da República, 2019. Disponível em: http://www.planalto.gov.br/ccivil_03/_ato2019-2022/2019/lei/L13874. htm. Acesso em: 12 jan. 2022).

da vigência do comando, metodologias de análise e quesitos mínimos a serem objeto de exame.

A obrigatoriedade da realização de estudos de impacto regulatório também está igualmente na Lei 13.848, de 25 de junho de 2019, que dispõe sobre a gestão, a organização, o processo decisório e o controle social das agências reguladoras, sendo, portanto, de abrangência mais restrita, a qual estabelece no art. 6º[4] obrigações a serem observadas na realização de análises de impacto regulatório.

As duas leis delegam ao regulamento o estabelecimento das hipóteses de dispensa da realização da AIR, bem como das metodologias aplicáveis. Entretanto, em relação às agências reguladoras, o § 5º do art. 6º da Lei 13.848, de 2019, também estabelece que, caso a AIR não seja realizada, proceda-se à divulgação do documento que fundamentou a decisão.

3. DAS POSSIBILIDADES DE DISPENSA DA ANÁLISE DE IMPACTO REGULATÓRIO PREVISTAS NA REGULAMENTAÇÃO DAS LEIS 13.848, DE 2019, E 13.874, DE 2019

Nas duas hipóteses, tanto da Lei 13.848, de 2019, quanto da Lei 13.874, de 2019, a regulamentação veio por meio do Decreto 10.411, de 30 de junho de 2020, aplicável a todos os órgãos e às entidades da administração pública federal direta, autárquica e fundacional, que estabeleceu em seu art. 4º[5] oito hipóteses para dispensa da AIR.

---

4   "Art. 6º A adoção e as propostas de alteração de atos normativos de interesse geral dos agentes econômicos, consumidores ou usuários dos serviços prestados serão, nos termos de regulamento, precedidas da realização de Análise de Impacto Regulatório (AIR), que conterá informações e dados sobre os possíveis efeitos do ato normativo. § 1º Regulamento disporá sobre o conteúdo e a metodologia da AIR, sobre os quesitos mínimos a serem objeto de exame, bem como sobre os casos em que será obrigatória sua realização e aqueles em que poderá ser dispensada. § 2º O regimento interno de cada agência disporá sobre a operacionalização da AIR em seu âmbito. § 3º O conselho diretor ou a diretoria colegiada manifestar-se-á, em relação ao relatório de AIR, sobre a adequação da proposta de ato normativo aos objetivos pretendidos, indicando se os impactos estimados recomendam sua adoção, e, quando for o caso, quais os complementos necessários. § 4º A manifestação de que trata o § 3º integrará, juntamente com o relatório de AIR, a documentação a ser disponibilizada aos interessados para a realização de consulta ou de audiência pública, caso o conselho diretor ou a diretoria colegiada decida pela continuidade do procedimento administrativo. § 5º Nos casos em que não for realizada a AIR, deverá ser disponibilizada, no mínimo, nota técnica ou documento equivalente que tenha fundamentado a proposta de decisão" (BRASIL. Lei 13.848, de 25 de junho de 2019. Dispõe sobre a gestão, a organização, o processo decisório e o controle social das agências reguladoras, altera a Lei 9.427, de 26 de dezembro de 1996, a Lei 9.472, de 16 de julho de 1997, a Lei 9.478, de 6 de agosto de 1997, a Lei 9.782, de 26 de janeiro de 1999, a Lei 9.961, de 28 de janeiro de 2000, a Lei 9.984, de 17 de julho de 2000, a Lei 9.986, de 18 de julho de 2000, a Lei 10.233, de 5 de junho de 2001, a Medida Provisória 2.228-1, de 6 de setembro de 2001, a Lei 11.182, de 27 de setembro de 2005, e a Lei 10.180, de 6 de fevereiro de 2001. Brasília, DF: Presidência da República, 2019b. Disponível em: http://www.planalto.gov.br/ccivil_03/_ato2019-2022/2019/lei/l13848.htm. Acesso em: 12 jan. 2021).

5   "Art. 4º A AIR poderá ser dispensada, desde que haja decisão fundamentada do órgão ou da entidade competente, nas hipóteses de: I – urgência; II – ato normativo destinado a disciplinar direitos ou obrigações definidos em norma hierarquicamente superior que não permita, técnica ou juridicamente, diferentes alternativas regulatórias; III – ato normativo

Se considerarmos todos os incisos e alíneas nos quais o referido artigo se desdobra, temos uma relação de dez situações em que a obrigatoriedade de realização da AIR poderá ser afastada.

Uma primeira preocupação que merece ser investigada é sobre em que medida a previsão de tantas hipóteses não poderia enfraquecer o comando legal original, uma vez que, diante de tantas hipóteses, abre-se um amplo campo para justificar sua não realização. Em outras palavras, existe o risco de que o regulador tenha sido excessivamente generoso no estabelecimento de hipóteses para dispensa da realização da AIR, o que poderia esvaziar o conteúdo da norma inicial? Mendonça[6], por exemplo, traça uma comparação entre a categoria francesa de "lei-quadro" e define o Decreto como um "legítimo regulamento-quadro", que falharia ao não orientar de forma clara e possuiria dois problemas principais: a de abrir exceções em demasia e, ao final, ainda "afirmá-la [a norma] irrelevante", em virtude do controverso art. 21, o qual dispõe que "a inobservância ao disposto neste Decreto não constitui escusa válida para o descumprimento da norma editada e nem acarreta a invalidade da norma editada". A esse respeito, Pinheiro[7] também debate as dúvidas em torno de uma possível interpretação da AIR como um procedimento facultativo "cujas hipótese de cabimento, procedimento e requisitos seriam, na prática, objeto de escolha discricionária da autoridade regulatória". Contudo, posiciona-se em sentido contrário e não vê como considerar o Decreto 10.411, de 2020, uma peça de cumprimento facultativo, tendo em vista que: (a) trata-se de ato normativo obrigatório para a Administração Pública federal; (b) seu descumprimento deliberado pode levar a sanções disciplinares nos termos das leis vigentes; e (c) o Decreto 10.411, de 2020, é mais um instrumento que se soma a outros dispositivos legais e constitucionais que apontariam para uma "tendência de se exigir fundamentação fática e jurídica cada

---

considerado de baixo impacto; IV – ato normativo que vise à atualização ou à revogação de normas consideradas obsoletas, sem alteração de mérito; V – ato normativo que vise a preservar liquidez, solvência ou higidez: a) dos mercados de seguro, de resseguro, de capitalização e de previdência complementar; b) dos mercados financeiros, de capitais e de câmbio; ou c) dos sistemas de pagamentos; VI – ato normativo que vise a manter a convergência a padrões internacionais; VII – ato normativo que reduza exigências, obrigações, restrições, requerimentos ou especificações com o objetivo de diminuir os custos regulatórios; e VIII – ato normativo que revise normas desatualizadas para adequá-las ao desenvolvimento tecnológico consolidado internacionalmente, nos termos do disposto no Decreto nº 10.229, de 5 de fevereiro de 2020" (BRASIL. Decreto 10.411, de 30 de junho de 2020. Regulamenta a análise de impacto regulatório, de que tratam o art. 5º da Lei 13.874, de 20 de setembro de 2019, e o art. 6º da Lei 13.848, de 25 de junho de 2019. Brasília, DF: Presidência da República, 2020. Disponível em: http://www.planalto.gov.br/ccivil_03/_ato2019-2022/2020/decreto/d10411.htm. Acesso em: 12 jan. 2021).

6   MENDONÇA, José Vicente Santos de. A regulamentação da Análise de Impacto Regulatório na Administração Federal: entre o procedimento, as exceções e o nada. Entre o procedimento, as exceções e o nada. 2020. Disponível em: https://www.jota.info/opiniao-e-analise/colunas/reg/a-regulamentacao-da-analise-de-impacto-regulatorio-na-administracao-federal-01072020. Acesso em: 12 jan. 2021.

7   PINHEIRO, Victor Marcel. Análise de impacto regulatório é facultativa para a administração pública federal?: devido processo normativo e o art. 21 do Decreto 10.411/2020. Devido processo normativo e o art. 21 do Decreto 10.411/2020. 2020. Disponível em: https://www.jota.info/tributos-e-empresas/regulacao/analise-de-impacto-regulatorio-e-facultativa-para-a-administracao-publica-federal-27082020. Acesso em: 12 jan. 2021.

Capítulo 17 · HIPÓTESES DE DISPENSA DA ANÁLISE DE IMPACTO REGULATÓRIO | **339**

vez mais robusta dos atos administrativos normativos, mediante processo de elaboração transparente e com mecanismos de participação social".

Uma primeira leitura das hipóteses de dispensa evidencia que diversos dos comandos correspondem a tipos abertos, sujeitos a uma certa carga de subjetividade. A primeira hipótese (inciso I), por exemplo, é a da urgência. Se o conceito de urgência for manejado com a mesma amplitude com que se observa, por exemplo, na edição de medidas provisórias, praticamente qualquer ato regulatório poderia vir a ser considerado urgente sob algum ponto de vista (até mesmo naquelas matérias em que a demora do Estado em regular determinado assunto termina por alçá-la à categoria de urgência). A dispensa da realização de AIR por motivo de urgência reforça a necessidade de um maior acompanhamento do regulamento, se inviável inicialmente, em momentos posteriores, por meio de uma Avaliação de Resultado Regulatório (ARR). Nesse sentido, o art. 12 do Decreto sob análise prevê que os atos normativos cuja AIR tenha sido dispensada por motivo de urgência serão objeto da realização de ARR no prazo de três anos, contado da sua entrada em vigor. A ARR parece ser até o momento menos debatida do que a AIR, mas cabe registrar que entre setembro e novembro de 2021 o Ministério da Economia colocou em consulta pública uma proposta de "Guia Orientativo para Elaboração de Resultado Regulatório – Guia de ARR"[8], classificado pelos responsáveis por sua elaboração como um documento de "caráter orientativo e não vinculante", tendo sua publicação definitiva ocorrido em 23 de dezembro de 2021.

O regulamento também dispensa a exigência de AIR naquelas hipóteses em que não exista uma alternativa regulatória. A ponderação que se faz nesse caso é se o uso da AIR não seria importante não apenas para escolher a melhor dentre várias alternativas regulatórias, mas também para conhecer o impacto de uma nova regulamentação sobre a sociedade. O debate cabível é se a não existência de alternativa regulatória torna desinteressante o debate em torno de seus impactos. Em uma situação extrema, em que o regulamento acarrete alto custo para os mercados, e não haja alternativa viável, caberia o debate em torno de eventuais aprimoramentos de legislação de hierarquia superior?

Prosseguindo nestas breves reflexões, atos normativos considerados de baixo impacto, assim como aqueles que que reduzam exigências, obrigações, restrições, requerimentos ou especificações com o objetivo de diminuir os custos regulatórios podem ser enquadrados nas hipóteses de dispensa da realização de AIR. A esse respeito deve ser feita uma consideração de ordem lógica: se o ato é considerado de baixo impacto, ou tem o objetivo de diminuir custos regulatórios, alguma de espécie de estudo, ainda que não seja uma análise de impacto regulatório completa, há de ter sido realizada a fim de atestar esse baixo impacto ou a esperada redução de custos regulatórios. Assim, espera-se que tais números sejam apresentados na decisão fundamentada que dispensar a AIR.

Outras possibilidades de dispensa da realização da AIR estão nas hipóteses de atualização ou revogação de normas consideradas obsoletas, sem alteração de mérito (inciso IV) ou, em linha semelhante, na edição de atos normativos destinados à revisão de normas desatualizadas para adequá-las ao desenvolvimento tecnológico consolida-

---

[8]   BRASIL. Ministério da Economia. Guia Orientativo para Elaboração de Avaliação de Resultado Regulatório – ARR. 2021. Diretoria de Produtividade, Concorrência e Comércio Exterior. Disponível em: https://www.gov.br/participamaisbrasil/cp-guia-arr. Acesso em: 12 jan. 2021.

do internacionalmente, nos termos do disposto no Decreto 10.229, de 5 de fevereiro de 2020, que regulamenta o direito de desenvolver, executar, operar ou comercializar produto ou serviço em desacordo com a norma técnica desatualizada previsto no inciso VI do *caput* do art. 3º da LLE.

Vencidas a análise de hipóteses parecem ter como característica comum possibilitar a dispensa da realização da AIR em situações destinadas à redução de custos de observância, à revogação de atos considerados obsoletos ou à desregulamentação, passamos à análise das duas hipóteses que nos afiguram como mais delicadas e, em alguns casos, podem ser vistas como sobrepostas.

A hipótese do inciso V prevê a possibilidade de dispensa de AIR nas hipóteses de ato normativo que vise a preservar a liquidez, a solvência ou a higidez dos sistemas de seguro e previdência complementar, mercados financeiros, capitais e de câmbio, bem como de sistemas de pagamento. Este comando abrange, grosso modo, todo o Sistema Financeiro Nacional (SFN), comumente definido como o "conjunto de entidades e instituições que promovem a intermediação financeira, isto é, o encontro entre credores e tomadores de recursos"[9], e tem no Brasil como principais órgãos reguladores o Conselho Monetário Nacional (CMN), o Conselho Nacional de Seguros Privados (CNSP) e o Conselho Nacional de Previdência Complementar (CNPC).

A excepcionalidade aberta no tratamento conferido a esses setores encontra fundamento no reconhecimento do chamado risco sistêmico, no qual o colapso ou insolvência de uma ou mais instituições tem o potencial de repercutir sobre todo o sistema, e para além dele, contagiando outras empresas e setores da economia real. A hipótese implícita nesse comando parece ser a do reconhecimento de que determinados regulamentos aplicáveis aos mercados de seguros, bancários e de valores mobiliários, a despeito dos seus altos custos, seriam justificados diante dos altos riscos para o restante da economia de eventuais instabilidades – e tais benefícios não seriam inteiramente captados pela AIR.

Ainda assim, parece difícil visualizar hipóteses em que regulamentos aplicáveis ao sistema financeiro, ainda que urgentes, sejam implementados sem a realização de algum tipo de estudo de impacto. Entretanto, ao contrário do que foi previsto em relação aos atos regulatórios que têm a AIR dispensada em face de sua urgência, não houve o estabelecimento de qualquer obrigação relacionada à realização de ARR em momentos posteriores. Por óbvio, o comando não impede a realização da AIR – o que se fala aqui é na possibilidade de dispensa, a qual deve ser fundamentada, mas ainda é preciso compreender melhor como a abertura dessa possibilidade de excepcionalização será usada na prática. Cyrino e Altoé Júnior[10], por exemplo, criticam o Decreto, afirmando que "ao invés de detalhar e densificar a lei, como se esperava (no mínimo), o decreto cria mais perguntas", e também que "ou ainda, (mais grave), dispensa a AIR

---

9   BRASIL. Banco Central do Brasil. Sistema Financeiro Nacional (SFN). Disponível em: https://www.bcb.gov.br/estabilidadefinanceira/sfn. Acesso em: 12 jan. 2022.

10 CYRINO, André; ALTOÉ JUNIOR, José Egidio. Análise de impacto regulatório e meios de pagamento. Por que não?: mais benéfico que investigar o varejo das transformações desse setor em franco crescimento é impor a obrigação de air na regulação sistêmica. 2020. Disponível em: https://www.jota.info/tributos-e-empresas/regulacao/analise-de-impacto-regulatorio-e-meios-de-pagamento-por-que-nao-14072020. Acesso em: 12 jan. 2022.

quando não deveria". Ao analisar especificamente a possibilidade de dispensa de AIR na regulação de meios de pagamentos, matéria que é regulada pelo Banco Central e pelo Conselho Monetário Nacional, os dois autores posicionam-se criticamente quanto à possibilidade de dispensa da AIR nessas hipóteses. Argumentam que o desenvolvimento acelerado do setor de pagamentos em períodos recentes teria também gerado uma profusão de normas, em um processo que aconteceria com pouca transparência e sem a realização de uma AIR prévia, quando na verdade a regulamentação deveria seguir o caminho oposto[11]. Nesse sentido, concluem que "mais benéfico que investigar o varejo das transformações desse setor em franco crescimento é impor a obrigação de AIR na regulação sistêmica, com a dispensa apenas em casos urgentes"[12].

A última possibilidade de dispensa de AIR a ser mencionada é a inscrita no inciso VI do art. 4º do Decreto 10.411, de 2020, que permite a dispensa de "ato normativo que vise manter a convergência a padrões internacionais". Como visto até aqui, é um comando que também abre margem a uma série de perguntas quanto às possíveis interpretações, e que avaliaremos em maiores detalhes no item a seguir.

4. DA DISPENSA DA REALIZAÇÃO DE ANÁLISE DE IMPACTO REGULATÓRIO NA HIPÓTESE DE MANUTENÇÃO DE CONVERGÊNCIA A PADRÕES INTERNACIONAIS

Inicialmente observa-se que o comando fala em "manter" a convergência a padrão internacional – o uso desse verbo levanta uma dúvida inicial quanto à extensão do comando: deve-se interpretá-lo de forma restritiva, entendendo que a norma seria aplicável apenas à atualização de padrões que já foram internalizados, ou pode também dizer respeito a novos padrões que ainda serão incorporados ao ordenamento jurídico brasileiro?

Outra questão mais imediata diz respeito ao que se entende como padrões internacionais e quais os tipos de padrões internacionais estariam ao abrigo do comando regulatório.

Como Carneiro[13] observa, a "a aderência a normas internacionais tem um valor embutido em si de integração global", facilitando a circulação de bens e serviços e reduzindo custos regulatórios. A implementação de padrões internacionais também é importante diante de problemas que não possam ser resolvidos apenas "em âmbito local" e que "variam desde questões climáticas, à governança da internet e muitas vezes estão relacionados a atividades regulatórias". O autor observa ainda que, nesses contextos, "a atuação de agências internacionais é cada vez mais decisiva, sejam elas agências vinculadas ou não ao sistema da ONU".

---

[11] "Temas sensíveis com impactos concorrenciais e econômicos relevantes deveriam, como regra, pressupor análise cuidadosa a ser oportunamente divulgada. Alternativas regulatórias precisam ser consideradas e sopesadas em suas vantagens e desvantagens" (CYRINO, André; ALTOÉ JUNIOR, José Egidio. Op. cit., 2020).

[12] CYRINO, André; ALTOÉ JUNIOR, José Egidio. Op. cit., 2020.

[13] Conforme texto disponível em https://www.jota.info/tributos-e-empresas/regulacao/dispensa-de-air-para-internalizacao-de-padroes-internacionais-13082020. Acesso em: 5 dez. 2021.

O comando que permite excepcionar a AIR na hipótese de convergência a padrões internacionais pode eventualmente facilitar os esforços para acelerar o ingresso do Brasil na Organização para Cooperação e Desenvolvimento Econômico (OCDE), colocada como um item prioritário na pauta do Poder Executivo, inclusive com a instituição do Conselho para a Preparação e o Acompanhamento do Processo de Acessão da República Federativa do Brasil à Organização para a Cooperação e Desenvolvimento Econômico – Conselho Brasil – OCDE por meio do Decreto 9.920, de 18 de julho de 2019. Um dos principais objetivos da OCDE é o estabelecimento de padrões internacionais abrangendo diversos tópicos como reforma regulatória, meio ambiente, indústria e empreendedorismo, concorrência e governança pública, entre outros, aos quais os países membros aderem por meio de uniformização de leis, regulamentos e práticas de gestão[14]. Ainda de acordo com informações da própria Organização, o processo de adesão ao grupo envolve uma rigorosa avaliação das leis e regulamentos do país candidato e pressupões ainda um alinhamento aos padrões e melhores práticas estabelecidos pela OCDE[15]. De acordo com informações do governo federal de outubro de 2021, o Brasil já teria aderido a "100 dos 247 instrumentos legais da Organização, sendo o país candidato mais profundamente envolvido no trabalho da OCDE"[16].

Ao tratar da convergência do Brasil a padrões internacionais cumpre destacar que a própria realização da AIR encontra fundamentos em melhores práticas a padrões internacionais, inclusive aqueles de adesão por parte de membros da OCDE, como é o caso do conjunto de recomendações intitulado *"OECD Best Practices Principles*

---

[14] Together with governments, policy makers and citizens, we work on establishing evidence-based international standards and finding solutions to a range of social, economic and environmental challenges. From improving economic performance and creating jobs to fostering strong education and fighting international tax evasion, we provide a unique forum and knowledge hub for data and analysis, exchange of experiences, best-practice sharing, and advice on public policies and international standard-setting. (ORGANIZAÇÃO PARA A COOPERAÇÃO E DESENVOLVIMENTO ECONÔMICO. Together, we create better policies for better lives. Disponível em: https://www.oecd.org/about/. Acesso em: 12 jan. 2022).

[15] Becoming a Member of the OECD is not a simple formality but is the result of an increasingly rigorous review process. The OECD Council, which comprises of all the Members of the Organisation, decides on the opening of accession discussions and considerations to open an accession process can be made on the initiative of the Council itself or upon receipt of a written request by a country interested in OECD membership. An accession roadmap is then adopted by the Council, setting out the terms, conditions and process for accession. This roadmap lists the technical reviews to be undertaken by OECD committees in various policy areas in order to evaluate the candidate country's willingness and ability to implement relevant OECD legal instruments, as well as its policies and practices compared with OECD best policies and practices in the corresponding policy area. This often results in a series of recommendations for change to align the candidate country further to OECD standards and best practices. (ORGANIZAÇÃO PARA COOPERAÇÃO E DESENVOLVIMENTO ECONÓMICO. Our Global Reach. Disponível em: https://www.oecd.org/about/members-and-partners/. Acesso em: 12 jan. 2022).

[16] BRASIL. Secretaria-Geral da Presidência da República. Conselho Brasil-OCDE aprova Estratégia de Governo para acessão à organização: o Brasil já aderiu a 100 dos 247 instrumentos legais da OCDE. Disponível em: https://www.gov.br/secretariageral/pt-br/noticias/2021/outubro/conselho-brasil-ocde-aprova-estrategia-de-governo-para-acessao-a-organizacao. Acesso em: 12 jan. 2022).

for Regulatory Policy"[17] ou, ainda por meio da "Recomendação do Conselho sobre Política Regulatória e Governança"[18]. Além disso, Carneiro[19] pondera que a própria OCDE recomenda que a incorporação de padrões internacionais requer alguma cautela, especialmente porque pode representar uma "ruptura do modelo atual, criando inseguranças, imprevisibilidades e custos não mensurados, tudo o que a AIR pretende evitar", sendo necessária "uma avaliação mínima no cenário e do ambiente regulatório nacional antes de uma internalização".

Além dos padrões internacionais e melhores práticas gestados no âmbito da OCDE, existem diversos outros organismos internacionais que também se dedicam ao debate, construção, divulgação e avaliação de padrões internacionais em suas áreas de atuação. Nas áreas relacionadas ao sistema financeiro, por exemplo, o Fundo Monetário Nacional e o Banco Mundial reconhecem como de interesse 12 áreas e padrões internacionais, cujo cumprimento e aderência por seus países membros podem ser periodicamente mensurados por meio de um conjunto de avaliações conhecido como *Reports on the Observance of Standards and Codes (ROSCs)*. São elas: contabilidade; auditoria; prevenção à lavagem de dinheiro e combate ao terrorismo; supervisão bancária; governança corporativa; disseminação de dados; transparência fiscal; insolvência e direito dos credores; supervisão de seguros; transparência em política monetária e fiscal; sistemas de pagamento; e regulação do mercado de valores mobiliários[20].

Os padrões que são objeto das avaliações mencionadas no parágrafo anterior são desenvolvidos por vários organismos internacionais que, tomados em seu conjunto, formam um grande sistema de governança regulatória internacional, atuando em uma esfera de *soft law*: suas recomendações não são respaldadas por tratados, mas há um compromisso entre os países membros quanto à sua implementação. Em diversos desses casos, o Brasil é membro do grupo responsável pelo desenvolvimento das recomendações, o que o coloca em uma posição diferente, pois isso pode significar uma participação mais ativa no processo de construção das políticas, integrando comitês técnicos e também participando de estudos de impacto prévios à deliberação (se a AIR pode ser considerada uma boa prática prévia a implementação de regulações em uma esfera nacional, é razoável esperar que também seja incorporada em alguma medida também no desenvolvimento de recomendações supranacionais).

O Brasil é, por exemplo, desde 2009 membro do Comitê de Supervisão Bancária de Basileia[21], responsável pela aprovação de recomendações relacionadas à supervisão

---

[17] ORGANIZAÇÃO PARA COOPERAÇÃO E DESENVOLVIMENTO ECONÓMICO. OECD Best Practice Principles for Regulatory Policy. 2020. Disponível em: https://www.oecd-ilibrary.org/governance/regulatory-impact-assessment_7a9638cb-en. Acesso em: 12 jan. 2022.

[18] ORGANIZAÇÃO PARA COOPERAÇÃO E DESENVOLVIMENTO ECONÓMICO. RECOMENDAÇÃO DO CONSELHO SOBRE POLÍTICA REGULATÓRIA E GOVERNANÇA. 2012. Disponível em: https://www.oecd.org/gov/regulatory-policy/Recommendation%20PR%20with%20cover.pdf. Acesso em: 12 jan. 2022.

[19] CARNEIRO, Op. cit., 2020.

[20] FUNDO MONETÁRIO INTERNACIONAL. Reports on the Observance of Standards and Codes (ROSCs). 2021. Disponível em: https://www.imf.org/en/Publications/rosc. Acesso em: 12 jan. 2022.

[21] "The Basel Committee on Banking Supervision (BCBS) is the primary global standard setter for the prudential regulation of banks and provides a forum for regular cooperation on banking

bancária e pelo estabelecimento de padrões para cálculo dos requerimentos mínimos de capital que devem ser mantidos pelas instituições financeiras como forma de suportar os riscos inerentes às suas atividades, contribuindo assim para a manutenção da estabilidade do sistema financeiro. O país também participa da Organização Internacional de Comissões de Valores Mobiliários (IOSCO)[22] e da Associação Internacional de Supervisores de Seguros (IAIS)[23], que possuem mandatos para o desenvolvimento de padrões internacionais em suas respectivas áreas de atuação. A elaboração e divulgação de padrões e recomendações internacionais relacionadas a esses organismos costuma ser amplamente discutida entre os países membros e precedida de consultas públicas e realização de estudos de impacto quantitativo e de monitoramento posterior quanto aos resultados da implementação das recomendações. É interessante observar que, em tese, a implementação das recomendações interacionais desse grupo de organismos na área financeira, onde os critérios para mensuração dos impactos de normas costumam ser bem objetivos e também já bastante discutidos, poderiam ser dispensadas a obrigatoriedade de realização de AIR sob duas hipóteses: tanto por estar-se diante atos normativos destinados a garantir a estabilidade do Sistema Financeiro Nacional (hipótese do inciso V do art. 4º do Decreto 10.411, de 2020), quanto por serem normativos destinados a manter a convergência a padrões internacionais (hipótese do inciso VI do art. 4º do referido Decreto).

Ainda refletindo sobre essas hipóteses de dispensa aplicáveis, em que pese a existência de estudos de impacto prévios, ao lado de toda a discussão nos organismos internacionais (ou ao menos daqueles em que o país participa), cabe o debate sobre se haveria aí elementos suficientes para se fundamentar uma decisão de dispensa. Em diversas hipóteses os chamados "padrões internacionais" abrangem um conjunto complexo de recomendações, e o esforço de convergência ao padrão não se resume a uma mera transcrição de normas para o mercado interno. Em matérias complexas, como é o caso dos requerimentos mínimos de capital exigidos do sistema bancário,

---

supervisory matters. Its 45 members comprise central banks and bank supervisors from 28 jurisdictions" (BANK OF INTERNATIONAL SETTLEMENTS. The Basel Committee – overview. Disponível em: https://www.bis.org/bcbs/. Acesso em: 12 jan. 2022).

[22] "The International Organization of Securities Commissions (IOSCO) is the international body that brings together the world's securities regulators and is recognized as the global standard setter for the securities sector. IOSCO develops, implements and promotes adherence to internationally recognized standards for securities regulation. It works intensively with the G20 and the Financial Stability Board (FSB) on the global regulatory reform agenda" (INTERNATIONAL ORGANIZATION OF SECURITIES COMMISSIONS. About IOSCO. Disponível em: https://www.iosco.org/about/?subsection=about_iosco. Acesso em: 12 jan. 2022).

[23] "Established in 1994, the IAIS is a voluntary membership organization of insurance supervisors and regulators from more than 200 jurisdictions, constituting 97% of the world's insurance premiums. It is the international standard-setting body responsible for developing and assisting in the implementation of principles, standards and other supporting material for the supervision of the insurance sector. The IAIS mission is to promote effective and globally consistent supervision of the insurance industry in order to develop and maintain fair, safe and stable insurance markets for the benefit and protection of policyholders and to contribute to global financial stability" (INTERNATIONAL ASSOCIATION OF INSURANCE SUPERVISORS. Welcome to the website of the International Association of Insurance Supervisors (IAIS). Disponível em: https://www.iaisweb.org/home. Acesso em: 12 jan. 2022).

cujo padrão internacional é conhecido como "Basileia III", e discutido no âmbito do Comitê de Basileia para Supervisão Bancária", há uma série de itens considerados como de discricionaridade nacional, ou seja, o regulador local possui alguma flexibilidade para, diante de duas ou mais formas de regular determinada questão, escolher aquela que se mostra para adequada ao seu mercado, levando em conta questões como grau de sofisticação dos serviços financeiros ofertados, tamanho das instituições financeiras e liquidez do sistema, por exemplo. Certamente será um ponto de interesse nos próximos observar como a AIR será manejada pelos reguladores nacionais nesse contexto.

Um segundo ponto que deve ser ponderado e observado com relação à previsão de possibilidade de dispensa da AIR nas hipóteses de convergência a padrões internacionais diz respeito a potenciais incentivos para uma implementação de padrões internacionais sem uma reflexão mais crítica, por parte dos reguladores, especialmente em hipóteses que não sejam precedidas de estudos prévios ao estabelecimento do padrão ou que digam respeito a fóruns nos quais o Brasil não tenha participação ou ela seja muito limitada. Ao permitir a dispensa para a manutenção da convergência internacional, sem maiores condicionantes, parece haver um reconhecimento implícito da qualidade e razoabilidade desses padrões. Nesse sentido, surgem alguns questionamentos: diante do novo Decreto, estaríamos diante do risco de que os reguladores se tornem menos críticos aos padrões internacionais, e optem por sua implementação no Brasil, sem maiores reservas? Naqueles casos em que, na avaliação do regulador, a implementação de um padrão internacional não seja adequada à realidade brasileira, há o risco de o novo arcabouço legal e regulatório baseado na Lei de Liberdade Econômica tornar mais difícil o descolamento das regras locais de regras internacionais, especialmente diante da obrigatoriedade de uma Análise de Impacto Regulatório?

Essas questões não são meramente retóricas. Retomando os exemplos relacionados à regulação bancária nas últimas década, é possível ilustrar com alguns exemplos a importância dessas questões. A primeira iniciativa do Comitê de Basileia para o estabelecimento de requerimentos mínimos de capital para o sistema bancário remonta à década de 1980 e à crise da dívida soberana e ficou conhecida como "Acordo de Basileia 1988"[24], ou, mais recentemente, "Basileia I". Este acordo estabeleceu que as instituições bancárias deveriam manter um capital mínimo de 8% dos seus ativos ponderados pelo risco de crédito. De acordo com a fórmula proposta, as operações constantes dos ativos dos bancos recebiam diferentes fatores de ponderação, que poderiam variar, na maior parte dos casos, entre 0% e 100%, conforme o risco percebido. As faixas mais baixas de risco eram reservadas aos créditos soberanos, e dentre estes, por critérios cuja motivação técnica nunca foi clara, a mais baixa pertencia aos créditos soberanos de países integrantes da OCDE, enquanto a maior parte dos créditos a empresas e varejo, por exemplo, situava-se na faixa de 100% de ponderação de risco. No Brasil o primeiro Acordo de Basileia foi implementado por meio da Resolução do Conselho Monetário Nacional 2.099, de 17 de agosto de 1994[25]. Inicialmente, o Brasil exigia dos bancos a

---

[24] BASEL COMMITTEE ON BANKING SUPERVISION. International Convergence of Capital Measurement and Standards. 1988. Disponível em: https://www.bis.org/publ/bcbs04a.pdf . Acesso em: 12 jan. 2022.

[25] BRASIL. Conselho Monetário Nacional. Resolução 2.099, de 17 de agosto de 1994. Aprova regulamentos que dispõem sobre as condições relativamente ao acesso ao Sistema Finan-

manutenção de um nível mínimo de 8% considerado como um piso pelo Comitê de Basileia, o que não vedava o estabelecimento de valores maiores. Mais à frente, diante dos cenários de incerteza no mercado financeiro, o requerimento mínimo no Brasil foi elevado a 11% e também estabelecida uma faixa de ponderação de risco de 300%[26] para créditos tributários. Mais à frente, em 1996, o Comitê de Basileia recomendou que se exigisse do sistema bancário a manutenção também de um capital mínimo para se fazer face a riscos de mercado, e sugeriu que se escolhesse dentre dois tipos de fórmulas para o cálculo do risco de mercado: uma metodologia padronizada, e outra baseada em modelos internos. A implementação desses modelos no Brasil também aconteceu com diversas modificações que refletiam as características do mercado local, sendo importante observar que nessa época o país não era membro do Comitê de Basileia, passando a integrar o grupo apenas em 2009.

Em que pesem as contribuições dos trabalhos do Comitê de Basileia na supervisão e monitoramentos dos riscos do sistema bancário, seus modelos não são infalíveis, e nem sempre as decisões de política regulatória orientadas por critérios exclusivamente técnicos, conforme abordado por Tarullo, em livro no qual reconstrói o processo de formulação do Acordo de Basileia I e da extensa revisão que a metodologia sofreria no início dos anos 2000 e resultaria no modelo conhecido como Basileia II. O autor destaca, por exemplo, diversas questões relacionadas à política econômica e concorrência que surgiram no curso dessas negociações[27]. O modelo de Basileia II, cabe ressaltar, que

---

ceiro Nacional, aos valores mínimos de capital e patrimônio líquido ajustado, à instalação de dependências e à obrigatoriedade da manutenção de patrimônio líquido ajustado em valor compatível com o grau de risco das operações ativas das instituições financeiras e demais instituições autorizadas a funcionar pelo Banco Central. Brasília, DF: 1994. Disponível em: https://www.bcb.gov.br/pre/normativos/res/1994/pdf/res_2099_v1_O.pdf. Acesso em: 12 jan. 2022.

[26] "Naturalmente, como é típico de países em desenvolvimento, as medidas adotadas no Brasil assumem um caráter relativamente mais conservador do que aquelas inclusas no Acordo da Basiléia. O índice entre capital e ativos ponderados pelo risco de crédito ('índice da Basiléia'), por exemplo, no Brasil é de 11%, enquanto o Acordo de 1988 propõe 8%. Outra medida que eleva o requerimento de capital no Brasil refere-se às próprias faixas de risco: para segmentar as operações com distintos riscos de crédito, as regras inspiradas no Acordo de 1988 estabelecem faixas para ponderação dos ativos em uma escala que varia de 0% a 100%, no Brasil foi estabelecida uma faixa adicional de risco para créditos tributários, com ponderação de 300%" (CARNEIRO, Fábio Fabio Lacerda; VIVAN, Gilneu Francisco Astolfi; KRAUSE, Kathleen. O Novo Acordo da Basiléia – um estudo de caso para o contexto brasileiro. Disponível em: https://www4.bcb.gov.br/pre/inscricaoContaB/trabalhos/O%20Novo%20Acordo%20de%20 Basil%C3%A9ia_um%20estudo%20de%20caso%20para%20o%20contexto%20brasileiro. pdf. Acesso em: 18 jan. 2022).

[27] "Despite de initial push from the US Congress and a few interventions by government officials in other countries, banking supervisors were generally left to implemente Basel I as they saw fit, using their existing regulatory authority. The Basel II process has been an altogether diferent story. Even more than Basel I, it has resembled a trade negotiation, with extensive political and constituency involvement at times submerging the spirit of regulatory cooperation tradionally central to Basel Committee activities. And yet no national regulator knew at the outset exactly what outcome it wanted. Thus, there has at other times been a peculiarly experimental feel to the exercise, resembling more an innovative but halting domestic regulatory reform effort. As the history of the negotiation set forth in this chapter will ilustrate, it is difficult to avoid the conclusion that key participants in the process made

recomendava o uso de *ratings* de agências de classificação de crédito externas e também de modelos internos para apuração de riscos e cálculos de requerimentos mínimos de capital, ainda estava em fase de implementação quando foi colocado em xeque pela crise de 2007-2008 – que denunciou inúmeras fragilidades no trabalho desenvolvido por agências de *ratings* e nos modelos internos de precificação de risco de integrantes do sistema financeiro que culminaram na crise do *subprime*. Foi nesse momento em que o Comitê de Basileia, até então integrado apenas pelos países do G-7, teve sua participação ampliada, passando a incorporar em seus quadros economias emergentes integrantes do G-20, entre os quais o Brasil. Ato contínuo, iniciou-se mais uma revisão dos modelos de requerimento mínimo de capital, a fim de incorporar novos requerimentos de capital, por exemplo, para risco de liquidez, instituições sistemicamente importantes (comumente conhecidas como *too big to fail*) e regras de capital "anticíclicas" que fossem capazes de contrabalançar os efeitos de ciclos econômicos expansivos e recessivos. Observa-se, assim, um padrão constante de revisão de padrões internacionais como resposta a crises sistêmicas.

No mesmo sentido, considerando as lições que podem ser extraídas da experiência internacional, também é útil observar o uso feito dos instrumentos de AIR em países que implementam estas ferramentas há mais tempo. Ainda que fuja ao escopo deste artigo uma análise mais detida do tema, merece menção o "Acordo Interinstitucional entre o Parlamento Europeu, o Conselho da União Europeia e a Comissão Europeia", de 2016, que delimita o papel das avaliações de impacto nos processos legislativo e regulatório, e demanda que as análises realizadas sejam qualitativas e quantitativas, de forma a determinar os impactos econômicos, ambientais e sociais de forma integrada e equilibrada, não se identificando a abertura de exceções à implementação de padrões internacionais[28].

Diante de tal cenário, é prudente que os referidos padrões internacionais, especialmente aqueles destinados a lidar com questões complexas e de grande sensibilidade,

---

a series of technical and political misjudgements that have prolonged, complicated, and ultimately marred the Basel II enterprise" (TARULLO, Daniel K. *Banking on Basel*: the future of international financial regulation. Washington, Dc: Peterson Institute For International Economics, 2008. p. 87).

[28] "As avaliações de impacto deverão abranger a existência, a amplitude e as consequências de um problema e a questão de saber se é necessária uma ação da União. As avaliações de impacto deverão definir soluções alternativas e, se possível, os potenciais custos e benefícios a curto e longo prazo, determinando o seu impacto económico, ambiental e social de forma integrada e equilibrada graças a análises qualitativas e quantitativas. Os princípios da subsidiariedade e da proporcionalidade deverão ser plenamente respeitados, bem como os direitos humanos. As avaliações de impacto deverão também abordar, sempre que possível, o 'custo da não-Europa' e o impacto das diferentes opções na competitividade e nos encargos administrativos, atendendo especialmente às PME (segundo o princípio 'pensar primeiro em pequena escala'), aos aspetos digitais e ao impacto territorial. As avaliações de impacto deverão basear-se em informações exatas, objetivas e completas, e ser proporcionadas no que diz respeito ao âmbito de aplicação e incidência" (UNIÃO EUROPEIA. Acordo Interinstitucional de 13 de abril de 2016. Acordo Interinstitucional entre o Parlamento Europeu, o Conselho da União Europeia e a Comissão Europeia sobre Legislar Melhor. Disponível em: https://eur-lex.europa.eu/legal-content/PT/TXT/PDF/?uri=OJ:L:2016:123:FULL&from=EN. Acesso em: 15 fev. 2022).

sejam recebidos com alguma dose de ceticismo e prudência, mantendo-se um olhar crítico quanto às formas de incorporação dessas regras no ordenamento jurídico interno. E tais cautelas devem abranger a possibilidade de dispensa de ferramentas de AIR especialmente áreas em que ela pode ser muito útil.

Em virtude de tantas preocupações, ganha especial relevância o art. 13 do Decreto 10.411, de 2020, o qual prevê que os órgãos com competência para a edição de atos normativos deverão instituir uma agenda de ARR, com início no primeiro ano de cada mandato presidencial e conclusão até o último ano do respectivo mandato. Ainda de acordo com os requisitos estabelecidos no regulamento, a agenda de ARR deverá incluir no mínimo um ato normativo que seja do interesse geral de agentes econômicos ou de usuários de serviços prestados. Quanto à escolha dos atos normativos que integrarão a agenda de ARR, o Decreto recomenda que se observe preferencialmente um ou mais dos seguintes critérios: (i) ampla repercussão na economia ou no País; (ii) existência de problemas decorrentes da aplicação do referido normativo; (iii) impacto significativo em organizações ou grupos específicos; (iv) tratamento de matéria relevante para a agenda estratégica do órgão; ou (v) vigência, há no mínimo cinco anos. Embora normativos editados com dispensa de AIR não sejam expressamente mencionados como prioridades para a realização de ARR, parece claro que aqueles relacionados à convergência a padrões internacionais ou à estabilidade do sistema financeiro, diante dos potenciais impactos sobre a economia ou sobre organizações e grupos específicos tornam-se candidatos naturais a serem priorizados.

5. CONCLUSÕES

Considerando a amplitude das possibilidades de dispensa de realização de AIR, será importante acompanhar com atenção os casos concretos em que os reguladores recorram a essa dispensa e, sobretudo, a forma como tais dispensas serão fundamentadas e justificadas. Elas poderão fornecer elementos importantes, por exemplo, para entender eventuais dificuldades e limitações inerentes aos modelos de AIR, bem como se diante da dispensa ou impossibilidade de realização da AIR, a ARR assumirá um papel relevante *a posteriori*.

Diante de todo o exposto, parece-nos ser necessária uma interpretação restritiva da dispensa de AIR nas hipóteses de convergência a padrões internacionais e regulamentação relacionada à estabilidade do sistema financeiro, requerendo-se assim uma fundamentação bastante robusta. Entre os pontos de preocupação estão no enfraquecimento da legislação original, caso o uso dessas hipóteses seja feito de forma desarrazoada, ou mesmo prejuízos decorrentes da implementação acelerada, e pouco ponderada de padrões internacionais. A convergência a padrões internacionais não deve ser vista como um fim em si mesmo. Assim, mesmo nos casos em que haja esta dispensa da AIR, ou seja considerado que a AIR não é a ferramenta mais adequada, pelas características das matérias envolvidas, é importante considerar formas alternativas de monitoramento desses atos normativos.

Por fim, as diversas hipóteses em que a AIR poderá ser dispensada também parecem evidenciar uma preocupação dos reguladores em torno de potenciais limitações da metodologia ou dificuldades para sua realização. Nas questões de estabilidade do sistema financeiro abordadas pela regulação prudencial, por exemplo, talvez seja difícil abarcar tantos aspectos sensíveis e todos os impactos econômicos possíveis por meio desse tipo de análise, mesmo nas metodologias de análise de risco ou análise risco-risco. Entretanto, dentre os vários segmentos econômicos sujeitos às novas normas, chama atenção que o Decreto nº 10.411, de 2020, excepcionou explicitamente apenas o sistema financeiro, sendo silente quanto a outras áreas onde as limitações da AIR têm sido bastante debatidas, como por exemplo na área ambiental ou em temas que abarcam questões relacionadas à reponsabilidade social. Nesse sentido, em que pesem as críticas em torno de uma "generosidade" nas hipóteses de dispensa, talvez o Decreto também tenha pecado por não reconhecer explicitamente as limitações da AIR e dispor sobre alternativas para enfrentar tais limitações também em outras áreas.

REFERÊNCIAS

BANK OF INTERNATIONAL SETTLEMENTS. The Basel Committee – overview. Disponível em: https://www.bis.org/bcbs/. Acesso em: 12 jan. 2022.

BASEL COMMITTEE ON BANKING SUPERVISION. International Convergence of Capital Measurement and Standards. 1988. Disponível em: https://www.bis.org/publ/bcbs04a.pdf. Acesso em: 12 jan. 2022.

CARNEIRO, Fábio Fabio Lacerda; VIVAN, Gilneu Francisco Astolfi; KRAUSE, Kathleen. O Novo Acordo da Basiléia – Um estudo de caso para o contexto brasileiro. Disponível em: https://www4.bcb.gov.br/pre/inscricaoContaB/trabalhos/O%20Novo%20Acordo%20 de%20Basil%C3%A9ia_um%20estudo%20de%20caso%20para%20o%20contexto%20 brasileiro.pdf. Acesso em: 18 jan. 2022.

CYRINO, André; ALTOÉ JUNIOR, José Egidio. Análise de impacto regulatório e meios de pagamento. Por que não?: mais benéfico que investigar o varejo das transformações desse setor em franco crescimento é impor a obrigação de air na regulação sistêmica. 2020. Disponível em: https://www.jota.info/tributos-e-empresas/regulacao/analise-de-impacto--regulatorio-e-meios-de-pagamento-por-que-nao-14072020. Acesso em: 12 jan. 2022.

FUNDO MONETÁRIO INTERNACIONAL. *Reports on the Observance of Standards and Codes (ROSCs)*. 2021. Disponível em: https://www.imf.org/en/Publications/rosc. Acesso em: 12 jan. 2022.

INTERNATIONAL ASSOCIATION OF INSURANCE SUPERVISORS. Welcome to the website of the International Association of Insurance Supervisors (IAIS). Disponível em: https:// www.iaisweb.org/home. Acesso em: 12 jan. 2022.

INTERNATIONAL ORGANIZATION OF SECURITIES COMMISSIONS. About IOSCO. Disponível em: https://www.iosco.org/about/?subsection=about_iosco. Acesso em: 12 jan. 2022.

MELLO, Ana de Oliveira Frazão Vieira de. Perspectivas das Análises de Impacto Regulatório (AIRs) no Brasil. 2021. Disponível em: https://www.jota.info/opiniao-e-analise/colunas/ constituicao-empresa-e-mercado/perspectivas-das-analises-de-impacto-regulatorio-airs--no-brasil-17022021. Acesso em: 12 jan. 2022.

MENDONÇA, José Vicente Santos de. A regulamentação da Análise de Impacto Regulatório na Administração Federal: entre o procedimento, as exceções e o nada. Entre o procedi-mento, as exceções e o nada. 2020. Disponível em: https://www.jota.info/opiniao-e-analise/ colunas/reg/a-regulamentacao-da-analise-de-impacto-regulatorio-na-administracao--federal-01072020. Acesso em: 12 jan. 2021.

ORGANIZAÇÃO PARA A COOPERAÇÃO E DESENVOLVIMENTO ECONÔMICO. Together, we create better policies for better lives. Disponível em: https://www.oecd.org/about/. Acesso em: 12 jan. 2022.

ORGANIZAÇÃO PARA COOPERAÇÃO E DESENVOLVIMENTO ECONÓMICO. OECD Best Practice Principles for Regulatory Policy. 2020. Disponível em: https://www.oecd-ilibrary. org/governance/regulatory-impact-assessment_7a9638cb-en. Acesso em: 12 jan. 2022.

ORGANIZAÇÃO PARA COOPERAÇÃO E DESENVOLVIMENTO ECONÓMICO. Our Global Reach. Disponível em: https://www.oecd.org/about/members-and-partners/. Acesso em: 12 jan. 2022.

ORGANIZAÇÃO PARA COOPERAÇÃO E DESENVOLVIMENTO ECONÓMICO. RECOMENDAÇÃO DO CONSELHO SOBRE POLÍTICA REGULATÓRIA E GOVERNANÇA. 2012. Disponível em: https://www.oecd.org/gov/regulatory-policy/Recommendation%20 PR%20with%20cover.pdf. Acesso em: 12 jan. 2022.

PINHEIRO, Victor Marcel. Análise de impacto regulatório é facultativa para a administração pública federal?: devido processo normativo e o art. 21 do Decreto 10.411/2020. Devido processo normativo e o art. 21 do Decreto 10.411/2020. 2020. Disponível em: https://www. jota.info/tributos-e-empresas/regulacao/analise-de-impacto-regulatorio-e-facultativa- -para-a-administracao-publica-federal-27082020. Acesso em: 12 jan. 2021.

TARULLO, Daniel K. Banking on Basel: the future of international financial regulation. Washington, Dc: Peterson Institute For International Economics, 2008.

Capítulo 18

ANÁLISE DE IMPACTO REGULATÓRIO E A PRETENSÃO DE NEUTRALIDADE SOB A ÓTICA DO ART. 5º DA LEI 13.874/2019: MITO OU REALIDADE

Manuela Fonseca Dalpoz

Graduanda em Direito pela Universidade de Brasília.
Participante do Grupo de Estudos em Constituição, Empresa e Mercado – GECEM.

Rogério de Oliveira Gonçalves

Capitão de Mar e Guerra (RM1) da Marinha do Brasil.
Advogado e Pesquisador do CEDMAR/USP. GERN e GECEM/UNB.
Candidato ao Mestrado em Direito na Universidade de Brasília/DF.

1. INTRODUÇÃO

O Instituto da Análise de Impacto Regulatório não é genuinamente uma construção do direito regulatório nacional. Suas origens remontam a um estudo das instituições do direito norte-americanas e britânico, que instituíram há décadas um Estado regulador e, ainda hoje, trabalham no seu fortalecimento político e institucional[1].

Com base nas boas experiências internacionais, o Brasil iniciou a incorporação da ferramenta a partir do ano de 2013, com a iniciativa do Programa de Fortalecimento da Capacidade Institucional para Gestão em Regulação (PRO-REG), uma iniciativa do Poder Executivo. A partir desse marco, foram promovidas ações do Poder Legislativo, como o PLS 52/2013, que propôs mudanças no regime jurídico das agências reguladoras, e o PL 6.621/2016, que incluiu formalmente a ferramenta, tendo finalmente sido convertido na Lei Ordinária 13.848/2019, a chamada nova lei das Agências Reguladoras.

---

[1] Sobre a noção de "Estado regulador", sua variabilidade histórica e sua polimorfa institucional, cf. LEVI-FAUR, David. The Odyssey of the Regulatory State: From a 'Thin' Monomorphic Concept to a "Thick" and Polymorphic Concept. *Law and Policy*, 35, 1º mar. 2013, p. 45: "A noção de Estado regulador", afirma Levi-Faur, "pode se aplicar a qualquer Estado que se apoia na elaboração de leis (*rulemaking*), no monitoramento dessas leis (*rule monitoring*) e a aplicação dessas leis (*rule enforcement*)". "Essa definição", segue ele, "pode viajar [no tempo e no espaço] porque (...) não requer agências ou liberalismo democrático ou econômico, tampouco tem alguma afinidade particular com as culturas anglo-saxã ou ocidental. Esse peso mais leve [atribuído à noção de Estado regulador] (...) ilumina melhor os aspectos regulatórios da ordem econômica, política e social presente" (PEGORIM *et al*. *Institucionalização e prática da análise de impacto regulatório no Brasil*. São Paulo: IBRAC, 2019. p. 20).

Mais tarde, também por iniciativa do Poder Executivo, por meio de Medida Provisória (MP 881/2019), mais tarde convertida na Lei 13.874/2019, foi estabelecido o marco legislativo da Liberdade Econômica, uma lei de fundo liberal, com dispositivos um tanto quanto confusos e polêmicos e que institui em seu art. 5º a obrigação (e não a possibilidade) da realização da AIR, conforme segue:

> Art. 5º As propostas de edição e de alteração de atos normativos de interesse geral de agentes econômicos ou de usuários dos serviços prestados, editadas por órgão ou entidade da administração pública federal, incluídas as autarquias e as fundações públicas, **serão precedidas da realização de análise de impacto regulatório**, que conterá informações e dados sobre os possíveis efeitos do ato normativo para verificar a razoabilidade do seu impacto econômico. (grifo nosso)[2]

Porém, com a ressalva do parágrafo único do sobredito artigo, afirmou que o futuro regulamento definiria a metodologia da AIR, os quesitos mínimos a serem objeto de exame, as hipóteses de obrigatoriedade e de dispensa, criando espaço para a quebra da neutralidade do instituto por meio do Decreto 10.411/2020.

A perspectiva acolhida para o desenvolvimento deste artigo consiste no entendimento de que a Lei de Liberdade Econômica adota premissas ideológicas de cunho liberal-econômico, que tendem a defender uma política de desregulação sob o pretexto da desburocratização. Assim, entende-se que a LLE parte de um pressuposto parcial e enviesado que pode, inclusive, colocar os direitos e liberdades fundamentais dos brasileiros em uma situação de vulnerabilidade.[3]

Nesse sentido, a presente pesquisa pretende responder quais seriam os possíveis reflexos que os pressupostos adotados pela Lei de Liberdade Econômica (LLE) na implementação da AIR podem gerar na motivação das medidas regulatórias e concretização do princípio da eficiência.

A LLE previu a AIR em seu art. 5º, tornando-a obrigatória no âmbito da Administração Pública Federal. Contudo, delegou à regulamentação as hipóteses de incidência da ferramenta e a sua operacionalização, o que, em grande medida, atribuiu ao segmento infralegal o poder de alterar a implementação do instrumento. Diante desse cenário, toma-se por hipótese o estudo das possíveis consequências que o Decreto 10.411 pode trazer para a concretização dos objetivos da AIR no cenário regulatório brasileiro. Para o desenvolvimento do trabalho, será adotado como premissa um olhar crítico a respeito da suposta neutralidade inerente à AIR que foi assumida pelo Decreto 10.411, de 30 de junho de 2020.

Assim o artigo apresenta a promessa de abordar as falhas e lacunas introduzidas pelo art. 5º da LLE, bem como por seu regulamento, assumindo um foco na reflexão crítica a respeito da premissa de neutralidade da análise que foi adotada pela legislação.

---

[2] BRASIL. Lei 13.874/2019. Disponível em: <http://www.planalto.gov.br/ccivil_03/_ato2019-2022/2019/lei/L13874.htm>. Acesso em: 1º dez. 2021.

[3] FRAZÃO, Ana. Liberdade econômica pra quem? A necessária vinculação entre a liberdade de iniciativa e a justiça social. In: SALOMÃO, Luis Felipe; VILLAS BOAS CUEVA, Ricardo; FRAZÃO, Ana. *Lei de Liberdade Econômica e seus impactos no direito brasileiro*. São Paulo: Thomson Reuters, 2020, p. 90-91.

Capítulo 18 · ANÁLISE DE IMPACTO REGULATÓRIO E A PRETENSÃO DE NEUTRALIDADE | 353

Para tanto, a metodologia a ser abordada para o desenvolvimento do artigo tem fundamento em revisões bibliográficas das doutrinas nacional e internacional, a fim de entender a problemática relacionada à legislação da AIR, bem como quais serão as possíveis implicações que as recentes inovações legais e infralegais podem trazer para casos concretos.

2. ANÁLISE DE IMPACTO REGULATÓRIO: UMA FERRAMENTA IMPORTADA BEM ADAPTADA AO DIREITO REGULATÓRIO NACIONAL?

Buscar as origens do instituto da análise de impacto regulatório significa visitar a administração e as ações de governança do Poder Executivo norte-americano na década de 1970. A despeito de ser normalmente atribuída a *Cost Benefit Analisis* à gestão de Ronald Reagan e sua ordem executiva 12.291 (E.O. 12291), análises econômicas em proveito de decisões de governança regulatória já têm registro de utilização nos governos de Nixon e Carter.

> President Nixon implemented "quality of life reviews," requiring that, before agencies adopt regulations, they consider alternatives. President Ford required agencies to produce "inflation impact statements" in limited circumstances. Finally, requirements most closely resembling CBA were instituted under President Carter (Weidenbaum 1997). (…) Carter created the Regulatory Analysis Review Group (RARG) and for the first time, in Executive Order 12044, required an economic analysis for any regulation with a likely impact of more than $ 100 million[4].

O Presidente Jimmy Carter, por meio da Ordem Executiva 12.044, estabeleceu um grupo de revisão de análise regulatória, porém ainda não existiam requisitos formais para obrigar as agências a proibir determinadas posturas baseadas em uma análise de cunho custo-benefício. Tratar do histórico do instituto significa realizar uma análise que necessariamente envolve compreender as influências políticas e regulatórias que os governos de base democrática e republicana exerceram nas políticas públicas de Direito e de Governança Regulatória nos EUA[5].

Ronald Reagan, ao suceder a Jimmy Carter, exerceu a presidência por um longo período (1981 a 1989) e estabeleceu uma política desregulatória, atribuindo grande responsabilidade ao novo departamento de assuntos regulatórios (Office of Information and Regulatory Affairs – OIRA), que naquele momento estabeleceu a realização da análise de impacto por meio da CBA em ações com impacto econômico de US$ 100 milhões ou mais[6].

Procurando olhar para o instituto e sua utilização em circunstâncias políticas e econômicas distintas dos Estados Unidos, precisamos registrar sua importância no Reino Unido, União Europeia – em particular na França e na Alemanha – e, poste-

---

4   SHAPIRO, Stuart. The evolution of cost-benefit analysis in US regulatory decisionmaking. In: LEVI-FAUR, David (org.). *Handbook on the politics of Regulation*. Israel: The Hebrew University of Jerusalem, 2011. p. 386.

5   WEIDENBAUM, M. apud SHAPIRO, Stuart. *Regulatory process reform: from Ford to Clinton, Regulation*, 1997. p. 20.

6   SHAPIRO, Stuart. The evolution of cost-benefit analysis in US regulatory decisionmaking. In: LEVI-FAUR, David (org.). *Handbook on the politics of Regulation*. Israel: The Hebrew University of Jerusalem, 2011. p. 386.

riormente, em um grande número de outros Estados, chegando ao Brasil com bastante força nos últimos anos do século passado.

The first application of CBA was published in 1951, and studies using CBA have seen significant increase since the 1990s (Fig. 1a). CBA has been used in 146 research areas, among which the most applications with over 12,000 were found in engineering, followed by environmental sciences ecology, computer science, business economics, energy fuels, health care sciences services, and internal medicine (Fig. 1b). CBA has been used in 197 countries and regions, among which the most applications with nearly 20,000 were found in the USA, followed by England, China, Canada, Australia, Germany, Italy, Netherlands, and France (Fig. 1c)[7].

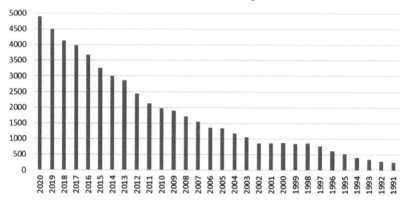

a. Publication trend of studies using CBA since 1990s

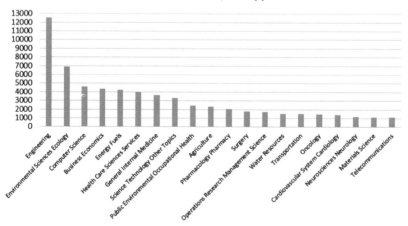

b. Research areas with over 1,000 applications of CBA

---

[7] JIANG, W.; MARGGRAF, R. The origin of cost-benefit analysis: a comparative view of France and the United States. *Cost Eff Resour Alloc* n. 19, v. 74, 2021. Disponível em: <https://doi.org/10.1186/s12962-021-00330-3>. Acesso em: 5 dez. 2021.

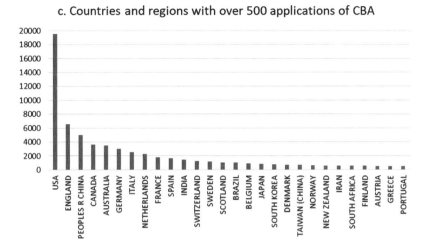

Figura 1 – Dimensão da Análise de Custo-Benefício.

No Brasil, as primeiras discussões sobre a melhoria da qualidade regulatória remontam o início deste século, porém as primeiras iniciativas concretas para a utilização de ferramentas capazes de avaliar as vantagens e desvantagens de determinada ação ou política de caráter regulatório como a AIR datam da década de 2010.

Como se verá, a introdução da AIR como prática regulatória no Brasil remonta ao Programa de Fortalecimento da Capacidade Institucional para Gestão em Regulação (PRO-REG), instituído pelo Decreto n. 6.062, de 16 de março de 2007 (Decreto n. 6.062/2007), cuja fase de execução ocorreu entre 2008 e 2013, e foi se sedimentando como prática obrigatória na maior parte das agências reguladoras federais a partir de 2012, por meio da sua normatização em regulamento[8].

A primeira iniciativa legislativa para a implementação da AIR no Brasil foi o PLS 52/2013, aprovado no Senado Federal em dezembro de 2016[9]. Posteriormente, na Câmara dos Deputados foi denominado Projeto de Lei 6.621, em 6 de dezembro de 2016

---

[8] ADAMI, Mateus Piva. *A discricionariedade administrativa em face do princípio da eficiência.* Universidade de São Paulo, São Paulo, 2007. p. 93. Cf., ainda, MASHAW. Jerry L. Reinventando o governo e reforma regulatória: estudos sobre a desconsideração e o abuso do direito administrativo. In: MATTOS, Paulo et al. (coord.). *Regulação econômica e democracia*: o debate norte-americano. São Paulo: Editora 34, 2004. p. 284. In: PEGORIM et al. Institucionalização e prática da análise de impacto regulatório no Brasil. São Paulo: IBRAC, 2019. p. 31.

[9] PRESIDÊNCIA DA REPÚBLICA. Casa Civil, Subchefia de Análise e Acompanhamento de Políticas Governamentais. *Relatório Consulta Pública nº 001/2017:* Diretrizes gerais e roteiro analítico sugerido para análise de impacto regulatório – Diretrizes Gerais; Guia orientativo para elaboração de análise de impacto regulatório – Guia AIR. fev./2018. Disponível em: <http://www.casacivil.gov.br/regulacao/consulta-publica/consulta-publica-001-2017/encerramento/relatorio-consulta-publica-no-001.pdf>. Acesso em: 26 abr. 2018. p. 3. In: PEGORIM et al. *Institucionalização e prática da análise de impacto regulatório no Brasil.* São Paulo: IBRAC, 2019. p. 54.

(PL n6.621/2016), tendo ficado sob processamento legislativo até sua aprovação por meio da Lei 13.848/2019, a chamada nova Lei das Agências Reguladoras. O referido diploma legal fez previsão expressa do uso da ferramenta em seu art. 6º, a saber:

> Art. 6º A adoção e as propostas de alteração de atos normativos de interesse geral dos agentes econômicos, consumidores ou usuários dos serviços prestados serão, nos termos de regulamento, precedidas da realização de Análise de Impacto Regulatório (AIR), que conterá informações e dados sobre os possíveis efeitos do ato normativo.
>
> § 1º Regulamento disporá sobre o conteúdo e a metodologia da AIR, sobre os quesitos mínimos a serem objeto de exame, bem como sobre os casos em que será obrigatória sua realização e aqueles em que poderá ser dispensada.
>
> § 2º O regimento interno de cada agência disporá sobre a operacionalização da AIR em seu âmbito.
>
> § 3º O conselho diretor ou a diretoria colegiada manifestar-se-á, em relação ao relatório de AIR, sobre a adequação da proposta de ato normativo aos objetivos pretendidos, indicando se os impactos estimados recomendam sua adoção, e, quando for o caso, quais os complementos necessários.
>
> § 4º A manifestação de que trata o § 3º integrará, juntamente com o relatório de AIR, a documentação a ser disponibilizada aos interessados para a realização de consulta ou de audiência pública, caso o conselho diretor ou a diretoria colegiada decida pela continuidade do procedimento administrativo.
>
> § 5º Nos casos em que não for realizada a AIR, deverá ser disponibilizada, no mínimo, nota técnica ou documento equivalente que tenha fundamentado a proposta de decisão.[10]

Nesse sentido, muitas análises de impacto regulatório foram concluídas no âmbito das Agências Reguladoras no Brasil, e a melhor fonte para sua exegese é o estudo do Instituto Brasileiro de Estudos de Concorrência, Consumo e Comércio Internacional (IBRAC), realizado em um contexto prévio à promulgação da nova Lei das Agências e da Lei de Liberdade Econômica, que foi sancionada em setembro de 2019.

Diante desse contexto, o Decreto 10.411/2020 surge como um dos primeiros instrumentos infralegais direcionados à regulamentação das AIR no Brasil, o que levantou grandes esperanças quanto ao futuro da análise de impacto no Brasil. No entanto, como será desdobrado nos tópicos seguintes, o Decreto promulgado contém uma série de falhas e omissões preocupantes, que colocaram em risco a qualidade das análises e o próprio objetivo das AIR no país.

Desse modo, a próxima seção apresentará alguns exemplos de uso da AIR a fim de proporcionar uma base para a análise que será realizada mais adiante na pesquisa.

3. CASOS DE ANÁLISE DE IMPACTO REGULATÓRIO REALIZADAS

Tomando por referência o estudo do IBRAC, pode-se tomar como exemplo diversos *cases* de análise de impacto regulatório. Contudo, para não alongar sobre-

---

[10] BRASIL. Lei 13.848/2019. Disponível em: <http://www.planalto.gov.br/ccivil_03/_ato2019-2022/2019/lei/l13848.htm>. Acesso em: 1º dez. 2021.

maneira a dimensão deste trabalho, procurou-se escolher exemplos de relevância que apontam para usos importantes da ferramenta de AIR, demonstrando o acerto de seu uso. Tomaremos por base agências reguladoras que mais utilizaram a ferramenta, de acordo com o estudo. Nesse quesito, temos como ponto forte a metodologia utilizada pela pesquisa do IBRAC, realizada ainda em um momento que as agências não estavam sob a força normativa da Lei 13.848/2019.

> Dado o grande número de AIRs elaboradas por algumas agências, a exemplo da ANEEL, ANAC e ANVISA, optou-se pelo seguinte recorte metodológico: (i) AIRs elaboradas no período de 1º de janeiro de 2016 a 31 de dezembro de 2016, ou (ii) as 10 (dez) AIRs mais recentes (considerando por referência a data 15 de fevereiro de 2017), o que fosse maior. Esse segundo recorte alternativo se prestou a evitar que uma Agência menos ativa na prática de AIR e que não apresentasse, ou que apresentasse poucas, análises para o primeiro recorte, tivesse o estudo a respeito de sua experiência prejudicado[11].

O estudo examinou 104 análises de impacto regulatório e, conforme o recorte metodológico estabelecido na pesquisa, foram apresentados os seguintes resultados, separados por Agência, divididos em capítulos específicos:

a) ANEEL: vinte e uma AIRs;
b) ANP: oito AIRs;
c) ANATEL: dez AIRs;
d) ANVISA: dez AIRs;
e) ANS: treze AIRs;
f) ANA: um projeto piloto de AIR;
g) ANTAQ: seis notas técnicas com elementos de AIRs;
h) ANTT: sete AIRs;
i) ANCINE: uma AIR; e
j) ANAC: vinte e sete[12].

Tendo em vista a quantidade de AIR realizadas e o peso específico de suas ações na economia brasileira, tomaremos um exemplo da ANEEL e um da ANAC, a fim de demonstrar o valor que as agências, mesmo em um período anterior aos marcos legais que determinaram a realização da AIR, já haviam incorporado o método em seu *modus operandi*.

3.1 Agência Nacional de Energia Elétrica (ANEEL)

A ANEEL possui um regulamento interno para a realização de AIRs desde o ano de 2013. A Resolução Normativa 540/2013 estabelece os requisitos de análise por uma

---

[11] PEGORIM et al. *Institucionalização e prática da análise de impacto regulatório no Brasil*. São Paulo: IBRAC, 2019. p. 46.

[12] PEGORIM et al. *Institucionalização e prática da análise de impacto regulatório no Brasil*. São Paulo: IBRAC, 2019. p. 43.

metodologia de custo-benefício, com avaliação prévia à tomada da decisão regulatória e após, medindo seus efeitos. Ao longo do processo, a resolução também previa a realização de audiências públicas, no sentido de tornar o mais transparente possível o processo de análise da agência.

Nesse sentido, em um universo de oitenta e quatro AIRs realizadas entre 2013 e 2016, a pesquisa analisou vinte e uma no ano de 2016 e, apenas como exemplo, lista-se aqui o procedimento 035/2016, que teve por objeto obter subsídios para o aprimoramento da regulação relativa ao cálculo do encargo dos Programas de Pesquisa e Desenvolvimento e Eficiência Energética, de que tratam os Procedimentos de Regulação Tarifária, incluindo os procedimentos necessários para recolhimento dos recursos ao Programa Nacional de Conservação de Energia Elétrica, em atendimento à Lei 13.280, de 3 de maio de 2016. A referida AIR proporcionou como resultado a Resolução Normativa 737, de 27 de setembro de 2016. De acordo com a pesquisa, as conclusões acerca da utilização da ANEEL do procedimento da análise de impacto regulatório são positivas nos seguintes aspectos: (i) para estruturar as motivações nas tomadas de decisão; (ii) para expor os problemas identificados; e (iii) para levantar e agregar dados de forma estruturada[13].

3.2 Agência Nacional de Aviação Civil (ANAC)

A ANAC estabeleceu a obrigação da realização de AIR com a Instrução Normativa 61, de 3 de julho de 2012 (ora revogada pela Instrução Normativa 154, de 20 de março de 2020). A norma impôs os requisitos mínimos e conferiu à Superintendência de Planejamento Institucional (SPI) do órgão a atribuição de elaborar e atualizar um formulário específico a ser preenchido pelas unidades organizacionais quando da proposição de resoluções e de concessão de isenções de cumprimento de requisitos técnicos.

O processo previu a participação dos interessados quando da tomada de decisões do agente regulador por meio de audiências públicas previamente à tomada da decisão da agência que afetasse "direitos de agentes econômicos, inclusive de trabalhadores do setor ou de usuários de serviços aéreos" (art. 27 da Lei 11.182, de 27 de setembro de 2005, Lei 11.182/2005, c/c art. 1º, *caput* e § 1º, da Instrução Normativa 18, de 17 de fevereiro de 2009)[14].

Das dez AIRs selecionadas na pesquisa do IBRAC, cita-se aqui o procedimento 06/2016, que analisou a proposta de resolução que consolidava e atualizava os normativos relativos às regras de cobrança e arrecadação das tarifas aeroportuárias de embarque, conexão, pouso, permanência e preço unificado, bem como proposta de descentralização e simplificação da atual sistemática de cobrança e arrecadação tarifária (SUCOTAP), resultando nas Resoluções 432 e 433, de 19 de junho de 2017.

De maneira geral, os resultados da pesquisa da produção regulatória na ANAC a partir da utilização do instituto da AIR dizem muito a respeito do estágio de amadure-

---

[13]   PEGORIM et al. *Institucionalização e prática da análise de impacto regulatório no Brasil*. São Paulo: IBRAC, 2019. p. 92.

[14]   PEGORIM et al. *Institucionalização e prática da análise de impacto regulatório no Brasil*. São Paulo: IBRAC, 2019. p. 235.

cimento da agência reguladora. Apontou a pesquisa do IBRAC um esforço da ANAC em avançar na implementação da AIR[15].

4. A LEI DE LIBERDADE ECONÔMICA: UMA EXEGESE DO ART. 5º

A Constituição de 1988, antes de afastar o projeto desenvolvimentista nacional das décadas de 1960 e 1970, o aprofundou[16]. Apesar dessa autorização constitucional de intervenção na economia, que acabou provocando o aumento do número de empresas estatais, o Estado brasileiro vem iniciando um flerte de reaproximação com a iniciativa privada, procurando favorecer a livre-iniciativa por meio de uma estratégia desestatizante.

Pode-se marcar o início da linha do tempo desse movimento na década de 1990, com a promulgação da Lei 9.491/1997, que estabeleceu o Programa Nacional de Desestatização, um documento-quadro ao lado da decisão política do Conselho Nacional de Desestatização (CND) que permitiu à iniciativa privada receber a transferência da gestão de serviços públicos por meio de concessão, permissão ou autorização quanto da própria detenção de empresas controladas direta ou indiretamente pela União[17].

Anos mais tarde, o Programa de Parcerias de Investimentos (PPI) concebido por meio da Lei 13.334/2016 teve um papel importante nesse processo, evoluindo as ações do antigo PND e assumindo as funções do antigo CND. Nesse contexto, duas outras normas devem ser citadas, a Lei 13.303/2016, que alterou o marco legal das Empresas Estatais, e mais recentemente a Lei 13.874/2019, que buscou fixar novos limites normativos a conceitos anteriormente indeterminados, objetivando entre tantos outros efeitos promover segurança jurídica para a iniciativa privada[18].

Aparentemente, um diploma legal que comande determinações para garantir a não atuação do Estado na economia pode até parecer algo bastante inusitado, até mesmo um tanto quanto paradoxal, mas a história recente demonstra que a garantia de segurança jurídica no campo econômico, assim como todos os direitos fundamentais, carece de garantia legal, necessitando ser expresso em alto e bom tom[19].

Contudo, essa posição traz de fato bastante discussão e polêmica e, a partir deste ponto, começa a discussão específica da pesquisa. A influência liberal na concepção da LLE é muito latente e possivelmente não foi aprofundada quando das discussões acerca da conversão da MP 881 na LLE. Nesse sentido, concepções enviesadas, parciais

---

[15] PEGORIM et al. *Institucionalização e prática da análise de impacto regulatório no Brasil*. São Paulo: IBRAC, 2019. p. 253.

[16] MENDES, Gilmar Ferreira. Liberdade econômica e alienação de empresas estatais: reflexões a partir do julgamento da ADI nº 5.624. In: FRAZÃO, Ana et al. (org.). *Lei de Liberdade Econômica e seus impactos no Direito Brasileiro*. São Paulo: Revista dos Tribunais, 2020. p. 36.

[17] MENDES, Gilmar Ferreira. Liberdade econômica e alienação de empresas estatais: reflexões a partir do julgamento da ADI nº 5.624. In: FRAZÃO, Ana et al. (org.). *Lei de Liberdade Econômica e seus impactos no Direito Brasileiro*. São Paulo: Revista dos Tribunais, 2020. p. 40.

[18] PEREIRA, Marcos. A medida provisória da liberdade econômica e seus impactos. In: FRAZÃO, Ana et al. (org.). *Lei de Liberdade Econômica e seus impactos no direito brasileiro*. São Paulo: Revista dos Tribunais, 2020. p. 50.

[19] YEUNG, Luciana; HAYEK, L. Friedrich. Liberdade Econômica, a MP e a Lei da Liberdade Econômica: Por que é necessária? In: FRAZÃO, Ana et al. (org.). *Lei de Liberdade Econômica e seus impactos no direito brasileiro*. São Paulo: Revista dos Tribunais, 2020. p. 50.

e reducionistas podem ter estabelecido um diploma legal que podem agredir direitos e liberdades fundamentais dos cidadãos brasileiros[20].

Uma das maiores preocupações acerca dos efeitos da LLE, excluídas uma série de análises teóricas que podem ser realizadas, sob o ponto de vista prático, é que, a pretexto de proporcionar mais liberdade à livre-iniciativa e à desburocratização da economia, uma das maiores consequências seja a desregulação econômica de setores importantes e a não participação estatal em setores importantes, desconsiderando a importância da presença do Estado na Economia, exatamente como prevê a Constituição, estabelecendo o mito da defesa do mercado em detrimento da ação do Estado[21].

O art. 5º da LLE estabelece de modo efetivo a obrigação da realização por parte das agências reguladoras e demais órgão e entidades da administração pública federal da AIR, o que traria por consequência uma regulação de maior qualidade, seguindo modelos internacionais e recomendado pela Organização para a Cooperação e Desenvolvimento Econômico (OCDE), onde riscos e excessos normativos podem ser aferidos por uma análise onde o balanço dos custos e dos benefícios realizada antes da tomada da decisão regulatória pode preservar gastos públicos desnecessários e reduzir a competitividade dos mercados.

No entanto, a partir do parágrafo único do artigo começam as contradições da norma, ao prever que:

> Parágrafo único. Regulamento disporá sobre a data de início da exigência de que trata o *caput* deste artigo e sobre o conteúdo, a metodologia da análise de impacto regulatório, os quesitos mínimos a serem objeto de exame, as hipóteses em que será obrigatória sua realização e as hipóteses em que poderá ser dispensada.

Ou seja, o que o *caput* entrega, o regulamento pode impedir. Essa contradição do art. 5º possibilita que o regulamento possa mudar completamente sua interpretação, quebrando a neutralidade de um comando legal e possibilitando uma interpretação bem particular por parte do agente público, como será demonstrado na última seção desta pesquisa.

A situação narrada fica ainda mais crítica à luz do Decreto 10.411/2020, que está permeado por um viés extremamente economicista e instrumental. O Decreto em comento, como será visto adiante, deixa de abordar questões importantíssimas para uma análise de impacto efetiva, além de ser omisso em pontos cruciais para uma AIR de qualidade. É o que se passa a demonstrar.

5. O DECRETO 10.411, DE 30 DE JUNHO DE 2020: ERROS E ACERTOS

O Decreto de 30 de junho de 2020 veio para regulamentar os arts. 5º da Lei de Liberdade Econômica e o 6º da Nova Lei das Agências Reguladoras, especificamente no tocante à realização da Análise de Impacto Regulatório. Seus efeitos iniciaram no dia

---

[20] FRAZÃO, Ana. Liberdade Econômica para quem? A necessária vinculação entre a Liberdade de Iniciativa e a Justiça Social. In: FRAZÃO, Ana et al. (org.). *Lei de Liberdade Econômica e seus impactos no direito brasileiro*. São Paulo: Revista dos Tribunais, 2020. p. 91.

[21] FRAZÃO, Ana. Liberdade Econômica para quem? A necessária vinculação entre a Liberdade de Iniciativa e a Justiça Social. In: FRAZÃO, Ana et al. (org.). *Lei de Liberdade Econômica e seus impactos no direito brasileiro*. São Paulo: Revista dos Tribunais, 2020. p. 113.

15 de abril de 2021 para as agências reguladoras, Ministério da Economia e Inmetro e, a partir de 14 de outubro de 2021, para os demais órgãos e entidades da Administração Pública federal direta, autárquica e fundacional.

Certamente, a mensuração dos seus efeitos é algo que deve estar movendo pesquisadores do Direito Regulatório e Concorrencial, porém uma breve exegese a partir de seus comandos normativos já permite antecipar algumas possíveis consequências nas futuras AIR.

Nesse sentido, já é possível observar pontos preocupantes que o Decreto 10.411/2020 levanta. Em primeiro lugar, cabe mencionar as amplas exceções que o Decreto possibilitou, perceptíveis logo no art. 1º, § 3º, que esclarece que as disposições da norma em comento não se aplicarão às propostas de edição de decreto ou atos normativos que forem submetidos ao Congresso Nacional.

Mais expressivas ainda são as exceções dispostas no art. 3º, § 2º, que determina que a AIR não será aplicada a diversos atos normativos, dentre eles os que disponham a respeito da execução orçamentária e financeira, os que disponham sobre a segurança nacional e, ainda, aqueles que dispõem estritamente sobre política cambial e monetária.

No mesmo sentido, o art. 4º dá seguimento ao extenso rol de exceções que o Decreto 10.411/2020 estabelece, ao permitir que a AIR seja dispensada nos seguintes casos:

> Art. 4º A AIR poderá ser dispensada, desde que haja decisão fundamentada do órgão ou da entidade competente, nas hipóteses de:
>
> I – urgência;
>
> II – ato normativo destinado a disciplinar direitos ou obrigações definidos em norma hierarquicamente superior que não permita, técnica ou juridicamente, diferentes alternativas regulatórias;
>
> III – ato normativo considerado de baixo impacto;
>
> IV – ato normativo que vise à atualização ou à revogação de normas consideradas obsoletas, sem alteração de mérito;
>
> V – ato normativo que vise a preservar liquidez, solvência ou higidez:
>
> a) dos mercados de seguro, de resseguro, de capitalização e de previdência complementar;
>
> b) dos mercados financeiros, de capitais e de câmbio; ou
>
> c) dos sistemas de pagamentos;
>
> VI – ato normativo que vise a manter a convergência a padrões internacionais;
>
> VII – ato normativo que reduza exigências, obrigações, restrições, requerimentos ou especificações com o objetivo de diminuir os custos regulatórios; e
>
> VIII – ato normativo que revise normas desatualizadas para adequá-las ao desenvolvimento tecnológico consolidado internacionalmente, nos termos do disposto no Decreto nº 10.229, de 5 de fevereiro de 2020.
>
> § 1º Nas hipóteses de dispensa de AIR, será elaborada nota técnica ou documento equivalente que fundamente a proposta de edição ou de alteração do ato normativo.

§ 2º Na hipótese de dispensa de AIR em razão de urgência, a nota técnica ou o documento equivalente de que trata o § 1º deverá, obrigatoriamente, identificar o problema regulatório que se pretende solucionar e os objetivos que se pretende alcançar, de modo a subsidiar a elaboração da ARR, observado o disposto no art. 12.

§ 3º Ressalvadas informações com restrição de acesso, nos termos do disposto na Lei nº 12.527, de 18 de novembro de 2011, a nota técnica ou o documento equivalente de que tratam o § 1º e o § 2º serão disponibilizados no sítio eletrônico do órgão ou da entidade competente, conforme definido nas normas próprias.

Diante das diversas exceções estabelecidas pelo art. 4º, ressalta-se o que está disposto no inciso IV, que determina a dispensa da AIR nos casos de atos normativos que reduzam exigências, obrigações, restrições, requerimentos ou especificações com o objetivo de diminuir os custos regulatórios. Nesse sentido, o Decreto abre margem para a possibilidade da desregulação ser implementada sem que houvesse a AIR[22], o que representa mais uma característica preocupante que o Decreto implementa.

Diante desse cenário de inúmeras exceções, torna-se inevitável questionar a utilidade prática que a AIR irá desempenhar no Brasil e, ademais, também levanta dúvidas sobre a verdadeira finalidade do Decreto 10.411/2020, tendo em vista que, além das exceções, o regulamento também é falho em diversos outros quesitos essenciais para uma AIR exitosa, assim como se verá a seguir.

Em relação às determinações de realização do procedimento nos diplomas legais, logo no inciso I do art. 2º, o documento traz o conceito da razoabilidade do impacto regulatório na execução do instituto, comando que pode significar uma carga de discricionariedade na execução do instituto. Seguem abaixo mais algumas análises dos comandos do regulamento:

I. A edição, a alteração ou a revogação de atos normativos de interesse geral de agentes econômicos ou de usuários dos serviços prestados por órgãos e entidades da Administração Pública federal serão necessariamente precedidas da realização de AIR: apesar do comando, há autonomia suficiente no órgão para justificar sua não realização;

II. A não submissão à AIR dos atos normativos de natureza administrativa que gerem efeitos apenas para o órgão ou na entidade; de efeitos concretos, destinados a disciplinar situação específica (destinatários individualizados); que visem consolidar outras normas em matérias específicas (sem alteração de mérito); que disponham sobre execução orçamentária e financeira, política cambial e monetária e segurança nacional.

III. Hipóteses de dispensa da AIR: A realização da AIR poderá ser dispensada em situações de urgência; quando se tratar de atos normativos de baixo impacto (aqueles que, em regra, não geram aumento expressivo de custos, despesas orçamentárias e financeiras e não repercutam de forma substancial em políticas públicas essenciais); atos que visem a atualização ou revogação de normas consideradas obsoletas; entre

---

[22] FRAZÃO, Ana. Perspectivas das análises de impactos regulatório (AIRs) no Brasil – Parte II. Disponível em: <https://www.jota.info/opiniao-e-analise/colunas/constituicao-empresa-e--mercado/perspectivas-das-analises-de-impacto-regulatorio-airs-no-brasil-2-24022021>. Acesso em: 15 jan. 2022.

outros. A decisão de dispensa deverá ser devidamente fundamentada pelo órgão ou pela entidade competente no respectivo processo administrativo;

IV. Ocorrendo a dispensa da AIR devido a situações de urgência, os atos normativos em questão deverão ser submetidos à Avaliação de Resultados Regulatórios ("ARR") no prazo de 3 (três) anos, contados da data da sua entrada em vigor. Essa avaliação visa verificar os efeitos do ato normativo já editado, considerando o alcance dos objetivos originalmente pretendidos e os demais impactos observados sobre o mercado e a sociedade em decorrência de sua implementação. A ARR poderá ter caráter temático e ser realizada apenas quanto a partes específicas de um ou mais atos normativos;

V. Metodologias da AIR: Na elaboração da AIR, serão utilizadas metodologias específicas para aferição da razoabilidade do impacto econômico no setor regulado, sendo elas: (i) análise multicritério; (ii) análise de custo-benefício; (iii) análise de custo-efetividade; (iv) análise de custo; (v) análise de risco; ou (vi) análise de risco-risco. A escolha da metodologia específica deverá ser previamente justificada e comparada com as demais alterativas sugeridas no Decreto. Também será possível a escolha e metodologia diversa, desde que devidamente justificado.

VI. O Relatório de conclusão da AIR conterá, entre outros: (i) a identificação do problema (com causas e extensão), dos agentes envolvidos e da fundamentação legal; (ii) os objetivos a serem alcançados; (iii) alternativas possíveis para enfrentamento do problema regulatório e seus respectivos impactos; (iv) análise dos subsídios recebidos no processo de participação popular; (v) mapeamento de eventual experiência internacional; (vi) riscos provenientes do ato normativo; (vii) análise fundamentada da metodologia específica escolhida para o caso concreto; (viii) descrição da estratégia.

VII. Caráter não vinculante: O relatório de AIR não vincula a tomada de decisão do órgão ou autoridade competente, a quem é facultado implementar a alternativa sugerida no relatório, complementar a AIR ou adotar alternativa contrária àquela, em decisão fundamentada, optando inclusive por não agir ou normatizar o ato.

VIII. Publicidade: Os relatórios da AIR serão disponibilizados para consulta e fácil acesso ao público em geral no sítio eletrônico do respectivo órgão/entidade.

IX. Propostas de atos normativos que, na data de produção de efeitos do Decreto, já tenham sido submetidas a processos de consulta pública ou outro mecanismo de participação social, são dispensadas da obrigatoriedade de elaboração da AIR[23].

Nessa toada, no tocante ao inciso II do art. 3º, que dispõe acerca dos atos normativos de baixo impacto, destaca-se o disposto na alínea "c", que determina que são atos normativos de baixo impacto aqueles que não repercutirem de forma substancial nas políticas públicas de saúde, segurança, ambientais, econômicas ou sociais.

A esse respeito, ressalta-se que essa é a única menção que o Decreto faz referente às preocupações ambientais. O mesmo acontece com relação às preocupações sociais, que também não desfrutam de maior cautela e atenção da norma em comento. Dessa forma, o Decreto optou por não tornar expresso os mecanismos que devem ser uti-

---

[23] LACERDA, Camila. A regulamentação da Análise de Impacto Regulatório pelo Decreto 10.411/2020.
Disponível em: <https://aroeirasalles.com.br/blog/a-regulamentacao-da-analise-de-impacto-regulatorio-pelo-decreto-n-10-411-2020/>. Acesso em: 10 dez. 2021.

lizados para avaliar o impacto social e ambiental, indo na contramão das melhores recomendações a respeito da AIR[24].

Diante dessas importantes omissões, fica evidente que o viés economicista foi priorizado pelo Decreto 10.411/2020, o que poderá servir como um instrumento para respaldar o forte teor de desregulação que o atual governo defende[25]. Contudo, é justamente o mencionado viés economicista que poderá vir a ser um empecilho para a realização de uma AIR efetiva – o que poderá interferir diretamente na qualidade da regulação.

Para além das exceções e omissões já apontadas, o Decreto também levanta outro ponto que merece atenção em seu art. 21, ao dispor que a inobservância ao previsto no Decreto não representará escusa válida para que a norma editada seja descumprida, bem como não implicará invalidade da norma editada.

A problemática do dispositivo gira em torno da possibilidade da interpretação ser estendida para defender que a regulação seja dispensada mesmo nos casos em que a AIR demonstre os benefícios da regulação. Mais uma vez, percebe-se que o Decreto levanta questionamentos a respeito da sua segurança jurídica e aplicabilidade concreta, mais uma vez trazendo ambiguidades em seu texto normativo.

Outro ponto a respeito do Decreto que merece comentários é o modo no qual a participação social foi abordada na norma. A esse respeito, o art. 8º dispõe que:

> Art. 8º O relatório de AIR poderá ser objeto de participação social específica realizada antes da decisão sobre a melhor alternativa para enfrentar o problema regulatório identificado e antes da elaboração de eventual minuta de ato normativo a ser editado.

A primeira preocupação levantada a partir do dispositivo é em relação ao fato da participação social ser facultativa. Além disso, o artigo também sugere que a referida participação social deve acontecer em um momento posterior ao relatório da AIR. Esses dois fatores fazem com que a participação social tenha o seu objetivo completamente esvaziado, na medida em que etapas fundamentais para uma AIR efetiva já teriam sido discutidas e decididas nesse momento[26].

---

[24] "(...) no Global Indicators of Regulatory Governance: Worldwide Practices od Regulatory Impact Assessments, o Banco Mundial indica que, dentre os impactos a serem cobertos pela AIR, estão os (i) benefícios esperados da regulação, (ii) impactos em obrigações ou acordos internacionais, (iii) impactos sobre o meio ambiente, (iv) impactos na competitividade e na abertura dos mercados, (v) impactos sobre pequenas e médias empresas" (FRAZÃO, Ana. Perspectivas das Análises de Impactos Regulatório (AIRs) no Brasil – Parte I. Disponível em: <https://www.jota.info/opiniao-e-analise/colunas/constituicao-empresa-e-mercado/perspectivas-das-analises-de-impacto-regulatorio-airs-no-brasil-17022021?amp>. Acesso em: 15 jan. 2022).

[25] FRAZÃO, Ana. Perspectivas das Análises de Impactos Regulatório (AIRs) no Brasil – Parte I. Disponível em: <https://www.jota.info/opiniao-e-analise/colunas/constituicao-empresa-e--mercado/perspectivas-das-analises-de-impacto-regulatorio-airs-no-brasil-17022021?amp>. Acesso em: 15 jan. 2022.

[26] FRAZÃO, Ana. Perspectivas das Análises de Impactos Regulatório (AIRs) no Brasil – Parte VI. Disponível em: <https://www.jota.info/opiniao-e-analise/colunas/constituicao-empresa-e-

Capítulo 18 · ANÁLISE DE IMPACTO REGULATÓRIO E A PRETENSÃO DE NEUTRALIDADE | 365

Ressalta-se que o mesmo ocorre com as consultas públicas, que estão dispostas nos arts. 9º e 11º do Decreto, tendo em vista que essas também seriam realizadas após o relatório da AIR. Desse modo, levando em consideração que a participação social é uma etapa considerada facultativa pelo Decreto, existe uma real possibilidade dessa etapa nunca ser concretizada.

A inexistência da participação social, por sua vez, pode fazer com que a AIR se torne empobrecida e até mesmo ineficaz para atender a seus objetivos. Nesse sentido, o Decreto poderá servir de mecanismo para a instrumentalização política da AIR, isto é, a metodologia poderá ser utilizada como um meio de justificar e fundamentar objetivos desejados pelos reguladores[27].

Diante do contexto apresentado, fica muito claro, a partir da análise dos comandos infralegais do Decreto, ao regulamentar os arts. 5º da LLE e 6º da Lei das Agências Reguladoras, que a utilização futura do instrumento fica muito à mercê interpretativa das Agências e demais órgãos da Administração Pública, quebrando o mito da neutralidade do instituto da AIR, trazendo-o a uma realidade em que a interpretação do órgão vai ajustar seu procedimento ao ponto de vista interno o que certamente poderá implicar a validação de sua utilização futura como ferramenta para as decisões de caráter regulatório com consequências de difícil previsão para o princípio da eficiência.

6.   CONSIDERAÇÕES FINAIS

A presente pesquisa debruçou-se sobre a evolução no Direito Regulatório brasileiro do instituto da análise de impacto regulatório e procurou apontar que, desde sua origem em solo estrangeiro, visões diferentes da política e da economia comandam sua interpretação. Nos Estados Unidos, as divergências entre governos democratas e republicanos moldaram visões mais ou menos regulatórias, a depender de qual visão de mundo comandasse a política norte-americana.

No Brasil, a construçao de um movimento com maior ou menor participação do Estado na economia nacional também depende do governo de plantão. O hiato temporal entre o PRO-REG e o atual PPI demonstram essa tese. No entanto, ainda que atualmente exista um movimento desestatizante, ferramentas importantes como a análise de impacto regulatório necessitam de um tratamento mais sério por parte de qualquer governo que em determinado momento esteja no comando.

A utilização anterior do instituto, em momento anterior à LLE ou a nova Lei das Agências Reguladoras demonstrou compromisso e a vontade de bem utilizar a AIR, conforme demonstrou a pesquisa do IBRAC, muito bem conduzida sob o ponto de vista metodológico e com o atual Decreto 10.411, de 30 de junho de 2020, o cenário futuro fica bastante difícil de prever, em face da inconsistência dos

---

-mercado/perspectivas-das-analises-de-impacto-regulatorio-airs-no-brasil-5-24032021>. Acesso em: 15 jan. 2022.

[27] FRAZÃO, Ana. Perspectivas das Análises de Impactos Regulatório (AIRs) no Brasil – Parte VI. Disponível em: <https://www.jota.info/opiniao-e-analise/colunas/constituicao-empresa-e--mercado/perspectivas-das-analises-de-impacto-regulatorio-airs-no-brasil-5-24032021>. Acesso em: 15 jan. 2022.

comandos legais e infralegais, o que pode simplesmente conduzir a uma utilização incorreta da ferramenta ou simplesmente produzir resultados conforme a decisão regulatória já tomada.

Nesse sentido, assim como foi exposto no decorrer do artigo, as primeiras impressões geradas pelo Decreto 10.411/2020 são, de maneira geral, negativas. Isso porque, como foi visto, o fato de o Decreto permitir diversas exceções à utilização da AIR, bem como as importantes omissões discutidas e as numerosas discordâncias que o Decreto apresenta com relação às recomendações internacionais de boas práticas da AIR colocam em xeque o verdadeiro propósito do ato normativo, assim como gera grandes dúvidas quanto à qualidade exigida e proposta para as AIR futuras.

Todos esses fatores evidenciados ao longo do artigo apontam para a conclusão de que o Decreto possui um caráter majoritariamente economicista, tendente a utilizar a metodologia da AIR de forma rasa e demasiadamente instrumentalizada. Essas características facilitam, de maneira preocupante, a possibilidade de a AIR ser utilizada apenas com o objetivo de favorecer uma possível agenda política de desregulação.

Dessa forma, ainda que a AIR possa funcionar como um importante mecanismo de observação das implicações regulatórias, o Decreto 10.411/2020 demonstra que o Brasil ainda não possui respaldo jurídico seguro o suficiente que trate da matéria com a cautela e profundidade devida.

Ao contrário, o Decreto em comento demonstra que o tema da AIR foi regulamentado de forma demasiadamente rasa e problemática, de maneira que as implicações negativas do Decreto podem até mesmo vir a ser mais prejudiciais para a regulação do que a ausência de norma regulamentadora. Isso porque, como já mencionado, o Decreto flexibiliza exageradamente o uso da AIR e opta por ser omisso em pontos cruciais para uma boa análise, como foi o caso das questões ambientais e sociais.

Nessa toada, já foi debatida a contradição da LLE com princípios constitucionais estabelecidos na necessária participação do Estado na economia, sem entregar de forma leviana esta condução aos mercados, o que pode ser muito temeroso.

Nesse sentido, o mito da neutralidade da utilização de uma potente ferramenta de suporte às decisões da Administração, como a análise de impacto regulatório, pode ficar reduzida à triste realidade de produzir decisões conforme a vontade do regulador, sabe-se lá em que sentido, podendo ficar completamente afastada da necessidade da concorrência ou da sociedade, o que é o mais preocupante.

Apesar de tudo, como decretos têm a possibilidade de serem corrigidos mais facilmente do que diplomas legais, é de se esperar que possa ser aperfeiçoado em breve, ajustando melhor a LLE principalmente, já que o parágrafo único do art. 5º concedeu uma enorme importância ao seu regulamento, na metodologia, nos quesitos mínimos a serem objeto de exame, nas hipóteses de obrigatoriedade e de dispensa.

Fica ao final dessa pesquisa o compromisso acadêmico de manter o acompanhamento do papel dos agentes reguladores da economia brasileira na utilização da análise de impacto regulatório e como passarão a se comportar na vigência do Decreto na medida em que sua vigência ainda é muito recente para que resultados concretos possam ser avaliados.

REFERÊNCIAS

BRASIL. Planalto. Lei 13.874/2019. Institui a Declaração de Direitos de Liberdade Econômica; estabelece garantias de livre mercado; altera as Leis 10.406, de 10 de janeiro de 2002 (Código Civil), 6.404, de 15 de dezembro de 1976, 11.598, de 3 de dezembro de 2007, 12.682, de 9 de julho de 2012, 6.015, de 31 de dezembro de 1973, 10.522, de 19 de julho de 2002, 8.934, de 18 de novembro 1994, o Decreto-Lei 9.760, de 5 de setembro de 1946, e a Consolidação das Leis do Trabalho, aprovada pelo Decreto-Lei 5.452, de 1º de maio de 1943; revoga a Lei Delegada 4, de 26 de setembro de 1962, a Lei 11.887, de 24 de dezembro de 2008, e dispositivos do Decreto-Lei 73, de 21 de novembro de 1966; e dá outras providências. Disponível em: <http://www.planalto.gov.br/ccivil_03/_ato2019-2022/2019/lei/L13874. htm >. Acesso em: 1º dez. 2021.

BRASIL. Planalto. Lei 13.848/2019. Dispõe sobre a gestão, a organização, o processo decisório e o controle social das agências reguladoras; altera a Lei 9.427, de 26 de dezembro de 1996, a Lei 9.472, de 16 de julho de 1997, a Lei 9.478, de 6 de agosto de 1997, a Lei 9.782, de 26 de janeiro de 1999, a Lei 9.961, de 28 de janeiro de 2000, a Lei 9.984, de 17 de julho de 2000, a Lei 9.986, de 18 de julho de 2000, a Lei 10.233, de 5 de junho de 2001, a Medida Provisória 2.228-1, de 6 de setembro de 2001, a Lei 11.182, de 27 de setembro de 2005, e a Lei 10.180, de 6 de fevereiro de 2001. Disponível em: <http://www.planalto.gov.br/ ccivil_03/_ato2019-2022/2019/lei/l13848.htm>. Acesso em: 1º dez. 2021.

BRASIL. Planalto. Decreto 10.411/2020. Regulamenta a análise de impacto regulatório, de que tratam o art. 5º da Lei 13.874, de 20 de setembro de 2019, e o art. 6º da Lei 13.848, de 25 de junho de 2019. Disponível em: < http://www.planalto.gov.br/ccivil_03/_ato2019-2022/2020/ decreto/d10411.htm>. Acesso em: 1º dez 2021.

FRAZÃO, Ana. Liberdade econômica pra quem? A necessária vinculação entre a liberdade de iniciativa e a justiça social. In: SALOMÃO, Luis Felipe; VILLAS BOAS CUEVA, Ricardo; FRAZÃO, Ana (coord.). *Lei de Liberdade Econômica e seus impactos no direito brasileiro.* São Paulo: Thomson Reuters, 2020.

FRAZAO, Ana. Perspectivas das análises de impactos regulatório (AIRs) no Brasil – Parte I. Disponível em: <https://www.jota.info/opiniao-e-analise/colunas/constituicao--empresa-e-mercado/perspectivas-das-analises-de-impacto-regulatorio-airs-no-brasil--17022021?amp>. Acesso em: 15 jan. 2022.

FRAZÃO, Ana. Perspectivas das análises de impactos regulatório (AIRs) no Brasil – Parte II. Disponível em: <https://www.jota.info/opiniao-e-analise/colunas/constituicao-empresa-e--mercado/perspectivas-das-analises-de-impacto-regulatorio-airs-no-brasil-2-24022021>. Acesso em: 15 jan. 2022.

FRAZÃO, Ana. Perspectivas das análises de impactos regulatório (AIRs) no Brasil – Parte VI. Disponível em: <https://www.jota.info/opiniao-e-analise/colunas/constituicao-empresa-e--mercado/perspectivas-das-analises-de-impacto-regulatorio-airs-no-brasil-5-24032021>. Acesso em: 15 jan. 2022.

JIANG, W.; MARGGRAF, R. The origin of cost-benefit analysis: a comparative view of France and the United States. *Cost Eff Resour Alloc* n. 19, v. **74**, 2021. Disponível em: <https://doi. org/10.1186/s12962-021-00330-3>. Acesso em: 5 dez. 2021.

LACERDA, Camila. A regulamentação da análise de impacto regulatório pelo Decreto 10.411/2020. Disponível em: <https://aroeirasalles.com.br/blog/a-regulamentacao-da--analise-de-impacto-regulatorio-pelo-decreto-n-10-411-2020/>. Acesso em: 10 dez. 2021.

MENDES, Gilmar Ferreira. Liberdade econômica e alienação de empresas estatais: Reflexões a partir do julgamento da ADI nº 5.624. In: FRAZÃO, Ana *et al.* (org.). *Lei de Liberdade Econômica e seus impactos no direito brasileiro.* São Paulo: Revista dos Tribunais, 2020.

PEGORIM *et al. Institucionalização e prática da análise de impacto regulatório no Brasil.* São Paulo: IBRAC, 2019.

PEREIRA, Marcos. A Medida Provisória da Liberdade Econômica e seus impactos. In: FRAZÃO, Ana *et al.* (org.). *Lei de Liberdade Econômica e seus impactos no direito brasileiro.* São Paulo: Revista dos Tribunais, 2020.

SHAPIRO, Stuart. The evolution of cost-benefit analysis in US regulatory decisionmaking. In: LEVI-FAUR, David. *Handbook on the politics of Regulation.* Israel: The Hebrew University of Jerusalem, 2011.

SHAPIRO, Stuart. *Regulatory process reform: from Ford to Clinton, Regulation,* 1997.

YEUNG, Luciana L.; HAYEK, Friedrich. Liberdade econômica, a MP e a Lei da Liberdade Econômica: Por que é necessária? In: FRAZÃO, Ana *et al.* (org.). *Lei de Liberdade Econômica e seus impactos no direito brasileiro.* São Paulo: Revista dos Tribunais, 2020.